AXEL HACKE

Das kolumnistische Manifest

GOLDMANN
Lesen erleben

Axel Hacke

Das kolumnistische Manifest

Das Beste
aus 1001 Kolumnen

Zeichnungen
von Dirk Schmidt

GOLDMANN

Verlagsgruppe Random House FSC® N001967

1. Auflage
Taschenbuchausgabe November 2016
Wilhelm Goldmann Verlag, München,
in der Verlagsgruppe Random House GmbH,
Neumarkter Str. 28, 81673 München
Copyright © 2015 by Verlag Antje Kunstmann GmbH, München
Umschlaggestaltung: UNO Werbeagentur, München,
unter Verwendung der Umschlaggestaltung
von lowlypaper, Marion Blomeyer
Umschlagmotiv: Dirk Schmidt
Autorenfoto: Thomas Dashuber
Zeichnungen: Dirk Schmidt
An · Herstellung: Str.
Druck und Bindung: CPI books GmbH, Leck
Printed in Germany
ISBN: 978-3-442-48490-4
www.goldmann-verlag.de

Besuchen Sie den Goldmann Verlag im Netz

Für Ursula

INHALT

DAS KOLUMNISTISCHE
MANIFEST

Ein Gespenst geht um in Europa – das Gespenst des Kolumnismus.
Nun ist es aber folgendermaßen: Den Kolumnismus kennen alle.
In jeder Zeitung, jedem illustrierten Blatt und auf jeder Internetseite schreiben Kolumnisten; manche befassen sich mit der politischen Lage, andere mit dem Wirtschaftsleben, wieder andere
mit dem guten Essen oder mit ihrer eigenen Lustigkeit.
Das Gespenst aber kennen nur die Kolumnisten selbst.
Mir zum Beispiel ist es wirklich gut vertraut. Es erscheint hier
seit Jahrzehnten nicht nur nachts, sondern am helllichten Tag,
nicht nur, wenn ich in meinem Büro sitze, sondern auch, wenn
ich im Zug fahre, in einem Hotel übernachte oder irgendwo auf
unserem Kontinent Ferien zu machen versuche, Ferien, die nun
seit eh und je unterbrochen werden von dem Tag, an dem ich meine Kolumne zu schreiben habe.
Mal sitzt das Gespenst mir im Nacken, mal tanzt es mir auf der
Nase herum, dann wieder flüstert es in mein Ohr: »Hast Du
schon eine Idee …?« Oder: »Weißt du überhaupt, wie spät es bereits ist?« Oder auch: »Findest du nicht, dass die Kolumne, die du
heute Morgen geschrieben hast, ausgesprochen schwach geworden ist?« Und weiter: »Und ist nicht überhaupt in dieser Geschichte ein Fehler, ein dummer, nun aber nicht mehr zu ändern-
der Fehler?«

Ich habe jetzt tausendundeine Kolumne geschrieben, das ist eine schöne Zahl, die man sich gut merken kann, und in Zeiten wie diesen sind Zahlen und überhaupt Dinge, die man sich, wie gesagt, gut merken kann, extrem wichtig.

Andererseits: War es je anders? Ich meine, hat es je Zeiten gegeben, in denen sich die Leute irgendwas gemerkt haben, wenn man es ihnen nicht mit runden, großen und einprägsamen Zahlen um die Ohren gehauen hat? Na, also.

Ich schreibe Kolumnen seit den Zeiten Alarichs des Saumseligen, Wilfrieds des Haarigen oder Childerichs des Chönen, so genau weiß ich es nicht mehr, jedenfalls geht das schon seit Jahrhunderten so. Hier in meinem Archiv gibt es halb zerbröselte Schriftstücke aus dem Mittelhochdeutschen, in denen vom »kolumniman« oder »kolumnimester axel« die Rede ist, der regelmäßig etwas verfasse, das den Titel *spurucelwurc* oder *sperucilwirc* oder so ähnlich trage, das Wort ist unleserlich. Später heißt es an einer Stelle: »und es versamlet sich viel volcks zu im, also dasz er vor alles volck trat und lasz«, was bedeutet, dass ich schon vor sehr langer Zeit meine Kolumnen auch öffentlich vorgetragen habe. Auch daran habe ich keine Erinnerung mehr.

Das Einzige, was ich mir, wie gesagt, eben gut gemerkt habe, ist diese Zahl: 1001.

Das Kolumnenverfassen ist mir in den Zeitläuften zur Gewohnheit geworden, es gibt meinem Alltag Struktur und meiner Existenz Halt. Es ist schön zu wissen, dass man mittwochs etwas Bestimmtes zu tun hat, jeden Mittwoch, denn Mittwoch ist mein Kolumnentag. Das verleiht so einem Mittwoch eine ganz andere Bedeutung, als wenn er einfach nur ein Mittwoch wäre; so ragt der Mittwoch gleichsam säulenartig aus dem Daseinsmatsch heraus, komme, was da wolle. Mittwoch ist der Tag, auf den ich hinlebe. Und nach dem es eine Weile bergab geht, bis sich der nächste Mittwoch schemenhaft am Horizont abzuzeichnen beginnt.

Ich schreibe in meinem Leben jetzt schon länger Kolumnen, als ich nicht Kolumnen geschrieben habe. Ich habe mich sozusagen selbst überholt, was mir sehr wichtig ist. Jeder sollte sich mindestens einmal im Leben selbst überholen, es ist ein tolles Gefühl, sich aus dem Seitenfenster zuzuwinken, zuzuschauen, wie man zurückbleibt, und dann mit Höchstgeschwindigkeit abzurauschen.

Übrigens finde ich die Zahl 1001 schöner als die 1000. Was ist schon dran an einer 1, hinter der drei Nullen marschieren, das ist im Leben doch immer das Gleiche, einer geht voran, und die Nullen marschieren hinterher?!

Mir erschien das Gespenst zum ersten Mal, als ich gerade begonnen hatte, an einer täglichen Kolumne auf Seite eins der Zeitung, für die ich damals schrieb, mitzuarbeiten. Meine Aufgabe war, 63 leicht hingeworfene, mit überraschenden historischen Assoziationen versehene, intellektuell tiefgehend begründete und dennoch umwerfend komische Zeilen über die Tatsache zu schreiben, dass es in München im Mai schneite – eine Aufgabe, mit der verglichen mir die, auf einer Glatze Locken zu drehen, leicht lösbar erschienen wäre.

Ich begann um zwölf. Um 16.30 Uhr musste ich fertig sein.

Um 16 Uhr hatte ich zehn Zeilen geschrieben.

Da stand das Gespenst vor mir. »Weißt du eigentlich, dass die Zeitung ohne diese Kolumne nicht erscheinen kann?«, flüsterte es. »Könnte sein, dass sie dich gleich wieder rauswerfen, wenn du nicht soforrrrt …«

Ich rannte auf den Flur, wo ich dem Kollegen Meyer begegnete, der das Gespenst bereits seit Jahrzehnten kannte. Er sah meine zerrauften Haare, und ich sah seine zerrauften Haare, soweit ihm in seinem fortgeschrittenen Alter noch welche verblieben waren.

Meyer hatte im Laufe seines langen Lebens eine Art Dauerzerraufung der Haare erlitten, das heißt, seine Frisur war immer zerrauft, ob er nun die tägliche Kolumne gerade zu schreiben hatte oder nicht.

Er riet mir, mit dem Paternoster einmal die große Runde zu fahren, nicht auszusteigen oben, nicht auszusteigen unten, sondern mein vor Angst zitterndes Jungkolumnistenfleisch durch das Zahnradgetriebe des Umlaufaufzuges fest massieren zu lassen.

Das werde das Gespenst vertreiben, prophezeite er.

Gespenster hassen nämlich Zahnräder.

Ich tat, wie mir von Meyer geheißen. Es half. Ich machte die Kolumne in zwanzig Minuten fertig und überreichte sie dem Chef, und der Chef sah an, was ich geschaffen hatte, und fand, dass es gut war.

Seit dieser Geschichte habe ich immer ein paar kleine Zahnräder in der Hosentasche. Naht das Gespenst, klimpere ich leise mit ihnen. Meistens hilft das schon, damit es wieder abzischt.

Die Zahl 1001 kennen wir alle natürlich aus dem Paragrafen 1001 des Bürgerlichen Gesetzbuches, in dem es um die »Klage auf Verwendungsersatz« geht. Aber einigen von uns ist sie auch aus *Tausendundeine Nacht* bekannt, ein Buch, das damit beginnt, dass ein morgenländischer König namens Schahriyâr von der Untreue seiner Frau so erschüttert ist, dass er sie hinrichten lässt und seinem Wesir befiehlt, ihm fortan jede Nacht eine neue Jungfrau zuzuführen, die am folgenden Morgen ebenfalls getötet wird.

Im Morgenland haben sie es ja irgendwie mit den Jungfrauen und dem Hinrichten, aber das soll hier jetzt keine Rolle spielen. Scheherazade, die Tochter des Wesirs, bittet ihren Vater eines Tages, er möge sie ebenfalls zum König bringen. Was der Wesir natürlich ablehnt, weil er weiß, was ihr dort blüht. Doch Scheherazade besteht darauf und setzt sich durch (wie ja Töchter im Allgemeinen von ihren Vätern immer bekommen, was sie wollen). Sie wisse, sagt sie zum Vater, wie sie das Morden beenden könne – und weiß es auch tatsächlich: Jede Nacht erzählt sie nämlich dem König eine Geschichte von Ali Baba, Harun ar-Raschid oder Sindbad, dem Seefahrer, deren Schluss sie aber jedes Mal für sich behält. Das Ende, sagt sie zum König, werde sie erst in der kommenden Nacht verraten.

Der König steht also vor der Wahl, unter Verzicht auf dieses Ende weiter zu morden oder den Schluss zu hören. Er entscheidet sich für die Pointe. War ja klar.

Nach 1001 Nächten sagt Scheherazade: Nun wisse sie kein Märchen mehr. Aber da ist der König natürlich längst in Liebe zu ihr entbrannt, schwört seinen Grausamkeiten ab und heiratet sie.

Kurz müssen wir uns jetzt mit der Frage befassen, ob eigentlich der Untertitel dieses Buches *Das Beste aus 1001 Kolumnen* grammatisch korrekt ist. Vielen von uns ist ja das Buch *Tausendundeine Nacht* unter dem Titel *Geschichten aus tausendeiner Nacht* geläufiger: Müsste es dann nicht auch *Das Beste aus 1001 Kolumne* heißen, also Singular statt Plural? Nein, das klingt denn doch zu seltsam. Was sagt der Duden? In seiner Ausgabe von 1959 heißt es, *tausendundein* kombiniert mit dem Singular müsse immer gebeugt werden, man sagt mithin, zum Beispiel: *mit tausendundeinem Salutschuss.* Möglich sei allerdings auch die Verwendung des Plurals, dann hingegen falle die Beugung von »ein« weg (sowie bisweilen auch das »und«): *mit tausend (und)ein Salutschüssen.*

Zieht man dann noch die aktuelle Duden-Grammatik von Gallmann und anderen zurate, liest man allerdings: »Schließlich wird die Form auf -eins immer gebräuchlicher«, also zum Beispiel: »Die tausendundeins besten Tipps für Bauherren«. Anders ausgedrückt: *mit tausendundeins Salutschüssen* geht auch in diesen wurschtigen Zeiten. Wenn man den Untertitel des Buches spricht, sagt man *Das Beste aus tausendundein Kolumnen* oder *Das*

Beste aus tausendundeins Kolumnen – und hat nichts falsch gemacht.
Ich danke tausendundeinmal für die Aufmerksamkeit auch in
dieser Passage! Und nun weiter im Text.

Die wichtigste Grundlage des kolumnistischen Manifests ist,
dass es nicht als Manifest geschrieben wurde. Sein Inhalt wurde
sozusagen von Woche zu Woche und von Jahr zu Jahr und von
Kolumne zu Kolumne erst manifest. Niemals hatte der Autor vor,
von der Welt etwas zu fordern oder sie zu etwas aufzufordern
oder ihr etwas einzureden, wie es den meisten anderen Arten von
Kolumnen und Manifesten eigen ist. Ohnehin lehnt er (der Autor) es ab, Menschen zu belehren.
Und überhaupt lag es zu keiner Zeit in seiner Absicht, irgendeine
Art von Manifest vorzulegen.
Seine einzige Intention war immer bloß, von sich zu erzählen:
wie er seine Kinder erzieht, oder sagen wir: zu erziehen versucht,
oder sagen wir: wie er beim Versuch der Erziehung scheitert;
auch wie er die Beziehung zu seiner Frau gestaltet und wie er
selbst andererseits sozusagen von den Zeitläuften gestaltet wird,
wie er seinen Alltag als Mann erlebt und überlebt, wie er Gewicht
zu verlieren versucht, was er beim Anblick von Tieren empfindet
und was überhaupt so in seinem Kopf vorgeht, wenn er die Welt
betrachtet.
Wie ein Reporter von der Welt berichtet, so berichtet dieser Kolumnist von sich selbst.
Das ist nämlich die Grundlage des Kolumnismus, wie er in diesem Manifest ja nun aber doch vertreten wird: eine Art regelmä-
ßiger Selbstbericht, dessen Grundlage absolute Verlässlichkeit
ist. Hat man nämlich einmal beschlossen, dass eine Kolumne immer wieder zu einem bestimmten Zeitpunkt an einer bestimmten Stelle erscheinen soll, so muss sich der Leser darauf verlassen
können, wie sich der Alpinist auf den Bergkameraden verlässt:

Ich bin für dich da, Mann, es sei denn, es reißt mich selbst in die Tiefe.

Selbst nach dem Weltuntergang sollte der Kolumnist mit zuverlässiger Genauigkeit zum geplanten Zeitpunkt seine Eindrücke von Ablauf und Gestaltung desselben schildern sowie sein eventuelles Lob des Vorgangs und seinen Einwände dagegen am vereinbarten Ort vorbringen. Wobei, wenn ich genau darüber nachdenke, er auch sagen könnte: Weltuntergang? Ist für mich kein Thema. Ich hätte da etwas anderes, auf den ersten Blick ganz Abseitiges, hören Sie mal …

Das Wunderbare an *Tausendundeine Nacht* ist ja, nebenbei gesagt, dass es dem Leser einen Weg zeigt, wie Härte, Grausamkeit und Mordlust zu überwinden sind: durch das Erzählen nämlich oder, wie man heute sagen würde, durch Kommunikation. Der mordende König, ja, der Mörder überhaupt, ist ein einsamer Mensch, der keinen Weg gefunden hat, sich anders als durch Mord mitzuteilen, und zu dem, weil das so ist, auch niemand je einen Weg gesucht, geschweige denn gefunden hat – bis auf, in diesem Fall, Scheherazade eben, die allein durch die Kunst des beharrlichen und gekonnten Erzählens alle Mauern, die der Mann und König Schahriyâr um sich errichtet hatte, überwand.

Weshalb sich, so lehrt uns dieses Buch, die Menschlichkeit jeder Gesellschaft, ja, die Qualität jeder menschlichen Beziehung überhaupt daran misst, wie intensiv und offen darin erzählt oder meinetwegen kommuniziert wird.

Oder anders gesagt: Das Unglück der Welt kommt aus dem Schweigen.

Hier sind also nun aber doch einige Forderungen des kolumnistischen Manifests: Sei erstens immer pünktlich am vereinbarten Ort! Verpasse zweitens nie die Verabredung mit deinen Lesern! Und mache drittens keinen Urlaub! Viertens: Wenn du doch Urlaub machst, dann sorge dafür, dass fünftens deine Kolumne in diesem Urlaub dennoch erscheint, und zwar sechstens von dir und niemand sonst verfasst. Mache aber siebtens am besten doch keinen Urlaub. (Ferien sind achtens etwas für Schwächlinge. Außerdem gibt es für einen Kolumnisten, der auf sich hält, neuntens keine Vertretung, er hält sich nämlich für unersetzlich, und was er tut, ist zehntens unvertretbar.)

Wäre es übrigens ein guter Gedanke, den Schluss einer Geschichte, wie Scheherazade es tat, immer erst mit einer gewissen Verzögerung bekannt zu geben, sagen wir: eine Woche später, in der nächsten Kolumne, im nächsten Heft?

Das ist natürlich abzulehnen, denn es hieße, diesen Schluss zu wichtig zu nehmen (was nicht zu diesen Texten passt), sich selbst als eine Art Scheherazade zu sehen (was albern wäre) und das Publikum mit dem König Schahriyâr gleichzusetzen (was man eine Unverschämtheit nennen müsste).

Was aber gesagt werden kann: Die Beziehung zwischen Kolumnist und Leser ist nicht ohne Gefühl. Man muss sich irgendwie mögen, sonst geht es nicht, und zwar wechselseitig.

Mir hat immer diese Geschichte gefallen, die ich mit meiner ersten Kolumne erlebt habe. *Der kleine Erziehungsberater* bestand aus etwa dreißig Texten über das Leben einer Familie mit drei kleinen Kindern, wobei ich anfangs keineswegs plante, dass es so viele sein sollten (also Kolumnen meine ich, nicht Kinder), ich dachte an vielleicht acht Geschichten. Doch die Sache entglitt mir insofern, als sich schon nach der ersten Kolumne jene Leser meldeten, von denen ich glaubte, ich würde ihnen von einem ganz speziellen, zum Erziehen ihres Nachwuchses besonders unbegabten Elternpaar und seinem ungewöhnlichen und unvergleichlich anstrengenden Alltag zu erzählen. Die Leserpost hatte immer wieder im Wesentlichen diesen Satz zum Inhalt: Das ist ja wie bei uns, also ist es bei uns gar nicht so ungewöhnlich und unvergleichlich anstrengend, wie wir dachten. Und ich dachte: Wenn es bei anderen Leuten so ist wie bei uns, dann ist es bei uns ja gar nicht so schlimm, wie ich dachte.

So trösteten, ja: therapierten sich Leser und Autor gewissermaßen gegenseitig.

Das Gespenst sagt: »Warte nur, es wird der Tag kommen, an dem dir plötzlich nichts mehr einfällt, der Bildschirm leer bleibt und deine Kinder vergebens nach Essen rufen.«

Ich meinerseits jedoch sage dem Gespenst: »Weißt du, die Sache macht mir einfach Spaß! Manchmal jedenfalls. Wenn nur du nicht wärst …«

Meine Arbeit besteht nämlich, grundsätzlich betrachtet (und warum sollte man die Sache nicht einmal und an dieser Stelle, und weil es sich ja um ein Manifest handelt, grundsätzlich betrachten?), darin, aus dem Schweren etwas Leichtes zu machen. Das heißt, ich knöpfe mir die Lasten des Lebens vor und versuche, sie mit Hilfe sprachlicher Bearbeitung zum Schweben zu bringen, verstehen Sie? Ich möchte, wenn ich einen Arbeitstag hinter mir habe, das Leben leichter empfinden als zu Beginn dieses Tages, und wenn es dem Leser genauso geht, soll es mir recht sein.

Als Kind hatte ich einen immer wiederkehrenden Traum: Ich stand auf einem freien Feld, einer Straße oder in einem Garten und fühlte mich so schwer, wie ich mich als Kind oft schwer gefühlt habe. Aber aus irgendeinem Grund, einem inneren Antrieb folgend, begann ich in diesem Traum plötzlich, mit den Armen zu rudern, wie ein Vogel mit den Flügeln schlägt, und es geschah, was nicht zu erwarten, aber doch diffus zu erhoffen gewesen war: Ich erhob mich tatsächlich in die Lüfte, ich flog hoch und weit, und das war nicht einmal besonders anstrengend, es geschah einfach nur durch diese Armbewegung, immer wieder von der Angst vor dem Abstürzen begleitet, der ich jedoch durch neue Armbewegungen begegnete, die mich leicht in der Luft und über der Welt hielten. Alles geschah nach meinem Willen, ich konnte fliegen, solange und wohin ich wollte, und mein Gefühl dabei war nicht das einer jubelnden Euphorie, sondern eher das eines nicht aufhörenden Staunens über ungeahnte Möglichkeiten.

Jeder, der sich mit dem Schreiben beschäftigt, weiß, dass es sich dabei um ein täglich zu erlebendes Abenteuer handelt. Denn es kann passieren, dass man auf dem Weg zu seinem Ziel abrutscht, stürzt, liegen bleibt und abends irgendwie resigniert und jedenfalls schlechteren Mutes heimkehrt, als man morgens aufbrach. Wenn man nicht überhaupt schon in der nächsten Kneipe hängen bleibt, dem Wirt etwas vorweint und einige Gläser Bier mit seinen Tränen salzt.
Aber wenn man Glück hat und fleißig ist, dann ist es anders, und man schwebt nach Hause zu den Seinen.

Hier sind deshalb die nächsten Proklamationen des kolumnistischen Manifests: Langweile elftens deine Leser nicht, öde sie zwölftens nicht an und schläfere sie dreizehntens nicht ein.
Beispielsweise habe ich eine Weile lang eine Kolumne namens *Der Abnehmer* geschrieben, Geschichten über einen Mann, der unbedingt an Gewicht verlieren will. Man hatte mich, in bester Absicht, zu diesen Geschichten überredet, doch, ehrlich: Schnell war mir damit langweilig. Es ödete mich an. Der hier behandelte Lebensausschnitt war mir zu klein, und das Abnehmen war nicht wirklich mein Thema und mein Problem. Ich war, kurz gesagt, beim Schreiben nicht bei mir selbst.
Hier ist, was *Das Kolumnistische Manifest* dazu sagt: Wenn du deine Leser nicht langweilen und anöden und nicht dafür sorgen willst, dass sie bei der Lektüre einschlafen, dann musst du sehr streng darauf achten, dass du selbst bei der Arbeit dich nicht langweilst, anödest und du auch nie dabei einschläfst.

Denn Schreiben ist nichts als purer Egoismus, und gerade weil es purer Egoismus ist, haben auch andere etwas davon.

Noch ein Wort zum Thema »Routine«.
Es gibt nichts Schlimmeres als einen routinierten Kolumnisten. Wenn du das Gefühl hast, routiniert eine Geschichte heruntergeschrieben zu haben, zerschlage alles Porzellan in deinem Büro, werfe deinen Laptop gegen die Wand und fang noch mal von vorne an. Routine ist das Letzte, sie ist nicht die Vorstufe des Endes, sie ist das Ende selbst.
Routine ist der Tod!
Na ja, das war natürlich Blödsinn jetzt, außerdem hasse ich dieses Martialische. Ich dachte nur einen Moment lang, in einem ordentlichen Manifest könnte es nicht schaden, mal auf die Pauke zu hauen.
Unter uns gesagt: Routine kann manchmal sehr nützlich sein.
Aber lass sie dir vierzehntens wenigstens nicht anmerken.

Übrigens möchte ich nicht, dass dieses erwähnte Gespenst hier als etwas Lustiges, Witziges und Nichternstgemeintes empfunden wird. Wenn ich von den Ängsten spreche, die das Gespenst mir einzuflößen versucht und immer wieder auch einflößt, dann mache ich keine Scherze. Denn dieses Gespenst hängt mir ja dauernd im Nacken, es droht mir mit einer leeren Seite, mit Einfallslosigkeit, mit Unwitzigkeit, mit Wiederholung. Und wissen Sie, was das für einen Kolumnisten bedeutet? Eine leere Seite!? Ein einfallsloser, unwitziger, unorigineller Text!?
Immer wieder muss ich dieses Gespenst verscheuchen!

Ich empfinde Pflichtgefühl. Beauftragt zu sein damit, wieder und wieder und wieder und dann noch mal und bis auf unabsehbare Zeit sehr regelmäßig eine ganze Magazinseite zu füllen, gibt mir das Gefühl, die Welt da draußen warte darauf, von mir betrachtet, zergliedert, neu zusammengesetzt und so wiederum auf andere Art beschrieben zu werden. Und die Leute da draußen warteten auch darauf, dass ich dies täte, und die Kolumne sei also deshalb quasi eine Säule nicht nur meines, sondern auch ihres Lebens.

Und selbst der schon erwähnte und eines Tages ja nun wohl wirklich unvermeidliche Weltuntergang werde leichter, ja, überhaupt nur zu ertragen sein, weil und wenn ich ihm in meiner Kolumne etwas, sagen wir, Spielerisches abgewönne.

Na klar ist das Größenwahn! Was soll es denn sonst sein!?

Immer wieder wird mir die Frage gestellt: Warum schreiben Sie überhaupt Kolumnen? Warum schreiben Sie nicht mal einen ROMAN?

Darauf habe ich eine demütige Antwort und eine Gegenfrage.

Meine demütige Antwort ist: Weil ich es nicht kann! Mein Gehirn gibt das nicht her. Es funktioniert nicht wie das Gehirn eines Romanautors, es ist eher wie diese Münz-Föhn-Apparate im Schwimmbad, die sich nach einer gewissen Weile einfach abschalten – es sei denn, man wirft Geld nach, dann beginnen sie von neuem. So ist das auch bei mir: Nach drei Seiten ist nix mehr drin in meinem Kopf, es macht einfach Klack, und dann ist Schluss.

Nun meine Gegenfrage: Wenn ein Hundert-Meter-Läufer im Ziel ist, fragen Sie ihn dann auch: Warum laufen Sie nicht mal Marathon? Nein, oder? Der Sprinter ist eben ein Sprinter, und der Langstreckler ist ein Langstreckler.

Julian Reus, der beste deutsche Hundert-Meter-Läufer, hat in einem Interview mit der *Welt* gesagt: »100 Meter kann man nur schnell laufen, wenn man zu 100 Prozent fit ist. Wenn ich beispielsweise mit 95 Prozent Fitness an den Start gehe, renne ich statt 10,10 vielleicht 10,30 Sekunden. In keiner Phase des Rennens lassen sich Kräfte aufsparen. Es wird kein einziger Fehler verziehen. Wer in einem 10.000-Meter-Rennen mal einen kur-

zen Durchhänger hat, kann diese Phase folgenlos überstehen. Mache ich aber über 100 Meter einen Fehler, habe ich auf internationalem und auf dem hohen nationalen Niveau, das wir momentan in Deutschland haben, keine Chance.«
So ist das.
Der Kolumnist geht extrem fokussiert an den Start, zu hundert Prozent fit. Nach dem Kaffee ist er wie eine gespannte Feder oder ein voll gedehnter Zwillengummi. Startbereit. Schussbereit. Seine Disziplin verzeiht keine Fehler, sie erlaubt keine Durchhänger. So ein kurzer Text ist ein einziges schönes Wuuuuuschschsch.
Im Idealfall.
Wenn's nicht so gut läuft, gibt es morgen oder nächste Woche eine neue Chance, das ist der Vorteil des Kurzstrecklers. Man läuft nicht jeden Tag Marathon. Man schreibt nicht jeden Tag einen neuen Roman.
Sprint zwischendurch geht aber immer.

Wobei jede einzelne Kolumne ein Sprint ist, aber 25 Jahre Kolumnenschreiben sind dann doch irgendwie ein Marathon, oder? Komischer Widerspruch, aber wer bin ich, dass ich jeden Widerspruch und jede Ungereimtheit in meinem Leben auflösen müsste?
Dieses Manifest soll jedenfalls zeigen: Auch Menschen wie ich können ihren Platz im Leben finden, Menschen, die unfähig sind zu logischem Denken, zu klarer Analyse und eindeutigen Bekenntnissen, Menschen, die nicht in der Lage sind, einen Text so aufzubauen, dass er frei ist von Gedankensprüngen. (Denn alle Kolumnen in diesem Manifest sind Belege dafür, dass der Autor keiner Idee länger als fünf Minuten folgen kann).

Zufällig lese ich übrigens, während ich dies hier schreibe (ich lese ja zwischen den Sätzen immer noch Zeitung, um mein sprunghaftes Hirn auf Trab zu halten), in der *Zeit* einen Artikel über

Friedrich Liechtenstein, der, wie sich mancher erinnern wird, »Mr. Supergeil« gewesen ist und mit sonorer Stimme und den Worten »Super Uschi, super Muschi, super Sushi, supergeil!« Werbung für Edeka machte. Es taucht die Frage auf, warum diese Supermarkt-Werbung eigentlich eingeschlagen habe wie eine Bombe. Liechtenstein antwortet: »Immer wenn das Wort ›geil‹ auftaucht, läuft es. Alle Leute, die was mit geil gemacht haben, hatten Erfolg … Geil ist immer eine großes Hallo, da lachen die Leute.«

Hiermit melde ich Titelschutz an für die Kolumnen *Das Geilste aus meinem Leben* und *Das Geilste aus aller Welt*.

Ohne einen gewissen bescheidenen (und ja schon erwähnten) Größenwahn kann man übrigens gewisser Gespenster nicht Herr werden, sage ich und füge hinzu, dass es Tage gibt, an denen ich glaube, die ganze Welt sei nur geschaffen worden, damit ich in meinem Büro etwas zu tun habe. Genau aus diesem Grunde habe ich 2008 mit *Das Beste aus aller Welt* angefangen, eine Kolumne, die sich die ganze Welt vorknöpft, aber natürlich nur das Beste davon und nur jene Teile, die andere noch nicht so recht zur Kenntnis genommen haben, das meiste also.

Das ist aber noch längst nicht alles. Es gibt nämlich Indizien dafür, dass nicht nur ich die Schöpfung als etwas geistig und seelisch überaus Anregendes empfinde, sondern dass auch die Schöpfung ihrerseits sich mittlerweile an meiner Kolumne orientiert oder sich jedenfalls bisweilen ein paar Ideen daraus holt. (Nur um hier noch ein weiteres Mal das Thema Größenwahn aufzunehmen und zu variieren.)

Dazu folgende Geschichte: Ich schrieb eines Tages einen Text über eine geplante Vogelzählung in Deutschland, anlässlich derer die Menschen aufgerufen waren, eine Stunde lang in Gärten, Parks und anderswo die Vögel, derer sie ansichtig wurden, zu zählen. Und weil ich schon mal dabei war, von Vögeln zu schreiben, erzählte ich auch die Geschichte meines Lesers F., der mir berichtet hatte, seine Frau habe der gemeinsamen Enkelin *Alle Vögel sind schon da* vorgesungen. Es habe sich herausgestellt, dass sie zeitlebens die zweite Zeile nicht mit Hoffmann von Fallerslebens Text »Welch ein Singen, Musizieren« intoniert habe, sondern mit der eigenen Variation »Welchlein singen, musizieren«. Die Welchlein seien, ihrer Auskunft zufolge, bunte Vögelein, die sängen und musizierten.

Wumbaba, oder?

Drei Wochen später erhielt ich Post vom bayerischen *Landesbund für Vogelschutz*, der mir über die Ergebnisse dieser Vogelzählung berichtete – und was fand sich auf Platz 105 der Statistik, gleich nach der Streifengans, jedoch noch vor Waldrapp und Eiderente? 1 Welchlein.

Zweifellos hatten die Schöpfungsverantwortlichen in meiner Kolumne diese Vogelart erst entdeckt, sie als interessant und schaffenswert empfunden und sofort in die Welt gesetzt: bunte, musizierende, von Leserin F. ins Leben gerufene, von mir der Bevölkerung annoncierte Vögelein.

In diese Richtung gilt es weiterzuarbeiten.

Natürlich frage ich mich die ganze Zeit, ob Scheherazade das Gespenst gekannt hat. Für den Fall, dass ihr nichts mehr einfiele, drohten ihr ja nicht nur leere Seiten, Kränkung der Berufsehre und bedrohlicher Geldmangel, sondern der Tod. Aber sie scheint doch über ein gewisses Selbstbewusstsein und beneidenswert großes Vertrauen in die eigenen erzählerischen Fähigkeiten verfügt zu haben. Wenn sie also das Gespenst gekannt haben sollte, dann hat sie es einfach beiseite geschoben und nicht weiter beachtet.

Und nun hört also, was *Das Kolumnistische Manifest* Euch zu sagen hat: Lasst die Gespenster reden und lasst sie Gespenster sein, das ist ihre Aufgabe. Sie sollen uns erschrecken. Unsere Aufgabe jedoch ist, uns nicht erschrecken zu lassen. Wir sollen unser Ding machen im Leben, wie ich hier mein Ding mache gegen den Widerstand aller Scheißgespenster meines Lebens. Denn wir haben nichts zu verlieren als Langeweile, Ödnis und Verblödung, und wenn wir uns durch die Gespenster nicht davon abhalten lassen, unser Ding zu machen (wie ich allen Gespenstern zum Trotz mein Ding mache), dann haben wir eine Welt zu gewinnen, unsere eigene Welt nämlich.

Ist jedenfalls meine Meinung.

DIE MANIFESTEN KOLUMNEN

Um noch mal auf die 1001 zurückzukommen: Diese tausendundein Kolumnen erschienen im *Süddeutsche Zeitung Magazin* seit 1990 nacheinander unter folgenden Titeln: *Katastrophen, Der kleine Erziehungsberater, Der Abnehmer, Hackes Grundkurse, Hackes Tierversuche, Als ich heute früh anfing zu denken, Ich hab's euch immer schon gesagt, Meine Memoiren, Das Beste aus meinem Leben* und *Das Beste aus aller Welt.* Außerdem und darüber hinaus wurden veröffentlicht: im *Bayerischen Rundfunk* jahrelang einige hundert *Geschichten wie Du und Ich,* ebenso fünf Jahre lang jeden Sonntag im Tagesspiegel die Kolumne *Und was mache ich jetzt?,* die aber in diesem Buch allesamt nicht enthalten sind, weil es sich nämlich, zählte man diese Texte mit, um mindestens 1500 Kolumnen handeln würde, und das ist eine nicht einmal annähernd so schöne Zahl wie die 1001.

Zu seiner Arbeit von 1985 bis 2000 als einer der Verfasser des *Streiflichts,* der wahrscheinlich ältesten noch erscheinenden deutschsprachigen Kolumne, in der *Süddeutschen Zeitung* hat der Autor, also ich, sich als verantwortlicher Herausgeber von *Das*

Streiflichtbuch (1994) und *Das neue Streiflichtbuch* (2000) in seinen Vorworten zu diesen Bänden geäußert.

Etliche der Kolumnen in diesem Buch standen übrigens schon mal in einem meiner Bücher, die meisten aber noch nicht.

NOCH WAS, BEVOR ES LOSGEHT

Man kann dieses Buch, wie so viele andere, von vorne nach hinten durchlesen. Dafür ist es aber eigentlich nicht geschrieben, denn seine Texte sind ja, jeder für sich, Woche für Woche erschienen, jeder hat für sich seine eigenen Bezüge im Lauf der Zeit, und weil das so ist, kann man sich in diesem Buch auch treiben lassen, man kann von hier nach dort springen, es gibt überall Verweise, man kann seine eigenen Assoziationswege finden. Man kann also bei der Lektüre so sprunghaft vorgehen wie der Autor vorgeht, wenn er denkt, und vielleicht ist das sogar das Beste.

Denken Sie im Übrigen bitte daran, dass ich 25 Jahre gebraucht habe, um all das hier zu schreiben, also: Auch Sie können sich ruhig Zeit lassen.

ABER WIE
FANGEN WIR JETZT EIGENTLICH
WIRKLICH AN?

——— ✦ ———

Fangen wir klein an? Oder eher so mittel? Nein, wir fangen ganz groß an. So eine Kolumne ist etwas Kleines, es sind nur ein paar Zeilen, eine kurze Geschichte, die sich aber mit großen Themen beschäftigt, der Liebe, dem Tod, der Erziehung von Kindern und auch der Frage, welcher Fußballverein der beste ist. Die Kolumne macht das Große klein, oder sie entdeckt im Gegenteil vielleicht im Kleinen die Größe, auch versucht sie, dem Entlegenen Bedeutung abzugewinnen und zu erklären, warum das uns bedeutend Erscheinende in Wahrheit doch komplett entlegen ist.

Deshalb beginnen wir mit dem Größten überhaupt: dem Weltraum. Ich erinnere mich, ein paar Geschichten über den Weltraum geschrieben zu haben, hier sind einige davon.

DIE RAUMFLIEGERIN

Die Piratenüberfälle in letzter Zeit haben mich an einen Brief von Leserin B. aus Flensburg erinnert. B. segelt viel mit ihrem Mann, oft sind Familien von Freunden dabei, einmal auch die fünfjährige Chiara, die beim gemeinsamen Singen folgendermaßen in den Text eines Seeräuber-Songs einstimmte:
»Alle, die mit uns auf Körperfahrt fahren,
müssen Männer mit Bärten sein.«
Natürlich hat das Missverständnis entscheidend damit zu tun, dass sich keine Fünfjährige vorstellen kann, was eine Kaperfahrt ist. Wer weiß das schon noch? Den modernen Kaperfahrern fehlt ja alles, was (wie wir in unserer Kindheit lernten) zu einem anständigen Piraten gehört. Weder heißen sie Jan, Klaas, Hein oder Pit, noch tragen sie Bärte, Augenklappen oder Holzbeine – das ist alles sehr enttäuschend. Auch hat meiner Auffassung nach ein Pirat sich mit Goldschätzen zu beschäftigen, nicht mit Öltankern oder Weizendampfern. Wo möchte er denn diese vergraben, um für spätere Generationen eine Schatzkarte anzufertigen? Das hat alles nicht das Niveau von früher.
Doch das Wort »Körperfahrt« sollten wir uns merken. Frau B. schreibt mir, sie habe sich »bärtige Seemänner mit ziemlich ansehnlichen Körpern« vorgestellt. Aber müssen wir nicht, da wir von der Phantasie eines unschuldigen Kindes ausgehen, den Begriff weiter fassen, vielleicht auch gelöst vom Liedtext, ja, über diesen hinausweisend? Man hat das Leben schon immer als Seelenreise verstanden, aber hier wird uns durch die plötzlich-schiere Existenz des Begriffs vor Augen geführt, dass es auch eine Körperfahrt ist.
Einen ähnlichen Banalisierungsprozess wie der Piratenberuf hat die Tätigkeit des Astronauten durchlaufen. Kaum hatten wir kürzlich erfahren, dass die NASA in der Raumstation ISS eine

Anlage installieren möchte, mit deren Hilfe sich aus Astronauten-Urin Trinkwasser gewinnen lässt, da hieß es, die Raumfahrerin Heide Stefanyshyn-Piper habe (im Urinrausch?) bei Außenarbeiten eine Tasche verloren, die unter anderem eine Fettpresse enthielt. Bitte, wir reden hier vom Beruf des Mondfliegers, vielleicht das Größte, was ein Mensch auf seiner Körperfahrt erreichen kann – und nun werden am unendlichen Himmelszelt Schmiernippel mit Fettpressen geölt?! War es das, was wir wollten, als wir Armstrong und Aldrin zum Mond schickten? Dass fremde Intelligenzen als erste Botschaft der Erde eine ins All entschwebte Mehrzweckhebelfettpresse in ihren schleimigen grünen Händen halten? Was werden diese Wesen von uns denken? Wofür werden sie das Gerät halten? Für eine Waffe? Eine Erdlings-Pistole? Kann man sich das schmatzende Lachen vorstellen, mit dem sie auf den Fettpressenhebel drücken, so dass dem Gerät in blödester Weise Schmierfett entquillt – und wie sie dann grölend und mit einem einzigen Feuerstoß aus dem Superionenkontaminator uns alle zu Staub machen?

Leserin S. schrieb, sie habe im Alter von sechs Jahren mit anderen Kindern im Garten eines Kinderheimes gesessen. Man habe darüber gesprochen, was die jeweiligen Eltern von Beruf seien. Ein Junge habe berichtet, seine Mutter sei Raumfliegerin. S. schreibt: »Oh, ich war voller Bewunderung. Eine Mutter zu haben, die Raumfliegerin war! Wie ich diesen kleinen Jungen beneidete. Aber gleichzeitig wunderte ich mich darüber, dass dieser Junge in einem städtischen Kinderheim war. Seine Mutter war doch Raumfliegerin! Ich erklärte es mir damit, dass seine Mutter wohl zurzeit im Raum fliegt und deshalb keine Zeit für ihren Jungen hatte. Es vergingen Tage der Bewunderung und des Neides, bis mich ein Betreuer aufklärte, dass es sich bei der Raumpflegerin um eine Putzfrau handelte.«

Dachte nicht vielleicht auch der Junge selbst, seine Mutter sei Raumfliegerin und blicke stolz aus dem All auf ihn herunter, wie

er seinen Alltag im Kinderheim meistere (bevor sie mit ihrer Fettpresse weiter den Weltraum pflegte)?　• DAS BESTE AUS ALLER WELT 2008

Als dieser Text erschien, gab es vor der Küste Somalias mehr als sechzig Überfälle
von Piraten, darauf bezieht sich die Bemerkung zu Beginn der Geschichte. Und, wie
man sieht, ist dies schon mal eine der vielen Kolumnen, die ohne Mitarbeit von Lesern
nicht möglich gewesen wären, siehe dazu das Kapitel *Über Leserinnen, Leser und
Nichtleser* auf Seite 107.

Die nächste Geschichte stammt aus *Der kleine Erziehungsberater*, und obwohl in ihr
nur zwei der Hauptfiguren dieser Kolumne vorkommen, sollte man gleich mal alle erklären: Neben dem Erziehungsberater sind das eben der Max, der fünf Jahre alt ist,
Anne, die ältere Schwester (sechs Jahre alt), und Marie, die mit zwei Jahren jüngere
Schwester. Und natürlich Antje, deren Mutter, die vom Erziehungsberater, nun ja, eben
beraten wird. Wir kommen später noch ausführlich auf sie alle zurück, jetzt ist aber
erst mal der Max dran.

✦

DAS UFO-KID

Manchmal ist die Welt dem Erziehungsberater so fremd, und er
versteht seine Kinder nicht.

Durch einen Türspalt späht er abends ins Kinderzimmer und
sieht den Max, einen Stoffhund im Arm …, doch er schlummert
nicht, noch nicht: Das Kind murmelt im Halbschlaf Zahlen. »Elf,
zwölf, dreiunddreißig, neunundneunzig, hundert, tausend …«
Was bedeutet das? Morgens sitzt er auf der Bettkante seiner Mutter und begehrt, dass sie auf seinen Rücken mit dem Finger Zahlen male, die er dann flugs errät, ein schönes, doch auch rätselhaftes Spiel, jedenfalls um sechs Uhr in der Früh. Beim Frühstück

später, nicht nur bei irgendeinem Frühstück, sondern bei jedem Frühstück, stellt er Fragen, die etwa lauten: »Wie viel ist eins und null und fünf und tausend und null und neunundneunzig?« Abends, wenn ich das Märchen von Seite 94 vorlese, fragt er mitten im Satz: »Wie viel ist neun plus vier?« Lese ich die Geschichte von Seite 83, fragt er: »Wie viel ist acht plus drei?«

Was ist das? Wer ist dieser Junge? Eine Wiedergeburt von Adam Riese? Von Carl Friedrich Gauß? War in meiner Familie in früheren Generationen je ein Zahlen-Mystiker, ein Rechen-Schamane? Oder murmelt er Zauberformeln? Verkehrt er so mit außerirdischen Wesen, die ihm lauschen? Hat man uns den Abgesandten eines anderen Sterns ins Nest geschoben?

Wahrscheinlich ist er einfach fasziniert von Zahlen, von deren Magie, ihrer Aura. Buchstaben interessieren ihn nicht. Er hat gehört, Pippi Langstrumpf sei neun Jahre alt, und als wir mit dem Auto hinter der Buslinie neun herfahren, schreit er plötzlich: »So alt ist Pippi!«

Kein Ende des Rätsels. Neulich hat er einen Satz gesagt, den ich gern in Stein hauen würde: »Gottesdienst ist die höchste Zahl, aber die gibt es nicht mehr.«

Gottesdienst. Die höchste Zahl. Gibt es nicht mehr. Also doch: Er ist uns vom Jupitermond Ganymed geschickt worden. Ein UFO-Kid.

»Aber, Max, Gottesdienst ist keine Zahl.«

»Doch.«

»Wer hat denn das erzählt? War es Mike? Josef? Philipp? Petra?«

»Das weiß ich halt so.«

Weiß er halt so. Auf Ganymed weiß man so was halt so.

Am nächsten Tag sagt er: »Aber unselig ist noch größer als Gottesdienst.«

»Das heißt ›unzählig‹, Max.«

»Nein! Unselig.«

Was soll ich ihm sagen? Auf Ganymed lebt man in einer anderen

Bewusstseinsstufe als hier. Sie wissen dort alles über uns, wir nichts über sie. Er weiß mehr als ich. Viel mehr. Gottesdienst viel mehr. Unselig viel mehr. · DER KLEINE ERZIEHUNGSBERATER 1991

Dieses Sich-die-Welt-einmal-ganz-anders-zu-erklären-als-Erwachsene-das-können ist ja wohl etwas, nach dem die meisten Leute sich sehr sehnen. Der Vorteil des Autors ist, dass er sich diese Sehnsucht gelegentlich mit einer Kolumne erfüllen kann. (Mehr vom *Kleinen Erziehungsberater* dann auf den Seiten 201 ff.)

★

WAR DER URKNALL EINE GUTE IDEE?

Letztlich bin ich nicht sicher, ob es eine gute Idee Gottes war, die Welt aus dem Urknall heraus entstehen zu lassen. Man hätte sich auch softere Methoden vorstellen können, ein Modellieren, bedächtiges Plastizieren, meinetwegen auch eine Art Backen von Planeten. Oder so etwas wie Bildhauerei oder wenigstens Töpfern. Aber er wird seine Gründe gehabt haben, und letztlich läuft es wohl darauf hinaus, dass der Herr es wahrscheinlich einfach geil fand, alles richtig krachen zu lassen. Man kann das ja verstehen und auch nachvollziehen; der eine lebt diesen Aspekt für sich nur Silvester auf der Terrasse aus, der andere mit kontrollierten Sprengungen von alten Weltkriegzwo-Bomben.

Übrigens glaube ich, dass der Schöpfer letztlich eben doch ein Mann war, keine Schöpferin. Eine Frau wäre anders vorgegangen, nicht so rabiat krachend. Eine Göttin hätte die Erde eher aus dem Gespräch heraus erschaffen.

Aber die Dinge sind, wie sie sind, und wir schlagen uns jetzt mit den Folgen herum. Das ganze Weltall ist ein einziges Herumgesause von irgendwelchen Bruchstücken, die aus einem Urknall-körper hervorgegangen sind. Kürzlich las ich mit Interesse, der Mond sei entstanden, als ein etwa marsgroßer Himmelskörper namens Theia (der damals aber noch nicht so hieß, der Name kam erst später) mit dem Vorläufer unserer Erde kollidierte, wobei große Teile des Globus abgesprengt wurden, mit Theia-Bestandteilen verschmolzen und seitdem um die Rest-Erde kreisen, als »Mond« eben. Ich las auch, man müsse nur mal nach großem Regen einen Magneten in die Regenrinne halten, schon würden viele winzige Teilchen an ihm hängen, Meteoritenmaterial.

Problem nun: Wie schützen wir uns vor diesen Urknall-Resten? Ein zerberstender Meteorit über Tscheljabinsk, der Asteroid 2012 DA 14 rauschte neulich zum Greifen nah an uns vorbei – immerzu passiert irgendwas, und eines Tages wird gewiss ein Riesentrumm herunterballern und uns ein Ende bereiten, wie ein anderer Brocken einst die Dinosaurier auslöschte. Immer wieder heißt es, man solle solche Dinger brachial mit Atombomben aus der Bahn werfen (die Finanzierung wäre durch die Fernsehrechte gesichert), von Satelliten wegschubsen oder von Astronauten klein meißeln lassen. Auch gab es schon die Idee, der bayerische Innenminister könnte den einen oder anderen provozierenden Kleinplaneten mit gezielten Faustschlägen von seinem Weg abbringen.

Aber jetzt erfuhr ich von einem interessanten Vorschlag.

Es ist nämlich so: Tag für Tag wärmt die Sonne eine Seite eines Asteroiden auf, die andere kühlt ab. Da der Körper aber rotiert, dreht sich die warme Seite wieder von der Sonne weg, wird ihrerseits kühler und gibt Wärmestrahlung ab – das erzeugt eine Art winzigen Raketeneffekts. Man nennt ihn nach seinem Entdecker Iwan Ossipowitsch Jarkowski den Jarkowski-Effekt.

Könnte man den Asteroiden auf einer Seite weiß, auf der anderen schwarz anstreichen, würde die Intensität der Sonne verändert und damit der genannte Raketenschub. Das ganze Ding änderte die Richtung, nur ein wenig, gewiss. Doch genug, um an der Erde vorbeizufliegen.

Sung Wook Paek vom *Massachusetts Institute of Technology* in Boston hat bereits vorgeschlagen, gefährliche Asteroiden mit entsprechenden Farbbehältern, *Paintballs*, zu beschießen. David Hyland von der Texas A&M University schlug mit Farbpulver geladene, auf Satelliten geschraubte Kanonen vor. Auch die Münchner Malerinnung arbeitet bereits an konstruktiven Vorschlägen, einige ihrer besten Kräfte stehen Pinsel bei Fuß.

Großartiger Gedanke: die Schöpfung dort, wo sie bedrohlich wird, einfach anmalen. Sanft umgestalten. Dem ganzen Geknalle auf ganz neue Art begegnen, sooo kreatiiiv. Näheres im neuen Kurs-Programm der Volkshochschule Bad Schwürbelbach. Wir sind auf dem richtigen Weg. • DAS BESTE AUS ALLER WELT 2013

★

VOM SIEDELN UND BESIEDELTWERDEN

Wann endlich wird der erste Mensch auf dem Mars landen, der gerade von einem Roboter namens »Neugier« untersucht wird? Kürzlich las ich ein Interview mit Ulrich Walter, der 1993 mit der *Columbia* ins All flog: Er sagte, 2033 wäre ein gutes Jahr, Erde und Mars stünden dann günstig zueinander, aber vermutlich seien die Vorbereitungen dann noch nicht weit genug. Also werde es wohl 2050 werden.

Dieser Mars-Besuch ist ja ein etwas gruseliges Projekt, die Reise dauert Jahre, vielleicht kehrt der Reisende nie zurück, und wenn, dann hat er ein enormes Krebsrisiko, wegen der Strahlen. Walter sagte, der erste Mars-Mensch solle so um die sechzig sein, er brauche ja nicht viele Muskeln, müsse nur fit sein, und das Krebsrisiko sei eben für einen älteren Menschen nicht so groß. Vermutlich wird es auf Helmut Schmidt hinauslaufen, denke ich. Oder die Inder? Sie wollen ja auch zum Mars und haben Yogis, die jahrelang aufs Atmen verzichten können, das ist auf dem Mars ganz praktisch. Vielleicht könnten sie auch ohne Raumschiff reisen? Oder sollten wir es ganz lassen? Ich glaube nicht. Solche Besiedlungsprojekte gehören zur Geschichte des Menschen, immer wieder hat er versucht, irgendwelche Gegenden zu besiedeln. Manchmal ist er gescheitert, wie zum Beispiel jetzt in der Mark Brandenburg, wo Menschen versucht haben, einen Flughafen zu bauen, aber das Projekt soll aufgegeben werden, wie man hört, die Mark Brandenburg ist einfach zu unwirtlich. Andere Vorhaben waren grandios erfolgreich. Zum Beispiel beginnt demnächst wieder die alljährliche Besiedlung der Münchner Theresienwiese, eigentlich ein unbewohnbares Gelände, das aber Jahr für Jahr wieder für zweieinhalb Wochen von der Menschheit neu erobert wird.

Übrigens las ich jetzt von einer Arbeit schwedischer Wissenschaftler, die untersucht haben, wie Pilze tote Baumstämme besiedeln, eine faszinierende Geschichte. Wenn man so einen toten Stamm im Wald sieht, ist er ja oft von Pilzen überwuchert, aber das sind nur *die* Pilze, die man sieht! Die Schweden haben Löcher in 38 Baumstämme gebohrt, haben das Material untersucht und dabei die DNA von jeweils bis zu 398 Pilzarten gefunden. Die sichtbaren Schwammerl sind also nur eine extrovertierte Minderheit, die weitaus meisten Pilze arbeiten im Dunkeln, und sie arbeiten auf verschiedenste Weise. Es gibt solche, die sozusagen Erstbewohner sind und den Boden für andere bereiten. Manche Pilzarten kommen gleichzeitig an, bekämpfen sich und müssen dann zu einer friedlichen Koexistenz finden. Bestimmte Pilze sind kooperativ, andere von kriegerischer Natur. Weitere Funghi sind sozusagen schlafend vorhanden, wachen aber erst auf, wenn ihre Zeit gekommen ist. Manche lieben frisches Holz, manche kommen per Luft oder durch den Boden und machen sich erst an die Arbeit, wenn der Stamm schon hübsch vorgerottet ist. Gäbe es die Pilze nicht, wären unsere Wälder voll von totem Holz. So jedoch endet die Arbeit der Pilze letztlich mit der Vernichtung der eigenen Existenzgrundlage: dem Baum.

Man kann das, wenn man will, als hübsche Metapher für das Leben der Menschen sehen: Wenn unsere Arbeit getan ist, werden wir die Erde aufgegessen haben und zu einem anderen Planeten weiterziehen müssen. Andererseits sind wir ja nun mal keine Pilze, sondern verfügen über Intelligenz, die meisten von uns jedenfalls, na gut: einige wenige. Und, nebenbei gesagt, stellen wir ja selbst auch eine Art von Planeten dar, besiedelt von Milliarden Mikroben, guten Kleinstlebewesen, bösen Kleinstlebewesen, solchen, die wir brauchen, solchen, die wir bekämpfen müssen. Kommt ein Baby zur Welt, wird es zuerst von bestimmten Bakterien aufgesucht, solchen, die die Existenz anderer überhaupt erst ermöglichen – und dann geht es richtig los, das Leben.

Wir sind also Siedler und Besiedelte, Planeten und Eroberer von Planeten zugleich. Und warum sollte nicht, was wir als Weltall empfinden, nur das Innere eines toten Baumstamms sein, der vor einer Weile in einem sehr großen Wald von einem sehr großen Sturm umgerissen wurde? · DAS BESTE AUS ALLER WELT 2012

Das Thema »Der Mensch und der Mars« wird weiter und intensiver behandelt in *Der Eingeweidefisch* auf Seite 248, aber weil wir gerade von Pilzen gesprochen haben: Interessant ist auch, was ich vor Jahren mal über einen Pilz namens *Ophiocordyceps unilateralis* gelesen habe. Dieser Pilz befällt eine Art von thailändischen Ross-Ameisen, dringt direkt zu den Nervenzellen der Tiere vor und manipuliert sie dermaßen, dass sie jeden eigenen Willen verlieren; sie tun nur noch, was der Pilz will, verlassen die Baumwipfel des tropischen Waldes, in denen sie leben, wandern nach unten und verbeißen sich dort in die Hauptader eines Blattes, an dessen Unterseite, immer an der gleichen Stelle.

Der Pilz hat unterdessen für eine Lähmung des Mundwerkes der Ameise gesorgt, das heißt, kaum hat das Tier ins Blatt gebissen, kann es nicht mehr loslassen, es bleibt ans Blatt geheftet – die Ameise stirbt. Das war des Pilzes Absicht. Denn hierhin, ans Blatt, in die Nähe des Waldbodens, wollte der Pilz, dort lebt er gerne und in Freuden, an diesem Ort kann er sich ausbreiten, Sporen bilden, ja, wie eine Antenne wächst er nun aus dem Kopf der Ameise heraus, ein entsetzliches Bild, dieser Kopfpilz auf der Ameisenleiche, die keinen anderen Sinn mehr hat, als den Parasitenpilz mit Nährstoffen zu versorgen.

Ich dachte, als ich das las: Was ausgeklügelte Besiedlungstaktiken angeht, könnte es sein, dass die Pilze dem Menschen gar nicht so weit hinterher sind, wie man gemeinhin denkt. Zumal mich das Foto der Ameise mit dem aus dem Kopf heraussprießenden Pilz an ein Bild des Nordkoreaners Kim Jong-il erinnerte, das ich mir kurz zuvor aus der Zeitung ausgeschnitten hatte. Man sieht auf dem Foto Kim mit einer Otterfellmütze, die tatsächlich wie ein pilzartiger Bewuchs seines Kopfes aussieht, als sei also Kim von einer Art Otterfellpilz befallen, der ihm befohlen hat, sich in das Land Nordkorea zu verbeißen, damit *Otterfelliceps unilateralis* es aussaugen kann. Und das Interessante an dem Foto war aber nicht einmal, dass Kim Jong-il diese Mütze trug, sondern dass hinter ihm sein Sohn Kim Jong-un stand: mit exakt der gleichen Mütze auf dem Kopf, auch er ein Pilzwirt, dem Otterfell wehrlos ausgeliefert.

UND WIE MACHEN WIR JETZT WEITER?

———————— ✴ ————————

Billy Wilder antwortete auf die Frage, wie man einen Film anfangen solle: »Mit einem Erdbeben beginnen, und dann langsam steigern.« So machen wir es jetzt mit diesem Buch. Denn es war natürlich Unsinn zu behaupten, der Weltraum sei das Größte. Es gibt etwas Größeres. Das ist Gott, wenn man an ihn glaubt. Oder es wäre Gott, wenn man an ihn glauben würde. Deshalb kommen nun drei Geschichten über Gott, oder sagen wir: über Götter.

DER MESSIAS-BESCHLEUNIGER

Was ich an der Menschheit mag: wie sie gleichzeitig nach Antworten auf die allergrößten Fragen sucht, während sie der allerkleinsten Probleme nicht Herr wird.

Einerseits haben vor Kurzem 10.000 Techniker und Physiker aus sechzig Ländern im Genfer Teilchenbeschleuniger den Urknall nachgestellt, indem sie allerhand Protonen und derlei Kleinkram auf 300.000 Kilometer pro Sekunde beschleunigten (das ist 3.375.000 Mal mal so schnell wie Schumachers Auto in den schnellsten Momenten) und dann aufeinander zurasen ließen, damit sie zerplatzten und zu noch kleineren Teilchen wurden.

Andererseits ist das Ehepaar Martin, beide über achtzig Jahre alt, in den vergangenen acht Jahren in seiner Wohnung in Brooklyn fünfzig Mal von Einsatzkräften der New Yorker Polizei heimgesucht worden, weil im Jahr 2002 ihre Adresse zu Testzwecken in den Computer eingegeben wurde, nun aber nicht mehr daraus zu entfernen ist.

Einerseits sucht der Mensch also unter der Erde von Genf nach den allerkleinsten Welt-Partikeln, den sogenannten Higgs-Teilchen, sozusagen den Yetis der Physik: Man glaubt, dass es sie gibt, aber niemand hat sie je gesehen. Und er nähert sich dabei der göttlichen Gewalt, mit der die Welt einst geschaffen wurde.

Andererseits wäre das Ehepaar Martin froh, wenn es einen Gott gäbe, der nicht nur Higgs-Teilchen schüfe, sondern wenigstens ab und zu auch mal New Yorker Cops daran hinderte, morgens um sieben ein Martin'sches Wohnungsfenster zu zerbrechen, um mal wieder nach dem Rechten zu sehen.

Es geht halt nicht. Man muss die Welt, die Physiker, die Martins und die New Yorker Polizei nehmen, wie sie sind. Letztlich bestehen sie alle aus den gleichen winzig kleinen Teilchen, daran wird es liegen.

Übrigens ist neulich der Buchautor Raj Patel in eine ähnliche Endlosschleife des Lebens geraten wie die Martins, nur dass er von einem Tag auf den anderen von einer Sekte als Messias verehrt wird und nichts dagegen tun kann.

Patel erschien in einer amerikanischen Talkshow, um für sein neues Buch zu werben, wobei Details seines Lebenslaufes bekannt wurden: als Kind aus Indien nach London gekommen, dort aufgewachsen, ein kleiner Sprachfehler und eben ein Auftritt im Fernsehen. Genau an diesen Einzelheiten werde man dereinst den Messias erkennen, hatte Jahre zuvor der Gründer jener Sekte vorhergesagt, ein Schotte namens Benjamin Creme.

Und nun erscheinen Sektenmitglieder bei Patel, rufen ihn an, schicken ihm Post und verehren ihn. Dass er bestreitet, der Erlöser zu sein, nützt ihm wenig. Genau das hatte Benjamin Creme nämlich prophezeit: Der Messias werde bestreiten, der Messias zu sein. Auf sehr verblüffende Weise erinnert das an den Monty-Python-Film *Das Leben des Brian*, in dem eine Menschenmenge einen harmlosen Mann namens Brian für Gottes Sohn hält. Brian streitet das vor einer Menschenmenge ab, worauf eine Frau aus der Menge ruft, ja, genau, nur der wahrhaftige Messias leugne seine Göttlichkeit, worauf wiederum Brian ruft, na gut, dann sei er eben der Messias, worauf wiederum die Menge jauchzt: »Er ist der Messias!«

Was lernen wir daraus? Einerseits: Raj Patel hat keine Chance. Andererseits: Jeder von uns kann jederzeit und überall zum Erlöser zumindest einer kleineren Glaubensgemeinde werden, es sei denn, er träte nie im Fernsehen auf, aber wer tut das schon, heutzutage?

Den spektakulärsten Lebenslauf in dieser Hinsicht hat der 35 Jahre alte Engländer Steve Cooper. Er war bis Ende 2006 in London arbeitslos gemeldet, seitdem aber lebt er in Indien, wo man ihn (er sieht ein wenig feminin aus) als eine Art Fruchtbarkeitsgöttin verehrt. Eine weitere Lebenswegstrecke legte selten ein Mensch zurück.

Interessant wird sein, wie das Londoner Arbeitsamt, sollte Cooper je dorthin zurückkehren, mit dessen Antwort auf die Frage nach seiner letzten Beschäftigung umgeht. · DAS BESTE AUS ALLER WELT 2010

Diese Higgs-Bosone nennt man übrigens auch »Gottesteilchen«, ein Begriff, der von Leon Lederman stammt. 2012 wurde eines der winzigen Dinger in Genf tatsächlich nachgewiesen. Ich habe jetzt auch eines in meinem Arbeitszimmer gefunden und bewahre es in einer kleinen Schatulle auf, damit es nicht fliehen kann. Man kann das Teilchen nicht sehen, aber es ist ein schönes Gefühl zu wissen, dass es da ist. Irgendwie schreibe ich auch schneller, seit ich weiß, es ist im Raum. Aber das kann Einbildung sein.

Jedenfalls hatte Lederman das Boson zunächst »gottverdammtes Teilchen« genannt, weil es sich nicht finden ließ; erst bei der Arbeit an seinem Buch *The God Particle* wurde der heutige Begriff gefunden. Dieser Lederman ist Nobelpreisträger für Physik und 2012 neunzig Jahre alt geworden. Es gibt ein Video, auf dem er hinter einem kleinen Falttisch an einer Straßenecke in New York (oder ist es Chicago?) sitzt, neben sich ein handgemaltes Pappschild: »Fragen Sie einen Physik-Nobelpreisträger!«

Hinreißende Idee, oder? Dass einer der besten Köpfe irgendwo sitzt und Fragen beantwortet? Einfach so. Warum geschieht das nicht öfter? Wir leben in einer Zeit, die niemand von uns wirklich versteht, alles ist viel zu kompliziert – und dann kommt man aus der U-Bahn, und einer sitzt an der Ecke und weiß Bescheid, ohne Facebook-Tralala vorher, ohne Ankündigung in der Zeitung. Kostenlos.

Mehr über den Messias finden Sie in *Das Pechtropfenexperiment* auf Seite 281

✦

DIE BRÜCKE AM SPEI

Manchmal stelle ich mir eine Kneipe vor, in der sich alle Götter treffen, an die niemand mehr glaubt.

Thor zum Beispiel, der Donnergewaltige der Altnordischen, der einen Hammer namens Mjölnir besaß, mit dem er Blitze schleuderte und die Erde erbeben ließ; jetzt nagelt er mit Mjöllnir höchstens mal müde ein Bild an die Wand, falls der Wirt es wünscht. Oder Heimdall, der Gott allen Anfangs und damit auch des Morgenlichts, goldene Zähne hatte er und ritt auf einem Ross namens Golltopp. Was für ein Frust muss das sein, am Stammtisch zu sitzen und nichts mehr bestimmen zu können, bloß weil die Leute beschlossen haben, an wen anders zu glauben oder an gar nüscht mehr.

Was ist schon ein Umzug von Schloss Bellevue nach Großburgwedel gegen einen solchen Fall?

Hier sitzt man, trinkt im *Götter-Eck* sein *Götter-Export*, hat nicht groß was zu tun und redet von den alten Zeiten. Zeus schaut rein, nimmt einen Ouzo und prahlt mit Frauengeschichten. Täte er das draußen auf der Straße, würde man ihn unter Amtsbetreuung stellen oder auch nur sagen, ach, lass ihn doch, den alten Griechen, kennt ihr ihn nicht mehr aus Gustav Schwabs schönen Geschichten? Er war wirklich ein Großer, fragt mal Otto Rehhagel! Hier drin ruft Zeus mit schwerer Zunge, wenn von den Leuten noch mal einer über ihn lache, werde er denjenigen an ein Gebirge schmieden wie einst Prometheus an den Kaukasus und ein Adler werde täglich von seiner Leber fressen.

Entschuldigen Sie, so was stellt man sich eben vor, wenn man hier sitzt, und die Gedanken drehen ihre Runden: Götter, die mal ein Riesenleben hatten, nur weil andere an sie glaubten, und nun können sie froh sein, wenn einer ihnen noch ein Bier zapft oder eben einen Ouzo hinstellt. Und das Geld dafür verdienen sie sich mit Zeitungaustragen oder Pfandflaschensammeln, in alle Ewigkeit, denn Götter sind nun mal unsterblich.

Wer weiß schon, ob der Alte, der einem die Werbezettel vom Pizzaservice in den Briefkasten schmeißt, nicht mal im Himmel für den Morgentau zuständig war oder für die Verwaltung der Hagelkörner oder für die Elfenschulungen?!

Aus Kalkutta meldete BBC vor einer Weile, dort gebe es eine alte Brücke, die Rabindra-Brücke: eine Stahlkonstruktion, die seit 1943 in Dienst ist, den Hugli (einen Mündungsarm des Ganges) überspannt und so die Städte Haora und Kalkutta miteinander verbindet. Soweit ich weiß, handelt es sich um eine der am intensivsten frequentierten Brücken der Welt, ein Monument der ausgehenden britischen Kolonialzeit. Täglich wird sie von einer halben Million Fußgängern benutzt, von den vielen Autos und Tausenden von Kühen mal ganz abgesehen.

Das Problem aber sind die Fußgänger, denn sie kauen Gutka, eine Mischung aus Betelnüssen, Tabak und Wasweißichnochallem, und wenn sie über die Brücke gehen, spucken sie zur Seite, treffen nicht selten mit ihrem Herausgesprotzelten den Brückenstahl – und der korrodiert unter den steten Tropfen vor sich hin, so sehr, dass innerhalb von drei Jahren die Hälfte des Metalls zu Rost wurde.

Dies meldete, wie gesagt, BBC.

Was aber geschieht nun mit der Brücke am Spei? Was fällt Ingenieuren ein, um ein solches Monument zu schützen?

Maßnahme eins, sagen die Techniker: Man ummantele die Brücke in ihren rostbedrohten Teilen mit spuckeabweisendem Kunststoff.

Maßnahme zwei (und das ist nun wahrhaft erstaunlich): Man solle, auch dies teilte BBC mit, die Fußgänger darauf hinweisen, dass »die Götter« es nicht gerne sähen, wenn man die Rabindra-Brücke, die übrigens nach dem Dichter, Philosophen und Nobelpreisträger Rabindranath Tagore benannt wurde, bespucke.

Dazu habe ich zwei Anmerkungen.

Erstens: Gibt es neuerdings im Ingenieurstudium Hauptseminare mit dem Titel »Brückenschutz mit Gottes Hilfe«? Zweitens: Kann sich jemand vorstellen, welches Hallo diese Nachricht auslösen wird, wenn sie erst das *Götter-Eck* erreicht?

Falls Sie mit dem Wort »Großburgwedel« nichts mehr anfangen können: Dort steht das Haus, das Christian Wulff zusammen mit seiner damaligen Frau Bettina bewohnte und in das er zog, als er von seinem letzten Amt zurückgetreten war. Falls Sie jetzt nicht mehr wissen, wer Christian Wulff ist und welches Amt er bekleidete, wenden Sie sich bitte vertrauensvoll an das Internet oder das nächste Zeitungsarchiv.

★

NATURKRAFT, HACKE-KRAFT

Bisweilen frage ich mich, warum ich zur Schule ging. Was ist mir geblieben von damals, was habe ich mir gemerkt?

Kürzlich las ich zum Beispiel, Forscher hätten »eine neue Naturkraft« entdeckt, »eine fünfte Naturkraft«.

Was waren noch mal die anderen vier?

Schüler Hacke? Die anderen vier!? Heraus damit!

Feuer, Wasser, Erde, Luft, Herr Lehrer.

Setzen, Dummkopf! Das sind die vier Elemente. Du da hinten, was machst du da?

Ich guhgele, Herr Lehrer.

Wie oft habe ich euch gesagt, ihr sollt nicht guhgeln?! Was hast du herausgefunden?

Es gibt die Bäckerei »Naturkraft« in Detmold, eine Natur-Kraft-Heilpraktikerin in Unterschleißheim, die Firma »Naturkraft« für Forstdienstleistungen in Thüringen sowie das Album *Naturkraft* der Ein-Mann-Band Horn. Außerdem gibt es den Schauspieler Ed Harris, aber er ist keine Naturkraft, sondern eine Kraftnatur, das stand in der *Berliner Zeitung online*.

Unsinn, weg mit dem Geguhgel! Schreibt mit, die vier Naturkräfte sind: die starke Kernkraft, sie sorgt für den Zusammenhalt der Atome, die schwache Kernkraft, die für radioaktive Zerfallsprozesse von Bedeutung ist, die Gravitation und die elektromagnetische Wechselwirkung.

Nie gehört. Ich habe Abitur, ich bin Akademiker, ich lese jeden Tag die Zeitung, meine Schläfen sind grau – aber ich habe nie von diesen vier Naturkräften gehört! Dabei sind die Physiker in heller Aufregung wegen der fünften Naturkraft, manche haben richtig Angst vor der Gewalt ihres Fundes. Ich jedoch lese den Artikel über die Entdeckung und verstehe nicht mal, was diese fünfte Naturkraft sein soll, es hat was mit Masse und Energie zu tun, Protonen, Antiprotonen, Higgs-Bosonen und mit den großen Teilchenbeschleunigern auf der Welt, in Genf, ja, ja …

Manchmal sehne ich mich nach Zeiten, in denen es darum ging, ob die Erde eine Scheibe sei oder eine Kugel, das hatte etwas Fassbares, da konnte man mitreden. Aber jetzt? Hat nicht Douglas Adams geschrieben, es gebe eine Theorie, wonach das Universum in dem Augenblick, in dem jemand entdecke, wozu es da sei, auf der Stelle verschwinde und durch etwas noch Bizarreres und Unbegreiflicheres ersetzt werde? Und dass es eine andere Theorie gebe, wonach das schon passiert sei?

Wir rennen immer nur hinterher. Wenn die Physiker ein winzig kleines Teilchen entdeckt haben, werden sie darin noch kleinere Teilchen entdecken, und haben sie mal den Urknall enträtselt, werden sie herausfinden, dass der Urknall durch einen Ururknall ausgelöst wurde.

Es ist sinnlos, aber wir tun alles trotzdem. Ich gehe zur Schule und vergesse, was ich gelernt habe. Ich lese ein Buch und vergesse, was drinstand. Ich höre einen Song und vergesse seinen Inhalt, ja, ich werde vergessen, dass ich ihn überhaupt je gehört habe.

Das Vergessen ist auch eine Naturkraft, glaube ich. Hier sind meine vier Naturkräfte: das Vergessen, das Nicht-Kapieren, das Trotzdem-Tun und das Drüber-Lachen. Mit ihnen bin ich durchs Leben gekommen bis jetzt, da wird es für den Rest auch reichen – und wenn nicht, werden die Forscher vielleicht eine fünfte Hacke-Kraft entdecken.

Übrigens bin ich der Ansicht, dass die ganze Welt nach diesen Prinzipien konstruiert wurde. Ich vermute, dass unser Universum seinerzeit an der Götterschule von einem nicht besonders begabten Gottesschüler entworfen wurde, der damit in der Prüfung aber durchfiel und dann sein Werk in einer Schublade verstaute, weil er heiteren Sinnes im Park spielen ging. In dieser Schublade leben wir, ratlos, eifrig und voller Sehnsucht nach dem Gott, der uns vergaß.

Es gibt anderswo viel bessere Universen von viel klügeren Göttern, aber wir kennen sie nicht und werden sie nie kennenlernen, da können unsere Forscher sich zerforschen, soviel sie wollen.

Schade irgendwie. Aber anscheinend nicht zu ändern.

· DAS BESTE AUS ALLER WELT 2011

Das mit der fünften Naturkraft hat sich übrigens, wenn ich alles richtig verstanden habe, später als Irrtum herausgestellt, aber das tut der Kolumne eigentlich keinen Abbruch, finde ich. Interessenten für das Thema »Schubladen« seien zur intensiveren Befassung auf den weiterführenden Text *Und drei Thesen über Schubladen* auf Seite 472 verwiesen.

JETZT MAL WAS GANZ ANDERES:
TOP TWENTY, DIE ERSTEN ZEHN

Ich habe in den vergangenen 25 Jahren ungefähr 1.500 Lesungen gehabt, pro Lesung habe ich im Durchschnitt (neben anderen Geschichten aus den jeweils neuesten Büchern) so zehn bis 15 Kolumnen vorgetragen, sagen wir der Einfachheit halber: zwölf. Das wären 18.000 Kolumnen, viele natürlich doppelt, dreimal, hundertmal. Und aus diesen vielen Kolumnen habe ich die zwanzig Geschichten ausgesucht, die bei den Hörern am erfolgreichsten waren, wobei man sich natürlich schon fragen darf, woran man eigentlich den Erfolg einer Geschichte misst. An der Qualität der Gedanken, die im Hirn des Hörers ausgelöst werden? Am Grad seiner Aufmerksamkeit? An der Intensität seines Seufzens?

Tja.

Sagen wir in diesem Fall und einfach, damit wir weiterkommen: Ich habe es am Lachen des Publikums gemessen, ja, ganz simpel: am Lachen. Dazu gibt es noch ein paar grundsätzliche Worte auf Seite 239, aber das können Sie ruhig später lesen. Hier ist sie: die Hitparade der zwanzig beliebtesten Kolumnen, wir beginnen mit den ersten zehn, genauere Platzierungen der Texte gibt es nicht, das bleibt den Lesern überlassen.

EINE PLÖTZLICHE ERKRAKUNG

Manchmal begegnet einem ein schönes, unbekanntes Wort so unverhofft, wie man bei einem Spaziergang durch den Dschungel vielleicht plötzlich einem seltenen und schillernd bunten Schmetterling gegenübersteht.

So geschah es mir, als ich vom Mittagessen in mein Büro zurückkehrte und ein Eilt!-Eilt!-Fax auf meinem Schreibtisch vorfand, abgesandt vom Sekretär des Herrn O., eines berühmten und bedeutenden Mannes, mit dem ich am nächsten Morgen verabredet war. Herr O., teilte mir sein Sekretär mit, könne unseren Termin leider nicht einhalten – und zwar »wegen einer plötzlichen Erkrakung«.

Fassungslos bedachte ich das Schicksal des O., welches so unerwartet über ihn hereingebrochen war. Eine Erkrakung! Schlimm wäre ja schon eine unvorhergesehene Erkrankung gewesen. Aber eine Erkrakung? Das klang wie etwas Unheilbares, Nichtwiederrückgängigzumachendes.

Ich stellte mir vor, wie O. noch sein Frühstück gemeinsam mit der Ehefrau verzehrte, die Hand mit der Marmeladensemmel zum Mund führte … Wie aber dann im Laufe des Vormittags aus eben dieser Hand und dem dazugehörigen Arm ein Tentakel wurde mit Saugnäpfen sonder Zahl, wie auch der andere Arm sowie die Beine sich in Fangarme verwandelten, wie der Mund zu einem Schnabel wurde, der ganze O. zu einem schleimig-weichen Polypen, ein erkrakter Mann, der seine Umgebung anstarrt »mit seinen hasserfüllten, menschenähnlichen Augen, während seine pneumatische Haut von Grau zu Violett wechselt, seine Saugorgane auf- und zuklappen, aus seinem Maul Wasserstrahlen sprudeln«, getreu Vilém Flussers Krakenbeschreibung in seinem Buch *Vampyroteuthis infernalis*.

Gut, dass man die Verabredung noch abgesagt hatte, dachte ich, sonst hättest du mit ihm kämpfen müssen, wie einst die Besatzung der *Nautilus* in Jules Vernes *20.000 Meilen unter dem Meer* mit dem Kalmar kämpfen musste. Oder du wärst von ihm verzehrt worden wie Odysseus' Freunde von der zwölffüßigen, sechsköpfigen Skylla verzehrt wurden, »das Ärgste von allem, was je meine Augen gesehen«, berichtete Odysseus.

Dann dachte ich an Alfred Polgars Geschichte über das Urich. Polgar blieb einmal beim flüchtigen Zeitunglesen an einem Satzstück hängen, das lautete: »… so spürt das Urich sich seiner übermächtigen Leidenschaften beraubt …« Gleich trat vor sein inneres Auge ein gewaltiges, elefantengroßes Urich mit langem, drahtigem Schweif, den es benutzte, sich selbst die Flanken zu peitschen, ein Tier mit scharfem Gebiss und tückischen Augen, gewöhnt, seine übermächtigen Leidenschaften an Hirschkuh und Gazelle, ja selbst an Löwinnen auszutoben. Nun aber schrie dieses Tier in des Autors Träumen immerzu jammervoll, es fühle sich seiner übermächtigen Leidenschaften beraubt.

Dann las Polgar den Zeitungsartikel noch einmal und entdeckte, dass dort nicht von einem Urich, sondern vom Ur-Ich die Rede gewesen war, dem reinen, der menschlichen Natur eingepflanzten Ego.

Ich nahm mir meinerseits den Faxbrief ein zweites Mal vor, sah aber, dass ich mich keineswegs verlesen hatte. Zwar hatte der Sekretär möglicherweise von der »Erkrankung« des O. Mitteilung machen wollen, geschrieben hatte er indes eindeutig »Erkrakung«. Und so sandte ich O. meine besten Wünsche an sein Krakenlager. Mit ein bisschen Krakengymnastik und einer guten Krakenversicherung werde alles schon wieder werden, schrieb ich. Aber ich weiß bis heute nicht, ob er sich wieder entkrakt hat. Weder O. noch sein Sekretär haben sich nach meinem Brief je bei mir gemeldet. · MEINE MEMOIREN 1998

Diese Geschichte hat übrigens eine Fortsetzung, denn zwar hat sich Herr O. nie gemeldet, auch nicht sein Sekretär, hingegen ein Leser. Sehen Sie dazu bitte *Der Krake Mario* auf Seite 114. Und es gibt einen anderen Leser, der mir nach dieser Geschichte schrieb, weil er einen Brief bekommen hatte, der vom Absender folgendermaßen unterzeichnet war: Nach Diktat vereist.

★

SIE SIND JA SOOO WICHTIG!

Sie hatte Locken, goldrot wie Kirschholz, ein schmales, klares Gesicht, Augen dunkelgrün. Als sie mir nach der Lesung das Buch zum Signieren hinlegte, sah sie mich länger an, als ich es gewohnt bin, wenn man mir ein Buch zum Signieren hinlegt. Ich beugte mich betäubt über die Seite und schrieb meinen Namen. An die Stelle, an die das Datum kommt, setzte ich meine Handynummer. Klappte das Buch zu, gab es ihr zurück.

Als ich das Exemplar des Nächsten in der Schlange signierte, dachte ich: Handynummer! Plumper ging's nicht, was? Wie der stumpfsinnigste Immobilien-Typ! »Sie sind schön, ich bin verwirrt, ich habe meinen Namen vergessen«, hätte ich schreiben sollen, dann die Nummer. Was für eine peinliche Scheiße! Wo ist sie? Muss ihr das Buch wegnehmen.

Sie war verschwunden.

Ein paar Tage später war ich mit Paola abends in der Stadt.

»Wir haben nichts zu essen daheim«, sagte sie. Wir standen vorm Dallmayr und gingen hinein. Der Laden war brechend voll. Am Marmeladenregal klingelte das Handy.

»Ich wollte die Nummer im Buch ausprobieren«, sagte eine rothaarige Stimme.

Ich drehte mich um. »Hallooo …«, telefonierte ich ins Marmeladenregal hinein.

»Wer ist das?«, fragte Paola leise. Ich machte eine abwehrende Handbewegung. Sie schob sich durch das Gewühl zur Salattheke.

In dem Moment trat ein älterer, kleiner Mann in einem abgetragenen grauen Lodenmantel neben mich, starrte böse und zischte: »Mein Gott, jetzt telefonieren die Leute schon beim Dallmayr!« Er machte eine Pause, dann sagte er: »Sie sind ja so wichtig, mein Gott, wie wichtig! Müssen beim Dallmayr telefonieren, so wichtig!«

»Ist der Dallmayr eine Kirche, oder was?«, sagte ich.

»Sind Sie noch da?«, fragte ich ins Telefon.

»Natürlich«, sagte sie.

Der Mann zischte wieder: »Sie sind ja sooo wichtig!«

»Was wollen Sie? Lassen Sie mich in Ruhe!«, sagte ich.

»Aber Sie haben doch die Nummer in das Buch geschrieben!«, sagte die Frau im Telefon.

Ich steckte den Kopf mit dem Telefon tief in eine Lücke zwischen den Marmeladengläsern. Der Mann stellte sich auf die Zehenspitzen. Bellte mir ins Gesicht: »Sind ja sooo wichtig!«

»Ich hätte das nicht tun sollen«, sagte ich ins Handy.

»Peinlich, dass ich anrufe?«, fragte sie.

Der Mann war verrückt. Seine Augen waren hasserfüllt. »Sie sind ja sooo wichtig!«, keuchte er durchs Regal. »Müssen beim Dallmayr telefonieren!«

»Nein«, sagte ich in den Apparat. »Ich hätte einfallsreicher sein sollen. Etwas wie ›Sie sind schön, ich bin verwirrt, ich habe meinen Namen vergessen.‹ Fiel mir erst hinterher ein.«

Ich hatte den Kopf fast hinter den Gläsern mit der Erdbeermarmelade.

»Sie sind verwirrt? Haben Ihren Namen vergessen?«, fragte sie. Durch das Gezischele des Irren hatte sie nicht den ganzen Satz verstanden. »Mit wem spreche ich denn?«, fragte sie.

Paola blickte von der Salattheke herüber. Der Kopf des Mannes folgte mir, krebsrot. Ist das hier der Dallmayr oder Teufels Küche?, dachte ich. »Sie sind ja sooo wichtig«, heulte der Mann.

»Sind Sie wahnsinnig?«, zischte ich. »Nein, ich wollte sagen …«, sagte ich ins Telefon. »Hallo? … Hallo?«

Aufgelegt.

»Arschloch«, sagte ich zum Lodenmantel und drängelte durch die Menge zu Paola.

»Ein soooo wichtiger Herr!«, höhnte er hinter mir her.

»Was wollte der komische Typ von dir?«, fragte sie.

»Keine Ahnung«, antwortete ich müde.

»Und wer war nun am Telefon?«, fragte sie.

»Keine Ahnung, nichts verstanden«, antwortete ich noch müder.

»Ich habe Salat zum Abendessen gekauft«, sagte sie sanft. »Möchtest du noch etwas anderes außerdem?« Sie gab mir einen Kuss.

Ich mach's auch nie wieder, dachte ich, nie wieder! Ich Schwein. Ich Narr. Ich Narrenschwein.

»Ich … Ach, ich bin doch nicht wichtig«, sagte ich leise.

· DAS BESTE AUS MEINEM LEBEN 1999

Diese Geschichte hat leider dazu geführt, dass sehr oft nach einer Lesung junge schöne Frauen vor mir stehen, ein Buch signiert haben möchten und jedes Mal laut lachend dazu sagen: »Aber bitte ohne Handynummer.«
Ich schreibe sie natürlich trotzdem dazu.
Meine Strafe für diesen Text ist subtil: Sobald ich zu Hause von irgendwelchen Terminen spreche oder anderen unabweisbaren Notwendigkeiten meines Berufes, die mich von familiären Verpflichtungen entbinden sollen, ertönt unweigerlich der höhnisch intonierte Ruf … – klar, oder?
Bei der folgenden Geschichte sollte man vorher wissen, dass es wirklich lange her ist, dass ich sie schrieb. Der Luis ist darin erst zwei Jahre alt, und außerdem kommt ein anderer Bundeskanzler darin vor, also: einer, der nicht mehr Bundeskanzler ist. Das ist nicht zu ändern: Wenn ein Bundeskanzler einmal in der Geschichte drin ist, kann

man ihn nicht mehr herausnehmen, nicht einmal ich kann das, und nicht einmal aus einer so kleinen Geschichte kann man es. Er bleibt.

Dabei fällt mir ein: Vielleicht sollte ich kurz erklären, welches die Hauptfiguren von *Meine Memoiren* und *Das Beste aus meinem Leben* waren: Es waren vier: Erstens Ich (also der Erzähler, Mann, Ehemann, Vater), zweitens Paola, die Ehefrau von Ich, drittens Luis, der Sohn von Paola und Ich, und viertens Bosch, der schwermütige Kühlschrank aus den fünfziger Jahren, der sich nur mit Ich nachts unterhält. Paola und Ich kennen wir schon aus der gerade gelesenen Geschichte, Luis kommt nun in der nächsten Kolumne zum ersten Mal dran, über Bosch gibt es ein eigenes Kapitel ab Seite 387.

★

BÜGÄLN!

Manchmal wache ich nachts auf, der Rücken tut mir weh, ich bin steif wie ein Brett und schweißgebadet und denke, ich schaffe es alles nicht, die viele Arbeit und die Familie und die ganze Verantwortung und das Geldverdienen – ich schaffe es nicht.

Warum kann ich nicht einen Schreibwarenladen haben, denke ich dann, einen kleinen Schreibwarenladen, in den die Leute hereinkommen und aus dem sie wieder hinausgehen? Dazwischen kaufen sie etwas und lassen dafür ein bisschen Geld da, und ansonsten herrscht Ruhe. Oder warum besitze ich nicht eine Heißmangel, wo es den ganzen Tag nach frischer Wäsche riecht, und abends um halb acht sperrt man zu und geht nach Hause und Schluss und Tagesschau?

Das sei ja wohl nicht mein Ernst, sagt Paola dann zu mir: Was wüsste ich denn von den Problemen der Schreibwarenverkäufer und Heißmangelbesitzer!? Ich solle nicht immer nach Sicherheit und Ruhe suchen im Leben, sagt sie, ich solle es endlich einmal als Herausforderung sehen. »Das Leben«, rief sie einmal nachts,

»ist doch ein Abenteuer.« Dann nahm sie mich in den Arm und tröstete mich und sagte, ich würde es schon schaffen, alles.

Manchmal wache ich auf, weil mein Sohn schreit, Luis. Er ist gerade zwei Jahre alt, und dann und wann wird er wach und ist ganz verschwitzt und schreit einfach so, und dann und wann schreit er auch nicht einfach so, sondern er schreit: »Bügäln!«

Es hört sich vielleicht komisch an, aber Bügeln ist seine Lieblingsbeschäftigung, jedenfalls das, was er für Bügeln hält. Man holt das Bügeleisen aus dem Flurschrank und das Bügelbrett dazu, und dann bügelt er mit dem kalten Eisen ein Stück Stoff, immer das gleiche Stück Stoff, täglich ungefähr hundert Mal.

Neulich ist er mitten in der Nacht aufgewacht und hat »Bügäln!« gebrüllt, und Paola ist zu ihm gegangen, um ihn wieder in den Schlaf zu singen, aber er wollte nicht in den Schlaf gesungen werden. Er wollte bügeln und brüllte »Bügäln!«. Paola sagte, er könne jetzt nicht bügeln, es sei drei Uhr in der Früh, alle Menschen schliefen. Aber er schrie »Bügäln! Bügäln! Bügäln!«, stand in seinem Kinderschlafsack in seinem Bett, rüttelte an den Gitterstäben, weinte – ein kleiner, verzweifelter Mann, der bügeln musste und nicht konnte. Sein Kopf wurde rot, der ganze Mensch wurde Kopf, ein großer, runder, roter, geschwollener Kopf auf einem Schlafsack, ein Kopf, in dem ein einziger entzündeter Gedanke schmerzte, und dieser Gedanke war:

»Bügäln!«

Es half nichts. Paola nahm ihn aus dem Bett, holte das Bügelbrett aus dem Flurschrank und das Eisen dazu, und der Kleine bügelte voller Eifer auf dem üblichen Stückchen Stoff herum.

Wissen Sie, manchmal stelle ich mir vor, dass auch der Bundeskanzler Kohl nachts hochschreckt und verzweifelt in seinem Bett liegt und schwitzt. Oder dass er auf der Matratze steht und »Regierän!« brüllt. Seine Frau sagt dann zu ihm, er könne jetzt nicht regieren, es sei tief in der Nacht. Aber er brüllt weiter: »Regierän!« Dann resigniert sie, geht mit ihm ins Kanzleramt, er setzt sich ein bisschen an den Schreibtisch und regiert eine Viertelstunde. Darauf bringt ihn seine Frau ins Bett, er sinkt wieder in die Kissen und schläft entspannt ein. Oder ich bilde mir ein, Schummel-Schumi-mit-dem-großen-Kinn rufe im Schlaf »Rennenfah'n!«, gehe in die Garage, setze sich in sein Auto und spiele eine Viertelstunde lang Formel 1, bis ihn seine Frau wieder ins Bett bringt. Na ja, so ist es wohl mal wieder nicht, aber die beiden wären mir sympathischer, wenn es so wäre.

Was nun den kleinen Luis angeht, so standen Paola und ich eine Viertelstunde lang um ihn herum, während er bügelte, gähnten und dachten, wie merkwürdig doch das Leben sein kann, so merkwürdig, dass es Menschen gibt, die nachts um halb vier um ein bügelndes Kleinkind herumstehen und sagen:

»Fein machst du das! Schön bügelst du!«

Nach einer Viertelstunde hatte er genug. Paola nahm ihn auf den Arm, wir brachten ihn ins Bett, und ich dachte noch, vielleicht macht er ja mal eine Heißmangel auf, er hätte es im Blut. Möglicherweise, dachte ich noch, wird er ja auch Bundeskanzler oder Rennfahrer oder Journalist oder irgendetwas, das ich mir gar nicht vorstellen kann.

Ich flüsterte ihm ins Ohr:

»Du schaffst das schon, alles. Das Leben ist ein Abenteuer!«

Paola sah mich kurz an, gab ihm einen Kuss, sah mich wieder an und fragte müde:

»Was hast du gerade gesagt?« · MEINE MEMOIREN 1997

Wie viel Zeit seit dieser Geschichte vergangen ist, die geschrieben wurde, als Kohl und Schumacher sich noch im Zenit ihrer Macht, ihrer Erfolge und ihrer Gesundheit befanden! Und der Luis ist heute längst erwachsen und hat im Grunde seit *Bügäln!* nie wieder gebügelt, seltsam, aber wahr. Und, wie seine Mutter findet, auch irgendwie schade.

✶

WEIN ODER NICHTWEIN

Es war elf, als ich den Weinladen betrat. Ich wollte für Bruno, bei dem Paola und ich eingeladen waren, eine Flasche besorgen. Im Laden stand nur ein kleiner Dicker mit Halbglatze und grau-lockigem Resthaar. Er tänzelte, wenn er sich bewegte, und näselte leicht beim Sprechen.

»Roten oder Weißen?«, fragte er. Ich war schon öfter hier gewesen, aber ihn hatte ich nie gesehen.

»Rot«, sagte ich. »Vielleicht sollte er zu Zigarren passen. Ich will ihn verschenken. Mein Freund raucht Zigarren.«

»Gehen wir zu den Spaniern«, sagte der Händler. Er nahm eine Flasche. »Dieser hier, delikat, würzig, traubig, fast wuchtig, hält jeder Zigarre stand. Probieren Sie mal …« Er entkorkte eine Flasche, die bereit stand, und goss Wein in ein Glas. Ich nahm einen ordentlichen Schluck. Er goss sich selbst auch ein und trank.

»Unglaublicher Nachhall, was?«, sagte er. »Hört gar nicht mehr auf, ha!« Ich hatte noch nie gesehen, dass ein Weinhändler selbst trank, wenn er Weine verkaufte.

»Ja«, sagte ich. Ich verstehe nicht viel von Wein, obwohl ich ihn gern trinke. Wenn ich über Wein reden soll, versage ich ganz. Er nahm noch einen Schluck und griff nach einer anderen Flasche. »Dieser hier«, sagte er. »Voll konzentriert, opulent, auch geschmeidig, seidig im Abgang, gleichzeitig stählern – eine Wuchtbrumme.«

Er goss den Wein in zwei Gläser. Wir probierten.

»Hmmm«, machte ich, weil ich nicht wusste, was ich sagen sollte. Ich dachte über stählerne Seide und seidigen Stahl nach.

»Ah, der hat Kraft, der hat Frucht, was für ein Spaß!, der hat Fun!« Der Dicke steigerte sich allmählich in die Sache hinein. Er zündete sich einen Zigarillo an. Wie kann es sein, dass ein Weinhändler in seinem Laden raucht?, dachte ich. Er trank eilig einen zweiten Schluck. Ich auch.

»Aber jetzt zeige ich Ihnen diesen hier«, sagte er. Er goss Wein in Gläser, brummte vor Vergnügen und hielt sie gegen das Licht. »Was für ein Rot!«, flüsterte er. »Wie das Blut aus dem Hals des Holofernes, nachdem Judith ihn köpfte.« Er atmete über dem Glas tief ein und trank schlürfend. »Zwetschgig, kirschig, johannisbeerig«, sagte er. »Und dahinter irgendwo kalter Rauch, Suppengemüse, Fleischbrühe, ja, und Noten von Rohöl.«

Ich trank. Er auch. »Ich habe noch nie Rohöl getrunken«, sagte ich. »Ist mir viel zu teuer. Was Weinfachleute alles saufen müssen!«

Er hörte nicht zu. Wir tranken.

»Hier, ein Chilene!«, sagte der Mann. »Ich gebe Ihnen von dem.«

Er füllte zwei Gläser und trank.

»Muskulös, was?«, sagte er. Er seufzte hingerissen. »Stämmige Textur, gleichzeitig dieses Wilde, Unnahbare – und ich schmecke Brot und Winzerschweiß, das Unterholz eines sterbenden Mischwaldes und die Spur eines streunenden Wildschweins im Moos und das Geschrei eines brünstigen Hirschkäfers …«

»Banane«, sagte ich, weil ich auch was sagen wollte. »Als wäre Banane im Abklang, äh, Nachgang. Und Radiergummi?«

Er nickte versonnen, als horche er auf etwas Fernes.

»Einen letzten«, sagte er rasch, nahm eine Flasche, füllte Gläser. »Den könnten Sie auch nehmen, ein 98er Bonchambon de Bonchamps, feinstaubig-tanninig, vibrierend-tabakig am Gaumen, rote-betig irgendwie auch, wachsig-mineralig, kräuterzuckrig im fernen Hintergrund, vibrierend-straff, irgendwie jovial und doch sexy, ein Geschmack wie schwarzer Chiffon …«

Wir tranken. Ich dachte, wenn er nicht mit Wein handeln würde, könnte er auch ein Adjektivgeschäft aufmachen. Da war hinter einer Tür am Ende des Ladens ein Geräusch zu hören.

»Ich muss gehen«, sagte der kleine Dicke plötzlich hastig. »Machen Sie's gut!«

»Aber …«, sagte ich, da war er schon rausgehuscht. Aus der Tür am Ladenende trat ein hoch aufgeschossener Mann mit randloser Brille und weißer Schürze. Er schnupperte und sagte: »Bitte, rauchen Sie hier nicht!«

»Ich habe nicht geraucht«, sagte ich. »Da war ein kleiner Dicker – ich dachte …«

Er seufzte auf, ging zur Ladentür, schaute hinaus, kam wieder zurück.

»Mein Bruder …«, sagte er. »Er soll hier eigentlich nicht … Ich habe es ihm verboten, er …«

Der Mann hielt mitten im Satz inne, zwinkerte und machte eine Bewegung, als führte er ein Glas zum Mund. »Er schreibt mir die Prospekte, verfasst auch Bücher über Wein und arbeitet für Weinjournale, wissen Sie«, fügte er hinzu. »Das kann er gut.«

»Ich glaub's«, sagte ich.

»Sie suchen Wein?«, sagte er. »Wählen wir zusammen einen aus?«

»Oh, bitte, nein«, sagte ich, nahm eine Flasche von dem Chilenen, zahlte und eilte von dannen.   • DAS BESTE AUS MEINEM LEBEN 2001

Der Satz »Ist mir viel zu teuer« ungefähr zu Beginn der zweiten Hälfte des Textes steht übrigens in der Ur-Magazinkolumne nicht, er ist mir eines Tages beim Vorlesen eingefallen, so wie das oft beim Vorlesen ist: Man verbessert den Text dabei nachträglich. Und hier habe ich eine solche Verbesserung jetzt einfach eingefügt, nun für immer. (Übrigens ausgerechnet in einem Jahr, in dem Rohöl so billig war wie schon lange nicht mehr, aber was soll's, Rohöl ist doch immer irgendwie zu teuer.)

✦

DER FEUERTOPF

Von chinesischer Küche weiß ich nichts, außer dass die Chinesen
Gerichte nummerieren, wie man in jedem chinesischen Restaurant sehen kann. Oder sie geben ihnen schöne Namen, »Platte
des siebenfachen Morgenglücks« oder so. Manchmal, wenn zwei
Chinesen zusammensitzen, kann man den einen vielleicht
schwärmen hören: »Meine Lieblingsspeise ist immer noch die
153, aber nur so, wie meine Mutter sie kochte.« Und den anderen
vernimmt man möglicherweise so: »Manchmal, wenn ich von der
Arbeit nach Hause komme, bereite ich mir schnell eine ›Platte
des siebenfachen Morgenglücks‹, ganz simpel und ohne allen
Schnickschnack, nur pure ›Platte des siebenfachen Morgenglücks‹. Ich liebe einfache Gerichte.«
Im Übrigen gehört es zum Standardwissen auch dessen, der von
chinesischer Küche nichts weiß, dass die chinesische Küche in
Deutschland mit wahrer chinesischer Küche nichts zu tun hat.
Kürzlich waren wir nun bei dem Sinologen T. zum Essen eingeladen. T. hatte zwei chinesische Köche gebeten, für ihn zu kochen.
Die Köche waren morgens gekommen und hatten Brühe zuberei-
tet, zwei Woks voll. Die standen nun, abends um acht, auf dem
Tisch. Man musste Drahtnetze mit Gamberi, Fisch, Fleisch, Pil-
zen oder Eierstich hineinhängen, ähnlich wie beim Fondue.
Als ich mein Netz zum ersten Mal aus der Brühe zog, fand ich
darin zehn kleine rote Schoten. Sie erinnerten mich an Spaghetti
all'arrabbiata, die Paola einmal mit drei solcher Schötlein zuberei-
tet hatte. Eine von ihnen verzehrte ich damals aus Versehen mit.
Danach bekam ich eine Art Mundschleimhautentzündung.
Diesmal legte ich die Schoten vorsichtig beiseite und aß. In den
Sekunden danach spürte ich, wie sich mein Mundinneres in eine
Feuerhölle verwandelte. Ich schluckte rasch. Das war nun ein Gefühl, als brenne sich das Geschluckte auf senkrechtem Wege

durch den Körper, durch den Sitz, direkt in den Boden und ins Erdinnere, hin zu seinesgleichem, dem flüssig-glühenden Globuskern aus geschmolzenem Stein.

Habe ich doch eine Schote erwischt?, dachte ich. Oder zwei? Oder zwanzig? Ich sah Paola an, die neben mir saß. Ihre Augen waren zu schmalen Schlitzen geworden, auf ihrer Stirn schimmerten Schweißperlen. Ihre Lippen formten sich zu einem O, durch das sie scharf Luft einzog.

»Ist es zu scharf?«, fragte T. besorgt.

»Ach, ef geht fon«, flüsterte ich.

T. warf Hände voll Feldsalat in die Woks. Das werde die Schärfe mildern, rief er.

Wir aßen weiter. Mir gegenüber saß meine alte Freundin M., deren Teint nach mehreren Bissen aussah wie handgeschöpftes Büttenpapier. Sie hyperventilierte und ließ ihre Strickjacke fallen.

»Man muss Reis essen«, flüsterte ich zu Paola. »Ich habe gelesen, dass Reis dem Essen die Schärfe nimmt.«

»Es gibt ja keinen Reis«, flüsterte sie. »Ich werde fragen, warum es hier chinesisches Essen ohne Reis gibt.«

»Nein«, flüsterte ich. »Er könnte es falsch verstehen und denken, wir fühlten uns nicht wohl ohne Reis.«

»Übrigens ein Gericht mongolischen Ursprungs«, dozierte unser Gastgeber. »Es gibt keinen Reis dazu. Falls sich jemand wundert.« Er warf wieder Berge von Salat in die Brühe. Jedes Mal, wenn ich ein Netz aus der Brühe zog, kullerten kleine rote Schoten heraus. Ein anderer Herr am Tisch goss Ströme von Mineralwasser in sich hinein. Aus seinen Ohren quollen Wasserdampfwölkchen. Längst waren alle nur mit dem nötigsten bekleidet. Wir fühlten uns wie die Sünder in der Vision eines irischen Mönchs aus dem 12. Jahrhundert: Sie liegen auf einem Riesenrost und braten, und langsam tropfen ihre Seelen hinab in eine schreckliche Feuertiefe zum wartenden Teufel. Flüssige, tropfende Seelen – chchch!

»Wie heißt dieses Gericht?«, fragte jemand.

»Auf chinesisch heißt es Huo Guo«, sagte der Sinologe. »Es bedeutet Feuertopf.«

»Hat es auch eine Nummer?«, fragte ich.

»Was für eine Nummer?«, fragte er verblüfft.

»112 vielleicht«, sagte ich und zündete mir an Paolas feuerwehrroter Zunge eine Zigarette an. · DAS BESTE AUS MEINEM LEBEN 2001

Ein einziges Mal hat es in meinem Leben während einer Lesung einen Feueralarm gegeben, bei dem das gesamte Theater evakuiert werden musste, das war vor vielen Jahren im Bochumer Schauspielhaus, in dem es noch dazu einige Monate zuvor einen Großbrand gegeben hatte. Und dieser, Gott sei Dank dieses Mal grundlose, Feueralarm wurde – ich schwöre! – genau während der letzten Sätze dieser Geschichte ausgelöst, die ich natürlich korrekt zu Ende gelesen habe, vor einem fliehenden Publikum.
Wer sich für solche Zufälle intensiver interessiert, sollte die Geschichte *Der Krake Mario* auf Seite 114 lesen. Oder schon gelesen haben.

✦

DIE CHRISTBAUMKUGEL

Nun haben wir August. Weihnachten ist schon eine Weile her. Auf der Kommode im Flur liegt immer noch eine riesige lilafarbene Christbaumkugel. Paola hatte sie zur Weihnachtszeit über dem Spiegel im Flur aufgehängt, das sah sehr schön aus und war ziemlich praktisch. Der Spiegel ist gleich gegenüber der Wohnungstür, und wenn man vor Weihnachten hereinkam, sah man als Erstes diese riesige Christbaumkugel und wusste sofort: Aha, jetzt ist also Weihnachtszeit. Nur, falls man es vergessen hatte.

Nach Weihnachten wurde die Kugel abgehängt und fürs Erste auf die Kommode gelegt, damit sie in den Keller gebracht werden konnte. Aber sie ist immer noch dort. Und es ist keine Weihnachtszeit, beim besten Willen nicht.

»Man müsste die Christbaumkugel in den Keller bringen«, sagt Paola ab und zu.

»Jemand könnte mal die Christbaumkugel hier wegtun, in den Keller vielleicht«, sage ich dann und wann.

Manchmal kommt es mir so vor, als ob in unserer Wohnung noch drei andere Personen lebten, außer Paola, Luis, mir und Bosch, meinem sehr alten Kühlschrank und Freund. Diese drei anderen Personen sind: Herr Man, Frau Jemand und Fräulein Einer. Um die Wahrheit über diese drei zu sagen: Sie sind stinkfaul. Sie beteiligen sich in keiner Weise am Gemeinschaftsleben. Sie tun überhaupt nichts.

Ich sage: »Man müsste mal die Blumen auf dem Balkon gießen.« Aber Man tut es nicht.

Paola sagt: »Jemand müsste mal deinen Tennisschläger beiseiteräumen.« Aber Jemand ist nirgendwo in Sicht.

Ich sage: »Einer müsste unbedingt das Altglas wegbringen.« Aber das Altglas bleibt da, nichts zu sehen von Einer.

Der Fall der Christbaumkugel ist besonders schwierig. Es war, glaube ich, Anfang März, als Paola ihretwegen einen Wutanfall bekam. Sie schrie, diese Christbaumkugel müsse hier endlich weggeräumt werden, wenn sie nicht bald hier weggeräumt werde, dann werde sie das Ding aus dem Fenster werfen, sie könne es nicht mehr sehen.

Man beachte nun hier die Formel »muss hier endlich weggeräumt werden«. Es handelt sich um das sogenannte Partnerschafts-Passiv, eine in Beziehungen sehr alltägliche Art zu sprechen, wenn es um Dinge geht, die unbedingt getan werden müssen, die man selbst aber um keinen Preis der Welt tun möchte.

Es gibt ja so gewisse Dinge, die man einfach überhaupt nicht gerne tut, bei jedem ist es etwas anderes: Ich persönlich hasse das Bohren von Löchern (zum Bilderaufhängen oder Regalbefestigen) wie nichts auf der Welt. Paola verachtet das Blumengießen, als wäre es der Abschaum unter den Tätigkeiten. Wenn nun Löcher gebohrt oder Blumen gegossen werden müssen, man selbst es einerseits nicht tun möchte, andererseits aber auch aus internen Gründen nicht direkt den Partner dazu auffordern will (»Kannst du nicht hier endlich mal …?!«) – dann also verwendet man das Partnerschafts-Passiv. Es macht auf das Problem aufmerksam, provoziert nicht unbedingt Streit und lässt für die Lösung Spielräume, zum Beispiel die sanfte Antwort: »Wie wäre es, du würdest es tun …?«

Mit der Christbaumkugel war es nun so, dass sich eines Tages mehrere Gegenstände angesammelt hatten, die in den Keller gebracht werden mussten, darunter eine Reisetasche. Ich packte ungefähr im April in einem Anfall von Entschlusskraft alles in die Reisetasche, trug sie in den Keller und stellte die Tasche dort ab, samt Kugel.

Ein paar Wochen später musste Paola über das Wochenende verreisen. Sie holte sich aus dem Keller die Reisetasche und bemerkte erst in der Wohnung, dass die Christbaumkugel noch drin war.

»Die Reisetasche hätte im Keller ausgepackt werden müssen«, sagte Paola und legte die Christbaumkugel wieder auf die Kommode im Flur, wo sie sich, wie gesagt, immer noch befindet.

Wir haben ja nun schon August. Eigentlich lohnt es sich gar nicht mehr, die Kugel noch in den Keller zu bringen. Für die paar Monate. Weihnachten müsste sie ja doch nur wieder nach oben gebracht werden. Oder Jemand müsste sie holen. Oder Einer. Oder Man.

· DAS BESTE AUS MEINEM LEBEN 2002

Bitte beachten Sie, dass dies eine der wenigen Weihnachtsgeschichten der Welt ist, die im August spielen, und dass es sich bei diesem August um den August nach Weihnachten handelt.

★

MEIN LEBEN BRINGT
MICH UM

Manche Leute haben ein Auto, um zur Arbeit zu fahren. Andere haben ihren Wagen, um in den Urlaub zu reisen. Wieder andere nutzen ihr Fahrzeug für kleine Wochenendtouren.

Ich besitze ein Auto, um Luis zum Schlafen zu bringen.

Als ich ein kleiner Junge war, legte man mich abends ins Bett, sang mir ein Gute-Nacht-Lied, und ich schlief ein. Das würde Luis nicht akzeptieren. Ihm ist es am liebsten, man setzt ihn in den Kindersitz des Autos, schiebt die CD mit dem Falco-Lied *Der Kommissar* ein und fährt, bis er schläft. »Drah di net um!«, singt Falco. »Der Kommissar geht um!«

Früher war der Soundtrack von *Pulp Fiction* Luis' Lieblingslied. Heute ist es *Der Kommissar*. Er ist gerade vier geworden. Er wird ja auch älter. Und ruhiger. Man ist heute schon froh, wenn die Kinder nicht *Das Kettensägenmassaker* an Stelle des Sandmännchens sehen wollen.

Ich weiß nicht, warum er beim Autofahren so gut einschläft. Das gleichmäßige Motorwummern? Die Karosserievibration? Das Umschlossensein von einem Gehäuse? Das Gefühl, in einer fahrenden Gebärmutter zu sitzen?

Ich setze mich also mit ihm ins Auto und fahre los. Luis sagt: »Ich will den Kommissar hören!«

Ich sage: »Luis, können wir nicht mal was anderes hören?« Früher habe ich Falco geliebt, den *Kommissar* vor allem, ein toller Song. Ich habe ihn nun tausend Mal gehört. Er kotzt mich an.

»Nein, den Kommissar«, sagt Luis.

»Ich lasse dich jetzt mal andere Musik hören, viel bessere.«

»Nein, den Kommissar«, sagt Luis. Er hat jetzt schon so ein Quengeln in der Stimme.

»Bitte«, sage ich, »wenigstens *Amadeus* oder *Jeanny* oder sonstwas von Falco.«

»Eeeönggg«, macht Luis. Sein Quengelgeräusch. Man kann es eigentlich nicht hinschreiben. Man muss es hören. Aber wenn man es doch hinschreiben muss, sieht es so aus: Eeeönggg.

Also hören wir den Kommissar.

»Drah di net um!««, singt Falco. »Der Kommissar geht um! Wenn er di anspricht, und du waaßt, warum, sag eam: Dei Leb'n bringt di um.« Später ruft der Sänger: »Tscha! Tscha! Tscha!«

Früher saß ich um diese Zeit oft mit meinen Freunden auf ein Bier. Heute ruft Bruno auf dem Handy an, Kneipengeräusche im Hintergrund. Ob ich noch komme.

»Ich fahre meinen Sohn durch die Stadt«, sage ich, »damit er einschläft.«

»Du … Was machst du?«

Ich höre, wie er zur Seite flüstert: »Er fährt seinen Sohn durch die Gegend, damit er einschläft.« Brüllendes Gelächter.

Es ist mir peinlich. Alle Kinder schlafen im Bett ein, mit einem Sumse-sumse-Lied vom Papa in den Ohren. Dieses nicht. Hoffentlich sehen mich wenigstens die Nachbarn nicht.

Drah di net um! Der Hacke, der fährt rum!

»Tscha!«, schreit Falco. »Tscha! Tscha!«

Luis hat die Lider halb geschlossen, die Augen nach oben gedreht. Das Lied ist aus. Luis regt sich. Er schlägt die Augen auf. Drah di net um, denke ich, der Luissar geht um! Wenn er di anspricht – dann waaßt du schon, warum.

»Noch mal den Kommissar«, flüstert Luis im Halbschlaf.

Ich halt's nicht mehr aus. »Jetzt ist es aber genug«, sage ich.

Eeeönggg.

Also noch mal.

»Eins, zwei, drei, es is' ja nix dabei …«, singt Falco. »Drah di net um!«

Jetzt schläft er, denke ich. Fahre in die Garage. Hebe Luis aus dem Sitz. Steige die Treppe hinauf. Rutsche aus. Falle beinahe hin.

Tscha!

Luis öffnet die Augen. Ob er mich anspricht? Hoffentlich spricht er mich nicht noch mal an!

»Wohin gehen wir?«, fragt Luis.

»Ins Bett«, sage ich.

Eeeönggg.

Wieder ins Auto. Dreimal der Kommissar. Wieder vorsichtig die Treppe hinauf. Er schläft.

»Warum schaust du so?«, fragt Paola.

»Mei Leb'n bringt mi um«, sage ich. · DAS BESTE AUS MEINEM LEBEN 2000

Das Autofahren mit Luis war in *Das Beste aus meinem Leben* immer ein großes Thema, besonders morgens, wenn es in den Kindergarten ging. Deshalb gibt es ein eigenes Kapitel dazu, beginnend auf Seite 85. Übrigens könnte man auch ein eigenes Kapitel über Luis' Lieblingslieder machen, zu denen eine Weile zum Beispiel *Candy Shop* des Rappers 50Cent gehörte, dessen Text auch hartgesottene Kinder erröten lassen würde, wenn sie denn Englisch könnten. Mehr über Luis' Lieblingsmusik zum Beispiel in *Watte hatte ich da* auf Seite 89 oder in *Jesus Beuys* auf Seite 91. Und noch etwas: Ich habe keinen meiner Söhne nachts durch die Stadt gefahren, aber es soll wirklich Leute geben, die das tun. Und ich fand es auch ganz interessant, die Idee, aber nur beim Schreiben.

★

VORHANGSTANGEN SIND EIGENTLICH DOCH SCHÖN

Lange Zeit glaubte ich, dass es im Irrenhaus eine Abteilung für gescheiterte Hobby-Handwerker gibt. Heute weiß ich es. Denn ich lebe dort, hihi.

Eines Tages sagte Paola zu mir, sie hätte gern im Schlafzimmer einen neuen Vorhang. Sie möchte aber keine Vorhangstange, sondern ein gespanntes Drahtseil, an dem Ringe hängen, an denen wiederum der Vorhang hängt.

Sehr schön, sagte ich. Ich bohre dann also in die Wände am Fenster zwei gegenüberliegende Löcher, sagte ich. In diese Löcher stecke ich Dübel. In diese Dübel schraube ich Haken. Und zwischen den Haken spanne ich das Seil.

Ich holte Bohrmaschine und Leiter, kletterte und bohrte. Beim ersten Loch rieselte viel Putz zu Boden. Das Loch wurde groß, und ich besserte es mit Gips aus. Beim zweiten war es schlimmer, Altbauwände sind morsch. Aber ich hatte genug Gips. Ich dübelte und schraubte, spannte den Draht. Als er straff war, flutschten beide Dübel samt Haken aus den Wänden, von der Spannkraft des Seils gezogen. Ich wurde ärgerlich, pumpte nun viel Moltofill direkt in die Löcher, steckte die Dübel in das weiche Moltofill, wartete, bis es hart wurde. Schraubte und spannte.

»Vorhangstangen sind eigentlich doch schön«, sagte ich zu Paola. Diesmal rutschte nur ein Dübel aus der Wand, aber mit ihm eine Menge Moltofill, Putz, Ziegelstaub, Mörtel. Das Loch war unbrauchbar. Ich musste neu bohren und gegenüber an der Wand noch mal, damit das Seil nicht schief hing.

»Verdammt!«, brüllte ich.

»Bei der kleinsten Arbeit in der Wohnung regst du dich auf«, sagte Paola.

»Sag noch einmal ›kleinste Arbeit‹!«, schrie ich. »Mach du es, wenn es eine ›kleinste Arbeit‹ ist!«, schrie ich.

»Und du? Ich habe die Vorhänge genäht!«

»Weil du dauernd neue Vorhänge willst, ist mir der Samstag versaut!«

»Die Vorhänge sind auch für dich!«, schrie sie.

Ich bohrte neue Löcher, nahm nun Spezialdübel und Spezialgips, schraubte, spannte. Diesmal krachte das Seil herunter, als die Vorhänge schon dranhingen. Der Stoff bedeckte mich, den Stoff bedeckte körniger Mauerstaub. Ich spuckte entsetzliche Flüche in den Raum.

»Ich hasse deinen Jähzorn!«, rief Paola.

»Warum hast du keinen Handwerker geheiratet?«, schrie ich.

»Das tue ich nach unserer Scheidung!«, rief sie.

Ich bohrte zum dritten Mal, drang ins Mauerwerk wie eine Furie, Steine, Wand, Haus in Wutgesängen verhöhnend. In der Erregung riss ich den Stecker des Bohrers aus der Wand, aber er drehte sich weiter, betrieben von meinem ungeheuren elektrischen Zorn. Dann lief ich zu einem Eisenwarengeschäft in der Nähe, erkundigte mich nach Superspezialdübeln und Superspezialgips. Beides gebe es, sagte die Verkäuferin, aber man habe nur einen kleinen Vorrat. Der sei vorbestellt und werde gleich abgeholt.

Ihr Kittel verglühte im Flammenhauch des Zorns, der aus meinem Mund schlug. Ihre Haut wurde geröstet. Sie stand vor mir wie ein frisch gebratenes, vom Schicksal überraschtes Huhn. Der Ladenbesitzer eilte herbei, sah, was geschehen war, holte ängstlich eilend das Gewünschte. Zu Hause entdeckte ich, dass der Superspezialgips ein Kunststoff war, den man aus zwei Komponenten zusammenrühren musste. Ich tat dies und spritzte die Substanz in die Löcher. Indes härtete sie derart schnell, dass ich mit der Hand am ersten Bohrloch kleben blieb. Als ich mich losriss, blieben Hautfetzen an der Mauer zurück. Trotz Schmerzen dübelte ich, drehte wiederum Haken in die Wand, spannte das Seil, hängte die Vorhänge. Als ich fertig war, geriet ich auf der Leiter aus dem Gleichgewicht, fasste das Seil, riss alles zu Boden.

Ich raffte mich müde auf, wie ein alter Boxer nach einem grauenhaften Hieb, begann noch einmal, ein Loch zu bohren, einen Dübel hineinzustecken, einen Haken hineinzudrehen. An dem dort befestigten Drahtseil wollte ich nicht den Vorhang, sondern mich aufknüpfen.

Kräftige Männer hinderten mich daran. Kräftige Männer brachten mich an den Ort, an dem ich nun lebe. Kräftige Männer beaufsichtigen mich, wenn ich jeden Samstag neu in ein und demselben Zimmer Vorhänge an gespannten Drahtseilen zu befestigen versuche. Sie befestigen ihrerseits vorher Kabel an meinem Körper, die zu einem merkwürdigen Apparat führen. Das kitzelt, aber es ist notwendig. Denn mit der gewaltigen Energie meiner sich entfaltenden Wut wird das Badewasser der gesamten Anstalt beheizt, glaube ich, hihi. • MEINE MEMOIREN 1997

Die folgende Geschichte schrieb ich für ein Themenheft des SZ-Magazins über Goethe, das ganze Heft befasste sich also mit Goethe, und deshalb bat man mich, auch etwas über Goethe zu schreiben, ja, im Grunde genüge es schon, wenn irgendwo das Wort »Goethe« vorkomme, damit der Leser wisse, dass ich gewusst habe, dass die Geschichte in einem Goethe-Heft stehe. So geschah es.

✦

SCHILL UND SCHILLER

Königssöhne sind oft merkwürdige Typen, denken wir nur an Charles, oder, seltsamer, an jenen Prinzen, der in *Schneewittchen* vorgeblich absichtslos durch den Wald reitet, bei sieben Zwergen übernachtet und dabei die anscheinend tote Prinzessin in ihrem gläsernen Sarg entdeckt: So lange bettelt er die sieben an, bis sie ihm den Leichnam überlassen. Ich bitte sehr! Schiere Nekrophilie! Ein sexuell Fehlentwickelter als Märchenheld! Ein Kerl, der Frauen nur tot (und unter Glasstürzen vor seinen Begierden geschützt) ertragen kann. Davon erzählt man Kindern? Sie wollen es nun mal so. Was den kleinen Luis angeht, so möchte er zum Einschlafen immer das Märchen vom Froschkönig hören.

Ich fange also an: »... da lebte ein König, dessen Töchter waren alle schön, doch ...«

»Nein«, ruft Luis, »die waren alle schill!«

»Nein, die waren alle schön«, sage ich.

»Schill!«, ruft Luis, »es heißt schill.«

»Wieso schill?«, frage ich. »Was ist schill?«

»Der Lautsprecher sagt: Die Töchter waren schill.«

»Der Lautsprecher?«, frage ich.

»Der Lautsprecher vom Kassettenrekorder.«

Ein Hörfehler, denke ich, er hat's falsch verstanden, als er die Märchenkassette anhörte. Weil es keinen Sinn hat, mit ihm zu diskutieren, fahre ich fort: »... dessen Töchter waren schill, doch eine war schöner als die anderen ...«

»Nein, schiller«, ruft er da. »Sie war schiller als die anderen.«

»Hat's der Lautsprecher gesagt?«, frage ich.

»Ja, der Lautsprecher.«

»Aber, Luis, du hast falsch verstanden. Es heißt: ›Sie war schöner‹.«

»Schiller!«, ruft er.

Der Lautsprecher hat Autorität, denke ich. Und Luis soll schlafen. Also erzähle ich weiter: »... war also die eine schiller als die anderen, und ...« Erzähle und erzähle und denke dabei: »Schiller«, denke ich dabei. Bei Schiller taucht der Edelknecht nach einem gold'nen Becher, um der Königstochter Gemahl zu werden. Und »Goethe« denke ich, da sitzt der Fischer angelnd, und eine Frau rauscht aus dem Wasser empor, erzählt von der Schönheit der Tiefe, bis es um den Fischer geschehen ist und er abtaucht:

»Halb zog sie ihn, halb sank er hin,
  Und ward nicht mehr gesehn.«

Überall wird getaucht, der Weiber wegen. Aber gut geht es nie aus.

Hier sucht ein Frosch nach güldnem Ball, bitte schön. Dafür möchte er mit der Prinzessin ins Bett. Für diesen Wunsch wird er an die Wand geworfen. Da komme ich ins Grübeln. Worum geht es? Um Sehnsucht der Männer nach Erlösung durch Frauen? Kann man erlöst werden durch eine wütende Frau, die einen an die Wand wirft? Warum wirft sie den Frosch an die Wand? Weil er mit ihr schlafen will? Weil er hässlich ist? Weil er hässlich ist und mit ihr schlafen will? Warum besteht der König darauf, dass die schillste Tochter Sex mit einem Frosch hat? Aus väterlichem Egoismus? Weil Frösche nicht seinen Platz als erster Geliebter der Tochter gefährden können?

Oder ist alles eine Erfindung der Tochter? Schmuggelt einen Burschen im Froschgewande am Alten vorbei, wissend, dass sie den Grünen nur an die Wand werfen muss, um im Schleiflack-Jugendzimmer hemmungslos mit einer Art Brad Pitt herumvögeln zu können. (Die Eltern denken, sie pauke für den Bio-Leistungskurs?)

Von Iring Fetscher gibt es ein Buch mit Märchendeutungen: Da ist der goldene Ball Synonym für einen goldenen Phallus, mit dem die Königstochter Spielchen treibt. Sie verliert ihn in unbewusster Selbstbestrafungsabsicht. Der Frosch: hilfsbereiter, erotisch anziehender Jüngling aus dem Volke. Der König? Gutmütiger Bürgerkönig. Will die Tochter aus sexuellem Autismus und narzisstischen Masturbationszwängen befreien, ordnet darum Sex mit dem Nassen an.

Solche Geschichten erzählen wir Zweijährigen zum Einschlafen! Ich finde keine Worte! Das ist schill! Oder schrill? Schön ist es nicht, was?   · MEINE MEMOIREN 1999

Eine erste Vertiefung des hier anklingenden Themas, nämlich des Missverstehens von Gehörtem, finden wir in *Jesus Beuys* auf Seite 91 sowie in *Doktor Leibtrost* auf Seite 449, Interessenten an weitergehenden Analysen seien auf *Malcolm, you sexy thing* und die dort folgenden Geschichten ab Seite 118 verwiesen.

★

WURST

Wir wohnten damals am Stadtrand, im Grünen. Luis besuchte vormittags eine Kindergruppe, betrieben von einer Elterninitiative. Alle vier Wochen gab es einen Elternabend, bisschen oft, dachte ich, sagte aber nichts. Nicht selten dauerte der Elternabend bis nachts um eins, bisschen spät, dachte ich, sagte aber nichts. Sind eben initiative Eltern, dachte ich, initiativer als ich.

Als eines Abends mal kein Elternabend war, saß ich um neun in der Küche, aß ein Wurstbrot. Das Telefon klingelte. Jörg, ein Vater aus der Elterninitiative und ihr Vorsitzender, wollte wissen, woher die Wurst auf dem Frühstückstisch der Kindergruppe gekommen sei.

»Weiß nicht«, sagte ich und schluckte leise mein Wurstbrot hinunter.

»Bist du nicht diese Woche für den Frühstückseinkauf zuständig?«, fragte Jörg.

Ja, sagte ich, aber Wurst hätte ich nicht gekauft.

Dann müsse er weiterrecherchieren, sagte Jörg, die Kindergärtnerin anrufen, andere Eltern. Er wolle nicht, dass die Kinder Wurst äßen, werde das verhindern. Wurst sei schlecht für die Menschen.

»Der Käse war von Tengelmann«, sagte er scharf.

Ja, sagte ich.

»Nicht aus dem Ökoladen«, sagte er.

»Nein«, sagte ich.

»Aha«, sagte Jörg mit Kommissarstimme und legte auf.

Ich machte mir ein zweites Wurstbrot.

Er rief noch oft an. Jörg war nicht nur Vorsitzender der Elterninitiative, sondern auch eine Art Wurstwart. Er telefonierte ebenfalls, wenn er Weißbrot auf dem Frühstückstisch gesehen hatte
oder Zuckerkekse aus dem Supermarkt oder Nichtbio-Äpfel
oder Unöko-Mohrrüben. Ob wir nicht wüssten? Nie gehört hätten? Nicht klar sei?

Immer, wenn er aufgelegt hatte, machte ich mir sofort ein Wurstbrot. Oder zwei. Später drei. Ich wurde wurstsüchtig. Jörgs Stimme löste in mir einen so unmäßigen Wurstappetit aus, dass ich
nachts nach einem Telefonat zu Aral fuhr, Tankstellenschinken
kaufte oder Industriefleischsalat, aaah, ich löffelte ihn noch im
Auto.

Einmal machte Paola allen Kindern mittags Fleischpflanzl. Sofort berief Jörg einen Sonderelternabend ein. Wir tagten zwei
Tage und Nächte in Permanenz, verabschiedeten dann eine Reso-
lution gegen Wurst allgemein mit spezieller Verurteilung von
Fleischpflanzln. Als ich im Morgengrauen heimkam, pfiff ich mir
elf Fleischpflanzl und acht Scheiben Leberkäs hinein.

Leider geschah nun Folgendes: Luis schlug einem Jungen aus der
Kindergruppe einen Holztraktor auf den Kopf, weil er ihm ein
Spielzeug nicht hatte geben wollen. Leider blutete der Junge sogar. Leider war er Jörgs Sohn. Als Jörg bei uns anrief, war nur die
Oma da. Er schrie sie an. Es reiche nun. Die Oma bat, er möge
sich an die Eltern wenden. »Ist doch Wurst!«, schrie er. »Liegt
doch alles in der Familie!«

Es gab einen Luis-Spezial-Eil-Elternabend. Jörg hielt einen
schriftlich ausgearbeiteten Vortrag über Friedenserziehung. Ich
ging hinaus, um aus dem Proviantkühlkoffer, ohne den ich schon
lange keinen Elternabend mehr besuchen konnte, heimlich drei
Schinkenbrote, acht kalte Schnitzel und eine Schweinskopfsülze

zu essen. Ging wieder hinein. Fragte, ob nicht Raufereien unter Kindern zum Alltag gehörten. Und Skinheads mit Baseballschlägern, rief Jörg, gehören die auch zum Alltag? Ich wieder hinaus. Koffer auf, acht Pfälzer, zwei Leberwürste, zwei Blutwürste. Wieder hinein.

Er habe, sagte Jörg, »einen verheerenden Eindruck« von unserer gesamten Familie.

Ich spürte die Wurst nun unter meinen Haarwurzeln, war wie besoffen von Cholesterin. Nannte Jörg brüllend einen Control-Freak, eine Blockwart-Type, einen Wurstfaschisten. Ging Türen knallend ab. Kühlkoffer auf, zwei Pfund Tatar.

Wir sind dann weggezogen, hinunter in die Stadt. Luis ist in einer anderen Kindergruppe, eine fast ohne Elternabende. Ich lebe vorerst von Salat und Obst. Vor allem lebe ich ohne Jörg, ohne Jörg, ohne Jörg. • DAS BESTE AUS MEINEM LEBEN 1999

Die wirkliche Geschichte, die hinter dieser Kolumne steht und mich zu diesem Text inspirierte, war ein bisschen anders und für uns viel schrecklicher; wir waren damals gezwungen, uns Hals über Kopf einen neuen Kindergarten zu suchen. Wobei man sagen muss: Wäre sie nicht so schrecklich gewesen, gäbe es diese Geschichte nicht, was ich persönlich fast schade fände. Denn sie wird sehr oft an Elternabenden in Kindergärten und Grundschulen vorgelesen und trägt vielleicht so zur Besserung der Menschheit bei. Außerdem war die neue Kindergruppe sehr schön, wenn man davon absieht, dass ich den Luis mit dem Auto dorthin bringen musste, wobei man wiederum sagen muss: Hätten wir nicht mit dem Auto fahren müssen, gäbe es *Jesus Beuys* auf Seite 91 nicht und auch nicht die Kolumnen im folgenden Kapitel.

Wie schade das wiederum wäre, soll jeder Leser selbst beurteilen.

✷ ✷ ✷

WENN WIR GERADE DABEI SIND:
NOCH DREIMAL
IN DEN KINDERGARTEN

Diese Fahrten in den Kindergarten dauerten stets so ungefähr eine Viertelstunde für eine Strecke, und, wenn ich ehrlich bin: Sie waren mir ein bisschen lästig, einfach, weil ich es eilig hatte und Luis nicht. Ich war jedes Mal etwas im Stress, das Büro wartete, die Arbeit, ein Termin. Und der Luis ließ sich morgens gerne Zeit, er bummelte beim Frühstück, hätte gerne noch etwas daheim gespielt. Aber vielleicht gerade durch diese Reibung zwischen uns beiden, dem mürrisch-eiligen Vater und dem für die Besonderheiten des Lebens sich gerade so richtig öffnenden Sohn, entstand eine gewisse Energie, die unsere beiden Lebensmotoren morgens in Gang brachte. Und wohl deshalb sind, wie gesagt, eine ganze Menge Kolumnen morgens auf diesem Weg entstanden. Hier sind drei davon, wobei: In der ersten Geschichte gehen wir noch zu Fuß, danach geht es mit dem Auto weiter. Wir hatten in der Zwischenzeit den Kindergarten gewechselt, die Gründe sind bekannt, siehe WURST *auf Seite 80.*

Was die nächste Geschichte angeht: Es geht dort nebenbei (also neben dem Weg zum Kindergarten) auch um Bauarbeiten in unserem Viertel, ein Thema, das mich nicht loslässt und über das ich immer wieder mal in einer Kolumne etwas geschrieben hatte, dies hier zum Beispiel, ein Auszug aus DAS BESTE AUS MEINEM LEBEN *im Jahr 2000:*

»Hunderte von Bauarbeitern sind in unser Viertel eingezogen.

Man hat das Gefühl, als sei ein Bauarbeitervolk auf Wanderschaft gewesen, ein Nomadenstamm schwerer Männer mit behaarten Brüsten und Muskeln aus Marmor, Männer mit gerippten Unterhemden, Männer, die auf Lastwagen und Baggern, auf Kränen und kleinen Kippern durchs ganze Land fuhren, von Nord nach Süd, ein langsamer, doch unaufhaltsamer Treck auf der Suche nach einem besseren Leben.

Irgendwann kamen sie durch unser Viertel. Und ihre Anführer beschlossen: Hier schlagen wir das Lager auf. Hier verbringen wir den Sommer ... Und sie tun nun, was sie tun müssen, wie jeder Mensch tut, was er tun muss. Wäre dies ein Zug aus Hunderten von Schriftstellern gewesen, so säßen nun in jedem Lokal grübelnde Männer vor ihren Laptops. Hätte eine Schar von Hühnerzüchtern Station gemacht, so wäre die Luft voll Gegacker, und auf den Bürgersteigen stapelten sich die Eierkartons. Wäre eine Hundertschaft von Leuchtturmwärtern in unsere Gegend gekommen, so säßen sie auf den Dachfirsten und hielten Ausschau nach Ebbe, Flut und großen Tankern. Aber diese Männer sind Bauarbeiter.«

Doch nun wirklich ab in den Kindergarten.

BAGGERKÄFER

Morgens bringe ich den Luis in die Kindergruppe, fünf Straßen weiter. Aber manchmal will er nicht gehen, will lieber noch ein Bild malen oder im Flur Fußball spielen oder sich keine Schuhe anziehen lassen oder die Windel nicht wechseln lassen oder ... Und ich habe eigentlich auch keine Lust: immer der gleiche Weg an immer den gleichen Häusern vorbei über immer die gleichen Zebrastreifen.

Dann sage ich zu Luis: »Aber willst du nicht den großen Bagger an der Baustelle anschauen?« Schwupps, will er kein Bild mehr

malen und nicht mehr Fußball spielen und will sich schnell Schuhe anziehen oder eine neue Windel verpassen lassen – will nur
noch den Bagger anschauen. Und zu mir selbst sage ich auch:
»Was ist mit dem großen Bagger auf der Baustelle?« Schwupps,
freue ich mich auf den immer gleichen Weg an den immer gleichen Häusern vorbei über die immer gleichen Zebrastreifen. Und
wir gehen los.

An Baggern herrscht in unserer Gegend kein Mangel. Wir wohnen mitten in der großen Stadt, und unser Viertel ist ein Zentrum der deutschen Bauwirtschaft. Mit der ist es nämlich so:
Wenn ihr woanders langweilig wird, wenn sie sonst nichts zu baggern und zu buddeln, zu kranen und zu graben, zu mörteln und
zu mauern, zu schachten und zu schlammen hat, dann denkt sie:
»Ach, fahren wir mal in die Straße vom kleinen Luis und seinem
Vater und reißen da ein Haus ab oder bauen ein paar Eigentums-
wohnungen oder sanieren einen Altbau oder verlegen wenigstens
ein paar Rohre.« So ist sie, die Bauwirtschaft, hat uns einfach lieb,
da kann man gar nichts machen.

Also gehen Luis und ich morgens zur nächsten Baustelle und
schauen dem Bagger zu, wie er durch die Baugrube hetzt, hier ein
bisschen baggernd, dort ein wenig schaufelnd, ein Mäuerchen
umstoßend, einen Betonsockel anknabbernd, einen Sandberg
umlöffelnd, Erdhaufen um Erdhaufen in einen Tieflader füllend.
Luis hält sich am Gitter des Bauzaunes fest und guckt und guckt.
Was er denkt? Ach, wäre mein Vater doch ein Baggerfahrer, könnte ich doch der Sohn eines Baggerfahrers sein, ein Baggerfahrer-
kind, Spross eines mächtigen Geschlechts von Baggerfahrern,
welcher einst selbst im Befehlsstand eines Baggers sitzen wird,
Hebelchen und Rädchen und Knöpfchen bedienend, nein, be-
herrschend, und nachts mit einer lieben Baggerfahrerfrau neue
Baggerfahrerchen zeugend … Na, hören Sie mal, so weit denkt er
ja wohl noch nicht.

Und ich? Was denke ich? Ich denke, dass so ein Bagger etwas von einem Käfer hat, einem nervös krabbelnden, mit langem Arm um sich herumrüsselnden Kerl auf der Suche nach Nahrung. Und je länger ich mit Luis da am Baugitter stehe, desto mehr komme ich mir vor wie ein Käferkundler bei seinen subtilen Jagden, und desto mehr erscheinen mir die Bauarbeiter wie herumwimmelnde Maden oder wie vom Großkäfer geknechtete Unterkäfer, die ihm zu Diensten sein müssen bei seinen Käferarbeiten. Der Lastzug, der die Erde wegfährt – sieht er nicht aus wie eine mühsam aus der Grube sich herausarbeitende schwarzgrüne Raupe? Und dieses komische gelbe Kettengefährt, das zwei zehn Meter hohe Bohrstangen langsam in den gelbbraunen Untergrund der Baustelle dreht – das könnte ein weiblicher Käfer sein, der seine bernsteinfarbenen Eier ablegt, nicht wahr? Das summende Atlas-Aggregat, mit dem man Presslufthämmer antreibt – eindeutig ein pumpender Maikäfer.

Irgendwann müssen wir weitergehen, sonst kommen wir zu spät zur Kindergruppe. Aber der Eindruck bleibt. Plötzlich erscheint mir alles um mich herum wie eine Insektenwelt: der kleine orangefarbene Straßenfegewagen der Stadtwerke wie eine brummende, im Laub raschelnde Hummel; der Gullypumpwagen mit seinem schwarzen Schlauch wie eine Biene, die ihren Rüssel in eine Blüte senkt; die Autos, die Straße für Straße hinunter in die City drängen zu Büros und Kaufhäusern, wie bewusstlos zur Arbeit wandernde Ameisen; die Trambahn wie ein ängstlicher Regenwurm.

Und Luis? Und ich? Wünschen der deutschen Bauwirtschaft alles Gute und immer reichlich Aufträge in unserer Gegend.

· MEINE MEMOIREN 1998

✦

WATTE HATTE ICH DA

Luis hatte Ohrenweh heute Nacht. Das ist ja das Schlimmste überhaupt: wenn dein Sohn Ohrenweh hat und so hilflos weint und sich die Ohren hält. Paola stopfte ihm Watte in die Ohren, die sie vorher mit Zwiebelsaft getränkt hatte. Ich hatte vorher mitten in der Nacht weinend die Zwiebel dafür gehackt.

Irgendwann schlief Luis wieder ein. Und heute Morgen ist das Ohrenweh weg. Er soll trotzdem noch Zwiebelwatte in die Ohren stecken, damit das Ohrenweh nicht wiederkommt. Aber er will nicht.

»Nein, meine Watte will ich nicht!«, schreit er wie ein Wattekasper und hält sich die Ohren zu.

»Aber schau, Luis!«, sage ich. »Der Papa tut sich auch Watte in die Ohren. Ich habe ein bisschen Ohrenschmerzen heute Morgen, wie du in der Nacht, und dagegen hilft mir die Watte.«

Sprech's und stopfe mir pfropf-pfropf links-rechts zwei Zwiebelwattebäusche in die Gehörgänge.

Das hilft sofort. Still und leise lässt sich Luis die Ohren wattieren. Er hat gerade eine Phase, in der er alles, was sein Vater tut, für gut und richtig hält. (Der Vorteil: Man fühlt sich super, wenn man so vergöttert wird. Der Nachteil: Meine Ohren riechen nach roher Zwiebel. Das ist im Berufsleben nicht das Parfum der Erfolgreichen.)

So fahren wir beide mit Watte in den Ohren zum Kindergarten. An einer Ampel pocht ein Fußgänger an die Seitenscheibe des Autos. Als ich ihn fragend ansehe, deutet er auf den Kindersitz. Luis hat einen puterroten Kopf und weint. Ich nehme die Watte aus dem rechten Ohr und frage:

»Um Gottes willen, Luis, was ist?«

Luis nimmt die Watte raus.

»*Sexbomb!*«, schreit er. »Ich schreie die ganze Zeit, dass ich *Sexbomb* hören will. Aber du hörst mich nicht.«

Ich seufze. *Sexbomb* von Tom Jones ist sein aktuelles Lieblingslied. *Sexbomb, sexbomb, You can give it to me, when I need to be turned on.* Ich stelle den Apparat an und schiebe die CD hinein.

»Aber die Watte muss wieder rein«, sage ich.

»Du hast sie ja auch draußen«, sagt er.

Ich stopfe mir die Watte in die Ohren. Luis auch. Tom Jones singt. Luis sagt etwas, ich sehe im Rückspiegel, wie sich seine Lippen bewegen. Ich nehme die Watte raus.

»Was sagst du?«, frage ich.

Er nimmt seine Watte raus. »Was sagst du?«, fragt er.

»Ich habe gefragt, was du vorher gesagt hast?«, sage ich.

»Ich höre die Musik nicht«, sagt er, »wenn ich die Watte im Ohr habe.«

»Dann mache ich sie lauter«, sage ich. »Aber die Watte muss rein.«

Ich tue die Watte rein. Er auch. Ich drehe Tom Jones so laut, dass man ihn durch die Watte hindurch hören kann. SEXBOMB! SEXBOMB! (Etwas wie *Watte hadde dudde da* würde irgendwie besser passen.) Luis sitzt zufrieden in seinem Kindersitz. Wenn wir an Ampeln halten, sehen uns die Leute draußen merkwürdig an. Sie wissen nicht, dass wir Zwiebelwatte in den Ohren haben. Sie sehen nur einen Vater und seinen Sohn in einer Art Discomobil, aus dem obszöne Lieder dröhnen. Ein alter Mann schüttelt den Kopf.

Dann sind wir am Kindergarten. Ich bringe Luis hinein, nehme ihm die Watte kurz aus einem Ohr, sage ihm, dass er die Watte den ganzen Tag drinnen lassen soll, damit er nicht wieder Ohrenweh bekommt. Er nickt. Ich tue die Watte an ihren Platz zurück.

Draußen auf dem Radweg fährt mich ein Radler, den ich übersehen habe, beinahe über den Haufen.

»Wie laut muss ich denn noch klingeln!?«, ruft er, während ich die Watte aus den Ohren nehme. »Haben Sie was an den Ohren?« »Ich nicht«, sage ich und schnipse mit den Fingern einen Zwiebelwattebausch in sein verständnisloses Gesicht.

· DAS BESTE AUS MEINEM LEBEN 2000

Ja, der Luis hatte auf diesen Fahrten schon einen sehr erlesenen Musikgeschmack, wir kennen das ja schon aus *Mein Leben bringt mich um* auf Seite 72, und in der nächsten Kolumne wird es auch noch einmal behandelt.

✶

JESUS BEUYS

Übrigens bekommen wir seit Jahren Post vom Jugendamt, gedruckte Rundschreiben, in denen Erziehungsprobleme abgehandelt werden. Seit Luis' Geburt geht das so, alle halbe Jahr ein Text, passend zum Alter.

Neulich kam der Brief für Eltern von Dreieinhalbjährigen zum Thema »Löcher in den Bauch fragen«. Von »kleinen Fragegeistern« war die Rede, welche immerzu etwas wissen wollen: Warum das Licht brennt. Warum eine Flamme am Gasherd zu sehen ist. »Eines ist dabei besonders wichtig«, schreibt das Jugendamt. »Unsere Antworten müssen richtig und wahr sein. Dass im Gasherd ein Feuerteufelchen sitzt und die Flamme macht, wäre beispielsweise keine sachgerechte Antwort.«

Jeden Morgen bringe ich den Luis mit dem Auto zum Kindergarten. Eine Viertelstunde lang bin ich für alle Fragen offen und will ihm die Welt erklären.

Wir fahren durch die Straßen. Ein Betonmischer kreuzt unsere

Bahn. Ich sage, bevor Luis fragen kann: »Schau mal, Luis, ein Betonmischer.«

»Ja, und da ist ein Mischalong«, ruft Luis.

»Wo ist ein Mischalong?«

»Da!«, ruft Luis und zeigt auf den Betonmischer.

»Das, was du Mischalong nennst, ist ein Betonmischer«, sage ich.

»Nein, es ist ein Mischalong«, sagt er. »Ich will Musik.«

Ich mache das Radio an, aber Luis will eine CD hören. Er will die CD selbst aussuchen. Jeden Morgen sucht er dieselbe CD aus, kramt in den Plastikhüllen mit den CDs so lange, bis er sie hat, und reicht sie mir nach vorn: den Soundtrack von *Pulp Fiction*.

»Everybody cool, this 's a robbery!« Pangpangdadapangpang ... So geht das im Auto, und manchmal trinkt Luis dabei aus einem Milchfläschchen. Das Jugendamt hat noch keinen Brief geschickt, was mit Kindern ist, die zum Milchfläschchen den *Pulp-Fiction*-Soundtrack hören.

Heute mache ich einen Fehler beim Einschalten, habe aus Versehen das Radioprogramm drin, und jemand sagt was von Joseph Beuys ...

»Jesus Beuys!«, ruft Luis und setzt die Milchflasche ab. »Davon hat die Marita erzählt.«

Marita ist die Kunsterzieherin im Kindergarten.

»Aber der hieß Joseph Beuys, Luis!«

»Nein, Jesus Beuys, hat die Marita gesagt.«

»Das hast du falsch verstanden!«

»Nein, nein, und er hat sich in Tölz gewickelt, der Jesus Beuys.«

»In Tölz?«

»Ja!«, ruft Luis laut, denn jetzt läuft die Musik. Everybody cool!!!

»In Tölz. Das ist so was Kuschelweiches.«

»Tölz? Meinst du Fett? Aber Fett ist nicht kuschelweich.«

»Nein, Tölz. Er hat sich hineingewickelt, weil, als das Flugzeug die Landung gemacht hat, hat er sich so wehgetan, der Jesus Beuys. Deshalb hat er sich in Tölz gewickelt, damit es nicht wehtut.«

»Ach, du meinst Filz«, sage ich. Aber Luis wird allmählich unge-
duldig.

»Nein, Tölz!«, brüllt er über die Musik hinweg. Manchmal spricht
er mit der Milchflasche halb im Mund, quäkt so am Schnuller
vorbei. Jetzt ist er kurz davor, mit der Pulle nach mir zu schmei-
ßen.

»Kuschelweiches Tölz!«, schreit er. »Tölzzzzz!«

»Aber Tölz ist eine Stadt«, sage ich, des Jugendamtsbriefes eingedenk. Schön bei der Wahrheit bleiben! »Es heißt Bad Tölz. Wir
fahren mal hin, dann zeige ich es dir.«

Luis ist außer sich. »Tööölz!«, grölt er. »Jeeesusss Beuyyyys hat
sich hiii-nein-gee-wiii-ckelt!«

Wir sind am Kindergarten. Vielleicht schickt das Jugendamt mal
einen Brief für Eltern, deren Kinder keine Fragen mehr haben,
weil sie schon alles wissen?   · DAS BESTE AUS MEINEM LEBEN 1999

Leser, die mit dem Leben Joseph Beuys' nicht allzu vertraut sind, dürfte der Hinweis
freuen, dass sich die Passage, in der es um die Landung des Flugzeugs, das Wehtun
und den Filz geht, auf eine vom Künstler selbst gestrickte Legende bezieht, wonach
er im März 1944 auf der Halbinsel Krim mit einem Kampfflugzeug abstürzte: Der Pilot
kam ums Leben, Beuys aber wurde, wie er zeitlebens erzählte, von nomadisierenden
Krimtataren aufgefunden, die ihn in Filz hüllten und seine Wunden mit Fett salbten –
was die spätere Vorliebe des Künstlers für diese Materialien erklären würde und ja
auch sollte.

In Wahrheit war es wohl umgekehrt so, dass die spätere Vorliebe Beuys' für Filz und
Fett diese Geschichte erklärt, die nämlich frei erfunden war. Denn er wurde schon
bald nach dem Absturz von einem Suchkommando der Wehrmacht gefunden.

Jedenfalls hat Jesus Beuys heute für die Kunst eine ähnliche Bedeutung wie der Erdbeerschorsch für die katholische Kirche. Diesen Herrn entdeckte das Suchkommando
»Hacke« vor Jahren in der von Eckhard Henscheid mit herausgegebenen und auch
sonst ganz großartigen *Kulturgeschichte der Missverständnisse*: Kommt ein Kind heim
und ruft: »Mama, Mama, morgen in der Schule müssen wir uns ganz schön anziehen,

da kommt der Erdbeerschorsch, der will uns alle filmen!« Eine weitere Erklärung ist ihr nicht möglich, die Mutter ruft die Lehrerin an, und die erklärt: »Was für ein Missverständnis! Morgen ist ein großer Tag für die Schule, da kommt der Erzbischof, der will alle Kinder firmen.«

Mehr zu diesem Thema in *Malcolm, you sexy thing* auf Seite 118 (Und in der *Wumbaba-Trilogie*, aber das ist ein anderes Buch.) Und wer das Thema »Fahrten in den Kindergarten« weiter vertiefen will, sollte unbedingt die Kolumne *Und schwer ist das Schreibenverstehenlernen: Warum schreibst du nicht dieses Buch hier?* auf Seite 313 lesen!

NUN EINE KLEINE PAUSE:
DREI KOLUMNEN ÜBER DIE STILLE

Dies ist ein Besinnungskapitel. Man kann alle drei Geschichten hintereinander lesen, um quasi komplett besonnen zu werden, man kann aber auch immer, wenn man ein bisschen Ruhe sucht, in dieses Kapitel zurückkehren, es ist also quasi die Autobahnkapelle dieses Buches.

WIEHERNDE AUTOS, HÖRENDE HEMDEN

Die Welt der Dinge zerfällt in Gegenstände, die Geräusche machen, auf der einen und Dinge, die still sind, auf der anderen Seite. Das Papier, auf dem dieser Text steht: tonlos. Mein Ehering: stumm. Das Treppengeländer: schweigsam. Hingegen dringt der Schlagbohrer, mit dem der Nachbar in seiner Wohnung arbeitet, unüberhörbar in die Wände, und mein Handy gibt bei jeder Tastenberührung leise elektronische Antworten.

Was aber geschieht, wenn Dinge die Geräuschgrenze überschreiten, wenn also, zum Beispiel, bisher der lauten Welt Zugehöriges geräuschlos wird? Nehmen wir das Auto, das in seiner teilweise oder komplett elektrifizierten Form alles Brummen und Röhren hinter sich lässt und leise wird, ja, still. Ist es nicht die Erfüllung eines Traums? Bisher unerträgliche Wohnlagen an großen Straßen werden schön, Menschen, die an Kreuzungen leben, glücklich. Jedoch: die Gewohnheit. Der Bürger ist es gewöhnt, eine Straße auch nach Gehör zu überqueren; vernimmt er nichts, geht er los. So ist es zu Unfällen mit Elektromobilen gekommen, so konnte es wahr werden, dass der japanische Autoproduzent Nissan im nächsten Jahr in Großbritannien einen batteriebetriebenen Wagen auf den Markt bringt, der serienmäßig dröhnt, ein künstlich erzeugtes Geräusch, das Fußgänger warnen soll, das uns aber gleichzeitig einen Blick in die Hölle der Zukunft gewährt.

Denn ganz offensichtlich ist unsere gesamte Gesellschaft akustisch so verroht, dass sie ohne Geräusche nicht mehr leben kann, dass sie also, statt laute Gegenstände über die Grenze zur Stille zu befördern, den umgekehrten Weg geht: Sie macht Stummes geräuschvoll. Nur so ist zu erklären, dass man in den Fahrstühlen nobler Hotels Klanginstallationen renommierter Künstler hören muss oder dass in Geschäften aller Art den Verkauf fördernde Musik ertönt.

Und nur so ist es möglich, dass jemand auf den Gedanken kommen kann, uns den Weg zur Erlösung vom Verkehrslärm zu verschließen und jedes Elektroauto künstlich lärmen zu lassen, ja, vielleicht gar künftig dem Elektromobilisten die Möglichkeit zu geben, für seinen Wagen aus dem Internet Fahrgeräusche aller Art herunterzuladen, wie beim Handy den Klingelton. So dass wir dann die abendliche Rückkehr des Nachbarn bereits am Wiehern seines Kfzs erkennen. Dass unter unserem Wohnzimmerfenster ein Fremder sein Fahrzeug zu den Klängen des Fanfarenzuges Niederblödenbach einparkt. Und dass unsere Straßen, die bisher von Motorengeräusch erfüllt waren und nun lediglich noch durch leises Reifengeräusch und kaum hörbares Summen von sich hören lassen *könnten*, am Ende ein Irrenhaus aus Wagner-Opern, Walgesängen, Brandungsgeräuschen, Dielenknarzen, Rindermuhen und dem Ruf des südindischen Riesenpirols sein werden.

Wo wird das enden? Werden schließlich *alle Dinge* reden? Wird auch das Papier, auf dem dieser Text gedruckt steht, mit einem leisen, nicht abschaltbaren Sound versehen sein? Wird mein Ehering in zyklischen Abständen Paolas Liebesgeflüster ertönen lassen? Wird das Treppengeländer rufen: Berühr mich, fass mich an, jaaaa, danke dir ...?

Wird es nichts mehr geben, was einfach still ist?

Übrigens haben Wissenschaftler des *Massachusetts Institute of Technology* eine Textilfaser entwickelt, die Schallwellen in elektrische Signale umwandelt. Man wird also, grob gesprochen, hörende Hemden tragen, die zum Beispiel schon aus dem Herzpumpern des Trägers dessen Gesundheitszustand herauslauschen und an die zuständigen Stellen übermitteln können. Diese Kleidungsstücke wären in einer fernen Zukunft aber auch in der Lage, aus dem Schall elektrische Energie zu erzeugen, so dass mit dem Gespräch eines Telefonierenden der Akku seines Mobiltelefons wieder aufgeladen würde. Letztlich würde es bedeuten: Der

Lärm der Welt ist unsere letzte Energiequelle. Indem wir alle Hörhemden trügen, würden wir Strom aus dem Krach um uns herum gewinnen – die Weltenergieprobleme wären gelöst.

Aber das Seltsame ist, dass einem in diesem Fall eine Welt lieber ist, deren Energieprobleme ungelöst sind. · DAS BESTE AUS ALLER WELT 2010

★

WIE MAN EIER HART SCHREIT

Da diese Kolumne bei vielen Lesern nicht zuletzt wegen ihrer regelmäßigen Energiespar-Tipps geschätzt wird, möchte ich heute der Frage nachgehen, ob es möglich ist, ein Frühstücksei nicht nur in kochendem Wasser zu garen, sondern auch durch Schallwellen. Menschen, die in den siebziger Jahren regelmäßig Rockkonzerte besuchten, berichten ja bis heute, sie hätten zu diesen Anlässen rohe Eier mitgebracht, diese vor den Lautsprechern am Bühnenrand deponiert und im Anschluss an das Ereignis hart gekocht verzehrt.

Kann das wahr sein? Sagt man deshalb: *Hard* Rock?

Ältere Leser erinnern sich vielleicht noch an ein Experiment der Biochemiker Earl W. Flosdorf und Leslie A. Chambers im Jahr 1936, dessen Resultate seinerzeit im *Journal of Biological Chemistry* veröffentlicht wurden. Die Forscher setzten Eiweiß einem andauernden Geräusch von 142 Dezibel aus, das ist ein ganzes Stück über der Schmerzgrenze, lauter als ein Gewehrschuss und 22 Dezibel mehr als The Who 1976 in einem Konzert erzeugten, das ihnen damals die Auszeichnung als »Lauteste Band der Welt« einbrachte.

Das Eiweiß gerann tatsächlich unter dem Druck der Schallwellen nach vier Minuten, allerdings unter Laborbedingungen. Es

befand sich in einem Reagenzglas, die Schale hatte man entfernt.
Was bedeutet das in der Praxis? Für unseren Alltag? Reicht es,
wenn ich mein Frühstücksei anbrülle? (»Darling, schreist du mir
ein Fünf-Minuten-Ei?«) Benötige ich eine Trompete? Oder eine
Platte der Toten Hosen? Kann ich so tatsächlich die Energie zur
Wassererhitzung sparen?
Unter Fachleuten wird unsere Frage im Internet seit einer ganzen
Weile heftig diskutiert. Im Magazin *New Scientist* behauptete ein
Akustik-Professor, die Energie aus dem Lärm von 80.000 Zu-
schauern im Wembley-Stadion reiche aus, um einige Eier zu garen.
Hingegen las ich in *Trevor Cox's The Sound Blog*: Wenn man davon ausgehe, dass eine Person, die aus einem Meter Entfernung
schreit, etwa achtzig Dezibel produziere, dann sei zu schätzen,
dass man für die 142 Dezibel aus dem Experiment von Flosdorf
und Chambers 1,6 Millionen Menschen benötige, alle einen Meter vom Ei entfernt. Bisschen schwierig. Und das Eiweiß dürfte
ja nicht in der Schale sein!
Und wenn man Leute mit Vuvuzelas ausrüstet? Dann, so meint
der Fachmann, benötige man etwa 32 Vuvuzelas (eine davon produziert 127 Dezibel), um ein Ei ausreichend zu beschallen.
Könnte sein, dass der Nachbar nach ein paar Tagen höflich fragt,
ob man denn unbedingt jeden Morgen ein hart gekochtes Ei zum
Frühstück essen müsse.
Vermutlich müssen wir weiter kochen. Auf der Internetseite *The
Straight Dope* beschreibt jemand, er habe einige Eier einen Nach-
mittag lang über fünf Stunden mit seiner Stereo-Anlage be-
schallt: alles rausgehauen, was gut und teuer ist, von Lynyrd
Skynyrd über Mötley Crüe bis zu The Crystal Method, bei Spit-
zenwerten von 126 Dezibel und einem Durchschnitt von 120.
Mehr ging nicht, weil die Lautsprecher nach einer Weile einen
Geruch nach verschmortem Kabel verströmten.
Ergebnis: Flüssig-Ei. Das Innere der Eier sah nicht anders aus als
das jener aus einer Kontrollgruppe im Nebenraum. Es müssen die

vom harten Rock weich gehämmerten Hirne sein, die solche eingangs erwähnten Erinnerungen an die Siebziger haben. Vielleicht waren auch andere Substanzen im Spiel.

Demnächst hier: Ist es wahr, dass Joe Cocker einmal allein mit seiner Stimme Parmesan gerieben hat? Stimmt es, dass mit Heino-Liedern beschallte Rindviecher freiwillig in den Schlachthof eilten? Ist es möglich, auf der Sitzheizung meines Volkswagens im Niedrigtemperaturverfahren innerhalb von acht Stunden eine Lammhaxe zuzubereiten? · DAS BESTE AUS ALLER WELT 2013

✦

BRÜLLWELT

Der berühmte, zu seiner Zeit avantgardistische Komponist John Cage hat mal ein Stück namens *4'33"* komponiert (in Worten *Four minutes, thirty-three seconds*), eines jener Werke, über die Spießer gerne »Das kann ja jeder« höhnen. In *4'33"* ist vier Minuten und 33 Sekunden lang kein einziger Ton zu hören. Jedenfalls kein vom Komponisten veranlasster, denn natürlich hört man trotzdem etwas, bei der Uraufführung 1952 zum Beispiel das Öffnen und Schließen des Klavierdeckels, mit dem der Pianist Beginn und Ende der drei Sätze des Stückes anzeigte – *4'33"* ist für Klavier komponiert. Und da ist vielleicht auch das Husten des Nachbarn, der eigene Tinnitus, das Summen der Klimaanlage.

Cage kam, habe ich gelesen, die Idee zu diesem Werk, als er eine schalldichte Kammer an der Universität Harvard betrat, in der Erwartung, dort nichts zu hören. Er hörte aber doch was, einen hohen und einen tiefen Ton. Der hohe, erklärte ihm ein Fachmann, werde von seinem Nervensystem erzeugt, der tiefe gehe von seiner Blutzirkulation aus.

Was lernen wir daraus? Dass es Stille nicht gibt, jedenfalls nicht
für uns, wir sind dafür nicht gemacht: eine, mag sein, banale Erkenntnis. Aber ist sie nicht erst banal geworden, *weil* Cage *4'33"*
komponiert hat?

Jedenfalls ist es doch bedauerlich, dass es Stille nicht gibt, denn
wonach sehnen wir uns an manchen Tagen mehr als genau nach
ihr? Die Zeiten werden immer lauter, vielleicht weniger im tat-
sächlichen als im metaphorischen Sinn: Kaum ist eine verdammt-
te Debatte zu Ende, hebt schon die nächste an. Kaum haben sich
die Zeitungen über Steinbrücks Honorare beruhigt, ziehen sie
über Brüderle her. Kaum hat jeder seine Meinung über den Berliner Flughafen gesagt, kommt wieder der Stuttgarter Bahnhof
dran. Und müssten wir uns nicht endlich mal wieder vor einem
Grippevirus zu Tode fürchten?

Es kommt einem vor, als säße man Tag für Tag neben einem Radio, das keinen Lautstärkeregler hat, sondern immer auf Maxi-
mum steht. Die Welt ist voller Brüllbürger, Brüllmedien, dem
Brüllnet.

Ist es also ein Wunder, dass genau jetzt sehr erfolgreich eine un-
scheinbare CD verkauft wird, die in einer kleinen, fast neunhun-
dert Jahre alten Kirche in Seaford in der englischen Grafschaft
East Sussex aufgenommen wurde? Die Kirchengemeinde dort
wollte ein bisschen Geld für Reparaturen verdienen, deshalb stellte man für eine halbe Stunde ein Aufnahmegerät in den Sakral-
raum und presste das Aufgenommene auf eine CD. Die ist nun
dauernd ausverkauft, aus Deutschland, Österreich, ja, Ghana
kommen Anfragen. Man hört, nun ja: natürlich nicht *nichts*, das
wissen wir seit Cage, sondern ab und zu leise Schritte, das Quietschen von Kirchenbankholz. Autobrummen im Hintergrund.

Großartige Idee, oder? Wie wäre es, man würde CDs veröffentlichen mit den Tönen eines Kuhstalls am frühen Nachmittag?
Reine Landlust: Wiederkäuen, Strullen, das Klatschen von Kuh-
fladen, ab und zu ein leises Muh. Oder man legt zum Einschlafen

»Angela Merkel beim Regieren« ein: kratzendes Abzeichnen von Gesetzen, ein geflüstertes Telefonat mit Hollande, das leise Klirren einer Kaffeetasse, dann der über Handytasten huschende Daumen, ein der FDP gewidmeter Seufzer. Was könnte entspannender sein als eine halbe Stunde »Helmut Schmidt raucht«? Was inspirierender als »Peter Handke beim Verfassen eines Absatzes von *Mein Jahr in der Niemandsbucht*«? Welch ein Hit wären »Bahnchef Grubes erste gedankliche Zweifel an Stuttgart 21«! So sanfte, kaum hörbare Grübelgeräusche.

Können nicht manche Männer auf Dienstreisen in Hotels schlecht schlafen, einsam, fern von ihrer geliebten Frau? Da wäre es schön, sie hätten eine CD mit dem regelmäßig-vertrauten Atmen der Schlummernden.

Und hörst du, Leser, jetzt gerade das kaum vernehmbare »Plopp« im Hintergrund? Das ist das Ende dieses Textes.

· DAS BESTE AUS ALLER WELT 2013

Auf meinem Schreibtisch liegt seit Langem eine CD, die mir jemand – mich so an diese, meine eigene Kolumne erinnernd – nach einer Lesung in die Hand drückte: *Stille* aus dem »Studio für leise Töne«, fabriziert, wie auf dem Cover steht, »aus naturidentischem Rohmaterial«, darauf die Titel *Stilles Wasser (Volvic)*, *Stille Nacht (1964)*, *Stille Autobahn (A9)* und *Stilles Flugzeug (Airbus 320)*. Diesen Sound höre ich mir seitdem regelmäßig an, wenn das Leben mir zu laut wird. Sehr zu empfehlen auch, wenn der Nachbar lärmt. Besser als Ohropax.

ÜBER LESERINNEN,
LESER UND NICHTLESER

------ ✦ ------

Diese CD mit den Atemgeräuschen der schlummernden Geliebten: Warum nehme ich mir so etwas nicht endlich einmal selbst auf? Ich könnte es gut brauchen, denn mein Leben hat es mit sich gebracht, dass ich viel Zeit in Hotels verbringe, in denen ich oft nicht gut schlafe, aus Gründen, die hier zu erörtern zu weit führen dürfte. Andererseits: Wenn man nur oft genug mit der Bahn fährt, in der Stadt spazieren geht, aus seinen Büchern vorliest oder im Café sitzt und nicht immer nur in der Schreibstube hockt, trifft man wenigstens seine Leser immer wieder persönlich. Das Paar zum Beispiel, das lange getrennt in verschiedenen Städten leben musste: Abends telefonierten sie, er las ihr dann immer eine Geschichte aus DAS BESTE AUS MEINEM LEBEN *vor. Oder den Mann aus Israel oder die Frau aus den USA, die behaupteten, sie hätten mit der Kolumne Deutsch gelernt: weil ihnen gefiel, was sie da lasen, es jedoch anfangs nicht zur Gänze kapierten – und weil sie es aber ganz und gar verstehen wollten.*

Und bin ich nicht auch im Besitz eines rosa Schnullers an einer Stahlkette, den mir Leser K. einmal geschickt hatte, nachdem ich in einer Kolumne beklagt hatte, dass uns immer alle Babyschnuller verloren gingen?

Ja, das bin ich.

Und gehört mir nicht sogar die Goldene Zahnbürste des Verbands

Bayerischer Zahnärzte, verliehen nach einem Beitrag, in dem ich hemmungslos gegen Süßigkeiten aller Art polemisiert hatte?

Ja, so ist es.

Ich bekam sogar eines Tages, als ich einen Text über das Sammeln von Fußballbildern veröffentlichte und darin beklagte, dass mir in meiner Kindheit immer das Foto des Braunschweiger Abwehrspielers Peter Kaack in meinem Album gefehlt hatte, einen Brief mit diesem Bild (und sogar dem Autogramm) Peter Kaacks, ich hüte es sorgfältig.

Alles kommt zu dem, der warten kann! (Und schreiben.)

Schön war auch: Irgendwann einmal hatte ich über Kinderzeiten geschrieben, in denen ich mit meinem Freund Uli gespielt hatte, dem Sohn des Feuerwehrhauptmanns in unserem Dorf. Uli verfügte über eine riesige Sammlung von kleinen Feuerwehrautos, die wir im Garten und auf meiner Modelleisenbahn Brände löschen ließen. Und eines Tages stand nach einer Lesung plötzlich am Signiertisch neben mir ein Herr, der mir ein Holzkästlein zuschob und sagte:

»Bitte, öffne das, Axel!«

Ich tat, wie mir geheißen, und sah zwei kleine rote Wiking-Feuerwehrautos.

»Uli?«, fragte ich.

»Ja«, sagte der Herr.

Wir hatten uns vierzig Jahre nicht gesehen.

Dann kann es aber auch passieren, dass man zu einem größeren Abendessen eingeladen ist. Man stellt sich, bevor man sich setzt, den anderen Herrschaften am Tisch vor, und eine Dame sagt:

»Ach, Sie sind das?«

Ja, das bin ich.

»Das lese ich ja immer gern.«

Ich erröte.

»Obwohl: Früher war's besser, ehrlich gesagt.«

So beginnt dann der Abend.

»Sie nehmen mir das nicht übel?«

»Nein, ich nehme es nicht übel. Ich mag Ehrlichkeit. Übrigens sollten Sie solche Kleider in Ihrem Alter nicht mehr tragen.« (Na ja,
das sage ich natürlich nicht. Ich hasse Ehrlichkeit, jedenfalls vor
dem Abendessen.)

Meistens ist es aber nett. Und ich verdanke meinen Lesern viel,
sehr viel, die Ideen und das Material zu einigen Büchern zum Beispiel, man soll das in diesem Kapitel sehen.

Als ich etwa die Geschichte MALCOLM, YOU SEXY THING! veröffentlicht hatte, schrieben mir sehr viele Menschen Briefe, in denen
sie schilderten, welche Lieder sie schon missverstanden hatten, es
wurden Tausende im Laufe der Jahre; so entstand die WUMBABA-
TRILOGIE.

Später erschien die Kolumne WENN MAN IM ROTEN OCHSEN ISST,
daraufhin kam die erste Post mit wunderbar falsch übersetzten
Speisekarten: der Beginn der Arbeit an OBERST VON HUHN BIT-
TET ZU TISCH.

Und nahezu täglich bekomme ich von Lesern Material für meinen
WORTSTOFFHOF, den ich vor vielen Jahren in der Kolumne ein-
führte und auf dem Sprachmüll weiterverarbeitet wird, die folgende Geschichte ist gleich mal ein Beispiel dafür.

DIE FÖTENGRUPPE

Immer wieder bieten unsere Medien dem interessierten Leser
Stoff zum Nachdenken, so der jungen Frau A., die in Portugal gerade ein Soziales Jahr absolviert und sich dabei in Ermangelung
deutscher Zeitungen via Internet über das Geschehen in der lieben Heimat informiert. Sie las auf *spiegel.de* während der Wärme-
welle des vergangenen Winters einen folgendermaßen beginnen-
den Bericht: »In Fischen im Allgäu wurden 19,8 Grad Celsius
gemessen ...«

Viele Fragen schossen fern in Portugal durch A.'s Kopf: Warum misst man die Körpertemperatur von Allgäuer Fischen? Beeinflusst dieselbe am Ende unser Klima, wird also die Erdatmosphäre oder jedenfalls das Wasser möglicherweise durch fiebernde Fische aufgeheizt? Wie gehen die Forscher bei Körpertemperaturmessungen von Fischen vor? »Ja, ich stellte mir wirklich vor, wie diese Männer mit großen Gummistiefeln durch einen Fluss im Allgäu wateten, kleine Fischchen fingen und den armen Tieren winzige Fieberthermometerchen einverleibten …«

Bis sie dann begriff, dass Fischen im Allgäu ein Ort ist, in dem es im Winter zu warm war, jedenfalls für die Jahreszeit. So was lässt sich ja leicht feststellen, heutzutage.

Nun ist es aber nicht Sinn dieser kleinen Unterkolumne, Rätseln und Doppeldeutigkeiten der deutschen Sprache nachzuspüren, sondern an anderer Stelle nicht mehr benötigte Wörter zu sammeln, »Wortmüll« sozusagen, der aber durch ein wenig Bearbeitung anderswo vielleicht neue Verwendung finden könnte.

Die »Trauerpumpe« zum Beispiel. Herr H. aus Öhringen reiste im Sommer 2005 nach Südfrankreich und entdeckte dieses schöne Wort in einem Fremdenführer. Auf Französisch hieß es *pompe funèbre*, was »Trauerzug« oder »Beisetzungszeremonie« bedeutet, hier aber eben mit »Trauerpumpe« übersetzt wurde. Weil H. beruflich für die *Hohenloher Zeitung* tätig ist, verfasste er dort eine sehr schöne Glosse, in der er sich unter Trauerpumpen »farbenfrohe Wunderwerke der Technik« vorstellte, »die Gram und Grau des Alltags aufsaugen und in die unendlichen Fernen des Weltalls pumpen. Was die Menschen nichts ahnend Milchstraße nennen, ist nichts als ein großer See abgepumpter Trauer. Noch lacht die Sonne trügerisch hell am blauen Himmel. Doch der nächste November kommt bestimmt. Wohl dem, der dann eine Trauerpumpe hat.«

Herr H. aus Kissing schickte mir einen weiteren kleinen Artikel, diesmal aus der *Friedberger Allgemeinen*, eine Meldung, in der im

Dezember 2006 über den offenbar traditionellen Lichterzug der dortigen CSU berichtet wurde, der sich vom Marxenwirt zur Burgstallkapelle bewegte. Dort gab es eine Andacht, bei der unter anderem »eine nachdenkliche und besinnliche Geschichte« vorgetragen wurde. Dann heißt es: »Die Fötengruppe intonierte zwischendurch immer wieder weihnachtliche Weisen.«

Man liest das nicht ohne Stutzen. »Die Fötengruppe«: eine Unterorganisation der Jungen Union Kissing? Oder »ein Fall für den Ethikrat«, wie Herr H. anmerkte?

Natürlich wird dem Leser schnell klar, dass es sich hier um die »Flötengruppe« handelt. Aber da das Wort »Fötengruppe« nun einmal in der Welt ist: Was wird man damit machen können? Ein neues Wort an Stelle des unschönen »Geburtsvorbereitungskurs«? (Eines jener überlangen Deutschwörter, die Mark Twain als »Umzüge sämtlicher Buchstaben des Alphabets« bezeichnete.) Eine Vorstufe der »Krabbelgruppe«? Eine Vereinigung jener vielen, die angesichts des skandalösen Zustands unseres Kindergartenwesens ihre Kleinen bereits vor der Geburt bei den örtlichen Krippen anmelden müssen?

Schließen wir den Sprach-Wertstoffhof für heute mit der Überschrift einer Meldung aus dem *Grafenauer Anzeiger*, die mir Frau K. zusandte: »Die Situation in den Kindergärten: Von Extra-Erlaubnis bis Sprach-Problemen. Englisch kommt an – Den Migrantenkindern muss dagegen erst richtig Deutsch gelernt werden.«

· DAS BESTE AUS MEINEM LEBEN 2007

Der *Wortstoffhof* hieß übrigens am Anfang, wie in diesem Text ja auch, *Sprach-Wertstoffhof*, denn erst, nachdem ich diesen eröffnet hatte, las ich bei Goethe einen bemerkenswerten Satz, der sich gegen die Sprachreiniger und Puristen richtete, die schon zu seinen Lebzeiten gegen jeden Wandel und die Lebendigkeit der Sprache kämpften und dies heute sogar, zu Unrecht, mit Berufung auf Goethe tun. Goethe schrieb nämlich: »Der geistreiche Mensch knetet seinen Wortstoff, ohne sich zu bekümmern, aus was für Elementen er bestehe; der geistlose hat gut rein sprechen, da er nichts zu sagen hat ... Poesie und leidenschaftliche Rede sind die einzigen Quellen, aus denen dieses Leben (der Sprache) hervordringt, und sollten sie in ihrer Heftigkeit auch etwas Bergschutt mitführen, er setzt sich zu Boden und die reine Welle fließt darüber her.«

Nun ein Auszug aus einer anderen Kolumne:

»Viele Wortstoffwörter entstehen zum Beispiel, in dem man eigentlich zusammenhängende Buchstaben voneinander trennt, zum Beispiel die in einschlägigen Kreisen mittlerweile berühmten Blumento-Pferde oder der zum Baden ladende Alpeno-Strand. Leser G. schrieb mir dazu, der Kinderarzt seines Sohnes, der übrigens auch Luis heiße (der Sohn, nicht der Kinderarzt), nehme an einer Studie zur Erprobung eines neuen Impfstoffes teil und verschicke deshalb an seine Patienten Rundschreiben, in denen das Wort ›Routine-Impf-Plan‹ vorkomme, über welches nun wieder Leser G. stolperte und welches sich unter seiner längeren Betrachtung langsam veränderte, so dass aus ›Routine-Impf-Plan‹ plötzlich ›Routinei-mpfplan‹ wurde – und er schreibt mir: ›Jedenfalls dachte ich beim Lesen dieses Wortes sofort an Sie. Vielleicht haben Sie für dieses Wort ja irgendwann eine Verwendung.‹

Hier haben wir den Gedanken des Wortstoffhofes *in nuce*. So soll es sein: Wörter, die man selbst nicht benötigt, weitergeben an andere! Ich finde allein schon den Wort-Teil ›Routinei‹ sehr schön, klingt er doch nach einem fernen und andererseits sehr nahen Land (ähnlich der Transkei oder der Wallachei), in dem wir alle zu viel Zeit verbringen. Das Land der langweiligen Routine, des immer Wiederholten. Das Land, in dem wir, über Mpfpläne gebeugt, angeödet unsere Arbeit verrichten.«

Nach dieser Kolumne bekam ich folgende Mail meiner Leserin M.:

»Hallo, Axel, Ich bin eine Leserin deiner Komentaren in dem magazin der SZ. Ich komme aus Argentinien und ich bin in Deutschland seit Januar dieses Jahr. Letze Woche habe ich über das schöne Wort-Teil ›Routinei‹ oder ›Routinei‹ gelesen. Während einer Unterhaltung mit meinem Deutschen Freund habe ich das Wort benutz. und er: ›Es existiert aber nicht‹ ind ich ›Aber doch, ich habe es irgerdwo gelesen‹ (ich konnte mich nicht daran erinnern wo, meine Gedächtnisfähigkeiten sind manchamals wie die einer alten Damen, die an Alzheimer leidet). Aber ich bin auch stur, und wir haben gewettet. Ja, ja total unvernüftig von mir. Ich habe es übersehen, dass er einen kleinen Vorsprung von 33 und halb Jahre hat. Aber Sie können mich retten. Ich brauche von Ihnen ein Satz: ›das Wort Routinei oder

Routinerei existiert auf deutsch. Es ist schön und sehr praktisch‹. ich würde für immer dankbar sein.«

Ich schrieb zurück: »Liebe M., das ist eine geradezu philosophische Frage! Ab wann ›gibt‹ es ein Wort? Wenn ich es behaupte? Wenn ich es ausspreche? Oder erst dann, wenn es auch etwas bezeichnet? Im letzteren Sinne gibt es das Wort nicht, leider. ›Routinei‹ bezeichnet nichts und hat keine Bedeutung. Schade, oder? Herzliche Grüße.« Na ja, Scrabble-Spieler haben solche Auseinandersetzungen täglich. (Die Frage der Existenz und Definition von Wörtern wird übrigens in *Von Wörtern und Menschen* auf Seite 489 vertiefend behandelt.)

Das Thema bringt es mit sich, dass man das eine oder andere von Lesern doppelt zugesandt bekommt oder von verschienenen Leuten immer wieder. Aber nichts habe ich so oft bekommen wie diesen Rundbrief einer ungarischen Sperrmüllsammelbrigade, die seit etlichen Jahren in Bayern unterwegs ist und ihr Kommen immer und überall mit diesem Handzettel hier ankündigt, ja, einmal standen die Männer schon vor meiner eigenen Tür; zwar hatte ich nichts für sie, aber als sie um ein Bier baten, händigte ich ihnen wenigstens dieses aus. Der Zettel war jedenfalls sicher mehrere hundert Male in der Post.

SAMMLUNG

Wir möchten Sie darüber informieren, dass eine ungarische Familie eine Sammlung organisiert. Wir nehmen alles was sie nicht brauchen. Wir transportieren Ihr Auto kostenlos, das außer Verkehr gesetzt wurde!!!

Rutsche	Iplattefelge	Kabelstück	Porzellan Puppe
Schaukel	Rasenmaher	Säurefest	Luster, Teppich, Gastfreund
Nähmaschine	Kettensagen	Moped mit Cross Moped	Maschine kleine grösse
Mobiltelefon	Gestrüp Snittmeister	Fahrad mit Rein Fahrad	Tanne Möbel, Eiche Möbel
Radiator	elektronic, benzin	Schi Kleidung, Schi Schuhe	Kompressor Sterimo
Sport Garnitur	Mischmaschinen	Schi latte (max. 4 jahre alt)	Ofen mit Kamin, Gas Kessel
Kleide (Erwaschene, Kind)	Bastelei Maschine (auch defekt)	Schi latte (snowboard)	Wellenreiterbrett
Schuhe (Erwaschene, Kind)	Türen - Fenster	Schlittschuh	Kaffeemaschine mit
Bedwasche	(Aluminium, Plastik, Holz)	Uhr, Waduhr	Gastfreund (auch defekt)
Kolter	Kameras (auch defekt)	Komputer maschine und	Auto modell benzin
Vorhang	Foto Apparat (auch defekt)	Laptop (auch defekt)	Aggregat Schweisser
Gumireifen	Zapfen	Bildrand, Vase	Bruch gold Schmucke
Alufelgen	Kupfer, Aluminium Stücke	LCD Monitor (auch defekt)	Besteck Tafelgeschirr

Beim regnerischen Wetter komme ich auch für die hinausgetanten Sachen, bitte legen die diesen Zettel auf die Sachen an!

Wir möchten Sie bitten, die obene genanten Gegenstande am **12:00 und 15:00** vor Ihren Haus zu deponieren. Wir holen ab!

27.06.2013   *Bitte keine Spermüll oder Abfall!*   *Vielen Dank!*

So ist das mit mir: Die Leser tun Sachen hinaus, die sie nicht brauchen, ich hole sie ab und verwerte sie weiter.

Und einmal saß ich mittags vor dem Café *Frischhut* am Viktualienmarkt auf einer Bank und verzehrte eine frisch erworbene Rohrnudel, als der ältere Herr neben mir sagte:

»Sie sind der Ding, oder?«

»Ja«, sagte ich und biss wieder in meine Rohrnudel.

»Der Axel.«

»Ja.«

»Der Hacke.«

»Ja.«

»Der mit dem Kühlschrank.«

»Ja.«

»Ich habe ja die *Süddeutsche* abbestellt. Lange schon. Es war mir zu viel, man kann das ja nicht alles lesen. Aber Ihre Seite habe ich aus dem Magazin immer rausgerissen, ich habe da einen großen Stapel im Keller.«

»Toll! Das freut mich aber.«

»Gelesen habe ich es eigentlich nie. Wissen S', ich bin mehr so ein optischer Mensch. Ich lese nicht gern.«

Manchmal tauchen solche Begegnungen mit Lesern oder eben Nichtlesern dann auch in der Kolumne auf, in dieser hier zum Beispiel.

★

DER KRAKE MARIO

Vor einer Weile war ich abends mit Paola in einer Bar verabredet. Sie hatte vorher Luis zur Oma gebracht. Ich kam aus dem Büro. Wir wollten ins Kino gehen. Also trafen wir uns gleich in der Stadt, nicht zu Hause.

Weil Paola sich oft verspätet, hatte ich mir, als ich das Büro verließ, ein Buch geschnappt, um lesen zu können, während ich wartete. Bruno, mein Freund, hatte es mir vor längerer Zeit geschenkt. Er hatte mir sogar eine Widmung hineingeschrieben. Aber ich hatte keine Zeit gehabt, es gleich zu lesen. Dann hatte ich es vergessen. Es war Paul Austers *Rotes Notizbuch*, eine Sammlung von 15 Storys über Zufälle in seinem Leben. Es sind unglaubliche Geschichten, sehr schön erzählt. Zweifellos ist Auster damit reif für das Guiness-Buch. Sicher sind keinem Menschen so viele Zufälle passiert wie ihm.

Ich stand also an der Bar und las: von einer Bekannten Austers zum Beispiel, die, ohne es zu wissen, ihren Bruder geheiratet hatte. Oder von einem Freund, der nach zwanzig Jahren durch einen Anruf die verloren geglaubte Liebe seines Lebens wiederfand. Er hatte einige Tage zuvor beschlossen, sie zu suchen. Nun meldete sie sich durch Zufall von selbst.

Ich dachte, dass ich als Kind eine Zeit lang die romantische Vorstellung hatte, es gebe auf der Welt immer zwei Menschen, Mann und Frau, die füreinander bestimmt seien. Und wie aufregend ich es fand, unter Milliarden nach der einen Frau für mich suchen zu müssen. Später fand ich die Sucherei teils amüsant, teils anstrengend, jedenfalls dauerte sie. Als ich nach München zog, vor zwanzig Jahren, mietete ich beinahe ein Zimmer in Paolas Nachbarhaus, aber eben nur beinahe – es dauerte zehn Jahre, bis wir uns kennenlernten, auf einer Party, die Paola gerade verlassen wollte, während ich eintraf – und zwar nur deswegen eintraf, weil der Film, aus dem ich kam, so schlecht gewesen war, dass ich aus dem Kino vorzeitig geflüchtet war. (Wenn ich den Regisseur zufällig mal treffe, werde ich ihm herzlich danken für sein miserables Werk.)

Na ja, das ist keine Geschichte für Paul Auster. Für sein Notizbuch muss man zehn Jahre Tür an Tür leben, ohne sich je zu grüßen, danach auf verschiedene Kontinente ziehen, um sich schließlich in einem kleinen japanischen Dorf an der Bushaltestelle kennenzulernen.

Ich stand also an der Bar, dachte über diese Dinge nach, las, wartete auf Paola, als plötzlich ein Mann neben mir stand und sagte: »Sie haben doch mal eine Geschichte über einen erkrakten Mann geschrieben …«

»Ja«, sagte ich. Ich habe wirklich mal beschrieben, wie ich eines Tages einen Termin mit dem berühmten Herrn O. hatte und wie dieser Termin mit einem Faxbrief und der Begründung abgesagt wurde, Herr O. sei leider plötzlich erkrakt. Ich stellte mir dann vor, wie aus O. im Laufe eines Vormittags ein Krake wurde, aus seinen Armen Tentakel, aus seinem Mund ein Schnabel, aus seinen Beinen Fangarme, wie der ganze O. zum schleimig-weichen Polypen wurde – ein erkrakter Mann.

»Ich habe etwas für Sie«, sagte der Mann. Er zog die Rechnung eines italienischen Restaurants aus der Tasche, auf der oben der Kopf eines Mannes zu sehen war, dazu eine Hand. Aber der Rest des Mannes bestand aus einem Polypenkörper, aus Fangarmen, Saugnäpfen, Schleimhaut. Das Restaurant hieß *Polpo Mario*, also *Krake Mario*. »Wieso haben Sie das dabei?«, fragte ich. Der Mann sagte: »Ich wusste, dass es der Zufall eines Tages fügen würde, dass wir uns treffen. Und dass ich Ihnen das hier dann schenken würde.« Er verabschiedete sich und ging.

Die Rechnung belief sich auf 240.000 Lire. Das Restaurant befand sich in Sestri Levante, bei Genua – und zwar in der *Straße des 25. April*. (Der 25. April ist in Italien der *Tag der Befreiung*.) Die Rechnung war ausgestellt am 22. April. Ich lächelte über die Nähe der beiden Daten und legte die Rechnung in mein Buch, dorthin, wo Bruno die Widmung geschrieben hatte. Und entdeckte, wohl weil meine Aufmerksamkeit für Daten geweckt war: Bruno hatte mir das Buch an einem 23. April geschenkt.

Paola kam. Sie stürzte aufgeregt herein und rief, sie habe eine Bekannte getroffen, ihre beste Freundin in Kindertagen. Die habe jahrelang in den USA gelebt, ohne dass es Kontakt gegeben hätte. Nun werde sie heiraten und habe uns spontan eingeladen.

»Lass mich raten, wann!«, sagte ich. »Am 24. April?«

»Woher weißt du das?!«, rief Paola verblüfft.

»Keine Ahnung«, murmelte ich. · DAS BESTE AUS MEINEM LEBEN 2002

Seltsame Geschichte übrigens, was Zufälle dieser Art angeht: Vor Jahren schrieb mir eine Leserin, Frau S., sie habe eine Weile im Haus ihrer alten Mutter gelebt, um bei der Renovierung zu helfen. Und weil sie sparsam sei, habe sie eines Abends ein Experiment unternommen. Sie habe feststellen wollen, ob sich die dunkelbraune Farbe hölzerner Vorhangringe durch kochendes Wasser in hellbraun verändern lässt. Wäre das möglich gewesen, hätte sie die alten Vorhangringe nach der Renovierung weiterverwenden können, passend zu neuen Vorhängen. Also füllte sie einen Topf mit Wasser, stellte ihn auf den Herd und schaltete den an. Dann sah sie fern und las. Erst spät habe sie entdeckt, dass Rauch aus der Küche quoll. Die Herdplatte glühte. Der Holzring im Topf bildete einen feurigen Kreis, der in sich zusammenfiel und sich vollständig auflöste, als sie die Glut mit Wasser löschte. Als sie dann gelüftet und die Küche in Ordnung gebracht hatte, holte sie das SZ-Magazin und begann *Das Beste aus meinem Leben* zu lesen, eine Geschichte, die ich über meine Angst vor Bränden im Allgemeinen und über einen Feueralarm in einem Hotel geschrieben hatte. Der erste Satz lautete: »Ich werde mir jetzt einen Rauchmelder kaufen, das ist beschlossene Sache.« Nachweisbar größere Folgen hatte allerdings der nun folgende Text. Denn diese Kolumne war die erste von einigen, die ich über missverstandene Liedtexte schrieb. Und mit ihr begann, wie schon erwähnt, jene bis heute anhaltende Welle von Leserbriefen zu diesem Thema, Briefe, deren Inhalt ich zu drei Büchern verarbeitete, der *Wumbaba-Trilogie*. Übrigens verdanke ich auch den Titel *Der weiße Neger Wumbaba* einem Leser, der mich nach einer Lesung ansprach und mir erzählte, wie er Matthias Claudius' *Abendlied* immer falsch verstanden habe. Nicht »Der Wald steht und schwarz und schweiget / Und aus den Wiesen steiget / Der weiße Nebel wunderbar« hörte er, sondern: »Der weiße Neger Wumbaba«.

✶

MALCOLM, YOU SEXY THING

Kürzlich las ich ein sehr witziges Buch von Rainer Moritz über den deutschen Schlager. Der Autor erzählte von einem Lied, das Freddy Quinn sang: *Abschied vom Meer*. Er hörte als Kind oft die dunklen Verse: »Abschied vom Meer, von Wolken, von Winden, von Sternen … von Häfen, von Flaggenhof im Wind, von Kameraden, die unvergessen sind.« Lange sann der Knabe Moritz über das zauberhafte Substantiv »Flaggenhof« und die Frage nach, was ein »Flaggenhof« sei, bis er, Jahre später, beim Wiederhören erkannte, dass Freddy gar nicht von einem »Flaggenhof im Wind« gesungen hatte. Sondern von »Flaggen hoch im Wind«.

Als ich zur Grundschule ging, mussten wir ein Lied lernen, das uns die Lehrerin zu diesem Zweck mehrmals vorsang. Darin war von einem Boot die Rede, das im Wind trieb, steuerlos. Im Refrain die Zeile: »… hat ein Ruder nicht dran.« Wir sangen das Lied, ich sang besonders laut, ohne mir Gedanken über den Text gemacht zu haben. Als wieder mal der Refrain dran war, machte die Lehrerin ein Zeichen, alle hörten auf singen, bloß ich, der ich das Zeichen im Eifer übersehen hatte, sang allein, nein, ich schmetterte das Liedlein, und zwar schmetterte ich, das im Sturm treibende Schifflein betreffend, die Worte: »… hat ein Bruder nicht dran.«

»Was singst du da?«, fragte die Lehrerin.

»… hat ein Bruder nicht dran«, wiederholte ich. Erst in diesem Moment verstand ich, was für ein Nonsens das war. Aber da lachten alle schon. Auch die Lehrerin.

Bloß ich nicht.

Ich habe nie mehr ohne eingehende Textprüfung gesungen. Aber neulich sang Paola. Sie tanzte im Flur und sang einen alten Hit von *Hot Chocolate*, der geht so (besser: sie sang ihn so): »I believe in nuckles, since you came along, you sexy thing.« Paola singt sehr schön, ich liebe es, wenn sie singt. Ihre gute Laune steckte mich an. Ich stimmte ein und sang: »I believe in Malcolm …«

»Was singst du da?«, fragte Paola. »I believe in Malcolm«, sagte ich. »So heißt es nicht«, sagte sie. »Was singst *du* denn?«, fragte ich. »I believe in nuckles. So heißt es aber auch nicht. Ich weiß bloß nicht, wie es richtig heißt«, sagte sie. »Was heißt *nuckles*?«, fragte ich. »Knöchel«, sagte sie. »Ach so, *knuckles*«, sagte ich. »Ich glaube an Knöchel, soso, aha. Ich hatte *nuckles* verstanden. Was heißt das?«

»Das gibt es nicht, glaube ich«, sagte sie.

Ich gab in meinen Computer das Suchwort *knuckles* ein und lernte, dass Frankie Knuckles ein DJ in Chicago war und dort 1977/78 in einer Discothek namens *The Warehouse* den *House* erfand. Knuckles war der Gründervater des Techno. Dann gab ich die Suchwörter *I believe in Malcolm* ein. Da kamen mehrere Seiten, auf denen es ausschließlich um falsch verstandene Songs ging, nämlich *www.kissthisguy.com* und *www.amiright.com*. Ich lernte, dass die Zeile in unserem Song in Wahrheit lautete: »I believe in miracles, since you came along, you sexy thing.«

Es waren aber zahlreiche Beispiele aufgeführt, wie das Lied schon missverstanden worden war: I believe in milkbones, in milk-rolls, in milkos, in milkballs, in Melcho, in mecos, in Myrtle. Am besten gefiel mir: »I believe in miracles, since you came along, you saxophone.«

Ach, Malcolm. You sexy thing.

Den Rest des Abends verbrachten Paola und ich vor dem Bildschirm, Tausende von falsch verstandenen Liedtexten lesend. Hier zwei Beispiele: In Tina Turners Song *What's Love Got To Do With It* findet sich die Zeile: »What's love, but a second hand emotion?« Das haben Leute so gehört: What's love, but a second handy motion?; What's love, but a second hand in motion?; What's love, but just swimmin' in the ocean?

Das Beatles-Lied *Paperback Writer* betreffend, gibt es folgende

Irrtümer: Paperbag rider; Pay for that Chrysler; Face the bad rider; He's the Budweiser; Hy, barebacked rider!; Isn't that right, sir?; Take the back right turn!

Vor dem Schlafengehen gab ich das Suchwort »Flaggenhof« ein. Tja, Herr Moritz! Auf der Plassenburg bei Kulmbach gibt es einen Flaggenhof, den man auch »Südstreichwehr« nennt. Das um 1550 errichtete Ensemble, las ich, zähle zu den ältesten in italienischer Manier errichteten Bastionsanlagen in Deutschland.

Was soll man sagen? Singen bildet.   • DAS BESTE AUS MEINEM LEBEN 2002

Diese Geschichte hatte, wie gesagt, sehr viele andere zur Folge, bis Frau M. aus Leipzig schrieb, was falsch verstandene Liedtexte angehe, »so sind Sie wohl inzwischen eine Art nationale Anlaufstelle für die Fehlhörer geworden«. Und bis ein anderer Leser sich aufzuregen begann, siehe dazu die übernächste Geschichte, nach der dann Schluss war mit dem Thema in der Kolumne. (Na ja, nicht ganz, aber bald.)

✦

GOLD, WEIBER UND MÖHREN

Bevor das Jahr zu Ende geht, möchte ich mich bei den vielen Lesern bedanken, die mir im Lauf der Zeit immer wieder schrieben, wie ihnen Kinder, Neffen, Nichten oder Enkel mit einem Lied auf den Lippen zum Geburtstag gratulierten, dessen Text lautete: Heb die Bürste, juchhu! … Wobei man sich fragt, welch seltsame Gratulationsrituale die Lieben sich da vorstellten. Dass man zur Ehrung des Jubilars eine Bürste in die Luft hebt? Oder der Geehrte eine solche heben muss? Das hat surreale Kraft, wie ich finde. Mir gefällt, wie sich die Welt der Erwachsenen in den Köpfen der Kinder in etwas anderes, Schöneres verwandelt. Wie also das

Wort *Schwyzerdütsch* zwischen den Ohren eines achtjährigen Mädchens zu *Zwitscherdütsch* wurde; der Rezensent C. erzählte die Geschichte in der Besprechung eines meiner Bücher. Oder wie, dies teilte Herr E. aus Sankt Augustin mit, in der Klasse seiner Tochter in Erdkunde nach einem Mittelgebirge in der Nähe von Bonn gefragt wurde. Eine Schülerin, durchtrainiertes Wintersport-Ass, antwortete, es müsse sich um das *Rheinische Skifahrgebirge* handeln. (Das Wort *Schiefergebirge* war ihr nicht geläufig – was sollte man in dem auch tun? Schiefern?)

Weil wir in der Schule sind: Frau E. schrieb aus Münster, ihre Tochter Jenny habe in der ersten Klasse als Hausaufgabe die Zahl 11 üben, also lauter 11en malen sollen. Sie habe sich als Mutter dann über viele kleine geflügelte Fabelwesen gewundert, welche die Heftseiten bedeckten. Das sollte eine Hausaufgabe im Rechnen sein?

Jenny bestand aber darauf, dass sie Elfen malen sollte.

Dann war da noch Julia, die Tochter von Leserin K. aus Koblenz. Als sie drei Jahre alt war, gab es einen Nikolaus-Empfang in einer Bank, Eltern und Journalisten waren anwesend. Der Bankvorstand wollte einen Scheck zugunsten des Kindergartens überreichen. Der Nikolaus trat ein. Julia trat vor ihn hin und sprach ein Gedicht, das in seiner eigentlichen Form mit den Zeilen begann: »Nikolaus, du guter Mann, du magst die Kinder, ich seh's dir an …« Julia aber sagte: »Nikolaus, du guter Mann, du machst die Kinder, ich seh's dir an …«

Große Freude unter den Anwesenden.

Hier eine Geschichte zum Vatertum. Herr L. aus Freiburg hat zwei Töchter, die in den siebziger Jahren, als man sich dem Lied *Dschingis Khan* der gleichnamigen Band kaum entziehen konnte, gern mitsangen, mit diesem Text:

»Und man hört ihn lachen
ho, ho, ho, ho,

immer lauter lachen
ha, ha, ha, ha,
und er leert den Krug in einem Zug.
Und jedes Weib, das ihm gefiel,
das nahm er sich in sein Zelt.
Es hieß, die Frau, die ihn nicht liebte,
gab es nicht auf der Welt.
Er säugte sieben Kinder in einer Nacht,
und über seine Feinde hat er nur gelacht,
denn seiner Macht konnt' keiner widersteh'n.«

Ist das nicht unglaublich? Ein solcher Kraftmensch, saufend, die Frauen anziehend – und dann: »Er säugte sieben Kinder in einer Nacht …« Ob er ihnen die Flasche gegeben hat? Oder sollte auch im physischen Sinne die Geschlechtergrenze verrückt werden? Jedenfalls verblasst die eigentliche Zeile (»Er zeugte sieben Kinder in einer Nacht …«) gegen diesen Text, in dem partnerschaftliche Modelle propagiert wurden, von denen wir immer noch weit entfernt sind. Weihnachten ist da, das Fest der Kinder. (Deshalb erzähle ich ja all diese Kindergeschichten hier.) Der Leserin P. aus Gernsbach hat einmal ein Weihbischof persönlich erzählt, wie er in der Adventszeit einen Kindergarten besucht und die Kinder dort gefragt habe, welche Geschenke die drei Könige aus dem Morgenland dem Christkind mitgebracht hätten. Die Antwort lautete: Gold, Weiber und Möhren. · DAS BESTE AUS ALLER WELT 2008

Man kann jedes Thema durch Überbeanspruchung töten, deswegen habe ich irgendwann, so schwer es mir fiel, auch mit den Wumbaba-Geschichten in der Kolumne aufgehört. Aber es hat lange gedauert - oder, um es mit einem Satz zu sagen, der einst über einem Schulaufsatz einer Tante von Leserin B. stand: »Steht der Tropfen, höhlt der Stein.«

★

VERDIS
PAPPKARTON

»Der Hacke soll endlich aufhören mit seinen ›falsch verstandenen Liedtexten‹«, schreibt Herr F. aus Bonn. »Wenn ihm nichts einfällt, soll er's ganz lassen.«

Ach, Herr F., bitte, einmal noch, ja? Bittebittebitte.

Es geht um die Verhörer von Kindern. Zum Beispiel schreibt hier Herr H. aus Berlin, er habe als kleiner Junge einige Jahre gegenüber einer russischen Kaserne gelebt. »Immer wenn eine Abteilung russischer Soldaten mit klatschendem Gleichschritt aus dem Tor marschiert kam, rannte ich ans Fenster. Ich musste nicht lange warten, dann fingen sie an zu singen – ein Vorsänger mit unverständlichem Text, aber schönem, hellen Tenor, dann fiel die ganze Kompanie ein in den Refrain ›Leberwurscht, Leberwurscht, öhöhö, Leberwurscht‹. Den Wunsch nach Leberwurscht teilten wir natürlich alle – der Krieg war noch nicht lange vorbei. Aber warum man diesen Wunsch singend ausdrücken musste und warum die Russen ausgerechnet das Wort ›Leberwurscht‹ kannten, wo sie sich doch sonst so fremdartig verständigten, das blieb mir etwa zwanzig Jahre lang ein Rätsel. Seine Lösung fand ich im Zuge meines Studiums der Slawistik. Da las ich einmal eine kurze Geschichte, in der russische Soldaten im Lied ihren Führer (russ.: voshd) Lenin rühmten.« Leberwurscht war also: Lenin voshd.

Herr F.?! Soll ich auf solche Geschichten verzichten?

Oder auf diese hier, welche mir Frau B. aus Pipinsried schickte? »In die Grundschulklasse meiner Schwester kam ein neues Kind, ein großer Junge, der, wenn man meiner Schwester Glauben schenken wollte, auf den ungewöhnlichen Namen Drahtzahn hörte und dazu eine Zahnspange trug, wegen der er schlecht sprechen konnte. Aller Unglaube in der Familie reichte nicht aus, meine Schwester zu überzeugen, dass der Knabe unmöglich so heißen konnte. Das ganze Jahr über berichtete sie immer wieder von Drahtzahns Streichen, und erst aus dem Jahresbericht erfuhren wir, dass es sich beim schwierigen Kind um einen Bub mit Namen Dragan handelte.« Und der sei Jugoslawe gewesen, habe nicht gut Deutsch gekonnt – was, in Verbindung mit der Zahnspange, zu Missverständnissen geführt habe.

Herr F., ich gebe ja zu, dass mir nichts einfällt. Aber solange man Leser hat, die Ideen haben … Warum sollte man dann aufhören zu schreiben? Ich muss auch von etwas leben.

Zwischendurch jetzt schnell zwei Beispiele aus einer Reihe, die man »Wie einer sich als musikalischer Mensch trotzdem täuschen kann« nennen könnte.

Dr. P. aus Greifenberg schreibt: »Unser Sohn Martin, Heiligabend 1962, knapp drei Jahre, fragte, als wir nach der ersten Strophe von ›Ihr Kinderlein kommet‹ Atem schöpfen wollten: ›Wieso eigentlich ›in Beethovens Stall‹?«

Aus München schreibt Frau H., eine Freundin habe jahrelang beim Titellied der *Sesamstraße* verstanden:

»Wer, wie, was?

Wieso, weshalb, warum?

Verdis Pappkarton.«

Richtig heißt es bekanntlich:

»Wer nicht fragt, bleibt dumm.«

Die Freundin hat, obwohl sie das nicht verstanden hatte, tatsächlich doch irgendwann gefragt. Und hat's erfahren.

Herr F., wissen Sie was? Ich möchte eine Art sich selbst verfassender Kolumne entwickeln. Im Grund würde ich gerne Woche für Woche nur die Einsendungen von Lesern kurz zusammenfassen und veröffentlichen. Honorar weiterhin an mich.

Aus Friedberg schreibt Frau B., sie habe mit ihrer Familie vor Jahren ein Lokal am Gardasee aufgesucht, das ihnen wegen seiner großen und ausgefallenen Vorspeisenauswahl empfohlen worden war. Ihr Mann und sie selbst bestellten also die Vorspeisen, für die Kinder aber doch lieber Nudelgerichte. Dann erschien die Kellnerin mit zwei Tellern am Tisch und meldete auf Italienisch: »Antipasti«. Und noch ehe die Eltern reagieren konnten, reckten die Kinder die Arme und griffen zu, hocherfreut, in einem fremden Lokal sogar mit Namen angesprochen zu werden. Sie hießen nämlich Andi und Basti.

Zum Schluss die Geschichte von Frau B. aus Brüssel: »Ich war ein sehr kleines Kind – vielleicht drei, vier Jahre – und war in meinem Zimmer; die Tür zum Flur stand offen. Mein Vater kam nach Hause und berichtete meiner Mutter leise, sehr aufgeregt: ›Fritz (der beste Freund der Familie) bekommt ein unehrliches Kind!‹ Ich war tief erschüttert, traute mich nicht zu fragen und war fortan jahrelang verunsichert, wie ein Kind schon ›unehrlich‹ auf die Welt kommen könnte. Welche Tragik!« Jahrelang sei sie dem Kind mit Scheu und Angst begegnet, bis ihr irgendwann klar geworden sei, dass es unehelich war.

Mensch, F., gefällt Ihnen gar nichts? Herr F!? Eheff?

Ist schon weg. Ach, schade. · DAS BESTE AUS MEINEM LEBEN 2004

Diese Geschichte hatte übrigens ein bis heute (also seit mehr als zehn Jahren) anhaltendes und nachgerade unglaubliches Echo. Es stellte sich nämlich heraus, dass es vermutlich kein einziges Kind gibt, dass das *Sesamstraßen*-Lied jemals richtig verstanden hat. Herr D. aus Hamburg beispielsweise schrieb, er habe nie »Wieso, weshalb, warum?« verstanden, sondern »Die Sowes hallt herum«. Und er fügte hinzu: »Nie verständlich wurde mir allerdings, um wen es sich bei dieser ominösen Person namens Sowes handeln könnte, und erst recht nicht, warum sie denn offenbar so gern herumhallt ... Tragischerweise bin ich dann aber auch nie der direkt anschließenden Aufforderung ›Wer nicht fragt, bleibt dumm‹ nachgegangen (die ich ja, im Gegensatz zur Freundin von Frau H., immer korrekt verstanden hatte). So kam es, dass ich meine gesamte Kindheit über zwar nie an den Weihnachtsmann oder den Klapperstorch, sehr wohl aber an eine herumhallende Frau Sowes geglaubt habe.«

Unglaublich die Zahl der Leser, die an Stelle von »Wer nicht fragt, bleibt dumm« Sätze verstanden wie: Werd' ich Pappkarton! Ernie fragt: warum? Wernickfalalum! Wehr dich, Pappkarton! Wer nicht Wahrheit dumm! Wer ist dort halb dumm? Werd' ich fackeidumm! (Fackei sind im Bairischen die Ferkel.) Wer nicht Wahrheit dumm! Todeszeit, warum? Am schönsten fand ich die Variante »Wer mich fragt, bleibt dumm«, weil ich mir da so einen resigniert-erschöpften Erdkundelehrer vorstelle, der die Hoffnung aufgegeben hat, dass noch jemals jemand etwas von ihm lernen werde.

Der krasseste Fall von Missverständnis dieser Zeilen ereignete sich aber im Leben von Frau E. aus Wuppertal, die immer hörte: »Bär, bie, bass? Wie suweseit, warum?« Frau E. schrieb, sie habe natürlich trotzdem mitgesungen, »im Alter von sechs bis acht scheint die Welt für ein Kind ohnehin so dermaßen rätselhaft zu sein, dass man sich einfach damit zufrieden gibt, es werde wohl Englisch sein.«

Und: Nicht vergessen sollte man im Lied der *Sesamstraße* die Zeilen »Tausend tolle Sachen, die gibt es überall zu sehen«, die Leserin S. aus Köln als Kind nie verstand. Sie schrieb: »Für mich klangen sie immer wie ›Tausend tolle Sachen, die gibt es hier in Eisensee‹, wobei mir dieser Ort Eisensee geradezu wie das Kinderparadies vorkam. Ich dachte immer, die Kinder, die in diesem mystischen Eisensee leben, müssten die glücklichsten der Welt sein ... Diese Poetik, zu der man als Kind fähig ist, bezaubert mich immer wieder und ich finde es manchmal sehr schade, dass einem erwachsen-(d)en Menschen diese Fähigkeit oder Möglichkeit abhanden kommt.«

Ja, schade! Muss aber nicht sein, wenn man nur fleißig meine Kolumne liest.

Viel Post kam nach dieser Geschichte übrigens auch wegen der Leberwurscht-Zeilen, lauter Briefe, die alle den gleichen Inhalt hatten: »Danke!«, schrieben die Leser, »Sie haben das Rätsel meiner Kindheit gelöst!« Denn es gab sehr viele Menschen, die seit Jahrzehnten mit diesem Leberwurscht-Lied im Kopf gelebt hatten. Wobei es auch den Brief von Leser Sch. aus Weilheim gab, der schrieb: »Ich glaube allerdings, dass Herr H. aus Berlin mit seiner Deutung nicht Recht hat. *Soldaty w putj* (›Soldaten, auf den Weg!‹) hieß das Lied laut meiner Mutter, die damals als Russisch-Dolmetscherin arbeitete. *Smeleje w putj!*, das bedeutet etwa: ›(Macht euch) tapferer auf den Weg!‹ Das *Smeleje w putj* war also die ›Leberwurscht‹.«

Apropos Leberwurscht, wir wechseln das Thema und kommen zum Essen; lesen Sie die nächste Geschichte, denn sie hat mein Leben verändert: Nachdem sie erschienen war, kamen viele Briefe, die sich mit Übersetzungen und mit Speisekarten und nicht selten auch mit übersetzten Speisekarten beschäftigten, woraus wiederum einige Kolumnen und endlich auch *Oberst von Huhn bittet zu Tisch* entstand.

✦

WENN MAN IM *ROTEN OCHSEN* ISST

Manchmal verändert sich das Leben eines Menschen durch einen winzigen Zufall von einem Tag zum anderen. So ist es mit mir geschehen. Gestern.

Auf dem Weg ins Büro kam ich am Restaurant *Roter Ochse* vorbei, das auf Kreidetafeln sein Speisenangebot bekanntgab. Und ich las: »Gulasch mit Pürre, 6 Euro.«

Pürre.

Ich mag seltsam veränderte Wörter auf Speisekarten. Ich liebe es, wenn ich eine »Gefühlte Kalbsbrust« entdecke oder »Seeobst« statt »Meeresfrüchte« oder, wie einmal im Restaurant *Giggi* nahe der Piazza di Spagna in Rom, »Cannelon gefullte teigrolleni«.

Nun: Pürre.

Ich stellte mir vor, was »Pürre« sein könnte, wenn es nicht einfach das falsch geschriebene Wort »Püree« wäre: eine Stadt in der Türkei? Ein Fachausdruck für eine Art Rüttelsieb, das man bei der Gewinnung von Eisenerz benutzt, um Sand und Erde vom Erz zu schütteln? Ein Ausdruck der Jägersprache für das weibliche Tier einer Wildgeflügel-Art?

Im Büro angekommen, hatte ich wenig Lust zu arbeiten und stattdessen den merkwürdigen Einfall, Pürre als Suchwort im Internet einzugeben. Natürlich kamen lauter Rezepte für Kartoffelpürre, Tomatenpürre, Apfelpürre. Aber es erschien auch die Spielstatistik einer Basketball-Begegnung zwischen dem Mannschaften »Wagner« und »Colgate University« am 17. Dezember vergangenen Jahres in Hamilton, New York, und zwar weil eine Schiedsrichterin Michelle St. Puerre hieß. Auch sah ich eine japanische Seite, in der zwischen unverständlichen Zeichen der Name »Puerre Belon« stand – wahrscheinlich war Pierre Belon gemeint, den kannte ich aber nicht. Ich gab »Pierre Belon« als Suchbegriff ein und lernte, dass Belon ein französischer Naturforscher im 16. Jahrhundert war, der Aristoteles' Theorie, wonach die Vögel eine Art Winterschlaf hielten, verwarf und erste Beweise für den Vogelzug fand.

Außerdem entdeckte ich eine Website namens *seattlefools.org*, anscheinend so eine Art von Veranstaltungskalender für Seattle. Jedenfalls wurde ein Frühlingsfest mit den Worten angekündigt, der Winterkönig habe lange genug unseren Himmel verdunkelt, »and now the Puerre Aeternus comes to usher in lighter days«.

… und nun wird uns der Puerre Aeternus in hellere Tage führen? Was zum Teufel ist der Puerre Aeternus?, dachte ich. Eine amerikanische Sagenfigur, die ich nicht kenne? Ich gab das Suchwort Puerre Aeternus ein, aber da kamen nur die Seattlefools wieder. Ich tippte: Aeternus. Es erschien die Website einer norwegischen Heavy-Metal-Band gleichen Namens. Es klingt lateinisch, dachte ich. Aeternus heißt ewig, aber Puerre gibt es nicht. Vielleicht ist es ein Fehler, dachte ich, und es muss nicht Puerre heißen, sondern Puer, der Knabe. Puer Aeternus, der ewige Knabe. Eine Art Frühlingssymbol vielleicht.

Ich hatte die Arbeit, die im Büro zu tun war, total vergessen und war nur mit Pürre, Puerre, Puer beschäftigt. Nächster Suchbegriff: Puer Aeternus. Volltreffer!!! 493 Erwähnungen. Polnische Texte zum Beispiel: »… u którego odkrywna obraz puer aeternus, czyli Wiecznego …« Ich sah, dass es am 8. August 1999 in der Baseler Stiftung für Christlich-Jüdische Projekte einen Vortrag von Nico Rubeli-Guthauser gegeben hatte. Er trug den Titel: »Puer Aeternus. Das ›ewige Kind‹ als Messianische Metapher jüdischer und christlicher Glaubenswelten. Die Verwandlung eines Ideals altorientalischer Herrschaft in apokalyptische Krisentheorien sozialer Not.«

Wuff!

Ich fand sogar den Text des Vortrags. Aber ich verstand ihn nicht. Ich rief Seite für Seite unter meinem Stichwort auf, las und las und lernte, dass mit »puer aeternus«, dem ewigen Jungen, eine Art Peter Pan gemeint ist, der in seiner Kinderwelt lebt und nicht in die Sphäre der Erwachsenen finden will. Ein unreifer Typ Mann, oft charmant, anregend, flatterhaft liebend, genießerisch, dem Schmerz ausweichend, Verpflichtungen und Bindungen scheuend. C.G. Jung habe den Begriff verwendet, las ich. Es war wunderbar. Ich las über Jung und Freud, und dass sie beide den Anarchisten und Psychoanalytiker Otto Gross als »puer aeternus« beschimpft hatten, Gross, bitte sehr, dessen Vater Hans Gross Kriminalistik-Professor war und Begründer der Daktyloskopie, der Wissenschaft vom Fingerabdruck. Ich stieß zu einer Betrachtung vor, in der analysiert wurde, warum Kaiser Franz Joseph ein unreifer Mann war.

Ich lernte viel und ging bereichert nach Hause. Ich beschloss, weniger zu arbeiten. Mich mehr zu bilden.

Bin gespannt, was es morgen im *Roten Ochsen* zu essen gibt.

· DAS BESTE AUS MEINEM LEBEN 2002

Wer sich weitergehend für das Thema »Essen« interessiert, sollte das Kapitel *Über das Essen und Gegessenwerden* auf Seite 181 sowie *Du krillst es doch auch* (Seite 350) und *Schweine mit Begleitung* (Seite 352) nicht versäumen, garantiert kalorienarme Texte. Das nächste Kapitel, in dem es um weitere lustige Übersetzungen geht, sollte er aber auch nicht verpassen.

✹

VOLLBART MITTWOCH

Beeindruckend, was Leserinnen und Leser von ihren Auslandsreisen für mich mitbringen, allen voran diesmal Herr R. aus Münster, der mir das Foto eines Schildes vor dem Restaurant *La Fonda* auf Fuerteventura schickte, das ihm seine Tochter vor Jahren mitbrachte. Auf dem Schild steht:

> »Miercoles cerrado
> Closed Wednesday
> Vollbart Mittwoch«

R. schrieb, er habe sich seit Jahren an der Lösung dieses Rätsels die Zähne ausgebissen: Warum wird hier auf Spanisch und Englisch bekanntgegeben, dass mittwochs geschlossen sei, auf Deutsch aber die Tatsache plakatiert, dass der Wirt sich am freien Tag nicht rasiert?
Die Lösung fand ich im Spanisch-Lexikon, in dem nämlich steht, dass eine *barba cerrada* ein geschlossener Bart, also ein Vollbart ist, woraus ich erstens schließe, dass der Spanier diese *barba cerrada* schon mal mit *cerrada* abkürzt, und zweitens, dass der Wirt in Fuerteventura so wie ich im Lexikon nachgeschlagen hatte …
Ähnlich ist es wahrscheinlich bei dem Schild gewesen, das Herr und Frau K. aus München für mich in Paguera auf Mallorca fotografierten:

> »Montage schlossen durch Rest der pressonel.
> Entschuldigung zu der Störungen
> Die Richtung«

Hier hat der Inhaber zwar die halbwegs richtige Bedeutung für *cerrado* herausgefunden, sich dafür aber von den zwei Möglichkeiten, *dirección* zu übersetzen, die falsche ausgesucht.
Rätselhaft bleibt, wie der Wirt eines Restaurants auf Ischia zu

dem riesigen Schild kam, das er an eine Palme vorm Lokal nagelte: »Romantische Strandterasse mit Pfefferminzgeschmack Weinstube«. Das hat mir Herr B. aus Köln geschickt. Er weiß die Lösung aber auch nicht.

Geht es hier darum, sich über mangelnde Deutschkenntnisse von Ausländern lustig zu machen? Bah. Im Gegenteil! Es ist ein Spiel mit der Sprache, Bereicherung, Entdeckung von Möglichkeiten. Frau L. und Herr H. aus Biberbach ließen mir das Exemplar einer Speisekarte des *Highlander Hotel* irgendwo in Großbritannien zukommen, auf der zunächst ein vegetarisches Gericht mit der knappen Beschreibung »Pfanne Hat Mittelmeergemüse Gebraten« annonciert wird, die nächste Speise aber schon so lautet: »Frischer Örtlicher Lachssalat Garniert Hat, der in Zitrone & Estragon sich Erschlichen Worden Ist, und Hat Sanft auf einem Bett von Gemischt Verläßt Gehockt«. Das ist wahrhaft schön gesagt, und wer nicht böswillig ist, weiß auch ungefähr, was gemeint ist. Anscheinend handelt es sich beim *Highlander Hotel* um einen Familienbetrieb, bei dem alle mitarbeiten müssen, denn am Schluss heißt es: »Alle gediente mit Küchenchef's Jahreszeitlich Gemüse auftischt, *und Baby Hat Kartoffeln Gekocht.*«

Sollte halt nur das Jugendamt nichts davon erfahren.

Gelegentlich erreichen mich deutsche Übersetzungen von Reiseprospekten, die in einem so süßen Deutsch abgefasst sind, dass man sofort aufbrechen möchte. Zum Beispiel die Gemeinde *Santa Teresa Gallura* auf Sardinien (das schickte Frau H. aus Erlangen), die ihren Gästen schreibt: »Netter Gast, Willkommen zu Santa Teresa Gallura. Wir hoffen, daß die verhaltenen Auskünfte diese Broschüre ihr nützlich zurückkommen können. Santa ist Teresa Gallura eine kleine Mitte, wenig weniger weniger von fünftausend Einwohner …«

Oder hier, das sandte eine Leserin, deren Brief ich leider verschlampt habe, ein ins Deutsche übertragenes Gedicht über die *Isola Maggiore* im Trasimenischen See:

»Es gibt keine Verkehrsampel,
Zebrastreifen und Schutzmann
mit dem Taschenbuch,
keine Auto-Mopeds
Betäubunglärm.
Ist deiner Kopf zu schwer,
oder eilig Klapf dir deines
Herz, oder ist der Strick zu
viel gespannt ? – Komme
hier: es gibt jedes Mittel.«

Nichts wie hin! Was die Leserpost angeht, möchte ich mit dem
Text eines Schreibens aus Belgien schließen, das mir Frau S. aus
dem Münchner Fremdenverkehrsamt überließ: »Vorwärtshör-
fähigkeit von Ihnen bald schauend, danken wir Ihnen für Ihre
Hilfe und Mitarbeit.«   • DAS BESTE AUS MEINEM LEBEN 2005

**Eine Zeit lang haben wir dann ein Ritual daraus gemacht, immer am Ende der Sommerferien
gab es eine Kolumne über die Mitbringsel der Leser aus dem Urlaub, diese hier zum Beispiel.**

✦

VITELLO TORNADO

Am Ende der Sommerferien, zum Finale des Sommers präsentiert der Wortstoffhof wieder eine Sammlung wunderbarer Gerichte in deutscher Sprache (oder was mancher dafür hält), ge-
sammelt von den Lesern in den vergangenen Monaten, rund um
den Erdball, getreu dem Motto, welches das Ehepaar B. aus Hal-
tern auf einem Schild im portugiesischen Ort Alvor an der Algar-
ve entdeckte: »Hier windaugh DEUTSCH gesproghen«.

Wir beginnen unser Menü in München, im *Master's Home* in der Frauenstraße, wo Frau S. aus Martinsried unter den Vorspeisen ein »Thunfischfilet auf Frisbeesalat« entdeckte, eine weltweit vermutlich einzigartige Spezialität. Eine Alternative wäre, was Leser H. mir aus Oberursel schickte, gefunden in einem dortigen Lokal: »Vitello Tornado«. Hinreißend der Beitrag von Herrn R. aus Wasserburg am Bodensee, der auf La Palma »Suppe von des Kükens Erbse« aß, wobei ihn besonders der korrekt zubereitete Genitiv entzückte, selbst in Deutschland heutzutage eine Rarität. Als Zwischengericht biete ich »Gefühlten Hühnersack« an, Leser G. brachte ihn aus Kutná Hora/Tschechien mit.

Zu den Meerestieren. Leser P. aus Debring wünscht guten Appetit bei »Garnele dreist aufgekocht« aus einem Fischrestaurant in Barcelona. Aus den USA erhielt ich eine sensationelle Speisekarte, darauf: »Frisches Filet des zur Vollkommenheit versengten Heilbutts«, auch »Riesige Garnelen gekocht zur Ihrer Zuneigung«, als Beilage empfehle ich »Gedämpfter Mischmasch von Gemüsepflanzen«. Ganz reizend, was Herr K. aus Gilching vor vielen Jahren in einem türkischen Lokal in Köln-Mülheim sah, aber dann doch nicht aß: »Muchelen mit Shane und ville Sarfe«. Unglaublich jene Karte, die Frau B. aus München schickt, ihre Mutter brachte sie ihr aus England mit. Ein Gericht mit dem Titel »Hauptleitung strömt« wird dort wie folgt beschrieben: »Heim hat Fischfrikadelle gemacht, die mit klumpigen Spänen gedient worden ist, tauchen angekleidete Salate und Knoblauch ein«. Noch weniger begreiflich ist, was in Norwegen geschieht, Familie M. aus Berlin macht darauf aufmerksam: Im Prospekt für den Atlantikpark in Alesund heißt es: »14.30 werden die Pinguine von einem Smokingbekleideten serviert.«

Und man dachte immer, die Norweger äßen nur Wale …

Fleisch? Leser O. aus Erding kehrte bei einer Radtour auf Mallorca im Restaurant *Comidas Latitud Caseras* ein, verzichtete indes auf »Zimmer mit Pfeffer Steak und Kartoffeln« und trank nur ein Cola. Frau V. aus München kopierte sich vor Jahren eine italienische Karte mit »Kohlenglutgekoch Ochrinds«, weist aber besonders auf Pizza »Volle Hosen« hin. Oder lieber »Paniertes Hähnchenbrustfell« von *Harald's Heißer Theke* in München, dort gelesen von Herrn J.?

Vegetariern lege ich den »Blumenstrauß crudité« ans Herz, Leserin A. aus Bielefeld fand ihn in Rimini neben vielen anderem auf der Karte, darunter »Isolationsschläuchen zum carbonara«.

Bei den Nachspeisen kommen wir nicht an der Eisschokolade »mit Drehknopf der Eiscreme« vorbei, die das Ehepaar B. im Café-Restaurant auf dem Wawel in Krakau entdeckte. Es sei denn, wir kehrten noch einmal nach England zurück und nähmen »Gewürzten Lebensunterhaltpudding mit Heim hat warmes Vanillepudding gemacht«.

Auf eine Getränkeempfehlung wird hier verzichtet zugunsten einer Anekdote von Leserin G. Sie schreibt: »Ich war im Getränkemarkt. Vor mir war ein Kunde, der einen größeren Posten Mineralwasser bestellte. Bei der Festlegung des Liefertermins schien es Schwierigkeiten zu geben; denn der Kunde war sich nicht sicher, ob er zum vorgeschlagenen Termin zu Hause sein werde. Dazu meinte der Verkäufer, ein Ukrainer: ›Kein Problem, wir Wasser lassen vor Ihre Tür‹.«

Zum Abschied für heute der Brief von Frau S., die auf einem Pappschild an einer Kneipe in Berlin-Wedding neben einer kleinen, mit schwarzem Filzstift gemalten Zielscheibe las: »Lernen Sie schießen und treffen Sie neue Freunde.«

Die Kneipe sei immer offen gewesen, schreibt sie, und immer leer …   · DAS BESTE AUS ALLER WELT 2010

Apropos »Hier windaugh DEUTSCH gesproghen«: Noch viel schöner war ja der Hinweis einer Speisekarte, die mir ein Leser schickte, auf die Fremdsprachenkenntnisse des Wirtes: »Wir sprachen deutsch.« Ja, so war es dann auch …

Man sieht: *Das Beste aus meinem Leben* war sehr oft nicht nur das Beste aus *meinem Leben*, sondern oft genug auch das Beste aus dem Leben der Leser, die den Autor mit Stoff versorgten, weshalb ich, wie schon kurz erwähnt, eine Weile den Gedanken einer sich selbst verfassenden Kolumne verfolgte, bei welcher der sogenannte Autor nur noch eine Art Clearingstelle für die Verarbeitung der Lesereinsendungen sein sollte. Da ich grundsätzlich ein bequemer Mensch bin, fand ich dieses Ideal sehr reizvoll. Es hat sich leider aber nicht verwirklichen lassen. Oder: nur das eine oder andere Mal, hier zum Beispiel.

Wer übrigens noch mehr über den Reichtum lustig übersetzter Speisekarten erfahren möchte, der lese das Kapitel *Schweine mit Begleitung,* das sehr gut an dieser Stelle hier stehen könnte, sich aus Gründen. die ich vergessen habe, aber auf Seite 352 befindet.

✭

A WALTER SCHEEL OF PALE

Der seltsame Beruf, den ich hier ausübe, bringt es mit sich, dass mir Woche für Woche Leserinnen und Leser das Beste aus *ihrem* Leben schicken, Geschichten, Anekdoten, Verhörer, Lebenshilfe. Allein die Erwähnung einer Auseinandersetzung zwischen Paola und mir, die gemeinsame Zahnpastatube betreffend, trug mir zehn Briefe ein, die sich mit der Frage beschäftigten, wie man aus Zahnpastatuben noch das allerletzte Quäntchen Zahnpasta quetscht und so der Zahnpastaindustrie nicht das kleinste bisschen schenkt. (Kleiner Tipp der Herren K. aus Murnau sowie C. aus Freiburg: Tube aufschneiden und mit der Zahnbürste quasi ausfegen. Herr R. aus Hebertshausen schickte eine selbst gebastelte Gerätschaft, mit deren Hilfe sich auch in horizontal gelagerten Tuben »durch das Prinzip des stabilisierten Drucks« stets »die frische Fülle der Creme ausströmbereit an der Öffnung« staue.)

Oder: Ich erzählte hier mal eine Geschichte von Luis, der sich bei

Minusgraden weigerte, einen Pullover zu tragen – da schreibt Frau B. aus München, ihr fünf Jahre alter Enkel Max habe sich dem Pullovertragen mit folgendem Argument widersetzt: »Ich bin ganz und gar aus Eis gemacht. Ich bin innen nur aus Blut und Eis und darüber ist die Haut, und deswegen friere ich nicht!«

Was wissen wir von Kindern, ihrer wahren Beschaffenheit!? Aus Irland faxte Frau H. die Nachricht, ihr Sohn habe gezielt in eine Steckdose gepinkelt. Und überlebt.

Beurteilen Sie das, wie Sie mögen, mich rührt es alles an. Genauso wie es mich erfreut, wenn Herr U. aus Falkensee (»in der Hoffnung, Sie ein bisschen zu erfreuen«) die Geschichte vom gemeinsamen Besuch seiner Eltern und des Großvaters in Amsterdam schreibt, das war in den Siebzigern.

»Sie standen gerade am Hafen von Amsterdam und ruhten sich ein wenig aus, sprachen ein paar Worte auf Deutsch, als ein junger Holländer kam und meinen Großvater etwas fragte: ›Entschuldigung, wissen Sie, wie der Gulden im Verhältnis zur Deutschen Mark steht?‹ Mein Großvater war sicher, er habe alles richtig verstanden und antwortete: ›Nein, das tut mir leid. Ich bin nicht von hier. Aber wir haben eine Karte dabei!‹ Und holte einen Stadtplan von Amsterdam aus der Tasche. Der junge Holländer war sehr verdutzt, wie denn dieser Mann darauf komme, auf einem Stadtplan das Währungsverhältnis Gulden/Mark zu suchen. Dann zog mein Großvater auch noch meinen Vater zurate: ›Reinhard, such mal mit! Der Herr hat gerade gefragt: Wo ist der Tomatensteg?‹«

Eine weitere Geschichte zum deutsch-niederländischen Verhältnis steuert Herr Z. aus Oberasbach bei. Seine damals 94 Jahre alte Mutter habe vor vielen Jahren den zehn Jahre alten Enkel gefragt, ob Heintje neuerdings Japanisch oder Italienisch singe. Der Junge erkundigte sich, um welches Lied es gehe. Die Oma sagte, Heintje singe einen Text, der etwa laute »omasoli, omasogu«. Es stellte sich heraus, dass sie »Oma so lieb, Oma so gut« meinte. (In

Wahrheit heißt es übrigens »Oma so lieb, Oma so nett«, aber das ist nun auch schon egal.)

Dazu passt die Nachricht von Herrn N. aus Berlin, dessen achtjähriger Stiefsohn aus Thailand stammt, erst seit Kurzem in Berlin lebt und Deutsch lernt. »Er verblüffte mich damit, dass er mir nach jedem Niesen ›Sukhothai!‹ zurief (Sukhothai ist eine thailändische Stadt, in der vor bald tausend Jahren das erste siamesische Königreich gegründet wurde) – was sich schließlich als sein Verständnis des Wortes ›Gesundheit!‹ erwies … Ebenso lobte er die Einkaufsmöglichkeiten im nur drei U-Bahn-Stationen entfernten ›Vietnam‹ – was sich als Kaufhaus ›Wertheim‹ entpuppte.«

Zum Schluss: Herr D. aus München erzählt vom Sohn eines Freundes, der einen katholischen Kindergarten besuchte, wo jeder Tag inbrünstig und freudig mit dem Lied »Lasset uns gemeinsam, lasset uns gemeinsam …« begrüßt wurde. Der Sohn schmetterte Tag für Tag: »Lasset uns gemein sein, lasset uns gemein sein …«

Ganz zum Schluss: Wie andere Leser auch hat Herr S. aus Rendsburg bemerkt, dass ich vor einer Weile fälschlich behauptete, das Lied *Nights in White Satin* stamme von Procol Harum – in Wahrheit aber sangen es die Moody Blues. Weiter schreibt S.: »Procol Harum hingegen stürmten im selben Jahr 1967 an die Spitzen der Charts mit dem berühmten *A Walter Scheel of Pale*.«

· DAS BESTE AUS MEINEM LEBEN 2005

Aber noch einmal zurück zu den Begegnungen mit Lesern. Ende der neunziger Jahre schrieb ich eine Geschichte, in der ich den Verlust meines Geruchs beklagte: Das After Shave, das ich lange Zeit benutzt hatte, war einfach vom Markt genommen worden und ließ sich nicht mehr auftreiben. Kaum war der Text erschienen, meldete sich Leser M. aus Eching am Ammersee, der es mit der gleichen Schwierigkeit zu tun hatte: Ihm fehlte plötzlich sein Duft, ein Lebensproblem, über das wir uns eine Weile ebenso austauschten wie über die Qualität von Fernsehserien und allerhand sprachliche Begebenheiten. Beispielsweise berichtete mir M. über seine Erfahrungen mit einem Diktiersystem namens *Dragon Dictate* oder auch dem iPhone, dem er seinen Einkaufszettel anvertraute: »Einkaufen bei Metzgerei Erdt und dann beim Fischmann in Penzing«, sprach M., das iPhone notierte: »Metzelei Erd und dann Froschmann Petting«.

M. war es auch, der eines Tages im *Handelsblatt* das Wort »Brechtstange« entdeckte, was dann wiederum in den folgenden Text Einzug hielt, der allerdings so nie erschien. Es handelte sich um eine Kolumne, die ich als Reserve schrieb, nur für den Fall, dass mir etwas zustoßen sollte oder ich krank würde – was dann Gott sei Dank nicht der Fall war.

★

DIE BRECHTSTANGE

Leserin K. landete aus Gründen, die sie selbst nicht mehr kennt, bei der Suche nach einem Parkettbodenlieferanten im Internet auf einer Seite für Landwirtschaftsbedarf. Sie entdeckte dort zwischen Klauenpflege-Zubehör und dem Bullenjoch *Jourdain* das Wort »Euterhaarentfernung«, welches ihr nun nicht mehr aus dem Kopf gehe, wie sie schreibt, es sei schrecklich, immerzu tauche dieses fürchterliche, auch irgendwie eklige Wort in ihrem Kopf auf, Euterhaarentfernung, Euterhaarentfernung …

Sie wollte es gerne loswerden und lieferte es deshalb im Wortstoffhof ab.

Ich dachte, dass Euterhaarentfernung für Kühe keine schlechte, ja hygienisch notwendige Angelegenheit sei, sie dauert Sekunden, man flammt Haare und damit auch Bakterien am Euter weg, die Kuh empfindet das als angenehme Wärme. Ich antwortete Frau K., auch ich sei eine Weile von einem solchen Wort geplagt worden, das ich nicht mehr aus dem Hirn bekam. »Quauteputzli« spukte immer wieder in mir herum, das aztekische Wort für Mundwasser, ich hatte es irgendwo gelesen, nun füllte es beim Zähneputzen meinen Kopf: Quauteputzli, Quauteputzli …

Ob es vielen Leuten so geht?

Vielleicht sollte man gegen Wörter, die man nicht loswird, mit anderen Wörtern vorgehen, die einem besser gefallen. Leser M. machte mich auf einen Artikel im *Handelsblatt* aufmerksam, es wurde über eine Diskussion bei Anne Will berichtet. Plötzlich las man: »Da wurde mit der journalistischen Brechtstange ein Zusammenhang zwischen löchrigen deutschen Straßen und den Finanzhilfen für Griechenland hergestellt.« Ja, die Brechtstange des Journalisten, man sieht auf einmal das ganze Arsenal des Handwerkszeugs eines gut gerüsteten Autors vor sich, Goethezange, Schillerhammer …

Sehr schön war auch, was Leser W. vor längerer Zeit auf *focus.de* fand. Da war vom Glück der Stadt Ulm die Rede, denn am Bahnhof dort hatten Bauarbeiten stattgefunden, und plötzlich »explodierte eine Fliederbombe, die ihre ganze Sprengkraft nicht entfalten konnte«.

»Glückliches Ulm!«, schrieb W., und tatsächlich versuche ich mir seitdem immer wieder die Explosion einer Fliederbombe vorzustellen, das Blütenmeer, der sich in der Stadt verteilende Wohlgeruch, das Jauchzen der Ulmer.

Nun zu einem Angebot, das ein Mitarbeiter des Wortstoffhofes bei ebay entdeckte, wo zum Startpreis von 5200 Euro ein gebrauchter Imbisswagen versteigert wurde, im Angebot »imbis wagen mit alle gereten« genannt. In der detaillierten Aufführung des Zubehörs lernt man die deutsche Sprache in ungeahnten Variationen kennen, es war jemand am Werk, der das Deutsche nur vom Hörensagen kennt:

»tüf ist fertig, döner maschine komplet, pizza offen mit unter tisch, gril mit gitern, körie maschine, witrine, külschrank mit glas tühr, fritöze, arbeit plate stahl, schüpühle, wasser bouyler warm und kald, luftung 2 stuck, algemein was ein imbis für wurst döner und pizza braucht, ales komplet.«

Wem das Euterhaarentfernung nun nicht mehr aus dem Schädel

geht, der flüstere einfach leise »schüpühle, schüpühle …« Das hilft.

Übrigens schrieb Frau K., in ihrer Familie habe es eine an Alzheimer erkrankte Tante gegeben, eine reizende alte Dame mit großen blauen Kinderaugen, die, von ihrer fürsorglichen Schwiegertochter nett zurechtgemacht, an allen Familienfeiern teilnahm, selig lächelnd, doch schweigend. Nur ab und zu sei sie aufgeschreckt und habe fragend gerufen: »Dreiviertel?« Mehr habe man aus ihr nicht herausbekommen.

»Sollte man nicht versuchen«, schrieb K., »sich beizeiten ein schönes letztes Wort zurechtzulegen?«

Ihr persönlich gefalle sehr gut »Greisenasyl«, vor etwa dreißig Jahren an einem Gebäude in der Nähe des Linzer Bahnhofs gelesen, im Vorbeifahren.   · DAS BESTE AUS ALLER WELT 2011

Die Leute denken ja immer, man habe etliche solcher Kolumnen auf Halde, nur für den Notfall. Die Wahrheit ist: Ich hatte das vorher nie. Auch als ich noch für *Das Streiflicht* in der *Süddeutschen Zeitung* schrieb, arbeiteten wir immer ohne Netz und doppelten Boden. Und nie ging etwas schief. Eines Tages schrieb ich dann aber eben doch eine Reservekolumne, genau nach jenem Tag nämlich, als mich einer der Chefredakteure des *SZ-Magazins* danach fragte und ich antworten musste, ich hätte nichts in petto für den Notfall, der sei ja auch noch nie eingetreten. Seine Antwort war: Das sagen die Betreiber von Atomkraftwerken auch immer.

Am nächsten Tag schrieb ich meinen Reservetext. Sie haben ihn gerade gelesen, jetzt steht er hier, und ich muss einen neuen schreiben.

Aber um noch mal auf diese an den Wortstoffhof eingesandten Wörter zurückzukommen: Ich liebe das! Leser S. schrieb mir zum Beispiel, in seiner Bankfiliale stehe neben den üblichen Bankomaten für Aus- und Einzahlungen ein Gerät, das mit dem Wort »Scheineinzahler« beschriftet sei. Großartig! Hier haben unaufhörlich von Finanz- und Wirtschaftsproblemen aller Art bedrängte und nun mittellose Krisenopfer die Möglichkeit, vor sich und anderen so zu tun, als hätten sie noch etwas, das sie einzahlen könnten – unter den wohlwollenden Blicken einer Überwachungskamera.

Und er nimmt keine Ende, dieser Poststrom, im Gegenteil: Es wird immer mehr, was natürlich mit den modernen Techniken zu tun hat. In früheren Jahren hätte jeder Leser ja erst einmal meine Adresse ausfindig machen müssen, einen Brief schreiben, zur Post gehen, eine Briefmarke kaufen, wer tut das schon? Heute schickt man eine Mail, man meldet sich auf Facebook, fertig. Und so beginnen meine Arbeitstage in der Regel mit der Lektüre einiger Lesereinsendungen, die vor der kommenden Plackerei die Stimmung steigern.

Dieser Tage zum Beispiel war eine Mail von Leser S. dabei, der im Nordschwarzwald lebt. Er berichtete von seiner Physiotherapeutin, die in Ötigheim wohnt, einem Dorf nördlich von Rastatt. Dort gibt es ein Kind, das die letzten Zeilen des Vaterunser (»Denn dein ist das Reich und die Kraft und die Herrlichkeit in Ewigkeit, Amen«) auf regionale Weise interpretierte: »Denn dein ist das Reich und die Kraft und die Herrlichkeit in Ötigheim, Amen.«

In gewisser Weise verschränken sich also immer wieder mein Dasein, die Kolumne und das Leserleben auf interessante Weise. Die folgende Geschichte und ihre Folgen sind auch ein Beispiel, ein ganz anderes.

✦

DIE AUTOSCHLÜSSEL

Seit einer Weile versuche ich, weniger Auto zu fahren. Irgendwas muss ich zur Rettung des Weltklimas tun, wenn ich schon einen uralten Kühlschrank habe, der allein durch seinen Energieverzehr wahrscheinlich pro Jahr ein bis zwei Eisbären tötet. Da ich mich nicht entschließen konnte, mein Auto zu verkaufen, habe ich in den vergangenen Wochen in einem ersten Schritt zunächst versucht, mich wenigstens von meinen Autoschlüsseln zu befreien. Ich besitze zwei von ihnen. Oder: Ich besaß …

In einem ersten, auf Grund meiner Unerfahrenheit noch nicht ausgereiften Versuch deponierte ich meinen Schlüssel an einem zunächst banal wirkenden Ort: dem Auto selbst. Das ging so: Ich war mit dem Wagen in die Berge gefahren, um zu wandern, allein. Auf dem Parkplatz stieg ich aus, schloss die Tür, öffnete die Heckklappe, entnahm meine Wanderstiefel, schloss schon mal die Zentralverriegelung mit der kleinen Taste auf dem Schlüssel, zog die Stiefel an, stellte meine Straßenschuhe in den Kofferraum und machte die Heckklappe zu. Als ich meine Sonnenbrille aus dem Handschuhfach holen wollte, entdeckte ich, dass ich den Schlüssel im Kofferraum abgelegt hatte. Ich konnte ihn sehen, aber nicht mehr berühren.

Der Wagen war dicht.

Ich rief mit dem Handy Paola in München an. Sie brachte Luis zum Bahnhof, der fuhr (mit dem zweiten Autoschlüssel in der Hosentasche) per Zug ins nächste Städtchen. Dort wartete ein Freund, nahm den Autoschlüssel, setzte Luis wieder in den Zug nach München und brachte mir den Schlüssel zum Parkplatz. Ich ging derweil wandern. Was sollte ich sonst tun? Aber natürlich dachte ich unterwegs über effektivere Wege nach, mich meiner Autoschlüssel zu entledigen.

Und ich fand sie, diese Wege.

Einige Tage später hielt ich mit dem Auto am Glascontainer, um Weinflaschen wegzuwerfen. Ich stieg aus, nahm die Flaschen aus der Tüte und warf sie nacheinander in den Container – und zwar mit der Hand, in der ich auch den Autoschlüssel hielt. Dabei fiel der Schlüssel mit in den Altglasbehälter.

Ich ging heim, um eine Schnur und den Magneten von Sophies Fisch-Angel-Spiel zu holen. Den ließ ich eine Weile im Container herumbaumeln, ergebnislos. Dann rief ich die Containerfirma an, um zu fragen, wann der Container geleert würde. Zufällig morgen, sagte man mir. Aufmerksam betrachteten der Containerwagenfahrer und ich dann die Flaschen, die aus dem Container in seinen Wagen schepperten. Den Schlüssel sahen wir nicht.

Damit hatte ich nur noch einen Autoschlüssel. Die Ferien standen vor der Tür. Wir verreisten, aber nicht mit dem Auto. Kurz bevor wir aus der Wohnungstür gingen, sagte ich zu Paola, ich würde jetzt den Autoschlüssel an entlegener Stelle verstecken, damit Einbrecher, wenn sie unsere Wohnung aufbrächen, nicht unser Auto stehlen könnten.

Dann versteckte ich den Schlüssel, an entlegener Stelle, wie gesagt.

Als wir nach zwei Wochen zurückkehrten, sagte Paola, sie habe heute Abend noch eine Verabredung, ob sie den Autoschlüssel haben könne. Ja, sagte ich, ich müsse ihn nur kurz holen.

Aber ich fand ihn nicht. Nirgends. Ich konnte mich nicht im Geringsten erinnern, wohin ich den Schlüssel gelegt hatte. War ich durch zu viel Erholung verblödet? War ich, im Gegenteil, nicht mehr zur Erholung fähig, also durch zu viel Arbeit selbst nach dem Urlaub noch intellektuell total zerstört? War dieses Geschehen – schlimmste Variante! – im Freud'schen Sinne zu interpretieren: der Schlüssel als Synonym des männlichen Geschlechts? In jedem Fall war es ein Schritt nach vorn im Kampf gegen die Zerstörung des Weltklimas. Denn obwohl ich die ganze Wohnung durchsuchte: Das geheimnisvolle Versteck, in dem ich den zweiten Autoschlüssel vor den bösen Räubern in Sicherheit gebracht hatte, entdeckte ich nicht. Wir können nicht mehr Auto fahren.

Am nächsten Morgen rief Paola bei der Autofirma an. Man versicherte uns, es werde drei oder vier Tage dauern, dann hätten wir zwei neue Schlüssel.

Mit denen werde ich dann aber auch noch fertig, so wie es aussieht. · DAS BESTE AUS MEINEM LEBEN 2008

An dieser Geschichte fällt natürlich auf, dass kein Leser darin vorkommt. Es war aber so, dass, kaum war der Text erschienen, eine Leserin schrieb, sie sei seit der Lektüre nicht mehr in der Lage, wie früher zum Altglascontainer zu fahren: Geradezu zwanghaft kontrolliere sie den Verbleib des Autoschlüssels, aus lauter Angst, ihr könne ein ähnliches Schicksal blühen wie mir. Wobei mir übrigens niemals ein Schlüssel in den Container gefallen ist, ich habe das erfunden! Und der Leserin ist es womöglich gerade wegen der Kolumne auch nie geschehen. Aber gefürchtet haben wir uns beide.

Und wäre es doch geschehen, wäre der Schlüssel ins Reich der verlorenen Dinge eingegangen, von dem die nächste Geschichte handelt, zu der es noch ein paar Worte zu sagen gibt. Es handelt sich nämlich hier um die Erfüllung von Leserwünschen, ein Genre, mit dem ich mich beschäftige, seit ich für *Das Streiflicht* arbeitete. Wobei wir dort gar nicht Leser-, sondern Kollegenwünsche erfüllten. Stand nämlich morgens fest, wer das *Streiflicht* dieses Tages zu schreiben haben würde, durften sich die anderen Kollegen bisweilen vom Autor etwas wünschen, ein Wort nämlich, das im Text vorkommen sollte. So dass man sich der Aufgabe konfrontiert sah, in einen Text über Helmut Kohl die Wendung »das herzallerliebste Jesulein« einzuarbeiten, und zwar nicht so, dass man drüber stolperte, sondern ganz elegant, selbstverständlich.

In *Das Beste aus aller Welt* haben wir das später auch mal gemacht, aber hier durften, zu Weihnachten, Leser an einer Verlosung teilnehmen. Der Gewinner konnte sich eben fünf Wörter wünschen, die in der Kolumne stehen sollten, egal, worum es ging. So dass einem Text über die Fußball-WM in Katar die Begriffe Weisendorf, Apotheke, Kater Paule, Borussia Mönchengladbach und Clara Hoffmann einzuschreiben waren. Was auch geschah. In der folgenden Geschichte aber hatten sich Leserinnen die Behandlung bestimmter Themen gewünscht, und solchen Wünschen, wenn sie gut begründet sind, sollte man sich als Autor nur im Ausnahmefall verweigern.

✦

DAS REICH DER VERLORENEN DINGE

Seltsam, die beiden Briefe hier, fast zur gleichen Zeit sind sie angekommen: Leserin H. schreibt, ob ich nicht was über das Reich der verlorenen Dinge schreiben könne, das müsse es geben, irgendwo müssten die beiden Brillen sein, die ihr Freund innerhalb von zwei Wochen verlegt und nie wieder gefunden habe, zusammen mit all den verschwundenen Socken, Schlüsseln, Regenschirmen ...

Und Frau O. ist aufgefallen, welche Karriere die Wendung »Sichern Sie sich!« gemacht hat, alles solle man sich heute sichern, Tickets, Schulerfolg, Zinsen; gerade lese sie, die Chinesen hätten sich den Zugriff auf das weltweit größte Kokskohle-Feld gesichert. »Ist es die Sehnsucht nach Sicherheit in einer unsicheren Welt? Das Festhalten eines der vielen Angebote, die auf immer mehr Kommunikationswegen an uns vorbeirasen?« Tatsächlich ist es verblüffend, wie überall *sich gesichert* wird, ein Blick ins Internet: ARD und ZDF sichern sich Übertragungsrechte, Direktbanken sichern sich Marktanteile, Luftgiganten sichern sich Milliardendeals, ja, es haben sich sogar die Knaben 2 des Tennis-Clubs Herrenberg den Klassenerhalt in der Bezirksstaffel 1 gesichert, mit einem Sieg gegen Tübingen 1.

Das Problem ist nur: Sind es die richtigen Dinge, die gesichert werden? Was bedeuten uns Übertragungsrechte, Marktanteile, Milliardendeals, ja sogar Klassenerhalte, wenn uns beide Brillen fehlen, um all diese schönen Dinge zu sehen? Das Reich der verlorenen Dinge muss ein Reich der Kleinigkeiten sein, des Schwerzusichernden, aber sehr Schönen und Begehrenswerten, es muss sich dort zum Beispiel ein wunderbares goldenes Armband meiner Frau befinden, auch zwei meiner rechten Backenzähne, eine elektrische Zahnbürste aus dem Jahr 2010, die DVD des Films *Stoppt die Todesfahrt der U-Bahn 123* mit Walter Matthau sowie eine gute Idee, die ich gestern hatte und nicht rechtzeitig aufschrieb.

Vor allem aber stelle ich mir vor: Das Reich der verlorenen Dinge ist ein Reich des Friedens, der Kampflosigkeit, der Ruhe. Denn Ruhe ist, was viele von uns sich nicht sichern konnten, die SPD-Generalsekretärin Andrea Nahles zum Beispiel, die vor einer Weile forderte, ein Tag pro Woche solle künftig politikfrei bleiben, am besten der Sonntag. Politiker müssten, sagte Nahles, mehr Zeit mit ihren Familien verbringen und Kraft für ihre Arbeit sammeln, Vorbild sei Schweden, dort achte man auch in der Regierung auf familienfreundliche Terminplanung.

Der deutsche Politiker, ja, der Politiker überhaupt ähnelt ja seit einiger Zeit ein wenig dem Mexikanischen Höhlensalmler, das ist ein Fisch, der (wie kürzlich Richard Borowsky von der New York University im Fachblatt *Current Biology* schrieb) mehr oder weniger nie schläft. Da der Höhlensalmler, wie sein Name deutlich mitteilt, in Höhlen lebt und salmlt, muss er stets wach sein, kein Feind würde sich im Grottendunkel durch Schatten verraten, nur selten kommt Nahrung vorbei – die darf man nicht verpassen.

So ungefähr geht es auch dem Politiker: Immerzu gibt es irgendwo eine Versammlung, einen Parteitag, ständig muss man etwas kommentieren, simsen, bloggen, twittern, und kommt man vom Parlament in die Berliner Dienstwohnung, wartet dort schon Freund Alkohol oder eine Geliebte, gar ein Geliebter. Die Ruhe, die Besinnung, das Nachdenken – wo sind sie?

Im Reich der verlorenen Dinge natürlich, wo über all dem Schönen und Kleinen, dem Ersehnten und Gesuchten milde Stille waltet.

Aber gab es nicht schon so viele Tage, von denen gefordert wurde, sie sollten frei von etwas sein? Helmut Schmidt rief nach dem fernsehfreien Tag. Vor zehn Jahren gab es, von England aus, eine Initiative zu einem internetfreien Tag. Auch hatten wir, vor beinahe vierzig Jahren, schon mal vier autofreie Sonntage. Und, ja, es soll sogar schon die Vorstellung von einem Tag ohne Pressemitteilung von Andrea Nahles entwickelt worden sein. Nichts ging dauerhaft in Erfüllung, alles blieb ungesichert, das Leben frisst uns alle auf, bis auch wir einst ins Reich des Verlorenen eintreten, zu all den Brillen, Socken und Zähnen, möge es noch lange dauern, bis es so weit ist.   · DAS BESTE AUS ALLER WELT 2011

Um noch mal auf der Autoschlüssel zurückzukommen: Leserin S. schrieb mir vor Jahren aus dem Krankenhaus, sie wolle mir gerne die Wörter »Leerlaufgemischregulierschraube« und »Holzgliedergelenkmaßstab« vorstellen, die sie seit vielen Jahren zum Beispiel auf Partys benutze, um die Fahrtüchtigkeit von Freunden festzustellen. Könne jemand unfallfrei beide Wörter aussprechen, dürfe er fahren, gelinge ihm dies nicht, müsse er den Autoschlüssel abgeben. Die »Leerlaufgemischregulierschraube« habe übrigens für sie insofern eine besondere Bedeutung, als sie nach einem schlimmen Unfall eines Tages aus dem Koma erwachte und von den Ärzten zur Überprüfung ihrer Gehirnfunktionen gebeten wurde, schwierige Wörter zu sagen.

»Leerlaufgemischregulierschraube« war ihr erstes Wort, zur Freude des medizinischen Personals. Weshalb sie den Begriff auch nicht im Wortstoffhof abgab, sondern behalten wollte. Was ich verstehe. Ich habe ihn hier und auch in der Geschichte *Sytytysjärjestelmä* auf Seite 152 also nur leihweise zitiert.

Die Autoschlüssel-Geschichte zeigt: Autor und Leser befinden sich im steten Austausch, sogar von Ängsten und Phobien. Man hilft sich aber auch. Im ICE nach München traf ich vor Jahrzehnten eine Leserin, die mir von ihrem Wunsch nach einem Erlediger erzählte, einem Menschen also, der einen befreit von den Gemeinheiten des Alltags und der den Banalitätensumpf entwässert, in dessen schmatzendem Schlamm viele von uns unterzugehen drohen wie die grauenhaft schreienden Ponys in den Mooren des großen Grimpensumpfes, nachzulesen in Arthur Conan Doyles *Der Hund von Baskerville*.

Der Erlediger müsste Ersatz für drei winzige kaputte Spezialglühlampen in der Küchentischlampe besorgen, er müsste für eine Reparatur der schwarzen Lederjacke sorgen, an der süßeste Erinnerungen hängen, er müsste die Ikea-Spezialschraube holen, die in der Ikea-Küche fehlt und nur erhältlich ist bei Ikea selbst, all diese zeitraubenden Dinge, die uns vom Wesentlichen im Leben abhalten.

Ich schrieb eine Kolumne über die Notwendigkeit von Erledigern. Kaum hatte ich die veröffentlicht, meldeten sich mehrere Leser, die sagten, sie würden mir bei diesen Alltagsdingen gerne helfen – keines der Angebote nahm ich fatalerweise an, weshalb ich mehr als zehn Jahre später, um Hilfe zu finden, noch eine weitere Geschichte schreiben musste, in der es um Ähnliches ging. Danach hörte ich aus dem Leserkreis von mehreren Schreinern; einer von ihnen arbeitet heute noch bisweilen für mich.

So dass man sagen kann: Ohne Leser wäre ich hilflos, nicht nur weil sie meine Texte lesen, sondern auch weil sie mir durchs Leben helfen, auch dort, wo es nicht zum Besten steht.

In der erwähnten Kolumne ging es auch um Erfindungen, die noch niemand gemacht hat, einen Gegenstandsvolumenmesser zum Beispiel (ähnlich der gelben Briefgrößenmess-Scheibe bei der Post), der neu in die Wohnung einzubringende Dinge nur passieren lässt, wenn gleichwertige Sachen hinausgetragen werden, so dass Gesamtgewicht und Gegenstandsvolumen in der Wohnung immer gleich bleiben: Es würde so verhindert, dass sie mit den Jahren vollgestopft wird.

Dabei fällt mir noch eine Geschichte aus dem Jahr 2009 ein, in der es um das Unerfinden von Dingen ging, hier ist ein Auszug:

»Im Internet habe ich eine englischsprachige Seite entdeckt, die unter dem Motto steht: *Make the world a better place – uninvent something.* Wie übersetzt man *uninvent*? Unerfinde etwas. Mach eine Erfindung rückgängig. Stell dir vor, es hätte sie nie gegeben, und verbessere so die Welt.

Natürlich kommt da sofort der ganze einfallslose Kram: Waffen weg, Mobiltelefone weg, Religion weg, Geld weg … Ich persönlich würde kleinere Dinge nennen, den VfL Wolfsburg und die Redewendung ›Nicht wirklich‹. Und die Nordic-Walking-Stöcke, Rollkoffer des Freizeitsportlers. Den Wok. Neulich habe ich von Leuten gehört, die zur Hochzeit drei Woks geschenkt bekommen haben; sie sind seitdem der Ansicht, man hätte Woks erfinden sollen, aber nicht so viele.

Sehr gut finde ich die Idee, die Krawatte zu unerfinden. Nicht nur gibt es nichts Nutzloseres als die Krawatte. Ich glaube, man kann auch mit gutem Grund behaupten, die Finanzkrise hätte es ohne Krawatte nicht gegeben. Wenn man sich die Verursacher dieses Weltdesasters ansieht: alles Krawattenträger, Menschen mit Blutstau im Hirn. Wer trägt praktisch nie Krawatte? Ich. Und ich bin nachweislich unschuldig. Also.

Auf dieser Internetseite schlägt *Rosebud* die Unerfindung der elektrisch beleuchteten Pfeffermühle vor. Begründung: ›Wenn du dein Essen nicht sehen kannst, solltest du auch keinen Pfeffer dran tun.‹«

Später schrieb ich dann eine Kolumne über den Luis und ein paar Dinge, die er unbedingt erfinden wollte, den Stimmenverzehrer zum Beispiel: »In manchen Agentenfilmen gebe es, hat der Luis gehört (gesehen hat er nur wenig Agentenfilme bisher, genau genommen gar keinen), einen Stimmenverzerrer, mit dem man Stimmen am Telefon und auch sonst so verändern und verzerren könne, dass der Stimmeninhaber nicht mehr zu erkennen sei. Das mit dem Stimmenverzerrer hat er aber falsch verstanden, er hat ›Stimmenverzehrer‹ gehört und sich vorgestellt, der Apparat würde Stimmen gleichsam aufessen. Was für ein wunderbares Gerät! Man könnte es in der Schule einsetzen, wenn Lehrer nerven – plötzlich hätten sie zwar noch den Mund offen, aber es käme nichts mehr heraus, unmittelbar vor den Lippen würde die Stimme von unserer Wundermaschine verzehrt. Oder daheim, sagt der Luis: Immer wenn gewisse Väter und Mütter ins Wohnzimmer einrückten, um die Fernsehzeit zu verkürzen oder an die Hausaufgaben zu erinnern oder sonst welche Vorschläge zu äußern – klick, den Stimmenverzehrer an, und die Eltern könnten reden und reden und reden, es würde nichts mehr ankommen beim Luis und … Moment mal! Hat er das Gerät etwa schon in Betrieb?!«

Aber jetzt noch mal kurz zurück auf den Wortstoffhof.

★

MEŸHI LET PHILE MER BENOBI NEREMKHURE – ODER: WIE MAN SCHWEINE VERBERSTET

Neulich entdeckte ich ein rätselhaftes Wort: *Verberststellung*. Ich las es wie *Verberst-Stellung* und überlegte, was ich im Leben verpasst hätte, dass mir das Tu-Wort *verbersten* unbekannt geblieben war und ich nicht wusste, in welche Stellung man sich begeben müsse, um ordnungsgemäß zu verbersten. Dann fiel mir auf, dass ich mich auf einer Internetseite befand, die sich mit Kiezdeutsch beschäftigte, jener Variante des Deutschen, die in Vierteln mit hohem Migrantenanteil gesprochen wird, sagen wir: in Kreuzberg. Kiezdeutsch zeichnet sich unter anderem dadurch aus, dass in Sätzen oft das Verb zuerst kommt. Es handelt sich also um einen Dialekt mit Verb-Erststellung, wie der Sprachforscher sagt.

»Musstu Marienplatz aussteigen«, sagt der Kiezdeutsche in der U-Bahn oder »Machstu rote Ampel«, wenn er jemand auffordert, bei Rot die Straße zu überqueren.

An sich ist Deutsch eine Sprache mit Verbzweitstellung in Aussagesätzen (»Du musst am Marienplatz aussteigen«). Dann gibt es noch jede Mengen Sprachen (Türkisch, Lateinisch) mit Verbletztstellung, wobei es das Verb *verbletzen* wirklich gibt, im Schwäbischen; man bezeichnet so das Aufnähen eines Flickens. Die Verbletzt-Stellung wäre die Stellung, in der man einen Flicken …

Unsinn, dann müsste es Verbletz-Stellung heißen.

Wunderbar, das Deutsche: wie es immer neue Varianten entwickelt und neue Wörter wie (um beim Kiezdeutschen zu bleiben) *lassma* oder *ischwör*.

Lassma Aldi gehen.

Ischwör, Alter, war so.

Oder wie dort das Wörtchen *so* auf ganz neue Weise eingesetzt wird: »Lass uns so Görlitzer Park gehen« oder »Die is so blond so.« Die Potsdamer Sprachforscherin Heike Wiese hat darauf hingewiesen, dass so wichtige Informationen eingeführt werden, was im Normaldeutschen mit Betonungen geschieht. Überhaupt, lese ich in einem Interview, sei *so* ihr Lieblingswort: zwei Buchstaben, vielfältig einsetzbar, ein Beweis für die Lebenskraft des Deutschen, von dem es oft heißt, es stehe an der Schwelle zum Tode.

Gerade ging die Nachricht vom Ableben einer Frau namens Boa Sr um die Welt, der letzte Mensch, der eine Sprache namens Aka-Bo beherrschte, die auf der Inselgruppe der Andamanen gesprochen wurde. Im Internet kann man hören, wie Boa Sr das Aka-Bo sprach; wie eine Nachricht aus dem Totenreich der Sprachen klingt das. Sie beschreibt den Tsunami von 2004. Jemand hat mitgeschrieben: *meÿHi le t pHile mer benobi neremkHure cAybe Ekone-SA sAret pHeÿA meÿHitÈpHilekA …*

»Als wir alle schliefen, stieg das Wasser und drang überall ein …«
Musstu dir vorstellen: Du sprichst eine Sprache, die sonst keiner mehr kann. Du kannst sie mit niemand sprechen als mit dir selbst.

Ein Reich aus Subjekten, Prädikaten, Objekten, Geschichten, Überlieferungen, Scherzen, Sprachspielen geht mit dir unter. Die Leute sitzen vor dieser Kolumne und verstehen nichts, es ist nur ein Haufen Buchstaben für sie, sie finden keinen Zugang ... Genießen wir also das pralle Leben des Deutschen, wie es im Wortstoffhof in mannigstfacher Weise zu finden ist. Erst im Ausland findet ja das Deutsche wirklich zur Hochform, befreit von den *Fesseln* der Grammatik und des Sinns. Leser M. machte mich auf ein Spiel aufmerksam, das man sich im App-Store der Firma Apple auf sein Telefon herunterladen kann. Es muss etwas mit explodierenden, ja, geradezu verberstenden Schweinen zu tun haben, denn in der Spielbeschreibung lese ich unter anderem: »Erst schießen, stellen Sie Fragen in diesem amüsanten Shooter, die Antwort auf die Frage, wann wird Schweine fliegen? Schweine fliegen, wenn Sie dieses Spiel! Und dann können Sie Aufnahmen Ferkel aus dem Himmel! ... Sehen Sie sich die Schweine Pop die Ballons und brach in Speck. Schweine quietschen hören, wie sie fallen um ihre Strafe! ... Aber sie klug wie Sie haben nicht viele.«

· DAS BESTE AUS ALLER WELT 2010

Hier kann man sehr schön sehen, was mir am Kolumnenschreiben besonders gut gefällt: Es ist ein Spiel mit der Wirklichkeit, ein Versuch, das, was uns umgibt (die Sprache in diesem Fall), einmal nicht als das Reich der Notwendigkeiten zu sehen, von denen wir alle bedrängt sind, sondern ausschließlich als einen großen Korb voller Spielzeug, mit dem wir machen können, was wir wollen.
Noch ein Beispiel? Bitte. (Es stammt aus einem Themen-Heft über »Die deutsche Sprache«.)

✳

SYTYTYSJÄRJESTELMÄ

Am Ende eines Heftes über unsere Sprache möchte ich die Aufmerksamkeit auf das einzelne deutsche Wort und seinen Weg durch die Welt richten, denn es ist ja nicht die Sprache *an sich*, die uns Freude macht, sondern es ist das Einzelwort. Der Finne schwelgt in Vokalen, er nennt die Zündanlage *sytytysjärjestelmä*. Der Tscheche häuft Konsonanten aufeinander und kann sich nicht genug am bündigen *Strč prst skrz krk* freuen, was bei uns umständlich »Steck den Finger in den Hals« heißt. Der Deutsche aber liebt das singuläre Wort, reiht Silbe an Silbe. Welche Freude empfindet er an Begriffen wie *Leerlaufgemischregulierschraube* oder *Holzgliedergelenkmaßstab*, wo der Engländer *foot rule* sagt (oder wir *Zollstock* sagen könnten, wenn uns einfache Lösungen interessieren würden).

Leserin G. aus Mainz schrieb dem Wortstoffhof, sie habe in Abschnitt 23 der Körperschaftssteuerrichtlinien von 2004 das Wort *Pfropfrebengenossenschaft* entdeckt, das ist eine Vereinigung von Winzern, die mit Pfropfreben arbeiten und deren Produkte übrigens die Aussprache eines Wortes wie *Pfropfrebengenossenschaftsschatzmeistersgattin* bei der Begrüßungsansprache am *Pfropfrebengenossenschaftsversammlungsabend* auch nicht einfacher machen: »Liebe Pfreunde, die Pfreude an der Pfropfrebe hat uns zu dieser Pfersammlung zusammengepfführt ...« Sollte man nicht den Alkoholtest bei Autofahrern ersetzen, indem man Verdächtige *Pfropfrebenpfersammlungspforsitzender* sagen lässt?

Wir sehen, dass die Freude des Deutschen an der Wortbildung etwas von der eines Kindes hat, das Bauklötze türmt, bis es nicht mehr geht und der Klötzchenturm umfällt. Das ist bekannt, das liest man in einschlägigen Sprachbüchern.

Was sich nicht herumgesprochen hat: wie viel Spaß die Leute am Privatwörtern haben, die nur sie und vielleicht die Familienangehörigen kennen. Leserin W. aus Berlin schrieb mir, sie habe als Kind *Stotterquark* statt *Klapperstorch* gesagt, seltsam, weil Stotterquark schwieriger auszusprechen scheint als Klapperstorch. Frau B. teilte mit, sie habe in ihrer Kindheit das Buch *Die Langerudkinder* von Marie Hamsun gelesen. Darin spielen sechs Kinder in Norwegen miteinander. Sie tun, als wären sie Mann und Frau, und da es vier Mädchen und zwei Jungen sind, müssen sie sich einigen, wer Ehefrau und wer Ehemann sein soll. Die eine Gruppe wechselt sich ab, die andere entscheidet, der Mann habe zwei Frauen. An dieser Stelle steht im Buch: »… und dieses Mormonentum ging großartig.« Jahrelang habe sie als Kind Mormo*nen*tum gelesen, sei nie darüber gestolpert. Erst als sie das Buch wieder als Erwachsene las, habe sie erkannt, dass das Mor*mo*nentum großartig ging. Aber noch heute seien für sie unerklärliche Dinge, die einfach so gehen, ein Mormo*nen*tum.

Was noch viel weniger bekannt ist als der Privatwortspaß: auf wie wunderbare Weise im Ausland deutsche Wörter geschaffen werden. Es gibt überall Begriffe, die auch Deutsche mit reichsthaltigem Wortschatz nie kennenlernen werden. Leserin B. entdeckte zum Beispiel im Gellertbad in Budapest unter der Rubrik *Dientienscleistungen* das Angebot einer *Fleischdusche*. Was mag das sein? Wird das Fleisch des deutschen Besuchers geduscht? Oder kann der Ungar sich mit Fleisch duschen lassen, mit rohen Steaks oder Hackepeter?

Es ist deutsch, aber es bleibt ein Rätsel.

Herr K. aus Schramberg entdeckte in Serbien an der Fernstraße von Niš Richtung Bulgarien ein Schild mit der Aufschrift WIR IST FIERZI IMERDA SERVICE ADAC. Fierzi? Zweifellos soll es »Für Sie« bedeuten, aber ist das noch Deutsch? Oder schon Serbisch?

Vor einer Weile berichtete ich über den Brief von Frau L. aus München, die schrieb, in Kroatien bekomme man die *Süddeutsche Zeitung* an Kiosken nur, wenn man *Studenza Zeitung* verlange.

Darauf schickte Leser V. ein Foto, das er am Flughafen von Hongkong gemacht hatte: Man sah die SZ am Kiosk vorrätig in einem Ständer, auf dem *Suddentasche Zeitung* stand.

Dies als Service für viel reisende Leser. Bin fierzi imerda.

· DAS BESTE AUS ALLER WELT 2009

Übrigens hat die Betrachtung dieser seltsamen deutschen Wortbildungen im Ausland einen sehr interessanten Effekt. Man schaut zum Beispiel ein Wort wie »fierzi« an und sieht sofort: Ja, das ist meine Sprache! Aber ich verstehe es trotzdem nicht. Das Vertraute wird einem also plötzlich fremd, bleibt einem aber gleichzeitig vertraut - ein Vorgang, der äußerst anregend ist. Und allein um diese Anregung, um die Betrachtung von sprachlich Möglichem geht es bei diesem Thema.

Und jetzt noch eine Geschichte, in der einmal ein Leser vorkommt, der nichts versteht, das soll es nämlich auch geben.

★

MEINE MEINUNG ÜBER WOLFSBURG

Vor längerer Zeit habe ich in einem Text mal behauptet, Butter würde in der Nähe von Brüssel im Tagebau der Erde abgerungen, in großen Hallen gelagert, schließlich verkauft. Darauf bekam ich einen Leserbrief: was für dummes Zeug ich verbreiten würde, Butter werde aus Milch gemacht, die man in Bewegung versetze, sie werde so fest.

Der Rest der Leserschaft rührte sich nicht. Die Leute nahmen meine Behauptung hin. Sie glaubten mir.

Auch aus der Welt der Physik hört man neuerdings ungeheuerlichste Dinge. Kürzlich berichteten Wissenschaftler, sie hätten »Hinweise« entdeckt, dass es »Teilchen« gebe, die rascher als

Licht flögen, eine revolutionäre Entdeckung. Bisher dachte man, nichts sei schneller als Licht.

Wie haben die Leute einen solchen Fund gemacht?

Sie hätten, sagen sie, »einen Strahl von Neutrinos« vom Teilchenbeschleuniger in Genf aus 730 Kilometer weit ins Gran-Sasso-Massiv in Italien gelenkt, wo sich ein unterirdisches Labor befinde. Neutrinos seien, sagen die Wissenschaftler, »Teilchen mit äußerst geringer Masse«, die selbst Gestein durchdringen. 15.000 solcher »Teilchen« habe man auf die Reise geschickt. Als sie ankamen, seien sie zwanzig Millionstel schneller gewesen als Licht. Nun kann man einem wie mir viel erzählen. Ich habe Physik in der zwölften Klasse abgewählt, lange her, beinahe wäre ich wegen dieses Fachs durchs Abitur gefallen. Ich kokettiere damit nicht. Deutschland lebt vom technischen Fortschritt, wir brauchen viele Physiker, wir benötigen die besten Mathematiker, bei uns müssten Naturwissenschafter als sexy gelten, Philosophen haben wir genug, wobei ich andererseits durchaus der Meinung bin, dass man nie wirklich ausreichend Philosophen haben kann.

Was ich sagen will: Das mit den superschnellen, erdkrustepenetrierenden Teilchen muss ich einfach *glauben*, genau wie ich es hinzunehmen habe, dass drei Wissenschaftler den Nobelpreis zuerkannt bekamen, die entdeckten, unser Weltall habe sich nach der Entstehung durch einen Urknall vor 14 Milliarden Jahren etwa 7,5 Milliarden Jahre lang in geringer werdender Geschwindigkeit ausgedehnt, seitdem steige das Tempo aber wieder.

Tja. Das kann natürlich jeder sagen. Aber nicht jedem glaubt man es, das macht den Unterschied. Nicht jeder kann so was widerspruchslos sagen.

Zum Beispiel gibt es seit 1994 die These, die Stadt Bielefeld gebe es nicht, sie sei eine Erfindung der Geheimdienste. Bloß: Ich bin persönlich schon mehrmals nach Bielefeld gereist; ich versichere, dass Bielefeld existiert.

Anders verhält es sich mit Wolfsburg. Neulich wurde bekannt, dass schon zum dritten Mal ein ICE, obwohl er dort hätte halten müssen, in Wolfsburg nicht hielt. Erklärt wurde das mit irgendwelchem Mitarbeiterversagen; Wolfsburg solle das um Himmels willen nicht persönlich nehmen, hieß es. Aber das kann eigentlich nicht wahr sein. Denn einen entsprechenden Vorgang hat es noch in keiner anderen deutschen Stadt gegeben, nicht in dieser Häufung. Also muss es etwas mit Wolfsburg selbst zu tun haben.

Ich persönlich bin der Ansicht, dass es Wolfsburg zwar gibt, aber nicht immer. Die Stadt verschwindet manchmal für einige Stunden, die Bahn kann nichts dafür, Wolfsburg nimmt sich dann eine Auszeit, es wird vom Erdball eingeatmet und bald wieder ausgehustet, dann steht es da, als wäre nichts gewesen. Mag sein, dass Wissenschaftler Wolfsburg für Experimente benötigen, es deshalb stundenweise ausborgen und durch die Erdkruste ins Gran-Sasso-Massiv schießen. Mag auch sein, dass Wolfsburg sich seit seiner Gründung immer weiter ausdehnt, sich dann aber für einen kurzen Zeitraum auf Sandkorngröße zusammenzieht, um explosionsartig wieder »Wolfsburg« zu sein. Mag drittens sein, dass die Bevölkerung Wolfsburgs bisweilen beim Butter-Abbau im Landkreis Brüssel helfen muss; die Stadt wird derweil in einer Höhle aufbewahrt.

Mag alles sein. Kann jeder sagen, oder?

Der Unterschied ist: Mir glaubt man's.   · DAS BESTE AUS ALLER WELT 2011

Zum Schluss noch eine kleine Geschichte. 2002 erzählte ich in einer Kolumne die beste Taxi-Anekdote, die ich damals kannte, bekam aber gleich ein Schreiben von Herrn F. aus Alès in Frankreich, in dem er mir die beste Taxi-Anekdote mitteilte, die er kannte. Die geht so:

»Eine junge französische Mutter kommt mit ihrem halb flüggen Sohn zum ersten Mal nach Paris. Am Gare du Nord nehmen sie ein Taxi. Unterwegs verfolgt Söhnchen interessiert, was sich so links und rechts entlang der Straßen abspielt. Auf einmal fragt er: ›Maman, was machen denn die Frauen, die da überall an den Straßenecken herumstehen?‹ Die junge Mutter, etwas verlegen: ›Tu sais, mon chéri, die warten auf ihre Männer.‹ Da meldet sich der Taxifahrer zu Wort: ›Madame, der Junge ist alt genug; Warum sagen Sie ihm nicht, dass es Prostituierte sind?‹ Betretene Stille. Nach einer Weile der Junge: ›Maman, was sind denn Prostituierte?‹ Maman überlegt, dann sagt sie: ›Tu sais, mon chéri, les prostituées, das sind die Frauen, die die Taxifahrer auf die Welt bringen.‹«

Ja, und nun ist das die beste Taxi-Anekdote, die ich kenne.

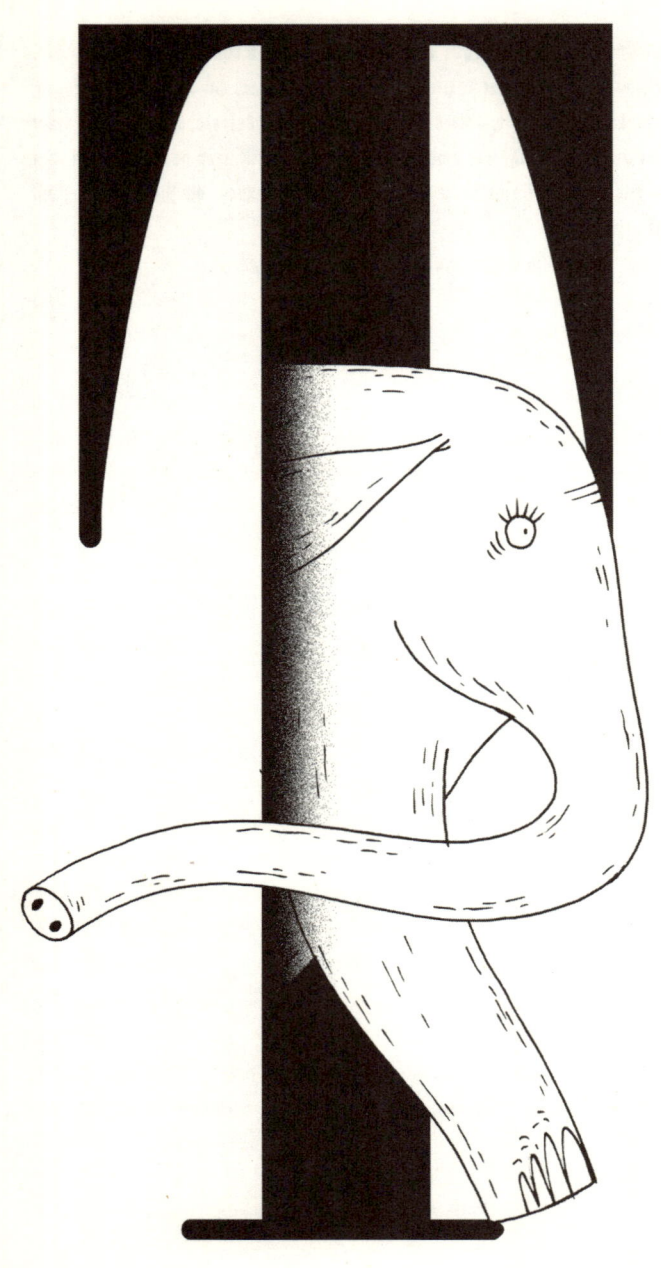

EINIGE KOLUMNEN
ÜBER TIERE

◀———————— ✳ ————————▶

Wir kommen zu einem meiner absoluten Lieblingsthemen, das sind die Tiere. Aus irgendeinem Grunde habe ich schon immer gerne über Tiere geschrieben, vermutlich liegt das daran, dass ich dabei eigentlich nie über Tiere schreibe, sondern mehr über Menschen. Aber ich bin auch wirklich fachlich als Hobby-Zoo- und Anthropologe ausgewiesen, seit ich in den frühen neunziger Jahren mein wegweisendes Buch HACKES TIERLEBEN *veröffentlicht habe, in dessen Vorwort es heißt, ich wolle »eine Tierkunde voller Einfühlsamkeit« schaffen, »eine zart empfindende Zoologie für den tierfern lebenden, aber doch psychologisch geschulten, den der Empathie fähigen Menschen. Wir brauchen eine zeitgemäße, nicht bloß simpel-körperliche, sondern geistige Nähe von Mensch und Tier«.*
HACKES TIERLEBEN *basiert in den Grundlagen auf einer Kolumne, die ich 1993/94 schrieb, eine Reihe von kleinen sentimentalsatirischen Essays über einzelne Tierarten, daher der Titel:* HACKES TIERVERSUCHE. *Wobei* HACKES TIERLEBEN *schon für die Kolumne der bessere Titel gewesen wäre, er ist uns nur mal wieder nicht rechtzeitig eingefallen.*
Hier kommen vier Texte aus HACKES TIERVERSUCHEN *(und zwischendurch einige damit assoziierte Tierkolumnen aus jüngerer Zeit).*

ERSTER TIERVERSUCH: DER PINGUIN

Vor Abermillionen Jahren gab es einen Pinguin, *Pachydyptes ponderosus*, der war 1,60 Meter groß und hundert Kilogramm schwer – »zu klein, um Basketball zu spielen, aber schwer genug für American Football«, wie der Paläontologe Simpson gesagt hat. Leider ist *Pachydyptes ponderosus* vor der Erfindung Amerikas ausgestorben, und mit dem Football wurde es nichts.

Die heutigen Pinguine, die höchstens 1,15 Meter groß werden und manchmal bloß vierzig Zentimeter, stehen ratlos auf Eisschollen herum und wissen nicht, was sie machen sollen, zu klein und zu leicht nun auch für Football. (Manchmal sieht man sie Anlauf nehmen, die rechte Schulter nach vorne drücken und eine Möwe umrennen oder eine Robbe rammen. Dann bleiben sie wieder stehen und wissen nicht, wie es weitergehen soll mit ihrer Sehnsucht nach Ballspielen. Übrigens gibt es in Nordamerika eine Mannschaft, die *Pittsburgh Penguins* heißt. Sie spielt aber Eishockey, und außerdem heißt sie bloß so. Es sind Menschen.) Irgendwie wird man bei der Betrachtung von Pinguinen nie das Gefühl los, sie warteten auf etwas oder hätten einen großen Wunsch und trauten sich nicht, ihn auszusprechen. Sagen wir es so: Pinguine wirken, als hätten sie unheimlich gerne richtige Arme, wie wir, mit Händen dran. Nicht bloß Flügelreste.

Uns geht die Geschichte vom Tierwärter im Kopf herum, der für die Pinguine im Zoo zuständig war. Immer wenn er zu ihnen kam, drehten sich alle um. Für den Mann war das traurig, aber erklärlich ist es. Sie können einfach seine Arme nicht ansehen und die kräftigen Wärterhände. Wahrscheinlich hat ihnen der liebe Gott das alles bei der Schöpfung auch versprochen. Dann hat er die Sache vergessen, und nun stehen sie da und hoffen, dass er sich doch noch erinnert.

Für eine der größten Schweinereien, die man je mit Pinguinen

veranstaltet hat, ist übrigens die britische Royal Air Force verantwortlich. Ihre Jets flogen auf den Falklands immer am Strand entlang, wo Tausende von Pinguinen stehen. Komischerweise berichtete ausgerechnet die *Südwest Presse* in Ulm, einer eher
pinguinarmen Gegend, darüber ausführlich: »Erst fliegen die Piloten nach rechts, und die Pinguine schauen nach rechts, dann
wieder nach links, und die Pinguine schauen nach links. Nach einigem Hin und Her schwenken die Flugzeuge aufs Meer hinaus
und fliegen dann direkt über die Pinguine ins Land. Die neugie-
rigen Vögel verrenken dabei den Hals so weit nach hinten, bis sie
das Gleichgewicht verlieren und auf den Rücken fallen. Wer von
den Piloten am meisten Pinguine umgeschmissen hat, ist Sieger.«
Diese Gemeinheit werden wir der Air Force nie vergessen!
Klar ist aber: Hätten die Pinguine Hände, könnte so was nicht
passieren. Sie hätten die Möglichkeit, sich festzuhalten oder
beim Fallen abzustützen, genauso wie sie sich kratzen könnten,
ohne dauernd umzukippen. Sie könnten mal dem Seeleoparden,
der sie zu fressen versucht, eins aufs Maul hauen, und dem Rie-
sensturmvogel, der ihre Kükenkolonien bedroht, an den Füßen
aus der Luft zerren und zerzausen. Sie könnten sich umziehen
und müssten nicht immerzu Frack tragen, das ganze Leben denselben Frack. Sie würden ja gerne mal nackt baden. Aber es geht
nicht.
Doch vor allem: Sie könnten sich umarmen! Pinguine haben einen zehnmal besseren cw-Wert als ein Sportwagen, sie schwimmen siebenmal schneller als ein Mensch, sie haben den Strö-
mungswiderstand eines Fünfmarkstücks – aber nie können sie
ihrer Frau den Nacken kraulen, nie die Arme um ihren Körper
schlingen, nie die Geliebte an sich ziehen. Im Zoo sehen sie Menschen, die mit ihren Händen die wunderbarsten Dinge tun, und
sie stellen sich vor, wie auch sie ihre Handflächen über das Feder-
kleid einer Pinguinin schweifen lassen würden oder wie unter ihren geschickten Fingern das aufgeknöpfte weiße Hemd eines

Pinguinerichs zu Boden sänke. Schauen an sich herunter und sehen Schwimmstummel. Ihre Trauer ist namenlos.

»Pinguine haben es bei der Liebe schwerer als andere Vögel«, schreibt Rory Wilson in dem vorzüglichen Werk *Die Welt der Pinguine*, das er zusammen mit Boris Culik verfasst hat. »Ihre Körper sind flaschenförmig, und jeder, der schon einmal versucht hat, zwei Flaschen aufeinanderzulegen, weiß, was ich meine … Eine falsche Bewegung, und das Männchen stürzt ab.« Sex ist für sie bloß ein Balanceakt und dauert wenige Sekunden, denn sie haben nichts, womit sie sich länger aneinander festhalten könnten. Hände, o Herr! Gib ihnen Hände. · HACKES TIERVERSUCHE 1994

★

KLEINE ABSCHWEIFUNG: UND WO SIND DIE PINGUINE?

Ich dachte, wie schön es wäre, in den Zoo zu gehen, schöne und geheimnisvolle Tiere zu betrachten, und sie dem Kleinen zu erklären.

»Luis, wollen wir in den Zoo gehen?«, fragte ich.

»Krieg’ ich da ein Eis?«, fragte Luis.

»Von mir aus«, sagte ich.

So gingen wir in den Zoo. Rechts hinterm Eingang standen Flamingos, jeder auf einem Bein.

»Guck mal, die Flamingos, so schlafen sie«, sagte ich.

Luis fragte: »Wo krieg’ ich hier mein Eis?« Als hätten die Tiere ihn angeregt, fügte er hinzu: »Ich möchte ein Eis am Stiel.«

»Hinten bei den Pinguinen gibt es Eis«, sagte ich. »Vorher schauen wir die Affen an.«

»Ich will aber zu den Pinguinen«, sagte Luis.

Das Affenhaus war so voll, dass man keine Affen sehen konnte, nur Leute von hinten. Die wenigen Affen, die man hätte sehen können, weil keine Leute davorstanden, sah man nicht, weil sie sich unter Holzwolle verkrochen hatten, die Affen.

»Gehen wir zu den Elefanten«, sagte ich.

»Und die Pinguine?«, fragte Luis.

»Schau, da hinten sind die Elefanten«, sagte ich vor dem Elefantengehege.

Die Elefanten standen mit schaukelnden Köpfen weit weg am anderen Ende des Geheges vor der Tür zum Elefantenhaus und warteten, dass sie hineingelassen würden. Man sah sie entfernt und von hinten.

»Ich dachte, wir gehen zu den Pinguinen«, sagte Luis.

»Ja, wir gehen zu den Scheißpinguinen«, sagte ich halblaut.

Dann gingen wir dorthin. Luis interessierte sich nur für den Eisstand neben den Pinguinen. Außerdem waren die Pinguine anscheinend spazieren oder beim Frackschneider oder am Südpol, jedenfalls nicht hier.

Aber Eis gab es genug. Luis nahm ein rotes. Ich trug ihn auf dem Arm, und wir betrachteten die Robben gegenüber, das heißt, ich betrachtete sie, denn Luis betrachtete sein Eis, das heißt, ich betrachtete die Robben auch nicht. Sie waren die meiste Zeit abgetaucht. Als direkt vor uns eine Robbe auftauchte, erschrak Luis so, dass er sein Eis in mein Hemd fallen ließ, wo es auf meinem Körper schmolz und mein Hemd rot verfärbte.

Ich ging mit Luis ins Zooklo, um meine Kleidung in Ordnung zu bringen. Dann gingen wir wieder hinaus, Richtung des Eisbären, der sich gerade anschickte, seine Rutschbahn hinunterzurutschen, eine spektakuläre Sache, weil ich Eisbären nur kopfschaukelnd hin- und herwandernd kenne.

Zwanzig Meter vor den Eisbären sagte Luis: »Ich muss mal ganz dringend.« So gingen wir zum Zooklo zurück. Als wir wieder zum Eisbären kamen, wanderte er kopfschaukelnd hin und her.

Wir erreichten den Vergnügungspark mitten im Zoo.

»Darf ich mit der Eisenbahn fahren?«, fragte Luis. Er durfte.

»Darf ich mit dem Karussell fahren?«, fragte Luis. Er durfte.
»Darf ich schaukeln?«, fragte Luis. Er durfte. Dann sagte er: »Ich
hatte kein Eis!«

»Doch!«, sagte ich.

»Das ist runtergefallen!«, sagte er.

Weil er Recht hatte, gingen wir zu den Pinguinen zurück, die immer noch nicht da waren, und kauften ein Eis. Ich trug Luis auf
der Schulter, damit mir das Eis nicht wieder vorne ins Hemd fallen konnte.

»Jetzt gehen wir zum Tiger«, sagte ich.

Als wir dessen Käfig erreichten, hatte Luis sein Eis aufgeschleckt.
Der Tiger ging mit schaukelndem Kopf in seinem Käfig hin und
her. Ich hub an, zu berichten über das Wesen des Tigers, erzählte
Geschichten aus dem indischen Dschungel, von Tigerjagden und
Überfällen von Tigern auf Dörfer, von Gefährlichkeit und Gefährdung des Tigers. Dann merkte ich, wie Luis' Kopf neben meinen rutschte, und hörte ein tiefes gleichmäßiges Atmen neben
meinem Ohr.

Da gingen wir heim.

»Na, wie war es?«, fragte Paola.

»Schön«, sagte Luis.

»Und welche Tiere hast du gesehen?«, fragte sie.

»Keine«, sagte Luis.

»Ich denke, ihr wart im Zoo«, sagte Paola zu mir, aber ich ging
bloß stumm und mit schaukelndem Kopf den Flur auf und ab.

· DAS BESTE AUS MEINEM LEBEN 1999

✶

ZWEITER TIERVERSUCH:
DIE GIRAFFE

Die Giraffe, stellte man sich einst vor, sei entstanden aus der Verbindung von Kamel und Leopard: vom einen der lange Hals und die weichen Augen, vom anderen das glatte, gefleckte Fell – Kamelpanther nannte man das Tier in Cäsars Rom, und *Giraffa camelopardalis* sagt der Zoologe. Aber das hört sich so nüchtern an. Es ist doch ein poetisches Tier, und ihm gehören unsere wärmsten Gefühle.

Giraffa! Seraferl! Zurafa! Dein schlanker Hals! Deine geschürzten Lippen! Dein endloser Rücken! Deine Beinebeinebeinebei …! (Irgendwie kommt es einem vor, als wären Giraffen die einzigen Tiere ausschließlich weiblichen Geschlechts. Kann sich jemand eine männliche Giraffe vorstellen? Einen Giraffen?) Zirafet! In manchen Träumen wälzen wir uns mit dir auf Löwenfellen, mutig die Flecken von deinem Hals küssend, einschlägige Vorschriften des Strafgesetzbuches für Tierfreunde missachtend, bis uniformierte Zebras mit amerikanischen Polizeimützen die Tür aufbrechen, uns zu verhaften – o Camelopardin! Dein rätselhafter Körperbau! Dein im Galopp schwankender Hals! Deine Hilflosigkeit an der Tränke!

> »Sieh, dann schreitet majestätisch durch die Wüste die
>   Giraffe,
> Daß mit der Lagune trüben Fluten sie die heiße, schlaffe
> Zunge kühle; lechzend eilt sie durch der Wüste nackte
>   Strecken,
> Kniend schlürft sie langen Halses aus dem schlamm-
>   gefüllten Becken.«

Das hat Freiligrath geschrieben.

Wie groß Giraffen sind! Bei der Geburt fallen sie klaglos aus zwei Metern Höhe, denn ausgerechnet diese Tiere gebären im Stehen. Und wenn sie trinken, müssen sie den Kopf fünf Meter tief senken. Aber ihnen wird nicht schwindlig dabei, weil Blutdruckunterschiede im Gehirn durch Verschlussklappen in der Halsvene vermieden werden, vermutet man; sicher ist nur, dass es längere Halsvenen nicht gibt. Furchtsam sind die Giraffen, leicht zu zähmen, und sie fressen am liebsten Mimosen.

Aus der Kreuzung Leopard/Kamel hätte auch anderes werden können. Wir stellen uns vor: Teuflische Gentechnologen halten links ein Reagenzglas mit Genügsamkeit, Ausdauer sowie Wasserspeicherkapazität des Kamels, rechts ein anderes mit Gewandtheit, Aggressivität und Höckerlosigkeit der Raubkatze. (Unerwünschte Eigenschaften schütten sie in den Ausguss: die Neigung von Leoparden zu Mundgeruch zum Beispiel und die angeborene Gefährdung der Dromedare durch Raucherhusten.)

Dann kippen sie die Reagenzien zusammen. Es entsteht ein grauenhaftes Kampftier, fähig zu wochenlang wasserlosem Wüstenritt mit Transport schwerster Lasten einerseits, andererseits zu katzenhafter Geschicklichkeit und kraftvollem Zubeißen. Zweifellos würde sich das Pentagon dafür interessieren.

Stattdessen haben wir aber die Giraffe, Laub pflückend mit geschickter Zunge, ein seltsam geräuschloses Tier. Nilpferd prustet, Affe schreit, Elefant trompetet, was tun Giraff'n? Flüstern sie den Wolken Gedichte zu, und nichts kommt unten an?

Löwenritt hat Freiligrath seine Verse genannt, die vom Überfall des Wüstenkönigs auf eine Schöne der Savanne handeln, vom Sprung in den Nacken der Fliehenden:

> »Zagend auf lebend'gem Throne sehn sie den Gebieter
> sitzen,
> Und mit scharfer Klaue seines Sitzes bunte Polster ritzen.

Rastlos, bis die Kraft ihr schwindet, muß ihn die Giraffe
    tragen;
Gegen einen solchen Reiter hilft kein Bäumen und kein
    Schlagen.
Taumelnd an der Wüste Saume stürzt sie hin und röchelt
    leise.
Tot, bedeckt mit Staub und Schaume, wird das Roß des
    Reiters Speise.«

Im Grunde ist es weder zu verantworten, solche Tiere den Gefahren der Wildnis auszuliefern, noch ihre Seelen in zoologischen Gärten verkümmern zu lassen. Wir müssten mit ihnen zusammenleben! Sie könnten aus den Brauseköpfen unserer Duschen trinken. Wir würden die Haarquasten ihrer Schwänze als Rasierpinsel nutzen und auf ihren abschüssigen Wirbelsäulen vergnügt in die Betten rutschen. Auch bräuchten wir keine Aluminiumleitern mehr beim Fensterputzen, und die Architekten niedriger Zimmerdecken verschwänden vom Markt: Alle Menschen würden ihren Giraffen zuliebe darauf bestehen, nur noch in Räumen wie jenen der wunderbarsten venezianischen Palazzi zu wohnen; sechs, sieben, acht Meter müssten zwischen Fußboden und Decke liegen, weniger nicht. Andererseits könnte man, weil Giraffen unglaublich kurz sind, mit ihnen in der Innenstadt problemlos parken. Ja, das alles wäre möglich.

Vor allem aber würden wir sehr oft, wenn das Leben zu grau wird, am Hals emporsteigen, die fellüberzogenen Hörnchen ergreifen – und die Sterne küssen.   · HACKES TIERVERSUCHE 1993

✶

KLEINE ABSCHWEIFUNG: DAS GIRAFFEN-SYNDROM

Ich möchte nun das Giraffen-Syndrom erklären.

Es ist ja bald 25 Jahre her, dass die DDR zusammengestürzt ist wie ein von Nagekäfern zerfressenes Holzgebäude, und noch immer staunt man, dass die Stasi, die doch jeden Holzwurm und jeden Nichtholzwurm im Staatsgebälk rund um die Uhr ausforschen ließ, kein bisschen vom nahen Ende ahnte.

Auch wundert sich der Zeitung lesende Bürger, der sein Dasein von kostbaren Eurofightern, Marinehubschraubern und Raketenabwehrsystemen gut beschützt wähnte, dass niemand bemerkt zu haben scheint: All diese schönen und mit von unseren Mündern sauer abgespartem Geld bezahlten Dinge sind zwar da, aber in Wahrheit nicht benutzbar, sondern bloß kaputt.

Und drittens ist ein Rätsel, wie sich im Nahen Osten ein ganzes Mörderheer zusammenrotten konnte, ohne dass die amerikanischen und sonstigen Geheimdienste, die doch jede Mail und jedes Telefonat auf der ganzen Welt aufmerksam analysieren, einen Mucks von sich gaben.

Dass also der Mensch immer wieder zwar lauter Bäume sieht, nicht aber den Wald – wie ist das möglich?

Vielleicht kann man das am Beispiel der Giraffe erklären.

Man sollte ja meinen, dieses schon auf Grund seiner Körpergröße gar nicht zu übersehende Tier wäre von den Zoologen der Welt bis ins letzte Genom ausgeforscht. Denn was kann es Schöneres geben, als ein Giraffenforscher zu sein und sich nach dem Frühstück den lieben langen Tag mit diesen eleganten und graziösen Tieren zu beschäftigen?! Doch: nein! Der *New York Times* war jetzt zu entnehmen, dass die Giraffe ganz im Gegenteil von der Wissenschaft komplett vernachlässigt wurde: Giraffen seien, sagt Julian Fennessy von der *Giraffe Conservation Foundation* in Namibia, »vergessene Riesentiere«.

Dem Löwen, den Elefanten, den Gnus, ja, noch dem letzten Zebra und der räudigsten Hyäne stiegen die Tierkundler in großem Eifer bis in die hintersten Ecken der Savanne nach. Die Giraffe aber stand unbeachtet unter Affenbrotbäumen. Warum? Sie ist von unaufgeregtem Wesen. Der plötzliche Zorn der Rüsseltiere und das hysterische Geschrei der Affen sind ihr fremd. Auch ist sie seltsam geräuschlos. Trotz großem Maul und Riesenzunge gibt sie nur ein weiches Grummeln auf niedrigen, für den Menschen kaum hörbaren Frequenzen von sich, während noch das dumpfbackigste Rhinozeros jederzeit auf dem Nashorn melancholische Serengeti-Traditionsmärsche spielen kann.

Nun aber sei die Giraffe plötzlich in Mode gekommen, lese ich in der *New York Times*. Man interessiert sich für sie. Misst ihren Blutdruck, der fünfmal höher als beim Menschen sein kann, was aber dem Körper nicht (wie eben beim Menschen) schadet, weil Giraffenvenenwände sehr dick sind. Untersucht die Signalgeschwindigkeit in ihren Nervenbahnen und stellt fest: Sie ist nicht höher als bei Ratten, weshalb Giraffen langsam reagieren, denn die Wege, die jedes Signal bei ihnen zurückzulegen hat, sind nun mal länger als bei der Ratte. Und erforscht die Größe ihrer Herzen; die sind nicht übermäßig voluminös, weshalb Giraffen nicht lange galoppieren können; der Kreislauf macht nicht mit. Nein, Giraffen sind nicht 'n bisschen doof, wie man lange dachte. Sie sind nur langsam.

Der wahre Grund, warum sich so lange niemand für dies alles wirklich interessierte, aber ist, so sagen die Giraffenfachleute jetzt, dieser hier: Gerade *weil* fast jeder die Giraffe mag und *weil* sie ein grundsympathisches Tier ist, dachten die meisten Jungzoologen, sie sei gewiss zur Gänze erforscht. Und wandten sich anderen Lebewesen zu. So kam es, dass ein unübersehbares Tier einfach übersehen wurde.

Und das ist eben das Giraffen-Syndrom: Das Unübersehbare wird übersehen, *weil* es unübersehbar ist.

Für die Giraffe selbst ist es übrigens kein Problem. Für den Menschen, wie man sieht, manchmal schon.   DAS BESTE AUS ALLER WELT 2014

Wer jetzt noch nicht genug hat, kann die nächste Geschichte überspringen, danach kommt nämlich gleich noch eine Kolumne, in der es Giraffen gibt. Allerdings erfährt derjenige dann nichts über Flamingos, auch irgendwie schade, nicht?

★

DRITTER TIERVERSUCH: DER FLAMINGO

In unserem Zoo sind die Flamingos gleich rechts hinter dem Eingang zu finden –
    »und stehn, auf rosa Stielen leicht gedreht,
        beisammen, blühend, wie in einem Beet.«
Genau wie Rilke es beschrieben hat.
Und warum sind wir dann immer traurig, wenn wir die Flamingos dort sehen: gleich am Eingang schon wieder so traurig?
Vielleicht, weil es so wenige sind? Da, wo die Flamingos zu Hause sind, leben sie zu Hunderttausenden zusammen. »Wenn man des Morgens von Cagliari aus gegen die Seen sieht, scheint sie ein Damm von roten Ziegeln zu umgeben«, zitiert Brehm einen Bericht aus Sardinien, »oder man glaubt, eine große Menge von roten Blättern auf ihnen schwimmen zu sehen. Es sind aber die Flamingos, die daselbst in ihren Reihen stehen und mit ihren rosenroten Flügeln diese Täuschung bewirken. Mit schöneren Farben schmückte sich nie die Göttin des Morgens, glänzender waren nicht die Rosengärten des Pästus als der Schmuck, den der Flamingo auf seinen Flügeln trägt.« Brehm selbst schreibt: »Ich schaute über den weiten Mensalehsee hinweg und auf Tausend

und andere Tausend von Vögeln, buchstäblich auf Hunderttausende. Das Auge aber blieb haften auf einer langen Feuerlinie von wunderbarer, unbeschreiblicher Pracht. Das Sonnenlicht spielte mit den blendendweiß und rosenrot gefiederten Tieren, die sie bildeten, und herrliche Farben wurden lebendig.«

Und hier sind es eben nur zwanzig oder dreißig, und manchmal denken wir, es werden weniger. Wir stellen uns vor, dass es eine Einbrecherorganisation gibt, die im Auftrag superreicher Krimineller nachts in den Zoo einbricht und Tiere klaut, damit die verwöhnten Verbrecher Festessen mit Gorillabraten, Tapirgulasch und Giraffenkoteletts veranstalten können für ihre Bandenmitglieder und deren Frauen. Und dass diese Einbrecher immer, kurz bevor sie abhauen, noch einige Flamingos mitnehmen, weil sie denken, es seien Blumen, eine seltene afrikanische Nelkenart. Sie knicken die Vögel einfach ab, stellen sie bei den Festessen in einer Vase auf die Tafel – und dann verwelken die armen Tiere binnen Stunden.

Aber das ist es nicht allein, was uns bedrückt, wenn wir die Flamingos sehen.

Es ist die Nähe zu ihnen. Man kann sie beinahe anfassen, sie sind nur ein paar Meter von uns entfernt. Aber eigentlich leben doch die Flamingos zum Beispiel im Lake Natron im Norden Tansanias und sehen alle zusammen von oben aus wie rosafarbene Inseln. Wenn man zu ihnen hinwill … Also, man kann nicht zu ihnen hin. Es geht nicht.

Der Rand dieses Sees besteht nämlich aus riesigen Flächen von dünnem, hartem Soda über einer zähen, schwarzen, teerartigen Masse, wie Eis über Wasser. Ein Engländer namens Leslie Brown, der später das Buch *The Mystery of the Flamingos* schrieb, hat einmal versucht, darauf zu gehen, aber er brach durch das Soda ein in den ätzenden Schlamm und hätte durch eine Blutvergiftung beinahe beide Beine verloren. Die amerikanische Fotografin Hara, die das schönste Flamingo-Buch der Welt veröffentlicht hat, unternahm den gleichen Versuch und gab ihn wieder auf, als die schwarze Pampe aus den Ritzen zwischen brechenden Sodaschollen auf ihre Füße spritzte: »Ich fühlte mich, als ob ich einen Horrorfilm sähe«, schrieb sie, »aber der von schwarzem Schleim bedeckte Fuß war meiner!«

So geht es natürlich den Löwen auch, die zu den Flamingos wollen, und den Hyänen, aber sie schreiben keine Bücher, sondern starren bloß hilflos zum unerreichbar-rosafarbenen Horizont, und dann gehen sie wieder und fressen lieber doch eine Antilope. Der einzige Flamingovertilger, der an die Vögel im Natronsee rankommt, ist der schreckliche, kaltherzige Marabu mit dem nackten Hals.

Damit sind die Vögel geschützt vor allen möglichen Geflügelfreunden. Doch der wahre Grund, warum die Flamingos auf der ganzen Erde davon träumen, so abgeschieden wie im Lake Natron leben zu dürfen, ist nicht ihre Angst vor Raubtieren.

Es ist ihr Ekel vor der Hässlichkeit der Welt, vor schlecht sitzenden Perücken und lila-gelben Freizeitanzügen und besonders vor unreiner Haut. Denn die Flamingos empfinden sehr zart und haben einen großen Sinn für Schönheit, und weil sie selbst die schönsten Tiere der Welt sind, sehen sie gar nicht ein, warum sie etwas anderes anschauen sollen als sich selbst. Sie sind alle wiedergeborene Fotomodelle, und die Fotomodelle sind wiedergeborene Flamingos, ein ewiger Kreislauf – nur so können die Models glücklich sein, denn sie leben ja in Paris und New York auch sehr abgeschieden, in Luxusappartements und Fotostudios, den Natronseen unserer Welt, unerreichbar für alles Hässliche und für den gewöhnlichen Geflügelfreund.

Als was die Marabus wohl wiedergeboren werden? Vielleicht als – Karl Lagerfeld?

Im Tierpark aber gehen alle Leute sehr dicht an den Flamingos vorbei, Perücken tragend, auf ihren Leibern raschelnde Freizeitanzüge. Das macht die Vögel sehr unglücklich, denn nicht alle

Zoobesucher können schön sein und reine Haut haben. Deshalb nehmen wir, wenn wir dorthin gehen, nun immer eine *Vogue* mit oder eine *Elle*. Dort, wo die Flamingos stehen, halten wir das Titelblatt unauffällig, aber für die Tiere sehr gut sichtbar, über das Geländer. Dann biegen sie ihre Hälse, machen ein Kichergeräusch und drücken ihre Schnäbel verlegen ins weiche Gefieder. Das Rosa ihrer Federn schattiert kurz ins Rote, die Knopfaugen lassen sie nicht von unserem Heft, und auf einmal sind sie ein bisschen weniger traurig und wir natürlich auch.

· HACKES TIERVERSUCHE 1993

Bei den Flamingos stellt sich ja immer die Frage, ob sie eigentlich fliegen können. Und? Die Antwort ist: Ja, sie können es, mit ein bisschen Anlauf allerdings. Bloß die Zoo-Flamingos fliegen nie, man hat ihnen die Flügel gestutzt, wobei mir gerade eine Kolumne einfällt, die ich mal über das Fliegen von Tieren geschrieben habe, die eigentlich nicht fliegen können, hier ist sie, geschrieben vor den Olympischen Spielen in China 2008.

✶

KLEINE ABSCHWEIFUNG: DAS ERTRUNKENE RHINOZEROS

In der Zeitung las ich, zu den Reiterspielen in Hongkong seien 305 Pferde eingetroffen, alle per Luftfracht. Der Spediteur, ein Herr namens Atock, erläuterte, jedes Pferd habe in der Breite 112 Zentimeter Platz, und wenn es sich fürchte (was selten sei), werde es von einfühlsamen Begleitern gestreichelt, dann gehe das vorbei.

Pferde in der Luft: Ist das nicht seltsam? Jahrtausende lang konnten Pferde nur in der Phantasie des Menschen fliegen, und Pega-

sus, das Flügelross, ist Symbol dichterischen Höhenflugs – »entrollt mit einemmal in Sturmes Wehen / der Schwingen Pracht, schießt brausend himmelan«, schrieb Schiller. Heute sagt Herr Atock: »Die meisten Pferde sind das Reisen gewohnt.«
Aber gibt es nicht ein menschliches Bedürfnis nach Staunen? Verwundert, bewundernd die Welt zu betrachten?
Neidisch denkt man an Zeiten, als zum ersten Mal seit der Antike (da hatte ein Nashorn im Zirkus gekämpft) ein Rhinozeros nach Europa gelangte, 1515 war das. Es kam aus Indien nach Lissabon, 120 Tage reiste es, ein Nashorn auf einem Schiff. Kaum war es am Hofe von König Manuel eingetroffen, ließ der es dem schon vorhandenen Elefanten gegenüberstellen. Man hatte gehört, die beiden Tierarten wären erbitterte Feinde. Das Nashorn wurde hinter einem Vorhang platziert. Als man den öffnete und das Tier sein Gegenüber erblickte, trottete es auf den Elefanten zu, der (er war jung) in so große Panik geriet, dass er eine Mauer niederrannte und durch die Öffnung floh.
Die Nachricht vom kampflosen Sieg des Nashorns verbreitete sich in ganz Europa. Dürer schrieb, das Tier habe »ein Farb wie ein gespreckelte Schildkrot und ist von dicken Schalen überlegt«. So zeichnete er es, denn er hatte es nie gesehen: ein gepanzertes Rhino mit einem winzigen Zweithorn auf dem Rücken. Jahrhundertelang dachten Europäer, so sähe ein Nashorn aus.
Noch im Dezember 1515 schenkte der König dieses Nashorn dem Papst, um sich dessen Wohlwollen zu sichern. Bereits ein Jahr zuvor war ein Elefant, Hanno mit Namen, auf die gleiche Reise gegangen. Er hatte sich zunächst geweigert, das Transportschiff zu betreten. Sein Treiber, so hieß es, hatte sich verliebt und wollte in Lissabon bleiben; also flüsterte er dem Elefanten ins Ohr, er solle in ein trostloses Land mit gesundheitsschädlichem Klima gebracht werden. Als der König erschien und dem Mahout drohte, er werde ihn köpfen lassen, wenn der Elefant nicht schleunigst an Bord gehe, redete der erneut mit dem Tier: Er habe sich

geirrt, es handele sich um ein anderes Land, das an Schönheit kaum zu übertreffen sei. So trottete Hanno aufs Schiff und reiste romwärts.

Das Nashorn aber, welches sich – an Seereisen gewöhnt – problemlos einschiffte, ging im Sturm vor La Spezia unter; es starb einen für Nashörner seltsam-raren, ihm persönlich unbegreiflichen Tod. Sein Kadaver wurde an Land gespült. Ausgestopft erreichte er Rom.

Wo waren wir? Beim Staunen. Muss es nicht ein wunderbares Bild gewesen sein, als die erste Giraffe nach Frankreich reiste? 1826 war das, man hatte ins Deck der Brigg *I due Fratelli* ein Loch geschnitten. Daraus ragte der Kopf des unter Deck stehenden Tieres, vorm Wetter durch einen Baldachin geschützt. Um den Hals trug es, als Amulett, ein Band aus Pergament, beschrieben mit Koransuren. Damals reisten solche Tiere mit Militär-Eskorten, die sie gegen den Andrang Neugieriger schützten. Wobei auch die Pferde in Hongkong mit Polizeischutz vom Flughafen zur Olympiaanlage fuhren, aber eher, um zu verhindern, dass am Zaumzeug die Tibetflagge flattert.

Gegen die Begeisterung, welche die ersten Giraffen in Paris oder Wien auslösten, war jedenfalls die Manie um Knut, den Eisbären, eine Kleinigkeit. Ihr Pfleger in Paris, ein Ägypter namens Atir, wurde berühmter als heute Knut-Betreuer Dörflein, und seine müde Art, das Tier stundenlang zu striegeln, ist bis heute sprichwörtlich. *Peigner la girafe*, die Giraffe kämmen, nennt der Franzose das Verrichten einer sinnlosen Arbeit.

Übrigens habe ich mich früher mehr auf Olympia gefreut, um nicht zu sagen: Heute freue mich nicht mehr. Das hat auch mit dem Staunen zu tun. Als ich nichts über Doping wusste, konnte ich offenen Mundes bewundern, was Sportler leisteten. Heute weiß ich viel. Mit dem Staunen ist es vorbei, mit Olympia, was mich angeht, auch. Wissen kann die Welt langweiliger machen, das ist auch wahr. • DAS BESTE AUS ALLER WELT 2008

Was das nächste Tier angeht: Krokodile hat man nie fliegen gesehen, doch hat es schon den Fall eines Mitarbeiters der australischen Fluggesellschaft *Qantas* gegeben, der in Melbourne den Frachtraum einer Maschine öffnete – und was kam ihm entgegen? Genau.

Es war aber nur ein kleines Krokodil, das sich aus seinem Käfig befreit hatte.

Krokodilkäfige sollte man immer gut verschließen, denn merke, was Christian Morgenstern über dieses Tier schrieb.

>In Afrika da fließt der Nil.
In diesem lebt das Krokodil.
Ein Tier, das oft, wenn auch nicht immer,
so lang wie euer Kinderzimmer!
Dies Tier frißt Menschen wie Salat,
doch nur, wenn man ihm Böses tat.«

★

VIERTER TIERVERSUCH:
DAS KROKODIL

Gering ist die Zahl der Freunde des Krokodils; im Grunde vermögen wir nur jenen Zahnputzervogel zu nennen, welcher im Auftrag der Deutschen Parodontose-Gesellschaft den Krokodilen bei regelmäßigen Reihenuntersuchungen die Blutegel aus dem Rachenfleisch pickt, ohne dabei gefressen zu werden. (Auch da ist der Begriff »Freund« etwas hoch gegriffen – immerhin rechnet das Vöglein mit den Ortskrankenkassen ab.)

Wie sollte dieses Tier auch beliebt sein?! Die fühllose Bestie, an Flussufern Warzenschweinbabys schlachtend; die kalte Fressmaschine, welche schon so viele Antilopen dreibeinig hinkend von der Tränke zurück in die Savanne schickte; das zählebige Monster, gefährlich selbst mit einem Pfund Blei im Leib, gefürchtet noch als zuschnappende Handtasche: Nicht wenige Damen haben das Kramen nach dem Lippenstift mit dem Verlust mehrerer Finger gebüßt. Berichtet wird sogar von Krokodilsmüttern, die auf dem Weg vom Nest zum Flusse jene frisch geschlüpften Jungen auffraßen, die nicht aggressiv genug zu werden versprachen. Ja, haben denn die Krokodühle keine Gefühle?!

Mal psychoanalytisch gefragt: Was ist dem Krokodil in seiner Frühzeit widerfahren, dass es so voller Hass ist, so mürrisch, träge, dann aber haltlos wütend? Mitleidlos zerrt es Groß- und Kleinvieh ins Wasser, so schnell, dass kein Schrei zu hören ist. Ersäuft die Opfer, zerteilt schmatzend das Fleisch. Und warum – dies die wichtigste Frage – ist es so schwer gepanzert? Harte Schilde bedecken seinen Leib, und jede Körperöffnung vermag es abzudichten: die meergrünen Augen mit einer sich vom inneren Augenwinkel vorschiebenden Haut, auch Ohren und Nasenlöcher mit kleinen Schiebetüren. Verschlossen und in sich gekehrt liegt es da, und keiner weiß, was in seinem Inneren geschieht. Doch sein Fleisch ist weich und weiß, das ist bekannt.

Vielleicht waren ja die Krokodile mal anders? Sanft. Zärtlich. Sind empfindsame Wesen, in sich zurückgetrieben durch Mangel an Zuneigung, enttäuscht von der geringen Zahl ihrer Freunde?

Wer bei den Azteken im Krokodil-Zeichen geboren wurde, galt als optimistisch, großzügig, warmherzig. In Ägypten nannte man die Stadt Arsinoë »Krokodilstadt«. Ein heiliges Krokodil wurde hier mit Kuchen, Fleisch und Honigwein gefüttert, und Plutarch berichtete, es habe sich die Zähne putzen lassen – vom Menschen, nicht vom Vogel. Jung gefangene Krokodile werden zahm, fressen aus der Hand und bleiben im Alter, schreibt Brehm, »so mild und freundlich, wie es einem Krokodile überhaupt möglich ist«. Im 19. Jahrhundert wurde aus Venezuela berichtet, ein Kaiman finde »großes Vergnügen daran, an den Seiten seines Körpers, in der Gegend der Rippen, gekratzt und gerieben zu werden; im Genusse dieser Empfindung streckt er sich behaglich aus und lässt alles mit sich geschehen«.

So war das einmal: Menschen lagerten an Flüssen, behaglich schnurrende Krokodile kraulend. Konnte dann ein Tier vor Glück die Krokodilstränen nicht mehr halten, wäre niemand auf den Gedanken gekommen, das heuchlerisch zu finden. Man hielt es umarmt und sagte: »Du bist das einzige Tier, das weinen kann. Das ist schön. Lass es zu!« Es wackelte mit seiner Zahnspange und schwor, zum Vegetarismus überzutreten. Warum ist das vorbei?

Ach, es sind doch die Krokodile eine der ältesten Tierarten. Sie haben, wie wir fest glauben, die Dinos geliebt und dann deren Ausrottung durch Meteoriten erlebt. Da begannen sie, sich zu panzern.

Später gab es in Ägypten ein schreckliches Tier namens Ichneumon, welches folgendermaßen gegen das Krokodil vorging (wir zitieren einen alten Bericht): »Wenn der Crocodil schläfft mit offenem Rachen, so kreucht der Ichneumon ihm in den Bauch, zernagt und zerfrißt ihm sein Eingeweid und Bauch, biss er zum demselbigen wiederumb herauß kriechen kann.«

Herzzerreißendes Mistvieh! Die Krokodile verschlossen sich.

Schließlich der Mensch: Die Asiaten auf ihrer ewigen Jagd nach Aphrodisiaka trockneten Krokodilspenisse, die New Yorker hielten Alligatoren in Badewannen, die Südamerikaner machten aus Kaimansfett Abführmittel, die Sudanesen Salbe aus Moschusdrüsen, die Einwohner von Apollonopolis verprügelten aufgehängte, verzweifelt brüllende Krokodile, und alle gerbten Leder, Leder, Leder. Da ergriff die Aussterbenden eines Tages kreischende Wut über die Welt. Und sobald sich ihnen seitdem jemand nähert,

und sei es auch nur ein Gnu,

da packen sie zu.

Also wollen wir demnächst im Zoologischen Garten den Krokodilen wieder die Hand reichen. Wir werden über die Absperrung klettern, die Seiten ihrer Körper, in der Gegend der Rippen, kratzen und reiben und uns wieder versöhnen – ja, das werden wir! Oder lieber doch nicht. · HACKES TIERVERSUCHE 1993

Übrigens gibt es noch weitere Tiere, die in Wahrheit ganz anders sind, als wir denken: die Haie. Auch sie lieben es, an einer ganz bestimmten Körperstelle sanft berührt zu werden. Mehr dazu in *Bemerkungen über das Eincremen von Rattenpenissen* auf Seite 190.

ÜBER DAS ESSEN UND
GEGESSENWERDEN

Eines möchte ich nicht vergessen: den Hinweis nämlich, dass das gerade erwähnte Staunen, ja: die Begeisterung und Freude angesichts der Gegenstände, über man schreiben kann, sehr wichtig für den Kolumnisten sind, jedenfalls für mich. Man kann die folgende Geschichte als Beispiel nehmen, es geht da noch einmal ums Staunen, aber auch um Fressen, Essen und Gefressenwerden, weshalb die Geschichte ganz gut an die über das Krokodil anschließt.

SCHLECHTE NACHRICHTEN
FÜR VEGETARIER

Zu den interessantesten Fähigkeiten des Menschen gehört das Staunen, ja, ich glaube, man kann sagen, das Staunen macht den Menschen erst aus, es ist der Beginn aller Neugier und Philosophie. Könnten wir nicht staunen, würden wir immer noch Beeren sammeln und Fleisch roh aus toten Tieren beißen. Falls wir es bis dahin geschafft hätten.

Kürzlich staunte ich etwa, als ich mitten in einem Artikel über die Ernährung von Fischen den Satz eines Fischernährungsfachmannes (Was man alles werden kann im Leben!) las: »Pflanzen wollen nicht gefressen werden.«

Darüber hatte ich noch nie nachgedacht.

Woran merkt man, dass Pflanzen nicht gefressen werden wollen? Sie wehren sich. Wie wehren sich Pflanzen? Sie haben zum Beispiel Dornen. Bitte, es ist peinlich, nie in meinem Leben hat mich die Frage beschäftigt, warum Pflanzen Dornen haben. Ich habe diese Dornen einfach in ihrer Existenz hingenommen, fraglos ihr Dasein akzeptiert. Wie dumpf ist das denn?! Ich muss mein Leben ändern; dieser Fischernährungsfachmann hat mit einem einzigen kurzen Satz aus mir einen anderen gemacht.

Ich begann, der Frage des Pflanzenwillens im Internet, in Büchern, im Archiv nachzugehen.

Denn es sind ja nicht nur die Dornen, mit denen Pflanzen sich wehren. Sie bilden auch Gifte. Die Kartoffel ist das beste Beispiel: Alles Grüne am Kartoffelgewächs – Blätter, aber auch Keime und Schalen – ist giftig. Oder die Tabakpflanze. Beginnt eine Raupe an ihr zu fressen, bilden die verletzten Teile einen Alarmstoff, der bis in die Wurzeln wandert, wo von Stund' an vermehrt Nikotin gebildet wird und bis in die Blätter zieht, ein schweres Nervengift, das die Raupe, weil auch sie nicht sterben will, veranlasst, sich zu einer anderen Pflanze zu begeben. Jeder andere würde es ihr gleich tun, Helmut Schmidt natürlich ausgenommen.

Was ergibt sich daraus für den Vegetarier? Muss er fürchten, dass ihm der Blumenkohl vom Teller ins Gesicht springt, ängstlich, wütend? Sich der Gabel als Waffe bemächtigend? Nein, der Obst- und Gemüse-Esser sollte nur die Früchte von Pflanzen essen, nicht die Pflanzen selbst. Der Apfel etwa ist vom Apfelbaum selbst zum Verzehr empfohlen, bliebe er nämlich ungegessen neben dem Baum liegen, wäre er nutzlos; Apfelbäume geben Stoffe in den Boden ab, die in ihrer Nähe das Keimen anderer Bäume und sogar des eigenen Nachwuchses verhindern.

Wirklich, ich verdanke diesem einen Satz, den ich zufällig las, hochinteressante Stunden. Beispielsweise gibt es in Mexiko eine Akazienart, die gegen das Gefressenwerden ein solches Sicherheitssystem entwickelt hat, dass man sich diesen Bäumen nicht einmal nähern sollte. Sie haben nicht nur Dornen, sie halten sich auch eine spezielle Ameisenart als Security-Personal. Diese Ameisen vertreiben jedes Insekt, das sich ihrem Freund, dem Baum, egal, in welcher Absicht nähert, ja, sie fallen sogar über Menschen her, welche die Nähe der Akazie suchen.

Aber warum? Wieso verteidigen sie die Akazie so? Weil die Pflanze den Tieren einen idealen Lebensraum bietet. In ausgehöhlten Dornen ziehen sie ihre Larven auf. Sie ernähren sich von Nektar, den die Akazie aus brunnenartigen Drüsen absondert, die an ihren Blättern sitzen. Auch wachsen an diesen Blättern kleine gelbe Kügelchen, Belt'sche Körperchen, welche die Tiere ernten. Zum Dank putzen sie den Baum sogar: Spinnweben, Staub, Pilzsporen – alles weg, weg, weg. Ja, es gibt auf Java einen Baum namens *Macaranga triloba*, der Ameisen ähnlich angenehme Lebensbedingungen bietet wie die Akazie, nur dass er sogar noch seine Blattstängel mit Spezialwachs beschichtet, auf dem sich nur Ameisen halten können. Alle anderen Insekten rutschen ab.

Wir Fachleute nennen diese Lebensgemeinschaft von Ameisen und Pflanzen übrigens Myrmekophylaxis, das nur nebenbei.

Jetzt bin ich 57. Ich glaube, die Zeit, die mir noch bleibt, werde ich der Akazienforschung widmen. • DAS BESTE AUS ALLER WELT 2013

★

ICH ESSE MEINE FREUNDE DOCH.

Im *Spiegel* las ich ein Interview mit Helmut F. Kaplan, Autor des Buches *Ich esse meine Freunde nicht*. Helmut F. Kaplan sagte, er habe zum letzten Mal vor 47 Jahren Fleisch gegessen, da sei er elf gewesen. Erst später, so Helmut F. Kaplan, habe er erfahren, dass er auf diese Weise 6 Schafen, 8 Kühen, 25 Kaninchen, 33 Schweinen, 390 Fischen und 720 Hühnern das Leben gerettet habe beziehungsweise noch retten wird. Denn so viele Tiere esse der durchschnittliche Mitteleuropäer im Laufe seines Lebens.

Ich habe von diesen Zahlen nie gehört, ich kann sie nicht überprüfen. 390 Fische erscheinen mir relativ wenig, ich selbst habe mit Sicherheit schon mehr als 390 Fische gegessen, nie jedoch werde ich auf 6 Schafe kommen. Aber ich bin auch kein Durchschnittsmitteleuropäer.

Nehmen wir an, die Zahlen stimmen. Man muss als Erstes fragen: Hat Helmut F. Kaplan diesen Tieren wirklich das Leben gerettet? Eine Kuh, die von Helmut F. Kaplan nicht gegessen wird, bleibt ja nicht glücklich auf der Weide stehen. Sie wird im Gegenteil gar nicht erst zur Welt kommen. Kein vernünftiger Landwirt wird eine Kuh besamen und kalben lassen, wenn er die neu entstehende Kuh nicht zu Geld machen kann. Durch seinen Nichtverzehr hat also Helmut F. Kaplan im Gegenteil das Leben von Tieren verhindert, wie überhaupt die Durchsetzung des Veganertums bedeuten würde, dass wir in einer Welt mit sehr wenigen Tieren leben müssten. Wer hält sich schon eine Kuh, wenn er nicht mal deren Milch trinken darf?

Grundsätzlich aber ist nichts Schlimmes daran, dass Helmut F. Kaplan vielleicht kein so großer Tierretter ist, wie er behauptet. Im Gegenteil: Wer sich auch nur am Rand einmal mit industrieller Tierhaltung beschäftigt hat, weiß, dass Nichtleben einem Dasein als Käfighuhn vorzuziehen ist. Aber Leben retten als Vegetarier? Dazu müsste Helmut F. Kaplan 6 Schafe, 8 Kühe, 25 Kaninchen, 33 Schweine, 390 Fische und 720 Hühner käuflich erwerben, auf einem Bauernhof in Ruhe leben und schließlich sterben lassen. Tut er das?

Jedoch: Diese Zahlen sind interessant! Wenn wir davon ausgehen, dass große Teile heutiger Tierproduktion Quälerei sind, dass übergroßer Fleischverzehr den Klimawandel fördert und der Gesundheit schadet, wären dann nicht die genannten Zahlen die Grundlage eines Lösungsversuchs?

Man müsste den Handel mit Emissionszertifikaten als Vorbild nehmen. Eine Firma (ich formuliere sehr grob) darf eine bestimmte Menge von Kohlendioxid ausstoßen. Wird es mehr, muss sie sich Emissionszertifikate von anderen Firmen kaufen, die ihre erlaubten Mengen unterschreiten. So wird Sparsamkeit belohnt, übermäßiger Verbrauch bestraft.

Legt man fest, dass jeder Mitteleuropäer im Laufe seines Lebens 6 Schafe, 8 Kühe, 25 Kaninchen, 33 Schweine, 390 Fische und 720 Hühner essen darf und kein einziges Hühnerbeinchen oder Lammkotelett mehr, wird man feststellen: Viele kommen damit nicht aus, anderen reicht es dicke. Daraus ergibt sich der Handel. Man würde den Lebensverbrauch aufs Jahr umrechnen, eine Höchstgrenze vorschreiben. Wer mehr Fleisch essen will, müsste sich entsprechende Rechte bei denen kaufen, die ihr Kontingent nicht aufgegessen haben.

So würde jeder, der den Fleischverzehr einschränkt, mit einem

Zusatzeinkommen belohnt. Wer auf das Essen von Tieren nicht verzichtet, muss zahlen. Der Fleischverzehr wird sinken, denn viele Vegetarier werden ihre Essensrechte aus moralischen Erwägungen heraus nicht auf den Markt bringen. Dadurch wird auch die Bemessungsgrenze automatisch herabgesetzt, das heißt, in zehn Jahren wird der Durchschnittstierverbrauch eines Mitteleuropäers vielleicht nur noch bei 5 Schafen, 7 Kühen, 22 Kaninchen, 29 Schweinen, 332 Fischen und 620 Hühnern liegen.

Da man weiter bestimmen könnte, dass jedes Essenszertifikat nur für Hühnerbrüste und Schweinshaxen verwendet werden darf, die aus artgemäßer Haltung kommen, wird die Industrie beschränkt. Niemand könnte mit einem Zertifikat einfach zum Burgerschnellbrater marschieren.

Tierleben werden so allerdings immer noch nicht gerettet. Aber das hat auch niemand behauptet. · DAS BESTE AUS ALLER WELT 2011

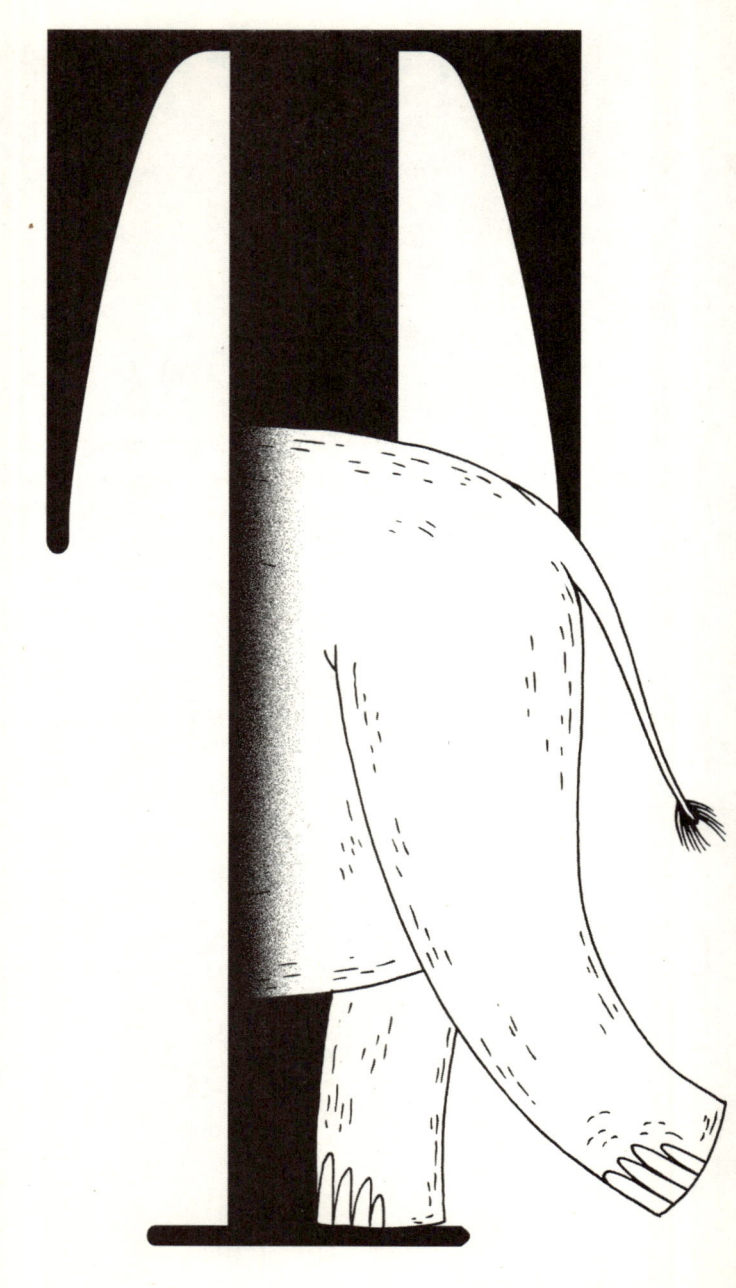

ABER DAS IST NATÜRLICH
NOCH NICHT ALLES ÜBER TIERE

←————————— ✦ —————————→

Wie gesagt, die Tiere gehören zu meinen Lieblingsthemen, deshalb spielen sie seit eh und je eine Hauptrolle in den Kolumnen, und ich schlage vor, wir lesen jetzt mal einige Geschichten über Menschen, die sich ebenfalls hauptberuflich mit den Tieren befassen: die Tierforscher.

BEMERKUNGEN ÜBER DAS EINCREMEN
VON RATTENPENISSEN

Im Fernsehen lief ein Film über Haie. Es wurden Menschen gezeigt, welche die These vertraten, Haie seien im Grunde sehr nette Tiere, die, nur weil sie Gemüse, Tofu und Vollkornprodukte nun mal nicht vertrügen, zu den bekannten Unfreundlichkeiten im Umgang mit anderen Lebewesen gezwungen seien. Wenn man sich den Haien zuwende, so behaupteten diese Menschen, wenn man sie zum Beispiel an einer bestimmten Stelle zwischen den Augen zärtlich berühre, dann werde den Haien ganz schwubbelig und bubbelig zumute. Sie würden halb ohnmächtig vor Freude über die ungewohnte Freundlichkeit.

Man müsse es nur wagen!

Die Menschen im Film streiften sich dann Taucheranzüge über und sprangen ins Wasser, wo sie Haie antrafen. Die Haie näherten sich den Tauchern, die Taucher näherten sich den Haien, ich fürchtete das Schlimmste, da gelang es einem der Männer, einen Haifisch zwischen den Augen zu streicheln. Der Hai verlor schlagartig jede Körperspannung, er sah aus, als würde ihm schwubbelig und bubbelig wie noch nie, und sank so langsam zu Boden, als hätte er sein Leben lang auf diese Berührung gewartet. Als sei er zum ersten Mal in seinem Wesenskern erkannt worden.

So machten es die Männer mit zahlreichen Haien, und immer geschah das Gleiche: ganz hai vor Glück taumelten die Fische durchs Wasser. So dass man jedem, der einem Hai begegnet, raten muss, einen Arm auszustrecken und den Hai mit der Hand zwischen den Augen zu streicheln.

Falls man dann noch eine Hand hat.

Ich bin, wenn ich solche Filme sehe, froh, dass es Menschen gibt, die Freude an solchen Tätigkeiten empfinden. Mit Haien im

Wasser zu spielen. Mit Gorillas Urwälder zu durchstreifen. Mit Bären Lachse zu angeln. Irgendjemand muss diese Dinge tun, damit wir mehr über Haie, Gorillas und Bären, auch über Lachse erfahren. Aber *ich* möchte es nicht sein. *Ich* möchte der sein, der diese Filme sieht.

Gerade habe ich etwas über Forscher gelesen, die eine neue, viagraartig wirkende Salbe an Ratten ausprobierten. Das Problem mit Viagra ist, dass man es einige Zeit, bevor man es braucht, einnehmen muss. Wenn man es dann doch nicht benötigt, hat man es aber eben nun mal eingenommen und sitzt da »wie bestellt und nicht abgeholt« (hätte meine Oma gesagt). Deshalb hat man die Salbe entwickelt. Sie ist an Ort und Stelle aufzutragen und wirkt sofort, wie man aus Rattenexperimenten weiß.

Es gibt also Menschen, die morgens zur Arbeit gehen und dort Rattenpenisse eincremen sowie Rattenerektionen vermessen. Man möchte den Beruf nicht haben, man möchte ihn nicht seinen Kindern erklären müssen. Aber ich werde nie aufhören, über die Vielfalt menschlicher Tätigkeiten zu staunen.

Über den Biologen Lynn Rogers habe ich gelesen, dass er, um mehr über das Leben von Bären zu erfahren, beschloss, sein Leben mit Bären zu teilen, in der Wildnis. Er sagt nun, auf Grund seiner Forschungsergebnisse müsse man wesentliche Erkenntnisse über Bären revidieren, zum Beispiel: dass sie Honig mögen, sei unwahr.

Die Geschichte von Pu, dem Bären, muss neu geschrieben werden!

Außerdem sagt Lynn Rogers, Bären seien ungefährlich (was jeder Leser von *Pu der Bär* auch zu wissen glaubt). Den Statistiken zufolge bringe nur einer von 50.000 Grizzlys einen Menschen um, aber einer von 18.000 Menschen töte einen anderen. Das erinnert mich an ein Interview mit dem berühmten Gerichtsmediziner Eisenmenger, der einmal sagte, man müsse viel öfter Tote obduzieren. Die Hälfte aller Morde werde nicht entdeckt. Ungefähr

1400 Tötungsdelikte pro Jahr, so eine Studie, würden nicht erkannt. In zehn Jahren sind das 14.000.

Zehntausende von Mördern laufen in Deutschland frei herum! Haie streicheln! Bären füttern! Ist das nicht doch Kinderkram? Ich gehe jetzt auf einen Kaffee in die City. Wer weiß schon, ob ich je zurückkehre? · DAS BESTE AUS ALLER WELT 2010

★

ÜBER DAS SITTICHGÄHNEN UND ANDERES

Kürzlich las ich im Internet einen Artikel über Forschungen, die Wissenschaftler an wild lebenden Orang-Utans (oder heißt es Orang-Utanen?) vornahmen. Ich habe vergessen, was das Ziel dieser Arbeit war, nur weiß ich noch, dass die Forscher für ihre Zwecke Orang-Utan-Urin benötigten, den sie, wenn ich mich recht entsinne, im Dschungel unter den Bäumen, auf denen die Utane saßen, mit Hilfe großer aufgespannter Plastikplanen aufzufangen suchten; bisweilen lief wohl auch ein Mitarbeiter mit einem Eimer in den Armen einem Urinstrahl hinterher, eine mühevolle und irgendwie auch demütigende Tätigkeit, zumal Primaten-Pipi unter diesen Bedingungen zur Kostbarkeit wird. Man stelle sich vor, man habe am Abend nach einem Tag harten Harn-Haschens und vielleicht auch großzügiger Vergabe von Almdudler an die Affen, auch dem Einsatz von Panflöten und einem Endlosband mit WC-Spülungs-Geräuschen einen Eimer gefüllt – dann stößt ihn der Praktikant in seinem eifrigen Trotteltum aus Versehen um, und die Flüssigkeit versickert ununtersucht im Dschungelboden.

Jedenfalls ist es bemerkenswert, mit welcher Hingabe der Mensch die Tiere zu verstehen sucht und mit welchem Aufwand er sich ihnen bisweilen widmet.

Beim Stöbern im Regal fiel mir das Buch *Der Kanarienvogel* von
Caesar Rhan in die Hände, ein zerlesenes Werk von 1925, in dem
der Autor ausführlich schildert, wie man einem Kanari das Singen beibringt. Das heißt, man muss sich einerseits in der Erziehung besonders jenen eher schwachen Sängern besonders widmen, »die die gefürchteten Locktöne wie: zitt, wiß, schapp oder
schirr bringen, ebenso sind die harten Schnattern, die spitzen
Pfeifen und die Locktöne ei, ei, auszumerzen«.
Andererseits muss das Tier eine anständige Hohlrolle lernen, »ein
Auf- und Niederwallen von Vokalen, und zwar der Vokale i, ü, u
und o, und zwar auch meistens in Verbindung mit dem r und h«.
In der Hohlrolle, schreibt Rhan, »kommen also sowohl die Silben
ru und hu, als auch ein hurr und das einfach u vor. Ferner sind die
Silben: ri, ru, ro, rö, ürr, ö, or, hö und horr herauszuhören«. Zu die-
sem Ziel müsse der Züchter »jede Minute Zeit, die er übrig hat,
den Vögeln widmen«.
Mich erinnert das an eine Meldung im Wissenschaftsteil: Michael Miller von der Binghamton University im US-Bundesstaat
New York hatte untersucht, unter welchen Bedingungen Wellensittiche gähnen, und dabei festgestellt, dass nur selten ein einzelner Vogel gähnt; dies geschieht fast nur dann, wenn kurz zuvor
auch ein anderes Tier den Schnabel aufriss und dabei Flügel und
Beine streckte.
Dies lege, las ich, die Vermutung nahe, dass Gähnen bei sozial lebenden Tieren (wozu ja auch der Mensch zählt) dazu dient, das
Verhalten in der Gruppe zu koordinieren. Indes ist wohl ein end-
gültiges Urteil nicht möglich: Es könnte ja sein, dass Vögel, die in
einer Voliere dem gleichen Tagesrhythmus unterliegen, nur einfach zur selben Zeit ermüden. Weitere Forschungen seien dringend notwendig, hieß es, zumal Wellensittiche insgesamt recht
selten gähnten, hier sei die statistische Basis einfach zu gering für
ein aussagekräftiges Resultat.
Ich finde, man muss die Menschen lieben für all das: Es ist leicht,

sich mit dem Großen und Sehrwichtigen zu beschäftigen; man steht im Licht, bekommt seinen Beifall sofort und lebt im Gefühl von Bedeutung.

Aber tief im Dschungel Affenharn zu sammeln; vor einem Käfig zu sitzen und dem hohlen Rollen eines Kanarienvogels nachzulauschen (war da ein schapp oder schirr, ein ürr oder horr?); oder einen Schwarm Wellensittiche beim Gähnen zu beobachten und überhaupt zu wissen, wie es aussieht, wenn ein Vogel gähnt, ja, bereit zu sein, abends beim Essen der eigenen Frau auf die Frage, womit man den Tag verbracht habe, zu erklären, man habe Sittichgähnen analysiert – in all diesem liegt wahre Größe und der Grund, warum wir die Hoffnung auf den Menschen nicht aufgeben sollten. · DAS BESTE AUS ALLER WELT 2012

Diese Geschichte mit dem Orang-Utan-Urin hat mich dann sogleich an eine andere Kolumne erinnert, in der es auch um Urin ging, allerdings um Hirschharn – und um Selbstfindung.

★

OPA LIEGT AUF DEM PLATTENTELLER

So viele von uns sind ja oft über Jahre und immer wieder damit beschäftigt, sich selbst zu suchen und zu finden, aber die Geschichte, die ich in *The Reykjavik Grapevine* las, »dem unentbehrlichen Führer durch Leben, Reisen und Unterhaltung in Island«, ist doch sehr besonders: Eine Frau aus Asien nahm an einer Busfahrt durchs südliche Island teil, die Gruppe verließ den Omnibus, man wanderte wohl ein wenig, die Teilnehmer kehrten zurück – aber die Frau aus Asien fehlte. Einen Tag lang

suchte man nach ihr. Schließlich fand man sie: unter den Su-
chenden.

Es war nämlich so, dass diese Reisende sich während des kleinen
Ausfluges umgezogen hatte. Bei der Rückkehr hatte man sie in
veränderter Kleidung für eine andere gehalten, und in der dann
ausgegebenen Beschreibung der Gesuchten hatte sie sich selbst
nicht wiedererkannt, auch mangels Sprachkenntnissen vielleicht.
Deshalb hatte die Frau sich den Suchtrupps angeschlossen,
durchstöberte Südisland auf der Suche nach sich selbst, ohne eigentlich zu wissen, dass sie auf der Suche nach sich selbst war.
Und wenn sie sich nicht selbst gefunden hätte, würde sie vielleicht immer noch zwischen Geysiren, Vulkanen und insolventen
Banken vermisst, von den anderen jedenfalls.

Sie selbst war ja die ganze Zeit bei sich, sozusagen.

Übrigens gibt es in der *Bloomberg Businessweek* zurzeit eine interessante Serie über seltsame Berufe – und wenn jemand jetzt gerade die Hoffnung verloren geht, im Leben seinen Platz zu finden, sollte er sie sofort lesen: Denn es gibt wirklich unglaublich
viele Plätze, von denen man nichts ahnte. Man braucht nur eine
Idee, eine einzige gute Idee plus die Energie, sie zu verfolgen!
Und die Sache läuft.

Judi Collora aus Mount Pleasant in Iowa/USA zum Beispiel hat
ihrem Mann Sam, der gern Tiere präpariert, in den achtziger Jahren mal einen lebenden Hirsch geschenkt, als Modell für die anderen, die er ausstopfen wollte. Sam aber begann, den Urin des
Hirsches zu sammeln und als Köder bei der Jagd zu nutzen. Weil
auch seine Freunde zur Jagd gingen, schenkte er ihnen bisweilen
etwas Hirsch-Pipi.

Dann fiel ihm auf, dass der Bedarf größer war. Und, was soll ich
sagen? Heute besitzen die Colloras 130 Hirsche und 17 Elche.
Sie sammeln deren Urin in unterirdischen Tanks unter den Stal-
lungen, kühlen ihn, verkaufen ihn *nationwide* und setzen Millionen um, Dollars meine ich.

Das Problem ist: Es kommt niemand bei deiner Geburt zu dir und sagt: Du wirst dein Geld mal mit Hirschharn verdienen. Man muss es selbst herausfinden.

Jason Leach zum Beispiel, aus Scarborough in England, verfolgt das Projekt einer Art Bestattungsfirma, bei der man seine Asche in Vinyl pressen kann, so dass man gewissermaßen Opa auf den Plattenteller legen kann; man hört dann seine Lieblingsmusik oder sogar ihn selbst, wie er etwas erzählt, und man weiß: auf dieser Platte steht nicht nur »Opa« drauf. Da ist auch Opa drin.

Wie kam Jason Leach auf die Idee?

Anscheinend ist es an der Nordostküste Englands nicht unüblich, die Asche der Verstorbenen in den Wind zu streuen, und Leach wuchs mit den Erzählungen seines Vaters auf, der immer erzählte, bei der Bestattungsfeier seines Großvaters auf einem Boot sei etwas schiefgegangen, der Wind drehte plötzlich, und sie hätten am Schluss den Ahnen sozusagen vom Deck schrubben müssen. Bei seinem eigenen Opa, so Leach, sei es ähnlich gewesen, da sei ihnen die Asche ins Gesicht geflogen. Da habe er sich gedacht: Das soll mit mir mal nicht passieren.

Die schönste Idee hatten, schon vor Jahrzehnten, Suzanne Asbury-Oliver und ihr Mann Steve. Sie sind nämlich die führenden amerikanischen Himmelsschriften-Maler, fliegen mit einer mehr als fünfzig Jahren alten *De Havilland Chipmunk* über Städte und Dörfer und schreiben gegen Bezahlung mit Rauch Zeichen an den Himmel: Wörter, einen Satz, vielleicht auch ein Bild. Was für ein wunderbarer Beruf! Und wie schön wäre es, müsste ich diesen Text hier jetzt nicht in Druck geben, sondern könnte in ein Flugzeug steigen und ihn an den Himmel über der Stadt schreiben!

· DAS BESTE AUS ALLER WELT 2012

✦

AUF DER MAUER, AUF DER LAUER ...

Der Beruf des Stinkwanzenexperten hat kein großes Renommee, und man tut als solcher gut daran, nicht auf jeder Party den schönsten Frauen die tägliche Arbeit zu erklären. Nur selten hört man von Jugendlichen, sie würden gern »was mit Stinkwanzen« machen. Im Grunde kommt der Stinkwanzenexperte auf der Rangliste gesellschaftlich angesehener Berufe gleich nach dem Klärschlammhygieniker, dem Müllverrottungsinspektor und dem Reizdarmentlüfter, aber das ist ungerecht gegenüber allen Betroffenen, am wenigsten allerdings gegenüber den Stinkwanzen, deren Existenznotwendigkeit in weiten Kreisen ebenso wie die der Nacktschnecken mit Recht bezweifelt wird.

Aber was soll man machen? Wenn der Herrgott sich nun mal für die Stinkwanze entschieden hat, benötigen wir Stinkwanzenexperten. Vielleicht wäre das ein literarisches Thema: der Traum des Wanzenfachmanns von Ruhm, Liebe, Anerkennung, wie Patrick Süskind in *Der Kontrabass* Sehnsüchte, Irrungen und Verklemmungen eines Kontrabassisten beschrieben hat, die ja auch Sehnsüchte, Irrungen und Verklemmungen vieler Nichtkontrabassisten sind – sonst wäre das Stück nicht so erfolgreich.

Nun gibt es aber Tracy Leskey, Insektenkundlerin in Kearneysville/West Virginia, und es gibt an der amerikanischen Atlantikregion wie schon vergangenes Jahr wieder eine Invasion der Marmorierten Baumwanze, einer Stinkwanze, die bei Gefahr durchdringenden Schweißfußgeruch absondert. Die Tiere suchen zu Zehntausenden Wohnungen heim, saugen Saft aus Feld- und Baumfrüchten, krabbeln über Lampen und Fernseher, sitzen auf Fenstern. Sie sind eklig, wenn sie leben, und schlägt man sie tot – also, man sollte sie nicht totschlagen, es sei denn, man möchte *wirklich* wissen, warum sie Stinkwanzen heißen.

Und Tracy Leskey, die bisher weitab der Öffentlichkeit entomologischen Studien nachging, ist plötzlich eine gefragte Frau, hält Vorträge, zeigt Bilder der Außenwand eines Bankgebäudes, an dem Millionen Stinkwanzen hängen, überlegt, was die Tiere dorthin gelockt haben könnte (Geldgier? Bankenhass?), denn wüsste man es, man wäre weiter im Wanzenkampf. Tracy Leskey erklärt, was man gegen Wanzen tut, gibt Menschen Hoffnung, lässt sie nicht allein in apokalyptischen Wanzenmassen – und zeigt, dass wir erstens Experten für alles benötigen, und zweitens, dass jeder von uns auch mit den abwegigsten Interessen und periphersten Berufen eines Tages ins Licht gerufen werden kann, weil man ihn plötzlich *sehr dringend braucht.*

Lee Charm zum Beispiel wurde in Bad Kreuznach als Bernhard Quandt geboren, aber benötigt wurde er in Südkorea. Schon 1978, mit 24, wanderte er aus, wurde acht Jahre darauf als erster Deutscher südkoreanischer Staatsbürger, änderte den Namen, ist heute Chef der Tourismusbehörde und hatte als solcher seinen Anteil daran, dass nicht München, sondern Pyeongchang die Winterspiele 2018 bekam.

Nun lese ich, Charm habe die Landsleute aufgefordert, weniger zu arbeiten. Anders als der Deutsche kennt der Südkoreaner Urlaub kaum, er nimmt elf Tage im Jahr frei, auch die nicht am Stück, und ist verfolgt von Angst, danach am Arbeitsplatz einen anderen Südkoreaner vorzufinden.

Lee Charm sagt, Grundlage moderner Volkswirtschaften sei nicht nur der Fleiß, es seien Kreativität und Innovation, der Mensch aber brauche, um krea- und innovativ zu sein, Erholung. Er erklärt den Südkoreanern, ein Urlaub mache dem Menschen dreimal Freude, einmal bei der Planung, ein zweites Mal im Urlaub selbst und ein drittes Mal in der Erinnerung. Lee Charm ist nicht nur Chef der Tourismusbehörde, sondern auch eine Art Freizeitbeauftragter Südkoreas.

Ein weiteres Mal erkennen wir: Jeder kann jederzeit irgendwo benötigt werden. Jeden Deutschen kann der Ruf ereilen, irgendwo das Prinzip der Erholung und des Ausruhens engagiert zu vertreten, wie es so viele von uns in diesem Sommer wieder weltweit tun. Liegt nicht überhaupt hier die Zukunft ganz Deutschlands, unser aller Aufgabe: als Weltfreizeitbeauftragte? Und sei es auf Mauritius, und sei es auf den Malediven? · DAS BESTE AUS ALLER WELT 2011

Mehr zum Thema »Deutschland« gibt es zum Beispiel im Kapitel *Zu einigen politischen Fragen* auf Seite 503, mehr über Tiere auf den Seiten 159 ff.

JETZT ABER NOCH MAL ZURÜCK ZU DEN ANFÄNGEN: DER KLEINE ERZIEHUNGSBERATER

Zur Geschichte des KLEINEN ERZIEHUNGSBERATERS *gehören für mich viele, sehr verschiedene Gefühle, darunter das des totalen Überwältigtseins vom plötzlichen Erfolg. Meine Idee war gewesen, wie schon im Vorwort erwähnt, einige kleine Geschichten über das Leben einer Familie mit drei kleinen Kindern zu schreiben, über das Überfordertsein der Eltern vor allem, die sich bisweilen wie pädagogische Nullen fühlten, der Vater jedenfalls.*

Aber von der ersten Folge an schlug mir eine Begeisterung entgegen, mit der ich nicht im Geringsten gerechnet hatte. Denn ich hatte gedacht, von einer besonders chaotischen Familie zu berichten, aber die Leute schrieben: »Das ist ja wie bei uns! Sie erzählen, als ob Sie unsere Familie kennen würden.«

Ich schrieb dann über unsere damalige Elterngeneration: »Wir sind viele. Wir stehen bis zum Hals in Verwirrung. Aber hilflos sind wir nicht. Wir haben kein richtiges pädagogisches Rezept. Wer hat das schon in diesen Zeiten? Es gab Elterngenerationen, die wussten genau, worin Erziehung zu bestehen habe. Die hatten Konzepte — ich weiß bloß nicht, ob es die richtigen waren. Wir hingegen sind nicht autoritär. Wir sind auch nicht anti-autoritär. Wir wurschteln uns so durch. Manchmal denken wir, wir machen alles falsch. Aber wir wollen nicht larmoyant sein. Wir lieben die Stürme, die brausenden Wogen, und kleine Kinder lieben wir auch, mit kurzen Un-

terbrechungen jedenfalls. (Und jetzt alle: ... und dehennohoch sank unsere Fahahahne nicht!) ... Wir grüßen im Namen aller Erziehungsberaterinnen, die uns verfluchen, weil wir tagsüber ins Büro gehen und uns vor anderen dicke tun als sorgende Väter mit reizenden Kindern, während sie die Arbeit machen. Wir grüßen im Namen einer ganzen überforderten Elterngeneration.«

Das war zu Beginn der neunziger Jahre. Was ist anders geworden seitdem (außer, dass wir alle älter geworden sind und manche vielleicht schon Großeltern)? Sicher eines: Die Zeiten, in denen vorwiegend die Väter ins Büro oder sonstwohin zur Arbeit gingen, ist zum entscheidenden Teil vorbei. In einem sehr großen Teil der Familien sind heute beide Eltern berufstätig; man kann das der Emanzipation der Frau zurechnen, was ganz sicher richtig ist. Zu einem nicht geringen anderen Teil ist es aber schiere wirtschaftliche Notwendigkeit: für die Familien, die das Geld brauchen, und für die Wirtschaft, die die Frauen als Arbeitskräfte benötigt.

Für die Familien ist es damit nicht unbedingt einfacher geworden. Ich weiß, ehrlich gesagt, nicht genau, wie es um die heutige Meinung junger Eltern über ihre eigenen pädagogischen Fähigkeiten und Einstellungen bestellt ist. Sicher bin ich aber, dass ihre Überforderung, gerade in zeitlicher Hinsicht, nicht geringer ist als unsere damals, nur anders.

Wahrscheinlich gehört das zur Elternschaft einfach dazu: Überfordertsein. In irgendeiner Weise waren Eltern zu allen Zeiten von ihrem Elternsein überfordert; es geht ja gar nicht anders. Auch meine Eltern waren überfordert, mein Vater, weil er physisch und psychisch von sieben Jahren als Soldat traumatisiert war, meine Mutter, weil ihr Mann traumatisiert war, weil ihre Eltern sich getrennt hatten, als sie ein sehr kleines Kind war, und weil weder sie noch mein Vater mit der Krankheit eines meiner Brüder zurechtkamen.

Eine Familie zu gründen war für uns etwas Riesengroßes, vielleicht das größte Abenteuer, dem sich ein Mensch stellen kann, und

*es war immer klar, dass es etwas Größeres für uns im Leben nie
geben würde. Und wann war das je anders?*

Im KLEINEN ERZIEHUNGSBERATER *aber gab ein Vater diese Überforderung zu, vielleicht zum ersten Mal – und verzweifelte doch
nicht daran. Und wenn ich es mir recht überlege, macht vielleicht
genau das seinen damaligen (und ja irgendwie auch noch anhal-
tenden) Erfolg aus.*

HOLMSEN

Seit einigen Monaten sitzt morgens ein kleines Kind am Frühstückstisch, welches noch nicht allein essen kann, gelegentlich,
insbesondere wenn man drei oder vier Gläschen Erdbeer in Ap-
felmus in seinen breiten, zahnlosen Mund hineingelöffelt hat,
einen schwernassen Rülpser über den Tisch schickt, mit rudern-
den Armbewegungen Kaffeetassen vom Tisch fegt und karmesin-
roten Kopfes Windeln füllt, während die anderen Marmeladen-
toast essen.

»Du bist ekelhaft und bösartig«, sagt Antje leise. »Wie kannst du
so widerwärtig über ein kleines Kind schreiben!?«

»Ich liebe alle Kinder. Aber ich liebe auch meinen Schlaf.«

»Schlaf?«, fragt Antje und wendet den Blick ihrer rotgeränderten
Augen nach innen. »Was ist Schlaf?«

Ich gehe zum Regal und entnehme ihm ein Lexikon. »Schlaf, Johannes«, lese ich, »dt. Schriftsteller, geboren in Querfurt, 1882,
gestorben 1941, auch in Querfurt. Hat mit A. Holz unter dem gemeinsamen Pseudonym Bjarne Peter Holmsen den konsequen-
ten Naturalismus begründet. War nervenkrank, Aufenthalt in verschiedenen Heilanstalten.« Mit letzter Kraft versuche ich, das
Lexikon ins Regal zurückzustellen.

»Nervenkrank, Heilanstalt«, wiederholt Antje, »holmsen, eine ganze Nacht lang holmsen, nicht aufwachen, 24 Stunden lang nichts hören und durchholmsen, nicht aufwachen.«

»Warumschläftdaskindnichtschläftnichtschläftnicht?« Schnuller aus dem Mund gefallen? Gier nach Fencheltee? Oder ist es hochintelligent? Hochintelligente Kinder schlafen besonders wenig, bloß zweidreiviertel Stunden pro Nacht, sie brauchen einfach nicht mehr, stand mal in der Zeitung. So machen sie ihre Eltern fertig. Ich bin blöd, ich muss viel schlafen: Antje ist auch blöd, muss auch viel schlafen. Wahrscheinlich weiß das Kind längst, dass es entsetzlich dumme Eltern hat, und quält sie nun in seiner Wut: Menschen immer wieder aufwecken, sobald sie gerade in Tiefschlaf gefallen sind und den ersten Traum träumen. Irgendwann wird man nie mehr schlafen können, es einfach verlernt haben. Oder, falls man schläft, Alpträume haben von ewiger Schlaflosigkeit.

Morgens beim Frühstück Streit mit Antje, wer noch müder ist. Ich: Bin um elf und um Mitternacht und um zwei und um drei aufgestanden, schrecklich. Sie: Ja, aber gehört hast du nicht, was um halb elf, halb zwölf, halb zwei, halb vier war. Noch viel schrecklicher! Ich (manchmal lüge ich und sage, ich hätte überhaupt nicht geschlafen, obwohl ich doch geschlafen habe, bloß um nicht so schlecht dazustehen): Aber ich hatte gestern so viel zu arbeiten und war deshalb schon vorher müde. Sie: Du verwirklichst dich den ganzen Tag selbst, während ich mich um Kinder kümmern muss, das macht noch viel müder. Ich: Selbstverwirklichen macht auch sehr müde, das unterschätzt du. Sie, höhnisch lächelnd: Wollen wir tauschen?

So beginnt der Tag. Mein Schlafdefizit liegt derzeit bei 421 Stunden. Plus drei Prozent Zinsen macht das ein Guthaben von 433,63 Stunden. Das schreibe ich mir auf, denn ich will alles wiederhaben, wenn der kleine süße Fratz im Kinderstühlchen groß ist. · DER KLEINE ERZIEHUNGSBERATER 1991

Na ja, drei Prozent Zinsen, das waren noch Zeiten! Heutzutage lohnt nicht einmal mehr das Sparen von Müdigkeit. Wer das Thema »Müdigkeit« noch vertiefen möchte, sei auf die folgende Geschichte und dann aber auch auf das folgende Kapitel verwiesen, mit *Das Müdometer* und *Hypnokratie*, schließlich auch auf das Kapitel *Vom Bahnfahren* auf Seite 413.

★

GUTE NACHT

Natürlich ist jeder gute Vater aufgerufen, seinen Kindern, vor denen er tagsüber in die Stille seines Büros geflüchtet ist, abends eine Gutenachtgeschichte vorzulesen. Es ist nur so: Sobald ich das Kinderzimmer betrete und mich bequem auf das Bett meiner Tochter lege, bin ich erheblich müder als alle Kinder der Familie zusammen. Die allerschönsten Gutenachtgeschichten verschwimmen vor meinen Augen, und ich könnte herrlich einschlafen.

Vor einigen Tagen haben deshalb die Kinder begonnen, umgekehrt mir etwas zu erzählen, was bei Max darauf hinauslief, dass er gewissenhaft seine auf dem Spielplatz gesammelten Sprüche aufzählte. Etwa: »Happy birthday to you, Marmelade im Schuh, Aprikose in der Hose, happy birthday to you.« Oder: »Kling Glöckchen, klingelingeling, die Oma sitzt am Fenster, der Opa sieht Gespenster, Dracula und Frankenstein hauen ihm die Fresse ein.« Drittens: »O Tannenbaum, o Tannenbaum, die Oma hängt am Gartenzaun.« Nach jedem dieser Beiträge ließ der Junge rasselndes Gelächter hören, während ich mich in die Kissen kuschelte und dem Himmel dankte, dass ich wenigstens nicht jene obszönen Sprüche zu hören bekam, die jedem Hamburger Zuhälter Schamröte ins Gesicht treiben würden, indes heute in jedem katholischen Kindergarten kursieren. (Mit Rücksicht auf ältere Leser verzichte ich auf

Beispiele.) Meine Bitte, er möge eine schlüssige Geschichte vortragen, beantwortete der Junge mit den Worten, er könne ja vom Skikurs im letzten Urlaub erzählen, hob kurz an, erschlaffte wieder und sagte: »Du weißt doch eh schon alles.«

Es war dann aber so, dass Anne leise sagte, sie wolle jetzt was erzählen, und es folgte eine lange, hochinteressante Geschichte, die in Südtirol und Schottland spielte und in der allerhand Löwen, Räuber und Prinzessinnen vorkamen. Es trat auch eine Hausangestellte auf, die Martha hieß und über die Anne den schönen Satz sagte: »Eine Martha sollte es in jedem Haus geben.«

Wunderbar, dachte ich, wie ich hier die Kinder zu einer selbstverständlichen Kreativität erziehe. So sollten alle Eltern ihre Kleinen fördern, hin zu einer alltäglichen Phantasie, zum Verarbeiten von Kummer und Freude durch Erzählen, so dass sie sich befreit und ruhig in ihre kleinen Betten legen können. Ich schlief selig ein, während sich die Kinder noch ein wenig mit den Bestandteilen der Puppenstube die Schädel einschlugen.

· DER KLEINE ERZIEHUNGSBERATER 1991

✦

NERVENSACHE

Kinder haben heißt, gute Nerven zu benötigen. Versuchen Sie, sich psychisch zu härten. Besuchen Sie Dia-Abende, und üben Sie, jenes intensive Interesse zu heucheln, das Sie zeigen müssen, wenn ein Kind Ihnen im Sandkasten einen braunen Matschkloß unter die Nase hält und sagt: »Guck mal, das hab' ich gebaut.« Fahren Sie in Stoßzeiten mit U- und S-Bahn! Stellen Sie sich in den Fanblock des FC Bayern und schwenken Sie die schwarzgelbe Fahne der Dortmunder Borussen.

Wenn Sie schlechte Nerven haben, wird Ihnen das Leben schwer werden. Einmal hörten wir frühmorgens, noch dahindämmernd, aus Max' Zimmer einen grauenhaften, kehligen, unartikulierten Schrei. Wir stürzten die Treppe hinauf, erwarteten den Jungen in seinem Blute zu finden, mit gebrochenen Gliedmaßen, was weiß man denn um diese Tageszeit?! Wir rissen die Tür auf und sahen den Kleinen fassungslos im Zimmer sitzen und brüllen: »Wo ist mein geiler Flieger!?« (Den hatte die Putzfrau am Tag zuvor in eine rote Plastikkiste geräumt und dieselbe auf den Schrank gestellt.)

Kleinigkeiten. Aber einmal hat Anne beim Frühstück gesagt: »Wir haben gestern etwas ganz, ganz Schönes für dich im Garten gemacht.«

Ich: »Ja, was habt ihr denn da, liebe Kinder, das ist ja lieb, das schaue ich mir jetzt an.« Im Garten war auf dem Rasen ein Rechteck mit Zweigen abgesteckt. In der Mitte des Rechtecks lag eine rosa Puppenbadewanne mit alten Blumen darin. Davor waren sorgsam weitere Zweige drapiert.

Ich: »Das ist aber schön, das sieht ja wunderbar aus. Was ist es denn?«

Anne, stolz: »Das ist ein Grab für dich.«

· DER KLEINE ERZIEHUNGSBERATER 1991

✱

AM FAMILIENTISCH

Max rülpst. Fünf Jahre alt und rülpst ständig. Er kann es noch nicht richtig, das Geräusch hat keine Tiefe und ist ein wenig blass, das liegt wohl am fehlenden Resonanzboden bei Fünfjährigen. Aber er übt ständig – bei Tisch, bei den Großeltern, gern auch, wenn Besuch kommt.

Die Eltern: »Max, kannst du das mal bitte lassen. Man rülpst nicht, wenn andere Leute da sind, es stört sie.«

Max rülpst.

Die Eltern: »Du, Max, das finden wir jetzt echt nicht so gut. Lässt du das mal bitte?«

Max rülpst.

Die Eltern (Versuch einer paradoxen Intervention des dreifachen Axels der Kindererziehung): »Max, wir hören es gerne, wenn du rülpst, das Geräusch gefällt uns so, bitte rülpse noch mehr.«

Kurzes Nachdenken. Max rülpst.

Die Eltern unter sich: »Wir müssen das Rülpsen ignorieren. Es geht ihm nur darum, auf sich aufmerksam zu machen. Er ist der Zweitgeborene, vergessen wir es nicht.« Sie ignorieren das Rülpsen.

Max rülpst.

Die Eltern denken darüber nach, ob es sinnvoll wäre, das Kind einem Arzt vorzustellen. Es könnte einfach Verdauungsprobleme haben. Sie verwerfen den Gedanken; der Stuhlgang des Knaben ist normal.

Max rülpst.

Die Eltern fragen sich: Ist Rülpsen schlimm? Sind wir nicht Spießer, dass wir uns am Rülpsen eines Fünfjährigen stören? Der Vater ruft: »Es stört mich aber doch, verdammt!«

Max rülpst.

Die Eltern laut: »Max, es langt jetzt endlich, verdammt noch mal, wenn du nicht aufhörst, müssen wir dich ins Zimmer schicken, denn du störst alle anderen am Tisch.«

Max rülpst.

Die Eltern bringen Max in sein Zimmer. Das Kind schreit, klagt, weint, öffnet die Zimmertüre und schlägt sie wieder zu, bejammert sein Schicksal, schreit seine Wut hinaus, bricht heulend auf dem Ziegenhaarteppichboden seiner Behausung zusammen.

Die Eltern werden mitleidig, gehen nach oben: »Du darfst jetzt
wieder herunterkommen, wenn du nicht mehr rülpst.«
Max kommt wieder an den Esstisch, setzt sich mit versteinertem
Gesicht auf seinen Platz. Die Eltern (denkend): »Es war hart,
aber nun haben wir es geschafft.« Die Familie isst schweigend. Es
kehrt Ruhe ein im Haus. Stille senkt sich über den Tisch, Frieden
in die Herzen der Erziehenden.
Man hängt seinen Gedanken nach.
Da rülpst Max. · DER KLEINE ERZIEHUNGSBERATER 1991

✳

URSUPPE AUS LEGOSTEINEN

Es gibt Dinge, die nur Menschen wissen, die kleine Kinder haben.
Nur sie kennen den grellen Schmerz, der den Körper durchzuckt,
wenn man mit bloßem Fuß auf eine herumliegende Glasmurmel
tritt. Nur sie wissen um die Abgründe der Resignation, welche
den befällt, der die unaufgeräumten Zimmer seiner Kinder betritt.
Nur sie kennen den gigantischen Aufwand an Debattierkunst, der
betrieben werden muss, um ein kleines Kind zu bewegen, wenigstens begehbare Schneisen in seine Welt zu schlagen.
Wenn zum Beispiel Antje und ich den Max in einem rücksichts-
vollen, intensiven Gespräch bitten, ein wenig Ordnung in seinem
Zimmer zu schaffen, pflegt er wie ein vom Blitz gefälltes Bäum-
chen umzufallen, die Augen zu verdrehen und laut die Worte »immer!« und »muss!« und »ich!« und »aufräumen!!!« hinauszu-
weinen. (Dann nagt der Zweifel: Sind wir so grausam zu einem
kleinen Menschen? Ist Aufräumen nicht spießig und reaktionär?
Welchen Schaden richten wir hier an, nie wieder gutzumachen-
den Schaden?)

Was die meisten Leute mit kleinen Kindern nicht wissen, das ist: Es ist alles vollkommen sinnlos. Lassen Sie ab vom Aufräumen! Geben Sie auf! Verzagen Sie! Jene Ursuppe aus Legosteinen, Puppenarmen, Bonbontüten, Bekleidungsfetzen, welche Kinderzimmerböden bedeckt, entsteht ohne das Zutun von Menschen. Es handelt sich vielmehr um einen kaum erforschten, vielleicht gar nicht erforschbaren Fortpflanzungsvorgang unbelebter Materie: Siku-Autos treiben es mit Überraschungseiern, Kaugummipapier kopuliert mit Nimm-Zwei-Bonbons, Batmanfiguren gebären Kinderpoststempel, Ventile von Kinderfahrrädern vereinigen sich mit Schwimmflügeln, aus dem Schoß einer Schildkrötpuppe kriechen Buntstifte, uralte, zerbissene Schnuller paaren sich mit den Resten geplatzter Luftballons. All das zerfällt bei einer Halbwertzeit von einer Stunde pro Teil in immer kleinere Plastikteilchen, die schließlich knöchelhoch im Raum liegen, durch die Zimmertür auf den Flur schwappen, sich über die Treppe ins Wohnzimmer ergießen und eines Tages die ganze Welt bedecken werden, unser aller Körper, auch die schreckensstarren Leiber jener, die von alledem nichts ahnten, die keine Kinder haben und aus unverständlichen Gründen auch keine haben wollen.

· DER KLEINE ERZIEHUNGSBERATER 1991

★

BITTERE SEMMELN

Soll ich erzählen, warum ich nie wieder frische Semmeln zum Frühstück hole?
Eines Tages wollte ich morgens frische Semmeln holen und rief fröhlich durchs Haus: »Ich geh' jetzt Semmeln holen! Wer kommt mihit?«

Stille. »Max, willst du nicht mit?«, fragte ich, aber er lehnte ab, und ich freute mich auf ein paar ruhige Minuten in der Morgenluft.

»Ach, ich geh' mit, Papa«, sagte Anne, als ich schon fast draußen war. »Darf ich meine Lackschuhe anziehen?«

»Nein, Anne, das geht nicht. Es hat die ganze Nacht geregnet, und ein bisschen regnet es immer noch. Zieh bitte Gummistiefel an.«

»Ich mag aber keine Gummistiefel.«

»Dann musst du eben hierbleiben.«

»Ich will aber mit.«

»Ja, aber mit Lackschuhen geht das nicht, Anne. Sie gehen kaputt im Regen.« Sie heulte laut und zornig. Max stand in der Tür: »Ich geh' doch mit, Papa.«

»Ja, ist gut, Max, dann zieh du auch Gummistiefel an.«

»Ja, aber wo sind die?«

Ich rief durchs Haus: »Wo sind denn Max' Gummistiefel?« Antje antwortete: »Im Keller.«

»Max, gehst du bitte runter und holst sie?« Max ging in den Keller. Antje sagte: »Kannst du nicht Marie auch mitnehmen?« Klar könne ich das, sagte ich und setzte mich auf die Treppe, um ihr Gummistiefel anzuziehen. Aus dem Keller rief Max: »Hier sind meine Gummistiefel nicht!«

»Moment, ich werde mal in deinem Zimmer nachschauen«, rief ich und stellte Marie für einen Augenblick wieder ab. Sie begann zu weinen, weil sie dachte, ich wolle ohne sie frische Semmeln holen gehen. Anne heulte immer noch. Oben waren die Gummistiefel auch nicht. »Anne, kann Max nicht schnell deine Gummistiefel anziehen? Du willst sie ja eh nicht, bleibste eben so lange hier.« Hastig zog sich Anne ihre Gummistiefel an, öffnete die Tür und ging raus. Max schrie: »Gebt mir jetzt endlich meine Gummistiefel!« Ich beruhigte Marie und zog ihr einen Stiefel an. Anne sagte: »Max' Stiefel stehen hier draußen vor der Tür.« Ich sagte: »Mensch, Junge, wie oft hab' ich dir schon gesagt, du sollst die Stiefel nicht draußen stehen lassen. Jetzt sind sie innen nass.« Max versuchte, sich die Stiefel anzuziehen. Ich sagte: »Max, das geht nicht, lass sie stehen.« Er machte weiter. Ich stellte Marie kurz ab und nahm Max seine Stiefel weg, in denen vom Wolkenbruch in der Nacht fingerhoch das Wasser stand. Sein rechter Strumpf war bereits klatschnass. Marie brüllte, weil sie schon wieder dachte, ich wolle ohne sie aufbrechen. Max schrie, weil er seine Stiefel wollte. Anne fragte: »Wann gehen wir endlich los?«

Ich zog Marie ihren zweiten Stiefel an. »Max«, sagte ich, »dann bleib eben hier, wir sind ja gleich wieder da.«

»Ich will aber mit!«, brüllte Max.

Ich schwitzte und hatte Hunger. »Ich laufe jetzt alleine schnell zum Bäcker, bleibt alle hier!«, schrie ich. »Dieser Semmelstiefelwahnsinn!« Schrilles Gebrüll, dreistimmig. So würde es nicht gehen. »Dann zieh in drei Teufels Namen deine Turnschuhe an, Max, aber patsch nicht in jede Pfütze damit. Und hol dir trockene Strümpfe vorher.«

»Manno, dann muss ich ja schon wieder nach oben in mein Zimmer.«

Marie war inzwischen auch hinausgegangen. Weil Anne die Haustür geöffnet hatte, hatten die Nachbarn alles mitgehört und sich neugierig vor unserem Haus versammelt. Max kam mit Turnschuhen wieder und ging hinaus.

»Aaaaaah!!!«, brüllte Anne. »Er darf seine Turnschuhe anziehen, aber ich nicht die Lackschuhe!« Die Nachbarn betrachteten mich erwartungsvoll. Marie war bereits in eine Riesenpfütze gefallen und hüftabwärts vollkommen durchnässt. Max wollte lieb sein und half ihr wieder auf die Beine, wobei er bis zu den Knöcheln mit den Turnschuhen ins Wasser trat. Ich nahm Marie auf den Arm. Auf meinem Mantel bildeten sich große Schlammflecken.

So machten wir uns auf den Weg, bahnten uns eine Gasse durch die Menschenansammlung, eine kleine Karawane, hungrig, schmutzig, verschwitzt, entnervt. Wir holten frische Semmeln. Zum letzten Mal für viele Jahre. · DER KLEINE ERZIEHUNGSBERATER 1991

WENN WIR GERADE BEIM THEMA »ERZIEHUNG« SIND: ZWEI KOLUMNEN ÜBER DIE MÜDIGKEIT

Müdigkeit ist immer ein Thema in der Kolumne gewesen, das liegt wohl daran, dass der Kolumnist oft müde war und ist. Was wiederum nichts mit der Kolumne zu tun hat, sondern eher mit der Tatsache, dass er Vater von vier Kindern ist. So ist die Müdigkeitsklage einerseits ein eigenes Unterthema der Kolumne geworden, andererseits sind viele Kolumnen im Zustand größter Müdigkeit geschrieben worden. Nie wieder aber war ich bei der Arbeit so müde wie an jenem Tag im September 1998: Ich arbeitete noch als STREIFLICHT-*Autor bei der* SÜDDEUTSCHEN ZEITUNG *und hatte als solcher Sonntagsdienst, was mit einer gewissen Unersetzlichkeit verbunden ist. Sonntags war, zumindest in jenen Jahren (und heute wird es, wie ich vermute, kaum anders sein), immer nur ein einziger Autor anwesend, der musste die Kolumne schreiben, wie und worüber auch immer.*

An jenem Wochenende aber fügte es sich so, dass ich samstags in Berlin war, um Wolfgang Joop zu treffen, den ich in einer Reportage porträtieren sollte. Das Treffen mit Joop war eigentlich tagsüber geplant, zog sich aber hin – bis Sonntagmorgen um fünf in der PARIS BAR *nämlich. Als ich das Lokal verließ, war ich einigermaßen angetrunken, fuhr direkt zum Flughafen und nahm die erste Maschine nach München. Ich schlief eigentlich überall, im Taxi, im Flugzeug, in der S-Bahn, beinahe auch in der Redaktionskonfe-*

renz, nur zwischendurch rüttelten mich Panikattacken wach: Wie,
um alles in der Welt, willst Du in diesem Zustand schreiben?!
Es ist dann irgendwie gegangen.
Seitdem kann mich nichts mehr erschüttern. Man könnte mich
nachts um drei aus dem Tiefschlaf holen und von mir eine Kolumne
verlangen: Sie käme zustande, unter Heulen und Zähneklappern
vielleicht, aber irgendwie käme sie eben zustande.
Worüber ich damals schrieb? Über den Sinn und Unsinn des täg-
lichen Nickerchens, ein für mich in meinem Zustand damals extrem
passendes Thema, wie das Kolumnenschreiben ja überhaupt immer
dann am besten funktioniert, wenn einen das Thema aus irgend-
einem Grunde gerade besonders betrifft.

DAS MÜDOMETER

Zurzeit liest man in den Zeitungen oft Artikel, in denen junge Eltern über ihre Belastung klagen. »Die große Erschöpfung« steht
als Überschrift über solchen Texten oder »Geht alles gar nicht«.
Sie bekämen Beruf und Familie einfach nicht unter einen Hut
oder nur um den Preis entsetzlicher Müdigkeit, schreiben die Autoren; die Notwendigkeit, als Eltern kleiner Kinder beide berufstätig zu sein und Geld zu verdienen – ach, sie schafften das einfach nicht.
Natürlich gibt es Gegenartikel, zum Beispiel unter der Rubrik
»Ruhe, ihr Jammerfrauen!«, in denen andere Eltern mitteilen, sie
könnten dieses Gegreine nicht mehr hören, wir lebten in einem
der reichsten Staaten der Welt, jedes Heulen über Abgespannt-
heit, mangelnde Zuversicht und zu wenig Unterstützung verbiete
sich, anderswo stürben die Kinder am Hunger, und hier seien die
Leute in ihrem Narzissmus und ihrer Ich-Liebe nicht mal in der
Lage, partnerschaftlich zu klären, wer morgens Frühstück macht

oder unter der Woche das Bad putzt. Wer Kinder habe, führe nun mal ein anderes Leben als Leute ohne Nachwuchs, so sei das, Müdigkeit sei immer inbegriffen.

Ich möchte diesen Streit nicht entscheiden. In meinem Leben hat es Zeiten gegeben, an die ich mich insgesamt wegen großer Müdigkeit kaum erinnere, insbesondere bezweifele ich, dass es die Jahre 1986/87 und die Zeit zwischen 2004 bis 2006 überhaupt gegeben hat; ich weiß jedenfalls wenig über sie. Kennen Sie die These vom »Erfundenen Mittelalter«? Also die Behauptung, dass die Jahre von 614 bis 911 gar nicht existiert hätten, sie seien reine Erfindung, auch Karl der Große sei eine Ausgeburt der Phantasie? So geht es mir mit jenen Jahren: Sie verschwimmen im Dämmer der Schlaflosigkeit, wie verschluckt von einem Nebel aus Kinderstimmen, Koffein und Kolumnen.

War es übrigens, wie ich mich dunkel entsinne, nicht so, dass Paola, meine Frau, und ich Gespräche führten über die Frage, wer der Müdere sei? Dass wir stritten über Müdigkeitsgrade, Müdigkeitsgründe? Was auffällt: Müdigkeit ist nach wie vor ein subjektiver Begriff, das ist ein Problem.

Warum kann man Müdigkeit nicht objektiv messen wie Fieber, Inflation, Blutalkoholgehalt oder Erdbeben? Man könnte doch vielleicht die Schwere der Augenlider beurteilen anhand der nach oben offenen Müdigkeitsskala. Oder die Gähnhäufigkeit auf einem Müdometer ablesen. Die Weite der Mundöffnung auf einem Gähneal. Auch wäre denkbar, in eine Art Messbecher hineinzugähnen, um das Müdigkeitsvolumen zu erfassen.

Die Einheit, in der Müdigkeit zu messen und mit der Müdigkeit anderer ja dann auch zu vergleichen wäre, müsste natürlich, so schlägt Bruno, mein alter Freund, vor, das *Schnarch* sein. Anhand von ausführlichen Eich-Messungen müder Menschen würde man eine Art Urschnarch festlegen (vergleichbar dem aus Iridium und Platin bestehenden und in Paris lagernden Urmeter), danach wäre es dann mit Hilfe einfacher und so schnell wie präzise funktionierender Messgeräte möglich, endlich vergleichbare Aussagen zu treffen.

Stellen Sie sich vor, ich hatte gestern 9,6 Kiloschnarch, so groggy war ich noch nie.

Schatz, bringst du bitte heute die Kinder ins Bett? Ich habe 11,7 Kubikschnarch und du nur 10,6, also bitte ...

Chef, ich liege bei zwölf Quadratschnarch, das ist weit über allen Grenzwerten, ab elf darf man nicht mal mehr Nachtsitzungen bei Koalitionsverhandlungen leiten oder Wachdienst in einem bulgarischen Atomkraftwerk schieben, und da soll ich diesen ganzen großen Stapel hier wegarbeiten?

Ja, so käme man zu einer objektivierten Müdigkeitsmessung, man könnte die Müdigkeit von Generationen vergleichen, ganz andere gesellschaftliche Debatten wären möglich, mit scharfen, klaren Daten unterlegt, nicht dieses müde Zeug von heute.

· DAS BESTE AUS ALLER WELT 2014

Diesem Text merkt man, glaube ich, an, dass ich inzwischen älter geworden bin. Da ist ja im Subtext neben allem Verständnis ein Gran Genervtheit über das Gejammer junger Eltern und der dem Älteren zustehende Verweis auf die eigenen Erfahrungen. Als ich meine eigenen frühen Müdigkeitstexte veröffentlichte, muss es den Älteren mit mir ähnlich gegangen sein wie mir heute mit den Jüngeren.

✦

HYPNOKRATIE

Meine These ist, dass wir nicht in einer Demokratie leben, sondern in einer Hypnokratie, nach Hypnos, dem Gott des Schlafes im alten Griechenland. Die meisten denken ja, dieser Gott sei

Morpheus gewesen, aber der war nur der Sohn des Hypnos und für die Träume zuständig, so dass, genau genommen, die Redewendung »in Morpheus' Armen« falsch ist; es müsste »in Hypnos' Armen« heißen. Aber das nur nebenbei.

Hypnokratie ist die Herrschaft derer, die Macht über den Schlaf haben. Wer die Nachrichten verfolgt, kennt die Bilder von den Nachtsitzungen in Brüssel, Berlin und anderswo, vom Führungspersonal, das dauernd von einer Zeitzone in die andere unterwegs ist, von Männern, die in jedem Flugzeug ratzen können wie satte Löwen, von der Kanzlerin, die nur vier Stunden Schlaf benötigt, falls überhaupt. Die schlafen, wenn sie schlafen *wollen*, nicht wenn sie *müssen*. Jedem normalen Menschen wäre das alles unmöglich. Es herrschen jene, die gottähnlich den Schlaf befehligen, ihn herbeirufen (oder auch verscheuchen) können wie einen Hund.

Die Bevölkerung hingegen: eine Nation von Schlafgestörten, um Nachtruhe Ringenden. Ich kenne eigentlich nur Leute, die schlecht schlafen, zu wenig schlafen, nicht einschlafen können, zu früh aufstehen müssen, zu spät ins Bett kommen. Warum bestehen eigentlich die meisten Ehen aus einer Person, die gut schläft, und einem schlafkranken Menschen? Warum gibt es Verbindungen, in denen der Mann nur schlafen kann, wenn seine Frau neben ihm liegt, hingegen die Frau bloß hohlen Blickes und von Neid zerfressen in die Finsternis starrt, sobald der Mann neben ihr an der Matratze horcht? So etwas dürfte nicht erlaubt sein! Aber die Leute leben oft seit Jahrzehnten zusammen, irgendwie. Hypnos, Hypnos, warum hast du uns verlassen?

Die oft beklagte mindere Qualität des deutschen Fernsehprogramms erklärt sich übrigens genau aus diesen Umständen. Das Land wird tagsüber komplett hysterisiert vom Alarmton der Online-Medien, von der Euro-Krise, vom schlechten Wetter und allen möglichen Nahrungsskandalen, von Grippefurcht und Zeckenterror, so dass es abends einfach etwas unfassbar Langweiliges benötigt. Anders kommt es nicht zur Ruhe. *That's all.* Jede Kritik am deutschen Fernsehen ist überflüssig. Es dürfte im Grunde nur nach seinem Beruhigungseffekt beurteilt werden, nicht nach journalistischen oder künstlerischen Gesichtspunkten. Wenn wir gutes Fernsehen hätten, wären wir längst vollständig verrückt.

Die Entwicklung der Hypnokratie aber schreitet voran: Auf der Internetseite *aeonmagazine.com* las ich jetzt einen interessanten Artikel mit dem Titel *The end of sleep*, das Ende des Schlafs. Dort wurde die These vertreten, dass dem Menschen ein immer effizienterer Schlaf längst möglich sei, weniger mit Hilfe von Medikamenten, die zu viele Nebenwirkungen hätten, als durch technische Hilfsmittel. Das US-Militär habe zum Beispiel eine Schlafmaske, den *Somneo Sleep Trainer*, erfunden. Durch wärmende Ringe um die Augen, Ausblenden von Umgebungsgeräuschen und blaues Licht beim Aufwachen verschaffe sie dem Träger jederzeit ein »strategisches Nickerchen« von sechzig bis neunzig Minuten: ohne das geringste Einschlafproblem. Auch gebe es in den USA eine käuflich zu erwerbende Gerätschaft, die es mit Hilfe von kleineren, den maßgebenden Regionen des Gehirns verabreichten Stromstößen ermögliche, unter Umgehung des leichteren Übergangsschlafes direkt in einen so erholsamen Tiefschlaf zu sinken, dass vier Stunden davon acht Stunden Normalschlaf gleichkämen. Technisch ist also längst vieles erreichbar.

Aber warum wissen wir Gewöhnlichen davon nichts? Warum lese ich davon nur auf einer entlegenen britischen Internetseite? Weil wir eben in einer Hypnokratie leben: *Somneo*-Masken und Schlafstrom für die Herrschenden, Fernsehen für uns.

· DAS BESTE AUS ALLER WELT 2013

Wer das Thema weiter vertiefen und etwas über Müdigkeit im Schlafwagen erfahren will, sei auf das Kapitel *Vom Bahnfahren* auf Seite 413 verwiesen. Diejenigen, die sich noch ein wenig mit deutscher Politik beschäftigen möchten, wechseln zu Seite 503. Alle anderen lesen einfach die nächste Geschichte.

✶

KLEINE BILANZ DES ERZIEHUNGSTHEMAS: DAS LEBEN IST EIN KREIS

Was ist das Leben? Eine Linie? Ein Berg? Ein Baum? Ein Fluss? Eine Spirale?

Ich werde es Ihnen sagen: Das Leben ist ein Kreis. Man denkt lange Zeit, es geht voran, alles ist neu – und plötzlich kommt der Tag, an dem einem vieles bekannt vorkommt. Sehr bekannt.

So weit bin ich jetzt.

Luis ist am Gymnasium. Wenn einer am Gymnasium ist, muss er Hausaufgaben machen. Wenn einer Hausaufgaben macht, muss man ihm ab und zu dabei helfen, und wenn man ihm dabei helfen muss ...

Also, ich mache jetzt wieder Hausaufgaben.

In den Zeiten, in denen ich das Leben noch für eine Linie, einen Berg, einen Baum, einen Fluss oder auch eine Spirale hielt, dachte ich, es werde Dinge geben, mit denen ich im Leben ab einem bestimmten Punkt nie wieder zu tun haben würde. Zum Beispiel habe ich mein Mathematik-Abitur nur geschafft, weil ich dachte, ich würde danach nie wieder etwas mit Mathematik zu tun haben. Das schien mir ein großartiges Ziel! Nicht sitzen bleiben! So schnell wie möglich: frei sein! Von Mathe. Es war absurd: Ich paukte Mathematik, um nie wieder Mathematik haben zu müssen. Das ist, also ob einer seinen Führerschein macht, um danach nie wieder Auto fahren zu müssen.

Ein erster Zweifel am Glauben, das Leben könnte eine Linie, ein

Berg, ein Baum, ein Fluss oder auch eine Spirale sein, stellte sich ein, als ich die Universität betrat, im Glauben, in einem geisteswissenschaftlichen Studium werde Mathematik nicht vorkommen. Dann musste ich als Erstes eine Statistik-Prüfung machen. Ich kam mir vor wie Bill Murray in *Täglich grüßt das Murmeltier.*

Und nun kommt der Luis aus der Schule und steht vor der Frage, sagen wir: »Gregor möchte von seinem Taschengeld (12 Euro pro Monat) ein Jahr lang zwei Fünftel sparen. Wie viel Geld würde er dann in diesem Jahr sparen? Was könnte er sich davon kaufen?«

Luis grübelt und grübelt. Ich sage: »Schau mal, der Gregor, er bekommt weniger Taschengeld als du und spart noch etwas davon.«

»Ich kenne keinen Gregor«, sagt der Luis. »Außerdem wäre es einfacher, wenn er 15 Euro bekäme, weil sich das leichter durch fünf teilen lässt. Wie soll ich 12 Euro durch fünf teilen?«

Er grübelt und grübelt.

»Rechne es halt mit Cent«, sage ich. Er rechnet: Am Ende des Jahres wird Gregor 57,60 Euro gespart haben.

»Da siehste mal …«, sage ich.

»Ja, aber was soll er sich dafür kaufen?«

»Ein, zwei Mathe-Bücher«, sage ich.

»Gregor, dein Leben ist sinnlos!«, sagt Luis.

Er rechnet die anderen Aufgaben. Rechnet aus, wie viel Liter Himbeerlimonade Gregor aus 0,425 Litern Sirup herstellt, wenn man einen Teil Sirup mit drei Teilen Wasser mischt. Und wie viel Gregors neue Jeans kostet, wenn die Oma ihm 14 Euro gibt und das zwei Fünftel des Preises sind. Und wie viele neue Englischwörter Gregor lernen muss, wenn er sich zwölf dieser Wörter gut merken kann, und wenn diese zwölf drei Fünftel sind.

Ich kontrolliere die Ergebnisse. Um Ergebnisse kontrollieren zu können, muss man die richtigen kennen. Um sie zu kennen, muss man alles selbst rechnen, obwohl heute außer Schülern kein Mensch so was mehr selbst rechnet, weil es Taschenrechner gibt. Trotzdem müssen wenigstens die Schüler es lernen, sonst sind wir eines Tages total von Taschenrechnern abhängig, und wenn uns dann die Chinesen oder die Außerirdischen alle Taschenrechner wegnähmen, wären wir hilflos und könnten uns nicht mal mehr eine Himbeerlimonade mixen.

Vielleicht sollte ich ihn seine Hausaufgaben allein machen lassen. Das muss ich sowieso, wenn wir zu Euklid und Pythagoras kommen. Mein Vater hat mir auch nicht geholfen. Konnte er nicht, er hatte nur Mittlere Reife.

Ich aber habe Abitur. Manchmal denke ich: Ich werde noch mal Abitur machen.

Denn das Leben ist ein Kreis. · DAS BESTE AUS MEINEM LEBEN 2007

Dies ist übrigens eine der letzten Kolumnen von *Das Beste aus meinem Leben*. Ich habe danach damit aufgehört. Warum? Weil alles seine Zeit hat, auch das Schreiben über Kinder. Und weil mein Sohn sich der Pubertät näherte, eine Zeit, die von den Eltern neben ihrer Liebe eine Art respektvoller Distanz verlangt. Denn es geht um sehr heikle Themen in einem Alter, in dem man sehr verletzlich ist. Darüber zu schreiben habe ich meinen Kindern nie zumuten wollen – und dies alles auszusparen? Wozu sollte man dann schreiben?

★

KLEINE VARIATION DES ERZIEHUNGSTHEMAS: FAIRDAMMT NOCH MAL!

Was das Volk angeht, so muss leider in aller Deutlichkeit gesagt werden: Es ist zu fett. Insbesondere isst das Volk zu viel verarbeitetes Fleisch. Wieder und wieder ist dem Volk in aller Deutlichkeit gesagt worden, dass es ausgesprochen ungesund sei, pro Tag mehr als vierzig Gramm Wurst zu sich zu nehmen. Schon ein einziges Wiener Würstchen wiegt aber nicht unter fünfzig Gramm! Dem Verfasser sind nun Mitglieder dieses Volkes bekannt, die erst gestern 2 (in Worten: zwei!) Wiener verzehrt haben; mit einem Fuß im Grabe stehend, die durch ausuferndem Fleischkonsum entstandene Klimakatastrophe quasi billigend, alle kardiologischen Bedenken in den Wind schlagend, haben sich diese Menschen rücksichtslos dem eigenen Tod entgegengefressen.

Ja, der Autor selbst muss bekennen, erst vor 14 Tagen in nachgerade sabbernder Gier seine Zähne in ein Stück luftgetrockneter Hartwurst geschlagen zu haben. In zentimeterdicken Scheiben schnitt er, der Autor, sich – der arteriosklerotischen Prozesse in seinem eigenen Körper nicht achtend – Stück um Stück dieser Hartwurst ab, die ja im Grunde eine einzige gesättigte Fettsäure war, und während ihm der eigene Cholesterinspiegel bereits bis zur Unterlippe stand, beherrschte ihn dabei ein ebenso widerwärtiges wie unabweisbares Gefühl: Es schmeckt.

Jedem ist klar: Es kann so mit dem Volk nicht weitergehen. Es muss geführt und erzogen werden. Von hier aus deshalb ein klares Ja zu allen Verboten, ein Ja zu moralischen Appellen, ein Ja zum Aufruf des Freiburger Weihbischofs Uhl, sich gesünder zu ernähren, ein Ja zum »Veggie-Day« in der Versicherungskammer Bayern und den Kantinen von Puma in Herzogenaurach und Ho-Chi-Minh-Stadt, ja, ja, ja, es ist großartig, dass endlich auch Puma fleischfrei lebt! Ja, verbietet uns, was uns schadet, führt uns, erzieht uns und beachtet um Himmels willen unsere Renitenz, überlasst uns nicht unserem eigenen Appetit, vergesst nicht unsere List und unsere Fähigkeit, im Dunkel der Nacht Kühlschränke anzuschleichen. Schneidet uns die Wege ab, macht uns ein schlechtes Gewissen, nervt uns, helft uns! Wir schaffen es nicht allein.

Ja aus diesem Grunde auch zur Ernährungsinitiative der Evangelischen Frauenarbeit Bremen!

Aber eine Bitte! Könnte man, liebe Evangelische Frauenarbeit

Bremen, das Motto Eurer Aktion vielleicht nicht »Fairspeisen« nennen? Es gibt doch schon das Kochbuch *Einfach fairspeisen* von Franz Leutner – und dann auch die »Fairteiler-Tour« des Deutschen Gewerkschaftsbundes Hessen-Thüringen gegen Verteilungsungerechtigkeit in Deutschland. Die Kuh »Faironika« wirbt für faire Bezahlung der Milchbauern. Das Bündnis »Umfairteilen« warnt vor einer Spaltung der Gesellschaft. Der Bund der Deutschen Katholischen Jugend engagiert sich unter dem Titel »Fairbrechen – lebenslänglich für den fairen Handel« für gerechte Bezahlung im weltweiten Handel. Wir haben das »Fairkaufhaus« in Spandau und den »Fairkaufladen« in Petershausen, auch die Mode-Labels »Fairliebt« und »Fairgissmeinnicht«, vom »Radgeber Fairkehr« in Germering und der Firma fairSCHENKEN in 8620 Wetzikon/Schweiz nicht zu reden. Und dann wäre da noch die Überschrift »Darauf ist echt Fairlass« zu einem Artikel in der *tageszeitung* über »Fairsicherungsläden«.

Es ist wirklich nicht so, dass ich keine Freude an Kalauern hätte, die Friseurbetriebe »Mata Haari« in Berlin-Friedenau und »mataHAARi« in Hamburg sowie »Kamm in« in Friedberg, Passau, Bergheim, Hamburg, Berlin und anderorts haben mir echt Superspaß gemacht, auch Schau hair, Hairreinspaziert, com-hair, Haarem, Haar-Moni und Salon Kaiserschnitt finde ich total lustig.

Aber »Fairspeisen«, bitte, vielleicht habe ich zu oft Nitritpökelsalz geschluckt oder etwas zu viel Fleisch von nicht regionalen Lieferanten gekauft – auf jeden Fall: Ich habe das Gefühl, es ist nicht gut für meinen Blutdruck, wenn ich dieses Wort noch EIN EINZIGES MAL lese. · DAS BESTE AUS ALLER WELT 2013

✶ ✶ ✶

ZWISCHENDURCH MAL WAS GANZ ANDERES: EINE GESCHICHTE ÜBER RUHM UND ANONYMITÄT

Übrigens gibt es in DAS BESTE AUS MEINEM LEBEN *ebenso wie in* DAS BESTE AUS ALLER WELT *eine viel zu selten gewürdigte Nebenfigur: Bruno. Der taucht oft auf, aber er hat kein bestimmtes Vorbild im realen Leben. Bruno kann jeder werden. Wer etwas Interessantes sagt oder entdeckt oder mir mitteilt: Kaum hat er sich umgedreht, ist er Bruno. Wer in meinen Freundeskreis eintritt (man kann da übrigens gegen eine gar nicht mal so geringe Gebühr eintreten), der muss ein Revers unterschreiben, mit dem er auf alle bürgerlichen Rechte verzichtet und jederzeit bereit ist, Bruno zu werden. Die Brunofizierung lauert dann immer und überall, auch in der folgenden Geschichte, die sich mit Ruhm und dem Gegenteil von Ruhm befasst, also ein sehr passendes Thema für Bruno.*

DIE JUBELDUSCHE

Seltsam ist ja auch, dass einerseits schon seit einer Weile (also etwa, seit im vergangenen Jahrhundert die Big-Brother-Sache begann) die Berühmtheit das Lebensziel vieler Menschen zu sein scheint; sie sind bereit, sich auf lächerlichste Weise zum Affen zu machen, nur um für einige Lebensminuten vor einer Kamera aufzutreten, und sei es von Riesenschaben bedeckt im Urwaldfernsehen.

Dass aber andererseits nun Anonymität wieder sehr im Schwange ist. Man ist im Internet unterwegs und nennt sich dabei *mops07* oder *kleinerTiger* – ja, es dokumentierte der *Spiegel* eine politische Diskussion zwischen drei Piraten-Mitgliedern namens *crackpille, Anthchirp* und *Penis.* Und im Fernsehen war ein Geschäftsführer der Partei zu sehen, dessen Persönlichkeit so reduziert zu sein schien, dass er kaum eigene Ansichten vorzutragen bereit war; immer wieder richtete sich sein Blick aufs Smartphone, von dem er die getwitterten Meinungen anderer, der vielen, der Menge »draußen« zu erfahren hoffte, die dann aus ihm sprechen sollten.

Jedenfalls finde ich es grundsätzlich gut, dass jemand spätestens bei seiner Wahl zum Bundeskanzler vorher den Personalausweis vorlegen muss. Ich möchte einfach nicht, dass jemand namens *knuddelmuddel* oder *papiervermeider* unerkannt zu den großen Gipfeltreffen mit Obama, Hollande und den anderen reist. Da bin ich konservativ.

Wie aber hängen die beiden großen Zeittrends zusammen: Ruhmeswille und Anonymitätssehnsucht, der Wunsch, von allen wahrgenommen zu werden und gleichzeitig Teil der Masse zu sein, im selben Leben bejubeltes Individuum und Sprachrohr von Basisbefehlen?

Ich würde sagen: So sind wir nun mal. Herdentiere und Einzelgänger. Wollen immer alles und das auf einmal. Möchten zum Elfmeterpunkt schreiten – ist der Ball drin, sollen alle »Robben« rufen oder »Schweinsteiger!«. Geht er vorbei, möchten wir allenfalls »grashalmspitze7« heißen und nicht mal einen Facebook-Account haben.

Bruno, mein alter Freund, war in Nürnberg und sah dort auf dem Bahnhof einen Kasten namens Miau-O-Mat. Den hatte eine Katzenfutterfirma aufgestellt. Wenn man in ein Mikrofon miaute und dem Apparat das gefiel, spuckte er ein Tütchen Katzenfutter aus. Mochte das Gerät dieses Miau aber nicht, geschah auch nichts.

Die Leute machten mit. Einer nach dem anderen maunzte den Kasten an, man musste sich bücken dafür, Menschen katzbuckelten für ein Tütchen Futter, der Menschheit ganzer Katzenjammer fasste Bruno an: Hunde machen Männchen, Menschen machen Kätzchen, so ist das?

Ja, so ist das.

Und wenn dies Schule macht? Was für Automaten wird es noch geben? Man gähnt hinein, Tässchen Kaffee kommt? Röhrt wie ein Ferrari – und erhält eine Dose Benzin? Man raucht in eine Öffnung, das neueste Buch Helmut Schmidts fällt heraus? Leise »Röttgen« sagen – schon liegt eine Entlassungsurkunde im Schacht? Schön auch: ein Apparat, in den man »Finale dahoam« hineinsprechen könnte, und er tilgte diese Wörter vom Erdball, sie würden nie wieder gesprochen oder geschrieben. Unten vor dem Gerät lägen nur geschredderte Wortbrösel im Staub.

Wie wäre es übrigens, man würde Automaten aufstellen, die schlechte Laune schluckten? Also oben flucht man hinein, schimpft auf die Verspätungen bei der Bahn, auf das Wetter, auf die Frauen oder die Männer, die Unfreundlichkeit der Menschen, unten fallen Beruhigungstabletten heraus, ein Bier, Katzenfutter, oder das Gerät sagt tröstende Worte, vielleicht auch nur »Miau«. Ebenfalls würde ich es begrüßen, wenn an den Straßenecken Beifallsspender stünden, an denen man eine Jubeldusche nehmen kann. Man drückt auf einen Knopf, sagt seinen Namen – dann ertönt fünf Minuten lang das Geräusch einer begeisterten Menschenmenge, klatschend, den Namen des Davorstehenden skandierend, ihn hysterisch feiernd.

Andersherum wäre es möglich, dass man eine Anonymitätstaste betätigt, seinen Namen sagt, und eine Stimme antwortet: »Ich kenne dich nicht. Niemand kennt dich.«   · DAS BESTE AUS ALLER WELT 2012

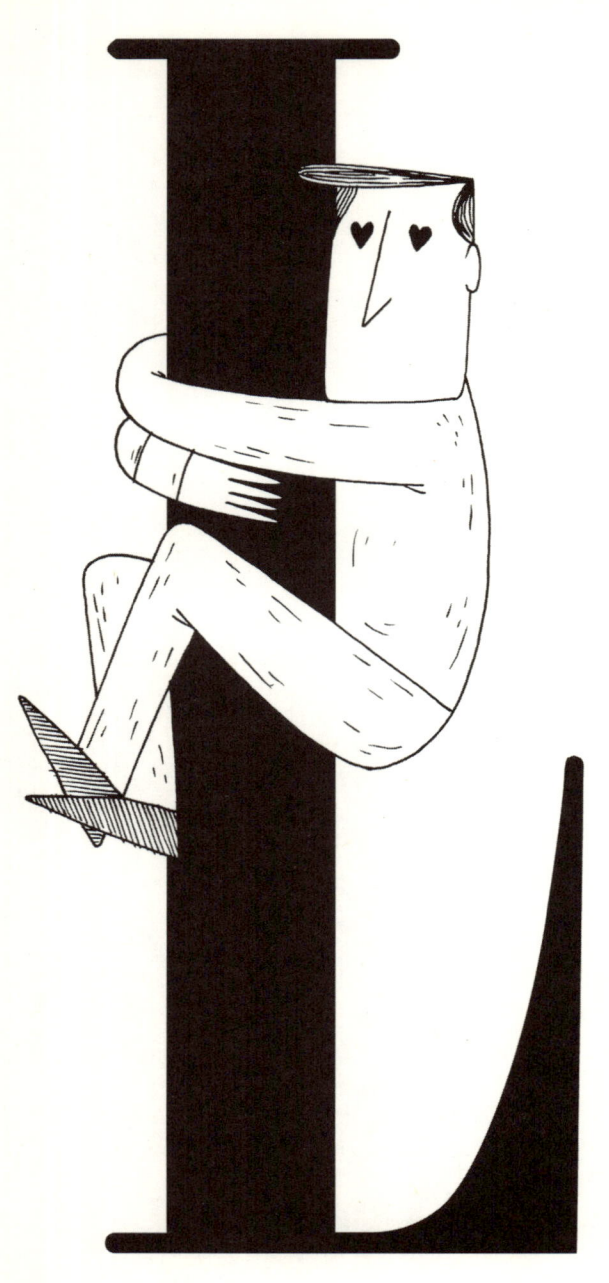

ZEHN
LIEBLINGSKOLUMNEN

Wir hatten ja schon, ziemlich zu Beginn dieses Buches, eine kleine
Hitparade der beliebtesten Kolumnen, also jener Texte, welche die
Leser, ausweislich ihrer Reaktionen bei den Lesungen, am liebsten
mögen, der zweite Teil dieser Hits kommt noch auf Seite 479.
Ja, diese Geschichten mag ich auch, und wie ich sie mag!
Aber es gibt einige andere, nicht weiter spektakulär, die der Autor
trotzdem besonders gerne hat, weil sie ihn, zum Beispiel, an einen
besonderen Tag erinnern oder weil mit ihnen ein spezielles Erlebnis
verbunden ist – oder einfach, weil er in ihnen wirklich das halbwegs gut ausgedrückt findet, was ihn bewegt. Hier sind einige von
ihnen, zu den beiden ersten gibt es Folgendes zu sagen:
Im November 2005 feierten wir mit einer Matinee im Münchner
Residenztheater die 500. Kolumne. Gerd Anthoff, Thomas Loibl
und Christian Friedel lasen zwölf meiner Geschichten, dann sollte
ich selbst dran sein und lesen. Aber als ich gerade selbst auf die
Bühne springen wollte, öffnete sich der Vorhang einen Spalt, heraus
trat ein Überraschungsgast, von dem wir alle nichts gewusst und
nichts geahnt hatten.
Loriot.
Das Publikum machte ein Geräusch, ich weiß nicht – so einen Ton
fassungsloser Freude und vollständiger Überraschung, eine Art
geächztes Jauchzen. Loriot, der wenige Tage zuvor 82 Jahre alt

geworden war, sagte, er habe sich gefreut, nun die anderen 488 Ko-
lumnen zu Gehör zu bringen, wolle sich jedoch angesichts der vor-
geschrittenen Zeit auf zwei beschränken, ICH KOTZ' GLEICH *und*
TALLINN. *Und las, wie nur er so etwas konnte, mit jenem präzisen,*
millisekundengenauen Gefühl für Timing, für den Raum, den eine
Pointe braucht, vorher, nachher.
Danach trug ich selbst noch eine Geschichte vor, mit rauer, gelegent-
lich versagender Stimme. Am Schluss standen wir alle nebeneinan-
der auf der Bühne, und mir kamen die Tränen.
Wissen Sie was? Glücklicher, als ich es an jenem Tag war, kann ein
Mensch in seinem Beruf nicht werden.

EINS: ICH KOTZ' GLEICH

Urlaub. Ist das nicht diese herrliche Zeit, die man frei von Arbeit
mit den Seinen verbringt? In der man sich entspannt? Und wieder zu sich selbst findet?
Aber manchmal ist man mit seiner Arbeit vor dem Urlaub nicht
gut vorangekommen, so wie ich neulich, und man denkt im Urlaub weiter an sie, die Arbeit, so wie ich neulich, und man findet
nicht den rechten Kontakt zu den Seinen, so wie ich neulich, und
entspannt sich gar nicht, so wie ich neulich, und findet nicht zu
sich selbst, weil man gar nicht recht weiß, wo und wer man eigentlich ist.
So wie ich neulich.
Für eine Woche waren wir aufs Land gefahren. Am zweiten Tag
saßen wir beim Mittagessen, als Paola sagte: »Was ist eigentlich
los? Du hast heute höchstens drei Sätze zu mir gesagt, und gestern
hast du mich von dir aus überhaupt nicht ein einziges Mal angesprochen.« (Kennen Sie das, wenn eine Situation plötzlich um-
kippt? Wenn, von einer Sekunde auf die andere, Blei in der Luft

liegt und große Gefahr droht?) Ich ließ die Gabel auf den Teller klirren und sagte: »Was ist denn jetzt schon wieder?« (Bitte, das hätte ich nicht sagen sollen, aber ich konnte nicht anders. Echt.)

Paola: »Ich habe doch gesagt, was jetzt wieder ist. Dass wir im Urlaub sind, und du bist irgendwie nicht dabei.«

Ich: »Muss ich dauernd an mir herummaulen lassen?«

Paola: »Könntest du nicht darauf verzichten, die Gabel fallen zu lassen? Könntest du nicht sagen: ›Ja, Baby, du hast Recht, ich kann irgendwie nicht reden im Moment, mir geht immerzu dies oder jenes im Kopf herum‹?«

Ich: »Könntest du nicht mal darauf verzichten, mich zu kritisieren?«

Ich ging hinaus, damit nichts Schlimmeres passierte. Am Nachmittag fuhren wir – die Stimmung war belastet – zum See, zwanzig Minuten Autofahrt. Die Sonne schien, der Himmel war blau, die Blumen blühten. Wir nahmen Rudi mit, Luis' Freund. Rudi ist empfindlich, was Autofahren angeht, ihm wird schlecht dabei. Deshalb führte er ein Medikament mit sich, einen Kaugummi gegen das Kotzen. Nach einem halben Kilometer Autofahrt sagte Rudi: »Mir ist schlecht.« Paola packte einen Kaugummi aus, gab ihn Rudi, und der war's zufrieden. Nicht hingegen Luis.

»Ich will auch einen Kaugummi!«, rief er.

Paola gab ihm einen von den Wrigley's im Handschuhfach, aber den wollte Luis nicht, er wollte den gleichen wie Rudi.

»Das geht nicht, Luis, Rudi hat nur noch einen dabei, und den brauchen wir für die Rückfahrt.«

»Aber ich will!«

»Nein. Außerdem ist das ein Medikament, und ein Medikament nimmt man nur, wenn man es benötigt. Rudi muss kotzen, wenn er es nicht nimmt.«

»Ich muss auch kotzen!«, rief Luis. »Ich kotz' gleich!«

»Du musst nicht kotzen. Du hast noch nie im Auto gekotzt«, sagte Paola.

»Doch, ich muss kotzen! Ich will einen Kaugummi wie Rudi! Ich kotz' gleich!«

Er warf sich auf seinem Kindersitz hin und her und versuchte, das Fenster hinten zu öffnen.

»Lass das Fenster zu, Luis!«, sagte ich.

»Aber ich kotz' gleich! Ich kotz' gleich!«

»Du kannst keinen Kaugummi wie Rudi bekommen, zum letzten Mal. Ich habe es dir erklärt«, sagte Paola.

»Aber ich kotz' gleich! Ich kotz' gleich!« Er zerrte am Sicherheitsgurt, drohte sich abzuschnallen, wurde hysterisch, weil er wähnte, benachteiligt zu sein. Ich verlor die Nerven. Man soll die Nerven nicht verlieren in solchen Situationen, die meisten Leute verlieren sie auch nicht, aber ich verlor sie. Ich war müde, und ich konnte das Geschrei nicht ertragen. Ich brüllte was von Umkehren, Heimfahren, »versautem Tag!«. Ich fuhr aber weiter: in einem Auto, in dem nun Stille herrschte. In dem eine Frau saß, die schwer atmete, um Ruhe zu bewahren angesichts des Nervenwracks am Steuer. In dem ein Kind namens Luis saß, das in das Schweigen eines Geschockten versank. In dem ein anderes Kind namens Rudi saß, das abends seinen Eltern von Luis' seltsamem Vater erzählen würde.

Die Sonne schien, der Himmel war blau, die Blumen blühten. Im Auto: bleierne Zeit. Wir fuhren zum See.

Urlaub. Ich kotz' gleich. · DAS BESTE AUS MEINEM LEBEN 2001

Die folgende Geschichte erschien vor dem großen ADAC-Skandal im Jahr 2014, man merkt das an einer ganz bestimmten Stelle, ungefähr am Ende des zweiten Drittels – da hätte der Autor sonst ganz sicher eine zusätzliche Pointe eingebaut, ging aber nicht, denn diese Geschichte erschien schon 2005.
Sie werden es bemerken – oder nicht?

✦

ZWEI: TALLINN

Als ich klein war, spielte mein Vater mit mir immer Hauptstadtraten, ein simples Spiel, vor allem für Vater.

Er sagte: »Italien.«

Ich sagte: »Rom.«

Er sagte: »Peru.«

Ich sagte: »Lima.«

Oder anders herum. Er sagte: »Oslo.«

Ich sagte: »Norwegen.«

Er sagte: »Südafrika.«

Ich sagte: »Pretoria.«

So ging das. Und ich liebte es. Irgendetwas tief in mir drinnen
liebt es immer noch, aber niemand spielt es mit mir. Paola nicht.
Luis nicht. (Er ist ein Hauptstadtignorant, Hauptstädte sind ihm
vollkommen gleichgültig, es ist wirklich besorgniserregend.) Und
Bosch auch nicht. (»Stell mich ins Wohnzimmer!«, sagt er. »Damit ich auch mal fernsehen kann. Vorher spiele ich gar nichts.«)

Nun schrieb mir kürzlich Herr G. aus Walluf, sein Sohn habe im
ADAC-Länderlexikon geblättert und …

Das fand ich schon mal gut. Dass es ein *ADAC-Länderlexikon*
gibt. Und dass dieser Sohn darin blättert und sich also für Dinge
interessiert, die etwas mit Hauptstadtraten zu tun haben könnten.
Sofort bestellte ich mir das *ADAC-Länderlexikon*.

… und, so schrieb mir Herr G., dieses Länderlexikon sei hochin-
teressant, es verzeichne für jedes Land nicht nur die Hauptstadt
und die Einwohnerzahl, sondern auch Klimadaten, die Krimina-
litätsrate, die Zusammensetzung der Bevölkerung, die Ausgaben
für das Gesundheitssystem und die Zahl der im Land lebenden
Hühner.

Die Zahl der Hühner?

Ja, zum Beispiel leben in Frankreich 230 Millionen Hühner, in

Großbritannien 168 Millionen, aber in Deutschland nur 108 Millionen. Obwohl wir viel mehr Einwohner haben. Wir sind eigentlich ein relativ hühnerarmes Land, das dringt einem gar nicht so ins Bewusstsein. Übrigens gibt es Länder, in denen es überhaupt keine Hühner gibt. Der Vatikan. Katar. Die Marshallinseln. Andorra.

Man liest das und stellt sich vor, wie die Rechercheure des *ADAC-Länderlexikons* um die ganze Welt gereist sind und überall die Hühner gezählt haben, in jeden Stall haben sie hineingeguckt, die Hühner in Reihen antreten lassen, und dann wurde durchgezählt.

Was für ein Aufwand! Was für eine Liebe zum Detail! In China leben 3,77 Milliarden Hühner, in den USA 1,83 Milliarden, aber in Tuvalu mitten im Pazifik nur 27.000.

Nun aber zu Estland. Das war ja der Grund, weshalb Herr G. mir geschrieben hatte. Für Estland verzeichnet das *ADAC-Länderlexikon* nämlich eine Hühnerzahl von 3.003.746 Millionen. Drei Billionen drei Milliarden siebenhundertsechsundvierzig Millionen Hühner.

In Estland.

Ein Druckfehler? Druckfehler kann ich mir beim ADAC nicht vorstellen. Ebenso wenig wie beim TÜV.

Estland hat 45.226 Quadratkilometer.

Das bedeutet ungefähr 66,5 Millionen Hühner pro Quadratkilometer. Das bedeutet etwa 66 Hühner auf jedem Quadratmeter Estlands. Man fragt sich, wo noch Platz für die 1,4 Millionen Esten ist. Warum sie ihr ganzes Land den Hühnern zur Verfügung gestellt haben. Herr G. hat ausgerechnet, dass auf jeden Esten 2.145.533 Hühner entfallen, und er fragt sich, wie lange es dauert, bis alle diese Hühner auf jeden einzelnen Kopf entfallen sind. Er hat weitergerechnet: »Nehmen wir der Einfachheit halber an, ein Federtier bräuchte pro Kopffall 1 Sekunde; dann würden insgesamt für jeden statistisch sauber ausgeführten Hühnerfall/Kopf 2.145.533 Sekunden benötigt, also knapp 25 Tage.«

Dreieinhalb Wochen Hühnerregen in Estland, ununterbrochener schwerer Hühnerniederschlag.

Man wagt es nicht, sich vorzustellen, wie die Anzüge der ADAC-Hühnerzähler aussahen, als diese tapferen Männer und Frauen Estland endlich verlassen durften und nach Lettland weiterreisen konnten, wo nur 3,11 Millionen Hühner leben. Sie haben ja an der Grenze kaum die Tür hinter sich schließen können, die Hühnerzähler. So stark drückten die estnischen Hühner dagegen.

Was für ein Land, dieses Estland!

Die Hauptstadt heißt übrigens Tallinn. · DAS BESTE AUS MEINEM LEBEN 2005

Mancher wird sich vielleicht erinnern, dass Heinz Georg Kramm alias Heino einmal, lange nach seinen erfolgreichsten Jahren, noch einen ganz großen Auftritt hatte, als er nämlich eine CD mit den Texten und Melodien von Leuten präsentierte, die man niemals mit ihm in Verbindung gebracht hätte, Rammstein zum Beispiel, Die Ärzte und Sportfreunde Stiller. Das Album, *Mit freundlichen Grüßen* hieß es, stieg auf Platz 1 der Charts ein, wurde in den Feuilletons prominent präsentiert und von vielen Leuten supercool gefunden, ein Grund, sich dem in der Kolumne zu widmen. Denn irgendjemand musste den Leuten Heino noch mal richtig erklären.

Übrigens mag ich diese Stelle im zweiten Teil der Kolumne, an der einem das Lachen über Heino ganz plötzlich im Halse stecken bleibt und an der, wenn ich den Text vorlese, im Saal plötzlich Stille herrscht. Oder nur ein einzelner Mensch weiterlacht, sozusagen aus Versehen oder weil er vergessen hat, damit aufzuhören.

Ich habe ja vorhin geschrieben, ich hätte die *Top Twenty* der bei den Lesern beliebtesten Kolumnen nach einem bestimmten Kriterium ausgesucht: dem Lachen.

Dazu gibt es aber noch etwas zu sagen: dass ich nämlich als Kolumnist nicht schreibe, um die Leute zum Lachen zu bringen. Es ist schön, ja, es ist großartig und überhaupt das Allerbeste, wenn sich das Komische beim Schreiben ergibt, aber es wäre verheerend, wenn man versuchen würde, es zu erzwingen. Es gibt ja nichts Traurigeres als einen Menschen, der unbedingt witzig sein will, dem das aber nicht gelingt – bitte, das soll mir nie passieren. Denn es würde bedeuten, dass der Kolumnist den Lesern hinterherliefe, sich anbiederte, verzweifelt winkend sie für sich zu interessieren versuchte. Das ist nicht seine Aufgabe.

Sein Auftrag ist: etwas zu sagen, von dem er meint, die Leute sollten es wissen. Oder fühlen. Oder bedenken. Und es ist wichtig, dass er beim Schreiben der zu sein versucht, der er sein möchte. Nicht der, von dem er glaubt, dass die Leser möchten, dass es sei. Wobei übrigens unter 1001 Kolumnen viele waren, von denen ich wünschte, ich hätte sie nie geschrieben. Sie waren nicht gut. Sie gefallen mir nicht mehr, und es gibt etliche, die mir nie gefallen haben. Man hat seine schlechten Tage und ist dann sehr dankbar, wenn man durch den Vorhang schaut und sieht: Die Leute sind trotzdem noch da. Sie haben ja auch ihre schlechten Tage und nehmen es dem Kolumnisten nicht weiter übel. Solange das nicht einreißt.

Als Autor sollte man also nie vergessen, dass einem zwar das Publikum mit gewissen Erwartungen gegenübertritt, dass aber auch der Autor seine Erwartungen an das Publikum hat: Es möge wach sein und offen und interessiert, auch bereit, sich von einer Geschichte überraschen oder berühren zu lassen. Ein Autor, der seine Leserschaft zwanghaft zum Lachen bringen will, ist uninteressant. Und eine Leserschaft, die ausschließlich lachen möchte, ist es, ehrlich gesagt, auch.

Noch eine kleine Vorbemerkung: Frau Himmelreich vom *Stern* (oh, klingt das nicht herrlich, Frau Himmelreich vom *Stern*?), der Sie gleich begegnen werden, ist, falls es sich jemand über die Jahre nicht gemerkt haben sollte, jene Journalistin, die 2013 berichtete, wie der FDP-Politiker Brüderle sich ihr in unangemessen zweideutiger, ja, geradezu eindeutiger Weise genähert hatte.

✦

DREI: HOLLA HIA HIA HOLLA DI HOLLA DI HO

Wenn also jetzt Heino, habe ich gedacht, sich die Texte anderer nimmt und singt, dann müssten wir anderen doch mal die alten Texte Heinos hervorkramen und wieder betrachten. Das habe ich gemacht. Lustig war es nicht.

Es sind ja noch die besten Momente, in denen man einfach lachen kann ob all der Blödigkeit, wie über *Blau blüht der Enzian*,

wo es nach dem blau-, blau-, blauen Enzian und den ro-, ro-, roten Lippen schließlich über das »Schweizer Madel«, das »die Alm
'naufgeht« heißt: »In der ersten Hütte, da haben wir zusammen
gesessen / In der zweiten Hütte, da haben wir zusammen gegess-
sen / In der dritten Hütte hab' ich sie geküsst / Keiner weiß, was
dann geschehen ist / Holla hia hia holla di holla di ho / Holla hia
hia holla di holla di ho.«

Keiner weiß, was dann geschehen ist? Hat also sogar das küssen-
de Paar vergessen, wie das Geschehen weiterlief? Das spricht
nicht für das Geschehen, zumal es anscheinend von Holla-hia-
hia-Rufen des Sängers begleitet war.

Aber dann tut sich schnell wieder bloß die ganze Einfalt und
Dummheit auf, das Sammelsurium von Spießigkeit und schlechten Reimen, für Heino unter anderem zusammengedichtet von
Männern wie Adolf von Kleebsattel, Pseudonym für einen schrei-
benden Verwaltungsgerichtsrat aus Essen namens Neukirchner.

Also: »Am Strande von Copacabana / da machen wir durch bis
mañana / und das noch mit allen Schikana«, heißt es. Auch wird
da »ein Spielchen gepokert / der Colt war gelockert« – und dann
geht es weiter mit Tequila und Whisky, Tampico und Oklahoma,
Tramps und Vagabunden, Siouxcity-Sue und Regenbogen-John-
ny, mit Steppe und Prärie, Caramba und Olé sowie Ay, Ay, Ay
und Chi-bim-bam-bum sowie Chi-bim-bam-bom-bom-bom,
nicht zu vergessen Ti-pi-ti-pi-ti-pi-tin und Ti-pi-ti-pi-ti-pi-
tom-tom-tom.

Und natürlich, immer wieder: Die Caballeros tragen Sombreros,
aber »die Señoritas / die tragen nie was«. Und: »Den Mund zum
Küssen bereit / zu kurz war ihr Kleid«.

Könnte sich bitte Frau Himmelreich vom *Stern* nach Herrn Brüderle auch mal dieses Falles annehmen?

Das ist nicht lustig, das war noch nie lustig, das war auch nicht
empörend. Es war immer schon einfach nur deprimierend: dass
dieser Mensch so populär geworden ist. »Eine traurige Sache«,

wie schon vor vierzig Jahren Manfred Sack in der *Zeit* schrieb. Zumal das alles ja an den gleichen Abenden und auf den gleichen Platten gesungen wurde wie die schwarz-braunen Haselnuss-Lieder von Klampfen und Kneipen, Burschen und Mädeln, der ganze Lieblings-Schwulst der Hitlerjugend und der Wehrmacht. Dann trug Heino auch vor: das *Deutschland-Lied* mit allen drei Strophen sowie *Wenn alle untreu werden*, was zwar ein älteres Volkslied ist, aber, wenn ich mich nicht irre, im Liederbuch der SS gleich nach dem *Horst-Wessel-Lied* kam: »Wir woll'n das Wort nicht brechen / nicht Buben werden gleich, / woll'n predigen und sprechen / vom heil'gen Deutschen Reich.«

Hier endet mein Humor.

Manche bewundern ihn jetzt. Toller Marketing-Gag, seine neue Platte! Was soll man dazu sagen, außer: Heino hat sein ganzes Leben als Marketing-Gag verbracht, herzlichen Glückwunsch, er kann ja nichts anderes.

Andere sagen: Es sei doch großartig, wie er das Schlagerhafte in Texten von Rammstein und den Toten Hosen entlarve! Da sage ich: Die Songs kann ja jeder finden, wie er will, da braucht es keinen zur Demaskierung, schon gar nicht Heino, der selbst 'ne Maske ist. In Wahrheit ist es doch ganz anders und genau umgekehrt: Singt Heino das Lied *Junge* von den Ärzten, treibt er dem allein dadurch, *dass er es eben singt*, jeden Witz und Geist und jede Ironie aus. Aus allem macht er Heinokram. Er hat auch Brahms gesungen, Mozart und das *Lied an die Freude*, und es ist bloß Geknatter und Gesülze draus geworden, dieses immergleich Verlogene. In die Heinomaschine kann man alles hineinwerfen, auch das Beste: Es kommt immer nur Heino wieder raus.

· DAS BESTE AUS ALLER WELT 2013

Nebenbei gesagt schreibe ich gerne, aber nicht sehr oft, Parodien. Das Problem ist nur, dass Parodien nur die witzig finden, die das Original kennen. Weshalb man, wenn

man auf einer Lesung eine Parodie auf den Jargon der Kunstszene vorträgt, bisweilen betretenes Schweigen erntet; die meisten Leute kennen nämlich den Jargon der Kunst-szene nicht, was einerseits von großem Vorteil für sie selbst ist, andererseits eben schlecht für den Parodisten. Wie auch immer: Hier ist eine Kolumne, die ich für das Heft 46 des *SZ-Magazins* schrieb, das jährliche Kunst-Heft.

✶

VIER: SKULPTURAL, SKULPTURESK, SKULPTURÖS

Eine Tradition: Jedes Mal, wenn das SZ-Magazin als Edition 46 erscheint, überschreitet auch diese Kolumne die Grenze des Ge-druckten und begibt sich in den Raum der Kunst, wird selbst zur Kunst und wagt sich an eine Neudefinition dessen, was Kolumne im öffentlichen Raum heute noch sein will, soll und kann, ja, man möchte sagen: muss, wird und darf.

Schon der Beginn vor Jahrzehnten: ein zutiefst verstörender Pau-kenschlag. Hacke lebte eine Woche lang, von Freitag zu Freitag, auf genau dem Raum einer Magazinseite, dies in aller Öffentlich-keit, auf einem Rasen im Englischen Garten, den eigenen Körper zur Statue gestaltend, ein skulptural-skulpturesker, ja, geradezu skulpturöser Protest gegen die Enge des ihm zur Verfügung ste-henden Platzes, heftig kontrastierend mit der Weite der umlie-genden Wiese, ein anspielungsreicher Balanceakt und Spiel mit menschlichen Möglichkeiten – aber eben auch mit selbst oder nicht selbst verschuldeten Begrenzungen, letztlich ein viehischer, schier nicht mehr zu ertragender Anblick, zumal in der zweiten Wochenhälfte – und doch zutiefst human. Die besten Physio-therapeuten Münchens arbeiteten eine Woche lang an der Remo-bilisierung des Hacke'schen Körpers.

Schon ein Jahr später: ein gewaltiger Ausbruch. Hacke schüttete mit Hilfe von in langen Kolonnen anrückenden Lastwagen Tausende von in Beton gegossenen, jeweils einen Meter hohen Buchstaben vor das Redaktionsgebäude des SZ-Magazins, eine Aktion unter dem Titel *Macht Euren Scheiß alleine / the weight of letters 98*, roh in ihrer Formensprache, radikal im Vorgehen – und dann doch auch von erschütternder Zartheit, denn Hacke stellte sich selbst als nur einen Zentimeter hohe Plastikfigur neben diesem apokalyptischen Schriftgebirge dar.

Im Laufe der Jahre entfernte er sich in den jährlich wiederkehrenden Arbeiten vom leicht Zugänglichen und drang ins Unentschlüsselbare vor. Fotografierte er noch 1999 die Augen von Menschen beim Lesen seiner Texte und tapezierte mit den ins Riesenhafte vergrößerten Abzügen die Wände sämtlicher Münchner U-Bahn-Stationen, durchwanderte er 2007 nur mit einer Kolumne bekleidet Deutschland von der Zugspitze bis Glücksburg, so bestand *Nothing and All* 2009 nur noch aus einem Sammelsurium von Schlumpf-Figuren, Eckspannermappen, Salbeibonbons, kaputten Glühbirnen, verschüttetem Filterkaffeepulver und funkelnagelneuen Gucci-Schuhen, das er in einem verschlossenen Umzugskarton vor den Kölner Dom stellte. Und *Wo soll's denn hingehen?* 2011: Da war bloß ein einzelner Sonnenblumenkern, den der Künstler mit Gummierstift auf einer billigen Silvesterrakete befestigte und in den Himmel schoss: »Ein Werk von kühner Betroffenheit, das in seiner assoziativ schillernden und doch zugleich zögerlichen Schäbigkeit zutiefst verunsichernd wirkt und Betrachter wie Nichtbetrachter subversiv düpiert«, schrieb das Kunstmagazin *Monopol*, »ein Ereignis von radikal-ambivalenter Unklarheit, die Grenzen des Banalen so eigentümlich abschreitend wie energisch ertastend und doch auch zugleich dezidiert auslotend« das Kunstheft *Art*, »Preis auf Anfrage« der *Artinvestor*. Aber Hacke wäre nicht Hacke, wäre er nicht den Erwartungen immer wieder voraus. Sein Werk für Nummer 46 ist voller Brüche, Wagnisse. Stellte er sich 2012 lediglich selbst als Kolumnist mit dem Goldhelm dar, ein unübersehbarer Verweis auf einen anderen Großen und ein Anspruch, an dem schwächere Charaktere längst zerbrochen wären, zumal Gerhard Richter persönlich dieses Bild kostenlos mit einer Gartenharke verwischte (»Ich war einfach dankbar für die Erlaubnis, dies zu dürfen«), so konfrontiert uns der große Monomane in diesem Jahr zugleich mit der Aktualität und seiner eigenen scheuen Unzugänglichkeit: Seine heutige Kolumne ist zwar geschrieben, wird aber an sowohl für Spione wie für das Publikum unerreichbarem Ort publiziert, der erste seiner Texte, der im Geheimen veröffentlicht wird, Aufschrei und Schweigen zugleich.   · DAS BESTE AUS ALLER WELT 2013

Und weil es mir so viel Spaß gemacht hat, hier gleich noch ein Text aus demselben Genre, es geht aber diesmal nicht um Kunst, bloß um Matratzen.

✭

FÜNF: IM MATRATZENMARKT

Täuscht der Eindruck, oder wird in Deutschland mehr und mehr die Kneipe an der Ecke durch den Matratzenmarkt abgelöst? Jedenfalls stehen doch die vielen kleinen Pinten, in denen man sich früher mit ungezählten Zigaretten, Bier und phantastischsten Cola-Rum-Kombinationen die Stimme heiser machte, die Haut gerbte und die Leber zirrhodierte, unter erheblichem Druck, während das Matratzenwesen ersichtlich blüht, mit Sonderangeboten lockend. Was sagt das über unser Land und seine Entwicklung aus? Und wann wird der erste dieser Märkte mit einem Namen wie *Zur fröhlichen Matratze*, *Conny's weiches Eck*, *Federkern-Stüberl* oder *Beim lustigen Schnarchsack* ausgestattet?

Interessant übrigens, dass sowohl die Eckkneipe als auch der Matratzenmarkt die letzten Reservate des Lebens sind, die keine Luxusvariante haben, wie sie inzwischen sogar für den Süßwarenhändler existiert, nämlich als eine Art Pralinen-Juwelier, in dem jedes einzelne Stückchen Schokolade wie kostbares Geschmeide sorgfältig ausgeleuchtet hinter Glas aufgebahrt der Käufer harrt. Wann wird zum ersten Mal ein solches Geschäft Opfer eines bewaffneten Raubüberfalls? Sogar die Bäckerei findet sich ja in besseren Gegenden längst als »Brot-Manufaktur« wieder, nicht wahr?

Wobei: Da wäre noch der Drogeriemarkt mit seinen Scheuermitteln, Topfschwämmchen und Kachelpolituren. Auch dort haben wir keine Entsprechung auf der Edel-Ebene, bisher jedenfalls, denn die britische Supermarktkette Waitrose bietet nun Kaschmir-Toilettenpapier an, 2,29 Pfund für vier Rollen, das sind 2,56 Euro, ungefähr. In diesem Papier sind allerdings keine Haare der Kaschmirziege enthalten, wohl aber Fett, das man aus diesem Haar gewonnen hat, das ist ja auch schon was.

Hier einige Text-Vorschläge, wie dieses und ähnliche Produkte nun in Deutschland angemessen beworben und verkauft werden könnten.

Bei Manufactum: »Im Jahr 1465, also in Zeiten, in denen sich mancher deutsche Fürst sein Hinterteil mit den Federn lebenden Geflügels oder gar nicht abwischte, meldete der Hoftoilettist der Grafen von Ärschlingen-Anhalt ein Papier zum Patent an, in das die zartesten Haare der ärschlingisch-anhaltinischen Hofziegen eingewebt waren. Das Material schmeichelte den gräflichen Hintern aufs Allerwerteste, jedoch war dem Verfahren, das damals noch gar nicht erfundene Toilettenpapier sozusagen bereits vor seinem Indieweltkommen zu verweichlichen, keine große Karriere beschieden. Jahrhundertelang von einer kleinen Firma im südlichen Ärschlingen-Anhalt in geringster Auflage nur für den eigenen Bedarf produziert, bringen aber nun wir den edlen Stoff im

Wortsinn wieder unter die Leute, jetzt jedoch gefertigt aus hand-
geschöpftem Bütten und dem feinen Unterhaar des frisch gebo-
renen weiblichen Nachwuchses ostkaschmirischer Wäh-Wäh-
Ziegen, das, von Hand zugeschnitten und breit abgesteppt, für
einmalig wolligen Griff sorgt, jahrzehntelange Haltbarkeit ge-
währleistet und anschmiegsames ›Wisch‹ mit robustem ›Weg‹
verbindet.«

Bei Pro-Idee: »Endlich: das legendäre Toilettenpapier der Holly-
woodstars. Was haben George Clooney, Sandra Bullock und Me-
ryl Streep gemeinsam? Nie würden sie einen Filmvertrag
unterschreiben, in dem nicht zugesichert wird, dass auf ihrer persönlichen Toilette dieses duftend-weiche, blütenzarte, edel-hand-
gesteppte Papier mit aufwendig gecrashtem und gesmoktem Re-
lief hängt. In Zehntelsekunden passt sich dieses herkömmlichem
Toilettenpapier nicht vergleichbare, aus den Haaren exklusivster
Kaschmirziegen gefertigte, hochvolumig-atmende, genial-seidig
schimmernde, perfekt gewebte, hochwertig-bewährte und faszi-
nierend-elegante, höchstflorig-anschmiegsame Material ihren individuellen Körperformen an. Bisher nicht im Handel erhältlich,
macht es auch aus Ihrer Toilette ein Beverly-Hills-Bad.«

Bei Ikea: »Da wird dein Ärschlö strahlen! Freu dich auf Pupsjö,
das Papier aus dem Fell nordschwedischer Rentiere. Das Richtige
für den Moment, in dem Köttbullar und Knäckebröd deinen Kör-
pär värlassän. In Sekundenschnelle zusammengelegt und im Du-
zend billiger.« • DAS BESTE AUS ALLER WELT 2010

**Für mich liegt die Aufgabe von *Das Beste aus aller Welt* auch darin, sich mit dem
Übersehenen, am Rand Befindlichen, mit den kleinen Dingen, dem Vergessenen und
Unauffälligen zu beschäftigen. Dafür ist der Eingeweidefisch *Carapus* ein Musterbei-
spiel und die folgende Kolumne deshalb auch.**

✳

SECHS: DER EINGEWEIDEFISCH

Durch Zufall fiel mir ein kleiner und schon etwas älterer Artikel über den Eingeweidefisch *Carapus* in die Hände, ein aalartiges, schuppenloses und mehrere Zentimeter langes Tier, das seine Behausung für gewöhnlich im Enddarm von Seegurken findet – eine Existenzform von so rarer Seltsamkeit, dass sie einem den Glauben an Gott wiedergeben könnte: Wer solche Einfälle hat, ist einfach ein Großer.

Der Eingeweidefisch ist ein ausgesprochen schutzloses Tier, dem ozeanischen Geschehen und insbesondere Raubfischen wehrlos ausgeliefert. Nur im Rectum einer Meeresgurke findet er Schutz vor den Unbilden der See, mit der Schwanzflosse zuerst schlüpft er hinein und betrachtet, schüchtern aus dem Gurkenhintern hervorlugend, die Welt. (Das Verdauungsgeschehen bei Seegurken wollen wir uns vorsichtshalber als unspektakulär vorstellen.)

Übrigens ist die Entsprechung des Eingeweidefischs im Menschlichen nicht der Arschkriecher, der morgens bei Dienstbeginn die Kaldaunen seines Vorgesetzten aufsucht, um dort bis zum Klang des Feierabendgongs zu verweilen. Denn im Unterschied zu diesem hat Carapus keine Wahl, er *muss* die Seegurke aufsuchen, will er leben und nicht Tintenfischfutter werden. Wir müssen uns den Eingeweidefisch als netten Kerl vorstellen.

Aber dazu mehr an einem anderen Tag.

Jedenfalls fühlte ich mich an dieses Wesen erinnert, als ich einen Bericht über das Leben jener sechs Männer las, die in Vorbereitung der großen Menschheitsreise zum Planeten Mars den Flug dorthin simulierten – und zwar in einer Raumschiffnachbildung, welche in einem Moskauer Gewerbegebiet parkte. 17 Monate waren diese Menschen dort eingesperrt, 17 Monate lang spendeten sie täglich Blut und Urin und ließen sich beobachten, absolvierten Tests, lasen, glotzten ins Internet und spielten *Guitar Hero*, drei Russen, ein Franzose, ein Italiener und ein China-Mann: 17 Monate in kompletter Ereignislosigkeit.

Die Aufgabe war also gewissermaßen die Erkundung der Monotonie, eine Forschungsreise in die Langeweile, welche die Männer tatsächlich unterschiedlich gut ertrugen. Einer zum Beispiel lebte binnen Kurzem in einem 25-Stunden-Tag, das heißt, schon nach einigen Tagen schlief er, wenn die anderen wachten. Ein anderer entwickelte schwere Schlafstörungen. Ein dritter wurde milde depressiv. Alles gut und schön, aber was man sich vor allem fragt: Warum tun Menschen so etwas? Warum lassen sie sich freiwillig anderthalb Jahre lang in eine künstliche Höhle sperren, als wären sie Eingeweidefische? Oder Laborratten.

Klaustrophilie? Sehnsucht nach geschlossenen Räumen?

Man würde das ja noch verstehen, wartete am Ende dieser Reise tatsächlich ein Mars-Besuch. Weltruhm. Oder unermesslicher Reichtum. Wobei hier anzumerken ist, dass noch nie ein Astronaut mit Millionen entlohnt wurde, auch nicht Neil Armstrong, der erste Mann auf dem Mond. Er reiste – man kann das dem Buch *Moondust* von Andrew Smith entnehmen – bei einem Jahresgehalt von 17.000 Dollar und zum Spesensatz von acht Dollar am Tag in den Orbit, wovon sogar noch etwas abgezogen wurde, denn Armstrong und die anderen benötigten ja keine Hotelzimmer. Die Übernachtungsmöglichkeit stellte die NASA, im Raumschiff *Apollo 11*.

Man kann also sagen: Wenn dereinst Männer für den Flug zum Mars gesucht werden, wird sich Peer Steinbrück wohl nicht melden.

Aber falls tatsächlich einmal ein anderer seinen Fuß auf den Mars setzt, einer, dessen Namen die Menschheit danach in Stein meißelt, wird man sagen müssen: Er konnte es nur tun, weil vor langer Zeit sechs Unbekannte bereit waren, 17 Monate lang in der Ödnis eines Raumschiffs zu leben, das nicht abhob. Weil man danach besser wusste, wer sich für die Reise eignete und wer nicht.

Natürlich werden diese Männer dann vergessen sein. An den Eingeweidefisch denkt ja auch keiner, außer mir und ein paar Meeresbiologen. · DAS BESTE AUS ALLER WELT 2013

Des Weiteren hat *Das Beste aus aller Welt* dort Zusammenhänge herzustellen, wo diese Zusammenhänge noch niemandem sonst aufgefallen sind, ja, selbst dort, wo es überhaupt keine Zusammenhänge gibt und gar nicht geben kann.
Wie es zum Beispiel in dieser Geschichte hier geschieht.

✦

SIEBEN: FACEBOOK UND DIE SCHWEINE

Bruno, mein alter Freund, ist einer von denen, die dauernd über zu viel Arbeit klagen, kaum komme er noch dazu, sich mal bei mir zu melden, keine Zeit, es tue ihm so leid, es müsse anders werden, er wisse das, aber der Stress, klagt Bruno, und man werde auch nicht jünger, man spüre die Last mehr als früher.
Andererseits müsse man froh sein, wenn man gefragt sei.
So redet Bruno.
Dann entdeckte ich Brunos Namen bei Facebook. Ich sah, dass Bruno eine eigene Facebook-Pinnwand hat, auf der er ständig irgendwelche Mitteilungen macht: bin im Hotel *Sowieso* abgestiegen, gratuliere Hinz zum Geburtstag, bin jetzt der Freund vom Kunz und so weiter …
Bruno hat keine Zeit für mich, weil er sich bei Facebook immerzu bei der ganzen Welt meldet, er möchte Teil von etwas Großem sein, er will, dass die Welt von ihm hört.
Mark Zuckerberg gefällt das. Mark Zuckerberg ist Chef von Facebook. Jeder weiß, dass Facebook fünfzig Milliarden Dollar

wert ist. Goldman Sachs hat 0,8 Prozent der Anteile von Facebook gekauft und dafür 450 Millionen Dollar gezahlt, das bedeutet, dass hundert Prozent fünfzig Milliarden sind.

Auch das gefällt Mark Zuckerberg.

Facebook hat 500 Millionen Mitglieder, so ist jedes Mitglied
hundert Dollar wert, das weiß ich aus dem *Spiegel*. Hundert Dollar sind 77 Euro. Mark Zuckerberg und andere haben durch Bruno 77 Euro gewonnen. Bruno hat deswegen mehr Stress und weniger Zeit für mich, seinen alten Freund, aber bitte, dafür weiß die
Welt, in welchem Hotel er gerade sitzt, falls es die Welt zufällig
interessiert.

In der Zeitung las ich von einem Sonderangebot bei Lidl: ein
Pfund Schweinehack für 1,39 Euro. Auch las ich, seit vergange-
ner Woche koste es 1,95 Euro, wenn ein Kunde der Bank X am
Automaten der Bank Y Geld abhebe.

Wenn ich also Geld abhebe, um mir ein Pfund Schweinehackfleisch zu kaufen, ist der Vorgang des Geldabhebens teurer als das
Schweinehackfleisch selbst.

Das gefällt der Bank, nicht wahr?

Ich las weiter, dass einem Bahn-Kunden, wenn sich sein Zug um
eine Stunde verspätet, 25 Prozent des Fahrpreises erstattet werden, sind es zwei Stunden, bekommt er fünfzig Prozent. Ein Ticket zweiter Klasse Berlin-München kostet bei der Bahn 116
Euro. Verspätet sich der Zug auf diesem Weg um zwei Stunden
(das soll vorkommen) bekommt der Fahrgast 58 Euro.

Ich fand heraus: Das durchschnittliche Schlachtgewicht für
Schweine liegt in Deutschland bei 95,2 Kilogramm, Dioxin inklusive, aber das wiegt ja nichts. Zieht man das Gewicht der Knochen ab (das ist etwa ein Drittel), kommt man auf 62,8 Kilogramm. Das wären, in den Lidl-Hackfleischpreis umgerechnet,
knapp 175 Euro.

Das ist in etwa der Wert von drei zweistündigen Verspätungen
zweiter Klasse mit der Bahn Berlin-München. Ein ganzes

Schweineleben ist in Deutschland (rein preislich gesehen) gleich sechs Stunden Menschenleben – und ich rede, wie gesagt, von sechs Stunden zweiter Klasse.

Mir gefällt das nicht. Irgendjemand muss dafür bezahlen. Das sind die Schweine, oder? Deshalb haben wir im Moment eine, marktwirtschaftlich gesehen, interessante Lage: Obwohl die Schweinefleischpreise niedrig sind, kaufe ich weniger Schweine- fleisch. Das hat nicht mal was mit Dioxin zu tun. Eher mit Mo- ral.

Davon werde ich Bruno berichten, via Facebook, wie es aussieht. Damit er es auch erfährt.

Übrigens gibt es auf der Welt knapp eine Milliarde Schweine. Sie sind, in Lidl-Hackfleischpreisen gerechnet, 175 Milliarden Euro wert, etwa 226 Milliarden Dollar oder: viereinhalb Mal die Firma Facebook.

Das erlaubt zwei, drei Schlüsse. Entweder bedeuten uns die Schweine zu wenig. Oder die Firma Facebook zu viel.

Oder beides.   · DAS BESTE AUS ALLER WELT 2011

Manchmal führt es zu ganz guten Ergebnissen, wenn das Magazin, für das ich arbeite, Themen-Hefte macht, in denen es ausschließlich um eine bestimmte Sache geht – und wenn der Kolumnist sich dann auch dieses Themas annehmen muss, ob er will oder nicht. Im folgenden Fall hat das, weil eine Spezialausgabe über Comics erschien, zum ersten und einzigen Kolumnen-Comic geführt. Aber *Schill und Schiller* zum Beispiel (auf Seite 77) entstand für ein Goethe-Spezialheft, *Reist Herr Hacke in den Süden* auf Seite 445 für ein Reise-Magazin.

✻

ACHT: ÜBER COMICS

Nebenbei gesagt, hat der Luis wirklich mit Comics lesen gelernt, wie sich zum Beispiel in *Achtung! Huch! Buch!* auf Seite 452 nachlesen lässt, und er hat, andersherum, auch Lesen gelernt, um Comics lesen zu können, Näheres dazu wiederum in *Prima war aber auch das Lesenlernen mit Luis: Ein schönes Gevül* auf Seite 307.

Und dann gibt es noch diese Geschichten, die für unsere Familie die gleiche Funktion haben wie ein Fotoalbum für andere Familien: der Weißt-du-noch-Effekt oder dieses Das-hatte-ich-schon-ganz-vergessen. Der ganze *Erziehungsberater*, das ganze *Beste aus meinem Leben* steht dafür, und in diesem Text hier geht es um die so seltsamen wie tiefgründigen Gespräche, die in vielen Familien mit den Kindern geführt werden und bei uns längst vergessen wären, gäbe es nicht eben diese Kolumne. Es gibt viele solcher Geschichten, weitere stehen im Kapitel *Aus dem Album meines Lebens* auf Seite 479.

★

NEUN: DIE GROSSE RABENFRAGE

Natürlich sind Erwachsene gegen Gameboys. Gameboys sind blöd. Aber hier ist eine Geschichte, die zeigt, wie ein Gameboy einen kleinen Buben (auf Umwegen) dazu brachte, die großen Fragen des Daseins zu stellen.

Luis bekam einen Gameboy zu Weihnachten. Er sollte eigentlich keinen bekommen. Paola und ich waren dagegen. »Nie kommt so ein Ding ins Haus«, sagte Paola. »Ganz recht«, sagte ich, »zur Hölle mit allen Gameboys.«

Aber dann schrieb Luis vor Weihnachten auf seinen Wunschzettel nur ein einziges Wort: GAMEBOY. Paola und ich beschlossen, nicht nachzugeben. Wir kauften Lego-Spielzeug. Luis jedoch redete wochenlang nur vom Gameboy. Endlich werde er einen Gameboy haben, endlich müsse er nicht mehr den Gameboy von Rudi, seinem Freund, ausleihen, endlich … Paola und ich wechselten bedenkliche Blicke, aber wir blieben hart. »Nichts da!«, flüsterten wir uns zu, »nie!« Am Morgen des Heiligen Abends wachte Luis auf, tanzte durch den Flur und rief fröhlich: »Heut' Abend, heut' Abend …!« Da verlor Paola die Nerven. Eine solche Enttäuschung werde sie nicht aushalten, rief sie, ging und kaufte einen Gameboy, für Luis.

Seitdem sitzt er vor der kleinen Maschine, glotzt aufs Display, bedient mit zitternden Däumchen die Tastatur. Wenn man sagt, er solle was anderes spielen, antwortet er nicht. Tippt man ihm auf die Schulter und wiederholt die Aufforderung, murmelt er: »O, ich kann jetzt fliegen, wie geht das noch mal?« Tippt man ihn wieder an, schreit er: »Lass mich, ich habe nur noch ein Leben!« Packt man ihn an der Schulter und schüttelt ihn, brüllt er: »Hör auf, ich bin im dritten Level!« Er ist da und doch nicht da, er ist irgendwo anders. Dann reicht es Paola. Sie schreit: »Schluss! Her mit dem Gameboy, jetzt wird spazieren gegangen, ein Kind braucht frische Luft!«

Luis brüllt: »Du hast alles versaut!« Paola kennt keine Gnade, Luis muss raus. Weil er nicht allein spazieren gehen kann, muss ich mit, zu blöd, ich mag Spazieren auch nicht. Auf diese Weise ist der Gameboy verantwortlich dafür, dass wir nun öfter spazieren, Luis und ich.

Neulich gingen wir in den Englischen Garten. Mit von der Partie: Luis' Cousin Peter. Der ist 16 und mag Spazieren am allerwenigsten. Aber er war gerade zu Besuch und musste mit, Pech für ihn. Wir trotteten zum Kiosk beim Kleinhesseloher See, kauften Gummischlangen und weiße Mäuse, aßen die und trotteten weiter. Auf einer Wiese saß ein Krähenschwarm. Als wir näher kamen, stampfte Peter auf den Boden. Die Krähen flogen auf und setzten sich ein paar Meter weiter wieder hin.

»Lass das!«, schrie Luis.

»Warum?«, fragte Peter.

»Es ist Tierquälerei!«

»Das ist keine Tierquälerei!«, sagte Peter und stampfte noch mal auf, so dass die Krähen sich wieder erhoben.

»Du sollst es lassen!«, rief Luis. »Du quälst die Raben!«

»Es sind keine Raben, es sind Krähen«, sagte Peter.

»Nein, Raben!«

Ich dozierte: »Es sind Krähen. Krähen sind Rabenvögel, eine Familie, zu der auch die Raben selbst gehören. Ihr beiden gehört ja auch zu einer Familie.«

Luis schubste seinen Cousin. »Hör auf, Luis, du quälst mich!«, rief Peter. Er kickte mit dem Fuß einen Ast ins Gras, der auf dem Weg lag.

»Lass das!«, schrie Luis. »Das tut der Pflanze weh!«

Peter lachte. Ich sagte: »Der Ast ist tot, Luis, davon spürt die Pflanze nichts.« Was war mit Luis los? Im letzten Sommer noch hatten wir bei Freunden eine kleine Elster gefüttert, die aus dem Nest gefallen war. Luis hatte einen riesigen Regenwurm gefunden. Als er ihn dem Elsterchen geben wollte, hatte jemand gerufen: »Der ist ja viel zu groß für sie.« Da hatte Luis den Wurm mittendurch gerissen. Nun taten ihm tote Äste leid, die auf dem Weg lagen. »Warum tut dir der Ast leid, Luis?«, fragte ich.

»Mir tut alles leid«, sagte Luis. Er trottete neben mir. »Mir tun Raben leid, Pflanzen tun mir leid, mir tun die Äste leid, mir tut der Boden leid, auf dem wir gehen. Alles tut mir leid … Ich meine, warum müssen wir hier gehen, wenn wir Raben ärgern, Pflanzen treten und dem Boden wehtun? Wozu …« Er rang nach Worten, dann brach es heraus: »Ich meine, wozu sind wir eigentlich da?!«

Wenn Luis schön viel Gameboy spielt und wir ordentlich spazieren gehen – vielleicht finden wir bald die Antwort?

· DAS BESTE AUS MEINEM LEBEN 2003

Nur weil wir gerade von Raben redeten: Hier ist noch etwas ganz anderes über diese sehr klugen Tiere. Gehört eigentlich nicht mehr zu den Lieblingstexten, andererseits: Warum nicht doch?

✳

ZEHN: EINE ELSTER MIT SODBRENNEN

Bruno, mein alter Freund, besuchte mich im Büro. Wir saßen auf dem Sofa und unterhielten uns, als aus der Toilette ein lautes Rascheln, Krachen, Rumpeln drang.

»Um Himmels willen!«, sagte Bruno.

Ich hatte das Fenster in der Toilette offen gelassen.

»Das ist eine Elster«, sagte ich. »Sie wohnt in der Nähe, und wenn ich vergessen habe, das Toilettenfenster zuzumachen, kommt sie herein und holt sich Tabletten gegen Sodbrennen. Sie sind in glitzernder Folie verpackt. Ich weiß nicht, warum diese Elster Sodbrennen hat, vielleicht liegt es an den ekelhaften Tauben, die ihr Stress bereiten.«

Wenig später schickte mir Bruno eine Mail mit einem Film über Raben in Japan. Diese Raben fressen unter anderem Nüsse. Weil sie diese nicht mit ihren Rabenschnäbeln zerknacken können, lassen sie Nuss für Nuss auf eine Straße fallen. Dann setzen sie sich auf eine Telefonleitung und warten, bis ein Auto über die jeweilige Nuss gefahren ist, und fressen den Schaleninhalt von der Straße weg.

Was gefährlich ist für die Raben!

Weswegen es Raben gibt, die ihre Nüsse auf einem Zebrastreifen ablegen, sich an die Fußgängerampel stellen, auf Grün warten und dann gefahrlos zum Nuss-Mus gehen, um es aufzupicken. Wobei sich andere Raben dieses Verhalten abgeschaut haben und es nun ebenfalls praktizieren, so dass in einem Umkreis von fünf Kilometern viele Raben an Fußgängerüberwegen stehen, um Nüsse zu futtern.

Ich stelle mir vor, wie weitere Raben dieses Verhalten imitieren. Bald werden in ganz Tokio, im gesamten Japan, schließlich überhaupt in Asien und dann der ganzen Welt Raben an Zebrastreifen stehen, um bei Grün Nussmahlzeiten einzunehmen. Dieses Verhalten wird landesspezifisch geprägt sein.

Ich stelle mir also weiter vor: wie britische Raben Schlange stehen, hingegen italienische Raben am Tresen der nächsten Espresso-Bar lehnen, um im Pulk die Nussrezepte ihrer Mütter auszutauschen und die Ergebnisse der jeweils favorisierten Nussball-Klubs zu diskutieren. Wie arabische Raben ihre Nüsse in die Luft zu sprengen versuchen. Wie iranische Raben in riesigen unterirdischen Anlagen versuchen, nicht nur die Nüsse selbst, sondern auch deren Kerne zu spalten. Wie andorranische Raben immer wieder probieren, aus der Höhe genau ihr Land zu treffen. Wie Schweizer Raben ihre Nüsse in den Genfer Teilchenbeschleuniger füllen, um sie mit anderen Nüssen kollidieren zu lassen. Wie amerikanische Raben aus 789.500.000.000 Nüssen ein Paket schnüren, um dann auf einen gigantischen Truck zu warten, der auf einem Highway all diese Nüsse *auf einmal* shreddert. Wie Wall-Street-Raben auf eine Wagenladung tauber Nüsse einen großen Kredit aufnehmen, um damit leer stehende Häuser im Mittleren Westen zu kaufen, während die Hohlnüsse auf dem Atlantik nach Island treiben. Wie kolumbianische Raben ihre Nüsse so lange überfahren lassen, bis sie das Nusspulver durch ihre Schnabellöcher schnupfen können. Wie russische Raben einen Fernsehfilm sehen, in dem Premier Putin mit bloßen Händen und nacktem Oberkörper die große sibirische Tigernuss besiegt. Wie chinesische Raben die erste bemannte Nuss ihres Landes in den Weltraum schießen. Wie französische Raben an den Kreuzungen Illustrierte lesen, in denen berichtet wird, Präsident Sarkozy lasse sich scheiden, um eine blonde dänische Nuss zu heiraten.

Und die deutschen Raben? Diskutieren erregt ein Verbot des Nussknackens auf Straßen, weil es mit zu hoher Kohlendioxid-Emission verbunden sei und außerdem von Autoreifen zerquetschte Nüsse einen über dem Grenzwert liegenden Kautschukanteil hätten. Es sei zu erwägen, ob Nüsse nicht ausschließlich mit Hilfe von speziell geschulten Mountainbikern zerquetscht werden dürften. Schließlich legt die Bundesregierung ein Gesetz vor, das eine Helmpflicht für Nüsse knackende Raben festlegt. Dieser Entwurf scheitert aber im Bundesrat. • DAS BESTE AUS ALLER WELT 2009

Jetzt stehen wir vor einer Entscheidung: Mit welchem der hier zuletzt angeklungenen Themen machen wir weiter, den Tieren oder der deutschen Politik? Wer sich mehr für Politik interessiert, liest am besten im Kapitel *Zu einigen politischen Fragen* auf Seite 503 weiter, die Tierfreunde können gleich hier weiter fortschreiten, wir waren ja eh gerade bei Raben und Elstern.

WENN WIR GERADE MAL WIEDER DABEI SIND ...

———————— ✳ ————————

... wäre es doch schön, hier noch ein paar mehr Tierkolumnen zu haben, nicht wahr? Und warum nicht über Tiere, die sich auf den Weg machten, wohin auch immer? Wobei es einige Geschichten über solche Tiere gibt, ein klassisches Märchenmotiv übrigens, spätestens seit den Bremer Stadtmusikanten, bei denen man sich ja immer fragt, warum sie eigentlich so heißen, denn sie wollten zwar nach Bremen, kamen dort aber nie an. Aber das nur nebenbei.
Hier ist das Kapitel über Tiere unterwegs.

TIERE, DIE SICH AUF DEN WEG MACHTEN 1:
WASCHBÄRENLIEBE

Sommeranfang. Und es ist fast genau drei Jahre her, dass Bruno, der Bär, erschossen wurde.

Mir geht die Geschichte vom Waschbären nicht aus dem Kopf, die vor Wochen in der Zeitung stand. Dieser Waschbär lebte im Müritz-Nationalpark in Mecklenburg-Vorpommern, wo es wilde Waschbären gibt, weil hier kurz vor Kriegsende im Frühjahr 1945 eine Pelzfarm von einer Bombe getroffen wurde. Die Tiere entkamen; sie waren sozusagen von den Alliierten befreit worden.

Dieser eine Waschbär nun, er war männlich und trug die Registrierungsmarke Nummer 5002, machte sich 2006, nicht lange nach Brunos Tod, auf die Wanderschaft, denn er suchte eine Frau, und es ist Waschbärenart, sich nicht mit Frauen in der unmittelbaren Umgebung einzulassen, sondern sie in der Ferne zu suchen. Waschbär 5002 wanderte und suchte – aber er fand niemanden. Er war nach Westen gewandert, und westlich des Müritz-Nationalparks leben keine Waschbären. Rund um Kassel schon, aber das wäre mehr im Süden gewesen. 5002 jedoch marschierte an Schwerin vorbei Richtung Hamburg, weiter bremerhavenwärts. Kann es sein, dass er sich nach Amerika einschiffen wollte, wo so viele süße Waschbärinnen leben?

Wir wissen es nicht. Denn am 5. März 2007 geriet der Waschbär in Oerel bei Bremervörde in eine Marderfalle, angelockt, wie die *Frankfurter Allgemeine*, das Fachblatt für Waschbärenschicksale, berichtet, angelockt also von einem »Negerkuss« (tatsächlich, dieses Wort). Eine Jägerin erschoss ihn. Und hörte erst jetzt vom Waschbärenforschungsprojekt im Müritz-Nationalpark, dem Nummer 5002 angehörte, meldete sich dort – so wurde dieses Schicksal erst mit zwei Jahren Verspätung bekannt.

Lange habe ich keine so anrührende Geschichte gehört. Wie dieses Tier auf der Suche nach Liebe so weit marschierte wie nie ein Waschbär vor ihm! (Denn er brach tatsächlich alle Rekorde: achthundert Kilometer Wegstrecke war er unterwegs.) Wie es aber in die falsche Richtung lief, in eine weiberlose Welt. Wie es dann, in Verzweiflung und Frust, Süßigkeiten fressen wollte und schließlich einem »Negerkuss« (*FAZ*) zum Opfer fiel, ausgelegt von einer Jägerin.

Es ist nicht zu fassen. So viele Menschen in großen Städten, allein lebend, auf die Liebe wartend, nach ihr suchend, sie verzweifelt begehrend, können sich gewiss in des Waschbären Elend einfühlen: Von weither sind sie in die Städte gekommen, nun aber ist da niemand, der zu ihnen passt.

Ratlos wühlen sie in Süßigkeiten-Schubladen.

Andere, auf so große wie sinnlose Weise liebende Tiere fallen mir ein. Petra, die schwarze Schwänin in Münster, die sich in ein weißes Schwanen-Tretboot verliebte und ihm folgte, wohin immer dieses Boot getreten wurde. Oder jener Pfau in der Grafschaft Gloucestershire, der eine Zapfsäule liebte, weil die darin befindliche Benzinpumpe ein ähnliches Geräusch machte wie eine vom Balzen des Pfauenmannes betörte Pfauenbraut. Tag für Tag wanderte dieser Pfau, über einen Zaun, durch einen Wald, über eine Fernverkehrsstraße, zu dieser Benzinsäule. Tag für Tag harrte er neben ihr aus. Abend für Abend marschierte er, unerhört, wieder nach Hause, nur um am nächsten Morgen wieder seinen Liebesweg anzutreten und vor der pumpenden Säule zu verharren.

Und Nessie fällt uns ein, das einsame Monster im Loch Ness, das letzte seiner Art, wohl nun am Seengrunde vergreisend, ohne je die Wonnen der Liebe genossen zu haben.

Im Grunde müsste dieser Waschbär das Tier des Sommers sein. Bitte nicht wieder einer wie Kuno, der Killer-Wels, der 2001 im Gladbacher Stadtweiher sein Unwesen trieb. Kein Rotnackenwallaby namens Manni, das 1998 aus dem Tierpark Bad Pyrmont flüchtete. Auch kein roher Geselle wie Bruno, der ein Unsympath war, nur am Fressen interessiert, am Banalsten. Der namenlose Waschbär 5002: Er starb zu früh, um im Sommerloch zu seiner wahren Größe zu wachsen. Aber wir wollen seiner gedenken, wenn wir am Sonntag aufbrechen in einen gewiss heißen Sommer der Liebe. · DAS BESTE AUS ALLER WELT 2009

★

TIERE, DIE SICH AUF DEN WEG MACHTEN 2: DIE WANDERKATZE

Unter den Haustieren ist die Katze vermutlich jenes, das uns die größten Rätsel aufgibt; das macht die Faszination aus, welche dieses Wesen auf sehr viele Menschen ausübt. Der Hund tritt in unendlich mehr Variationen auf, als komische Figur wie der Mops, als Streber wie der Pudel, als eigenwilliger Kauz wie der Dackel, als Brutalinski wie der Pitbull, als vierschrötiger Kerl wie die Bulldogge, als Dandy wie der Weimaraner, als soldatische Natur wie der Schäferhund. Aber in seinem Rahmen ist er berechenbar, ein letztlich geheimnisloses Tier.

Jedoch: die Katze. Seit sie in unsere Haushalte eingetreten ist und an des Menschen Seite lebt, wird an ihr herumgegrübelt. Zum Beispiel ist von den Katzen bekannt, dass sie Orte mehr lieben als Menschen, dass sie also, verlassen ihre Besitzer ein Haus, um ein anderes zu beziehen, am liebsten im alten Gebäude blieben. »Sie ist ein völliges Ortstier«, schrieb der alte Brehm und dann: »Unbegreiflich ist es, dass sie, stundenweit in einem Sack getragen, ihr Haus, ihre Heimat wiederfinden kann«.

Stundenweit in einem Sack getragen … Das ist lange her, aber solche Experimente haben Brehm und die Seinen wohl gemacht, wir wollen hier offen sprechen. Aber bis heute ist eben nicht geklärt, wie Katzen das schaffen: ihr Haus immer wiederzufinden, auch wenn sie noch so weit weg waren. Irgendwas müssen sie von ihren wilden großen Brüdern geerbt haben, den Tigern zum Beispiel, die Reviere von achtzig Quadratkilometern Größe bewohnen, ohne sich darin je zu verlaufen.

Aber was genau?

In der *New York Times* las ich jetzt die Geschichte der Katze Holly, die ihren Besitzern, dem Ehepaar Richter, Anfang November während einer Reise in Daytona Beach in Florida abhanden kam und an Silvester abends anderthalb Kilometer vom Richterschen (und eben auch von Hollys) Haus entfernt wieder auftauchte, in West Palm Beach, mehr als dreihundert Kilometer weiter südlich: schwach, erschöpft, abgemagert, die Pfoten wund gelaufen, zu schlapp zum Miauen. Jeder Irrtum war ausgeschlossen, es war Holly, die Richters hatten ihr einen Mikrochip einpflanzen lassen, daran erkannte man sie wieder.

Eine Katze durchwandert Florida. Man hat so was bei Zugvögeln erforscht, auch bei Brieftauben natürlich und Schmetterlingen, selbst von FDP-Wählern weiß man, dass sie ihrer Partei gelegentlich abhanden kommen, aber dann, ganz plötzlich und wenn es darauf ankommt, unverhofft wieder mit dem Stimmzettel in der Hand vor der Tür stehen; niemand weiß, wo sie waren, aber sie sind da. Magnetfelder spielen eine Rolle, der Sonnenstand, uralte Instinkte, auch die CDU.

Bei Felidae weiß man: nichts. Die russische Katze Murka wanderte 1989 rund fünfhundert Kilometer weit von Woronesch nach Moskau; die Amerikanerin Ninja kehrte 1997 nach einem Jahr in Mill Creek/Washington zurück nach Farmington in Utah, von wo ihre Besitzer weggezogen waren, ohne sie zu fragen – das sind 1300 Kilometer auf der Interstate 84; Howie, eine Perserkatze, legte 1978 sogar 1600 Kilometer in Australien zurück, von Verwandten, bei denen man sie untergebracht hatte, zurück zum Haus der Familie.

»Wir haben keine Ahnung, wie sie das machen«, sagt ein Katzen-fachmann mit dem herrlichen Namen Jackson Galaxy. »Jeder, der sagt, er weiß es, lügt, und wenn Sie es herausfinden, sagen Sie es bitte mir, um Gottes willen.«

Ich werde tun, was ich kann. Saß nicht gestern vor dem Super-markt eine Katze, vor sich einen Hut und ein Schild: »Will heim, brauche etwas Reisegeld«? Hat mich nicht vor ein paar Tagen un-ten am Stadtbach ein Kater gefragt, wo es hier nach Duisburg gehe? (Nach Duisburg, bitte!) Stand nicht in der Trambahn eine schlohweiße Siamesin ratlos vor dem Fahrkartenautomaten?

Mein Gott, man hätte doch mal fragen können, ob man helfen kann. Wie's so läuft. Wie sie das machen, alles …

· DAS BESTE AUS ALLER WELT 2013

Natürlich fällt bei Lektüre dieses Textes auf, dass, im Gegensatz zu den Katzen, der FDP-Wähler seine Orientierung seitdem offenbar verloren hat, er findet nun schon seit einer Weile nicht mehr recht zurück zu seiner Partei. Ob das so bleibt? Oder ob es nur wie mit manchen Katzen ist, die seeeehr lange verschwunden bleiben, um dann eben doch wieder vor dem eigenen Heim aufzutauchen? Wir werden sehen. Oder nicht?

VOM GLÜCK
(UND VOM PECH)

Jetzt aber mal was ganz anderes: Was bedeutet es eigentlich, dass die Menschen in unserer Gesellschaft so angestrengt versuchen, glücklich zu sein? (Betritt man zum Beispiel eine Buchhandlung, sieht man ganze Regale zu diesem Thema!) Natürlich wollten die Menschen zu allen Zeiten glücklich sein – aber wollten sie es je so unbedingt, wie sie es heute wollen? Steht dahinter die Frage: Wenn wir heute eigentlich alle materiellen Voraussetzungen zum Glücklichsein haben, warum sind wir es dann trotzdem nicht? Sind wir nicht quasi verpflichtet, glücklich zu sein? Und gab es Zeiten, in denen die Menschen sich die Frage nach dem Glücklichsein nicht gestellt haben, in denen sie aber trotzdem (oder vielleicht gerade deswegen) glücklicher waren als wir heute? Schließt nicht überhaupt der unbedingte und geradezu zwanghafte Wille zum Glücklichsein das Glück aus? Oder ist alles Unsinn, weil die Menschen, aufs Ganze gesehen, immer gleich glücklich oder unglücklich sind, in welchem Jahrhundert auch immer? Müsste man nicht mal ein Buch namens DIE GESCHICHTE DES GLÜCKLICHSEINS *schreiben? Oder gibt es das auch schon?*

Jedenfalls gibt es eine Menge Kolumnen über Glück und Glücklichsein.

Und eine über das Pech habe ich auch gefunden.

EKELSCHLEIM

Ich weiß jetzt, was Kinder brauchen, um glücklich zu sein. Sie brauchen einen widerlich roten, geleeartigen Schleimball. Und das kam so:

Bei uns gibt es einen Schreibwarenladen, das ist der Schreibix, und beim Schreibix gibt es Cola-Schlangen und essbare weiße Wabbelmäuse und Gummibärchen. Und eines Tages gab es auch Schleimbälle. Für zwei Euro. Das Stück. Sie heißen nicht Schleimbälle, die Kinder nennen sie »Klebebälle«, weil sie an der Wand kleben bleiben, wenn man sie dagegen wirft. Aber sie sind aus Schleim, einem zähen, roten, schwabbeligen Ekelschleim, einer grauenhaften gallertartigen Masse, die ballrund ist, an der Wand haftend aber Kuhfladenform annimmt.

Irgendjemand hat Anne so einen Ball gekauft. Für zwei Euro. Das Stück. (O, hätte ich einmal eine solche Idee und würde sie vermarkten und wäre reich! Außerdem möchte ich einmal Menschen kennenlernen, die sich so etwas ausdenken. Ob sie selbst Kinder haben? Oder Menschen mit Kindern hassen und sie deshalb ärgern wollen?) Als ich abends nach Hause gekommen bin, hat Anne geschrien: »Achtung, Papa!« Und flatsch! haftete an meiner Jacke roter Glibber. War das ein Jubel! War das eine Freude!

Am nächsten Morgen war der Schleimball weg. Verschollen! Unauffindbar! Antje und ich, die Eltern, krochen unter Betten, lüpften Teppiche, durchwühlten Schubladen, glotzten ins Klo – weg. Anne stand heulend zwischen uns, aufgelöst, am Ende. Schluchzend: Sie könne heute nicht in den Kindergarten gehen. Sie könne überhaupt gar nichts tun. Gibt es ein Leben ohne Schleimball? Kann man glücklich sein ohne roten Klebedreck? Kann man nicht.

»Okay, Anne, hier hast du zwei Euro. Lauf zum Schreibix und kauf dir einen neuen.« Normalerweise würde ich ihr nie zwei Euro für solchen Quatsch geben. Normalerweise würde Anne, die die Schüchternheit ihres Vaters geerbt hat, auch nie alleine zum Schreibix gehen, um sich was zu kaufen. Das hier war eine Ausnahme. Ein Notfall. Eine existentielle Grenzsituation. Die zwei Euro in der Hand eilte sie glückstrahlend sofort los.

Nach fünf Minuten kam sie heulend wieder, Rotz und Wasser. Die Schleimbälle waren ausverkauft. Erst nachmittags würde es sie wieder geben. Unmöglich, in den Kindergarten zu gehen! Was soll man im Kindergarten ohne Schleimball? Lächerlich! Absurde Vorstellung! Alle haben Schleimbälle, nur Anne nicht.

Ich musste dann ins Büro. Ich weiß nicht, wie Antje und Anne und die anderen den Vormittag überlebt haben. Ich weiß auch nicht, wo sie dieses Ding dann gefunden haben. Sie haben es jedenfalls gefunden. Das Glück ist eine rote Gallertkugel. Als ich abends zur Tür hereinkam, schwupp!, kam sie mir wieder entgegen geflogen, und ich konnte sie gerade noch auffangen. Ist doch eigentlich ein schönes Gefühl – wenn einem das Glück an den Fingern klebt.   · DER KLEINE ERZIEHUNGSBERATER 1991

Im *Erziehungsberater* geht es immer wieder um das Glück, auch in einer Geschichte, die *Schöne Tage* heißt und sich mit Annes Einschulung beschäftigt, ich werde den Tag nie vergessen.

»Sie haben eine wunderschöne Feier gemacht mit Schülern, Lehrern und Eltern als Publikum vor einer Bühne, auf der die Lehrerin stand und die neuen Schüler einzeln mit Namen rief. Jedes Kind musste auf die Bühne kommen, gab der Lehrerin die Hand und bekam eine Sonnenblume, und als alle da waren, erzählte sie ihnen eine Geschichte, und dann gingen alle zusammen in ihr Klassenzimmer.

Wissen Sie, was Antje und ich gedacht haben, als wir mit Anne im Auditorium saßen und warteten, dass sie aufgerufen wurde? Nie, haben wir gedacht, nie geht Anne allein an den ganzen Leuten vorbei, nie geht sie allein auf die Bühne, und nie gibt sie der Lehrerin allein die Hand. Never! (Sie ist so schüchtern wie ihr Vater, ich hab' das schon mal erzählt, und so stur wie er ist sie sowieso.)

Und was geschah, als die Lehrerin ›Anne Hacke‹ rief. Anne stand auf, ging allein an den ganzen Leuten vorbei, allein auf die Bühne, und allein gab sie der Lehrerin die Hand. Einmal hat sie sich umgeschaut unterwegs. Und ich saß da, und mir zitterte die Unterlippe, aber geheult habe ich erst nachts, als ich aufwachte und wieder daran denken musste. Steht das Kind auf und geht allein weg von uns, dachte ich – das ist schön und schwer zugleich. Erziehen heißt, dachte ich noch, Kinder in Unabhängigkeit und Selbstständigkeit zu führen, und davon haben wir wieder ein Stück geschafft – Antje vor allem natürlich, aber ich auch ein bisschen.

Antje hat übrigens gesagt, sie hätte nachmittags im Garten hinter der Hecke Anne und Felix belauscht, ihren Freund und Schulkameraden, und Anne hätte gesagt: ›Ach, was hatten wir heute für einen schönen Tag, Felix. Und morgen haben wir wieder so einen schönen.‹

Und ich auch, Leute. Ich auch!«

Wer jetzt gleich den Text *Wie man glücklich wird* aus dem Jahr 2001 auf Seite 499 liest, wird entdecken, dass er mit nahezu denselben Worten aufhört. Was mir nicht bewusst war, als ich es schrieb! Es handelt sich also entweder um ein unbewusstes Selbstplagiat oder, falls es das nicht gibt, um reine Vergesslichkeit. Oder um meinen sehr begrenzten Wortschatz. Oder um Einfallslosigkeit.

Außerdem hat mein Glück anscheinend sehr viel mit meinen Kindern zu tun.

Wer dazu mehr wissen will, sollte unbedingt jetzt gleich eben diese Geschichte *Wie man glücklich wird* lesen, es geht darin um jenes unverhoffte Glück, das sich gerde zusammen mit Kindern einstellt, die ihre Eltern bisweilen zum Glück geradezu zwingen, weil sie sie von vorgeplanten Wegen abbringen.

Um einen ganz ähnlichen Aspekt des Glücks dreht es sich in der folgenden Kolumne, die man natürlich auch nicht auslassen sollte.

✦

DAS GLÜCK IST EIN REGENSCHIRM

Unter Polizisten gibt es freundliche und nicht so freundliche und auch diesen einen, der fragte, als er Paola im Auto nachts um eins anhielt: »Na, wo kommen *wir* denn her?« Auf die Gegenfrage, was ihn das angehe, antwortete er, das sei nun mal interessant, wenn eine Frau nachts durch die Stadt fahre, um eine solche Uhrzeit. Ob sie morgen nichts zu arbeiten hätte?

Neulich wurde sie wieder von der Polizei gestoppt, bei Tageslicht – warum? Weil sie ihren Sicherheitsgurt zwar trug, aber nicht über die Schulter gelegt, sondern tiefer, über dem Bauch. Der Polizist belehrte sie über das korrekte Anlegen des Gurtes. Sie antwortete, er möge ihr sagen, was das koste, damit sie ihre gerechte Strafe rasch bezahlen könne, sie habe es eilig. Worauf der Beamte entgegnete, er wolle »für dieses Mal« vom Verwarnungsgeld absehen. Ob sie es aber eilig habe, sei nicht von Belang; auf eine Polizeikontrolle müsse sie jederzeit gefasst sein, das habe sie in ihre Zeitplanung einzubeziehen.

Das macht sie seitdem. Fährt immer zehn Minuten früher los zu allen Verabredungen, in Erwartung von Polizeikontrollen. Wobei es seither keine mehr gegeben hat. Es ist wie mit dem Regenschirm, wenn man ihn dabei hat …

Da fällt mir ein: Die meisten von uns kalkulieren in ihre Lebensplanung die aberwitzigsten Missgeschicke ein. Wir versichern uns gegen Flut, Brand, langes Siechtum. Wir rechnen mit dem Schlimmsten, der Schweinegrippe in übelster Form, der Klimakatastrophe in globaler Niedertracht. Doch sind wir gewappnet, wenn uns plötzlich *das Glück* ereilt? Ich meine, nicht ein Lottogewinn, dessen Folgen jeder schon für sich durchgespielt hat, selbst wenn er nicht Lotto spielt. Sondern das unverhoffte, in jeder Beziehung unerwartete, nicht mal erwart*bare* Glück …

In der Zeitung las ich die Geschichte von Leo Gao und Kara Young, die in Neuseeland eine Tankstelle betrieben, und zwar so erfolglos, dass sie ihre Bank um einen Überziehungskredit bitten mussten: 100.000 neuseeländische Dollar. Als sie wenig später ihre Kontoauszüge betrachteten, sahen sie ein Guthaben von zehn Millionen neuseeländischer Dollar, ungefähr 4,5 Millionen

Euro. Ein Bankangestellter (inzwischen traumatisiert in Behandlung) hatte sich um einige Nullen vertippt.

Was taten Leo und Kara? Sie verschwanden auf der Stelle aus Neuseeland, unter Mitnahme einiger Millionen in bar und nicht ohne einen sehr erheblichen Betrag auf ein »Offshore-Konto« überwiesen zu haben.

Hier setzen meine Überlegungen ein: Wenn auf meinem Konto unverhofft Millionen eintrudelten – wäre ich gewappnet? Könnte ich binnen 24 Stunden meine bürgerliche Existenz auflösen, mich ins Ausland begeben, um das unverdiente, aber nun mal vorhandene Geld zu verbraten? Habe ich ein Offshore-Konto? Bin ich mental gerüstet für eine solche Umwälzung meiner Lebensverhältnisse?

Es klafft eine Lücke in der Lebensplanung. Wir sind nur fürs Negative gerüstet, nicht aber fürs Gute. Für den plötzlichen Anruf von Quentin Tarantino: Ich habe Sie auf der Straße gesehen, Ihr Gesicht ist unentbehrlich für meinen nächsten Film, wir drehen in zwei Wochen vier Monate lang in New York, Sie werden in jeder Szene zu sehen sein, packen Sie *jetzt* den Koffer. Für den Satz des Arztes nach dem Routine-Check: Sie sind nicht nur kerngesund, Sie sind unsterblich. (Zahlt eigentlich die Rentenversicherung für Unsterbliche?) Für den Anruf des Literatur-Nobelpreis-Komitees, mit einem herzlichen Glückwunsch. (Bitte, es sind schon sooo viele uninteressante und langweilige Autoren ausgezeichnet worden, da käme es auf *mich* auch nicht mehr an.)

Beschlussvorschlag: Wir alle werden ab heute, Freitag (sagen wir: um Mitternacht), andere Menschen sein. Wir werden das Beste vom Leben erwarten. Und bitten alle unsere Banken um einen Überziehungskredit, in der Hoffnung auf einen geringfügigen Irrtum … Einer von uns wird schon Glück haben. Und er wird gewappnet sein.   · DAS BESTE AUS ALLER WELT 2009

Übrigens habe ich eine kleine Sammlung von Zeitungsfotos, irgendwann mal ausgeschnitten, die mir besonders wichtig sind. Darunter ist das Bild eines Mannes, der
auf einer riesigen Müllhalde steht und den gesamten Müll umgräbt, nicht auf Matrat-
zensuche, sondern nach einem Lottoschein fahndend. Der Schein hatte gewonnen, umgerechnet 880.000 Euro. Bloß leider hatte der Mann ihn versehentlich weggeworfen.
Ist das nicht ein Sinnbild unserer gesamten menschlichen Existenz? Suchen wir nicht
alle immer wieder im Müll des Alltags nach dem Glück? Und oft vergeblich?

✱

DIE GLÜCKSFORMEL

Unter den Experten für die Gründe, Ursachen und Anlässe
menschlichen Glücks gibt es eine Schule, der zufolge sich Glück
durch sehr einfache Maßnahmen herstellen lässt, die das Physische betreffen. Zum Beispiel sagen die Anhänger dieser Schule:
Man lächelt, wenn man glücklich ist, aber man wird auch glücklich, wenn man lächelt. Allein die Tatsache, dass das Gesicht lächelt, signalisiert dem Rest des Körpers: Aha, Glück! Wer also
immer wieder im Laufe eines Tages ein Lächeln auf sein Antlitz,
nun ja: zaubert (auch wenn er dazu keinen äußeren Anlass zu haben glaubt), der wird glücklicher sein als jene, die mit zu Boden
gerichteten Mundwinkeln durchs Leben gehen.
Ich las (denn ich möchte 2013 noch glücklicher sein als 2012) zu
diesem Thema ein Buch des britischen Psychologen Richard
Wiseman: *Wie Sie in 60 Sekunden Ihr Leben verändern.* Wiseman
berichtet darin von einem Experiment seines Fachkollegen Fritz
Strack, der in den achtziger Jahren Menschen gefragt habe, wie
witzig sie die Cartoons aus der Reihe *The Far Side* von Gary Lar-
son fänden. Strack veranlasste dabei eine Gruppe von Probanden,
beim Betrachten der Zeichnungen einen Bleistift zwischen den

Zähnen zu halten, ohne dass dieser dabei die *Lippen* berührte. Eine andere Gruppe musste den Stift zwischen den *Lippen* halten, ohne *Zahn*benutzung. Der Grund ist klar: Die Angehörigen von Gruppe eins lächelten bei dieser Aktion, unwillkürlich.

Sie waren es auch, die Gary Larsons Zeichnungen deutlich witziger fanden als die anderen.

Man kann daraus Verschiedenes schließen, vor allem: Wer das Leben schön finden will, sollte sich wie jemand verhalten, der das Leben schön findet – schon wird er es tatsächlich schöner finden. Ein anderes Ergebnis: Der Mensch ist, wie man sieht, deutlich simpler strukturiert, als wir alle – vergraben in die Komplexität unserer Probleme – denken. Kürzlich zum Beispiel warf ich einen Blick ins *Journal of Hospitality & Tourism Research*, ein renommiertes Fachblatt für Fragen des Gastgewerbes, das eine Untersuchung zur Trinkgeldforschung veröffentlicht hatte: Was muss das Personal im Gastgewerbe tun, um mehr Trinkgeld zu erhalten?

Das ist, nebenbei gesagt, ein intensiv untersuchtes Feld: Man weiß aus Studien, dass Kellner mehr Trinkgeld bekommen, wenn sie sich mit Namen vorstellen, wenn sie auch die Namen der Gäste sagen, wenn sie diese Personen leicht berühren, wenn sie die Bestellung wiederholen.

Hier kam ein weiteres Ergebnis hinzu: Kellnerinnen bekommen bis zu 26 Prozent mehr Trinkgeld, wenn sie rote Sachen tragen – allerdings nur von Männern, bei Frauen bleibt der Tipp gleich. (Dieses Resultat haben die Leute vom *Journal* sogar in eine mathematische Formel gegossen. Das aber nur am Rande; es zeigt, dass der Mensch, um sehr einfache Dinge zu erfahren, manchmal sehr komplizierte Dinge tun muss.)

Der Grund ist simpel: Rot steigert die Attraktivität von Frauen auf Männer. Die daraus folgenden Fragen sind allerdings schon wieder kompliziert: Will ich Rot tragen, um von Männern mehr Geld zu bekommen? Möchte ich mich als Frau so verkaufen? Ist es ein Unterschied, ob ich einfach Rot trage oder ob ich dieses

Rot bewusst einsetze, um Männerbörsen zu plündern? Und, anders herum: Will ich als Mann so primitiv sein, nur wegen eines Farbsignals mein Portemonnaie mehr als nötig zu leeren? Finde ich mein Mannsein akzeptabel, wenn es so simpel ist? Bin ich gerne ein Mann, wenn Männer so dumm sind? Möchte ich von Frauen nicht als komplexeres Wesen wahrgenommen werden? Muss ich nicht andererseits diese etwas, nun ja, einschichtigen Aspekte meines Wesens akzeptieren, um zum Glück zu gelangen?

Und möchte ich, während ich all diese Fragen für mich beantworte, den Bleistift lieber zwischen den Zähnen oder mit den Lippen halten? • DAS BESTE AUS ALLER WELT 2013

★

WIE MAN FÜR SEIN EIGENES GLÜCK SORGT

Wie wir alle wissen, ist die Zukunft jedes Einzelnen von uns in seinen Handlinien festgeschrieben. Studiert ein Chiromant ausführlich genug unsere Handflächen, kann er unsere Zukunft in der Regel en detail vorhersagen, das ist keine große Sache: Hochzeit, Anzahl der Kinder, Gesundheit, finanzielles Ergehen – all das hat der Schöpfer sorgsam in die Haut der Innenhand graviert, man muss es nur lesen können. Dies ist seit Jahrhunderten erwiesen.

Ergänzend dazu hat die Vorsehung winzige Signale für zukünftiges Geschehen in unseren Alltag eingebaut. Nicht jeder vermag das zu erkennen, aber die Eingeweihten wissen Bescheid: der Fund eines vierblättrigen Kleeblatts, das Vorbeihuschen einer schwarzen Katze, der Gruß eines Schornsteinfegers – für viele von uns bedeutet das so viel wie dem Konjunkturforscher das Studium der Wirtschaftsdaten oder dem Arbeitskreis Steuerschätzung das Verfolgen der großen Geldflüsse. Ich persönlich weiß, dass der Fund eines Ein-Cent-Stückes auf der Straße meine Solvenz für die nächsten drei Monate sichert, das ist immer so gewesen und durch Langfrist-Studien unabhängiger Forscher der Universitäten Glücksburg, San Fortunato und Luck City auch hinreichend untersucht.

Natürlich gibt es Ignoranten. Es gibt sie immer. Dieses alberne Grinsen in manchen Gesichtern, wenn sie mit ironischer Gebärde einen chinesischen Glückskeks öffnen: Ich kann es nicht mehr sehen. Angela Merkel hat schon um die Jahrtausendwende von einem sprechenden Keks erfahren, dass sie unser Land jahrzehntelang regieren wird; jedem Abonnenten der *Neuen Schicksalsblätter* ist das bekannt. Amerikanische Geheimdienste verfügen mittlerweile über Handlinien-Dossiers jedes einzelnen Weltbürgers: Schon an Silvester wird man so weit sein, mit Hilfe eines Megacomputers, der so groß ist wie Las Vegas und Atlantic City zusammen, diese Dokumente zu kombinieren und so das Weltgeschehen der kommenden Jahre in allen Einzelheiten vorherzusagen.

Interessant ist nun, was aus Japan berichtet wird. Dort bietet nämlich der Chirurg Doktor Takaaki Matsuoka seit diesem Jahr harmlose Eingriffe an, mit denen er die Linien der Handflächen gleichsam neu zieht. Einige Schnitte mit dem Elektroskalpell, siebenhundert Euro auf den Tisch des Hauses, ein Monat verbundene Pfoten – und das Leben ist ein anderes.

Takaaki Matsuoka sagt, in diesem Jahr habe er zum Beispiel die sogenannte »Ehelinie« einer dreißigjährigen Frau so verändert, dass diese innerhalb von ein bis drei Jahren nach dem Eingriff verheiratet sein würde. So geschah es auch. Bei zwei Männern operierte Matsuoka die *money-luck line* ihrer Hände dergestalt, dass sie beide unverzüglich im Lotto gewannen. Man könne, so der geniale Chirurg, im gleichen Zug übrigens die *financial line* so formen, dass den Glücklichen das neu gewonnene Vermögen nicht gleich wieder zwischen den Händen zerrinne; er habe dies vorsorglich auch getan.

Wer hätte gedacht, dass der Mensch je eine solche Macht über die eigene Zukunft gewinnen könnte!? Man stelle sich vor, alle an den Börsen tätigen Menschen würden sich ihre entsprechenden Handlinien von Doktor Matsuoka gestalten lassen: Ein ewiges Aufwärts aller Indizes wäre die Folge! Wäre es nicht auch möglich, auf unseren Wetterkarten einfach keine Symbole für Regen und Nebel mehr vorzusehen, so dass Wetterentwicklungen in dieser Richtung unmöglich wären? Könnte nicht der Staat eine tägliche Reinigung unserer Schornsteine vorschreiben, so dass schicksalhafte Begegnungen mit dem Schornsteinfeger zum Alltag würden?

Ich für mein Teil ließ heute Morgen auf dem Weg ins Büro alle hundert Meter unauffällig eine Ein-Cent-Münze fallen, und weil ich daheim etwas vergessen hatte, musste ich noch einmal zurück – und was fand ich da, alle hundert Meter? Durch diese simple Maßnahme ist mein finanzielles Wohlergehen für das kommende Jahr bereits jetzt zur Gänze gesichert.

· DAS BESTE AUS ALLER WELT 2013

✶

VON GLÜCKS- UND PECHKEKSEN

Abends hatten wir Besuch gehabt. Paola hatte ein Thai-Curry gemacht. Dafür hatte sie im asiatischen Lebensmittelladen an der Ecke eingekauft. Und weil sie schon mal da war, hatte sie auch vier Glückskekse mitgebracht, Sie wissen schon, die großen hohlen Kekse mit kleinen Sinnsprüchen darin.

Bloß hatten wir dann am Abend die Kekse vergessen, sie waren liegen geblieben, und am nächsten Tag fand sie der Luis. Paola erlaubte ihm, drei Kekse zu öffnen und nachzusehen, was drin war. Einer aber müsse bleiben, sagte sie, das sei der Glückskeks vom Papa, und der müsse ihn selbst öffnen.

Der Papa, das bin ja nun mal ich, und ich kam abends heim. Kaum hatte ich mich hingesetzt, legte der Luis den letzten Glückskeks vor mich hin und sagte, das sei meiner, und ich solle ihn öffnen.

»Du kannst ihn haben«, sagte ich.

Luis nahm den Keks, öffnete ihn und zog einen schmalen weißen Zettel heraus, auf dem stand: »Vergiss nie: Wenn jemand etwas Dir zuliebe getan hat; dann musst Du auch etwas für ihn tun.«

»Siehst du, Luis, so ist das«, sagte ich. »Ich habe schon sehr oft etwas dir zuliebe getan, und dieser Zettel verpflichtet dich jetzt, auch mal etwas mir zuliebe zu tun. Mal sehen, was ich mir von dir jetzt ...«

Ich konnte den Satz nicht zu Ende sprechen, so schnell schob Luis den Zettel zu mir hinüber und sagte: »Es war ja dein Keks, Papa, ich habe ihn nur für dich geöffnet.«

War wohl doch eher ein Pechkeks für mich, was?

· DAS BESTE AUS MEINEM LEBEN 2006

Dieser Text ist deutlich kürzer als alle anderen, was daran liegt, dass es mich an dem Tag, an dem ich ihn schrieb, plötzlich nervte, dass alle Kolumnen immer gleich lang waren. Musste das denn so sein? Also schrieb ich mal eine kürzere. Es blieb die einzige. Irgendwie hat man das Gefühl, dem Autor sei nicht genug eingefallen für eine ganze Kolumne, oder? Geben Sie es zu!

Außerdem hat es seinen Reiz, immer in genau der gleichen Länge zu schreiben, also maximale äußere Disziplin mit größtmöglichen innerem Wahnsinn zu kombinieren – das hat mich am Kolumnenschreiben schon immer herausgefordert.

Und wer nun mal einen richtigen Pechkeks kennenlernen will, lese den Text auf Seite 570 über *Liftfahren in Colorado*. Obwohl es ja hier auch mit Pech weitergeht.

✶

DAS PECHTROPFENEXPERIMENT

Vor einer Weile las ich *Das Buch der verrückten Experimente* von Reto Schneider. Darin werden die Geschichten verschiedener interessanter wissenschaftlicher Versuche erzählt, zum Beispiel jenes Experiments, das der Psychologe Milton Rokeach vor fünfzig Jahren unternahm: Er brachte drei Männer zusammen, die sich jeweils für Jesus hielten, einer hatte sogar eine Visitenkarte, auf der stand »Dr. Domino dominorum et Rex rexarum, Simplis Christianus Puer Mentalis Doktor, reincarnation of Jesus Christ of Nazareth«. Immer wieder trafen sich die drei in einer psychiatrischen Anstalt, wobei keiner den beiden anderen zugestand, Jesus zu sein. Der erste hielt die beiden anderen für Angeber, sie seien allenfalls »ausgehöhlte Hilfsgötter«. Der zweite nannte die Kollegen sprechende Maschinen. Der dritte gab an, nur er sei Christus, die anderen zwei könnten es ja nicht sein, sie seien schließlich Insassen einer psychiatrischen Anstalt. Auf diese Weise sollen die drei gut miteinander ausgekommen sein.

Noch faszinierender fand ich nun aber in *Das neue Buch der verrückten Experimente* (auch von Schneider) die Geschichte des *Pitch Drop Experiments* in Brisbane/Australien. Dort hat 1927 ein Professor namens Thomas Parnell heißes Pech in einen unten verschlossenen Trichter gegossen. Dann wartete er drei Jahre. Darauf öffnete er den Trichter unten. Wartete weitere acht Jahre. Schließlich fiel, im Dezember 1938, ein Tropfen Pech in den Becher unter dem Trichter. Neun Jahre später löste sich ein zweiter Tropfen. Dann starb Parnell, worauf, 1954, ein dritter Tropfen herabsank. In der bis heute dauernden Amtszeit seines Nachfolgers sind fünf weitere *Drops* hinzugekommen, der letzte am 28. November 2000.

Was genau damit bewiesen wird, ist unklar – außer, dass Pech zwar aussieht und sich anfühlt wie Stein, dennoch flüssig ist, hundert Milliarden Mal zäher als Wasser. Übrigens hat nie jemand einen Tropfen wirklich fallen sehen! Im Jahr 2000 war zwar eine Kamera auf das Pech gerichtet, aber im entscheidenden Moment funktionierte sie nicht, was vielleicht einfach Pech war.

Das Großartige am Pechtropfenexperiment finde ich seine generationenübergreifende Dauer, seine bohrende Langeweile, seine Ignoranz gegenüber der Kurzfristigkeit modernen Lebens. Die ganze Welt beschäftigt sich mit Tempomachen, ja, in Genf hat man einen riesigen Teilchenbeschleuniger installiert, statt endlich eine Maschine zu konstruieren, die unser Leben (und auch das Leben der Teilchen) verlangsamt. Hier aber, im Brisbaner Pechversuch haben wir genau dieses Gerät: Mit kaum ermesslicher Gemächlichkeit sinkt Pech durch einen Trichter! Man möchte Jahre meditierend vor dem schwarzen Stoff verbringen, um endlich zur Ruhe zu kommen.

Aber Brisbane ist weit und … Bitte, wie wäre es, wir würden in allen unseren Städten solche Pechtrichter installieren, auf dem Marienplatz in München, vor dem Kölner Dom, am Brandenburger Tor? Überall würden die Menschen auf ihrer rasenden Glückssuche durch die Ruhe des Pechs gemahnt, die Zeit zu bedenken. Und was wäre es immer für ein Ereignis, auf den Tropfenfall zu warten! Wie würden sich die Mengen vor den Trichtern versammeln, in Gemeinschaft stiftender, jede Zeit ignorierender Erwartung! Ein Pechkult würde sich entwickeln, jeder hätte einen Pechtrichter daheim, ja, man könnte sich vorstellen, in großen Gebäuden, in Zeitungshochhäusern, sogar mitten im neuen

Tower von Dubai gläserne Pech-Schächte zu installieren, durch die der schwarze Tropfen alle paar Jahre Hunderte von Metern tief für alle sichtbar zu Boden klatschte, ein jeweils frenetisch gefeiertes Ereignis.

Ich danke für Ihre Aufmerksamkeit. Kommende Woche wird hier einer meiner beiden Zimmergenossen für Sie schreiben. Er hält sich für »Axel Hacke«, jedoch ist er nur eine schreibende Maschine. Begegnen Sie seinen Ausführungen dennoch mit Wohlwollen, er nimmt mir Arbeit ab. Ich möchte es langsamer angehen lassen. • DAS BESTE AUS ALLER WELT 2010

Zweifellos haben wir es hier mit einem Kult der Langsamkeit und Entschleunigung zu tun, den ich beispiellos fand, bis mich Leser über ein Orgelkonzert in der Halberstadter Burchardi-Kirche informierten: Dort wird ein Stück von John Cage aufgeführt, *as slow as possible,* so langsam wie möglich, nach Maßgabe des Komponisten, den wir ja schon aus der Geschichte *Brüllwelt* auf Seite 102 kennen. Was bedeutet, dass nur alle paar Jahre ein Tonwechsel stattfindet, heuer zum Beispiel am 5. Juli, stets unter großer Beachtung durch die Öffentlichkeit.

Dieses Konzert begann 2001 und wird im Jahr 2639 beendet sein: Das heißt, wer sich jetzt eine Eintrittskarte besorgt, wird sie oft und oft vererben können.

Übrigens entdeckte Leser S. aus Unterschleißheim in der Pech-Kolumne einen Fehler: Ich schrieb, meine Bewunderung gelte dem Pechtropfenexperiment in Brisbane auch wegen seiner »Ignoranz gegenüber der Kurzfristigkeit modernen Lebens«. Natürlich, so S., müsse es nicht »Ignoranz«, sondern »Indifferenz« heißen. Da hatte er Recht, und ich zog Konsequenzen. Der Leiter der Fremdwort-Abteilung bei *Das Beste aus aller Welt* musste damals seinen Hut nehmen, doch damit nicht genug. Wie die Firma Toyota Millionen Autos wegen klemmender Gaspedale zurückgerufen hat, so rief auch ich die Kolumne wieder zu mir. Es war gewiss kein schlimmer Fehler, aber bevor etwas passierte ... Ich bot an: Bringen Sie mir die Seite mit dem Text, und ich werde persönlich und von Hand das Wort »Ignoranz« in »Indifferenz« umändern, auf Wunsch auch in »Gleichgültigkeit«. (Ja doch, es gab tatsächlich einen Leser, der sich das Wort ändern ließ!)

Wenn Sie noch mehr über Pech wissen wollen, lesen Sie bitte die Geschichte über *Mick Wilary* auf Seite 360. Und wenn Sie noch mehr darüber lesen möchten, wie Menschen glücklich zu sein versuchen, nehmen Sie sich unbedingt den Text über *Don Gorske* auf Seite 358 und den über *Steve Feltham* auf Seite 363 vor!

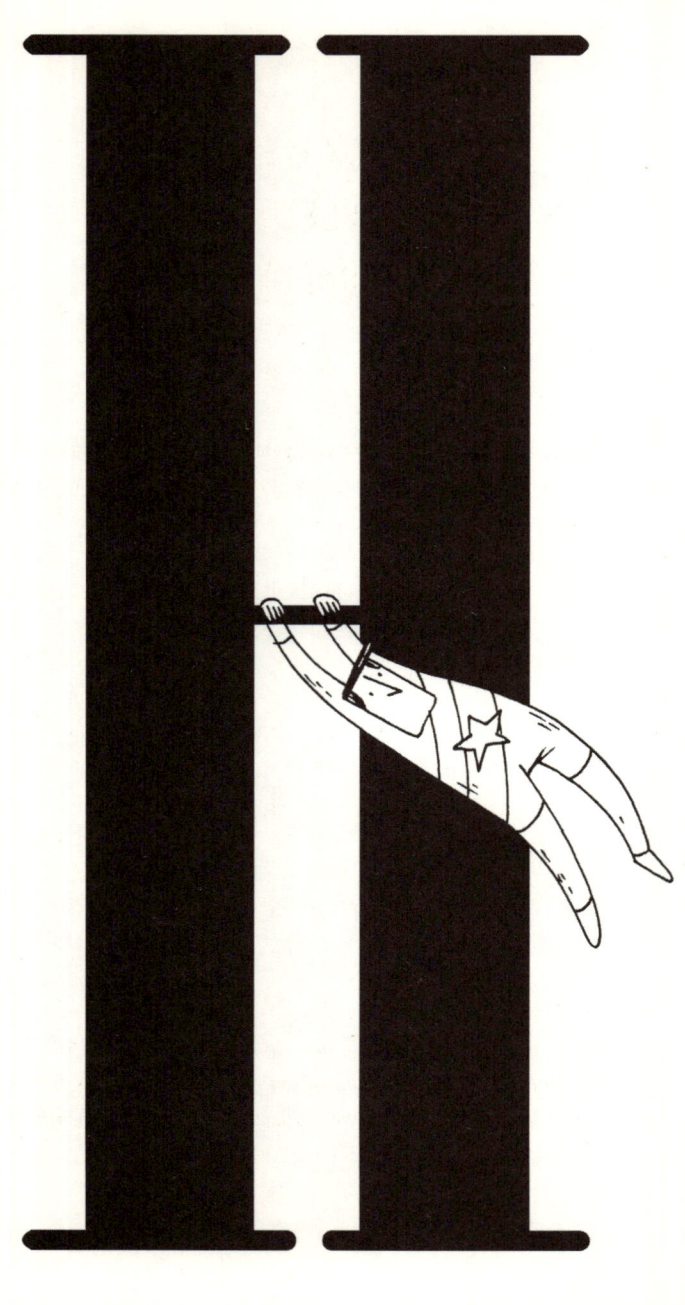

NOCH MAL
ZURÜCK ZU DEN ANFÄNGEN:
DIE GRUNDKURSE

—————←   ✻   ————————→

1994 schrieb ich eine Kolumne namens HACKES GRUNDKURSE. *Sie hatte nur neun Folgen, warum es nicht mehr waren, weiß ich auch nicht. Manchmal fallen einem zu einem Thema ja nur neun Dinge ein, war es das? Jedenfalls, die Idee war bei allen Kolumnen immer die gleiche: Es geht um eine Fähigkeit, die man unbedingt haben möchte, vor deren Erwerb man aber aus Faulheit oder Angst zurückschreckt. In der Kolumne wird jede dieser Fähigkeiten auf eine sehr einfache Grundidee reduziert. Und damit wird, beherzigt man nur diesen simplen Basisgedanken, alles ganz einfach, im Grunde. Die Themen reichten vom* SKIFLIEGEN *bis zum* HAUSBAU *und vom* KLAVIERSPIELEN *bis zum* KOCHEN.*

Jeder, der diese Geschichten liest, wird sofort merken, dass sie anders als alle anderen Kolumnen sind, vielleicht, weil sie von der gerade erwähnten Grundkonstruktion ausgehen, die einerseits absurd genug ist, um einen gewissen Witz zu gewährleisten, andererseits doch so streng, dass sie dem Autor wenig Auslauf lässt, auch wenig Platz für jede Art von Emotion. Die GRUNDKURSE *waren in jenen Jahren, als ich noch nicht so genau wusste, wohin das mit den Kolumnen laufen würde, ein Experiment – ein Test, was möglich ist und was nicht. Manche von denen, die ich damals geschrieben habe, gefallen mir heute gar nicht mehr. Drei, die ich immer noch ganz gut finde, stehen hier.*

SKIFLIEGEN

Richtige Skiflieger, also Menschen, die mit Skiern an den Füßen bis zu zweihundert Meter weit durch die Luft segeln können, gibt es nur sehr wenige, vielleicht ein paar hundert in der ganzen Welt. Gelegentlich hört man, das liege daran, dass es zu wenig Skiflug-schanzen gebe, vor allem in Norddeutschland. Unsinn! Es ist andersherum: Entschieden sich mehr Leute fürs Skifliegen, würde endlich eine größere Zahl von Schanzen errichtet.

Es ist deshalb unser Anliegen, viele Menschen für diesen schönen Sport auszubilden. Nicht in einen Flugzeugsitz geschnallt sein, nicht unter einem Flugdrachen klemmen, nicht am Fallschirm zappeln muss der Skiflieger – nein, frei durch den Äther schwebt er, so herrlich frei, dass der Olympiasieger Ernst Vettori einmal gesagt hat: »Wenn die Vögel mich fliegen gesehen haben, gehen sie zu Fuß.«

Dabei ist Skifliegen die einfachste aller Skisportarten. Millionen lassen sich in langwierigen und teuren Alpin-Skikursen zeigen, wie man unfallfrei Abhänge hinunterfährt, oder ächzen stundenlang durch Langlaufloipen. Der Skiflieger hingegen steigt am Fuße der Schanze lässig in einen Aufzug, lässt sich nach oben fahren und hat nichts zu tun, als in vorgefräster Spur geradeaus nach unten zu gleiten. Ist die Schanze zu Ende, fliegt er automatisch los.

Das Wesentliche dieses Sports: so spät wie möglich zu landen! Wer bei Weltmeisterschaften oder anderen Wettbewerben startet, hat nur eine Siegeschance, wenn er weiter fliegt als alle. Was müssen wir dazu tun?

Erste Voraussetzung: Wir benötigen Skier. Nehmen Sie die breitesten und längsten, die es gibt. Diese Skier müssen Sie an Ihren Füßen befestigen. Sie dürfen sich auf keinen Fall lediglich daraufstellen und losfahren: Die Bretter fliegen dann nicht mit, sondern fallen hinter der Schanze zu Boden. Sie benötigen sie aber zur Landung. Verlangen Sie deshalb im Sportgeschäft eine Bindung sowie Spezialstiefel.

Zweite Voraussetzung: eine Schanze. Es ist wichtig, dass wir Skisprungschanzen von Skiflugschanzen unterscheiden: Skispringer hüpfen höchstens 120 oder 130 Meter weit – viel zu wenig für unsere Ansprüche. Skifluganlagen befinden sich nur in Oberstdorf, in Harrachov/Tschechien, bei Bad Mitterndorf in der Steiermark, in Planica/Slowenien, im norwegischen Vikersund und in Ironwood/USA. Fahren Sie an einen dieser Orte. Legen Sie übrigens Ihre Ausrüstung erst auf der Schanze an – alles andere erschwert die Reise unnötig.

Dritte Voraussetzung: keine Diskussionen mit dem Skiverkäufer, Ihren Verwandten, Ihrem Arzt! Lassen Sie nicht zu, dass Ihnen der Schanzen-Hausmeister den Weg verstellt! Viele Menschen halten Skifliegen für gefährlich und werden deshalb versuchen, Sie davon abzubringen.

Natürlich birgt das Skifliegen wie jeder Sport physische Gefahren: Der Wind kann Sie in ein Waldstück tragen, so dass Sie von einem Baum aufgespießt werden, Ihr Kopf kann bei einem Sturz vom Rumpf getrennt werden, und Ihr Steißbein wird möglicherweise bei der Landung den Kehlkopf ins Gehirn drücken. Auch können Sie sich in der Luft überschlagen und im Ziel zerschellen. Doch befinden sich in der Nähe aller Schanzen Krankenhäuser, deren Ärzte sich mit solchen Verletzungen gut auskennen. Ein Tipp: Sammeln Sie im Zielraum Ihre Körperteile sorgfältig ein, und nehmen Sie diese vollständig mit ins Hospital! Sie vereinfachen so die Behandlung.

Befinden Sie sich auf der Schanze, legen Sie Ihre Skier so zurecht, dass die gebogenen Spitzen nach oben und in Fahrtrichtung weisen. Sie sollten unbedingt zunächst Ihre Skier anschnallen und dann damit in die Abfahrtsspur steigen. Wenn Sie versuchen, die Bretter erst in der Spur anzulegen, kann es passieren, dass diese ohne Sie abfahren. Laufen oder rutschen Sie ihnen nie hinterher! Das mindert die Eleganz Ihres Auftritts und veranlasst die Wettkampfrichter, Ihre sogenannte »Haltungsnote« zu verringern.

Fahren Sie nicht aufrecht stehend ab, verschränken Sie dabei nicht die Arme vor der Brust, drehen Sie sich nie um! Gehen Sie in die Hocke, nehmen Sie Abschied und die Arme nach hinten! Sie müssen sich fühlen wie ein Hühnerhabicht im Anflug auf sein Opfer. Den genauen Bewegungsablauf lernen Sie, indem Sie einige Wettbewerbe im Fernsehen anschauen und sich einprägen, was die Athleten tun – es ist bei jedem Flug das Gleiche und leicht zu behalten.

Es ist üblich, im Skistadion zu landen. Sollten Sie sich entschließen, über die Tribüne hinauszufliegen, kehren Sie anschließend bitte zur Schanze zurück, um dem Kampfgericht zur Weitenmessung Ihren Landepunkt mitzuteilen und die Fragen des Österreichischen Rundfunks zu beantworten. · HACKES GRUNDKURSE 1994

✭

TANZEN

Wer das Tanzen erlernen möchte, muss sich zunächst darüber klar werden, dass es grundsätzlich paarweise ausgeübt wird. Üblicherweise bilden je ein Mann und eine Frau ein sogenanntes Tanzpaar.

Ein Blick in die Fachliteratur der Jahrhunderte ergibt aber, dass beide Geschlechter unterschiedlich für das Tanzen begabt sind. »Soll ich tanzen lernen? Natürlich! Bist Du ein junges Mädchen, so stellt sich die Frage gar nicht. Das Tanzen ist Dir so angeboren wie dem Vogel das Fliegen und einem Fisch das Schwimmen«, lesen wir in Schramms *Der gute Ton* von 1906. In Graudenz' dickem *Buch der Etikette* aus den fünfziger Jahren heißt es: »Vergessen wir auch nicht, meine Herren, dass es keine Dame gibt, die nicht tanzen könnte, wenn – ihr Partner tanzen kann und zu führen versteht.«

Wir sehen: Frauen sind von Natur aus in der Lage zu tanzen, Männer müssen diese Fähigkeit erwerben. Was aber heißt in diesem Zusammenhang »führen«?

Darüber schreibt Helen Ann Augst in *Tanzen – Schritt für Schritt*: »Die Emanzipation der Frau ist noch nicht bis zur Tanzfläche vorgedrungen. Hier regiert unangefochten der Mann, und das wird auch bestimmt so bleiben.« Allein er darf also darüber befinden, ob man sich zum Beispiel beim Tanzen rechts- oder linksherum dreht.

Vielen Männern (und ausschließlich an diese richtet sich logischerweise dieser Text) macht das Angst. Ausgerechnet der soll »führen«, der von Natur aus weniger begabt ist. Das klingt schwer. Deshalb entwickeln Männer eine Abwehrhaltung gegen das Tanzen oder verweigern sich ihm ganz und erfahren nie dessen stressabbauende, aggressionsvernichtende, gefühlsintensivierende Wirkung.

Wichtig für uns, die wir Mut gefasst haben, ist: nicht einschüchtern lassen! Betrachtet man die Bewegungen von Tänzern im Detail, so bestehen sie aus nichts als einzelnen Schritten, vorwärts, rückwärts, zur Seite – simple Schritte, wie sie jeder von uns täglich hundertfach tut.

Tanzen ist also nichts anderes als Gehen. Wenn Sie aber Angst vor dieser speziellen Art des Gehens haben, werden Sie es nicht lernen können. Sie dürfen nicht nur äußerlich Schritte tun, Sie müssen sich tatsächlich *gehen lassen*. Versuchen Sie, Ihre Furcht abzubauen, indem Sie mit jemandem üben, der ebenfalls nicht tanzen kann. Verabreden Sie sich mit Ihrem besten Freund zu einem Abend zu zweit, eine Art Mini-Männertanzgruppe. Nehmen Sie sich gegenseitig in Ihre festen Arme, überlassen einmal

Sie sich fünf Minuten den ungeordneten Bewegungen des Freundes, darauf er Ihren, dann wieder Sie seinen und so weiter.

Sie werden spüren, wie schön es ist, geführt zu sein, werden sich einfühlen in Ihren Partner, werden merken, wie herrlich es sein kann, selbst zu führen. Um Missverständnisse und lange Erklärungen zu vermeiden, suchen Sie sich am besten einen Abend aus, an dem Ihre Frau nicht zu Hause ist.

Mit dieser Übung haben Sie den entscheidenden inneren Schritt zum guten Tänzer getan. Nun müssen Sie sich noch technische Kleinigkeiten einprägen.

Machen Sie sich den organisatorischen Aufbau eines Tanzes klar: Zunächst ertönt erstens Musik, darauf wählen Sie zweitens sofort eine Tanzpartnerin, betreten mit ihr drittens die Tanzfläche und beginnen viertens zu tanzen. Lächerlich kann es wirken, wenn Sie erstens die Tanzfläche betreten, dort zweitens tanzen, dann drittens auf die Musik warten und erst viertens eine Partnerin auffordern. Machen Sie auch nie den Fehler, zuerst der Musik in Ruhe zu lauschen und erst nach deren Verklingen eine Partnerin zu suchen!

Sobald der Tanz beginnt, ist es Ihnen gestattet, mit der linken Hand die rechte Ihrer Partnerin zu halten und Ihre rechte Hand auf den Rücken der Dame zu legen. Achten Sie darauf, dass sie dabei immer ausreichend Luft bekommt, heben Sie sie nicht an, und lassen Sie sie nach Beendigung des Tanzes wieder los. Da, wie eingangs erwähnt, alle Frauen von Natur aus tanzen können, liegt die Schuld für jedes Stolpern bei Ihnen. Entschuldigen Sie sich deshalb auch für Verletzungen, die Ihnen seitens der Dame beigebracht werden, in aller Form. Ordnen Sie nach Stürzen Ihre eigenen Kleider, nicht jedoch die der Dame.

Es ist üblich, beim Tanzen gewisse Umgangsformen zu beachten. Sie sollten eine Dame um einen Tanz *bitten*, nicht hingegen sie auf die Tanzfläche befehlen oder mit lässigem »Na, dann wollen wir mal« vom Platz holen. Es gilt als ungeschickt, Frauen, mit denen sonst niemand tanzt, mit »So, mein Mauerblümchen, dann will ich mich mal deiner erbarmen« aufzufordern. Es ist nicht angebracht, den Tanz mit dem Seufzer »So, das hätten wir« zu beenden. Und – vor allem – fragen Sie nie: »Na, wie war ich?«

· HACKES GRUNDKURSE 1994

★

EIN HAUS BAUEN

Dass der Mensch zum Leben eines Hauses notwendig bedarf, gilt als unbestritten. Gewiss gibt es Leute, die hin und wieder andere Wohnformen ausprobieren, mit Zelten zum Beispiel – meist weit von ihrer Heimat entfernt, um sich nicht dem Gelächter der vernünftigerweise »zu Hause« bleibenden Freunde auszusetzen. Beobachtungen haben ergeben, dass diese Experimente spätestens nach einigen Wochen wieder abgebrochen werden, worauf die Abenteurer »nach Hause« zurückkehren.

Die Fähigkeit, sich ein Haus zu bauen, sollte deshalb (und angesichts des weltweiten Mangels an komfortablen und stadtnahen Höhlen) zu unseren Grundfertigkeiten zählen, zumal sie nicht schwer zu erwerben ist.

Wer ein Haus haben will, muss sich zuerst überlegen, wo er es hinstellen möchte: mitten in eine Stadt oder lieber in die Einsamkeit, ans Meer oder ins Gebirge. Haben Sie einen Platz gefunden, erkundigen Sie sich unbedingt, wem dieses Grundstück gehört! Es ist sehr wichtig, dass Sie den Besitzer fragen, ob er Ihnen erlaubt, hier zu bauen!

Im nächsten Schritt müssen Sie darüber nachdenken, was für ein Haus Sie benötigen. Es gibt verschiedene Arten: sehr schmale und hohe sowie ganz breite und flache, und Sie haben genau zu bedenken, was für Sie geeignet ist. Menschen, die gern Fahrstuhl fahren, können in einem niedrigen Bungalow ausgesprochen unglücklich werden; andererseits sollten blonde Frauen, welche sich vor großen Affen fürchten, nie in Wolkenkratzern wie dem Empire State Building leben. Besprechen Sie einfach alle Pläne mit Ihrem Analytiker!

In dieser Phase sollten Sie auch einen Beschluss darüber fassen, ob Sie als Baumaterial Holz oder Steine verwenden. Holz hat den Vorteil, brennbar zu sein, so dass Sie Ihr Haus leichter anzünden können, wenn es Ihnen am Ende nicht gefällt. Steine sind schwerer als Holz, die Arbeit wird mühsamer. Besprechen Sie diese Pläne mit einem Fitnessstudio.

In jedem Fall legen Sie bitte Ihre Vorstellung von einem geeigneten Haus in einer Zeichnung nieder, damit Sie nichts vergessen. Das ist eine bei Architekten übliche Praxis. Da wir unser Haus selbst errichten, verzichten wir auf einen Architekten. Seine Aufgabe wäre, wie der berühmteste deutsche Baumeister, Karl Friedrich Schinkel, in seinem *Architektonischen Lehrbuch* geschrieben hat, »ein Gebrauchsfähiges Nützliches Zweckmäßiges schön zu machen«. Achten Sie bitte einfach selbst darauf, dass Ihr Haus schön wird!

Egal, welche Art Gebäude Sie wählen, stets gilt: Das wichtigste ist das Dach. Bedenkt man es recht, ist ein Haus ohne Dach kein Haus – man spricht ja vom »Dach über dem Kopf«, wenn man ein Haus meint. Schon an dieser Redensart erkennen wir, wo sich das Dach eines Hauses befindet: oben. Den unteren Teil eines Hauses nennen wir hingegen »Keller«. Zwischen »Keller« und »Dach« stehen die sogenannten »Wände«. Gewisse moderne amerikanische Architekten haben Häuser konzipiert, bei denen sich das Dach unten und der Keller oben befanden. Diese Gebäude hatten luftige Keller, welche nie von Asseln befallen wurden. Andererseits waren die Mansardenräume nach einem Dachgeschossausbau schlecht zu vermieten.

Womit beginnen wir, wenn wir uns anschicken, das Haus tatsächlich zu errichten? Da nun einmal das Dach das Wesentliche ist, sollten wir auch damit anfangen, schon weil man dann alle anderen Tätigkeiten im Trockenen verrichten kann. Hausbau ist, wie erwähnt, körperlich anstrengend, und man muss sich die Arbeit erleichtern, wo es geht. Wenn das Dach fertig ist, lässt man es an einem Kran baumeln, während die darunterliegenden Hausteile aufgemauert werden. In dieser Phase das Dach an einem Helikopter zu befestigen, erzeugt angesichts der begrenzten Treibstoffvorräte von Hubschraubern unnötigen Zeitdruck. Die Aufhängung an einer Kumuluswolke empfiehlt sich nur bei Windstille.

Lassen Sie sich nicht davon irritieren, dass bei den meisten Häusern zuerst das Kellergeschoss gebaut wird! Dies geschieht fast immer unter Druck der Handwerker, die auf Lagermöglichkeiten für kühle Getränke bestehen. Wir brauchen keine Handwerker und müssen auf ihre Weisungen keine Rücksicht nehmen.

Ein Wort zu den Wänden: Es ist üblich, in ihnen zwei Arten von Öffnungen vorzusehen. Die erste dient dem Betreten und Verlassen des Hauses und heißt »Tür«. Die zweite ermöglicht das Stromsparen, weil durch sie tagsüber Licht in das Haus eindringen kann, und heißt »Fenster«. Fenster wie Türen erhalten Sie im Baumarkt.

Abschließender Tipp: Je größer das Haus, desto länger die Bauzeit! Bedenken Sie dies, bevor Sie den Mietvertrag Ihrer derzeitigen Wohnung kündigen!   · HACKES GRUNDKURSE 1994

WENN WIR GERADE BEI GRUNDKURSEN SIND: ÜBER DAS SPRECHENLERNEN

Zu den schönsten Zeiten in meinem Leben gehörten die Jahre, in denen die Kinder das Sprechen lernten, ich konnte davon nie genug kriegen: dieses langsame Erobern von etwas dem Kind gänzlich Fremdem, den anderen aber en detail Vertrautem, dieses Sichvorarbeiten ins Neue, das tägliche Zungen- und Hirntraining: Es ist großartig, auch weil es denen, die schon sprechen können, ermöglicht, die eigene Sprache noch einmal neu und spielerisch zu sehen. Insofern war es (auch aus diesem kleinen Nebengrunde) ein unfassbar großes Glück, dass in meinem leicht vorgerückten Alter meine jüngste Tochter ins Leben trat, die im Paralleluniversum der Kolumne unter dem Namen Sophie existiert und der ich sehr viele Anregungen zu einigen Kolumnen über das Sprechenlernen verdanke.

NAUM

Die kleine Sophie lernt nun sprechen, ein hochinteressanter Vorgang. Das Sprechenlernen beginnt nämlich so, dass die Sophie einzelne Wörter formt, die nichts bedeuten. Jedenfalls nichts für uns Erkennbares.

Hängü. Ababkih. Abábetschih. Krodgra. Guhdgäh. Nuna.

So hat es bei uns allen angefangen. Und man fragt sich, wo all die Wörter geblieben sind, die wir mit anderthalb vor uns hinsprachen. Wie kann es sein, dass so viele Wörter Tag für Tag geboren werden, um dann sang- und klanglos wieder zu verschwinden? Müsste man nicht auch diese nichts bedeutenden Begriffe aufbewahren? Vielleicht kann man sie eines Tages brauchen? Ist denn ein Wort nichts wert, bloß weil es nichts bezeichnet? Was ist das für ein blödes, kapitalistisches Nutzdenken? Ich fordere Archive und *Dictionarys* auch für Wörter, die nichts heißen! Es wäre eine einzigartige Fundstätte. Denn jeden Tag gibt es auch neue Gegenstände, die keinen Namen haben – hier könnte man nach Bezeichnungen suchen und müsste sich nicht erst umständlich welche ausdenken.

Nuna, das wäre zum Beispiel ein schönes Wort für einen Kleinwagen. *Der neue Ford Nuna ist da.*

Und wenn man eines Tages eine hirngesteuerte dritte Hand erfinden würde, die man sich nur anschnallen muss, und schon funktioniert sie – auf Bulgarisch könnte man sie *Krodgra* nennen und auf türkisch *Hängü*. (Übrigens sollte man sie bald erfinden, ich brauche sie dringend, weil man Sophies faltbaren Kinderwagen nur mit drei Händen auseinanderfalten kann.)

Paola hat jetzt ein Baby-Wörterbuch gekauft, da trägt man das richtige deutsche Wort ein und auf der anderen Seite das, was das eigene Baby dazu sagt. Umgekehrt geht es leider nicht, man kann also nicht *Hängü*, *Ababkih*, *Abábetschih*, *Krodgra*, *Guhdgäh* und

Nuna nachschlagen und sehen, was Sophie damit vielleicht doch gemeint haben könnte.

Paola schreibt also links das deutsche *Auto*, rechts *Oddo*, das ist sophiehisch. Links *Arm*, rechts *Amm*. Links *Hunger*, rechts *Unga*. Ein paar Wörter hat der Wörterbuch-Verlag schon vorgedruckt, aber man wundert sich, was die Kinder von Wörterbuch-Redakteuren anscheinend so alles können. Sie haben Wörter für Indianer, Qualle und Xylophon, da kommen wir nie hin. Woher soll ich eine Qualle oder einen Indianer bekommen, damit sich Sophie ein Wort dafür ausdenken kann?

Neulich stand die Sophie am Fenster und schaute hinaus. Plötzlich schrie sie aufgeregt: »Naum! Naum! Naum!«, und zeigte mit dem Finger hinaus.

Ich sah nichts, was sie hätte meinen können. Worum ging es ihr? Wollte sie nach Naumburg reisen? Ging ein Herr namens Naum die Straße entlang? Oder (vielleicht weil neuerdings ein Mädchen aus der Mongolei in Luis' Klasse geht und oft bei uns zu Besuch ist) könnte Naum zum Beispiel das mongolische Wort für jenes spezifische halbstündige Dämmerlicht kurz vor Einbruch der richtigen Dunkelheit sein?

Nach einer Viertelstunde erst verstand ich:

Da unten spielte eine Katze, und die Katzen machen Miau, und das heißt eben *Naum* bei Sophie. Oder, bitte, wenn wir zusammen noch einmal genau hinhören: Machen die Katzen nicht in Wahrheit *Naum*? *Naaaaaum …?* · DAS BESTE AUS MEINEM LEBEN 2006

Übrigens hege ich den begründeten Verdacht, dass die deutsche Sprache in Wahrheit in Barcelona entsteht. Denn sicher einmal pro Jahr bekomme ich von verschiedenen Lesern die Speisekarte eines dortigen Restaurants zugeschickt, die jedes Mal ein bisschen anders ist. Gab es zum Beispiel anfangs noch ein Gericht namens »Wurmbrustkorb«, so hieß es ein Jahr später schon »Wurmbrustkorb zu Lamm«, wieder ein Jahr später »Bruskorb von Lamm (Wurn)«, also ein stetig fortschreitender Wandlungsprozess, der nie zum Richtigen führt, was ja auch langweilig wäre, sondern stattdessen sorgsam eine Reihe von sprachlich Möglichem abschreitet, sozusagen eine linguistische Versuchsserie über das im Deutschen Schreibbare.

Eines Tages erzählte ich das alles wieder mal in einer Lesung und erwähnte dann, dieses Jahr hätte ich noch keine Karte aus Barcelona bekommen. Da meldete sich im Publikum eine Dame und rief: »Hier!« Und schenkte mir genau die Karte, die mir fehlte und auf der wir noch während der Veranstaltung eine Speise namens »Mimelstüch vom Seehecht« ausmachten. Wobei nun »Mimelstüch« zweifellos ein deutsches Wort ist. Aber wir kennen es nicht! Es gibt also in Barcelona deutsche Wörter, die uns in Deutschland unbekannt sind.

Was nicht so bleiben muss!

Vielleicht kommt man in zehn Jahren heim, ruft im Flur fragend, was es denn zu essen gebe, und die Antwort aus der Küche ist: »Mimelstüch! Mir war danach! Gab's heute ganz frisch auf dem Markt.« Dann wird »Mimelstüch« ein uns ganz selbstverständlicher Begriff sein.

So entsteht Sprache. In Barcelona.

Ich erzähle das hier nur, weil natürlich das witzige und anregend-falsche Deutsch auf Speisekarten, wie wir es in *Wenn man im* Roten Ochsen *isst* auf Seite 127 und den dort folgenden Geschichten behandelt haben, den Sprachlernversuchen kleiner Kinder sehr verwandt ist, um die es in den folgenden Kolumnen noch einmal geht.

★

SSSEISSE

Die kleine Sophie kann nun schon sprechen, ja, sie kann ganze Sätze sagen, und am liebsten sagt sie diesen Satz hier: »Heute ist Montag.«

Es kann also vorkommen, dass die Sophie morgens am Frühstückstisch sitzt, Kakao trinkt und auf die Frage »Welcher Tag ist heute?« antwortet: »Heute ist Montag.«

»Aber Sophie!«, sagt Paola dann. »Heute ist Dienstag!« (Es ist nämlich wirklich gerade Dienstag, man soll seine Kinder nicht belügen, also sagen wir ihnen immer die Wahrheit.)

»Heute ist Montag«, sagt Sophie.

Am nächsten Tag ist Mittwoch. Aber Sophie sagt, es sei Montag.

Luis wälzt sich lachend am Boden. »Sophiiiiie!«, schreit er. »Heute ist Mittwoch! Mittwoch! Sag mal: Mittwoch!«

»Mittwoch!«, sagt Sophie.

»Ja, wunderbar, Sophie«, sage ich. »Heute ist Mittwoch. Sprich mir nach: Heute ist Mittwoch.«

»Heute ist Montag«, sagt Sophie.

Man begreift es nicht. Was ist los mit ihr? Wer hat ihr diesen Satz beigebracht? Es gibt andere Sätze, die Sophie sagt und deren Herkunft wir kennen. Zum Beispiel ist es vorgekommen, dass ich in aller Frühe ihr Zimmer betrat und aus dem Bettchen ein leises »Oh, Ssseiße, mein Handy!« hörte. Das war nach jenem Tag, an dem Paola fünf Minuten, nachdem wir ein Wirtshaus verlassen hatten, festgestellt hatte, dass sie dort ihr Telefon hatte liegen lassen – deshalb war ihr der Satz entfleucht, und Sophie hatte ihn sich gemerkt und am nächsten Tag eben gesagt. Und Luis hatte das so toll gefunden, dass er ihr für den Rest des Tages immer wieder den Satz vorsprach, damit sie ihn wiederholte, immer mit sanftem Sss statt Sch: »Oh, Ssseiße, mein Handy!«

»Welcher Tag ist heute, Sophie?«, fragt Paola dann am Donnerstag.

»Heute ist Montag.«

»Welcher Tag ist heute, Sophie?«, fragt Luis am Freitag.

»Heute ist Montag.«

»Welcher Tag ist heute, Sophie?«, frage ich samstags.

»Heute ist Montag.«

Und dann ist auf einmal Sonntag. »Morgen ist Montag«, sage ich zu meiner Tochter. »Morgen wirst du zum ersten Mal Recht haben. Morgen ist der einzige Tag der Woche, an dem du Recht haben wirst. Morgen ist dein Tag! Montag, Montag, Montag.«

»Morgen ist Mittwoch«, sagt Sophie und lacht.

Na, ich kann Ihnen sagen! Selten habe ich einen Tag mit solcher Spannung erwartet wie den Montag. Gleich nachdem die Sophie aufgewacht ist, nehme ich sie und trage sie, noch in ihrem Schlafsäckchen, in unser Bett, lege sie zwischen Paola und mich und frage, während sie noch ins Morgenlicht blinzelt: »Na, Sophie, welcher Tag ist heute?«

»Oh, Ssseiße, mein Handy!«, sagt Sophie.

· DAS BESTE AUS MEINEM LEBEN 2006

★

HALIXEN

Kürzlich las ich ein Interview mit einem berühmten Hirnforscher, Manfred Spitzer heißt er. Er sagte unter anderem, es gefalle ihm nicht, dass in unseren Schulen die Dinge nur abstrakt behandelt und Regeln immer gleich als Regeln gepaukt würden. Für ihn, den Hirnforscher, bedeute Lernen, sich die Regeln selbst an Hand von Beispielen zu erarbeiten. Wer sich immer wieder mit Konkretem befasse, dessen Hirn lerne die dahinterstehenden Regeln automatisch, unbewusst, »in der Grammatik unserer Muttersprache« etwa.

»Ein Beispiel?«, fragten die Interviewer.

Der Hirnforscher sagte: »Meine Lieblingsregel der deutschen Grammatik lautet: Verben auf ›-ieren‹ bilden das Partizip ohne ›ge-‹: interessieren – interessiert; spazieren – spaziert. Das machen Sie richtig, ohne nachzudenken.«

Da fiel mir Sophie ein, deren Hirn sich gerade ausgiebig mit Partizipbildung beschäftigt und dabei zu interessanten Ergebnissen kommt.

Sophie steht zum Beispiel oben an der Treppe, während ich unten warte, und sagt: »Warte, bis ich da runtergegeht habe.« Wenn sie unten angekommen ist, sagt sie: »Ich bin da runtergegehn.« Wenn sie nicht runtergegangen ist, sagt sie: »Ich habe oben gebleiben.«

Wenn Sophie gegessen hat, sagt sie, sie habe geesst. Oder geisst. Oder geessen. Wenn eine Mücke sie gestochen hat, sagt sie, die Mücke habe sie gestichen. Wenn sie etwas geholt hat, sagte sie, sie habe es geholen.

Am schönsten ist das Partizip, das sie zu *heiraten* bildet. Heigeratet.

Ich muss an meinen Grammatikunterricht in der Schule denken, der mich so langgeweilt hat, dass ich noch heute beim Gedanken daran sterben könnte. Wenn ich Grammatik unterrichten müsste, würde ich die Schüler bitten, möglichst viele schöne möglichst falsche Partizipien zu bilden. Das ist mein Ansatz: Schönheit geht vor Richtigkeit, Sprachspaß vor *correctness*. Ich bin aber sehr froh, dass ich nicht Grammatik unterrichten muss.

Der Hirnforscher sagte, er könne den Interviewern sofort beweisen, dass auch deren Unterbewusstsein die Regel mit den Partizipien auf »-ieren« beherrsche. Er forderte sie auf, das Partizip von »quangen« zu bilden.

»Gequangt«, sagten die Interviewer.

»Und von ›patieren‹?«, fragte der Hirnforscher.

»Patiert.«

»Sehen Sie!«, sagte der Hirnforscher, so gehe das. »Sie können Wörter beugen, die es nicht mal gibt.« Das Gehirn habe eben nicht alle je gehörten Wörter gespeichert und abrufbar gehalten, sondern selbst eine Regel gebildet, die es bei Bedarf richtig anwende.

Quangen, dachte ich. Patieren. Sehr schön. Ob es diese Wörter nicht gibt, ist noch die Frage. Sie stehen ja da, auf dem Papier. Und etwas, das da *steht*, das *gibt* es auch. Die Wörter haben vielleicht keine Bedeutung, aber Wörter sind sie trotzdem. Möglich, dass sie eines Tages eine Bedeutung bekommen. Jeden Tag entstehen ja neue Bedeutungen, dafür braucht man Wörter. Quangen und patieren stehen bereit.

Und es gibt Wörter, deren Bedeutung man nie kennenlernt, obschon sie zweifelsohne eine haben *müssen*. In vielen Jahren der Fernsehserie *Derrick* habe ich nie verstanden, was ein *Wagenharry* ist. Immer wieder ordnete Derrick an, »schon mal den Wagenharry« zu holen. Aber nie sah ich ihn. Dabei muss es ihn doch geben. Oder jedenfalls gegebt haben.

Die Sophie hat neulich das Wort *halixen* erwähnt. Oder *halicksen*? Oder *Halicksen*? Das hat sie nicht gesagt. Sie hat auch nicht gesagt, was das Wort bedeutet, ob es ein Substantiv oder ein Verb ist, dessen Partizip *hagelixt* oder *gehalickst* lauten könnte. Sie hat gekichert und gesagt, das sei ein Geheimnis. Da müsse noch viel sprachgeforscht werden, um es herauszubekommen. (Na gut, das hat sie nicht gesagt, das war ich jetzt.)

Über Plurale müssten wir auch mal reden. Ein Mann, zwei Manne, sagt Sophie. Und dann aber, seltsam: ein Tengelmann, zwei Tengelsmann. · DAS BESTE AUS MEINEM LEBEN 2007

✶

SIE NANNTE IHN PAPPER

Was das Kinderhaben angeht, so gibt es schöne, nicht so schöne und gemischte Momente. Ein schöner Moment ist zum Beispiel, wenn die kleine Sophie mich »Papper« nennt, immerzu nennt sie mich »Papper«, weil sie denkt, das Wort »Papa« sei nur ein ungenau ausgesprochenes »Papper«, so wie man zum Beispiel, wenn man schnell spricht, ja auch »Männa« sagt und nicht »Männer«.

Nun mal ein gemischter Moment: Du liegst noch im Bett, deine Frau ist bereits aufgestanden, du dämmerst dahin – da stürzt plötzlich deine Tochter ins Zimmer, »Schau mal, Papper! Schau mal, Papper!« rufend, vor dein Bett und vor dein Gesicht eilt sie hin, um direkt unter deine noch geschlossenen Augen und die aber wie immer geöffnete Nase ein gefülltes Töpfchen zu halten. Und du äußerst dich, aus dem Nirwana sofort ins äußerste Hiesige gestürzt, lobend. Denn das Kind muss ja auf seinem Wege weg von der Windel hin zum Abort gefördert, gestützt, animiert werden.

Andererseits denkst du ganz unverblümt (und das ist eben das Gemischte): »Nun ja …!«

Zu den schönen Momenten gehören für mich alle, die mit dem Sprechenlernen zu tun haben. Das liegt an meinem Beruf: Ich nehme an, ein Polizist betrachtet sein Kind besonders beglückt, wenn es zum ersten Mal *Räuber und Schandi* spielt, ein Bäcker freut sich über die ersten Plätzchen des Kleinen, und der Metzger betrachtet erfreut den noch zahnlosen Sohn, wenn er die erste Weißwurst zuzelt oder gar schon früh ein kleines Tier des Lebens beraubt, eine Mücke zum Beispiel.

Ich aber freue mich an Wörtern. Ich rätsele, wenn meine Tochter morgens beim Rasieren zu mir sagt: »Gell, du hast einen Arzt im Gesicht.« Bis ich verstehe, dass sie *Bart* gemeint hat. Ich lache, wenn die Sophie statt *Tomate* »Ponati« sagt, und sage fortan selbst nur noch »Ponati« statt *Tomate*. Es macht mir Spaß, wenn sie zum *Opa* »Oper« sagt; sofort nenne ich die *Pizza* nur noch »Pizzer« und verlange dazu ein »Cocer-Coler«.

Übrigens habe ich dem Luis neulich Ludwig Thomas Geschichte vom Münchner im Himmel erzählt und bin an die Stelle gekommen, wo der Alois etwas zu trinken haben möchte, ein Bier, aber es wird ihm vom Petrus nur ein Manna versprochen, und der Alois schreit: »Ja, was glaab'n denn Sie? Weil Sie der liabe Good san, müaßt i singa, wia'r a Zeiserl, an ganz'n Tag, und z'trinka kriagat ma gar nix! A Manna, hat der ander g'sagt, kriag i! A Manna! Da balst ma net gehst mit dein Manna!«

»Weißt du eigentlich, was ein Manna ist?«, habe ich dann den Luis gefragt.

»Das sind doch diese Haselnussschnitten, die es immer beim Skifahren gibt«, hat er gesagt. Denn er hatte *Manner* verstanden, wie das eben so üblich ist in unserer Familie.

Mit einer Sprechen lernenden Tochter zusammen wird man selbst wieder zum Kind. Das Kind redet in dir, und du hörst dich selbst im Kind reden, zum Beispiel, wenn sich die kleine Sophie vor dem verhältnismäßig großen Luis aufbaut, den Arm reckt und, weil der Luis sie seit fünf Minuten ununterbrochen geneckt und geärgert hat, plötzlich brüllt: »Luisss! Wenn … Wenn du nicht sofort damit aufhörst, verbiete ich dir heute Abend das Fernsehen.« Oder sie nennt den Luis »eine Zicke«. Oder gar ein »Ego-Teil«. Oder ein »Ego-Tier«.

Und jedes Mal, wenn sie sich wehgetan hat, sagt sie »Aua«. Und dann sofort: »Na, macht nichts.« Und immer noch flucht sie wie ein Bierkutscher und schreit ihre eigene Mutter an: »Du bist so blöd und ssseiße!« So dass wir jetzt in der Familie eine Fluchkasse eingerichtet haben, in die jeder Erwachsene einzahlen muss, wenn er geflucht hat – man muss die Kinder in mancher Hinsicht vor den eigenen Eltern bewahren.

Einmal tritt sie den Bruder sogar vors Schienbein, worauf der sie packt und sagt (wiederum hörst du dich aus einem andern sprechen, nun aus dem Sohn): »Sophie, das macht man nicht! Was sagt man da?«

Und Sophie sagt: »Willst du Ärger?«

Woher hat sie das denn nun wieder? Und wie kommt es, dass sie zu mir, während ich unter der Dusche stehe und sie auf dem Töpfchen sitzt, plötzlich mit melancholisch umflortem Blick sagt: »Ja, ja, so ist das Leben, manchmal ein Glück und manchmal zum Weinen.« · DAS BESTE AUS MEINEM LEBEN 2007

★

PRIMA WAR ABER AUCH DAS LESENLERNEN MIT LUIS: EIN SCHÖNES GEVÜL

Der Luis ist jetzt pünktlich geworden, sehr seltsam, keiner weiß, woran das liegt, aber es ist wahr. Morgens nach dem Frühstück: kein Bitten und kein Betteln und kein Flehen mehr, er möge sich endlich fertig machen, er komme zu spät zur Schule ... Nein, Luis steht fertig da, Ranzen auf dem Rücken, und los geht's. Hat es mit der Digitaluhr zu tun, die sich an unserem neuen Herd befindet und von der Luis jeden Morgen beim Frühstück die Zeit abliest?

»Es ist jetzt 7.10 Uhr!«, ruft er, und dann: »Schaffen wir es, bis 7.38 Uhr in der Schule zu sein?«

»Kein Problem!«, sage ich. »Aber warum willst du ausgerechnet um 7.38 Uhr in der Schule sein?«

Das weiß Luis auch nicht.

Meine These: Es hat mit dem Fernsehen zu tun. Luis würde ja, wenn er dürfte, den lieben langen Tag fernsehen. Aber er darf es eben nicht. Er darf höchstens eine halbe Stunde sehen plus natürlich die *Sendung mit der Maus* am Sonntag plus manchmal *Wissen macht Ah!* im Kinderkanal. Da muss er sich genau aussuchen, welche Sendung das ist, die er sehen darf – und wann sie beginnt, um 18.25 Uhr oder 19.05 Uhr. Und aus diesem Grund muss er eben die Uhr kennen. Und zwar genau.

Wenn aber jetzt jemand glaubt, Luis habe aus diesem Grund

auch das Lesen gelernt (damit er nämlich das Fernsehprogramm entziffern kann) ... Nein, das stimmt nicht. Luis hat Lesen gelernt, damit er Donald-Duck-Hefte besser versteht – aber das ist schon eine Weile her. Inzwischen kann er so gut lesen, dass er, sobald wir zum Beispiel in einem Restaurant sitzen, die Speisekarte zu lesen beginnt, und zwar dermaßen laut, dass alle Anwesenden im Lokal dessen teilhaftig werden. Das finden die Leute natürlich lustig, vor allem, wenn Luis auf Fremdwörter stößt, die er nicht kennt, »Sauce« oder »Curry«, das klingt dann bei ihm wie »Sauze« oder »Zurry«. Besonders gelacht haben alle, als es neulich in einem Restaurant »Bouillabaisse à la Marseillaise« gab.

Nichts Anrührenderes gibt es aber für mich, als zu verfolgen, wie er lernt, sich schriftlich auszudrücken. Das ist natürlich beruflich bedingt. Mit ähnlicher Freude sieht wahrscheinlich ein Polizist, wie sein Sohn beim *Räuber und Schandi* dem Spielgefährten sachgemäß die Handschellen anlegt, oder der Metzger, wie sein Nachwuchs den ersten Regenwurm zerteilt.

Jedenfalls hat in unserem Regal jener erste Brief einen Ehrenplatz, den Luis uns vor zwei, drei Jahren schrieb: »Libe Mama. Liber Papa. es. ist ein schönes Gevül. wen ich euch sum erstenmal schreibe wie vindet ihr. das!«

Gleich daneben hat Paola aufbewahrt, was Luis ihr später zum Geburtstag zukommen ließ: »Liebe Mama zu deinem virzichsten Geburztag viel viel Glük und Freude deshalb habe ich mir ein gans gans schönes Geschenk Ausgedacht es sind merere Geschenke zusamen wie gesagt viel viel Glük und Freude dein Luis.«

Oder zum Muttertag: »Liebe MaMa ich wünsche dir fil Glück Am muter Tag.«

Na ja, das ist alles nichts Besonderes, jeder, der Kinder hat, kennt das – obwohl? Wie war das früher? Ich bin in den Keller gestiegen, um nachzusehen, ob sich in dem großen alten Koffer, in dem ich alle möglichen Kindheitserinnerungen aufbewahre, auch von mir irgendwelche schriftlichen Zeugnisse aus frühester Kindheit fänden, von meinen Eltern aufbewahrt.

Aber da war nichts, außer einigen Bildern natürlich. Das erste Geschriebene, das ich fand, war mein Poesiealbum zum Abschluss der Grundschule. Da war ich zehn und mein Freund Michael, der später Pilot wurde, schrieb in sauberer Handschrift und beinahe fehlerfrei:

»Freue Dich Deines Lebens.

es ist schon später als Du denkst.«

Diesen Satz habe ich nun schon um ziemlich genau 38 Jahre überlebt.

Ein schönes Gevül. · DAS BESTE AUS MEINEM LEBEN 2004

Mittlerweile habe ich den Satz, den ich früher nur lustig, mittlerweile aber sehr weise finde, schon um beinahe fünfzig Jahre überlebt, und manchmal beschleicht einen nun das Gefühl, dass, je älter man wird, desto näher der Punkt kommt: Es ist genau so spät, wie du denkst.

★

AM SCHÖNSTEN ABER IST DAS SCHREIBENLERNEN: DADA LEBT

Vom Dadaismus hat man lange nichts gehört, schade, ich habe ihn gemocht, Hans Arp, Max Ernst, Hugo Ball, Tristan Tzara. Hier einige Zeilen als Beispiel, Auszug aus Richard Huelsenbecks Gedicht *Ebene*:

»oder oder birribum birribum saust der Ochs im Kreis herum
oder Bohraufträge für leichte Wurfminen-Rohlinge7,6 cm

Chauceur Beteiligung Soda calc. 98/100%
Vorstehund damo birridamo holla di funga qualla di mango
damai da dai umbala damo
brrs pffi commencer Abrr Kpppi commence Anfang
Anfang
sei hei fe da heim gefragt«

Na, vielleicht muss man das einfach *hören*, wie man Ernst-Jandl-
Gedichte *hören* muss, von ihm selbst gelesen.
Dada – wo bist du?
Also, wenn ich die Leserpost so durchschaue …
Ich finde den Brief eines Lesers – nein, finde ich nicht mehr, ich
habe ihn verschusselt, nur noch, was dem Brief beilag, habe ich:
den Werbezettel einer Garage an einem spanischen Flughafen –
für »Aparcar y volar«, Park and Fly, Parken und Fliegen. Da stehen
Preise, zwischen 1,40 Euro und 2,30 Euro pro Tag. Und unter den
Preisen steht was auf Deutsch, jedenfalls soll es Deutsch sein:

> »Das Parken dieses nahe der Flughafen, 5 Minuten
> und total geschlossen, durch Wurde.
> Erfassen Sie sein Auto im Parken, sind wir im treffpunkt
> und wir bringen auf ihn bis der gleiche.
> lassen Sie sein Auto im Flughafen, im Anschluss der Ausgge,
> in dem wir Schulz ihn nehmen und wir ihn zum Parken
> nehmen.
> Rufen sie ein Tag vorher an.«

Ist das nicht sehr nah am Dada?
Und hier, was Leser H. mitteilt! H. hatte bei ebay Alufelgen für
einen Mercedes G-Modell angeboten. Daraus entwickelte sich
eine Korrespondenz mit einem französischen Käufer, in deren
Verlauf H. folgende Mitteilung erhielt, die ich durch verändertem
Zeilenfall in Gedichtform bringe:

»GUTEN ABEND DIETMAR OK
POSTIERE ICH DEN SCHECK MORGEN,
HAT STÜCKE (ZIMMER) 4X4 G-MODELL im
VERKAUF
VERSCHWIEGEN?
SENDE ICH EINE LISTE, WENN DU WILLST.
J VERGAß,
OB EINER VERSCHWIEGENER TAG 1 SCHIFF im
WEG
VERLIERT, ich nenne, ich bin see-.
Dienstmädchen soiree hier, es ist Zeit (Wetter)
schönes Wetter. Philippe.«

Oder teilt hier der US-Geheimdienst den Termin eines U-
Boot-Kriegs irgendwo mit und bittet um letzte Vorbereitungen
durch Agenten, Zündung der Raketen an einem »verschwiege-
nen Tag«, aber bitte Weg freimachen, da ist noch »1 SCHIFF im
WEG«?
Dada! Es ist Dada!
Kürzlich besuchten wir Freunde, die hatten eine Schreibmaschi-
ne, da setzte sich Luis davor, wir spannten ein Blatt ein, er schrieb.
Eine Stunde später las ich:

»die kröte wer ist
der traktor ich fare mit dem traktor du
das ist ja gut 123456789 ich kome
der pawian ach du schrek komm schnel
komm endlich mach mach schon
du weist ja überhaupt nichtzz
da sind ja schpuren wein doch nicht
opel astra ist blöt wein doch nicht so
verari ist kuhl wein trinken
wein trinken verboten du bist ja net

der nikolaus das auto die garage
der blitz das kristkind ohoh oh
der atwentz j krans der atwentz kalender
die zwibel die tulpe bums
hiristes ja öde das ist ja zum kotzen
was ist den los auf die pletze vertig los
einlos bitte mano och nö
der schaten ja monopoli
wilkomer wilkomen im auto center münchen
die mäuse heilige ab anna heiliger peter
es regnet die katze der vogel die maus
überraschung äöü du esel
dein haus ist aber schön
dein lebkuchen haus ist aber schön
jetzt ist schlus
na endlich
ich kündige ich mach schlus
ende«

Dada lebt! In meinem eigenen Haus! · DAS BESTE AUS MEINEM LEBEN 2004

Das ist übrigens eine von den Geschichten, die komplett wahr sind. Der von Luis ge-tippte Text hängt noch heute in seinem Zimmer, gerahmt zusammen mit der Kolumne, ein Gemeinschaftswerk von Vater und Sohn.

✦

UND SCHWER IST DAS SCHREIBENVERSTEHENLERNEN: WARUM SCHREIBST DU NICHT DIESES BUCH HIER?

Immer noch fahre ich den Luis jeden Morgen mit dem Auto zum Kindergarten. Während wir fahren, mache ich mir Gedanken über dieses und jenes, und Luis macht sich auch Gedanken über dieses und jenes. Und wenn er nicht mehr weiter weiß beim Nachdenken über dieses und jenes, dann – fragt er mich.

Neulich zum Beispiel dachte Luis zuerst über dieses und jenes nach und dann über das Diesseits und das Jenseits. Auf einmal fragte er mich:

»Papa, wenn man gestorben ist, dann wird man nach dem Tod wiedergeboren, oder?«

Natürlich sagte ich sofort, was jeder Vater nach einer solchen Frage sagt, nämlich: »Wer hat dir denn das erzählt?«

Aber Luis wusste nicht mehr, wer ihm das erzählt hatte, und eigentlich war es ja auch egal. Ich sagte: »Na ja, es gibt Leute, die glauben, nach dem Tod wird man wieder neu geboren, aber als etwas anderes, nicht als man selbst. Und andere glauben, man kommt ins Paradies, wenn man ein gutes Leben geführt hat, und in die Hölle, wenn man ein böser Mensch war. Und wieder andere glauben, dass man einfach weg ist, für immer und ewig weg. Sicher ist nur: Genau weiß keiner, was nach dem Tod kommt.«

Pause. Kleines Schweigen.

Dann sagte Luis: »Na, wir werden es ja sehen.«

So ist das morgens bei uns im Auto. Wenn es gerade keine großen und keine kleinen Fragen zu besprechen gibt, dann denke ich zum Beispiel an die Arbeit, die ich an diesem Tag zu tun haben werde, wenn der Luis im Kindergarten ist.

An irgendwas, das ich schreiben muss, meistens.

In einer Familie, die vom Schreiben lebt, ist ja viel vom Schreiben die Rede, so wie in der Familie eines Feuerwehrmannes wahrscheinlich viel vom Feuerlöschen die Rede ist oder bei Polizistens oft vom Verbrecherfangen. Oder wie Bauern, die Milchkühe halten, wahrscheinlich viel von den Kühen sprechen. Ob eine von ihnen krank ist, zum Beispiel. Oder ob eine andere gerade ein Kalb erwartet. Oder ob sie alle zusammen gerade viel Milch oder wenig geben.

Das Problem ist nur, dass ein kleiner Junge sich unter dem Feuerlöschen, dem Verbrecherfangen oder dem Kühemelken einfach sehr viel mehr vorstellen kann als unter dem Schreiben. Das Schreiben ist so abstrakt und wenig sichtbar. Mühsam versucht Luis, sich klarzumachen, wie es funktioniert.

Manchmal hält er eines seiner Kinderbücher in die Höhe und fragt: »Hast du dieses Buch geschrieben?«

»Nein, Luis, das habe ich nicht geschrieben. Ich habe ein anderes Kinderbuch geschrieben, aber dieses nicht.«

Dann wieder hält er zum Beispiel einen Harry-Potter-Band in die Höhe und fragt: »Warum schreibst du nicht dieses Buch hier?«

»Weil es schon jemand anders geschrieben hat, Luis. Wenn man etwas schreiben will, muss es etwas Neues sein. Man kann nicht einfach das schreiben, was jemand anders schon geschrieben hat.«

Neulich war es bei mir mit dem Schreiben ganz fürchterlich gewesen, den ganzen Tag war mir nichts eingefallen, ich hatte bloß herumgesessen und kein Wort getippt. Beim Abendessen hatte ich mich gehen lassen und gejammert und geklagt über meine Ideenlosigkeit und darüber, dass es in mein Büro schon hereinregne, so viele Löcher hätte ich in die Decke und die Wände gestarrt. Beim Frühstück hatte ich dann Paola noch weiter vorgeheult, wenn mir heute wieder nicht eine einzige Zeile einfalle, dann wisse ich nicht, was ich tun solle …

Dann brachte ich Luis wie immer im Auto zum Kindergarten. Wir schwiegen zuerst, ich dachte über meine Arbeit nach, und Luis dachte anscheinend auch über meine Arbeit nach. Denn plötzlich fragte er: »Papa, kann man sich eigentlich seinen Beruf selbst aussuchen, wenn man groß ist?«

»Ja, klar, Luis, man kann selbst wählen, was man werden möchte.«

Pause. Kleines Schweigen.

Dann sagte Luis: »Und warum machst du dann nicht von Beruf etwas, das du wirklich gut kannst?«   · DAS BESTE AUS MEINEM LEBEN 2002

ÜBER DAS SCHREIBEN GIBT ES HIER NATÜRLICH NOCH EINIGES ZU SAGEN: MELANCHOLISCHE GESCHICHTEN AUS DEM BÜRO

Der letzten Geschichte merkt man ja an, dass sie in der Vor-Guttenberg-Zeit geschrieben wurde, denn einen Satz wie »Man kann nicht einfach das schreiben, was jemand anders schon geschrieben hat« hätte man ja sonst vielleicht noch mit einer Bemerkung versehen. Auch diese Kolumne ist eine der vielen, die ich den täglichen Fahrten zum Kindergarten zu verdanken habe, siehe Seite 85. Und das große Thema »Schreiben« wird in den kommenden Texten weiter vertieft, wobei es übrigens sehr oft eher um das Nichtschreibenkönnen und die sich daraus ergebende Schwermut geht.

ÜBER SCHÖNMALVEN UND
NICHTSOSCHÖNMALVEN

Ich sitze hier also am Schreibtisch, und es regnet, mitten im Dezember regnet es, ein grauer Tag, und ich warte auf eine Idee und kaue Kaugummi, und drüben auf der anderen Seite des Hofes sehe ich einen Gummibaum im Fenster stehen. Regungslos wie alle Gummibäume. Ich rufe:

»Hallo, kleiner Gummibaum!
Siehst du mich hier Gummi kau'n?«

Nichts. Er rührt sich nicht. Manchmal denke ich, wie ungerecht es ist, dass wir und die anderen Tiere uns bewegen können, dass aber die Pflanzen still herumstehen müssen, dort, wo jemand sie hingestellt hat. Ich habe zum Beispiel im vergangenen Frühjahr drei Schönmalven gekauft, kräftige Gewächse von jeweils anderthalb Metern Höhe. Dann habe ich sie auf den Balkon gestellt, und als der erste Frost kam, habe ich vergessen, sie hereinzuholen. Da ist eine der Schönmalven erfroren. Ich war sehr traurig, denn erstens war es eine sehr schöne Schönmalve mit gelben Blüten, und zweitens hatte sie 39,90 Mark gekostet.

»Du denkst aber auch nie an die Pflanzen!«, habe ich in hilfloser Wut zu Paola gesagt, und sie hat gesagt, das sei ja wohl die Höhe, es seien doch meine Schönmalven, und ich habe gesagt, es sei aber unser Balkon, und sie hätte die Schönmalven auch angeguckt und sich an ihnen gefreut, also sei sie auch mitverantwortlich für ihr Schicksal, und sie hat gesagt, ich hätte doch auch nicht an die Schönmalven gedacht und sie vor dem Frost hereingeholt, und ich habe gesagt, ja klar, hätte ich nicht immer an die Schönmalven gedacht, aber ich hätte eben manchmal doch an sie gedacht, nur nicht im richtigen Moment, während sie nie an die Schönmalven gedacht hätte, in keinem Moment, so wie sie keine Sekunde lang an den Ficus im Wohnzimmer gedacht habe, als ich wochenlang verreist war, weshalb der Ficus vertrocknete.

Dann haben wir die beiden nicht erfrorenen Schönmalven hereingeholt und in die Badewanne gestellt, um sie mit warmem Wasser zu besprühen, und seitdem ist das Badezimmer voll Millionen kleiner weißer Fliegen, die auf den Blättern der Schönmalven saßen und nun entweder tot auf dem Boden liegen oder im Bad herumsitzen und auf irgendetwas warten, vielleicht auf den Weiße-Fliegen-Gott oder den Tod.

Man könnte sich ja vorstellen, dass es die Pflanzen wären, die sich bewegen könnten, während die Tiere zeitlebens an Ort und Stelle verharren müssten. Dann wären die Schönmalven bei Frosteinbrauch hereingekommen und hätten sich irgendwo ins Warme gestellt, und die Fliegen hätten auf dem Balkon bleiben müssen und wären erfroren, und das wäre ja wohl gut so, oder? Nicht, dass ich größenwahnsinnig bin, aber hätte man mir die Erschaffung der Welt überlassen, stünde dies und jenes zum Besseren.

Wandernde Wacholder, mobile Moose, fliegende Flechten, gehende Geranien, rasende Rosen … Und wenn das große Weihnachtsbaumhacken beginnt, würden ganze Fichten- und Tannenwälder fliehend durch unsere Straßen hetzen, gefolgt von den Weihnachtsbaumjägern – da wäre doch was los in dieser stillen Zeit, und ich müsste hier nicht bloß einen Gummibaum anglotzen! Auf der anderen Seite müsste man dann übrigens keine Angst mehr vor Kampfhunden haben, denn sie würden in ihren Pitbull-Pflanzungen stehen wie angewurzelt und knurren, und dann würde der erste oder zweite Frost sie dahinraffen, ah, wie mir das gefiele, denn ich hasse die Kampfhunde, oh, wie ich sie hasse! Wie ich den Lauf der Dinge so kenne, würden die ehemaligen Kampfhundbesitzer allerdings dann mit fleischfressenden Pflanzen durch die Straßen gehen.

Die beiden Schönmalven haben übrigens im Badezimmer alle Blüten verloren, dazu ziemlich viele Blätter, und eigentlich sind sie jetzt keine Schönmalven mehr, eher Nichtsoschönmalven, die man in keinem Zimmer der Wohnung stehen haben möchte, blattarme Gerippe. Stumm und groß stehen sie in der Wanne, wo sie auch nicht bleiben können, warten auf irgendetwas, genauso wie die weißen Fliegen auf irgendetwas warten, genauso wie der kleine Gummibaum da drüben auf irgendetwas wartet, genauso wie ich hier am Schreibtisch auf irgendetwas warte. Während der Redaktionsschluss naht, sitze ich da, pflanzenhaft-regungslos einer Idee harrend, wie damals die Schönmalve auf meine rettende Hand hoffte vor dem Frost – vergeblich leider. · MEINE MEMOIREN 1997

✦

DER NEUE BADEMANTEL

Ein trüber Tag, grau der Himmel, ab und an Regen, fein wie Staub. Den Vormittag hatte ich vor dem Computer gesessen, gegrübelt, ein oder zwei Sätze geschrieben, wieder gelöscht, weiter gegrübelt, getippt, gelöscht … »Es hat keinen Sinn«, dachte ich gegen zwei Uhr, »heute hat es keinen Sinn.« Ich beschloss, in die Stadt zu gehen, um einen neuen Bademantel zu kaufen. Ich brauchte dringend einen und außerdem einen Trost, an diesem Tag.

Ich betrat ein Kleiderkaufhaus. Hatte zwischen Frottee und Flausch zu stöbern begonnen, als neben mir ein Ehepaar stand. Er: ein freundlich lächelnder Weißhaariger mit Goldrandbrille, Hörgerät hinterm rechten Ohr. Sie: Kurzhaarfrisur, viele Fältchen, heller, schlichter Mantel. Zwei nette ältere Leute. Über dem linken Arm der Frau hing ein Bademantel. Ein weißer Spitz trippelte herum.

»Entschuldigung«, sagte sie, »können Sie uns helfen?«

»Aber ich bin kein Verkäufer. Ich kaufe selbst ein.«

»Wir suchen einen Bademantel für unseren Sohn, ein Geschenk. Uwe ist so groß wie Sie, sicher jünger …«, sagte sie.

»Er wird nächste Woche fünfzig«, rief der Mann.

»Ich bin 45«, sagte ich leise.

»Wie bitte?«, rief er, eine Hand am rechten Ohr.

»Ich bin erst 45!«, rief ich.

Er nickte lächelnd.

»Könnten Sie diesen Bademantel hier anprobieren?«, sagte die Frau und zeigte auf den Mantel auf ihrem Arm. »Wenn er Ihnen passt, passt er Uwe sicher auch.«

»Gerne«, antwortete ich, nahm den Mantel, schlüpfte hinein. Er war lila, mit grün-gelben Blüten.

»Könnten Sie hin und her gehen?«, sagte sie.

Ich ging hin und her, wie auf dem Laufsteg. »Der Mantel ist mir zu klein«, sagte ich.

»Ja«, sagte sie, »aber Uwe ist nicht so dick wie Sie.«

»Wie bitte?«, sagte ich.

»Was sagtest du?«, rief ihr Mann.

»Dass Uwe nicht so dick ist!«, rief sie.

»Stimmt!«, rief er.

»Ich bin nicht dick«, sagte ich.

»Entschuldigung«, sagte sie. »Uwe ist sportlich. Er hat breitere Schultern. Er trainiert dreimal die Woche mit Gewichten. Der Mantel würde von seinen Schultern anders fallen.«

»Ich trainiere auch«, sagte ich. »Im Fitnessstudio.«

»Ach ja?«, sagte sie.

»Was hat er gesagt?«, rief ihr Mann, Hand am Ohr.

»Dass er Sport treibt, aber nicht so viel wie Uwe!«, rief sie. Der Spitz schnupperte an meinen Beinen, er störte mich, ich schob ihn mit dem Fuß beiseite. Er begann zu kläffen. Ich erschrak.

»Haben Sie Angst?«, rief der Mann. Er hatte immer noch ein

freundliches Lächeln. »Er riecht, wenn Sie Angst haben. Sie müssen keine Angst haben!«

»Aber ich habe keine Angst«, sagte ich. »Er wimmelte so vor meinen Füßen herum. Ich wollte ihn nicht treten.«

»Sie dürfen ihn nicht treten!«, rief er. »Keine Angst!«

Der Hund zog sich ein paar Meter zurück und schwieg. »Es ist sehr freundlich von Ihnen, dass Sie uns helfen«, sagte die Frau und nestelte am Kragen des Bademantels herum. Sie setzte mir die Kapuze des Mantels auf. Der vordere Kapuzenrand hing mir ins Gesicht. Ich schwitzte. »Sie stehen irgendwie schief«, sagte sie. »Wenn Sie aufrechter stünden, würden Sie schlanker wirken. Unser Uwe hat immer eine sehr straffe Haltung. Obwohl er ja bis zum Umfallen arbeitet, wissen Sie. Er arbeitet zu viel! Er hat ja nicht mal Zeit, sich einen neuen Bademantel zu kaufen.«

Sie trat etwas vor und betrachtete mich. Innerlich hatte sie sich bereits von mir verabschiedet. Ich war nicht mit Uwe zu vergleichen. Ich konnte ihm nicht das Wasser reichen. Ich konnte nicht mal einen Bademantel für ihn probieren.

»Was sind Sie von Beruf?«, fragte sie.

»Schriftsteller«, sagte ich.

»Was?«, rief ihr Mann, Hand am Ohr.

»Schriftsteller!«, rief ich. »Ich schreibe. Meistens.«

Er nickte. »Wie schööön!«, rief seine Frau schrill. »Sie haben sicher heute schon viele schöne Sachen geschrieben und sich einen kleinen Einkaufsbummel verdient!«

»Ja«, sagte ich unter meiner lila Kapuze hervor.

Sie gab mir die Hand. »Vielen Dank!«, sagte sie. »Aber man kann an Ihnen doch nicht erkennen, ob der Mantel der richtige ist für unseren Sohn.«

»Ich dachte es mir«, sagte ich. Ihr Mann hob die Hand und grüßte mich winkend. Der Hund stob noch einmal aufkläffend an mir vorbei, hinter ihnen her.

Langsam zog ich den lila Bademantel mit den grün-gelben Blüten aus und legte ihn über einen Garderobenständer. Dann verließ ich das Kaufhaus und ging die Straße entlang, ohne Bademantel, ungetröstet, ziellos. · DAS BESTE AUS MEINEM LEBEN 2001

✖

LOB DER MANSARDE

Seit Jahren steht mein Schreibtisch im fünften Stock eines alten Hauses, direkt unterm Dach, unweit unserer Wohnung. In der Mansarde neben meinem Arbeitszimmer lebt Herr Dobler, ein kleiner, schmaler Mann von rätselhafter Menschenscheu. Bevor er den Flur betritt, horcht er, wie ich vermute, innen an seiner Wohnungstür, und wenn niemand draußen ist, huscht er hinaus, eilt mit eckigen Bewegungen zur Treppe, fliegt geradezu hinunter. Manchmal begegne ich ihm trotzdem im Treppenhaus. Ich sage dann »Grüß Gott!«, doch seine Antwort klingt gepresst und schrill, wie: »Kräß Kott!« Im gleichen Moment kommt es mir vor, als nehme Dobler nicht nur die Farbe der Wand an, sondern als verschwinde er in dieser Wand, werde aufgenommen wie von den Armen einer schützenden Mutter. Jedenfalls ist er plötzlich unsichtbar.

Hier oben im fünften Stock ist das Ende der Welt. Über uns ist nur noch das Dach, dann schon der Himmel, und wenn ich aus dem Fenster schaue, blicke ich über die Dächer, wie man von einem Gipfel übers Gebirge blickt. Von Alfred Polgar gibt es ein Feuilleton mit dem Titel *Lob der Mansarde*, das lässt sich hier gut lesen. Viel habe das Leben in Mansarden vom Leben in den Bergen, schrieb Polgar. Wie Almen lägen die Dachgärten zwischen den braunen, rostroten, malachitgrünen Gebirgszügen der Dächer. Wie ein Wildbach schäume das Regenwasser in den Dachrinnen.

Wie Lawinendonner klinge das Teppichklopfen im Hof. Aber
während unter den Bergen allenfalls Erze schlummern, wirkten
unter den Dächern weltverändernde Energien, spielen die Leidenschaften, »und immerzu neu bildet sich das Material, aus dem der
Mensch seine Waffen schmiedet gegen die Götter«. Gleich gegenüber meinem kleinen Balkon steigt ein Ziegeldach auf, schneebe-
deckt im Winter. Oben, auf dem Giebel, thront wie ein Gletscher
blassblau das Glasdach eines Ateliers. Nur ein paar Meter dahinter sehe ich hinter einem Fenster Tag für Tag einen alten Mann,
immer allein, immer an einem Küchentisch sitzend. Dort isst er,
dort löst er Kreuzworträtsel, von dort starrt er in eine Ecke, während über sein Gesicht der Widerschein des Fernsehprogramms
huscht. Im Fenster nebenan beobachte ich eine türkische Familie,
Frau, Mann, zwei kleine Kinder, eine gebeugte Großmutter –
durch eine Wand und eine Welt von dem Alten getrennt. Wenn
ich die kleine Balkontür öffne, höre ich, wie ein Klavierspieler übt,
ein Kind schreit, ein Mann telefoniert, ein Paar sich in den Armen
liegt. Jedes Geräusch, das zum Himmel steigt, muss bei mir vorbei.
Ich bin der Letzte, der es hört, der letzte Mensch jedenfalls.
In meinem Lexikon steht, die Mansarde sei nach dem Pariser Architekten François Mansart benannt, der vor genau vierhundert
Jahren geboren wurde, am 23. Januar 1598. Aber Mansart sei in
Wahrheit nicht ihr Erfinder, sondern sein Großneffe Jules Har-
douin-Mansart. Mir ist es eigentlich gleich. Vielleicht mussten
die Mansarden gar nicht erfunden werden. Vielleicht waren sie ja
immer schon da und wurden bloß entdeckt, wie ja auch Höhlen
entdeckt werden, von Eremiten wie Dobler zum Beispiel, jenen
Bewohnern des Stadtgebirges, die sich auf der Flucht befinden
vor den Menschen.
Übrigens habe ich neben Dobler noch einen Nachbarn, Herrn
Majewski, einen sehr dicken Mann, der in seinem Zimmer einen
Leguan hält. Majewski braucht für die fünf Treppen mindestens
eine halbe Stunde, so fett ist er. Auf jedem Treppenabsatz verharrt

er schnaufend und brummend. Manchmal huscht dann Dobler an ihm vorbei wie eine Dohle und krächzt: »Kräß Kott!« Oft steht Majewski am Fenster seiner Wohnung, den Leguan auf der Schulter, und beide blicken bewegungslos in den Hof. Einmal lag dort unten ein Toter. Ein Mann war aus einem Dachfenster im Haus nebenan gesprungen. Als ich morgens kam, bedeckte seinen Leichnam schon ein weißes Tuch. Später sah man die Umrisse seines Körpers, von der Polizei aufs Pflaster gezeichnet. Nach ein paar Tagen kam eine Putzfrau aus dem Architekturbüro im Erdgeschoss und schrubbte die Kreidestriche weg.

Manchmal holt mich Paola abends ab. Dann stellen wir uns ans Fenster. Wir grüßen Majewski und den Leguan, winken dem Schatten hinter Doblers Gardine und sehen zu, wie die Sonne hinter dem breiten Massiv des Doms untergeht. · MEINE MEMOIREN 1997

✦

UAF DME BLAKON ...

Ich weiß nicht, was mit mir heute ist, ich schreibe und schreibe hier auf meinem Computer, wie immer mit vier Fingern, vier rasend schnellen Fingern, mache doch sonst wenig Fehler, bin sehr geübt, schreibe jeden Tag, schreibe viel, orthografisch sicher.
Aber heute ...
Immerzu ist mein rechter Zeigefinger schneller als der linke, und manche Wörter gelingen mir deshalb überhaupt nicht, zum Beispiel das Wort »Blakon« ...
Bitte sehr, wieder nichts!
Blakon, Blakon – ist klar, was ich meine? Man sitzt im Sommer draußen unter einem Sonnenschirm, hinter Geranien, »unbedeckter Gebäudevorbau«, sagt mein treues Lexikon, »an einzel-

nen Geschossen eines Hauses oder auch im Innern von Gebäuden, zum Beispiel in Sälen und Theatern«.

Blakon. Mist!

Ich kann es heute nicht richtig schreiben, immer bin ich schneller
am l als am a, auch wenn ich es noch so langsam versuche, noch
nie habe ich »Blakon« richtig geschrieben, immer flasch …

Flasch kann ich auch nicht mehr, das Gegenteil von richtig, verstehen Sie? Es gibt für mich kein richtiges Schreiben mehr im
Flaschen.

Blakon.

Auch bei »olympisch« habe ich diese Schwierigkeit, das Y ist unten links, gleich unter dem A, während das M in der Mitte liegt,
direkt unter dem rechten Zeigefinger, er muss nur hinunterfallen
und fällt auch jedes Mal schneller auf das M, als der linke zum Y
wandern kann. Dann steht da wieder olmypisch, und das ist
flasch.

Nach Freud hat jede Fehlleistung ihre Bedeutung, unbewusst stö-
rende Tendenzen hindern mich am richtigen Schreiben – aber
warum gerade bei diesen Wörtern? Ich weiß nicht.

Frank Wedekind hat einen Einkater, hmmldnnrwttr!, Einakter,
mit dem Titel *Die Zensur* geschrieben, an dessen ernstester Stelle
der Satz fällt: »Die Furcht vor dem Tode ist ein Denkfehler.« Auf
der Probe bat Wedekind den Darsteller, weil ihm die Stelle so am
Herzen lag, vor »Denkfehler« eine kleine Pause zu machen, was
der bei der Aufführung am Abend auch tat. Indes, er sagte in fei-
erlichem Ton: »Die Furcht vor dem Tode ist ein – Druckfehler.«
Wedekind versicherte den Schauspieler, als der Vorhang gefallen
war, seiner Hochachtung, wies ihn auf das Missgeschick hin. Der
Mann entschuldigte sich und gelobte Besserung. Am folgenden
Abend wurde wieder *Die Zensur* gegeben, Wedekind wartete gespannt, der Darsteller sagte im getragenen Ton: »Die Furcht vor
dem Tode ist ein – Denkzettel.« Erneut traf man sich nach dem
Theater beim Wein. Der Autor lobte den Mann, erlaubte sich

aber noch einmal den Hinweis, dass es »Denkfehler« heißen müsse, nicht »Denkzettel«.

Wieder einen Tag darauf gelangte das Stück zum dritten Mal zur Aufführung. Was sagte der Schauspieler? »Die Furcht vor dem Tode ist ein – Druckzettel.«

»Der Künstler erhielt des Autors rückhaltlose Anerkennung«, lesen wir in Freuds *Psychopathologie des Alltagslebens*, »der Einakter wurde auch noch oft wiederholt, aber den Begriff ›Denkfehler‹ hielt der Autor nun ein für allemal für endgültig erledigt.«

Je mehr ich mich mit meinen Tippfehlern beschäftige, desto schlimmer wird llaes. Ich shcreibe: Die Frucht vor dem Tode ist ein – Durckfehler. Netsetzlich! Pöltzliche Legsathenie. Oder Lazheimer? Wenn mna sich mla verkarmpft aht, hröt es nicht mehr uaf. Ist es nicht labern? Baer für einen Uator ein Labtraum.

Einmla versuche ich es noch. Achtung, fretig, slo!

Blakon.

Wieder flasch. Schulss ejtzt!   · DAS BESTE AUS MEINEM LEBEN 1999

Dsa Wotr »Blakon«, Entschuldigung: Das Wort »Balkon« kommt in den Kolumnen übrigens häufiger vor, als man denken sollte, siehe die folgende Geschichte, aber auch *Als ich auf dem Balkon wohnte* auf Seite 487.

✴

... UND AUF DEM BALKON

Nun sind die beiden Tauben nicht mehr da. Die eine war weiß und ein bisschen schwarz, die andere blau und grau. Ich weiß nicht, welche das Männchen war und welche die Frau. Das ist nicht mehr zu klären. Es ist nun auch egal.

Ich habe so einen kleinen Balkon vor meinem Büro, den habe ich begrünt. Zwei Clematis, eine Rose, zwei Margeritensträuchlein, etwas Lavendel, dann noch so etwas Kletterndes, Gelbes. Plus zwei, drei Blumen, deren Namen ich vergessen habe.

Ganz schön viel für einen kleinen Balkon, was?

Ich kann ihn auch kaum noch betreten. Ich kann mich dort draußen nicht ergehen. Diese Pflanzen: Das ist fast ein Wäldchen. Ich kann nur hinaus ins Grüne und Bunte schauen, einen kleinen Garten im fünften Stock. Das erquickt mich, labt mein Auge, so war es auch gedacht.

Und eines Tages, das ist eine Weile her, kamen die beiden Tauben. Sie setzten sich auf das Dach gegenüber und schauten, dann kam die eine mal herüber … Kennen Sie dieses typische Geräusch einer fliegenden Taube, dieses Taubenflügelfederngeräusch, so ein langsames *Huihuihi* mit einem kleinen Knarzen unterlegt? Das hörte ich draußen und dann ein Rascheln zwischen den Pflanzen und ein kratzendes Trippeln auf dem Metall des Balkons. Und – hurrka! – eilte ich herbei, klatschte in die Hände, und die Taube flog übers Balkongeländer wieder hinüber aufs andere Dach zu ihrem Gefährten und guckte und guckte.

Dann gurrten sie. Und schnäbelten herum. In aller Offenheit. Diskretion ist Taubensache nicht, ihnen war egal, was ich dachte, sie waren ganz auf sich bezogen.

Und sie hatten was vor! Aber ich wollte keinen Sex auf meinem Balkon, jedenfalls keinen Taubensex. Die kleinen roten Käfer, die aufeinander herumsitzen und nicht voneinander lassen können, die sollen machen, was sie wollen, mir egal. Kleine Käferlustschreie, wer hört die schon?

Aber dies' Gegurre und Gepurre! Es gehört neben knirschendem Styropor und dem Gejöngel eines *Gameboys* zu den drei unerträglichsten Geräuschen, die ich kenne.

Ich fuhr dann eine Weile weg, hatte da zu tun und dort. War nicht im Büro, tagelang.

Als ich zurückkehrte und den Grünzug auf dem Balkon besichtigen wollte, als ich die Tür öffnete – da hörte ich ein Kratzen und Trippeln und Schwirren. Eine schwarz-weiße und eine blau-graue Taube suchten das Weite, oder, nein, sie flogen gemütsruhig auf die nächstbeste Dachrinne und betrachteten mich. Ich betrachtete zurück.

Dann arbeitete ich, bis ich wieder ein Geräusch hörte und zum Balkon stürzte. Ich klatschte in die Hände, betrachtete die Flüchtenden, setzte mich wieder, arbeitete, hörte, stürzte, klatschte, betrachtete, arbeitete, hörte, stürzte …

Irgendwann dachte ich: Wieso sind die so hartnäckig? Die werden doch nicht? Während ich verreist war?

Zwischen Blumentöpfen entdeckte ich unter einem Dachvorsprung auf dem Balkonboden ein Nest. Darin: ein Ei! Ich nahm es und warf es ins Klo.

JAWOHL, ICH NAHM ES UND WARF ES INS KLO!

Ich warf ein kleines, vom Brüten warmes, vielleicht schon mit einem winzig kleinen Täubchen, einem flaumigen Taubenbaby gefülltes Ei und spülte es in die Kanalisation. Dann nahm ich die Zweige, aus denen das Nest gebaut war, und stopfte sie in meinen Mülleimer. Dann wusch ich mir die Hände. Desinfizierte sie mit Sterillium.

Gleich danach setzte ich mich an den Schreibtisch und quälte mich mit dem Gedanken, wie süß es gewesen wäre, auf meinem Balkon ein Täubchen zur Welt kommen und aufwachsen zu sehen.

Was mir entgangen war! Ich blickte auf den Hof, auf zwei tief verwirrte Taubengatten, die nach Minuten wieder auf den Balkon flogen, nach ihrem Nest suchten, dem kleinen warmen Ei, das längst irgendwo im Münchner Untergrund zerschellt war und dessen Inhalt sich den Abwässern vermählt hatte.

Was bin ich für ein Ekel!, dachte ich. Ein Vieh! Das bisschen Gurren und Purren – man hätte es aushalten können. Eine Taube mehr in unserer von Tauben übervölkerten Stadt: Wäre es darauf angekommen?

Und eine Taube weniger? Auch nicht schlimm, was? Wenn ich es hier nicht selbst veröffentlicht hätte, hätte nie einer davon erfahren. Übrigens werde ich sogar ein Honorar für dieses Bekenntnis bekommen, Taubenkillergage. Ich sollte das Geld dem Tierschutzverein spenden.

Aber das mache ich nicht. Oder doch?

Ich starre grübelnd aus dem Fenster. Was sehe ich drüben auf dem Dach? WAS HÖRE ICH?

Sie werden wieder tun, was sie getan haben!

Und ich auch. · DAS BESTE AUS MEINEM LEBEN 2004

Man kann eine solche Geschichte so reflektiert und differenziert schreiben, wie man will (und diese ist meines Erachtens wirklich reflektiert und differenziert und mit viel schlechtem Gewissen geschrieben) – immer wird man sofort nach Erscheinen mindestens einen Leserbrief bekommen, in dem man erstens der Grausamkeit bezichtigt und zweitens das Abonnement gekündigt wird. Nach dieser war es genauso. Es gibt eine Art von Tierfreunden, die ist keinen Argumenten zugänglich und keinen Gefühlen. Die reagiert nur. Man fragt sich bloß, wieso es überhaupt noch welche unter ihnen gibt, die ein Zeitungsabonnement haben, so oft, wie sie es schon kündigten.

WENN WIR GERADE
IM BÜRO SIND ...

◀————————— ✳ —————————▶

... dann können wir auch auf ein weiteres, damit zusammenhängendes Thema zu sprechen kommen: Bisweilen hadert jeder Autor mit seinen Arbeitsbedingungen, er hätte gern mehr Zeit, er bräuchte mehr Platz, sein Computer ist zu langsam, oder der Lärm von der Straße stört, solche Sachen. Das hat im Text selbst nichts zu suchen, auch die Kolumne sollte sich nicht selbst zum Gegenstand haben, wie gesagt, in der Regel jedenfalls.

Es gibt aber Ausnahmen.

Es gab zum Beispiel jenen Freitag, an dem sich die ganze Welt über den Tsunami in Japan und das folgende Reaktorunglück in Fukushima entsetzte, an dem aber im SZ-MAGAZIN *eine Kolumne stand über den Schleimpilz* PHYSARUM POLYCEPHALU *sowie über die Fähigkeiten von Amöben, sich quasi zu Groß-Amöben zusammenzuschließen, das Ganze hing auch noch irgendwie mit Tokio zusammen: nicht uninteressant im Ganzen, aber doch ein wenig zu sehr am Weltgeschehen vorbei, nicht wahr?*

Die nächste Kolumne war dann diese hier.

FUKUSHIMA 1

Der Kolumnist sollte, wenn er schreibt, mehr wissen als die meisten seiner Leser. Äußert er sich über gelbliche Schleimpilze, sollte er aus diesem Bereich eine Nachricht parat haben, die der Leserschaft neu ist. Im besten Fall sollte er Gedanken oder wenigstens originelle Phantasien über gelbliche Schleimpilze und ihre Bedeutung für unseren Alltag entwickeln, die auch Schleimpilzkundlern in der Abgeschiedenheit ihrer Labore noch nicht gekommen sind. So dass auch sie mit Interesse diese Seite studieren. Vor einer Woche stand hier ein Text über die Fähigkeit des Schleimpilzes *Physarum polycephalu,* mit Hilfe von Haferflocken den Netzplan der Tokioter U-Bahn nachzubilden. Man dachte: Schön und gut, aber weiß der Mann nicht, dass es in Tokio zurzeit ein paar andere Probleme …?

Nein, er wusste es nicht. Der Kolumnist schreibt seinen Text neun Tage, bevor der erscheint. Mittwochs sitzt er da, der Autor, freitags in einer Woche liegt das Magazin in der Zeitung. Das geht nicht anders (technische Gründe!), es macht meistens auch nichts. Was soll in neun Tagen auf dem Sektor »gelbliche Schleimpilze« oder in der Tokioter U-Bahn Grundlegendes passieren? Da gibt es allenfalls ein gewisses, ähem: Restrisiko.

In diesem Fall kamen ein Erdbeben, ein Tsunami und ein atomarer Super-GAU dazwischen.

Nun sitzt der Kolumnist wieder am Schreibtisch. Es ist Mittwoch. Gerade hat er in der Zeitung gelesen, warum es unmöglich ist, dass aus dem Atomkraftwerk Fukushima Radioaktivität ins Trinkwasser gelangt, da erscheint auf dem Bildschirm die Zeile »Havariertes AKW Fukushima: Radioaktivität jetzt auch im Trinkwasser«.

Er hat bis nachts um halb zwei das Fernsehen verfolgt: immer neue Filme über schwimmende Autos, unter dem Wasserdruck zerberstende Häuser, Menschen in Turnhallen, Menschen im Müllgebirge. Ihm schwirrt der Kopf von Becquerel, Millisievert und den Ereignissen in den Reaktoren eins, zwei, drei, vier. Er kramt in Erinnerungen an März, April, Mai 1986, als – im Abstand von fünf Wochen – zuerst sein ältester Sohn zur Welt kam, dann der Reaktor von Tschernobyl in die Luft flog. Als die Kinder nicht mehr in den Sandkasten durften und wir die Schuhe vor der Haustür stehen ließen, damit kein Cäsium in die Wohnung kam. Als wir Jodtabletten auf Vorrat kauften. Als der Umweltminister vor laufender Kamera Molkepulver in sich hineinlöffelte und sagte: »Des tut mir nix.«

Es gab fast keine Bilder damals. Der Fotograf Igor Kostin flog mit dem Hubschrauber über Tschernobyl, er machte ein grobkörniges Bild, dann öffnete er ein Fenster, um besser fotografieren zu können; die Radioaktivität löschte alles Weitere, das er aufnahm. Im Fernsehen sah man Bilder von Aufmärschen zum 1. Mai in der Sowjetunion. Später, viel später: Fotos von geborstenem Beton, verlassenen Orten, blühenden Landschaften. Alles verstrahlt.

Nun sitzt der Kolumnist vor einem Stapel von Fotos, die er aus Zeitungen geschnitten hat: Hunderte von Autos, die das abfließende Meer wie Steinchen zu einem Muster geordnet hat; die Müllwüste, die von der Stadt Otsuchi geblieben ist; die junge Frau, die wegen einer Strahlenkontamination isoliert wurde und nun hinter einer Glasscheibe steht, auf der anderen Seite ihre Mutter, Zentimeter von ihr entfernt. Sie sehen sich sehr ähnlich. Es ist, als betrachtete die Mutter sich in einem Spiegel selbst als junge Frau.

Im Fernsehen war nachts ein alter Mann zu sehen, auf der Suche nach seiner Frau. Eine Helferin sagte, sie könne ihm nichts sagen und ihm nicht helfen, sie müsse sich um die anderen hier kümmern. Sie berührte ihn hilflos-tröstend am Arm. Er ging allein ein Treppenhaus hinunter, ein leichtes Beben im Gesicht, kein Weinen. Es war aber, als weinte er hinter diesem Gesicht.

Mittwoch. In neun Tagen wird dies hier zu lesen sein. Der Kolumnist weiß nicht, was in neun Tagen in Japan geschehen sein wird. Er würde am liebsten nichts schreiben, aber das ist nicht seine Aufgabe. Er würde gerne über etwas anderes schreiben, aber bitte: WAS? Also schreibt er dies hier. Es ist nicht wichtig angesichts dessen, was in neun Tagen hoffentlich nicht geschehen sein wird. • DAS BESTE AUS ALLER WELT 2011

Der Nachteil dieses Textes war: Er erschien nicht, jedenfalls nicht im Heft, nur auf der Internetseite des Magazins. Der Grund: Die Redaktion hatte sich entschieden, ein ganzes Heft ohne Kolumnen zu gestalten, nur mit Fotos, ein Konzept, das schließlich zu Recht preisgekrönt wurde – was den Autor der nicht erschienenen Kolumne nicht froher stimmte, aber man muss ganz offen sagen: Ein Kolumnist, dessen Kolumne nicht erscheint, ist rationalen Argumenten nur begrenzt zugänglich.
Er schrieb dann, wiederum eine Woche später, eine zweite Geschichte über Fukushima. Die dann auch wirklich erschien.

✦

FUKUSHIMA 2

Ein Blick auf die Uhr. Zeit läuft. Der Zeiger dreht seine Runden. Was wäre das für ein Gefühl, wenn sich sein Lauf beschleunigen würde, fast unmerklich zunächst, dann deutlich sich steigernd? Ein kontrollierender Blick auf die Uhr am Computer: auch hier erscheinen jetzt neue Zahlen in schnellerem Rhythmus. Schon fallen Blätter von gerade frischen Tulpen. Rasch ist der eben gebrühte Kaffee kalt.
Was wäre das also für ein Gefühl, wenn die Zeit auf einmal schneller liefe, nicht endlos ihr Tempo steigernd, sondern nur ein

bisschen, auf ein höheres Niveau sozusagen, dann dort bleibend, weiter gleichmäßig laufend, bloß zügiger nun? Auf unerklärliche, unverständliche Weise. Gestern dauerte eine Minute sechzig Sekunden, heute noch fünfzig, und die sind in sich auch wieder kürzer. Man müsste von alten und neuen Minuten sprechen wie man früher in Frankreich in alten und neuen Francs rechnete. Eine neue Zeit.

Stefan Zweig hat in *Die Welt von Gestern* die Zeit seiner Kindheit, seiner Eltern beschrieben, das 19. Jahrhundert, eine Welt der Langsamkeit, Sicherheit, Gesetztheit, Ruhe, Unveränderlichkeit: »Selbst in meiner frühesten Kindheit, als mein Vater noch nicht vierzig Jahre alt war, kann ich mich nicht entsinnen, ihn je eine Treppe hastig hinauf- oder hinunterlaufen gesehen zu haben oder überhaupt etwas in sichtbarer Form hastig tun. Eile galt nicht nur als unfein, sie war in der Tat überflüssig, denn in dieser bürgerlich stabilisierten Welt mit ihren unzähligen kleinen Sicherungen und Rückendeckungen geschah niemals etwas Plötzliches.« Und keine Katastrophe, kein Krieg *draußen* reichte auch nur einen Zoll tief in diese eigene Welt hinein, in der Zeit zäher zu laufen schien, bisweilen sogar sozusagen zum Erliegen kam, einfach stehen blieb – bis diese Welt ganz und gar und für immer zerstört wurde.

Das gibt es: unterschiedliches Empfinden für das Vergehen der Zeit. Sagt man nicht, der Mensch habe mit 18, rein subjektiv, die Hälfte seines Lebens hinter sich? Aber in diesen Wochen hat man doch das Gefühl, die Zeit nehme selbst sozusagen Fahrt auf, sie lege einen Zwischenspurt ein. Ein Minister, dem das Volk zu Füßen lag, entpuppt sich in wenigen Tagen als Blender; ein Land, das zu den größten Wirtschaftsmächten des Globus gehört, sieht von einer Stunde auf die andere zu Teilen aus wie eine Müllhalde und ringt mit der Apokalypse; ein Diktator, dem unsere Führer gestern die Wangen küssten, wird von ihnen mit Raketen gejagt; ein Fußballtrainer, der gerade noch Herr auf Schalke war, scheucht zwei Tage später Wolfsburger Profis übers Gras; eine Kanzlerin, die einer festen Meinung war, ist ruckizucki überzeugt vom Gegenteil. Was früher Jahre dauerte, sich endlos hinzog, nie geschah, passiert jetzt in Kürze. Das Plötzliche ist die Regel geworden.

Es gab Tage, nach Erdbeben, Tsunami und GAU, da saß ich vor dem Fernseher, den Namen zerstörter Städte nachlauschend, Minamisanriku, Rikuzentakata, Bilder von flüssigem Schutt betrachtend, von aufschießenden Wolken über einem Kraftwerk, roten Feuerwehrautos in grauer Welt, Menschen auf der Suche nach Häusern, von Autos, wie Kieselsteine vom Wasser aufgeschwemmt. Übrigens eine bizarre Pointe, dass wir in einer Bilderzeit leben, bildersüchtig. Dass aber die größte Gefahr bildlos ist, Kernschmelze, Strahlung, Atom.

Dann gab es andere Tage, da saß ich auch vor dem Fernseher, aber mit einem anderen Gefühl: Kenne ich schon, habe ich gesehen, gibt's nichts Neues? Knipste aus.

Man gewöhnt sich schnell, das hat Gutes und Schlechtes: Könnte der Mensch sich nicht gewöhnen, wäre er längst nicht mehr da. Auch mit Allerschlimmstem lernt er umzugehen. Andererseits: Ist es nicht bisweilen so, dass man vor dem Fernseher im fernen Grauen anderswo Spannung für den eigenen Alltag sucht? Da wird man sich selbst, wie soll ich sagen?, bisschen unangenehm.

Ein Blick auf die Uhr. Unvorstellbares geschieht, aber die Zeit läuft gleich. Alles andere ist Phantasie. Ruhiger macht einen das gerade nicht.   · DAS BESTE AUS ALLER WELT 2011

✸ ✸ ✸

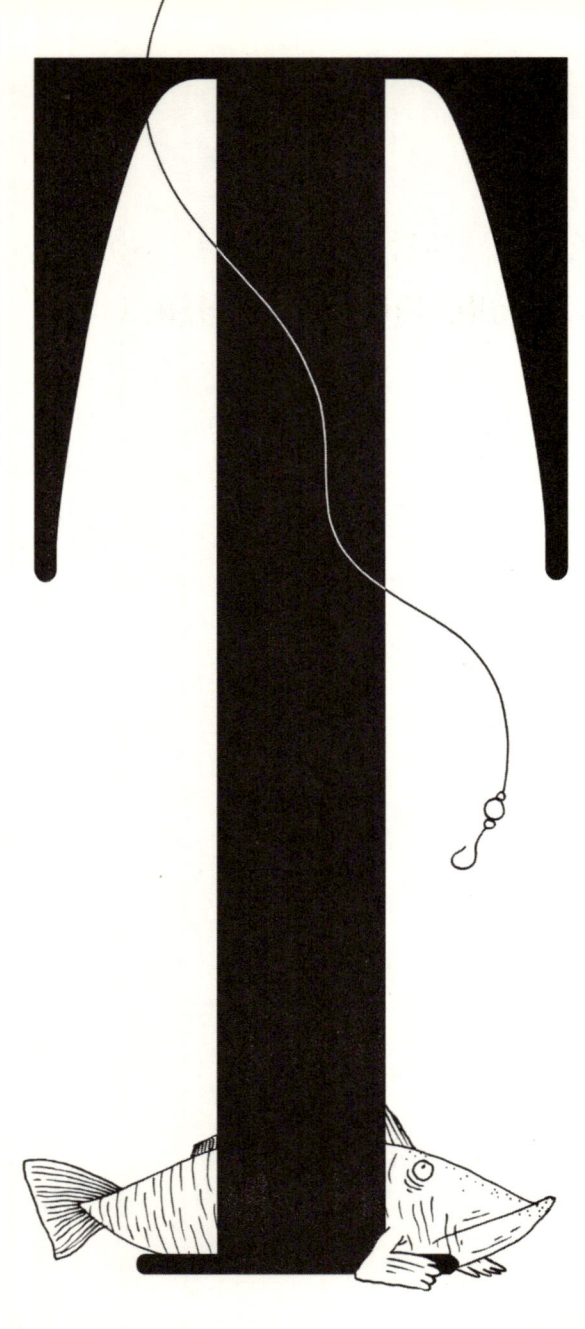

ZURÜCK ZU DEN TIEREN: VOM ANGELN.
UND VON DEN FISCHEN.

Hier kehren wir noch einmal zu den Tieren zurück, zu den Fischen nämlich, und beschäftigen uns mit deren Fang, dem Angeln nämlich. Wobei der tiefere Sinn des Angelns eben keineswegs im Fangen von Fischen liegt, sondern im … Ach, lesen Sie selbst, bitte.

FISCHE, DIE ES NICHT GESCHAFFT HABEN

Seit einer Weile haben wir in München eine Debatte über die Frage: Was sollen die Münchner und ihre Freunde im Englischen Garten dürfen? Surfen? Baden? Auf den Wiesen herumtollen? Rauchen? Mit ihren Hunden Radler jagen? Mit ihren Radln Fußgänger hetzen? Solche Probleme. In diesem Rahmen berichtete die *Abendzeitung* vor einer Weile, was in den Parks anderer bedeutender Weltstädte gedurft wird und was verboten ist. Zum Beispiel darf man laut *AZ* im Berliner Tiergarten keine ganzen Hammel braten, und im Londoner Hyde Park ist es untersagt, die Asche Verstorbener zu verstreuen. Über den Central Park in New York erfuhr ich, dass man hier zwar angeln dürfe, die Fische aber sofort nach dem Fang wieder ins Wasser werfen müsse.

Dies wirft die große Frage nach dem Sinn des Angelns auf. Gibt es denn Menschen, die angeln, auch wenn sie den Fang nicht behalten, geschweige denn essen dürfen? Und wenn dies so ist, wenn also der Sinn des Angelns weniger im Fangen als vielmehr im Angeln selbst zu liegen scheint, wäre es nicht möglich, den Angelvorgang überhaupt vom Fischfang zu befreien, ja, sich beim Angeln vom Wasser zu entfernen? So dass der Angler, um sein Hobby ausüben zu können, sich nicht mehr zum Wasser begeben müsste, sondern seine Leine auch von einer Bank in der Münchner Fußgängerzone oder einem Café in der 5th Avenue oder gar auf der eigenen häuslichen Terrasse auswerfen könnte. Denn es ist zweifellos auch für die New Yorker Fische alles andere als ein Vergnügen, zwanzigmal pro Tag aus einem Gewässer im Central Park gezogen zu werden, mit bebenden Kiemen hastig an der Seite eines Anglers fotografiert zu werden, um dann wieder im Wasser zu landen. Es ist der Alptraum eines Fischlebens!

Übrigens wäre es dann wohl auch richtig, Jägern vorzuschreiben, sie dürften nur mit Trockenerbsen, kleinen Farbbeuteln oder allenfalls einer Betäubungsspritze auf Rehe schießen, diese aber keinesfalls mit heimnehmen.

In Schweden, so höre ich, haben Fischforscher Neuigkeiten über die Karausche herausgefunden, die, am Grunde vieler Teiche lebend, es dort mit dem Hecht zu tun hat, einem großen Karauschenfresser. Der Hecht aber ist auch unter Androhung härtester Bußen nicht zu bewegen, eine Karausche nach dem Fang wieder auszuspucken, weshalb sich die Karausche, will sie ihr Karauschenleben auch in Anwesenheit von Hechten genießen, selbst etwas einfallen lassen muss. Was sie auch tut! Es ist nämlich so, hat der schwedische Wissenschaftler Christer Brönmark herausgefunden, dass die bloße Nähe eines Hechtes Karauschen einen Buckel wachsen lässt (anscheinend durch chemische Signale) – warum? Weil sie damit so sperrig sind, dass sie nicht mehr durch einen Hechtschlund passen. Eine ausgezeichnete Strategie, die wir vom Elefanten kennen, der in der Frühzeit eine Leibspeise der Löwen und Tiger war, bis es den Elefanten eines Tages dermaßen reichte, dass sie sich zum Wachstum entschlossen. Sie wurden von hundegroßen Kleintieren zu den heutigen Urwald- und Savannenriesen, mit dem Unterschied, dass sie es unter allen Umständen *bleiben*, während die Karausche, ist kein Hecht mehr im Teich, sich ihres Buckels wieder entledigt. Sagt Christer Brönmark.

In der Rubrik »Fische, die es nicht geschafft haben« heute die Zuschrift von Leserin R., deren Weg ins Büro in Zeiten, als es die DDR noch gab, an einem der wenigen privaten Tante-Emma-Läden vorbeiführte. Sie schreibt: »Eine ältere Dame führte selbstbewusst und trotzig mitten im sozialistischen Alltag ihr Geschäft so erfolgreich wie nur möglich. Ihre Waren, vorwiegend Lebensmittel, pries sie mit energischer Handschrift in Kreide auf schwarzen Tafeln an, vorwiegend Sauerkraut, saure Gurken, frisches Weißkraut usw.« Eines Tages habe auf einer dieser Tafeln gestanden: »Fisch in Dosen aller Art«.

R. schreibt, sie wisse nicht, ob nun »Fisch aller Art in Dosen« gemeint gewesen sei, oder »es nicht doch eine ganz gewitzte Anspielung auf die damals allzeit gegenwärtige Makrele (auch DDR-Volksfisch genannt) war, denn nur die, und immer wieder die, gab es nicht nur in Dosen, sondern auch in Soßen aller Art! Die damals allmächtigen Sicherheitsleute haben es bestimmt so nicht gelesen und verstanden.«

Das Schild als subversives Mittel des Widerstands. O, Deutschland, liebes Schilderland – ist das nicht wunderbar!? Demnächst auch im Englischen Garten? · DAS BESTE AUS ALLER WELT 2008

✦

UND EIN FISCH, DER ES DOCH GESCHAFFT ZU HABEN SCHIEN, AM ENDE ABER AUCH NICHT

Hier ist die Geschichte des Karpfens *Benson*, der in den Bluebell Lakes bei Peterborough lebte und knapp 30 Kilogramm wog. Benson war der berühmteste Fisch Großbritanniens. Er hieß Benson, weil er in der Rückenflosse ein Loch hatte, das aussah, als habe es jemand mit der Zigarette hineingebrannt; Benson war also nach der Zigarettenmarke Benson & Hedges benannt. Er hätte auch Overstolz heißen können. Hieß er aber nicht.

Benson ist tot. Er starb an rohen Tigernüssen, die für Karpfen giftig sind, wohingegen sie in zubereitetem Zustand die besten Karpfenköder darstellen, das weiß ich aber auch nur vom Lesen. Ich habe in meinem Leben nur ein einziges Mal geangelt, zusammen mit Luis, im Mittelmeer. Wir hatten Maden als Köder gekauft. Weil es viel zu viele Maden waren, hatten wir die übrig gebliebenen im Kühlschrank aufbewahrt, wo Paola, meine Frau, sie am nächsten Tag fand, neben der Butter. Es gab ein intensives Gespräch, über Angeln, Maden, Butter, solche Sachen. Zum Angeln hatten wir keine Lust mehr.

Benson war 25 Jahre alt, kein Alter für Karpfen, die sechzig, siebzig werden können. Was seine Geschichte bemerkenswert macht: dass er während der vergangenen 15 Jahre (denn erst mit zehn wurde er in den Bluebell Lakes ausgesetzt) 63 Mal geangelt worden ist. Jedes Mal warf man ihn wieder ins Wasser, nach einem Foto.

Man hört öfter von Menschen, die mal fast tot waren, jedoch reanimiert werden konnten. Sie berichten von gleißendem Licht und dass alles so schön gewesen sei. Dieser Benson hatte 63 Nahtod-Erlebnisse. Man wüsste gern, was er den anderen Karpfen davon berichtete. Dass man einen Pieks im Mund spüre, dann bekomme man Kiemenflattern, aber dafür nehme einen jemand fest in den Arm. So was gebe es im Teich nicht, niemand mit Armen sei da, nicht mal ein Krake. Und dann sei man auch wieder im Wasser, wo man nicht mehr hinwollte, so schön sei es draußen. Es müsse Gott gewesen sein, der einen da herzte.

Kein Wunder, dass die Bluebell Lakes als Angelparadies gelten. Die Fische wollen alle raus. Wollen Gott sehen. Benson hat ihnen von ihm erzählt.

Hat jemand die Urlaubsfotos von Wladimir Putin gesehen? Putin auf einem Baum, Putin mit nacktem Oberkörper auf einem Pferd – und dann: Putin im Wasser, Delphin schwimmend. Putin im Mini-U-Boot, von außen fotografiert, wie er durch ein Bullauge ins Wasser starrt, mit hechthaftem Ausdruck im Gesicht die Fische betrachtend. Das Bild ist sensationell, der Putinkopf erscheint wie gerahmt im runden Fenster, man könnte daraus eine Brosche machen oder einen Orden für Menschen mit besonders sehenswerten Oberkörpern.

Hat nicht Putin im Sommerurlaub 2008 ein Fernsehteam vor einem Tiger gerettet? Super-Putin. Ich erwarte noch viel von ihm. Super-Putin springt für Schumacher bei Ferrari ein. Super-Putin stoppt die Schweinegrippe mit bloßen Händen. Super-Putin repariert den Teilchenbeschleuniger in Genf. Super-Putin taucht nach dem Riesenkarpfen, um ihn vor der bösen Tigernuss zu retten, hält ihn in den muskulösen Armen, der Riesenkarpfen schmiegt sich an ihn, selig verlöschend, denn er hat Gott gesehen. An den Stränden Italiens gibt es, wie zu erfahren ist, dreihundert Hunde, die als Lebensretter ausgebildet sind. Sie liegen im Sand und merken auf, wenn jemand um Hilfe schreit, alarmieren den Mann mit dem roten *Salvataggio*-Hemd und schwimmen mit ihm hinaus zum Ertrinkenden. Wobei es Aufgabe des Hundes ist, den menschlichen Retter zu ziehen, damit der Kräfte für den Rettungsakt spart. Nie schickt man einen Hund allein ins Wasser. Stell dir vor, du bist im Wasser, kurz vorm Nahtod, gurgelnd. Da taucht mitten im Meer der Schädel eines Neufundländers auf … In russischen Gewässern wurden bereits mehrere Menschen von Super-Putin gerettet. Er eilte zu ihnen, ohne Hund, jedoch mit einem Wodkafässchen um den Hals. · DAS BESTE AUS ALLER WELT 2009

Putin ist übrigens einer, der fast ebenso oft in der Kolumne vorkommt wie Bruno, nur dass es ihn, wie ehemalige Bundeskanzler glaubhaft versichern, wirklich gibt: Er ist, wie so viele Diktatoren, neben und in seinem Gehabe als Herrscher einfach ein komischer Mensch und tut komische Dinge, siehe dazu auch *Wladimir und die Langschläfer* auf Seite 509.

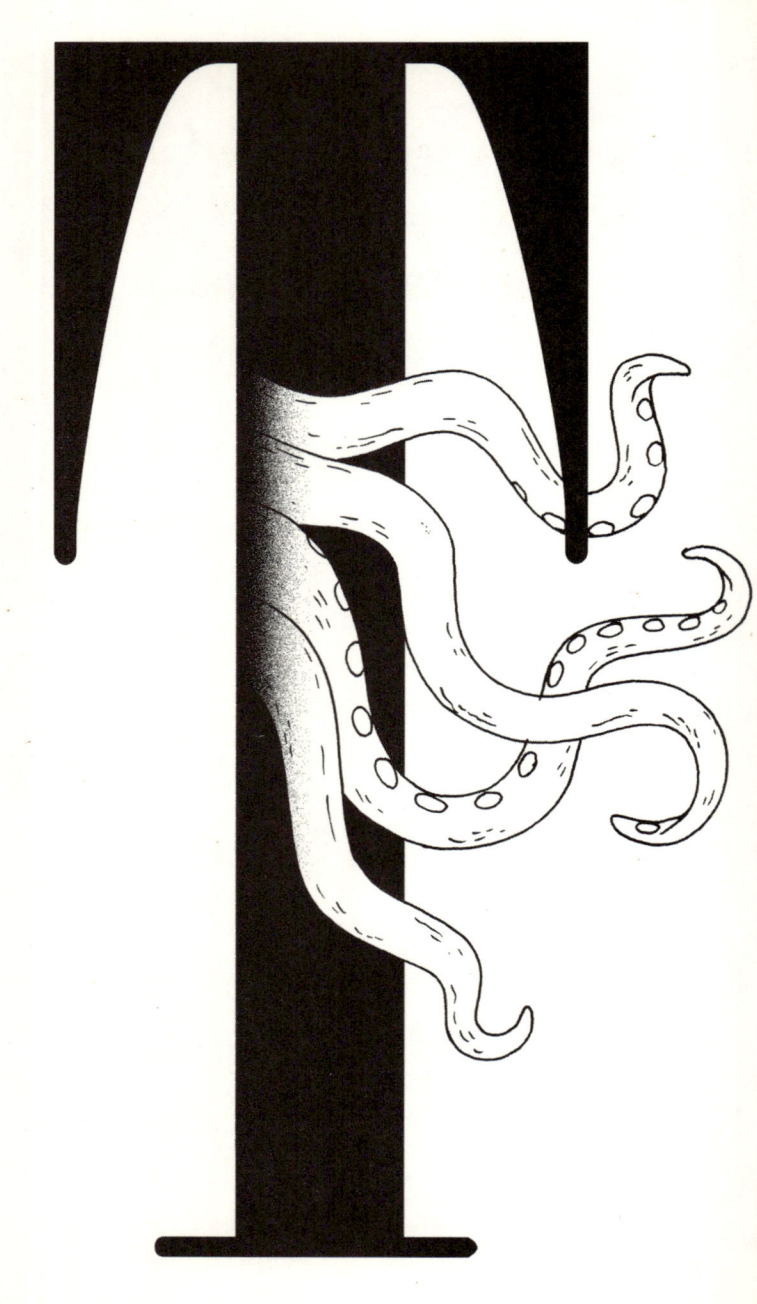

WIR BLEIBEN NOCH FÜR EINEN MOMENT IM WASSER. UND BEI DEN TIEREN. DEN ESSBAREN TIEREN

←————————— ✳ —————————→

Und wir werden sehen, warum es so viel Spaß macht, Kolumnen zu schreiben. Morgens wusste man noch nicht sehr viel über Krill, abends geht man als Autor einer sachkundigen Krill-Kolumne nach Hause. Morgens wusste man noch nichts von der Internetseite des Fachbereichs Anglistik der Universität Trier, abends hat man sich große Teile davon zu Gemüte geführt. Andere sitzen sich den Hintern in Unterausschüssen breit, nähen blutende Platzwunden zu oder kontrollieren Fahrscheine, ich lerne, lerne, lerne. Ach, was für ein herrliches Leben!

DU KRILLST ES DOCH AUCH

In den Zeitungen las ich von der Ernährungskrise in den Meeren, vom dramatischen Schwinden des pflanzlichen Planktons (den man auch Phytoplankton oder einfach Algen nennt). Ich stellte mir vor, ich wäre ein Ruderfußkrebs oder ein garnelenähnliches Kleintier der Ordnung *Euphausiacea*, ich schwömme mit Millionen meiner Freunde im großen Meer, nähme eine schöne Phytoplankton-Mahlzeit zu mir, und plötzlich käme ein Blauwal daher und saugte uns in sich hinein, wir blieben in den Barten hängen, wanderten in seinen Magen – und das war's, adieu, du schöne Welt. Das ist, als ginge man durch seine Straße, auf dem Weg ins Büro vielleicht, plötzlich verschattete sich die Sonne, ein Riesensauger lutschte den Asphalt entlang, und du verschwöndest zappelnd in seinem Inneren, zusammen mit dem Zeitungsladenbesitzer, dem Blumenhändler, der Tengelmann-Kassiererin und dem netten Typen, dem das kleine Kino gegenüber gehört. Diese Wehrlosigkeit, dieses Ausgesetztsein, das Schicksalhaft-Plötzliche!

Neulich habe ich gelesen, ein Blauwal vertilge pro Tag vierzig Millionen Kleinkrebse, das heißt, wenn alle Deutschen Kleinkrebse wären, könnten zwei Blauwale Deutschland an einem Tag leer fressen. Diese Winzgarnelen heißen übrigens Krill, was ein norwegisches Wort ist und »Walnahrung« bedeutet, so dass diese Tiere bereits in ihrem Namen ihre Bestimmung und ihr Schicksal mit sich herumtragen. Muss irgendwie deprimierend sein, ein Leben als Nahrung zu führen, aber sie wissen es ja nicht. Sie genießen ihr Krilldasein bis zu dem Moment, da der Wal kommt, sie fressen sich voll mit Algen, sie färben das Meerwasser rot durch ihre Körper und machen es dick wie Erbsensuppe, und das mag durchaus ein schönes Gefühl sein.

Der Krill ist, das muss mal gesagt werden, das erfolgreichste Tier der Welt. Pro Jahr zieht die Menschheit etwa hundert Millionen Tonnen Fisch aus allen Meeren. Aber man schätzt, dass es allein im Südpolarmeer bis zu 125 Millionen Tonnen Krill gibt, genau weiß man das nicht, dazu müsste man das Südpolarmeer einmal mit und einmal ohne Krill wiegen, und wer macht das schon? Was man aber weiß: Es gab früher mehr Krill als heute – das ist seltsam. Denn wie jeder weiß, gab es früher auch mehr Blauwale, noch vor neunzig Jahren waren es ungefähr 220.000 auf der ganze Welt, heute sind es höchstens 20.000.

Wenn aber die Blauwale ausgerottet werden, müssten doch die Krillzahlen geradezu explodieren, mangels Fressfeind, nicht wahr? Wir müssten im Sommer an den Meeresufern geradezu in Krill baden. Das ist aber nicht so, gleichzeitig mit den Walen ist auch der Krill weniger geworden, man nennt das »Krill-Paradox«. Der Lösung dieses Rätsels sind Wissenschaftler jetzt näher gekommen.

Es ist nämlich so, dass Wale mit ihrem Kot unfassbar große Mengen Eisen ausscheiden, ein Stoff, der im Meer sehr selten ist. Dieser eisenhaltige Kot schwimmt auf der Meeresoberfläche, er wirkt dort wie Dünger und löst üppiges Algenwachstum aus. Die Algen dienen dem Krill als Nahrung, den Krill wiederum frisst der Wal, der dann wiederum Eisen, räusperräusper, scheißt – ein Kreislauf, ein System, ja, eine Tatsache, die einen fast an Gott glauben lässt, zumal die Wal-Exkremente noch einen anderen Effekt haben.

Indem sie nämlich das Algenwachstum fördern, tragen sie sehr viel dazu bei, Kohlendioxid aus der Atmosphäre zu entfernen. Denn wie viele wissen (viele aber auch nicht), bilden Pflanzen Sauerstoff und binden dabei Kohlendioxid, sie reinigen also unsere Luft, und die Algen im Wasser tun das auch, ja, das Kohlendioxid wird mit Hilfe der Wale sozusagen in den Tiefen der Ozeane versenkt. Die Pottwale im Südpolarmeer, das ergibt sich aus einer kürzlich von der *Royal Society* in London veröffentlichten

Untersuchung australischer Wissenschaftler, stoßen zwar wie die anderen Säugetiere auch, Kohlendioxid aus, nämlich 200.000 Tonnen pro Jahr, aber sie sind für die Entfernung von 400.000 Tonnen verantwortlich, und stünde nicht der Pottwal am Rande der Ausrottung, könnte er noch weit mehr zur Verbesserung des Weltklimas beitragen.

So viel für heute, liebe Freunde, über Wale und Krill. In der nächsten Woche wird es um ein anderes Thema gehen, aber ich weiß noch nicht, um welches. • DAS BESTE AUS ALLER WELT 2010

✦

SCHWEINE MIT BEGLEITUNG

Kaum hatte ich kürzlich erwähnt, mein Sohn Luis spreche, obwohl in München wohnhaft, kein Münchnerisch, schon schrieb mir Herr S. aus Lenggries, das sei auch nicht weiter schlimm, denn Luis sei ohnehin kein Münchner und werde auch nie einer werden, denn, so habe es ihm (also dem Herrn S.) seine (also des Herrn S.') Großmutter bereits 1940 erklärt: ein echter Münchner müsse in München geborene und aufgewachsene Eltern, Großeltern und Urgroßeltern haben oder gehabt haben, sonst sei er eben kein echter Münchner; ein Kalb, das zufällig im Pferdestall das Licht der Welt erblicke, sei ja auch kein Ross.

Weiter teilte mir Herr S. mit (und dies, obwohl ich weder das Wort »Schweinemetzger« noch das Wort »Schweinsmetzger« erwähnt hatte), ein echter Münchner würde nie »Schweinemetzger« sagen, sondern immer »Schweinsmetzger«, er wisse das zufällig, weil sein Onkel Gastwirt und »Schweinsmetzger« gewesen sei und die besten Weißwürscht von München gemacht habe – wozu ich nun wieder gerne anmerken würde, dass man einer Münchner

Weißwurst, die vom Schweinsmetzger hergestellt worden ist, zumindest mit einem gewissen Misstrauen begegnen sollte. Denn eine Weißwurst (jedenfalls eine aus München) sollte zwar von einem Schweinsdarm (nicht: Schweinedarm!) umhüllt, jedoch in der Hauptsache aus Kalbfleisch (nicht: Kalbsfleisch!) hergestellt sein, geringe Anteile von Schweinefleisch (Schweinsfleisch? Nein!) sind vielleicht möglich, aber eigentlich unerwünscht.

Nicht nötig ist es hingegen, dass die in der Wurst enthaltenen Kälber resp. Schweine bereits in der vierten Generation in München geboren und aufgewachsen sind.

Apropos Schweine. Herr B. schickte mir, nachdem ich etwas über das Deutsch von Speisekarten im Ausland geschrieben hatte, eine Mail, in der er glaubwürdig versicherte, er habe vor etwa zehn Jahren in einem spanischen Restaurant mal sämtliche Gerichte, zu denen es eine Beilage gab, als »… mit Begleitung« aufgelistet gefunden. Besonders interessant sei das Gericht »Wiener Schweine mit Begleitung« gewesen.

Und auf Ischia, schrieb Herr B. weiter, habe er mal ein Schild fotografiert, mit dem auf eine »Romantische Strandterasse mit Pfefferminzgeschmack« hingewiesen wurde. Das aber nur nebenbei.

Auf dem Frankfurter Römerberg, teilt Frau O. von eben dort mit, gebe es ein Restaurant, welches auf seiner Karte das deutsche Traditionsgericht »Schwartenmagen« feilbiete, und zwar auch in einer französischen Übersetzung. Dort heiße es *vieux bouquin de l'estomac*, und vielleicht sollte man den Wirt bei Gelegenheit darauf hinweisen, dass *bouquin* zwar französisch ist und »Schwarte« heißt, aber ein altes Buch bezeichnet. »Schwartenmagen« heißt *fromage de porc*. Ich möchte wetten, dass es irgendwo in Frankreich eine deutsche Speisekarte gibt, auf der das mit »Schweinekäse« (oder Schweinskäse?) rückübersetzt worden ist.

Übrigens stieß ich im Internet kürzlich durch Zufall auf die sehr witzige Internetseite von Werner Schäfer, der im Fachbereich

Anglistik der Universität Trier unterrichtet. Schäfer berichtet dort unter anderem, er habe gehört, wie eine der chronisch gut gelaunten Radiosprecherinnen von RTL einen Popsong so angekündigt habe: »Und jetzt die Beatles mit *Let it be* – ›Lass es sein!‹« Schäfers Aufgabe als Anglist ist natürlich, einerseits darauf hinzuweisen, dass *Let it be* nicht »Lass es sein!«, sondern »Lass es geschehen!« bedeute, andererseits den Radiomoderatorinnen doch wiederum ein *Let it be!* in dem Sinne zuzurufen, in dem sie es verstehen: Lasst es sein!

Dazu fällt mir aber nun ein Brief von Frau W. aus Berlin zu meinem alten Lieblingsthema ein, den missverstandenen Liedtexten. Frau W. summte jahrelang gerne ein Lied, das *Don Camisi* hieß, bis sie lernte, dass der Text eigentlich englisch war und *Words don't come easy* lautete.

Das möchte ich von hier aus auch allen Leserbriefschreiberinnen und Leserbriefschreibern, allen RTL-Radiomoderatorinnen und Speisekartenübersetzern, allen Münchnern und Nicht-Münchnern zurufen: *Words don't come easy!*

But let it be! · DAS BESTE AUS MEINEM LEBEN 2004

ZU EINIGEN MENSCHEN DA DRAUSSEN IN DER GROSSEN WEITEN WELT

Ehrlich, das hier ist eines meiner Lieblingskapitel. Es geht um Don Gorske, Sue Warren, Steve Feltham und all die anderen, von denen ich nie erfahren hätte, wenn es das Internet nicht gäbe. Es lebe das Internet! Es lebe Don Gorske, es leben all die anderen, die so wunderbaren Stoff für Kolumnen lieferten, die wir hier nicht alle drucken können, zum Beispiel Hillary Taylor, wohnhaft nahe Basingstoke im Süden Englands, die von ihrem Onkel Ken vor Jahren 3000 Gießkannen geerbt hatte. Jener Ken, pensionierter Lastwagenfahrer, war ein manischer Gießkannensammler, jedes freie Plätzchen bei ihm daheim war von Gießkannen bedeckt, und in seinem Testament verfügte er, man solle ihn in einer Gießkanne beerdigen. So geschah es. Und Nichte Hillary fand sich als Besitzerin Tausender Gießkannen wieder, die sie nie haben wollte, die sie aber auch nicht wegwerfen konnte, nicht ohne schlechtestes Gewissen jedenfalls.

Oder Aretha Brown aus Callahan in Florida. Seit Jahrzehnten wohnt sie in einem abgelegenen Häuschen, das von der Straße durch Bahngleise getrennt ist. Was nicht schlimm wäre und in Jahrzehnten nie schlimm war. Bloß hat eines Tages die Bahngesellschaft auf einem Gleis eine Kette von Güterwaggons abgestellt und war nicht bereit, sie wieder zu entfernen, weshalb Aretha Brown, 66 Jahre alt, als ich von ihr hörte, und nicht mehr sehr gut zu Fuß,

mehrere Monate bei jedem Gang in den Ort und zurück unter den
Waggons hindurchkriechen musste.
Doch nun zu Don Gorske.

DON GORSKE

Monatelang stehen wir nun schon vorm großen Sexualtheater
mit all den Berlusconis, Strauss-Kahns, den Schwarzeneggers
und auch Kachelmännern, vor tiefen Stürzen, großen Obsessio-
nen, billiger Glücksjagd und rasender Geilheit.

Nun muss jedoch mal die Rede sein von Don Gorske aus Fond
du Lac in Wisconsin. In seiner Geschichte spielen Spermafle-
cken, Zimmermädchen, verschwiegene Schwangerschaften, min-
derjährige Prostituierte, Bunga-Bunga und Bling-Bling keinerlei
Rolle. Aber es ist doch die Rede von Besessenheit, ja, Wahnsinn.
Don Gorske hat vor Kurzem unter großer Anteilnahme von Presse, Funk und Fernsehen seinen 25.000. Big Mac gegessen.

Man stellt sich nun, angesichts dieser Nachricht, Mister Gorske
sofort als Fettkloß sondergleichen vor, mit über den Stuhlrand
quellenden Arschwülsten, den Gürtelbereich verdeckenden
Fleischringen und Vierfachkinn. Aber so ist es nicht. Gorskes
Äußeres hat was von John Lennon, man sieht ihm nicht mal seine 57 Jahre unbedingt an. Nicht, dass er asketisch wirkte, aber von
den Lastwagenladungen an Weichsemmeln und Fleischscheiben
ist doch erstaunlich wenig an ihm hängen geblieben.

Gorske sagt, er habe seinen ersten Big Mac am 17. Mai 1972 gegessen. Um den Kauf eines neuen Autos zu feiern, habe er drei
von den Dingern bestellt. Es sei wie eine Offenbarung gewesen,
er habe im Lauf des Tages noch mal drei zu sich genommen, dann
drei weitere, also neun.

An einem Tag.

Die Sache hat sich dann so entwickelt, dass Gorske in den folgenden 39 Jahren pro Tag im Schnitt zwei Big Macs aß, nur an acht
Tagen pausierte er, zuletzt Thanksgiving 2000, da war die McDo-
nald's-Filiale geschlossen, und er hatte keine Vorräte mehr daheim. Es ist nämlich so, dass Gorske jeden Montag sechs und jeden Donnerstag acht Big Macs kauft und sie teilweise einfriert,
so hat er immer was zu essen, und da ein Big Mac im Schnitt
ungefähr neunzig Millimeter hoch ist, hat Gorske bisher einen
2,25 Kilometer hohen Turm von doppelstöckigen Hackfleisch-
semmeln verzehrt, ein standardisiertes Produkt aus Brötchen,
Eisbergsalat, Fleisch, Gewürzgurkenscheibchen, Cheddarkäse,
Zwiebelwürfeln, Soße und Sesamsaat.

Pommes nimmt Gorske nie. Big Macs wird er essen, bis er stirbt.
(Wozu noch zu sagen wäre, dass seine Cholesterinwerte okay
sind, er isst auch andere Sachen und bewegt sich regelmäßig.) Er
notiert jeden Kauf im Kalender, hebt jede Quittung auf, überhaupt zählt er gerne Dinge, zum Beispiel isst er jeden Big Mac
mit 16 Bissen. Er liebt Wiederholungen. Er hasst Veränderungen.
Von Beruf war er, bis zur Pensionierung, Gefängniswärter.

Man wird also, ohne Gorske zu nahe zu treten, sagen können,
dass er ein zwanghafter Mensch ist. Und wie seltsam, dass man
seine Geschichte gleichzeitig fürchterlich und anrührend findet.
Fürchterlich, weil sie zeigt, welchen Preis der Mensch bisweilen
zahlen muss, um alles Liederliche und Wüste und alle Angst vor
dem Liederlichen und Wüsten in sich zu bannen: 25.000 Big
Macs essen und zählen und Ruhe! Anrührend, weil man diesen
Gorske vor sich sieht, wie er isst und zählt und zählt und isst und
Ruhe hat und versucht, dabei ein glücklicher Mensch zu sein.

Übrigens: Glück. Da wäre noch ein alter Mann namens Moses
Peter. Moses Peter traf vor sieben Jahren einen anderen Mann,
der ihn unvermittelt fragte, woher der Samen für den ersten
Baum auf der Welt gekommen sei. Moses Peter wusste es nicht,
aber er beschloss damals, seinem Leben eine Wendung zu geben.

Seitdem steht er (schlohweiß das vom Stirnband gebändigte Haar, einen großen Stock in der Hand) Tag für Tag an der Straße zwischen Torquay und Paignton in Süd-England und winkt den Autos zu. Er hält das für seine Aufgabe im Leben. Er sagt, er versuche so, ein Stück Glück ins Leben anderer Menschen zu bringen. Einfach immer da sein, freundlich winken, Moses heißen – das ist sehr wenig.

Aber so geht's tatsächlich auch, so geht es also auch.

· DAS BESTE AUS ALLER WELT 2011

Wer mehr über das Glück des Menschen lesen will, dem sei das entsprechende Kapitel empfohlen, ab Seite 269, lauter Geschichten über Glück und Pech, wobei jeder Pech-Interessent sich auch gleich dem folgenden Text zuwenden kann.

✦

MICK WILARY

Ich sitze am Schreibtisch, vor mir ein Foto von Mick Wilary. Mick Wilary sitzt in einem Rollstuhl, seine Beine sind hochgelagert, die Hosenbeine über die Waden aufgekrempelt, er sieht mich aus dem Foto heraus irgendwie bekümmert an. Wilary ist 58 Jahre alt und Landwirtschaftshelfer von Beruf, bloß kann er den Beruf jetzt nicht ausüben.

Im März ist ihm bei der Arbeit ein Unfall passiert, er schaufelte Tierfutter in die Schaufel eines Laders, als der Lader plötzlich vorwärts rollte und ihn gegen eine Wand drückte. Er konnte sich nicht befreien, es dauerte ein bisschen, bis Hilfe kam, und als man den Schaufellader endlich rückwärtsfuhr, lag Mick Wilarys linkes Bein über seiner Schulter, und das rechte Bein war nach hinten gedreht. Also, die Sache sah nicht richtig gut aus für unseren Mann.

Er fragte den Notarzt, ob er eine Zigarette für ihn habe, und der Notarzt musste lachen.

Und jetzt sehe ich ihn auf dem Foto, und die Beine sehen insgesamt okay aus, und das sind sie auch. Die Ärzte hätten ein Wunder vollbracht, sagt Mick, es wird sechs Monate dauern, dann wird er wieder auf diesen Beinen sein, mal sehen, was dann passiert.

Man kann ziemlich sicher sein, *dass* wieder etwas passiert.

Wilary ist nämlich ein richtiger Unfallmagnet, er zieht Unfälle an wie George Clooney die Frauen oder Arjen Robben die Bälle. In 58 Jahren hat er sich schon das Schlüsselbein, praktisch alle Finger und eine erkleckliche Anzahl seiner Rippen gebrochen, dazu beide Sprunggelenke je zwei Mal. Einmal hat er sich eine riesige Kopfwunde zugezogen, als er, einen Ballen Heu auf der Gabel, über eine Katze stolperte und dann eine Treppe hinunterstürzte. Ein anderes Mal schnitt er sich eine Fingerspitze ab, als er an einem Stock schnitzte, von den zahlreichen Verletzungen durch Tritte der von ihm betreuten Kühe nicht zu reden, eine Tatsache, die einem den Charakter der Kühe als solcher im Zwielicht erscheinen lässt: Blöde kauend auf Wiesen lümmeln und das Gras zufladen, das können sie, und wenn ein anständiger Kerl vorbeikommt, der ihnen den Mist weglöffelt, dann treten sie zu.

Ist es nicht so, dass wir alle diesem Wilary dankbar sein müssen? Wenn man davon ausgeht, dass es Jahr für Jahr auf Erden eine gewisse, vom Herrgott oder seinen Mitarbeitern festgelegte Zahl von Unfällen gibt, dann ist es großartig, dass Wilary einen großen Anteil davon auf sich nimmt und ermöglicht, dass andere verschont bleiben. Wie ich auch finde, dass die Menschheit einem Mann wie mir etwas schuldet: Wann immer ich mich einem Fahrkartenautomaten nähere, ist er defekt; welche Hotline ich auch anwähle, sie ist besetzt; vor welcher Supermarktkasse ich anstehe, meine Schlange ist die längste; welche Autobahn ich befahre, sie ist am verkehrsreichsten. Alles, was mir passiert, kann niemand anderem passieren. Ich nehme es von anderen weg auf mich, unfreiwillig, aber doch. Da wäre ab und zu ein nettes Wort angebracht, finde ich.

Übrigens finde ich die Idee interessant, dass es von allem auf der Welt (in Wilarys Fall von Unfällen) immer jeweils nur eine gewisse begrenzte Menge gibt. Auf den Golfspieler Tiger Woods angewendet, würde sie bedeuten, dass auch die Menge an Sex auf Erden endlich ist und dass viele Amerikaner deshalb so wütend auf Woods sind, weil er ihnen ihr Quantum Sex weggenommen und für sich verbraucht hat. Deshalb – aus blankem Neid also! – musste er sich selbst in eine »Sexklinik« einweisen.

Doch was, fragt Leser K. aus Hamburg, geschieht in einer »Sexklinik«?

Ich weiß es nicht. Ich kann es mir nur vorstellen. Also stelle ich mir vor, dass die Klinik von Angestellten bevölkert ist, die alle eine gewisse Ähnlichkeit mit Tiger Woods' Mutter haben. Des Weiteren: Woods muss dort noch mehr Golf spielen als ohnehin, denn wer Golf spielt, kann zumindest in dieser Zeit keinen Sex haben. Drittens sind golffreie Abende gefüllt von Vorträgen wie »Warum ein Driver manchmal nur ein Driver ist«, Betrachtungen von Sammlungen alter Granitsteine sowie guten Gesprächen, immer wieder unterbrochen von ausgiebigen kalten Duschen.

· DAS BESTE AUS ALLER WELT 2010

Wer noch mehr über Pech wissen will, dem sei übrigens nun noch einmal das Kapitel über das Glück auf Seite 269 ans Herz gelegt, in dem es auch eine Geschichte über Pech gibt, *Das Pechtropfenexperiment* auf Seite 281.

★

STEVE FELTHAM

Gelegentlich denke ich darüber nach, wie es wäre, ein zweckfreies Leben zu führen. Zum Beispiel Tag für Tag an der Straßenecke zu sitzen und zu beobachten, wann und wie der Mann vorbeigeht, der mir vor Jahren versprochen hat, den Fußboden in meinem Büro zu reparieren. Ich lernte ihn einmal morgens im Zeitschriftenladen kennen, ein älterer Mann mit weißem Bart und großen, staubbedeckten Händen, Schreiner von Beruf. Ich fragte ihn, ob er das vom eindringenden Regenwasser zerstörte Parkett vor der Tür zum Bürobalkon ersetzen könne. Er ging gleich mit, riss mit dem Stemmeisen ein Stück Parkett aus dem Boden, um ein Muster zu haben, sprach über die Scheidung von seiner Frau und verließ mich.

Das ist zwei Jahre her. Er kam nie zurück.

Manchmal sehe ich ihn auf der Straße, beim Bäcker oder im Zeitschriftenladen und frage nach dem Parkett. Dann sagt er, er werde demnächst kommen, es dauere nicht mehr lange, er werde dem Zeitschriftenladenbesitzer sagen, wann – doch kommt er nie. Natürlich könnte ich einen anderen Handwerker beauftragen, aber das tue ich nicht, ich will wissen, wie diese Sache hier ausgeht. Und, wie gesagt, manchmal denke ich nach, wie es wäre, an der Ecke das Hin und Her dieses Mannes zu protokollieren. Dem Rätsel seines Daseins näher zu kommen.

Vor drei Jahren habe ich einen Artikel über einen Mann namens Feltham gelesen, einen Engländer, der sein Leben radikal änderte. Er kündigte seinen Job, verkaufte sein Haus, kaufte ein Campingauto, zog zum Loch Ness, wo er seitdem nichts tut, als das Wasser zu beobachten und auf das Erscheinen des Monsters zu warten.

Das macht er seit 15 Jahren. Neben dem Artikel war ein Foto von Feltham zu sehen: er mit Fernrohr am Rande des Lochs. Er schaute aber nicht durchs Fernrohr. Er hatte die Hände in den Hosentaschen und sah zur Seite. Draußen auf dem See sah man einen dunklen Fleck. Das hätte das Ungeheuer sein können, vielleicht war es auch nur eine Unregelmäßigkeit im Zeitungspapier. Jedenfalls wäre das ein tolles Bild: Feltham, seit Jahrzehnten auf das Monster wartend, schaut zur Seite, während Nessie auftaucht. Aber es ist einfach das Bild eines Mannes, der sein Leben einer Sache gewidmet hat, die es eventuell nicht gibt. Eines Mannes, der vielleicht extrem unglücklich würde, wenn es Nessie gäbe, weil sein Glück im Warten liegt. In der Zweckfreiheit. Der Nicht-Erfüllung. Der Offenheit der Situation.

2008 wird es 75 Jahre her sein, dass jemand das Monster zum ersten Mal sah. Oder es gesehen zu haben glaubte. Oder es zu sehen gehabt zu haben behauptete. 1933: Ein Ehepaar namens Mackay beobachtete einen kurzen Moment lang ein seltsames, riesiges, sich im Wasser tummelndes Tier. Seitdem haben sich immer mehr Leute zum Loch Ness aufgemacht, einmal war auch ich dort, es gab große Mengen von Touristen. Jahr für Jahr: etliche Beobachtungen des Ungeheuers. Wenn man bedenkt, dass vor 75 Jahren niemand nach Nessie Ausschau hielt und nun Jahr für Jahr Tausende – da ist die Quote eigentlich gesunken. Je mehr Menschen auf das Ungeheuer warteten, desto seltener wurde es gesehen.

Vor Kurzem stand in der Zeitung, 1997 habe es zwanzig Sichtungen im Jahr gegeben, im vergangenen Jahr drei, heuer erst zwei. Was heißt das? Gab es früher viele Tiere im Loch, nun nur wenige? Ist die Zahl der Monster-Erwarter nun so groß, dass die Ungeheuer in den tiefsten Tiefen des Lochs sich fürchterliche Geschichten von Touristen erzählen und Fotos herumreichen, nach deren Betrachtung keines mehr auftauchen will?

Manchmal stelle ich mir vor, wie der Mann Feltham eines Tages in den Himmel gerufen wird, wie er gesenkten Kopfes vor den Schöpfer tritt und eine Stimme ihn fragt: »Feltham, was hast du gemacht mit deinem Leben?«

Feltham wird sagen, er habe auf das Erscheinen eines schlangen-
ähnlichen Seeungeheuers gewartet, vergeblich.

Die Stimme wird sagen: »Vergeblich, Feltham …?«

Und Feltham wird aufblicken und etwas Unscharfes, Schwarz-
Weißes, Schlangenähnliches erblicken. (Oder einen älteren
Mann mit weißem Bart und großen, Staub bedeckten Händen,
der ein Stück Parkett in Händen hält?) · DAS BESTE AUS MEINEM LEBEN 2007

Aufmerksamen Lesern wird nicht entgangen sein, dass in diesem Kapitel die Geschichte über die eingangs erwähnte Sue Warren fehlt. Das liegt daran, dass ich sie
doch lieber in das jetzt gleich folgende Kapitel über *Einbrüche und anderen Kleinigkeiten* gesteckt habe, das ohne Sue Warrens Story zu kurz geworden wäre. Interessenten an Sue Warren sind also auf Seite 369 verwiesen. Was aus Steve Feltham
geworden ist? Als ich zuletzt von ihm las, in einer *Daily Mail* vom April 2014, wartete
er immer noch auf das Monster.

EINBRÜCHE UND
ANDERE KLEINIGKEITEN

Ehrlich, das hier ist nicht mein Lieblingskapitel. Die Geschichte mit dem Obsthändler ist schon Jahrzehnte her, es gibt diesen Obstladen gar nicht mehr, und wo Giorgos, der Obsthändler, abgeblieben ist, weiß ich nicht. Der unten in der Geschichte KNACKORT *erwähnte Einbruch bei uns ist nie aufgeklärt worden. Und meine Bürokaffeetassen muss ich auch weiterhin selbst abspülen. Genau genommen ist dies also ein Kapitel über Vergänglichkeit, Sinnlosigkeit und, wie sich dem Leser der Geschichte über* KNACKORT *sofort erschließen wird, die Abgründe unseres Fernsehprogramms.*
Lesen Sie's trotzdem, bitte, damit meine Arbeit nicht vergeblich war!

OBSTTAG

Beim Obsthändler haben sie wieder eingebrochen heute Nacht, im Laden, meine ich, nicht bei ihm zu Hause. Ich weiß es, weil heute mein Obsttag ist und ich früh im Geschäft bin, um Frühstück zu holen. Das Obst ist noch im Regal, bloß die Kasse ist leer, zum dritten Mal schon in vier Wochen. Die Polizei war da, und der Obstmann telefoniert mit einem Alarmanlagengeschäft – es reicht ihm jetzt. Er bestellt eine Sirene und ein gelbes Flackerlicht, und als er auflegt, kaufe ich ihm zwei Pfund Weintrauben ab: eins, weil ich es essen möchte, das andere aus Solidarität.

Der Einbrecher ist über den Hinterhof gekommen, an den auch meine Wohnung grenzt, aber verständlicherweise hat er sich den Laden ausgesucht, nicht mich: Obst erschrickt nicht, Obst schreit nicht, Obst schlägt nicht um sich – einen Einbruch lässt es schweigend über sich ergehen. Wenn aber der Händler nun eine Alarmanlage hat, wird der Verbrecher sich was anderes suchen müssen. Mich? Was werd' ich tun?

Passiert ja öfter mal, dass man ein Geräusch hört in der Nacht und suchend durch die Zimmer schleicht, obwohl es am besten wäre, man bliebe liegen wie ein Pfund Zwetschgen und wartet, dass er wieder geht, der böse Mann. Wenn da wirklich mal einer stünde: Was sag' ich ihm denn?

»Was machen Sie hier?«

»Ich suche Ihre Wertsachen.«

»Ich habe keine Wertsachen.«

»Ach, wie schade! Na, dann entschuldigen Sie mal. Wissen Sie jemand hier im Haus mit 'n bisschen Schmuck?«

»Zieselbaums im dritten Stock, die Frau hab' ich mal mit 'nem schönen Kollier gesehen. Aber nehmen Sie Wurst mit, die haben einen Hund! Und machen Sie die Tür leise zu, die Kinder wachen sonst auf.«

So sind die Diebe leider nicht. Ich glaube, die meisten haben schlechte Nerven und neigen zum Totschlag, stelle ich mir jedenfalls vor. Es gibt ja kaum noch gut ausgebildete Einbrecher, nur lausige Beschaffungskriminelle auf der Suche nach ein paar Mark für die nächste Portion Crack. Früher lernte einer schon als Einbrecherlehrling, wie man sich verhält, damit der Überfallene nicht nervös wird und herumschreit, wenn er doch mal aufwacht. Da war man in guten Händen als Opfer. Heute werden die Kerle panisch, Einbruchslaien, die sie sind. Profis steigen tagsüber ein, wenn keiner zu Hause ist, oder gleich in den großen Ferien. Aber dafür stellen sie das Badewasser an, wenn sie nichts finden, das ist auch nicht besser.

Wenn man bedenkt, wie wehrlos man Einbrechern ausgeliefert ist, ganz egal, ob man was besitzt oder nicht: Merkwürdig, dass ich noch nie überfallen worden bin, merkwürdig, dass wir nicht alle dauernd überfallen werden, oder? Alles sehr merkwürdig. Könnte schöner anfangen, so ein Obsttag. · ALS ICH HEUTE FRÜH ANFING ZU DENKEN 1996

Vergessen Sie nicht, *Knackort* auf Seite 372 zu lesen – es hat 17 Jahre gedauert, bis meine Vision vom Einbruch bei uns in Erfüllung ging, von mir aus hätte es nie sein müssen. Aber in *Knackort* erfahren Sie auch, was grundsätzlich zu tun wäre gegen Einbruchsdiebstahl.

✳

SUE WARREN

Es hat bisweilen etwas tief Anrührendes, wie Menschen versuchen, dem Leben einen Sinn zu geben, wie sie um ihre Existenz kämpfen und die Angst vor dem Nichts zu besiegen versuchen. In dem Ort Westlake/Ohio hat sich die Putzfrau Sue Warren Zugang zum Heim der Familie Bush verschafft, sie brach dort also ein, räumte ein wenig auf, reinigte mehrere Kaffeetassen, säuberte dies und jenes, hinterließ eine Rechnung über 75 Dollar, ihren Namen und ihre Telefonnummer und ging wieder ihrer Wege.

Ist das nicht wunderbar? Dass hier jemand in einem sehr großen Land auf diese Weise seine Taten sprechen lässt und mit ihnen sagt: Seht Ihr nicht, dass ich gebraucht werde? Hier bin ich, ich brauche Arbeit, ich benötige Geld; auf der anderen Seite befindet sich hier ein Haus mit schmutzigen Kaffeetassen – da liegt es doch nahe, dass ich mich der Sache annehme, die Welt zu ihren Gunsten und zum Besten ihrer Bewohner verändere und dafür meinen Teil verlange oder jedenfalls erbitte.

Was wäre, wenn dieses Beispiel Schule machte? Wenn also Bürger mit Zeit und Ordnungssinn die Straßen ihres Viertels zu reinigen begännen und der Verwaltung dafür eine Kostennote zukommen ließen? Wenn arbeitslose Schlecker-Verkäuferinnen Kaufhäuser beträten und dort mit der Beratung begännen, gegen Erfolgshonorar? Wenn ein unbekannter Mann der Tat von den Stadionrängen auf den Rasen eilte, einen mutlosen Elfmeterschützen beiseite schöbe und statt seiner den Torhüter bezwänge? Na ja, das geht natürlich alles nicht. Es ist ja auch in Westlake/Ohio nicht erlaubt, und Sue Warren muss mit einem Verfahren rechnen. Andererseits: Ist es nicht auch schön, wenn man heimkommt, über einen Einbruch erschrickt, dann aber entdeckt, dass die Einbrecher nichts stahlen, sondern etwas hinzufügten, Sauberkeit nämlich?

Vielleicht sollte man Sue Warrens Tat einfach als Kunstprojekt sehen, als Spiel mit Erlaubtem und Verbotenem, mit der Wirklichkeit.

Mein Gott, es gibt so viele Kunstprojekte zurzeit! Da kommt es auf eines mehr oder weniger nicht an.

In New York haben hundert Menschen auf dem Parkplatz eines

Einkaufszentrums gleichzeitig den *Panic-Button* ihrer Autoschlüssel gedrückt und so die Sirenen ihrer Fahrzeuge ausgelöst,
dies in Zusammenarbeit mit dem Guggenheim-Museum: eine
Car Alarm Symphony und natürlich, wie der Initiator sagte und
die anderen Besucher des Parkplatzes sehr stark hofften, »eine
einzigartige Erfahrung«.

In der Londoner *Hayward Gallery* eröffnete diese Woche eine
Ausstellung mit unsichtbaren Kunstobjekten: ein leerer Sockel
zum Beispiel, den einst Andy Warhol kurz betrat (da geht es natürlich um die Erkundung des Ruhms und seiner Natur), oder ein
weißes Stück Papier, das der Künstler Tom Friedman über fünf
Jahre immer mal wieder angeguckt hat, o, wie viel leeres Papier
und wie viele blanke Bildschirme habe ich schon angestarrt im
Leben, ja, ich denke darüber nach, einmal ein Buch zu veröffentlichen mit allen leeren Seiten, die ich je anglotzte, eine Erkundung der Natur meines Hirnes.

In Kassel hat die *Documenta* begonnen, deren Chefin in großer
Ernsthaftigkeit über die prinzipielle Gleichrangigkeit der Hunde,
der Menschen sowie der Atome in ihrem Armreif nachdenkt,
auch über das Bewusstsein von Erdbeeren, eine Frage übrigens,
über die ich zuletzt mit fünf Jahren grübelte (»Mama, tut es der
Erdbeere weh, wenn ich von ihr abbeiße?«). Aber das kann ja
auch bedeuten, dass man nur als Kind über die wirklich wichtigen
Fragen nachdenkt. Oder eben als *Documenta*-Chefin.

Na ja, so weit dies alles. Während der vergangenen Stunden habe
ich eine Seite gefüllt und zwei Tassen Kaffee geleert. Die Frage
ist nun, wer die Tassen (also die mir gleichrangigen Atome dieser
Tassen!!!) abspült.

Ich sehe es irgendwie als künstlerisches Projekt.

· DAS BESTE AUS ALLER WELT 2012

★

KNACKORT

Vor einigen Monaten wurde bei uns eingebrochen, die Sache beschäftigt uns immer noch, seelisch und materiell: Man verspürt plötzlich ein Gefühl von Unsicherheit in der eigenen Bude, verdächtigt Leute, wird argwöhnisch, zu Recht eigentlich. Aufgeklärt wird die Sache nie, vermute ich. Anfangs dachte ich, sicher werde alles sehr schnell gehen, Untersuchungen, Vernehmungen, Kommissare, das ganze Programm. Davon geschah wenig, alles ging einen ausgeprägt langsamen Gang, und wenn wir wissen wollten, ob etwas Neues passiert sei, mussten wir bei der Polizei anrufen. Meistens war nichts Neues passiert.

Ich lernte dann: Das ist alles ganz normal, die Polizei kann auch gar nichts dafür, ihre Leute sind komplett überlastet. In der Zeitung las ich, in Deutschland sei im vergangenen Jahr in 140.000 Wohnungen eingebrochen worden, fast neun Prozent mehr als im Jahr davor und eine Steigerungsrate von dreißig Prozent in drei Jahren. Von solchen Zuwächsen träumt manche Branche. Beim Einbruch gibt es keine Rezession, der Einbruch boomt.

Ich habe das dann mal mit anderen Arten von Verbrechen verglichen und festgestellt, dass sich zum Beispiel Mord in Deutschland seit Jahren in einer gigantischen Rezession befindet: 1992 gab es hier 1465 Morde, 2012 nur noch 801, ein Rückgang um nahezu die Hälfte. Das ist aber in unserem Bewusstsein kaum verankert, weil wir, kaum schalten wir den Fernseher an, einen Mord sehen. Unser TV-Programm ist von Morden durchsetzt wie ein Sieb von Löchern, permanentes Erschlagen, Erwürgen, Ertränken, Erschießen und Erhängen wird nur durch Nachrichten und Talkshows unterbrochen.

Das Bild vom Leben, das der Fernsehzuschauer gewinnt, ist das eines andauernden gegenseitigen Abschlachtens, moderiert von

Günther Jauch und Maybrit Illner. Im Grunde reichen die vorhandenen Kanäle für die Zahl der Fernsehmorde kaum aus, man wird eigene Mord-Sender gründen müssen, mit neuen Mordsgebühren und weiteren Planstellen, einem Mord-Koordinator der ARD etwa.

Während also im wirklichen Leben die Zahl der Tötungen kontinuierlich sinkt, steigt sie im Fernsehen weiter, weiter und weiter. Beim Diebstahl ist es genau umgekehrt. Seit Jahren habe ich auf dem Bildschirm keinen einzigen Einbruch gesehen, in Wahrheit aber wird Wohnung um Wohnung, Schrank um Schrank, Auto um Auto geknackt. Es muss da einen Zusammenhang geben, und ich bin sicher, es ist folgender: Die potentiellen Killer sitzen, wie wir alle, vor ihren Empfangsgeräten und sehen all die Morde. Sie lernen aber: Immer kommt irgendwann auch ein Kommissar um die Ecke, Schimanski prügelt sich herbei, Til Schweiger nuschelt um die Ecke – und verhaftet den Täter. In des Zuschauers Bewusstsein bleibt: Mord ist sinnlos, man wird mich garantiert erwischen, dann sitze ich lebenslang. (Übrigens entspricht das fast der Wahrheit, etwa 96 Prozent aller Morde werden auch in Wirklichkeit geklärt.)

Hingegen sieht der Dieb nichts dergleichen. Seine Tat-Gattung ist für das Fernsehen nicht relevant, Diebstahls-Kommissariate scheinen dort kaum vorhanden. Also gibt der Dieb sich seinen Neigungen hin und klaut, was das Land hergibt. Und er sieht: Tatsächlich werde ich auch in Wirklichkeit kaum erwischt, denn nur gut 15 Prozent aller Wohnungseinbrecher schnappt die Polizei, alle anderen bleiben komplett straffrei – eine Tatsache, über die man sich kaum genug wundern kann. Wer den Beruf des Mörders gelernt hat, tut angesichts solcher Zahlen gut daran, eine Umschulung zu erwägen.

Wie wäre es aber nun mal mit wenigstens einer neuen Serie im deutschen Fernsehen? *Knackort*. Pro Folge ein Einbruch, Aufklärung garantiert. Zwei Vorteile: Erstens wären unsere Sender in mancher Hinsicht wieder näher am realen Leben. Zweitens würde die Zahl der Einbrüche vermutlich bald rapide sinken.

· DAS BESTE AUS ALLER WELT 2013

So viel zum Thema »Einbruch«, und nun lassen wir uns, wie es ja zu dieser Kolumne passt (zu deren Prinzipien die freie Assoziation der Themen, Sachverhalte und Personen gehört), durch ein paar Texte treiben, vom Fernsehen ausgehend über Krimis auf dem Buchmarkt zur allgemeinen Lage auf eben diesem Buchmarkt und von da aus zum Online-Handel und unseren Innenstädten.

Auf geht's!

★

ERSTES APROPOS: DAS FERNSEHEN UND DIE GELBEN GROSSMÜTTER

Der englische Psychologe Charles Fernyhough, der an der Universität von Durham arbeitet, habe sich, so las ich, von achtzig Kindern erzählen lassen, welche unsichtbaren Spielgefährten sie hätten, solche, die nur sie, niemand anders kennen. Ergebnis: lauter Figuren, die alle Titelhelden eines illustrierten Kinderbuches sein könnten. Fernyhough hörte vom »faulen Herrn Niemand«, der keinem hilft, wenn er gefragt wird, weil immer gerade was anderes zu tun ist, und dem »hageren Bill«, der nie spricht, aber jeden zum Lachen bringt, der ihn sehen kann. Auch gab es »die gelbe Großmutter«, die im Schloss wohnt und erst geht, wenn *wirklich* Zeit zum Schlafen ist – und das ist nicht der Zeitpunkt, den die Eltern nennen.

Diese Oma hat mich an Gregor Gysi, Peter Scholl-Latour, Arnulf Baring und die anderen gelben Großmütter unseres Fernsehens erinnert: Immer, wenn man zu später Stunde längst im Bett sein sollte, dann aber doch den Apparat einschaltet, um die Einschlafprogramme der deutschen Sender zu betrachten, sitzen sie da. Und quatschen einen in jenen Dämmer hinein, in dem man bereit ist für die kleinen Träume eines Arbeitnehmerschlafes.

Und wohin gehen *diese* gelben Großmütter, wenn wir die Augen schließen? Auch in ein Schloss? Könnte es sein, dass Gysi, Scholl-Latour, Baring im schrecklichen Quasselschloss von Bad Zwischenruf an der Quatsche *leben*, wo sie sich schon morgens nach spätem Frühstück zu einer ersten Diskussionsrunde begeben, denn sie verbringen ihr Leben in Sesseln sitzend, nach schräg links unten ins Mikrofon am Revers redend, in Diskussionsrunden?

In der Zeitschrift *Cognitive Neuropsychiatry* haben jetzt die Brüder Joel und Ian Gold, der eine Psychiater, der andere Philosoph, darauf hingewiesen, dass immer öfter Menschen am Truman-Show-Wahn leiden. Das heißt: Sie bilden sich ein, in einer Fernsehshow zu leben, von bezahlten Darstellern umgeben, ständig gefilmt, wie Jim Carrey eben in Peter Weirs berühmtem Film *The Truman Show* von 1998. Ja, es gibt sogar Menschen, die Fernsehsender angezeigt haben, weil sie sich von ihnen verfolgt fühlen: Man gebe ihnen keinen Job mehr, weil sie in der Show benötigt würden – und Gage werde auch nicht gezahlt. Irgendwie sieht es aus, als sei der Truman-Show-Wahn nicht zufällig die Spezialparanoia unserer Zeit: Angst vor der kompletten Kontrolle des eigenen Lebens durch andere haben ja heute nicht nur ein paar Behandlungsbedürftige.

In jedem Fall fände ich es übrigens interessant, wenn sich jeder mal die Frage stellen würde: Müsste ich ab sofort in einer Fernsehserie leben, welche wäre das? Muss keine aktuelle sein, irgendeine aus der Geschichte der Serien.

Natürlich will jeder wissen: In welcher Rolle denn? Man möchte nicht Catherine Howard in *The Tudors* sein, die fünfte Frau Heinrichs VIII., die er nach kurzer, unerfreulicher Ehe enthaupten lässt, auch nicht Christopher Moltisanti in den *Sopranos*; der ist drogensüchtig und wird mittendrin von Tony Soprano persönlich erdrosselt.

Aber lassen wir mal die Rolle beiseite. Es geht hier nur um die Atmosphäre der Serie, ihren Geist, ihre Art von Drama. Es sagt doch eine Menge über einen Menschen aus, welche Serie er sich aussucht, nicht wahr? Paola, meine Frau, würde, wenn sie schon wählen müsste, *Sex and the City* nehmen, eine akzeptable Art von Leben, sagt sie. Bruno, mein alter Freund, sagt, das Schlimmste für ihn wäre jedenfalls *Raumschiff Enterprise*. Und ich? *Bonanza*? *Baywatch*? *Die Simpsons*? *Der Landarzt*?

Monaco Franze – das wäre was. Ich würde aber auch eine Rolle in *Forellenhof* nehmen, das kennt keiner mehr, es spielte in den Sechzigern in einem Hotel im Schwarzwald, ich liebte das als Kind. Hans Söhnker als sonorer Direktor, keine Morde, angenehme Umgebung, oft gutes Wetter, harmlos vergnüglich. Lachen Sie nur, so bin ich eben.

Manchmal stelle ich mir vor, wie jemand in einer Gerichtsserie nachmittags zu lebenslänglich *Verbotene Liebe* verurteilt wird, wie er kniend fleht. Aber es hilft nichts, ab geht's für immer: Endlich Schluss mit der Harmlosigkeit im Fernsehen, endlich greift einer durch, und es wird richtig hart. · DAS BESTE AUS ALLER WELT 2012

★

ZWEITES APROPOS: TOD AUF DEM BUCHMARKT

Kürzlich war ich auf Sylt. Ich hatte das Buch, das ich gerade las, in München vergessen, betrat eine Buchhandlung und stand vor einem Regal mit »Sylt-Krimis«: *Flammen im Sand* von Gisa Pau-

ly, *Nah am Wasser* von Jörn Ingwersen, *Inselkoller* von Reinhard
Pelte, *Der Tote am Hindenburgdamm* von Kari Köster-Lösche, *Als
die Zeit im Sterben lag* von Robert Clausen, *Frauen lügen* von Eva
Ehley, *Der Tote vom Kliff* von Hannes Nygaard, *Das Sylt-Virus*
von Silke Jensen, *Totenschleuse* von Dietmar Lykk ...
Alles Krimis, alle auf Sylt. Und es ist nur eine Auswahl.
Mir wurde unbehaglich. Diese Insel ist doch nicht sehr groß. Anscheinend wird hier an jeder Ecke erschossen und zerstückelt, ge-
killt und erwürgt, zersägt und erschlagen. Später erzählte mir jemand von einer Studie des örtlichen Bauamtes, der zufolge die
Einwohnerzahl Sylts in den kommenden drei Jahrzehnten von
21.500 auf unter 12.000 zurückgehen werde. Das erschien mir
nicht unwahrscheinlich, wenn die hiesige Romanproduktion
auch nur irgendetwas mit der Lebens- oder, sagen wir, Sterbens-
wirklichkeit des Eilands zu tun haben sollte.
Einige Tage später reiste ich in den Chiemgau und suchte dort
eine Bahnhofsbuchhandlung auf. Was sah ich? Einen Tisch voller Chiemgau-Krimis: *Draußen lauert der Tod* von Wolfgang
Schweiger, *Blut und Wasser* von Roland Voggenauer, *Chiemsee
Blues* von Thomas Bogenberger, bitte, das sind auch nur wenige
von vielen, *Mörderischer Chiemgau* von Günther Butkus nicht zu
vergessen, eine Sammlung von Geschichten mehrerer Autoren.
Ich las, Tatorte in diesem Buch seien »unter anderem« Aschau,
Grassau, Riedering, der Chiemsee, Wasserburg, Wildenwart,
Eggstätt, Prien, Traunstein, die Krautinsel, Gut Immling, Trost-
berg, Übersee, Bernau, Ruhpolding, Bergen-Bernhaupten, Ber-
gen-Hochfelln.
Das sind praktisch alle Orte im Chiemgau.
Die Wahrheit aber ist: Es gibt keine Region mehr in Deutsch-
land, über die sich nicht eine solche Liste anfertigen ließe. Es gibt
Braunschweig-Krimis und Freiburg-Krimis, es gibt den Titel *Der
Ripper von Magdeburg* und den Roman *Der Ripper von Flensburg*,
ja, es gibt sogar das Buch *Blasenwurst und tote Oma*, das sind kuli-

narische Kurzkrimis mit Rezepten aus Sachsen-Anhalt. Es gibt einen geradezu unfassbaren Boom von Regionalkrimis. Anscheinend wird jeder Autor, der einen deutschen Verlag betritt, sofort aufgefordert, einen Regionalkrimi zu verfassen, den Verlegern fällt überhaupt nichts anderes mehr ein, als Regionalkrimis zu verlegen.

Sie haben eine Sammlung von Gedichten unter dem Titel *Schlundschatten*? Gehen Sie, kommen Sie mit einem Regionalkrimi wieder! Ihr Roman soll *Die Morgenschmacht des Eichelhähers* heißen? Klingt das nicht nach einem Regionalkrimi? Sie möchten Ihre Habilitationsschrift über *Besamungsprobleme bei ostfriesischen Nebelrindern* veröffentlichen? Machen Sie einen Regionalkrimi draus!

Natürlich hat dieser Trend, wie unschwer zu erkennen, mit der Liebe des Deutschen zu seiner Heimat, mit Wiedererkennungswerten und Identifikationssuche zu tun. Ist es nicht Sicherheit in zerbrechlichen Zeiten, die der Truchtlachinger in Truchtlaching und der Meppener in Meppen sucht? Wie aber soll er diese Sicherheit jeweils finden, wenn hinter der Dorflinde ein Kettensägenkiller, unterm Stammtisch der Gesichtshautabzieher und am Froschteich ein Serienlurch lauert? Nur mal so als Frage.

Ich fürchte, das Schlimmste haben wir noch vor uns. Was ist, falls der deutsche Verleger entdeckt, dass sich nicht nur Krimis regionalisieren lassen? Was wird sein, wenn die Titel der Saison heißen: *Das Allgäu schafft sich ab* oder *Auf eine Knackwurst mit Helmut Schmidt* oder *Wer bin ich und wenn ja, warum ein Niebüller?* Wenn *Fifty Shades of Grey* im Oberpfälzer Dialekt erscheint?

Ich sage: Erst wenn der letzte deutsche Lehrer und der letzte deutsche Journalist einen Regionalkrimi geschrieben haben werden, werdet Ihr merken, dass man's auch übertreiben kann. Außerdem beantrage ich Titelschutz für *Tod auf dem Buchmarkt*.

· DAS BESTE AUS ALLER WELT 2012

Mich beschleicht, nebenbei gesagt, der Verdacht, dass es in Wahrheit nur einige wenige Spezialautoren für diese Textsorte gibt, die ihre Plots, die Straßennamen, die Wetterlage und auch ihren eigenen Namen im Suche-Tausche-Verfahren den jeweiligen regionalen Eigenheiten anpassen, so dass hinter Tausenden von Regionalkrimis in Wahrheit nur einige wenige Geschichten stehen. So viele Arten zu morden gibt es nun auch wieder nicht, und letztlich töten Sylter Killer nicht anders Mörder in Möhringen. Oder doch? Ist ja auch nur ein Verdacht, wie gesagt.

★

DRITTES APROPOS: DER BUCHMARKT UND WIE MAN EUROPA RETTEN KÖNNTE

Dieser Tage ist mir eingefallen, wie Europa aus seiner Finanzkrise zu retten wäre. Es ist gar nicht schwer.

Ich hatte eine Diskussion mit Bruno, meinem alten Freund, der seine Bücher bei Amazon bestellt, obwohl jeden Tag in den Zeitungen steht, wie scheußlich Amazon viele Mitarbeiter behandelt. Bruno argumentierte, er sei ein bequemer Mensch und lasse sich die Dinge gern ins Haus schicken; auch habe er zu wenig Zeit, um sich in Geschäften herumzutreiben.

Ich sagte: Ob er nicht wisse, dass auch Buchhandelsketten wie Osiander, Hugendubel oder Thalia einen jeweils hervorragenden Internetservice hätten, dass jede deutsche Buchhandlung über Nacht Hunderttausende von Büchern besorgen könne, dass die dann oft viel schneller da seien als die von Amazon (die nicht selten tagelang erst mal beim Nachbarn herumlägen), dass dieser Service weltweit einmalig sei. Ich argumentierte politisch mit der Verödung unserer Städte durch die Ausbreitung des Online-Handels. Ich argumentierte ökologisch mit dem Wahnsinn der ständig durch unsere Straßen gurkenden Paketlieferanten mit ihren aufwendig verpackten Heizlüftern, Klamotten, Büchern und Weinkisten im Frachtraum. Ich argumentierte moralisch: Der Mittelstand, Säule unseres Gemeinwesens, sei bedroht durch Konzerne.

Bruno zuckte die Achseln. So sei der Kapitalismus, der Starke fresse den Schwachen. Aber, rief ich, die Macht im Kapitalismus hat der Verbraucher, er trifft die Entscheidungen. Der Verbraucher, sagte Bruno, ist ein Egoist.

Auf der Suche nach weiteren Argumenten entdeckte ich dann einen Bericht des *Handelsblatts*: Den Finanzbehörden gingen Hunderte von Millionen Euro verloren, weil Amazon durch eine ausgeklügelte Struktur von Tochterfirmen einen großen Teil seiner Gewinne nach Luxemburg verlagere, wo sie nur sehr gering besteuert würden. Der entsprechende und in diesem Fall gültige Satz überschreite die sechs Prozent nicht, mit etwas mehr Geschick seien sogar fast null Prozent möglich. Dies sei ein legales und übliches Verhalten, auch Apple, Google, Microsoft und andere Riesenfirmen drückten so ihre Steuerlast tief nach unten. Starbucks zum Beispiel habe in Großbritannien in 14 Jahren drei Milliarden Pfund umgesetzt, aber nur neun Millionen Steuern gezahlt. Und Amazon habe in den vergangenen Jahren in Luxemburg zwei Milliarden Euro steuerfrei gebunkert, Geld für weitere Expansion.

Das fand ich erstaunlich: dass der deutsche Buchhandel letztlich mit Steuern die Straßen finanziert, auf denen seine schärfste Konkurrenz ihre Waren zu den Kunden bringt. Wobei man im Grunde der Firma keinen Vorwurf machen kann. Sie tut nichts Verbotenes, sie nutzt ja nur Chancen.

Doch wer bietet ihr diese?

Ich las weiter, erst im Oktober 2012 habe Amazon ein neues Firmengebäude in Luxemburg eröffnet, in Anwesenheit des luxemburgischen Finanzministers, dessen Regierungschef Jean-Claude Juncker übrigens oft und gern neue Hilfen für die Krisenländer

Europas fordert. Und ich fand in der *Wirtschaftswoche* ein Gespräch mit dem EU-Steuerkommissar Algirdas Šemeta, der beklagte, den Finanzbehören in Europa gehe jährlich eine Billion Euro verloren – und zwar nur zu einem kleineren Teil durch kriminelle Steuerhinterziehung. »Leider gibt es in der Europäischen Union zu viele Möglichkeiten«, sagte Šemeta, »seine Steuern ganz offen zu minimieren. Diese erlauben einigen multinationalen Unternehmen, eine aggressive Strategie zur Steuervermeidung zu betreiben.«

Eine Billion Euro. Das sind tausend Milliarden Euro, nicht wahr? Das ist ein Betrag mehr als dreimal so hoch wie die Ausgaben im Bundeshaushalt 2013.

Irgendwo las ich auch, dass Deutschland durch die Euro-Krise im allerschlimmsten Fall bis zum Jahr 2015 Kosten in Höhe von 70,8 Milliarden Euro entstünden.

Ich bin kein Fachmann. Im Grunde frage ich mich bloß: Warum ist Europa eigentlich überhaupt in einer Finanzkrise?

· DAS BESTE AUS ALLER WELT 2013

Als ich für diese Kolumne recherchierte, konnte ich übrigens die Zahl »eine Billion« Euro kaum glauben, ich las sie wieder und wieder, kontrollierte und kontrollierte – aber alles stimmte. Anderthalb Jahre später, im Herbst 2014, wurde das Steuersparen in Luxemburg dann plötzlich ein Riesenthema in den Medien, der gerade an die Spitze der Brüsseler Kommission gewählte Haupt- und Großeuropäer Juncker musste deswegen beinahe wieder zurücktreten – und in Luxemburg hieß es, man werde nun gewiss Schluss machen mit dieser Praxis.

Nach anderthalb Jahren! Manchmal finde ich, man könnte schneller reagieren auf meine Kolumnen.

Das Thema »Europa« wird noch viel ausführlicher in einem eigenen Kapitel behandelt, wie es sich gehört, siehe Seite 541.

✸

VIERTES APROPOS: DER ONLINE-HANDEL
UND DIE INNENSTÄDTE

Der Trend geht nun dahin, dass die Menschen alles, was sie besitzen möchten, im Internet kaufen: Schuhe, Bücher, Filme, man bestellt das, die Dinge werden nach einigen Tagen geliefert, liegen noch einige weitere Tage beim Nachbarn herum, dann holt man sie ab und schickt die Hälfte in den nächsten Tagen wieder zurück, weil irgendwas nicht passt, nicht gefällt oder einfach Mist ist. So füllen sich unsere Straßen mit Paketbotenautos, entlang der Autobahnen entstehen riesige Warenverteilzentren, und zweifellos wird es im Inneren der Städte in absehbarer Zeit kein einziges Geschäft mehr geben, wozu denn?

Aber da sind ja dann nutzlose Räume, leere Läden, was machen wir damit? Ich denke, man wird sie Künstlern zur Verfügung stellen, die Ateliers benötigen und Übungsräume. In all den Kaufhöfen, Karstädten, Tengelmännern und Hugendubeln werden Maler arbeiten, Saxophonisten üben, Blogger bloggen. Bildhauer werden Marmor behauen, Videofilmer werden abgefahrene Streifen drehen, so ist es doch immer mit der Leere, die Kunst bemächtigt sich ihrer, vielleicht auch die Wissenschaft.

Ich las zum Beispiel neulich, Leif Ristroph und Stephen Childress von der Universität New York hätten ein Fluggerät entwickelt, das die Schwimmbewegungen einer Qualle nachahme: Vier kreisförmig angeordnete Schwingen öffnen und schließen sich, eine federleicht schwebende Konstruktion. Ich entdeckte auch, dass eine Firma in Esslingen eine durch die Luft schwebende Kunstqualle entwickelt hat, bestehend aus einem Ballon und elektrisch angetriebenen Tentakeln: ein *AirJelly*. Helium lässt ihn steigen, die Tentakel bewegen ihn ferngesteuert voran. Das Großartige: Wie eine Qualle im Wasser beim Schwimmen kaum Energie benötigt, so verbraucht sie auch in der Luft nur sehr wenig, ein Handy-Akku reicht.

Natürlich wären auch dafür unsere Innenstädte der ideale Ort: Quallen segeln durch leere Fußgängerzonen, von einem Windhauch mal hierhin, mal dorthin getrieben, Wasserwesen erobern die Luft, niemand müsste sich vor den giftigen Tentakeln fürchten, denn *AirJelly* beißt nicht, man spielt nur mit ihm. Diese Esslinger Firma will das Prinzip der Qualle für die Konstruktion für etwas ganz anderes nutzen, den Bau von Pumpen nämlich, die äußerst effizient arbeiten und kaum Energie brauchen. Aber der *AirJelly* ist *an sich* sehr schön! Und vielleicht könnte man in unseren Citys dann nicht nur Quallen, sondern auch Pinguine, Delphine, ja, riesige Fischschwärme fliegen lassen? Oder gigantische Wasserbecken bauen, in denen Tauben tauchen und schuppenbedeckte Hunde nach Stöckchen suchen? Elemente vertauschen, verwirren?

Die Innenstadt würde von einem zweckbestimmten Ort zu einem Raum der Poesie, so stelle ich mir das vor, und während an ihrem Rand das Amazon-Zalando-Zustellwesen Tag und Nacht rattert und knattert, könnten hier, in einem Bezirk der Ruhe und Schönheit und des Sinnlosen, Menschen ihren Sehnsüchten folgen: ADAC-Manager würden auf alten gelben Engelsflügeln in frühere Kaufhaus-Säle schwirren, um dort gigantische Multiplikationsexperimente vorzunehmen. CSU-Politiker könnten in kleinen Mauthäuschen an den Ecken sitzen und wachen Blickes auf ausländische Autofahrer warten. Man sähe Fußballfunktionäre, die in einem ehemaligen Sportgeschäft das Modell des perfekten brasilianischen Wohndorfes für die Nationalelf bauten.

Und irgendjemand hätte plötzlich eine Idee: Wie wäre es, man würde hier – quasi als richtig geil-abgefahrenes Avantgarde-Projekt – einen Laden eröffnen, in dem man Dinge kaufen kann? Diese Dinge wären da, man könnte sie anschauen, anfassen, aus- und anprobieren, ja, sogar an Ort und Stelle bezahlen und sofort mitnehmen; nicht tagelang darauf warten, nicht enttäuscht sein beim Auspacken. Wahnsinn!

Andererseits: scheußliche Kommerzialisierung, oder? Man würde es wohl nicht erlauben, so was.   · DAS BESTE AUS ALLER WELT 2014

Freunde der Qualle seien auf die Geschichte *Von der Quallenherrschaft* auf Seite 586 verwiesen, dort geht es um, na ja: Quallen eben.

ES WIRD ZEIT FÜR EINEN ALTEN FREUND: DAS BOSCHSTE AUS ALLER WELT

Bosch, der schwer melancholische, sich immer von modernen Kühlgeräten bedroht fühlende Kühlschrank aus den fünfziger Jahren, ist jahrelang die vierte Hauptfigur meiner Kolumne gewesen, ein Eisschrank, der aussieht, wie Kühlschränke eben damals aussahen: weiß, runde Formen, vorne eine Klinke mit einem Schloss darin. Man konnte Kühlschränke in jenen Jahren abschließen, denn die Bevölkerung hatte, Folge des Kriegs und der Hungerjahre, noch solchen Appetit, dass die Geräte nicht nur zur Aufbewahrung von Lebensmitteln dienten, sondern auch zu deren Schutz.

Warum ist man von diesen Schlössern eigentlich abgekommen? Heute wäre das noch viel einfacher! Man könnte eine Chipkarte durch einen Schlitz ziehen, wie im Hotelzimmer, damit sich der Kühlschrank öffnet. Man könnte ihn mit einem Geheimcode versehen, den auch nicht jeder in der Familie kennen muss. Oder der Kühlschrank hätte nur zu bestimmten Zeiten geöffnet, morgens ein Viertelstündchen, mittags von halb eins bis eins und nur jeden zweiten Abend. Aber so ist es nicht. Moderne Kühlschränke sind rund um die Uhr geöffnet.

Ich hatte über Bosch zum ersten Mal in meinem ersten Buch NÄCHTE MIT BOSCH *geschrieben, dann eine Weile gar nicht. Erst für die Kolumne kam ich wieder auf ihn zurück und war dann sehr erstaunt, wie beliebt mein Freund wurde.*

Warum eigentlich?

Weil er eine Identifikationsfigur ist für jene, die sich vom Fort-
schritt auch bedroht fühlen? Die Angst haben vor dem Nichtmehr-
gebrauchtwerden? Dem Tod? Oder weil so viele Menschen auch
mit ihren Kühlschränken sprechen, es aber nicht zugeben?

Übrigens habe ich mir, als ich ihn »Bosch« nannte, nicht viele Ge-
danken über Schleichwerbung und ähnliche Probleme gemacht.
Mein Kühlschrank hieß eben Bosch und fertig; dass er als sprechen-
des Gerät einmal halbwegs berühmt würde, konnte ich ja nicht
ahnen.

Als aus DAS BESTE AUS MEINEM LEBEN *eine ARD-Fernsehserie*
wurde, kam darin der Bosch als sprechende, animierte Figur vor.
Nur entdeckte kurz vor der Ausstrahlung ein Verantwortlicher, dass
dies als Schleichwerbung interpretiert werden könnte, und ordnete
an, das Gerät müsse im Fernsehen »Frost« heißen. Da waren die
Filme schon fertig, die Schrift auf dem Kühlschrank musste durch
nachträgliche Bearbeitung geändert werden, und die Schauspieler
hatten ins Studio zu eilen und statt »Bosch« jedes Mal »Frost« zu
sagen.

Während ich hier schreibe, blicke ich auf einen kleinen Kühlschrank
aus Marzipan, viele, viele Jahre alt und hart wie Granit. Ein
Leser hat ihn in einer Konditorei seiner Stadt anfertigen lassen
und mir nach einer Lesung geschenkt. Natürlich habe ich ihn nie
gegessen, er ist in meinem Büro in aller Ruhe versteinert.

EIN KÜHLSCHRANK HAT ANGST

Ich saß mal wieder nachts in der Küche und starrte aus dem Fenster in den Hinterhof und auf das gegenüberliegende Haus, in
dem gerade das letzte Licht hinter einem Fenster im vierten
Stock erloschen war. Es war die Stunde, in der ich mich oft mit

Bosch unterhalte, meinem sehr alten Kühlschrank und Freund.
Ich trank Rotwein.

»Ich hätte auch gerne mal Rotwein«, sagte Bosch. »Nie stellst du
Rotwein in mich rein.«

»Rotwein ist nichts für Kühlschränke«, antwortete ich, »und
Kühlschränke sind nichts für Rotwein.«

Sein Motor brummte ein bisschen mürrischer als sonst, und ich
fügte hinzu: »Ich habe gelesen, dass es bald Kühlschränke mit ein-
gebautem Computer geben wird. Sie werden an das Internet angeschlossen und können selbstständig im Supermarkt Nachschub
bestellen, wenn keine Butter mehr da ist oder keine Erdbeermarmelade. Und wenn das Verfallsdatum der Milch abgelaufen ist,
bestellen sie auch Milch. Solche Kühlschränke könnten sich auch
selbst Rotwein kommen lassen.«

»Und wie kommt die Butter dann hierher und der Wein?«, fragte
Bosch.

»Ein Bote bringt sie«, sagte ich.

»Schade«, sagte Bosch. »Es wäre doch schön, wenn die Kühlschränke auch selbst einkaufen gehen würden. Sie könnten in die
Geschäfte gehen und Butter, Milch und Marmelade holen, und
an der Kasse würden sie ihre Tür öffnen, und die Kassiererin
könnte gleich alles in ihren Leib hineinstellen. Sie bräuchten
nicht einmal einen Einkaufskorb.«

»Aber wie willst du in den Supermarkt kommen?«, fragte ich. »So
ein langes Elektrokabel gibt es nicht.«

»Man bräuchte halt einen Akku, der sich auflädt und zwei, drei
Stunden hält«, sagte Bosch. »Ich habe gehört, dass es Akkus gibt.
Der kleine Black & Decker hat es mir erzählt, der Tischstaubsau-
ger, weißt du. Er hat selbst einen Akku.« Er seufzte. »Man würde
auch mal andere Kühlschränke kennenlernen. Wir könnten uns
beim Einkaufen treffen und über alles reden. Ich habe gehört,
dass es auch Kühlschränke gibt, die Siemens heißen oder Lieb-
herr. Und ich würde so gerne mal in ein Geschäft gehen und

selbst einkaufen. Ich war noch nie in einem Geschäft, außer in dem Laden, in dem ihr mich gekauft habt, damals.«

Ich machte seine Tür auf, um mir ein Stück Käse zu nehmen. Er atmete mich kühl an, wie immer, aber irgendwie kam es mir vor, als leuchte er besonders hell, wenn er so erzählte. Er hat ja wirklich nur mich zum Reden und ein paar Elektrogeräte in der Küche. Aber die meisten mag er nicht: Der Herd sei ein Idiot, sagt er immer, alle Herde seien Idioten, und die Mikrowelle sei schon gar nicht sein Fall, ein hysterisches junges Ding, das ihn anschwärme, weil er so cool sei, immer so herrlich cool. Ich hatte auch gelesen, dass ein Professor in den USA beabsichtige, nicht mehr bloß Herzen und Lebern, sondern auch Köpfe zu verpflanzen. Eines Tages wird es so weit sein, dass man Köpfe auf Kühlschränke verpflanzt, dachte ich, und Beine wird man auch dranmachen, und dann wird so ein Bosch mit ins Wohnzimmer kommen können, wenn ich Fußball sehe, und ich muss nicht mehr aufstehen zum Bierholen. Andererseits: Wenn man manchmal gewisse Managertypen im Flugzeug sieht – vielleicht machen sie das alles ja schon längst, das mit den Köpfen auf Kühlschränken. Und wir wissen es nur nicht.

Ich war wieder zum Fenster gegangen und blickte ins Dunkel hinaus. »Ich bin schon zu alt für diese Computer und dieses Internet«, sagte Bosch leise. »Für mich kommt« das alles zu spät. Manchmal fühle ich mich krank, und der Kompressor tut so weh, und ich habe Angst vor Kühlmittelkrebs.«

»Ach was«, sagte ich. »So jammerst du schon seit Jahren. Du bist noch bestens in Schuss und so schön rund, und du brummst so sonor und bist nicht so ein dämlicher, unauffälliger Einbaukühlschrank wie die anderen.«

»Du wirst mich nicht verkaufen?«, fragte er noch leiser als vorher. »Du wirst mich nicht, ähm, entsorgen, nicht wahr? Du wirst dir nicht so ein junges Internet-Ding zulegen?«

»Nie im Leben!«, rief ich. »Keiner kühlt mein Bier wie du! Und jetzt lass uns schlafen gehen!« Ich gab ihm einen Klaps auf die Tür. Er hörte auf zu brummen. Ich ging auf den Flur hinaus und zum Schlafzimmer, aber auf halbem Wege kehrte ich noch einmal zurück, nahm die angebrochene Flasche Rotwein vom Tisch, öffnete den Kühlschrank und stellte sie hinein.   · MEINE MEMOIREN 1997

Das ist die zweite von allen Bosch-Geschichten, die es je gegeben hat, und die erste in der Kolumne. Die erste von allen findet sich in *Nächte mit Bosch*, war aber keine Kolumne.

★

IST BOSCH EIN MANN?

Den ganzen Tag war ich nicht zum Zeitunglesen gekommen. Jetzt war es spät. Ich saß endlich in der Küche, trank Bier, blätterte.

»Ach nee«, sagte ich. »Hier steht: Wenn Männer sich miteinander unterhalten, komme unter den Themen an erster Stelle der Beruf, dann Fußball, dann Alkohol. Nie Sex, nie Beziehungsprobleme.«

»Und wir?«, sagte Bosch, mein sehr alter Kühlschrank und Freund. »Was reden wir?«

»Nichts von alledem«, sagte ich. »Oder wenig. Selten Beruf, nie Fußball, weil du davon nichts verstehst, wenig Alkohol. Nie Sex. Wie sollen wir über Sex reden? Du weißt doch gar nicht, was Sex ist!«

»Aber Beziehungsprobleme haben wir auch«, sagte er. »Ich fühle mich zum Beispiel ausgebeutet. Du benutzt mich. Ich arbeite für dich, kühle dein Bier, bin immer für dich da. Was tust du für mich?«

»Ich sitze hier und rede mit dir. Über das Leben. Über das Wesen der Technik. Über deine Zukunftsangst. Die meisten Männer reden nicht mit ihren Kühlschränken.«

»SIE REDEN NICHT MIT IHREN KÜHLSCHRÄNKEN?!«, schrie er. »DU LÜGST!«

»Kein Wort«, sagte ich.

Bosch schwieg. Ich nahm mir noch ein Bier. Er ächzte leise dabei. Dann sagte er: »Das ist ja seelische Grausamkeit.«

»Es ist widerlich«, sagte ich. »Aber die Kühlschränke sagen auch nichts.« Ich nahm einen tiefen Schluck. »Männer sehen ja selten eine Freundschaft als Wert an sich. Sie benutzen andere Männer, um voranzukommen im Leben. Wenn man mit ihnen über etwas reden will, das ihnen nichts nützt, werden sie schweigsam.«

»Und du?«, sagte Bosch.

»Ich bin genauso«, sagte ich. »Ich rede zwar gern über Sex und Beziehungsprobleme. Aber nur, weil ich es verwenden kann. Es ist Material für mich.«

»Warum bist du mein Freund?«, fragte er.

»Du bist immer da«, sagte ich. »Mit dir muss ich keinen Termin machen. Du hast kein Telefon, das besetzt sein könnte. Bist interessiert. Hörst zu. Bist ein offener Mensch ... äh ... offener Typ. Und hast immer was Kaltes zu trinken. Bist 'n guter Freund. Wir sind 'n gutes Duo.« Er seufzte. Ich redete weiter. »Es ist schrecklich, wenn man einem Freund hinterherlaufen muss. Wenn er zu wenig Zeit hat. Sich nicht wirklich interessiert. Zum Beispiel Jerry Lewis ...«

»Wer war Jerry Lewis?«, unterbrach mich Bosch.

»Schauspieler. Komiker«, sagte ich. »Er trat fast zehn lang zusammen mit Dean Martin ...«

»Wer war Dean Martin?«

»Schauspieler. Sänger«, sagte ich. »Er trat fast zehn Jahre lang zusammen mit Jerry Lewis auf. Sie waren berühmt als Duo. Aber Lewis sah in Martin immer so etwas wie einen großen Bruder. Er sehnte sich nach tieferem Gefühl. Und Martin war die reine

Oberfläche. Seine eigene Frau hat mal gesagt, er sei an Kommunikation nicht interessiert, nur kühl und unpersönlich. Er sei, sagte sie, entweder der komplizierteste Mensch oder der einfachste. Entweder sei unter der Oberfläche nichts – oder zu viel.« Ich machte eine Pause. »Ich vermute: nichts. Dean Martin sagte zu Lewis: ›Für mich bist du nichts als ein verdammtes Dollarzeichen.‹ Er war kalt innen.«

»Bin ich auch«, sagte Bosch.

»Frauen lieben das«, sagte ich. »Du hättest Chancen. Bisschen dick, sonst siehst du gut aus. Bist cool. Hast Charme. Eine angenehme Stimme. Und innen Eis. Das versuchen sie zu schmelzen, die Frauen. Wenn du ein Mann wärst …«

»Entschuldige bitte«, sagte Bosch, »ich *bin* ein Mann.«

»Na jaaa«, sagte ich.

»WAS HEISST HIER ›NA JAAA‹!?«, schrie er. »WAS SOLL DAS HEISSEN: ›NA JAAA‹!?«

»Na jaaa, entschuldige.«

Wir schwiegen beide, er zornig, ich betreten. Ich musste an andere Freundespaare denken, Ernie und Bert, Tom Sawyer und Huckleberry Finn, Winnetou und Old Shatterhand. Übrigens hat ja Arno Schmidt, der Schriftsteller, in *Sitara und der Weg dorthin* vor langer Zeit behauptet: Winnetou und Old Shatterhand – das sei eine verdeckte Schwulenliebe. Ich hatte das Buch erst jetzt gelesen, aber irgendwann gelangweilt beiseite gelegt. Na jaaa … Keine Erkenntnis, die einen heute noch umwürfe. Ernie und Bert sind auch keine Heteros, und Karl May lasen wir in Zeiten, in denen jeder Junge seine schwule Phase hat. In denen unsere Träume unverbrüchlichen Männerfreundschaften galten.

Ich stand auf, klopfte Bosch begütigend aufs Blech und sagte: »Gute Nacht, mein weißer Bruder. Ich gehe schlafen.«

»SCHNAUZE!«, bellte er. · DAS BESTE AUS MEINEM LEBEN 2000

★

EL CONDOR PASA

Mein Arbeitstag beginnt so: Ich entnehme Bosch, meinem sehr alten Kühlschrank und Freund, einige Behälter mit frischen, gut gekühlten Buchstaben. Breite die Buchstaben auf dem Schreibtisch aus. Bilde langsam, mühsam, einsam Wörter. Reihe die Wörter zu Sätzen. Ordne die Wörter zu Texten. Dann rufe ich in der Redaktion an. Sofort eilt ein Bote herbei, um die Texte mit einem kleinen Lieferwagen abzuholen. Was dann geschieht, weiß ich nicht genau. Jedenfalls: Wenn ich die Buchstaben, Wörter, Texte wiedersehe, sind sie auf Papier gedruckt.

Und wenn es nun das Papier nicht gäbe, denke ich manchmal, wenn es nie erfunden worden wäre ... Wie könnte ich leben? Müsste ich von Haus zu Haus und von Café zu Café ziehen und den Menschen dort anbieten, ihnen Geschichten ins Ohr zu flüstern, gegen Gebühr?

Es gibt ja Männer und Frauen, die im Restaurant erscheinen, von Tisch zu Tisch gehen und jeweils einen abgegriffenen Zettel und einen kleinen Gegenstand ablegen. Auf dem Zettel steht, man könne den kleinen Gegenstand kaufen. So bin ich zu einer ansehnlichen Sammlung kleiner Gegenstände gekommen, alle aus Fernasien: ein Monsterkopf mit leuchtenden Zottelhaaren aus Plastik, ein rosa Elefant als Schlüsselanhänger, ein Feuerzeug mit dem Bild einer halbnackten Tänzerin ...

Wenn der/die Taubstumme dann gegangen ist, wird am Tisch die immer gleiche Frage aufgeworfen: Ob der/die denn wirklich taubstumm sei. Ob er/sie nicht bloß so tue, um sich das Geschäft zu erleichtern. Die Antwort ist: Es ist egal! Ob taubstumm oder nicht – über den Wert von kleinen Monsterköpfen und winzigen rosa Elefanten und Feuerzeugen mit halbnackten Tänzerinnen kann man nicht diskutieren. Das ist, was der/die Taubstumme uns sagen will: Ich habe euch nichts zu geben. Das, was ich habe, ist so lächerlich – es ist weniger als nichts. Ihr braucht auch nichts. Ihr habt alles. Ich nicht.

Von Alfred Polgar gibt es ein Feuilleton über die Frage, warum man dem Bettler, der einem die leere Hand entgegenstreckt, öfter gibt als dem armen Teufel, der geringfügige Gegenstände zu verkaufen sucht, ein paar Schnürsenkel vielleicht oder Zündhölzer oder eben einen Monsterkopf. Dem einen gibt man, den anderen schickt man weg: »Ich brauche nichts.« Aber *er* braucht doch, Mann!

Es sei eben so, schrieb Polgar: Der mit den Schnürsenkeln und den Zündhölzern begebe sich sozusagen auf eine Ebene mit uns. Er maskiere sich als Geschäftsmann und werde entsprechend behandelt. »Aber der Bettler, der fordert, ohne zu bieten, ist ein Subjekt außerhalb deiner Welt. Ein Untermensch. Schwärzlich dräut um ihn, sei er noch so winselnd und zerknickt, acherontische Drohung! Mit seiner offenen Hand langt die Tiefe nach dir. Seine Ohnmacht spürst du in der Magengrube, wie Kriegslist. Sein gebeugter Rücken ist auf dich zielender gespannter Bogen, sein Tierblick Dolch in der Scheide, sein Winseln verwehter Klang von Schlachtmusiken einer fernen, sehr furchtbaren Heerschar. Mein Lieber, aus Angst gibst du ihm. Aus blanker Furcht. Du kaufst dich los, du zahlst Lösegeld, du entrichtest Tribut. Du bestichst die Unterwelt.«

Buenaventura Durruti, der berühmte spanische Anarchist wurde Ende der zwanziger Jahre in einem Madrider Café namens *La Tranquilidad* mal in einer Diskussion mit Genossen von einem Bettler unterbrochen. Durruti zog eine Pistole, legte sie in die Hand des Bettlers und sagte: »Nimm sie! Frag in einer Bank nach Geld!«

Das ist natürlich sehr lässig, aber man muss dazu Anarchist sein und bewaffnet. Ich bin kein Anarchist. Und ich habe nie eine Pistole dabei. Wer weiß, was ich damit machen würde, wenn ich im Restaurant säße und so ein Fußgängerzonenperuaner käme herein und spielte mir *El Condor pasa* vor ... *El Condor pasa*! Also, ich gebe wirklich immer, ob einer nun einen Hut in der Hand hat oder ein Plastikmonster, ich gebe immer, es sei denn, einer redet mich schräg an, ich gebe – bloß, wenn diese peruanischen Musikroboter anfangen, *El Condor pasa* in diesem immer gleichen, heiseren Hochland-Geflöte vorzutragen, dann wäre es mir wirklich lieber, sie kämen vorher und fragten: »Zahlen Sie, oder sollen wir erst *El Condor pasa* spielen?« Dann würde ich auch ihnen geben.

Im Übrigen danke ich dem Himmel, dass er den Menschen das Papier gegeben hat und ich nicht mit meinen Texten durch Cafés ziehen muss.   · DAS BESTE AUS MEINEM LEBEN 2001

★

APOCOLOCYNTOSIS

Ich saß in der Küche und las. »Was liest du?«, fragte Bosch, mein sehr alter Kühlschrank und Freund. »Seneca«, sagte ich. »Das Buch heißt *Apocolocyntosis*, eine Verhöhnung des Kaisers Claudius, den Seneca gehasst hat. Claudius hatte ihn in die Verbannung geschickt, ein grausamer und blöder Herrscher. Er wurde von seiner Frau mit Pilzen vergiftet. *Apocolocyntosis* heißt Verkürbissung, vielleicht besser: Veräppelung. Ein Wortspiel mit *Apotheosis*, Vergöttlichung. Lauter griechische Fremdwörter, die die Lateiner benutzt haben. Das Buch ist zweisprachig, lateinisch und deutsch. Kompliziert, was?«

»Und warum liest du es?«

»Ich habe meinen altmodischen Tag«, sagte ich. »Und Sehnsucht nach der Kindheit. Bei der Arbeit bin ich nicht vorangekommen, und dann war Bruno da, um meinen Computer zu reparieren. Ich sehne mich nach den Zeiten, in denen ich morgens zur Schule ging und nachmittags Hockey spielte und weder Arbeit noch Computer hatte.«

»Und wenn du zurückkamst vom Sport«, sagte Bosch, der schon in meinem Elternhaus stand, »hast du mir eine Flasche Apfelsaft entnommen und leer getrunken.« Er seufzte. »Damals war ich neu und fast ohne Kratzer.«

»Und dann habe ich Latein gelernt«, sagte ich. »Immer noch interessanter als Computer.«

»In der Küche hast du Vokabeln gepaukt«, sagte Bosch. »Und ich mit dir. *Gallia est omnis divisa in partes tres …*«

Ich trank einen Schluck Bier. »Ich sehne mich nach den Zeiten, als ich auf dem Schulweg an einem Automaten vorbeikam, in den man Geld steckte. Dann drehte man einen Griff und bekam eine Kaugummikugel. Bruno sagt, er habe in Finnland Cola-Automaten gesehen, in die man kein Geld mehr wirft. Man bezahlt mit dem Handy.«

»Wirft man es hinein?«, fragte Bosch.

»Man stellt eine Verbindung zwischen Handy, Cola-Firma, Bank und Automat her. Geld wird vom Konto abgebucht. Der Apparat gibt das Getränk frei. Ein Cola-Wunsch geht um die Welt! Satelliten fliegen durchs All, weil einer Cola will. Das ist Fortschritt. Lächerlich. Wahrscheinlich steht der Automat in einem Funkloch, oder der Computer der Bank ist kaputt, und man kriegt nichts. Früher warf man Geld in den Automaten. Er war meistens defekt, und man bekam nichts. Wo ist da Fortschritt? Er liegt nur in der Größe des Gedröhnes, das um eine Cola gemacht wird, die man nicht bekommt.«

»Was ist das Silberne da auf dem Tisch?«, fragte Bosch.

»Alles Mechanische verschwindet«, sagte ich. »Münzautomaten – weg. Dreieckige Seitenstellfenster an den Autos – weg. Schrullige Klappfenster an alten Citroëns – weg. Schiebefenster am Renault 4 – weg.«

»Alte sprechende Kühlschränke – weg«, flüsterte Bosch.

»Alles wird elektrisch und unsichtbar«, sagte ich. »Wusstest du, dass es schon zu Senecas Zeiten Wasserautomaten gab? Man warf eine Münze hinein, Wasser lief in einen Löffel, eine Klappe öffnete sich, eine steinerne Hand reichte dir ein Stück Bimsstein. Weg, alles weg.«

»Was ist nun das Silberne da?«, fragte Bosch noch mal.

»Brunos Handy«, sagte ich. »Er hat es vergessen. Ein sehr modernes Handy. Bei den Handys ist jede der Tasten mit drei oder vier Buchstaben belegt, für die SMS-Botschaften. Bei den alten Handys muss man bei einer SMS für ein C dann zum Beispiel die Taste 2 dreimal drücken, für ein N die Taste 6 zweimal. Und so weiter. Bei diesem Apparat drückt man jede Taste nur einmal, und das Gerät reimt sich die Wörter selbstständig zusammen. Wenn es sie kennt! Wenn es sie nicht kennt …«

»Gib mal *Verkürbissung* ein«, sagte Bosch. »Soll es uns doch zeigen, was es kann.« Ich klappte das Handy auf und tippte. Aber da stand nicht Verkürbissung, sondern *Verlusbirstung.* »Jetzt *Apocolocyntosis*«, sagte Bosch. »Mach es fertig, das kleine Scheißding!« Ich tippte. *Brocnkoawovorgs.* »Tja«, sagte ich, hielt das Handy vor mein Gesicht und nahm den Tonfall meines Lateinlehrers an. »Viel ist das nicht, junges Ding. Schreiben Sie bis morgen das Wort fünfzig Mal. Fehlerlos.«

Ich stand auf. »Ich gehe jetzt schlafen«, sagte ich.

»Eine Bitte noch«, sagte Bosch.

»Ja?«

»Legst du mir den Seneca ins Eisfach? Ich möchte mich noch etwas damit beschäftigen.« · DAS BESTE AUS MEINEM LEBEN 2001

✦

DER COOLSCHRANK

Ich saß spät in der Küche und trank ein Bier, als Bosch, mein sehr alter Kühlschrank und Freund, fragte: »Was ist das für ein gelber Zettel an meiner Tür?« Ich sah den Zettel an. Es war einer von diesen gelben Post-it-Zetteln. Paola hatte »Petersilie« daraufgeschrieben. »Ein Merkzettel«, sagte ich. »Paola geht morgen einkaufen, und sie darf anscheinend unter keinen Umständen die Petersilie vergessen. Deshalb hat sie für sich den Zettel geschrieben.«

»Und warum klebt der an meiner Tür?«, fragte Bosch. »Bin ich eine Pinnwand?«

»Was ist daran so schlimm?«, fragte ich. »Ein kleiner Zettel. Und morgen kommt er weg, Mann.«

»Möchtest Du Merkzettel auf der Stirn haben?!«

»Was meinst du, was andere Leute an ihre Kühlschränke heften?«, sagte ich. »*Immer mehr* Leute heften *immer mehr* Sachen an ihre Kühlschränke. Kleine Palmen oder Zuckerwürfel mit einem Magneten hinten oder magnetische Bananen. Manchmal machen sie Zettel damit fest.«

»Und wieso nicht an den Herd oder an die Mikrowelle?«

»Weil man am Tag mehrmals zum Kühlschrank geht. Sei froh! Du stehst mitten im Familienleben. Es gibt auch Leute, die sich die Sachen an den Spiegel heften.«

Ich trank einen Schluck Bier. Dann fiel mir ein, dass mir kürzlich ein Verlag zwei Kistchen mit magnetischen Wörtern geschenkt hatte, die er herausgebracht hatte. Man kann die Wörter an die Kühlschranktür heften. Ich holte sie aus dem Bücherregal.

»Man kann damit Gedichte machen, seinen Partner beschimpfen, sich selbst an was erinnern, den eigenen Hochzeitstag zum Beispiel«, sagte ich. »Das hätte Paola neulich gut brauchen können. Sie vergisst ihn immer.«

»Kommt das Wort ›Hochzeitstag‹ in dem Kasten vor?«

»Nein«, sagte ich. »Aber ›Hoch‹ und ›Zeit‹ und ›Tag‹ und ein einzelnes ›S‹ gibt es auch.«

»Gibt es auch ›Kühlschrank‹?«

»Nein, nur ›Schrank‹«, sagte ich. »Und in dem anderen Kasten ›Cool‹. CoolSchrank.«

»Und so was machen *immer mehr* Leute?«

»*Immer mehr*«, sagte ich. »Manche heften sogar neuerdings Fotos an die Türen ihrer Kühlschränke.«

»Mach' doch mal ein Gedicht für mich!«, sagte er. »Ein Gedicht mit ›Immer Mehr‹ oder vielleicht mit ›Immer Meer‹. Ein schönes melancholisches Gedicht, das zu mir passt. Ich bin ein alter Melancholiker.«

»Ich weiß«, sagte ich. »Gib mir ein Bier. Aber ich mach' es nicht bloß aus magnetischen Wörtern. Das sind zu wenige.«

Ich nahm mir noch ein Bier, setzte mich eine Weile an den Tisch und schrieb. Dann las ich es ihm vor.

»Es variiert sozusagen das Seufzer-Gedicht von Christian Morgenstern«, sagte ich. »Kennst du das?«

»Klar«, sagte Bosch.

»Ein Seufzer lief Schlittschuh
auf nächtlichem Eis
und träumte von Liebe und Freude …«

»Und das hier geht so«, sagte ich und las:

»Ein Seufzer schwamm durchs Immermeer,
trieb einsam in Nebelfluten.
Da kam ein Haifisch von unten her
und hörte den Seufzer tuten.
Der Haifisch dachte voller Gier,
wie Haifische nun mal denken:
Was tutet dieser Seufzer hier,
so nahe den Seehundbänken?

Ich zähle jetzt von eins bis vier,
dann werd' ich den Seufzer versenken.
Er vertreibt mir mit seinem Gelärme
die leckeren Seehundschwärme.
Der Seufzer bemerkte den Haifisch nicht.
Er tutete weiter bei schlechter Sicht.
Da zählte der Hai
von eins bis drei,
und dann rief er: ›Vier!‹
Und erseufzte den Seufzer in seinem Revier.
Ach, ein Seufzer schwamm durchs Immermeer,
doch hört man ihn jetzt nimmer mehr.«

»Kleb's mir an die Tür«, sagte Bosch leise. »Kleb's mir bitte an die Tür!« Und dann klebte ich es ihm mit etwas Tesafilm an die Tür und ging schlafen. · DAS BESTE AUS MEINEM LEBEN 2001

✶

ALS ICH MEINEN KÜHLSCHRANK KÜSSTE

Morgens kam ich in die Küche, Paola und Luis schliefen. Es sah fürchterlich aus. Am Abend zuvor hatten wir Gäste gehabt, viele. Geschirr und Gläser standen noch herum.
»Eine Frage noch zu gestern Abend«, sagte Bosch, mein sehr alter Kühlschrank und Freund.
»Hmmmm«, machte ich.
»Waren das alles deine Freunde? Und Freundinnen?«
»Nicht alle«, sagte ich. »Manche nur Bekannte.«
»Du hast alle geküsst. Erst links, dann rechts. Einmal, als sie kamen, einmal, als sie gingen.«

»Das macht man so«, sagte ich.

Ich betrachtete mein Gesicht in der spiegelnden Glasscheibe des Geschirrschranks. Manchmal kommt's mir nach so einem Abend vor, als sei das Wangenfleisch dünner oder angegriffen oder geschwunden von der Küsserei. Warum nur ist der Begrüßungskuss dermaßen in Mode gekommen?, dachte ich.

»Neulich habe ich einen alten Film noch mal gesehen«, sagte ich, »*Fitzcarraldo* von Werner Herzog. Darin kommen Urwaldindianer vor, die sehr vorsichtig in ihren Gesten sind. Sie geben sich zur Begrüßung nicht mal die Hand. Sie reiben nur zart mit den Fingerspitzen an den Fingern des Gegenüber.« Ich strich mit meinen Fingerspitzen über die Kühlschranktür. »So.«

»Küssen ist schöner, glaube ich«, sagte Bosch. »Aber woher soll ich es wissen? Ich weiß nichts. Ich weiß nicht mal, was ein Film ist, weil ich in der Küche stehen muss, wo kein Fernseher ist.«

»Du passt nicht ins Wohnzimmer«, sagte ich.

»Dass ich mich in meinem Alter so bevormunden lassen muss«, sagte er scharf. »Eine Schande.«

Es entstand eine Pause. Ich räumte Gläser in die Spülmaschine.

»Küsst du gerne?«, fragte Bosch plötzlich. »Ich meine, nicht Paola … All diese Leute?«

»Ich weiß nicht«, sagte ich. »Manchmal küsse ich richtig gern. Manchmal fühle ich mich auch sehr hölzern, und es ist mir zu intim, zu nah – man ist ja auch in dieser Sache von seinen Stimmungen abhängig. Ein Begrüßungskuss ist kein Händeschütteln. Aber wenn man mal angefangen hat mit dem Küssen, kann man nicht mehr aufhören. Küsst du plötzlich eine Person nicht mehr, die du immer geküsst hast, wird sie denken: Steht was zwischen uns, was ich nicht kenne? Also küsst du immer, egal, wie dir zumute ist.«

»Auch wenn sie gar nicht deine Freundin ist?«, fragte Bosch. »Nur eine Bekannte.«

»Auch dann«, sagte ich. »Man küsst heute fast jeden. Ich weiß nicht, warum. Wir haben dieses Gefühl einfach gern: Eigentlich kenne ich viele Leute sehr gut. Eigentlich haben mich viele Leute sehr gern. Eigentlich sind mir viele sehr nah. Je mehr wir uns voneinander entfernen, je oberflächlicher wir leben, je mehr wir uns isolieren, je zersplitterter unsere Familien sind, je weniger Zeit wir für andere haben – desto mehr wird geküsst.«

Wieder eine Pause. Die Spülmaschine war voll. Ich klappte sie zu und schaltete sie an.

»He!«, zischte Bosch.

»Ja?«, sagte ich.

»Würdest du sagen, dass ich dein Freund bin?«, fragte er.

»Natürlich«, sagte ich.

»Dann gib mir 'n Kuss«, sagte er. »Ich will wissen, wie das ist.«

»Ich kann keinen Kühlschrank küssen«, sagte ich.

»Gestern Abend konntest du Leute küssen, die du kaum kanntest?!«, rief er. »Jetzt weigerst du dich, mir einen einzigen kleinen Kuss zu geben?«

Ich ging zu ihm. Drückte meine Lippen leicht auf das kühle weiße Metall oberhalb des Türgriffs. Ein Seufzen schüttelte ihn. Sein Motorgeräusch erstarb. Ich hörte nichts mehr.

»Was machst du denn da?«, fragte plötzlich Paola hinter mir.

»Den Kühlschrank küssen«, sagte ich.

»Hast du so viel getrunken gestern Abend?«, fragte sie.

»Darum geht es nicht«, sagte ich, nahm sie in den Arm und küsste sie, damit sie nicht weiterfragte.   · DAS BESTE AUS MEINEM LEBEN 2000

✦

FIEBER

Tief in der Nacht saß ich in der Küche, trank Bier und schwieg.

»Was ist?«, fragte Bosch, mein sehr alter Kühlschrank und Freund. »Warum schläfst du nicht?«

Ich nahm einen Schluck Bier und schwieg.

»Redest du nicht mehr mit mir?!«, rief er.

Ich nippte an der Flasche und schwieg.

Er wurde leise: »Habt ihr etwa beschlossen, dass ich nun zu alt bin? Dass ich … nicht mehr gut genug kühle? Dass ihr eines von diesen neuen Modellen wollt?« In seiner Stimme lag die blanke Panik. »Wollt ihr … mich entsorgen? Und du traust dich nicht, es mir zu sagen?«

Ich nahm einen tiefen Schluck und schwieg.

»Ich werde bald fünfzig«, flüsterte er. »Das ist kein Alter. Ihr könnt nicht einfach … Ich war wie ein Bruder zu dir.«

»Scheiße«, murmelte ich.

Seine Stimme zitterte: »Könnt ihr mich nicht in den Keller stellen? Wenn ihr eine Party macht, könnte ich als Reservekühlschrank arbeiten, bitte, das schaffe ich noch.«

»Hör auf!«, raunzte ich. »Immer redest du das Gleiche. Du weißt doch, dass ich eher ohne Kühlschrank lebe, als dich wegzuwerfen.«

Er atmete auf. »Was für einen entsetzlichen Schrecken du mir eingejagt hast! Worum geht es dann?«

»Mich kotzt diese ewige Angst an. Dass man sich immer vor Krankheiten fürchtet. Das kennst du, oder?«

»Und wie!«, sagte er. »Gestern hatte ich so ein Kneifen und Ziehen im Aggregat, und ich vermute …«

»Rede nicht immer von dir«, sagte ich. »Du bist ein Egomane. Ich kann nicht schlafen, weil wir bei Freunden auf dem Land waren. Luis ist auf dem Heimweg im Auto eingeschlafen. Als wir hier ankamen, hatte er Fieber.«

»Fieber habe ich noch nie gehabt, Gott sei Dank«, sagte Bosch. »Ein Kühlschrank und Fieber, na danke.«

»Dann haben wir ihn ins Bett gelegt«, sagte ich. »Als ich auch im Bett lag, fiel mir ein, dass er bei den Freunden noch gebadet hatte, in der Wanne, und dass er da mit einem Schöpflöffel und einem Kochtopf gespielt hatte, das macht er gern, und dass ich ihn erwischt habe, wie er aus dem Schöpflöffel etwas von dem schaumigen Badewasser trank, ehrlich, er war so im Spiel drin, er glaubte, es sei Suppe, obwohl es Seifenlauge war, und …«

»Was hat das alles mit dem Fieber zu tun?«

»Ich hatte mal irgendwo gelesen, dass man Fieber bekommt, wenn man Seife isst. Ich habe mich so hineingesteigert, dass ich starr im Bett lag und dachte, der Bub hätte sich vielleicht mit Seifenlauge vergiftet und .. «

»Du bist schlimmer als ich. Was hast du gemacht?«

»Ich lag wie gelähmt da«, sagte ich. »Dann habe ich mit Paola gesprochen. Sie hat gesagt, ich solle die Giftambulanz anrufen, wenn ich mir solche Sorgen machte, sie glaube nicht, dass … Und ich habe gesagt, ich könne das nicht tun, es sei mir unmöglich, ich könne einfach nicht, so ängstlich sei ich. Dann hat sie dort angerufen. Der Arzt sagte ihr, es sei kein Problem, von Badewasser bekomme man kein Fieber. Er habe dazu milde gelächelt, sagte Paola, man habe ihn förmlich milde lächeln hören. Jetzt schläft sie. Ich trinke was, um mich zu beruhigen.«

»Angst vor Krankheiten ist schlimm«, sagte Bosch.

»Bah«, machte ich. »Als ich noch zu Hause wohnte, rief Vater immer: ›Du hustest komisch, geh zum Arzt! Pass auf, du hebst dir 'n Bruch! Setz dir 'ne Mütze auf, du wirst dich erkälten! Halt dich gerade, du gehst schief!‹ Wenn wir verreisten, sagte Mutter: ›Schau, wie schön es hier ist! Sieh es dir gut an, vielleicht siehst du es nie wieder!‹ Sie hat es nicht so gemeint, aber ich dachte, sie würden mir eine schwere Krankheit verschweigen.«

»Ich weiß«, sagte Bosch, den ich von meinen Eltern geerbt habe.

»Sie sagten: ›Der Kühlschrank macht so komische Geräusche, schau mal nach, er klingt seltsam!‹«

»Man wird wahnsinnig«, sagte ich. »Neulich war meine alte Tante Elsbeth da. Sie erzählte, sie sei wegen ihrer Schilddrüse radioaktiv bestrahlt worden, oder sie hatte ein radioaktives Kontrastmittel bekommen, ich weiß nicht mehr. Jedenfalls habe ich immerzu versucht, Luis von ihr fernzuhalten, weil ich mir einbildete, sie strahlt vielleicht noch. Ich habe die Tante isoliert wie einen Castor.«

»Geh schlafen!«, sagte Bosch. »Du brauchst Ruhe.«

»Du klingst wie Vater«, sagte ich. Ich stand auf. »Nicht mal das Bier hat mir geschmeckt.«

Bosch zögerte, dann sagte er leise: »Aber kalt genug war es, oder?«

· DAS BESTE AUS MEINEM LEBEN 2002

★

AM NULLPUNKT

Bosch, mein sehr alter Kühlschrank und Freund, liebt Bücher. Ich lese sie ihm vor, jede Nacht eine Stunde lang. Sein Lieblingsstoff sind Geschichten großer Expeditionen ins ewige Eis: Ransmayrs *Die Schrecken des Eises und der Finsternis*, Caroline Alexanders Buch *Die Endurance* über Shackletons gescheiterten Versuch, die Antarktis zu durchqueren, Fridtjof Nansens *In Nacht und Eis*.

»Dass du dich nicht für die Hitze interessierst«, habe ich mal gesagt. »Ein Kühlschrank müsste doch von Fernem, Fremdem wie Hitze fasziniert sein, von Wüsten oder Gebieten drückender Schwüle, de Sotos Florida-Expedition oder Saint-Exupérys Roman *Wind, Sand und Sterne*.«

»Über Hitze kannst du dem Herd vorlesen. Wenn er's hören will.

Aber er ist ja zu blöd, redet nur vom Essen. Dass ich meine Zeit mit diesem Trottel verbringen muss!«

Kürzlich entdeckte ich Tom Shachtmans Buch *Minusgrade – Auf der Suche nach dem absoluten Nullpunkt*. Nacht für Nacht trug ich Bosch daraus vor. Großartig. Shachtman erzählt von der Erforschung der Kälte, angefangen im 17. Jahrhundert, als man über Kälte nichts wusste und dachte, sie komme aus dem Norden, ein sagenhafter Ort sei ihr Ursprung, Thule, Ort ewigen Frosts.

Wir lasen über die Entwicklung des Eishandels im 19. Jahrhundert: Wie um 1800 ein Mann in Maryland/USA eine Zedernholz-Wanne mit Kaninchenfell zur Isolierung auslegte, mit Eis bepackte und in die Mitte einen luftdichten Blechkasten mit Butter stellte. Die Butter brachte er so zum Markt und fand reißenden Absatz, obwohl sie teurer als die der Konkurrenz war. Aber sie war eben frischer.

»Der hat seine Wanne ›Kühlschrank‹ genannt. Muss der erste Kühlschrank gewesen sein.«

»Eine Wanne, sagst du?«, fragte Bosch. »Aus Holz?«

Wir kamen zu dem Kapitel, in dem es um die Jagd nach dem absoluten Nullpunkt auf der Kelvin-Skala ging, das sind minus 273,15 Grad Celsius. Dabei lieferten sich zwei Forscher ein Wettrennen wie Scott und Amundsen zum Südpol: der Engländer Dewar und der Holländer Kamerlingh Onnes. Es ging darum, wer zuerst Helium verflüssigte; das geschieht bei fünf Kelvin, also nahe dem absoluten Nullpunkt. Dewar experimentierte vor Gala-Publikum, Männern im Frack, Damen in Ballkleidern, die staunend sahen, wie er ein Ei in flüssigen Sauerstoff senkte, wo es als blaue Lichtkugel zu phosphoreszieren begann. Oder wie ein bunt schillernder Seifenfilm, aufgespannt über flüssiger Luft, im aufsteigenden Dampf gefror. Oder wie Dewar mit flüssigem Wasserstoff Substanzen zum Fluoreszieren brachte. Und wie er Baumwolle magnetisierte.

»Unglaublich …«, ächzte Bosch.

»Aber der Erste, der Helium verflüssigte«, sagte ich, »war Kamerlingh Onnes am 10. Juli 1908. ›Es war ein wunderbarer Augenblick‹, erinnerte er sich später, ›die Oberfläche des flüssigen Heliums hob sich scharf wie die Schneide eines Messers gegen die Glaswand ab.‹«

Wir schwiegen ergriffen. Ich sagte: »1913 bekam er den Nobelpreis dafür, dass er, wie hier steht, den ›vorletzten Außenposten des Landes der Kälte‹ erreicht hatte.«

»Und was war der letzte?«, fragte Bosch.

»Die Entdeckung der Supraleitfähigkeit. Dass Metalle nahe dem absoluten Nullpunkt keinen elektrischen Widerstand haben. Als man herausbekam, warum, hatte man das größte Rätsel am Kältepol gelöst. Das hat unser Leben revolutioniert, von der Lagerung von Blut und Sperma mit flüssigem Stickstoff bis zu Herstellung und Betrieb von Computern. ›Zehntausend Jahre lang hatte sich die Zivilisation durch die zunehmende Beherrschung des Feuers weiterentwickelt‹, steht hier, ›im 20. Jahrhundert kam der Fortschritt mit der Beherrschung der Kälte.‹«

»Herrlich!«, sagte Bosch. »Ich lebe in einer großen Zeit.«

»So freudige Töne von dir?!«, sagte ich. Ich nahm ein Bier, goss es ins Glas, betrachtete die kalte, gelbe Flüssigkeit wie Dewar ein Stück magnetisierte Baumwolle.

»Das wirst du mir gestatten«, sagte Bosch, »dass ich mich in der Dämmerung meines Daseins als Teil einer großen Sache fühle.« Er seufzte, wie er immer seufzt.

Ich sagte: »Sicher bist du der Erste, der Seufzer gefror. Dafür gebührt dir ein Platz in der Gefriergeschichte.«

· DAS BESTE AUS MEINEM LEBEN 2003

Beim Nachdenken über diese Texte fiel mir ein, dass ich früher viele Lesungen gemacht habe, bei denen ein Bosch-Kühlschrank mit auf der Bühne stand, in dem meine Bücher lagen und sich auch noch etwas zu trinken befand. Das gab ein sehr schönes

Bühnenbild, vielleicht komme ich darauf mal wieder zurück. Und dann fiel mir auch noch eine Geschichte über einen Kühlschrank ein, der mir nicht gehörte und der auch nicht Bosch hieß, in dem aber auch Bücher aufbewahrt wurden.

✱

KLEINE ABSCHWEIFUNG: READING IN A BOX

Bruno, mein alter Freund, hat vor Jahren eine Metallröhre gekauft, eine *preservation box*. Da hinein, so die Idee des Herstellers, solle man alles stopfen, was einem so wichtig sei, dass es unter allen Umständen bleiben müsse – auch wenn man selbst nicht mehr ist, wenn Feuer das Haus und Super-Unheil das Land verwüstet haben. Für die Nachwelt.

Bloß: Die Box ist immer noch leer. Bruno hat bisher nichts gefunden, von dem er denkt, dass es ihn überdauern sollte, ein seltsamer Gedanke, der meinen Freund beschäftigt, gerade in Zeiten, die man, müssten sie unter einer Überschrift zusammengefasst werden, »die Jahre der großen Verlustangst« nennen könnte. Kommt das Ende des Euro in der Nacht? Gibt's Krieg zwischen Israel und dem Iran? Und dann? Ist es vorbei mit dem schönen Leben …

Aber man kann ja nicht selbst in die Röhre steigen, mit seiner Familie. Das kann man nicht, und selbst wenn man es könnte, wäre es irgendwie sinnlos: lieber alles verlieren als in einer Röhre leben, oder? Gab's nicht mal einen Song, in dem es hieß: *Woke up this morning / Closed in on all sides / Nothing doing*? Der hieß *Living in a Box*, und die Band, die ihn sang, hieß auch so. Ziemlich einprägsames Lied, andererseits keines, das man sich für immer merken müsste.

Dieser Tage erscheint übrigens ein neuer Roman des Amerikaners Richard Ford, *Kanada* heißt er. Ford hat in Interviews jetzt erzählt, er bewahre alle unveröffentlichten Texte und Notizen im Gefrierfach auf oder jedenfalls im Kühlschrank, ganz klar wurde das nicht in den Gesprächen. Jedenfalls liegen da, in Klarsichthüllen verpackt, Manuskripte auf Eis – warum? Weil, sagte Ford, »wenn das Haus abbrennen würde, der Kühlschrank die Sache wahrscheinlich überlebt«. Außerdem könnten sie nicht verrotten, auch könnten »die Hunde sie nicht plündern«.

Was für eine rührende Art der Besessenheit vom eigenen Werk: dass einer glaubt, sogar die Hunde könnten sich dafür interessieren. Heißt nicht eines der älteren Werke Fords *Ein Stück meines Herzens?* Hunde lieben ja Innereien. Es ist auch verständlich, dass einer dem Computer als Speichermedium nicht recht traut. Aber die Eistruhe als Alternative? Sollten wir, was wir lieben und was von uns bleiben soll, ins Eisfach legen? So dass wir es jedes Mal sehen, wenn wir nach Tiefkühlerbsen kramen?

Ford, der einer der Besten unter den lebenden Autoren ist und dem wir unvergessliche Figuren wie den Sportreporter Frank Bascombe verdanken, Ford also hat auch noch erzählt, dass er alle seine Texte nicht nur sich selbst vorlese, wieder und wieder, bis der Text in ihm lebe und arbeite, selbst im Schlaf. Nein, er trage sie auch seiner Frau vor – und arbeite die Geschichten dann um. Was mich im Zusammenhang mit dem Bewahren von Dingen daran erinnert, dass es Beziehungen gibt, in denen der Partner auch als eine Art mobiles Gedächtnis genutzt wird. Als Speichermedium.

Schatz, würdest du mich daran erinnern, dass ich Mutter anrufen muss? Liebling, vergiss auf keinen Fall, dass ich Wein kaufen wollte! Darling, morgen kommen Schrödingers zu Besuch, lass mich das auf keinen Fall vergessen!

Kann es sein, dass Fords Frau seine Romane auswendig kann, als eine Art *Backup* zum Eisfach? Dass also hier einer, was ihm wirklich wichtig ist, gleichsam in seiner Frau bunkert? Man stelle sich vor, Tolstoi hätte beim Weggehen gerufen: Sofja, kannst Du dir bitte *Krieg und Frieden* merken? Ich muss es morgen zu Ende schreiben! Mein Engel, wie lautet der dritte Satz auf Seite 417 von *Anna Karenina*? Erinnere mich daran, dass ich ihn ändern möchte.

Übrigens sagte Ford auch, seine Frau hätte neulich, weil sie eine Party veranstaltet und im Gefrierfach Platz gebraucht habe, die Manuskripte in die Schublade zum Hundefutter gelegt *und dort vergessen.* Ein Alptraum: Mein Herz, hast du meinen achthundert-Seiten-Roman gesehen? Er ist mir irgendwie wichtig, weißt du? Wenn ich es recht bedenke, ist dieses Buch das, was von mir bleiben soll. Ich weiß genau, dass ich es in den Kühlschrank gelegt hatte!

Dann der Blick auf die Lefzen der Hausdogge, aus denen noch die Worte *The End*, von Speichelfäden überzogen, hervorlappen. Und wie sie mit dieser riesigen Dänendoggenzunge die geöffnete Hundefutterschublade ausleckt. • DAS BESTE AUS ALLER WELT 2012

NUN SETZEN WIR UNS
WIEDER IN BEWEGUNG:
VOM BAHNFAHREN

————————————— ✶ —————————————➤

Einer der Gründe, warum ich irgendwann aufgehört habe, über meinen Kühlschrank zu schreiben, war: Der ist so statisch. Der verändert sich nicht, der bleibt immer gleich, der steht immer am selben Platz und klagt immer über die gleichen Dinge. Irgendwann war alles über ihn gesagt.

Es geht ihm aber gut. Er steht, wo er immer stand.

Jetzt jedoch nehmen wir Tempo auf und fahren los.

Ich bin Bahnfahrer. Ich reise mit der Bahn von Lesung zu Lesung, ich schreibe in der Bahn, ich esse in der Bahn, ich mache Schläfchen in der Bahn, ich rede mit den Leuten in der Bahn. Nur streiken tue ich nie in der Bahn, das liegt aber daran, dass ich auch sonst selten streike. Aber noch lieber höre ich den Leuten in der Bahn zu. Manchmal schreibe ich sogar mit, besonders gerne diese langsam dahin plätschernden Gespräche lange verheirateter Ehepaare oder alter Damen.

— Ich trinke morgens immer meinen Kaffee, dann keinen mehr.
— Und was trinkst du dann?
— Wann?
— Nachmittags!
— Grünen Tee. Aber morgens brauche ich immer meinen
   Cappuccino.

– *Was hast du für einen Blutdruck?*

– *Na, so 130.*

– *Guck mal, die vielen Autos.*

– *Manchmal fahre ich ja mit dem Werner übers Wochenende weg, aber du weißt ja, wie der ist. Geht einem schnell auf die Nerven. Kommt immer wieder auf seine Probleme zu sprechen. So interessant sind die ja auch nicht.*

– *Er geht zu wenig auf einen ein.*

– *Das ist doch Naumburg, oder?*

– *Dieses Ostdeutschland kennt man ja kaum.*

– *Also Ostdeutschland ist schon sehr schön, auch bei Dresden da, diese Sächsische Seenplatte.*

– *Ich glaube, in diesem Jahr mache ich die Hapimag-Reise nach Mecklenburg, dann die Masurischen Seen und eine Woche auf Rügen. Eine ganze Woche auf Rügen.*

– *Und wie lange dauert die Reise?*

– *14 Tage.*

– *Warst du schon mal auf Rügen?*

– *Eine ganze Woche.*

– *Guck mal, da ist 'ne alte Burg. 'Ne richtige Ritterburg.*

– *Ich glaube, wir sind schon in Thüringen.*

– *Richtig hügelig hier.*

– *Manchmal trinke ich dann nachmittags noch einen Kaffee, aber nie allein.*

– *Seit ich Witwe bin, bin ich sehr melancholisch. Mit meinem Testament beschäftigt. Denke viel an andere.*

– *Manchmal trinke ich nachmittags nur Wasser. Aber ich vergesse es auch bisweilen.*

Ja, das könnte so weitergehen bis in alle Ewigkeit, aber irgendwann steige ich dann aus, das Notizbuch ist sowieso voll. Und manchmal passt so ein Gespräch dann in eine Kolumne, in diese hier zum Beispiel.

AM AUSBILDUNGSTAG

Sagte ich schon, wie gern ich mit der Bahn fahre? Im neuen *mobil*, dem Kundenmagazin der Bahn, nebenbei gesagt: der hundertsten Ausgabe (Vorwort Hartmut Mehdorn, hey, ein Sammlerstück!), findet sich ein Interview mit Harald Schmidt, in welchem er sagt, er könne das ewige Lamento von »Amateurreisenden« über die Bahn nicht mehr hören. Ja. Ich mag diese Anfänger auch nicht. Und wie schön ist es doch immer, wenn die ICE-Türen sich zischend öffnen, man sich in seinen Großraumsitz fallen lassen kann, der Schaffner kommt mit Wasabi-Nüssen, irgendwann wird auch der mobile Breznverkäufer zusteigen – und dann hat man Zeit, aus dem Fenster zu blicken und dem Gespräch des älteren Ehepaares hinter sich zu lauschen.

Sie: »Alles so schön ordentlich da draußen.«

Er: »Vorhin war da ein Angler ...«

Sie: »Die Bauern haben alles in Schuss, kann man nicht meckern.«

Er: »Ja, ja.«

Sie: »Da lagen immer so drei oder vier Heuballen vorhin.«

Er: »Da ist wieder ein Angler.«

Sie: »Jetzt sind es immer so sechs oder sieben auf einmal.«

Er: »Ja, ja.«

Sie: »Muss schön warm sein, die sind alle luftig gekleidet.«

Er: »Ob die was fangen?«

So könnte es weitergehen, riefe uns nicht eine Lautsprecherstimme zu »Suppe von jungen Karotten und Ingwer« sowie »Rinderrouladen ›de luxe‹ mit Holunder-Möhrchen und Pommes Gratin« in den Speisewagen.

Welch unerhörte Verwöhntheit, Rinderrouladen »de luxe« zu essen, während man mit 250 Kilometern pro Stunde durch die Landschaft pfeift! War es nicht Loriot, der sagte, der Mensch sei das einzige Wesen, das im Fliegen eine warme Mahlzeit zu sich nehmen könne? Ja, und auch im schnellen Fahren.

Ich bestellte die Rouladen, wartete ein halbe Stunde, fiel hungrig über sie her, wunderbar!, auch über die Möhrchen, wunderbar!, wollte das Gratin gabeln … Es war gefroren, komplett.

Die Kellnerin entschuldigte sich, nahm den Teller, kam zurück: Ob ich etwas anderes essen möchte? Oder einen Kaffee, als Entschädigung.

Nein, Kaffee, wozu Kaffee? Bitte, noch mal Rouladen, Möhrchen, Gratin, warm.

Das werde aber eine halbe Stunde dauern.

Dann geben Sie mir mein Essen zurück, nur ohne Gratin, mit etwas Brot, ich bin hungrig.

Das habe sie schon entsorgt.

Ein Herr in Uniform trat herzu: Ich müsse entschuldigen, heute sei »Ausbildungstag«, die Leute im Speisewagen machten alles zum ersten Mal. Grübelnd blieb ich zurück: Nie hätte ich gedacht, dass man erst lernen müsse, ein Gratin sei warm zu servieren. Müssen die Armen ihre Gratins in den Bahnkantinen kalt lutschen, am Stiel? War Mehdorn so grausam?

Sie: »Nachher müssen wir beim Aussteigen dran denken, die Wasserflasche … Dass wir die nicht stehen lassen.«

Er: »Dann steck sie doch gleich in die Tasche.«

Sie: »Ich muss aber gleich noch mal was trinken.«

Er: »Mannheim. Mannheim hat doch dieses schöne Schloss.«

Vor anderthalb Wochen. Ich fuhr von Leipzig nach Berlin, *Ankunft 14.20 Uhr* stand auf dem Fahrplan, doch schon um zwei sausten wir in den Berliner Hauptbahnhof hinein. Zwanzig Minuten zu früh! Gerade noch konnte ich Notizbücher und Laptop raffen und hinausstürzen.

»Noch nie ist mir das passiert«, sagte ich später zu einem Bekannten. »Zwanzig Minuten! Zu früh! Die Bahn!«

»Mehdorn ist heute zurückgetreten«, sagte er.

»Dass sich das so schnell auswirkt …«, sagte ich.

Ein anderer Tag im Speisewagen. Rinderrouladen, Möhrchen. Das Gratin war dieses Mal nur innen gefroren, außen weich. Man nähert sich den Lernzielen. · DAS BESTE AUS ALLER WELT 2009

Hartmut Mehdorn hat dann für eine Weile noch andere Aufgaben gefunden, nicht minder interessant, lesen Sie dazu zum Beispiel *Großprojekte* auf Seite 532.

lesen Sie dazu zum Beispiel *Großprojekte* auf Seite 532.

✷

DER ÜBERGANGSREISENDE

Ich liebe es, mit der Bahn zu fahren. Jahr für Jahr lege ich Tausende von Kilometern zurück, bequem in Großräumen oder Abteilen sitzend, lesend, schreibend, nachdenkend, während man mich von A nach B transportiert oder von B nach A, gerne auch von C nach D. Ich genieße es, transportiert zu werden, ohne etwas tun zu müssen, als eine Fahrkarte zu kaufen, mich den Lokführern zu überlassen, den »Zugbegleitern« und den »Zugchefs« mit ihren Teams. Ich mag es, aus dem Fenster zu sehen und am Fahrgestell eines anderen Zuges in weißer Schrift etwas zu lesen wie: »508080-35 808-0 ABpybdzt«. Und zu wissen, dass ich von Menschen umgeben bin, die wissen, was das bedeutet. ABpybdzt. Die Welt des Bahnpersonals ist voller Geheimnisse. Viele Jahre lang wurden wir mit Durchsagen in den Speisewagen gebeten, die mit der Nachricht endeten, dass uns das ICE-Team »gerne erwarte«. Da saß man, hungrig und durstig, und überlegte, ob man es dem ICE-Team wirklich antun dürfe zu kommen, wenn es doch das Erwarten so liebe. Kaum würde man den Speisewagen betreten, wäre ja exakt jenes Erwarten beendet, welches das ICE-

Team so gerne mag. Und wer möchte hart erwartenden Menschen das antun?

Es ist wohl so, dass Menschen, die bei der Bahn arbeiten, grundsätzlich anders sprechen als wir. Zum Beispiel benutzen sie Wörter wie »Zuglaufteil«. Auf irgendeinem deutschen Bahnhof, war es A?, war es B?, hörte ich kürzlich, wie per Lautsprecher die Weiterfahrt eines Zuges nach Hamburg angekündigt wurde »beziehungsweise mit Zuglaufteil in Richtung Bremen«. Man hätte vielleicht auch »Kurswagen« sagen können, dachte ich, aber vielleicht ist ein Kurswagen etwas anderes als ein Zuglaufteil? Was wissen wir von Zuglaufteilen, außer dass sie die Richtung nach Bremen nehmen können? Nichts. Müssen wir auch nicht. Dürfen wir vielleicht gar nicht.

Der Zugbegleiter aber wird abends von seiner Frau gefragt, wie denn sein Dienst gewesen sei. Und er antwortet, er habe im Zuglaufteil in Richtung Bremen die Fahrgäste gerne erwartet. Dann sagt er noch, so nebenbei: »ABpybdzt«. Und seine Frau sagt: »Du lieber Gott!« Und klopft den Staub aus seiner Uniformjacke.

So sehr sind wir gewöhnt, dass die Zugmenschen für uns unverständlich sprechen, dass wir bisweilen selbst ihre klarsten Sätze nicht verstehen. Zum Beispiel schreibt mir Herr H. aus München, er habe kürzlich im ICE, aus Stuttgart kommend, neben seiner Freundin gesessen, als er folgende Ansage hörte: »Eine betrübliche Durchsage. Ich brauche einen Zugbegleiter in Waggon 12.« H. schreibt, natürlich sei jedermann sofort klar, dass es »betriebliche Durchsage« heißen müsse. Aber aus irgendeinem Grunde hätten sowohl seine Freundin als auch er »betrüblich« verstanden und sich ausgemalt, was so betrüblich sein könne, dass man zu seiner Bewältigung einen Zugbegleiter brauche, ob eine Naturkatastrophe oder ein Terroranschlag sich ereignet habe und vielleicht Train-Marshalls auf diese Weise angefordert würden, um einen gemeingefährlichen Fahrgast zu überwältigen.

Jedenfalls scheint es so zu sein, dass wir unwillkürlich dem Zugpersonal eine gewisse Neigung zur Melancholie unterstellen, wenn wir statt »betrieblich« das Wort »betrüblich« hören. Wir hören quasi das Bedauern des Ansagenden mit, dass nun der Zugbegleiter den langen, beschwerlichen Weg durch den wackelnden und wankenden Zug anzutreten habe, bis hin zu Waggon 12, wo der Zugchef ihn gerne erwarte. Und wir spüren etwas von der Schwere des Dienstes, der an uns verrichtet wird.

Es ist einige Wochen her, da verkündete mir die Lautsprecherstimme im ICE nach Verlassen des Bahnhofs in A, der Zug habe einige Minuten Verspätung: »Diese wurde verursacht wegen Aufnahme von verspäteten Übergangsreisenden.«

Ach, allein das Wort »Übergangsreisender« … Ich las damals gerade das jüngste von Sebastian Haffner posthum erschienene Buch *Das Leben der Fußgänger*, eine Sammlung seiner Feuilletons aus den dreißiger Jahren. Darin: ein Text über den »Mitreisenden«, jenes lästige Geschöpf, das einem im Zug die Fensterplätze wegnimmt, Gespräche aufdrängt, wenn man lesen will, und beim kleinsten Nickerchen schnarcht wie ein sterbender Wolfshund. Ich aber setze nun gegen den Mit- den Übergangsreisenden: das gehetzte Geschöpf, das von einem Zug zum anderen eilt, schwitzend und voller Angst, den Anschluss zu verpassen, Zuglaufteilen hinterlaufend, schuldlos verspätet, dadurch weitere Verspätungen verursachend. Der Übergangsreisende: grundlos geschunden, das Leben durchhastend. Ist nicht unsere ganze Existenz ein Übergang? Sind wir nicht alle im Grunde Übergangsreisende? Und was würde aus uns, gäbe es nicht immer wieder das Bahnpersonal, das uns »Aufnahme« gewährt?

Es wäre doch ein sehr betriebliches Leben.

· DAS BESTE AUS MEINEM LEBEN 2004

Ein Leser machte mich dann gleich darauf aufmerksam, dass es ABpybdzf 484 hätte heißen müssen. Ich hatte mich da im Zug wohl verschrieben. Ein ABpybdzf 484 sei ein

Modus-Steuerwagen, teilte der Leser mit. Aber was ist ein Modus-Steuerwagen?, fragt nun der Laie. So etwas entsteht aus dem Umbau eines älteren Wagens, glaube ich nach einigem Suchen und Recherchieren zu wissen: Auf ein altes Untergestell wird dabei ein neuer Aufbau gesetzt.

Wieder was gelernt in der Bahn.

★

ENTSPANNT EUCH!

Kürzlich saß ich im Zug von Duisburg nach Gelsenkirchen, kein Zug der Deutschen Bahn, sondern der »Eurobahn«, also ein Konkurrenz-Unternehmen. Wir standen im Bahnhof, die Uhr schritt wie immer voran, der Zug fuhr nicht gleich los. Hinter mir saß ein Ehepaar. Der Mann nörgelte: Warum der Zug nicht fahre? Aus dem Lautsprecher eine Stimme: »Wegen einer Zugkreuzung verzögert sich die Abfahrt um einen Moment.«

Der Mann: »Könnten se doch wenichstenz mal den Grund sagen.« Seine Frau: »Hat er doch. Zugkreuzung.« Der Mann: »Die müsste mal Konkurrenz kriegen, die Scheißbahn.« Seine Frau: »Dat is doch hier die Konkurrenz. Eurobahn. Kannze nich lesen?«

Egal. Der Zug fuhr los, der Mann beschwerte sich weiter, die ganze Fahrt lang rhabarberte er über dieses und jenes, Argumente waren nicht wichtig, es ging ihm ums Klagen. So ist das ja überall: Wo die Angehörigen anderer Völker einfach nur atmen, nölt der Deutsche zusätzlich. Gereiztheit ist sein Grundzustand, und wenn ihm das Nölen nicht reicht, schaltet er den Computer an und kotzt sich auf einer Internetseite aus, unter den Leserkommentaren zu einem Bericht über Uli Hoeneß vielleicht, zur Not auch bei der Wettervorhersage.

Vor zwei, drei Jahren hat der jüngst verstorbene frühere französische Widerstandskämpfer und Diplomat Stéphane Hessel eine dünne Streitschrift unter dem Titel *Empört Euch!* veröffentlicht, ein Aufruf zum Widerstand gegen dieses und jenes. Mir wäre danach, ein Pamphlet namens *Entspannt Euch!* zu verfassen. Motto: Was wollt Ihr?! Wenn Euch schon in einem weitgehend wunderbar funktionierenden Land wie Deutschland nichts richtig passt, wie würde es Euch in Griechenland oder Italien gehen? Von anderen Kontinenten nicht zu reden.

Aber das klingt auch schon wieder so klagend. Wie Genörgel über Genörgel.

In Norwegen hat jetzt das Fernsehen acht Stunden lang nichts anderes gezeigt als ein flackerndes Kaminfeuer, also ein echtes jetzt: wie es langsam herunterbrannte, wieder neu mit Holz versorgt wurde und dann herrlich gluderte und lohte, wie Edmund Stoiber sagen würde. Es war ein Quotenhit! Die Leute konnten ihre Augen nicht vom Feuer wenden, sie guckten und guckten.

Wie wäre es, man würde eine solche Sendung bei uns einführen? Einen Tag lang pro Woche zeigt das Fernsehen nur ein richtiges, immer wieder neu geschürtes Kaminfeuer. Nichts sonst. Interessanter als das gegenwärtige Programm wäre es ja allemal, und vielleicht würde es die Leute endlich zufrieden machen? Beruhigen. Enthysterisieren.

Vermutlich würde sich aber noch am selben Tag, mit Feuerbeginn, auch eine Debatte entzünden.

Die Linkspartei gibt eine Erklärung heraus: Kamine seien doch hierzulande nur im Besitz der Reichen, »das Bonzenfeuer« müsse weg. Die Grünen fordern eine Sondersteuer für Vielverbrenner sowie ein Streichholzpfand, die SPD einen einheitlichen Mindestlohn für Holzfäller und eine Reichenholzabgabe. CSU-Abgeordnete lassen ihre Kinder nachts in Staatsforsten Holz für Bürokamine holen und bezahlen sie dafür; Horst Seehofer lässt zur Strafe die Betroffenen die Scheite wieder zu Bäumen zusammensetzen und zurückpflanzen. Die Kanzlerin wartet ab. Bei den Staatsanwaltschaften stapeln sich die Anzeigen gegen das TV-Feuer wegen Körperverletzung: Holzrauch sei noch ungesünder als Zigarettenqualm. In einigen Baumärkten findet man Pferdefleisch in Kaminholzgebinden. RTL produziert die Show »Deutschland sucht das Superfeuer«. Bei SAT.1 werden die Flammen von Wolff-Christoph Fuss kommentiert. Alle ARD-Talkshows thematisieren die Frage »Deutschland am Kamin – wann geht uns das Holz aus?«. Das ZDF zeigt *Berge in Flammen* von Luis Trenker. »Glutbürger« wird Unwort des Jahres.

Wissen Sie, was das Haupt-Diskussionsthema in Norwegen war, nach der Sendung? Ob man Holzscheite besser mit der Rinde nach oben oder nach unten stapelt!

Ich lerne jetzt Norwegisch.   · DAS BESTE AUS ALLER WELT 2013

Tatsächlich meldete sich nach dieser Kolumne ein Verlag bei mir, der fragte, ob ich nicht dieses Pamphlet unter dem Titel *Entspannt Euch!* wirklich schreiben wolle. Ich fand aber dann, dass die Begriffe Entspannung und Pamphlet nicht zueinanderpassen, ja, sie sind ein Widerspruch. Denn niemand, der entspannt ist, schreibt ein Pamphlet. Lust auf weitere Geschichten, Edmund Stoiber betreffend? Dann bitte weiterlesen: *Edmund Stoiber 1* und *Edmund Stoiber 2* auf Seite 504 ff.

Hier geht es voran mit der Phantasie eines übermüdeten Zugreisenden, geschrieben vor langer Zeit und verbunden mit vielen Erinnerungen an jene Jahre, in denen die Kinder klein waren und in denen so vieles neu begann (unter anderem das Kolumnenschreiben).

So hast du mal empfunden.

So hast du mal geschrieben.

✦

IM SCHLAFWAGEN

Wie immer: Tage, bevor ich eine Nacht im Schlafwagen verbringen musste, dachte ich an nichts anderes. Diesmal würde ich eine Tablette nehmen! Gleich nach der Abfahrt Mund auf – und ab ins Land der weißen Krokodile!

»Du nimmst nie Schlaftabletten!«, sagte Paola.

»Aber diesmal!«, rief ich. »Soll's rumpeln, soll's pumpeln, sollen Bremsen um Hilfe kreischen und Stationssprecher krähen wie Hähne, ich will zum ersten Mal im Leben schlafen im Schlafwagen!«

»Du wirst morgens todmüde sein, weil du das Mittel nicht gewohnt bist!«

»Ach …«, sagte ich.

Ich fuhr von Italien heim, aus Gründen unabweisbarer Termine, fuhr mit dem Nachtzug, um den letzten freien Tag zu nutzen, der unabweisbaren Schönheit Italiens wegen. Paola und Luis blieben. Der Zug, der mich zum Nachtzug bringen sollte, hatte Verspätung. Ich fragte den Schaffner, ob er beim Schaffner des Nachtzuges anrufen könne, damit er warte. Er sagte, das könne er nicht. Ich sagte, das könne er bestimmt. Er sagte, er wolle nicht. Ich redete radebrechend auf ihn ein, ja, ich rade-erbrach mein gesamtes Italienisch: Meine Mama warte, einer der Bahnchefs sei mein Freund, ich hätte einen Arzttermin wegen einer Neigung zu unkontrollierbarer Atemnot bei Streitigkeiten mit Schaffnern. Er sagte, er versuche es.

Als wir ankamen, sprang ich in den fahrenden Nachtzug. Im Abteilgang war die Luft heiß und feucht. Es war dunkel. Der Schaffner stocherte mit einem Kugelschreiber in einem Loch der Tür eines Schaltkastens. Ob ich einen langen Schraubenzieher hätte, fragte er. Ich sagte: »Nein.« Er sagte, im Kasten seien Zentralschalter für Licht und Heizung. Er brauche einen langen Schraubenzieher, um den Kasten zu öffnen. Ich setzte mich aufs Bett, ganz oben. Unten spielte ein Junge ein Computerspiel. Sein Vater schlief im Mittelbett. Ich schwitzte. Jetzt: die Schlaftablette. Und morgen todmüde? Ich drehte sie in der Hand. Schliefe ich nicht, wäre ich auch todmüde. Ich nahm sie in den Mund. Und wenn ich, tablettenungewohnt, einen Herzanfall hätte, weit vom Arzt? Ich spuckte die Tablette aus.

Die Hitze war unerträglich. Ich streckte mich. Vielleicht könnte ich ohne Tablette schlafen? Der Zug rumpelte und pumpelte, Bremsen kreischten, an den Bahnhöfen krähten Stationssprecher. Der Zug fuhr bergauf, ich auch, dann legte er sich in eine Kurve, ich auch, dann hielt er an, ich auch. Mein Körper war Teil des Zuges, sein Rhythmus war in mir, ich war schlaflos wie der Zug. Das Kissen unterm Kopf war hart wie ein Kiesel. Vielleicht war der Schaffner von der Mafia? Und das Licht war nicht kaputt? Und im Dunkel wollten Verbrecher ihre Arbeit tun. Wenn ich eine halbe Schlaftablette nähme … Dann fiel man wohl in Halbschlaf. Der Junge schlief jetzt auch. War es nicht für die Schlaftablette zu spät? Im Abteil war kein Sauerstoff mehr. Waren die beiden anderen schon tot? Ich wurde ohnmächtig. Das Licht ging an und weckte mich. Ich knipste es aus. Es wurde kalt. Ich drehte am Heizungsrad. Es blieb kalt. Jetzt die Tablette? Und wenn wir in Eis und Schnee am Brenner stecken blieben? Die Zeitung am nächsten Tag: »Schlaftabletten! Mann erfror im Zugabteil! Verzweifelter Schaffner konnte ihn nicht wecken!« Bremsen rumpelten, Stationsvorsteher pumpelten, der Zug kreischte. Ich fiel in schmerzhafte Starre. Über dem Zug schwebte eine gigantische Schlaftablette. Der Schaffner stand auf der Leiter, in der Hand einen langen Schraubenzieher. Er schrie: »Raus! Die Riesentablette begräbt uns!« Ich schreckte hoch. Er sagte: »Haben Sie einen Schlaf, Mann! Wir sind doch längst da!«

Vom Bahnhof rief ich Paola an: »Wie geht es dir?«, fragte sie. »Todmüde«, sagte ich.

»Wenn du auch Schlaftabletten nimmst …«, sagte sie.

»Aber ich habe keine genommen!«, kreischte ich.

Dann torkelte ich unabweisbaren Terminen entgegen.

· MEINE MEMOIREN 1999

Genau am Tag, an dem ich dies schreibe, steht übrigens ein Artikel in der *Frankfurter Allgemeinen Sonntagszeitung*, in dem beklagt wird, dass die Deutsche Bahn nach und nach ihre Nachtzugverbindungen einstelle, die *City Night Liner*, offenbar weil sie ein Verlustgeschäft sind (oder, wenn diese Buch erschienen sein wird: waren). Die Zeitung beklagt, so gehe »ein ganzes Stück Reisekultur verloren«, was zweifellos richtig und auch meine Meinung ist, obwohl ich nach dieser Fahrt nie mehr Nachtzug gefahren bin. Aber die Eltern meines alten Freundes G. haben sich vor vielen Jahrzehnten einmal in einem Nachtzug kennengelernt, er als Schaffner, sie als Reisende, so dass man also sagen kann, dass es G. ohne Nachtzüge nicht gäbe – was nun wirklich nicht nur für ihn und seine Eltern, sondern auch für mich, seinen Freund, ewig schade wäre. Wer das Thema »Müdigkeit« vertiefen will, sollte jetzt einen kleinen Ausflug auf Gleis 215, Entschuldigung, auf *Seite* 215 machen, dort warten die Geschichten *Das Müdometer* und *Hypnokratie*.

✱ ✱ ✱

TOP TWENTY,
DIE ZWEITEN ZEHN

Hier kommt nun die zweite Hälfte der Top Twenty, ganz und gar unsortiert wie die ersten zehn auch, das heißt: eine Geschichte ist entweder drin oder nicht drin, Platzierungen gibt es nicht, Platzierungen überlasse ich den Lesern.

VERSPANNT IN ALLE EWIGKEIT

Damen und Herren, nehmen Sie die Parade der Alltagsversehrten unter meinen Freunden ab!

Hier haben wir meinen alten Wegbegleiter Paul: Stören Sie sich nicht an dem kleinen Brummen, das aus seiner Kleidung dringt – es ist sein Blutdruckmessgerät, er muss es für 24 Stunden tragen. Der da kopfüber von der Decke hängt wie eine Fledermaus, ist Dieter. Er lässt seine Rückenprobleme behandeln, die ihn oft schräg durch die Welt gehen lassen wie ein sturmgepeitschtes Ausrufezeichen. Der Herr mit dem verbeulten Gesicht? Mein Steuerberater. Er wurde von unerklärlichen Schwellungen am Schädel befallen, sein Kopffleisch sah aus wie von enormen Mücken bearbeitet – es müsse mit dem plötzlichen Stressabfall am ersten Tag eines Kurzurlaubs zu tun haben, sagt er. Der Mann mit dem roten Gesicht: Peter, an einer Allergie gegen den eigenen Schweiß leidend. Man befürchtet, die Sache könne sich zu einer Gesamtunverträglichkeit mit sich selbst entwickeln.

Nun zu mir. Seit Jahren kämpfe ich gegen die mangelnde Elastizität meines Körpers, gegen Sehnenverkürzungen, Muskelhärte, Nackenverspannungen, kurz, gegen eine brettartige Physis, mit der ich als Versteifungselement im Gerüstbau oder als Treppenstufe Verwendung fände, hätte ich nicht noch andere Talente.

Was habe ich nicht alles zu meiner Erweichung getan! Ich besuchte einen Masseur, der mich nach Art entfesselter Karateka zu einem Puzzle zerhackte, das mein Sohn Luis wieder zusammensetzen durfte. Ich ging zu einer Gymnastin, welche mich im neunzig-Grad-Winkel sitzen ließ, die Beine gestreckt, die Knie mit Sandsäcken beschwert, der Oberkörper aufwärts gerichtet, ein perfekter, schmerzgequälter rechter Winkel. Noch heute findet mein Foto in diesem Zustand im Geometrieunterricht einiger Schulen Verwendung. Auch suchte ich eine in tantrischer Massage geschulte Dame auf, welche auf meinem Bauch Sensoren eines Abhörgerätes befestigte. Dessen Kabel führten zu einem Kopfhörer, den sie sich aufsetzte. So übersetzte sie mein Leibesgegrummel in Handbewegungen, wurde zur Dienerin meines Gedärms, bis das Haus unter der Gewalt meines Gelächters einstürzte. Ihre letzten Worte: »Sie hätten sagen müssen, dass Sie kitzlig sind.«

Solche Geschichten erzählen wir, wenn wir von den Schlachten des Alltags berichten wie die Väter vom Krieg: Pauls legendärer Blinddarmdurchbruch nahe Uelzen, Arthurs Nierensteinabgang im ICE nach Stuttgart, Gerds Herzinfarkt in London, der kein Herzinfarkt war, sondern eine Magenkolik – er ist unser Jüngster und kann noch nicht unterscheiden zwischen den Schmerzen.

Ich bin seit kurzem nicht mehr anwesend bei diesen Gesprächen, seit nämlich Paola mich zu meiner definitiven Elastifizierung bei einer Ayurveda-Massage anmeldete. Ich betrat nichts ahnend eine Praxis am Stadtrand. Zwei Damen erwarteten mich. Ich solle mich entkleiden, sagten sie. Ich entkleidete mich bis auf die Shorts.

»Ganz nackt!«, sagten die Damen.

Ich schluckte, legte mich rücklings nackt auf eine Bank, wurde mit warmem Öl begossen und massiert: Eine Dame übernahm das linke, die andere das rechte Bein, danach die eine den Bauch links, die andere den Bauch rechts undsoweiterundsoweiter, beide im Takt sanft meinen verholzten Körper bearbeitend, während ich von einer so gewaltigen Erektionsangst befallen wurde, dass ich nur dachte: Kontrolliere dich selbst, kontrolliere dich! Nur nicht …! Nur nicht …! Ich versank in meditativer Konzentration auf mein Geschlecht.

Und? Ich war erfolgreich, indes zum Preis einer Gesamtversteifung meiner selbst, die so erheblich war, dass die beiden Damen mich am Ende der Behandlung wie die Statue eines Ölgötzen in eine Art Minisitzsauna trugen, deren Plastikumhüllung mit einem Reißverschluss derart geschlossen wurde, dass nur mein

Kopf herausschaute. Dieser Verschluss kann von innen nicht geöffnet werden. Die Damen verließen den Raum und ließen mich
im Schwitzkasten, stundenlang, tagelang. Ich befinde mich noch
dort. Man will mich nun weichkochen. Ich werde biegsam sein
wie eine verkochte Nudel, nachgiebig und weich, ja, in ein paar
Tagen, Wochen, Monaten, Jahren, endgültig entspannt, irgendwann, bitte. · MEINE MEMOIREN 1998

★

WEGSCHMEISSER UND BEHALTER

Ja ja, die Menschheit zerfällt in Männer und Frauen, ist klar, ist
klar. Aber worin zerfallen Männer, und worin zerfallen Frauen?
Sie zerfallen in Wegschmeißer und Behalter und in Wegschmeißerinnen und Behalterinnen.

Ich persönlich bin Behalter. Ich gebe nichts her. Ich schmeiße
nichts weg. In meinem Kleiderschrank liegt noch die olivgrüne
Bundeswehrunterwäsche, mit der bekleidet ich einst den War-
schauer Pakt abschreckte. Warum sie olivgrün ist? Ich sollte eben
noch gut getarnt sein, wenn der Russe mir schon die Uniform
vom Leib geschossen hatte, so war das damals.

»Schmeiß das Zeug weg!«, sagt Paola. »Schmeiß es endlich weg!«
»Aber warum?«, frage ich. »Die Unterhosen sind aus gutem Material, sehr haltbar und ohne Löcher.«

»Aber du ziehst sie nie mehr an, Gott sei Dank«, sagt sie.

»Aber was ist«, sage ich, »wenn die Zeiten schlecht werden?
Wenn wir verarmen und hungern und frieren? Wenn wir kein
Geld für neue Unterwäsche haben? Dann hätte ich diese.«

»So ein Unsinn!«, ruft sie. »Dann hast du die Wäsche, die du jetzt
auch trägst!«

»Ja, aber die alte hätte ich zusätzlich«, sage ich.

»Du spinnst«, sagt sie. »Dann schmeiße ich sie irgendwann weg, wenn du nicht da bist.«

»Wehe!«, schreie ich, verzweifelt und voller Ahnungen. »Wehe, du schmeißt hinter meinem Rücken etwas weg!«

Man muss wirklich aufpassen als Behalter. Die meisten von uns sind mit Wegschmeißerinnen verheiratet, die jede Gelegenheit nutzen, um wertvollstes, erinnerungsträchtigstes Eigentum in den Müll zu geben und sich dann vor Freundinnen zu brüsten: »Er hatte wirklich diesen zerschlissenen Bademantel hinten im Schrank und Cordhosen, die ihm seit der Konfirmation nicht mehr passen, und eine lächerliche Prinz-Charles-Reitmütze, die ihm seine frühere Frau geschenkt hat, weil sie mit ihm aufs Land ziehen wollte ... Und dann habe ich, als er auf Dienstreise war, alles in den Container geworfen. Wisst ihr was? Er hat es nicht mal gemerkt!« So reden sie.

Ich lebe zwischen alten Sachen. Ich habe mir angewöhnt, sie in alten Blechschachteln zu verstauen, auf denen Werbesprüche stehen wie: »Avo – wer damit würzt, sagt Bravo!« Eine Schachtel habe ich, in der liegen kaputte Walkmen, die man in schlechten Zeiten reparieren könnte, und stumpfe Opinel-Messer, die man in schlechten Zeiten schleifen lassen würde, und Brustbeutel aus den siebziger Jahren, in die man in schlechten Zeiten sein Geld stecken würde, und eine versteinerte Marzipanfigur, die man in schlechten Zeiten essen würde.

Wissen Sie, eigentlich geht es mir selbst auf die Nerven: altes Gelumpe, das mich an Zeiten erinnert, an die ich nicht erinnert werden will. Im Übrigen ist Behalten zwanghaft und kindisch. Jeder psychoanalytisch geschulte Wegschmeißer kann einem erklären, dass sich ein Behalter verhält wie ein Kind, das zum ersten Mal auf dem Töpfchen sitzt, und dessen Mutter riesengroß vor ihm steht und wartet – und das Kind entdeckt zum ersten Mal, dass es nicht machtlos gegenüber dieser Mutter ist, sondern sie zappeln lassen kann und warten und warten. Behalten, sagen diese Wegschmeißer, ist eine aus früher Kindheit ins Heute transportierte Verhaltensweise, neurotisch.

Allerdings sagen daraufhin die psychoanalytisch geschulten Behalter: Und was ist der Wegschmeißer anderes als einer, der sich sofort dem Willen der Mutter ergibt, widerstandslos, ängstlich, feige? Wegschmeißen, sagen diese Behalter, ist eine aus frühester Kindheit ins Heute transportierte Verhaltensweise, neurotisch.

Natürlich ist es vollkommen unmöglich, dass Behalter und Wegschmeißer im gleichen Haushalt leben. Aber das ist ja bei Männern und Frauen nicht anders.

Ich persönlich habe beschlossen, dies hinter mir zu lassen. Ich empfinde plötzlich so eine Bewunderung für kühles Sich-trennen-können, für erwachsenes Überlegen: Was brauche ich, was nicht, woran hängt mein Herz wirklich, was behalte ich nur aus einer Behaltensneurose heraus – ach, es ist herrlich, das so sehen zu können, und ich werde nun meine Dinge sortieren, mit klarem Kopf, gleich morgen.

Oder übermorgen. · MEINE MEMOIREN 1998

WEITERMACHEN!

Großes Thema: Luis und das Zähneputzen. Tag für Tag die gleichen Kämpfe: Ob er dieses Mal das Zähneputzen auslassen dürfe. Ob es nicht reiche, dass er sich gestern die Zähne besonders sorgfältig geputzt habe. Ob er sie auch putzen müsse, wenn er wenig gegessen habe. Was ist nur am Zähneputzen so schlimm …?

Paola hat dann neulich eine sprechende Zahnbürste gekauft, sehr schön, mit neongelber Bürste und einer kleinen sommersprossigen Figur am Griff. Wenn Luis sich damit die Zähne zu putzen begann, sagte die Zahnbürste mit roboterhafter Stimme: »Weitermachen!« Sie redete, bis drei Minuten vorbei waren. Das funktionierte gut. Seltsamerweise halten sich Kinder an Befehle von Maschinen eher als an die ihrer Eltern.

Aber nun ist die Zahnbürste weg. Das kam so.

Eines Nachts wachte ich auf, weil ich eine leise Stimme hörte. Ich dachte, Luis wäre wach geworden, stand auf, sah nach ihm, aber er schlief. Dann dachte ich, Bosch würde sprechen, ging in die Küche, aber er brummte nur. »Hat Paola den Fernseher vergessen?«, dachte ich und machte mich auf den Weg zum Wohnzimmer. Dabei kam ich am Bad vorbei. Aus dem Bad hörte ich ein leises, metallisches »Weitermachen!«. Ich dachte: die Zahnbürste! Ist ein Dieb im Bad, hat sie aus Versehen berührt und ...?

Entschlossen öffnete ich die Tür und machte Licht. Die Zahnbürste war vom Waschbecken gefallen, lag auf dem Fußboden und sagte: »Weitermachen!« Ich schüttelte sie, aber sie sprach weiter. Ich versuchte, sie auszuknipsen, aber es gab keinen Schalter. Ich bedeckte sie mit drei Handtüchern, schloss die Tür und ging wieder ins Bett. Das »Weitermachen!« hörte nicht auf. Das Metallstimmchen war durch kein Handtuch aufzuhalten.

»Weitermachen!«, hörte ich. »Weitermachen!«

Ich ging wieder ins Bad. Versuchte, die Batterie aus dem Gerät zu nehmen. Sie befand sich hinter einer Klappe, die mit einer winzigen Schraube verschlossen war. Ich suchte einen Schraubenzieher, aber alle Schraubenzieher, die ich fand, waren zu groß für diese Winzschraube.

Ich wurde nervös. Die Zahnbürste war kaputtgegangen, als sie vom Waschbecken gefallen war, und gab keine Ruhe mehr. Ich wollte nicht, dass sie Luis und Paola weckte, und holte ein Messer, um die Schraube zu lösen. Aber ich rutschte mit dem Messer ab und schnitt mich. Blutete. Leise fluchend holte ich ein Pflaster.

»Weitermachen!«, hörte ich. »Weitermachen!«

Ich legte die Bürste auf den Klodeckel. Setzte mich drauf.

»Weitermachen!«, sprach es unter mir. »Weitermachen!«

Ich war jetzt hysterisch. Was, zum Teufel, sollte ich tun? Ich konnte mir nicht den Rest der Nacht mit der Zahnbürste um die Ohren schlagen. Ich ging ins Wohnzimmer, öffnete das Fenster und warf die Zahnbürste hinaus. Wir wohnen im zweiten Stock. Die Zahnbürste fiel in eine tiefe Kanalbaugrube vor unserem Haus.

»Weitermachen!«, hörte ich leise aus der Tiefe. »Weitermachen!«

Es war drei Uhr nachts. Ein Betrunkener wankte den Bürgersteig entlang. Am Rand der Baugrube blieb er stehen und lauschte.

»Es ist nichts!«, rief ich. »Nur eine Zahnbürste!«

Er blickte zu mir hinauf. »Da llliegt wer drinnn'«, lallte er, »muss runtagefallllln sssseinnnn …«

»Weitermachen!«, hörte ich leise. »Weitermachen!«

»Es ist nur eine defekte Zahnbürste!«, rief ich. »Gehen Sie weiter!« Ich dachte, wie es wäre, wenn er jetzt um Hilfe schreien und die ganze Straße wecken würde. Wenn man in der Baugrube nach einem Verschütteten zu suchen begänne. Und nur eine Zahnbürste fände, eine kleine sprechende Zahnbürste mit neongelber Bürste …

»Ssssahnbürsssste?«, lallte der Mann. Er schwieg und starrte in die Grube. Dann wandte er sich mir zu: »Ich höre Ssssahnbürsssten schprech'n, Ssssahnbürsten schprech'n ausss der Tiefe sssu mir.« Er schüttelte den Kopf und wischte sich mit der Hand übers Gesicht. »Scheisss-Ssssauferei«, hörte ich noch. Dann wandte er sich von der Grube ab und begann torkelnd zu laufen, weg von der Baustelle, der Bürste, mir.

Ich legte mich schlafen. Am Morgen rief Luis aus dem Bad, wo seine Zahnbürste sei. Ich sagte, ich hätte sie weggeworfen, sie sei kaputt gewesen.

»Aber ich will meine Zahnbürste!«, schrie er. »Meine schöne, schöne Zahnbürste! Ich will sofort Zähne putzen!«

»Nie putzt du freiwillig die Zähne!«, sagte ich. »Und jetzt schreist du nach der Zahnbürste!«

Ich versprach ihm eine neue. Später, auf dem Weg ins Büro, kam ich an der Baugrube vorbei. Die Arbeiter waren nicht da. Aus der Tiefe hörte ich leise: »Weitermachen!« · DAS BESTE AUS MEINEM LEBEN 2003

Die folgende Geschichte erinnert an die Anfangszeiten des Mobiltelefonierens. Heute funktioniert das alles ja viel besser, und ich kann es auch viel besser. Aber Funklöcher gibt es immer noch und Menschen in Funklöchern auch.

✦

WIE FRAGT MAN EINE MAILBOX AB?

Wir haben ein Handy gekauft, fragen Sie nicht, warum. Wir sind in die Toskana gefahren, in Urlaub, mit Handy. Fragen Sie nicht, warum. Fragen Sie bitte nicht, warum!

Wir wohnten im Wald, ohne Telefonanschluss, aber mit Handy, jedoch in einem Funkloch, wie wir Handybesitzer sagen. Man kann nicht erreicht werden und niemanden erreichen, so ist das in Funklöchern, ob mit Handy oder ohne, es ist für alle gleich. Trotzdem blinkten am zweiten Tag die Worte »Kurzmitteilung erhalten«. Von wem? Stand nicht dabei. Es war eine Nachricht für mich in der Mailbox, aber ich konnte diese Mailbox nicht abhören, weil sie sich nicht im Handy befindet, sondern irgendwo außerhalb des Funklochs. Wenn es aber wichtig wäre?, dachte ich. Ich entdeckte, dass fünfzig Meter unterhalb des Hauses, am Rande eines schlammigen Weges (schlammig, denn es regnete viel in diesem Urlaub), schon im Gebüsch, das Handy funktionierte. Dort baute ich mich auf, in Gestrüpp und Schlamm, in der einen

Hand den Regenschirm, in der anderen das Handy. Wie man eine Mailbox abfragt? Weiß nicht. Ich weiß auch nicht, wie man den Videorekorder programmiert. »Weil du es nicht wissen willst«, sagt Paola. »Du denkst, Paola kann es. Warum sollst du es dann noch können?«

Ich ging ins Haus und fragte sie: »Wie fragt man eine Mailbox ab?«

Sie lag vorm Kamin und las. »Man wählt 3311«, sagte sie. Ich ging in mein Gebüsch und wählte 3311. Nichts. Ich ging den Hang hinauf und fragte: »Und wenn 3311 nicht geht?«

»Versuch es mit 00493311«, sagte sie. Wieder im Gestrüpp. Das ging auch nicht. Erneut ächzte ich durch schmatzenden Schlamm zum Haus.

»Jetzt lass es!«, rief Paola, den Blick nicht vom Buch wendend. »Es wird nichts Wichtiges sein!«

»Und wenn es doch wichtig ist?«, sagte ich.

Es regnete heftiger. Vom Telefoniergebüsch aus rief ich alle Freunde an. Ob sie eine Kurzmitteilung hinterlassen hätten? Bei Bruno war der Anrufbeantworter an. Ich sprach meine Frage auf. Es wurde dunkel. Ich schleppte mich ins Haus, holte eine Taschenlampe. Kaum war ich zurück, blinkte es: »Sie haben zwei Kurzmitteilungen.« Bruno? Er war jetzt da. Ja, das sei er gewesen. Die erste Mitteilung – nein.

Ich spielte auf den Tasten. Um meine Füße spielte ein Regenbächlein. Ein vorbeikommender Fuchs pisste mich an. Plötzlich blinkte: »Mailbox abfragen?«

»Ja!«, drückte ich flehend. Eine Stimme aus dem Handy sagte: »Geben Sie Ihre Rufnummer ein!«

Ich hatte sie vergessen, in der Aufregung, rief Bruno an, damit er sie mir sage, notierte sie, Taschenlampe im Mund, Handy in der linken Hand, Schirm unterm Arm, auf einem Zettel. Ich gab meine eigene Nummer ein. Die Stimme sagte, ich könne eine Nachricht auf meine Mailbox aufsprechen.

»Eine Nachricht!? Auf meine eigene Mailbox?!«, greinte ich. Kurz darauf blinkte: »Sie haben drei Kurzmitteilungen.«

Ich gab nicht auf. Irgendwie bekam ich heraus, dass ich nach Eingabe meiner Telefonnummer noch eine Geheimnummer eingeben müsste, um die Mailbox vom Ausland aus abzuhören.

»Paola!«, schnaufte ich durch die Haustür. »Wie ist unsere Geheimnummer?«

Sie goss sich Wein ein und sagte: »Eine Geheimnummer? Oh, weiß ich nicht.«

Ich stampfte wieder hinaus. Ich gab meine Bankleitzahl ein, meine Kreditkartennummer, mein Geburtsdatum, irgendwelche Zahlen ... Nichts. Nichts. Nichts. Ich war eine nassgeregneter Mann im Wald, geschüttelt von Wut und Verzweiflung. Irgendwann kam Paola und holte mich ins Haus.

»Du holst dir den Tod«, sagte sie sanft. »Nimm ein heißes Bad.«

»Wenn es eine wichtige Nachricht ist ...«, stammelte ich.

Wieder in Deutschland, hörte sie die Mailbox ab. Sie sagte, es seien drei merkwürdige Kurznachrichten darauf gewesen: Einmal habe sich jemand verwählt, ein zweites Mal habe Bruno gesagt, er habe keine Kurzmitteilung in die Mailbox gesprochen, und beim dritten Mal habe man Regen rauschen gehört und meinen Schrei: »Eine Nachricht?! Auf meine eigene Mailbox?!« · MEINE MEMOIREN 1998

Und auch der nächsten Geschichte merkt man ein wenig die Zeit an, in der sie entstand. Heute sind die Schlangen kürzer, die Waren werden gescannt, alles geht zügiger. Aber je schneller es geht, desto ungeduldiger werden wir, und desto lästiger ist uns auch das kurze Warten. Ja, es gibt den Fortschritt. Aber der Mensch bleibt doch immer gleich: bei jeder Gelegenheit unzufrieden.

✶

FALSCHE SCHLANGEN

Schlangen mag ich nicht, Menschenschlangen meine ich. Du kommst wohin, viele Leute wollen das Gleiche wie du, bilden 'ne Schlange, du stellst dich hinten an, am Schlangenarsch. Das ist schon mal blöd. Das kann ich schon mal nicht leiden. Im Supermarkt: vier Kassen, zwei geschlossen, zwei geöffnet. Zwei Schlangen – welche nehmen?

Du zählst die Leute vor dir. Schaust in ihre Körbe. Voll? Leer? Du taxierst die Kassiererin: Langsam? Schnell? Dann die Feinheiten der Schlangenschätzung: Ist 'n Betrunkener vor dir, der nachher gar kein Geld hat oder lallend die Kassiererin beschimpft oder sein Geld nicht findet? Ist da 'ne alte Frau, die passend zahlen will und ihr verwinkeltes Portemonnaie mit gichtgekrümmten Fingern nach Münzen durchrührt, dann doch einen Schein hervorzieht und exakt in dem Moment, in dem die Kassiererin diesen Schein abgelegt hat und das Rückgabegeld bereithält, in diesem Moment also sagt: »Ach, nein, ich hab's ja doch passend! Warten Sie, hier!« Ist so jemand vor dir? Nein?

Dann nimmst du diese Schlange. Sie wird die schnellere sein. Dann stehst du, mählich vorrückend, schlängeläng, bist gleich dran. Aber!

Garantiert und immer wird dem Menschen vor dir, was du bei der Schlangenfeinbeurteilung nicht erkennen konntest, garantiert und immer wird ihm zum Beispiel der Bon an seinem Wurstpaket fehlen, an seinem banalen, miesen Fettwurstpaket wird er keinen Bon haben, worauf die Kassiererin sich mit der ekelerregenden Schmierpaketwurst erhebt, zur Wursttheke geht, wo sie die abstoßende Wurstwurst erneut abwiegt, um den Preis festzustellen und einen Bon ans Papier zu tackern, ein Vorgang, für den sie garantiert und immer eine Viertelstunde braucht oder von dem sie nie zurückkehrt,

während die Person vor dir, die unfähig genug war, nicht zu bemerken, dass an ihrer Deutschwursttüte doch der Bon fehlte,
die Person also, die ihren vom übermäßigen Wurstgenuss ge-
formten und längst zerstörten Körper vor dir in der Schlange
wälzte, ohne auch nur einen Gedanken daran zu verschwenden,
dass hinter ihr Menschen waren, Menschen, die warteten, Menschen, die vorankommen wollten im Leben oder wenigstens im
Supermarkt,

während diese rücksichtslose, nirgendwo erwartete, nirgendwo
benötigte, ergo über Massen an Zeit verfügende, das Leben Un-
beteiligter ungerührt verzögernde Person stumpfen Wurstblicks
der Rückkehr der Kassiererin harrt,

und während die Menschen in der Schlange neben dir, in der
richtigen Schlange, in der Schlange derer, die zügig ihre Ware auf
das Förderband zu legen imstande waren, rasch zahlen konnten
und auch darauf achteten, dass ihren Wurstpaketen Bons anhaf-
teten,

die Menschen in der Schlange also, die du wieder einmal nicht
wähltest,

während diese Menschen frei aus dem Supermarkt eilen, unbe-
hindert, entschlangt,

genau da wird neben dir eine dritte Kasse eröffnet, zu der sofort
die hinter dir gewartet habenden Menschen hinüberrieseln, und
an der sie sogleich bedient werden, obwohl sie in der Schlange
hinter dir standen – du aber kamst aus dem Kassengang nicht
hinaus, weil du ja der Nächste an dieser Kasse bist, als solcher
schon eingeklemmt zwischen Zigarettenkäfig und Süßigkeiten-
behälter vor jener Zahlstelle, an der ein enthirnter Wurstfresser
auf eine vom Supermarktboden verschluckte Kassiererin wartet,
und du Wartewurm wartest mit ihm, hinter ihm, wieder einmal,
wie du schon oft gewartet hast und noch oft warten wirst in diesem Leben, diesem zu kurzen Leben, das du in Schlangen harrend diese Schlangen hassend verbringst, »falsche Schlange, o, du

widerliche, falsche Schlange« murmelnd, immer am falschen Platz – warum, warum, warum? · MEINE MEMOIREN 1999

✦

EIN SCHIMMELBLAUER GORGONZOLA GTI

Ich muss mein Auto verkaufen. Aber niemand wird es haben wollen. Mein Auto stinkt. Innen. Widerlich. Unerträglich. Nach Käse. Bitte, es ist mir peinlich. Aber ich kann nichts dafür.
Neulich habe ich Luis mit dem Wagen zum Kindergarten gebracht. Wir waren spät aufgestanden. Luis hatte sehr dringend noch mit der Lego-Eisenbahn spielen müssen. Aber ich hatte es eilig. Ein wichtiger Termin. Jemand wartete.
Es blieb keine Zeit für das Frühstück. Paola machte Luis ein Käsebrot, welches er im Auto essen sollte. Ein Autobrot. Leider fiel nun, als ich Luis anschnallte, ein Bissen Käse vom Autobrot auf die Sitzbank. Ich wollte ihn aufheben, aber dabei rutschte der Käse in eine Lücke zwischen den Sitzen. Ich versuchte, ihn mit den Fingerspitzen zu angeln. Dabei rutschte er tiefer. Ich bekam nur eine Lutscherstange, zwei Plastikteile aus einem Überraschungsei und ein Frottee-Haargummi zu fassen. Meine Hände klebten. Der Käse blieb. Mein Termin drängte. Ich eilte. Vergaß den Käse.
Wenn in meinem Auto etwas zwischen die Sitze rutscht, kann man das schon mal vergessen. Eigentlich ist es erstaunlich, dass noch etwas zwischen die Sitze rutschen kann. Der Wagen ist ein fahrender Mülleimer, verstopft von Paola und Luis, welche ohne Respekt sind vor meinem Auto. Die Sitzritzen sind voll von Flaschendeckeln, Altschnullern, Fruchtbonbons. Sie sind versiegelt durch ein zähes Gemisch aus Schokolade, Lippenstift, Multivita-

minsaft und Kaugummi. Warum wird dieser Kitt nicht beim Hausbau oder in der Raumfahrt verwendet? Er ist unzerstörbar.

Ab und zu fahre ich an eine Tankstelle. Dort schütteln Opelfahrer Fußmatten aus, Fordfahrer reiben Armaturenbretter mit sterilen Lappen ab, Mercedesfahrer klappen ihre Schuhe aneinander, bevor sie die Füße in die blinkenden Innenräume ihrer Karossen hineinziehen. Ich parke meine Klebekiste neben dem Sauger, reiße mich von der pappenden, leicht glänzenden Zuckerschicht los, die auch meinen Sitz kandiert, werfe einen Euro in den Kasten und lasse den röhrenden Rüssel durch meine Schmutzkarre schnorcheln, bis er nach Sekunden einen Duplobaustein erwischt, verstopft, nur noch leise die Luft einhaucht wie ein todkranker Elefant, nicht mehr saugt.

Dann fahre ich und hoffe, die Opelfahrer, Fordfahrer, Mercedesfahrer und der Tankstellenbesitzer haben nicht gemerkt, dass ich ihren Sauger kaputtgemacht habe.

Was nun das Stück Käse angeht, so machte sich nach Tagen ein sehr penetranter Geruch bemerkbar. Ich versuchte erneut, den Käse zu erreichen, indem ich die hinteren Sitzlehnen umklappte und vom Kofferraum her meine Finger durch die Sitzritzen schweifen ließ. Aber ich fand nur den Haarschopf eines Playmobilmännchens, die Kappe einer Zahnpastatube sowie eine Pommes-frites-Gabel.

Das Käsestück muss in den Zwischenraum zwischen Passagierraum und Chassis gerutscht sein. Unerreichbar. Langsam dort zergasend. Vielleicht muss man den Wagen von unten aufschweißen, um heranzukommen. Oder auseinanderbauen. Oder verschrotten.

Vor Monaten bin ich von der Polizei geblitzt worden, als ich zu schnell fuhr. Auf dem Foto war niemand zu erkennen. Man sah hinter der Windschutzscheibe nur leere CD-Hüllen, zerdrückte Saftkartons, zwei Teddybären, sehr viel Papier. Ich war froh, denn so konnten die Beamten auch nicht sehen, dass ich unange-

schnallt war. Man kann sich in meinem Auto nicht mehr anschnallen, seitdem zu Ostern Zuckereier in die Gurtschlösser gerutscht sind, wo sie sich verklemmt haben.

Vielleicht hören Sie demnächst im Radio, auf der Autobahn komme Ihnen ein schimmelblauer Gorgonzola GTI entgegen. Das
liegt daran, dass der Käsegeruch mich hat ohnmächtig werden
lassen.

Überholen Sie nicht. Fahren Sie langsam. Fahren Sie rechts ran.
Und halten Sie die Luft an.   · DAS BESTE AUS MEINEM LEBEN 2000

★

ORLANDO, DER VIELFACHE

Paola, Luis und ich besuchten einen sehr kleinen Zirkus, der sein
Zelt am Stadtrand aufgeschlagen hatte. An der Kasse saß ein
Mann in mittleren Jahren. Er hatte schwarze, in der Mitte ge-
scheitelte Haare, trug einen schmalen Clark-Gable-Schnäuzer
und lächelte abwesend.

Wir setzten uns. Musik ertönte. Zwei Helfer trugen einen Kasten in die Manege. Eine Stimme rief, »Orlando, der Jongleur«
werde seine Kunst darbieten. Ein kleiner, fast schmächtiger
Mann sprang in großen Sätzen in das Rund. Er trug ein rot-
weiß geringeltes Hemd und sah dem Herrn, der uns die Karten
verkauft hatte, sehr ähnlich: schwarze Haare, Mittelscheitel, dünner Schnäuzer. Doch lächelte er nicht. Er öffnete den Kasten,
entnahm ihm drei Keulen und begann zu jonglieren, das heißt:
Er versuchte, mit dem Jonglieren zu beginnen, denn jedes Mal,
wenn er die Keulen ein wenig in der Luft bewegt hatte, fiel eine
von ihnen zu Boden, und die anderen taten es ihr nach. Orlando
hob sie wieder auf, begann von neuem, scheiterte, versuchte es

mit Bällen, scheiterte, versuchte es mit Reifen, scheiterte. Es war offensichtlich: Wenn dieser Mann etwas nicht konnte, dann war es Jonglieren.

Orlando trat ab.

Ponys galoppierten herein. Es dauerte etwas, bis ihr Dompteur folgte, ein Mann, ich wage es kaum zu sagen, der Orlando ähnelte wie ein Jonglierball dem anderen, nur dass sich über dem Ringelhemd nun eine Frackjacke spannte. Mir fiel das berühmte Zitat aus Marx' und Engels' *Deutscher Ideologie* ein, wonach es in der kommunistischen Gesellschaft möglich sei, »morgens zu jagen, nachmittags zu fischen, abends Viehzucht zu treiben, nach dem Essen zu kritisieren, wie ich gerade Lust habe, ohne je Jäger, Fischer, Hirt oder Kritiker zu werden«. Für Orlando schien der Kommunismus Wirklichkeit geworden zu sein, er riss Karten ab, jonglierte, dressierte …

Ja, die Pferdenummer absolvierte er mit Anstand. Luis stand begeistert auf seinem Sitz, auch Paola, die etwas von Pferden versteht, war erfreut. Wozu würde Orlando, der Vielfache, als Nächstes Lust haben?

Seine Helfer trugen Stühle ins Rund, dazu vier Flaschen, auf welche Orlando, nun im weißen Artistendress, den ersten Stuhl mit seinen vier Beinen stellte. Er türmte weiter Stuhl auf Stuhl, ein schwankendes Gebilde errichtend, daran arbeitend wie ein bildender Künstler, immer wieder auf seinem Stuhlturm herumturnend – und weil er selbst uns gute Karten verkauft hatte und wir weit vorne saßen, konnte ich auf seiner Stirn Schweißperlen erkennen, die ich für Folgen der physischen Anstrengung hielt. Dann aber, als Orlando die Spitze seines Stuhlbaus erklomm und eine Weile dort verharrte, balancierend, in die Tiefe starrend wie in einen Orkus, dann aber erkannte ich in einer Sekunde, dass es die reine Angst war, die Orlando das Wasser auf die Stirn trieb. Ich sah, dass hier einer Nachmittag für Nachmittag Haut und Knochen riskierte.

In der Pause verkaufte Orlando Popcorn.

Was für eine Idee, die Jongliernummer an den Anfang zu stellen! Welche Spannung das erzeugte! Bei jedem folgenden Auftritt dachte ich: Kann er's? Oder nicht?

Ein großes Brett wurde aufgestellt, eine Frau erschien, stellte sich vor das Brett. Ich dachte: Er wird doch nicht Messer werfen?! Bitte, das wird er uns nicht antun?!

Doch unser Mann erschien mit Messern in den Händen. Ich hielt mich bereit, um Luis die Augen zuhalten zu können. Es stellte sich heraus, dass Orlando unter allen Menschen, die ich kenne, der schlechteste Messerwerfer war, ausgenommen jene, die, aus gutem Grund, niemals mit Messern werfen. Er warf Messer, ohne je Messerwerfer geworden zu sein. Mit ruckartigen Bewegungen wich die Frau vor dem Brett den Würfen aus. Es war überhaupt keine Messerwurfnummer, es war eine Messerwurfausweichnummer.

Ob sie seine Frau ist?, dachte ich. Ob sie sich gestritten haben? Ich war schweißgebadet. Orlando trat noch als Clown und als Feuerschlucker auf, doch daran habe ich keine Erinnerung. Was für ein Leben!, dachte ich. Wenn ich Bücher nicht nur schreiben, sondern auch illustrieren, drucken, verkaufen, den Leuten abends vorlesen müsste!

In Gedanken versunken verließ ich mit Paola und Luis den sehr kleinen Zirkus. Als wir den Omnibus bestiegen, der uns in die Stadt zurückbringen sollte, betrachtete ich kurz den Fahrer: ob er einen Mittelscheitel trüge, schwarze Haare, dünnen Schnäuzer, abwesendes Lächeln … · DAS BESTE AUS MEINEM LEBEN 2001

★

REIST HERR HACKE IN DEN SÜDEN

Es gibt Menschen, für die ist im Urlaub das Wichtigste: der Wetterbericht von daheim. Sie kaufen sich die Heimatzeitung und lesen: Zu Hause regnet es. »Ach, ist das schade!«, rufen sie sich zu und räkeln sich auf ihren Liegestühlen in der Sonne, »ach, tun uns die Menschen leid, wie traurig für sie!« Oder sie greifen zum Handy und fragen einen Verwandten, wie denn daheim das Barometer stehe, und wenn sie hören, es gieße in Strömen, kratzen sie sich den Sonnenbrand und sprechen ins Telefon: »Mensch, das ist blöd für euch, zu schlimm, dass ihr nicht hier sein könnt – es ist nämlich so schööööön.«

So sind die Menschen, schadenfroh und gemein.

Nur ich bin anders.

Zwar kaufe ich mir auch am Urlaubsort eine Zeitung, um die Münchner Wetterlage zu erfahren. Zwar rufe ich auch daheim an, um zu hören, ob es regne. Aber ich höre nie von schlechtem Wetter, sondern von Biergartenabenden, unablässigem Sonnenschein, milden Sommernächten. Mit diesen Nachrichten ziehe ich mich in ein überdachtes Café zurück. Oder besichtige ein Museum. Denn wo ich bin, regnet es. Unter Garantie. Immer. Jedenfalls kommt es mir so vor. Jedenfalls ist es schon oft so gewesen. Jedenfalls denke ich an diese Fälle, bevor ich in die Sommerferien fahre. Und hoffe, dass es diesmal anders sein wird. Bitte.

Vor Jahren fuhr ich mit Paola für 14 Tage in die Provence. Im Juni. Wir hatten vom zauberhaften Duft der Provence gelesen, von den Lavendelfeldern, der Blütenfülle, dem begnadet-milden Wesen dieser Landschaft, den zauberhaften Landhotels. Als aber wir kamen, regnete es nicht bloß: Es fiel zwei Wochen lang schwallweise kaltes Wasser vom Himmel, und wir saßen in zauberhaften Landhotels und tranken Tee.

Und war es nicht so ähnlich, als wir nach Südspanien reisten, nach Ronda und Granada? Wir hatten uns über den Reiz der Landschaft informiert, über den Park neben der Alhambra, den Reichtum an Blüten, die versteckten, vor der sengenden Sonne geschützten Gärten, die großartigen Blicke von Ronda aus, welches auf hohen Felsen liegt. Dann ging über Südspanien just während unserer Anwesenheit eine einzigartige Kältewelle hinweg, und wir saßen wieder in Hotels und tranken Tee.

Und wie war es, als wir uns einen Ski-Urlaub in St. Anton leisteten, weil der Ort als schneesicher gilt? Es schneite wirklich die ganze Zeit, so viel, dass man nicht Ski fahren konnte. Stattdessen: Hotel. Tee.

Auf solchen Reisen begann ich zu glauben, jemand sitze im Himmel und denke: »Ah, wo fährt denn Hacke diesmal hin? Dem werden wir es zeigen! Da werden wir einen neuen Regenrekord aufstellen. Oder eine kleine Schneekatastrophe anzetteln.« Ich nehme seitdem das Wetter persönlich. Ich glaube, es wird extra für mich gemacht.

»Findest du das nicht etwas narzisstisch? Oder größenwahnsinnig?«, fragt Paola.

»Nein«, sage ich.

Ich glaube, man könnte die allgemeine Wettervorhersage vereinfachen, wenn man der Bevölkerung meinen jeweiligen Standort bekanntgäbe. Und meine Urlaubspläne. Oder ich könnte Geld verdienen, indem ich per Faxabruf meine Jahresplanung veröffentliche. Oder ich lasse mich von Reisekonzernen bezahlen, rufe bei ihnen an und sage: »Hören Sie, ich fahre in zwei Wochen nach Teneriffa, es sei denn, Sie zahlen gut …« Ich könnte mich als Regenmacher in der Sahara verdingen. Ich könnte meine Familie durch den Verkauf eines Kalenders ernähren, garniert mit einfachen Bauernregeln:

Reist Herr Hacke in den Süden, wird die Sonne bald ermüden.
Fährt Herr Hacke Richtung Ost, droht dort allerschwerster Frost.
Wendet er sich resigniert gen Norden, folgen ihm rasch Wolken-

horden. Dreht er ab und flieht nach West, gibt ein Schneesturm ihm den Rest.

Oder: Fliegt Herr Hacke nach Mallorca, wird das Wetter dort nicht knorka. Setzt er über nach Ibizen, verschwindet gleich von dort die Hitzen. Sieht man ihn dann auf Formentera, fällt dort Hagel, ein ganz schwera.

Na, Entschuldigung, Bauernregeln sind halt so …

Vielleicht bleibe ich heuer in München. Meidet die Stadt, Leute! Ich sag's nur schon mal. • DAS BESTE AUS MEINEM LEBEN 2002

Bei diesem Thema fällt mir eine andere Kolumne über »Urlaub« ein, die ich immer mal schreiben wollte: über die immer und immer wieder verwendete Floskel vom »Baumeln der Seele« nämlich. Ich hatte nur auf eine Gelegenheit gewartet, so ist das ja auch manchmal: Der Kolumnist sitzt am Fluss der Zeit und wartet auf Gelegenheiten. Im Sommer 2013 ergab sich eine, diese hier.

✱

KLEINE ABSCHWEIFUNG: ÜBER DAS BAUMELN DER SEELE - EINE KLARSTELLUNG

Wenn die Ferien beginnen, erhält der Deutsche von evangelischen Pfarrern, Tourismusfachleuten und der Tante Hilda den Rat, er solle nun die Seele baumeln lassen. Mag auch unklar sein, wie eine Seele beschaffen ist, ja, ob es sie überhaupt gibt, egal – was mit ihr in den Ferien zu geschehen hat, weiß jeder: Baumeln soll sie, und zwar »einfach mal«.

Der Satz geht auf Tucholsky zurück, er hat's nicht böse gemeint, sondern in *Schloss Gripsholm* den damals neuen Satz geschrieben: »Wir lagen auf der Wiese und baumelten mit der Seele.« Wobei hier gleich mal die Frage wäre: Wer baumelt da denn nun? Nur die Seele, mit der wir baumeln, wie man mit einem Fußball spielt oder mit einem Messer schneidet? Oder baumeln auch wir, sozusagen im Gleichklang mit der Seele, die dann etwas quasi von Natur aus Baumelndes wäre. Und es käme nur darauf an, wenigstens auf der Wiese mal »mit ihr« zu baumeln, also »wie sie«, im Gleichklang?

Nicht gewusst wird übrigens gern, dass Tucholsky schon Jahre, bevor er *Schloss Gripsholm* verfasste, 1926 in der *Weltbühne* über norddeutsche Urlauber schrieb, die sich in der Sommerfrische als Tiroler verkleiden: »Die Männer sehen alle viereckig aus, auf dem Hals tragen sie eine kleine Tonne, daran ist vorn das Gesicht befestigt. Morgens setzen sie es auf, und was für eines –! Die Frauen schlapfen daher. Alles baumelt an ihnen, auch die Seele.«

Das ist einen Zacken schärfer, nicht wahr? Wird aber seltener zitiert. »Liebe Urlauberinnen und Urlauber, lassen Sie im Urlaub bei uns in Tirol mal alles baumeln, auch die Seele!« Könnte sein, dass einiges in Tirol bei diesem Slogan zu wünschen übrig ließe, auch die Bettenauslastung.

Interessant ist, dass, wenn Ferien sind, dem Deutschen heutzutage erst mal erklärt wird, was Ferien überhaupt sind, im Falle, dass er das vergessen haben sollte. In der *Welt am Sonntag* las ich ein Interview mit der Arbeitspsychologin Carmen Binnewies von der Universität Münster (die in ihrem Urlaub übrigens auch die Seele baumeln ließ) zur Frage: »Wie erhole ich mich im Urlaub richtig?« Frau Binnewies gab allerhand Antworten: aktive und passive Erholung kombinieren, Sport ist gut, muss aber Spaß machen – und, ähem, »loslassen«, auch einfach mal. Bemerkenswert ist aber vor allem: dass man dem Baumeldeutschen jetzt schon erklären muss, wie man sich erholt. Ja, können denn die Leute gar nichts mehr von alleine?!

Es fällt auf: Was immer in der Welt geschieht, die Medien veröffentlichen Ratschläge dazu. Kommt eine Hitzewelle, stehen in der Zeitung »Zehn Tipps, wie Sie die Hitze überstehen«. Wetten, dass dabei auch der Hinweis ist, man solle genug trinken? Ja, ist es denn zu fassen?! Haben die Menschen keinen Durst mehr? Welcher Grad an Verblödung hat uns erfasst? In welchem Stadium der Infantilisierung leben wir, dass wir uns von der Zeitung sagen lassen, dass wir TRINKEN müssen?!

Die Wahrheit ist: Die Deutschen sind dem Stadium der totalen Unfähigkeit sehr nahe. Sie können gar nichts mehr. Ein kurzer Blick in die neuesten Untersuchungen über ihr tägliches Verhalten lehrt: Sie bekommen zu wenig Kinder, sie heiraten nicht, sie wissen nicht, wie man eine Steuererklärung ausfüllt, sie verlernen Lesen und Schreiben, Mathematik haben sie noch nie beherrscht, sie machen keinen Freischwimmer mehr und ertrinken jetzt schon im Spaßbad, sie haben vergessen, wie man flirtet, sie können keine Großprojekte planen, sie treiben zu wenig Sport, sie setzen keine Kommata, sie schreiben »Strasse« statt »Straße«, ernähren sich falsch, kennen keine Kinderlieder, gehen nicht zur Wahl, sehen nicht mehr fern.

Sie blinken nicht mal mehr, wenn sie die Fahrbahn wechseln.

Der Deutsche ist total bescheuert. Er verkommt. Wie lange wird es dauern, bis er morgens sein Smartphone anschaltet, und auf dem Display erscheint der Satz: »Du musst Dich anziehen!« Wenn doch mal ein Ruck durch uns ginge! Oder wenigstens ein Aufbäumeln … · DAS BESTE AUS ALLER WELT 2013

✱

DOKTOR LEIBTROST

Wer umzieht, bekommt oft eine neue Telefonnummer. Aber jene, die ich vor vier Jahren bekam, als ich mein neues Büro bezog, war nicht neu. Sie war gebraucht und hatte einem Arzt gehört, den ich nicht kenne, dessen Namen ich nicht im Telefonbuch finde, der vielleicht verstorben oder nur unbekannt verzogen ist. Bis heute rufen Patienten an: alte, gebrechliche Menschen, schwerhörig. Ich führe Gespräche wie dieses.

Telefon klingelt.

Ich: »Hacke.«

Anrufer: »Hallo?«

Ich: »Ja, hier ist Hacke.«

Anrufer: »Is' da net der Doktor Leibtrost?«

Ich: »Nein, hier spricht Hacke.«

Anrufer: »Ja, wo bin i denn da 'nauskommen?«

Ich: »Bei mir. Hacke.«

Hängt ein. Es klingelt Sekunden später wieder.

Ich: »Hacke.«

Derselbe Anrufer: »Hallo?«

Ich: »Ja, hier wieder Hacke.«

Anrufer: »Doktor Leibtrost?«

Ich: »Nein, nur Hacke.«

Anrufer: »Wer?«

Ich: »Hacke.«

Anrufer: »Wissen S', Herr Doktor Leibtrost, mit mein' Ohren is' wieder so schlecht wor'n.«

Ich: »Ich merke. Aber ich bin nicht Doktor Leibtrost. Ich bin Hacke.«

Anrufer: »Wer san Sie?«

Ich: »Hacke.«

Anrufer: »Entschuldigung.«

Legt auf. Sekunden später läutet es wieder.

Ich: »Hacke.«

Derselbe Anrufer: »Doktor Leibtrost?«

Ich: »Nein, Hacke.«

Anrufer: »I hätt' halt gern den Doktor Leibtrost gesprochen.«

Ich: »Ja, ich weiß. Aber hier ist Hacke. Hier ist nicht Doktor Leibtrost. Doktor Leibtrost ist umgezogen oder verstorben, oder er hat seine Praxis aufgegeben. Ich weiß nicht. Ich bin Hacke.«

Anrufer: »Wos san Sie?«

Ich: »Hacke.«

Anrufer: »Tschuldigung, verwählt.«

Ich: »Nein, Sie haben sich nicht verwählt. Das war einmal die Nummer von Doktor ...«

Aufgelegt. Sekunden später: Läuten.

Ich: »Hacke.«

Derselbe Anrufer: »Wer?«

Ich: »Hacke.«

Anrufer: »Kannten S' mir bitt'schön den Doktor Leibtrost geben, Herr Hackl?«

Ich: »Aber er ist nicht hier!«

Anrufer: »Wann kommt er denn?«

Ich: »Niemals. Er kommt nie wieder. Er war noch nie hier. Er hatte nur die Telefonnummer, die ich jetzt habe.«

Anrufer: »Es is' wegen meiner Frau. Sie hat 'n Katarrh.«

Frau hustet im Hintergrund.

Ich: »Rufen Sie einen Arzt an! Oder die Auskunft! Nicht mich.«

Anrufer (zischelt vom Telefonhörer weg zu seiner Frau): »Des is' scho wieder der Depp. Der Hacker.«

Legt auf. Nach Sekunden neues Läuten.

Ich: »Hier spricht Hacke und noch mal Hacke.«

Anrufer (erregt): »Ja, wos woin denn Sie scho wieder! I brauch' an Doktor Leibtrost! Mei' Frau is' krank.«

Ich: »Dann rufen Sie doch Doktor Leibtrost an und nicht mich!«

Anrufer: »Des tu i doch die ganze Zeit!«

Ich lege auf. Nach Sekunden läutet es erneut.

Ich: »Hier Praxis Doktor Leibtrost. Sie können nach dieser Nachricht ein kurzes Piepen hinterlassen und mich dann am Arsch lecken. Ich rufe niemals zurück.«

Paola: »Was ist denn mit dir los? Den ganzen Nachmittag telefonierst du, und jetzt machst du solche Späßchen. Ich denke, du arbeitest.« · DAS BESTE AUS MEINEM LEBEN 1999

Das Thema »Schwerhörigkeit« hat uns ja schon einige Male beschäftigt, wer es noch einmal vertiefen möchte, der wende sich den Geschichten *Malcolm, you sexy thing* auf Seite 118, *Schill und Schiller* auf Seite 77 oder *Jesus Beuys* auf Seite 91 zu.

★

ACHTUNG! HUCH! BUCH!

Manchmal ist das Kinderhaben eine anstrengende Sache. Die Erziehung. Die Verantwortung. Die Kinderkrankheiten. Die Angst, etwas könnte passieren.

Aber dann gibt es auf einmal eine halbe Stunde wie die, von der ich jetzt erzähle. Ein plötzliches Geschenk des Lebens an die Eltern. Und alles ist gut.

Zu den anstrengenden Sachen am Luishaben gehört es, den Luis ins Bett zu bringen. Zuerst muss man ihm erklären, dass er an diesem Abend wie an jedem Abend etwas essen muss. Dann muss man ihm erklären, dass er sich an diesem Abend wie an jedem Abend umziehen muss. Dann muss man ihm erklären, dass er sich an diesem Abend wie an jedem Abend die Zähne putzen muss.

Und so weiter. Und so fort. An diesem Abend wie an jedem Abend.

Meistens lese ich Luis vor dem Schlafengehen vor, vom kleinen Nick, dem Räuber Hotzenplotz oder dem Urmel aus dem Eis. Dann kommt Paola und singt ihm vor, Volkslieder, einen Schlafgesang oder ein Lied, das geht so:

»Ob du groß bist oder klein,
ob du dünn bist oder dick,
ob du schwarz bist oder weiß,
ob sportlich oder schick –
es ist ganz egal, was du hast, wer du bist:
Hauptsache, du weißt, dass du einzigartig bist.«

Dann darf Luis im Bett noch zehn Minuten ein Donald-Duck-Heft anschauen. Dann muss er schlafen.

Aber neulich kam der Luis nach dem Abendessen in die Küche zurück und sagte: Heute werde er uns vorlesen. Irgendwie hat er sich selbst das Lesen beigebracht, schon vor der Schule. Er kann so ziemlich jeden Text lesen, den man ihm vorlegt.

Nun hatte er das Buch vom kleinen Nick unter dem Arm. Er las laut und langsam ein Kapitel vor, alles richtig. Bloß einen kleinen Fehler machte er, las das ch nach einem a oder einem u wie nach einem i, also nicht als stimmlosen Reibelaut im, bitte sehr: Rachen. Sondern weich wie in ich oder dicht. Probieren Sie mal: Achtung! Huch! Buch! Es klingt supersüß. Man fragt sich, ob man diesen Reibelaut nicht überhaupt abschaffen sollte. Aber ich glaube, die Schweizer sind dagegen.

»Woher kannst du so gut lesen, Luis?«, fragte neulich eine Tante, der er seine Künste vorgeführt hatte.

»Weißt du«, hat er gesagt, »wir haben da so Bücher, in denen sind Buchstaben drin. Da habe ich mir eines genommen, und dann habe ich das gelesen.«

In Wahrheit hat er es mit Donald-Duck-Heften gelernt. Wie das genau gegangen ist, weiß ich nicht. Luis ist ein fanatischer Donald-Duck-Konsument. Wo er geht und steht, hat er ein D.-D.-Heft vor dem Gesicht. Wenn wir in den Supermarkt gehen, bettelt er, bis er das allerneueste Exemplar geschenkt bekommt. »Bitte, schenkst du es mir«, fleht er, »bitte, nur noch diese eine Mal, biiiiitteeee …«

Das Heft liest er sofort, während er heimgeht. Man muss immerzu rufen, er solle auf den Weg schauen, sonst werde er stolpern. Aber er hört's nicht, so gebannt ist er.

Vor einer Weile ging Paola mit ihm einkaufen. Sie gingen in einen funkelnagelneuen Bio-Supermarkt, in dem nur ökologisch einwandfreie Waren verkauft werden. Luis suchte nach dem Zeitschriftenregal. Als er es nicht fand, fragte er: »Gibt's hier denn kein Bio-Donald?«

So war das. Paola und ich hörten Luis beim Vorlesen zu. Als er fertig war, klatschten wir. Luis sagte, er wolle heute vor dem Schlafengehen noch mit uns aus dem Fenster auf die Straße schauen, weil das so gemütlich sei: aus dem warmen, hellen Zimmer auf die dunkle, kalte Straße zu schauen. Also legten wir Kissen aufs Fensterbrett und schauten hinunter auf die Autos, die Menschen und auf einen sehr hässlichen Mann, der an unserem Haus vorbeiging, langsam und schlurfend. Er hatte ein schiefes Gesicht, eine riesige rote Erdbeernase und weit abstehende Ohren, der Mann. So hässlich war er, dass Paola und ich ihm ganz gebannt nachblickten. Dann hörten wir plötzlich, wie Luis leise sang:

»Ob du groß bist oder klein,
  ob du dünn bist oder dick,
  ob du schwarz bist oder weiß,
  ob sportlich oder schick –
  es ist ganz egal, was du hast, wer du bist:
  Hauptsache, du weißt, dass du einzigartig bist.«

Es gab an diesem Abend wie an jedem Abend noch eine Diskussion über das Zähneputzen und das Lichtausmachen. Aber das ist wirklich nicht der Rede wert. · DAS BESTE AUS MEINEM LEBEN 2002

Bei diesem Buch und speziell bei diesem Kapitel ist natürlich eines meiner größten Lebensprobleme zutage getreten, immer wieder: dass ich mich nicht gut entscheiden kann. Welcher Text gehört hier hinein, welcher auf keinen Fall? Was braucht dieses Buch, was nicht? Am besten, man illustriert diese Fragen mit einer Kolumne. Wer dann noch mehr über Entscheidungsschwäche wissen möchte, der lese *Malaga* auf Seite 515.

✶

UND EINE ZUGABE:
ENTSCHEIDUNGSSCHWACH, ACH!

Das Leben ist voller Weggabelungen, ständig muss man sich entscheiden: links, rechts, Mitte, stehen bleiben, zurück oder mit dem Kopf durch die Wand? Frühmorgens: Kaffee, Tee? Semmeln, Toast? Kein Problem an manchen Tagen, doch an anderen – huuuuh. An anderen Tagen bin ich so entscheidungsschwach, dass ich abends noch in der Küche stehen könnte, und wenn spät Paola käme und fragte, was ich tue, müsste ich sagen: Ich überlege, ob ich Kaffee oder Tee zum Frühstück trinken soll.

Das kannst du dir doch morgen früh überlegen, würde sie sagen. Nein, antwortete ich, es geht um das Frühstück von heute. Konnte mich nicht entscheiden.

An so einem Tag saß ich mal mit einer Frau im Kaffeehaus. Sie fragte: Bist du gerne ein Mann?

Ich verfiel in tiefes Grübeln über die Vorzüge des Mannseins und des Frauseins. Antwort gab ich nicht. Wenn ich vor meiner Geburt an einem solchen Tag hätte entscheiden müssen, ob ich Junge oder Mädchen sein möchte – ich wäre noch nicht geboren. Oder geschlechtslos. Gott sei Dank ist das eine Entscheidung, die man nicht selbst treffen muss. Andererseits haben wir hier einen Beweis dafür, dass der Mensch in den wichtigen Dingen des Lebens nichts zu sagen hat.

Wir quälen uns mit Kleinigkeiten. Die nimmt uns Entscheidungsschwachen keiner ab. Da sitzen wir vor Riesenspeisekarten und fragen uns, was wir bestellen möchten. Da hocken wir vor Fernsehern mit hundert Programmen, vor tausendundeinem Urlaubsprospekt, vor Regalen mit Millionen Büchern und – weiß nicht, weiß nicht. Lauter Esel zwischen lauter Heuhaufen, hungrige, willenlose Esel.

An solchen Tagen möchte man zum Kellner sagen: Entscheiden Sie für mich, ich verhungere sonst.

Oder man wünscht sich einen Entscheidungsträger zur Seite wie einen Butler. Er müsste alle Entscheidungen treffen, natürlich stets in unserem Sinne.

Oder man stellt sich vor, es gäbe an den Hauswänden des Viertels Entscheidungsautomaten, aus denen man Entscheidungen packungsweise zöge wie Zigaretten oder Kondome. (Abends sagt einer dann zu seiner Frau: Ich gehe schnell Entscheidungen holen. Und holt Entscheidungen, eine vor allem. Und kommt nie wieder. Das gäbe es dann auch.)

Oder man würde an entscheidungsstarken Tagen Entscheidungen auf Vorrat treffen für die schwachen Zeiten, so wie man im Sommer Obst einkocht für den Winter.

Als Kind dachte ich: Es gibt für jedes Leben ein kleines oder großes Buch, in dem alles, was geschehen wird, schon vorher detailliert drinsteht, wie im Drehbuch für einen Film. Aber keiner könnte reingucken in sein Buch, dachte ich damals. Eine subtile Gemeinheit eigentlich, denke ich heute, jedenfalls für Entscheidungsschwache. Man plagt sich, dabei ist alles längst entschieden. Unsere Aufgabe ist nur, drauf zu kommen.

Aber wenn es so wäre … Jedem von uns müsste es dann schon mal passiert sein, dass er sich anders entscheidet als im Lebensbuch vorgesehen, in einem simplen Moment der Auflehnung, des

Gefühls künstlerischer Freiheit. Dann hätte es einen Anruf geben müssen, von oben oder unten, das Gebrüll eines Regisseurs: Was machen Sie?! Was erlauben Sie sich?! Gab es aber nie.

Es sei denn, es wäre wirklich wie in der *Truman Show*, und alle um mich herum wüssten Bescheid, auch Paola, nur ich nicht. Würden mich sanft, unmerklich steuern. Und mein Leben, mein Denken, mein Fühlen fände öffentlich statt, vielleicht in einem Film, vielleicht auch in einer Zeitungskolumne oder in einem Buch.

Dann müssten ja viele Menschen von mir wissen, wie ich wirklich bin, fällt mir gerade ein, wie schrecklich entscheidungsschwach an manchen Tagen. Dass ich zum Beispiel nicht einmal genau weiß, ob ich gern ein Mann bin – peinlich.

Wirklich eine absurde Idee!   · DAS BESTE AUS MEINEM LEBEN 1999

AUS DEM CAFÉ, DER SAUNA, DEM KELLER UND VON ANDEREN ORTEN: KOLUMNEN ÜBER DAS NICHTGESCHEHEN

Was heute Kolumne genannt wird, nannte man früher bisweilen »Feuilleton«, dann war es eine kleine, geistreiche Betrachtung über einen Moment oder auch über das Nichts, eine Kunst, die zum Beispiel Alfred Polgar meisterhaft beherrschte, aber wer kennt heute noch Alfred Polgar? Jedenfalls sind es viel zu wenige. Es ist jedoch kein Zufall, dass kein Autor in diesem Buch so häufig zitiert wird wie er, in EINE PLÖTZLICHE ERKRAKUNG *zum Beispiel auf Seite 56, in* LOB DER MANSARDE *(Seite 323) und* EL CONDOR PASA *(Seite 394), nein, es ist kein Zufall, denn ich verehre diesen Mann sehr.*

MENSCHEN IM CAFÉ

Ich gehe an einem Café vorbei, nachmittags um fünf. Hinter den großen Fenstern des Cafés sitzt ein junger Mann vor einem Cappuccino und liest in einem Buch. An einem anderen Tisch sitzt ein Paar mittleren Alters sich gegenüber. Der Kellner ist zu sehen, wie er am Tresen lehnt. Er hat gerade nichts zu tun, denn ansonsten ist das Café leer. Dösend liegt ein Weimaraner-Hund unter einem der Tische.

Wir lesen die Gedanken aller Anwesenden.

Ich: Gott, so müsste man mal wieder dasitzen können, wie der junge Kerl da … Lesen! Im Café! »Muße« nennt man das. Ich kenne das Wort ja kaum noch. Morgens vor dem Büro die Kleine in die Kindergruppe, dann an den Schreibtisch, später den Luis vom Fußball holen, abends pünktlich zum Essen daheim sein, weil wir im Erziehungsprogramm gerade »Pünktlichkeit« als Zentralpunkt haben. Abends um halb zehn sinkt einem schon das Buch in den Schoß, weil man so müde ist. Herrje! Sitzen und lesen! Tagsüber! Und das Leben vor sich haben!

Der junge Mann: Jetzt sitze ich hier schon wieder im Café und lese! Allein. Ich hätte nie in diese große Stadt gehen sollen. An der Uni bist du immer nur eine Nummer, allein abends irgendwohin zu gehen deprimiert mich. Ich lerne einfach niemanden kennen hier. Und was wird nach dem Examen sein? Der Mann, der da draußen vorbeigeht, eilig, geschäftig, mitten im Leben – wie ich ihn beneide! Ob ich es je so weit schaffe? Einen Platz im Leben zu haben?

Der Hund: Was ist aus mir geworden? Ein Café-Hund … Noch dazu in einem Kaffeehaus, in dem es nur kleine, vegetarische Speisen gibt. Einer meiner Brüder wohnt auf dem Land, in einem alten Bauernhaus, ein anderer gehört sogar einem Bratwurstfabrikanten persönlich – warum nicht ich? Ich! Schnüffele hier an

Tofu-Sandwiches. Und dann pisst mir wieder die Promenadenmischung von nebenan vor die Bude, und ich komm nicht an sie ran, durch die Glasscheibe. Warte nur auf den Sommer, Kanaille, wenn die Stühle wieder auf der Straße stehen …

Das Paar. Sie: Nun haben wir schon mal Zeit, nachmittags miteinander ins Café zu gehen, und er interessiert sich gar nicht für mich. Dabei habe *ich seine Mutter* gebeten, auf die Kinder aufzupassen, damit *wir … Er* würde nie auf so eine Idee kommen, wenn *ich* nicht … Ich weiß gar nicht, ob er mich noch liebt. Manchmal beneide ich ihn: dass er so ohne jedes Schuldgefühl um sich selbst kreist. Aber wenn ich ihm das jetzt sage, ist er wieder wütend, und der ganze Abend ist dahin – und wir haben doch so wenig Zeit für uns.

Er: Ich hätte ihr sagen müssen, dass ich eigentlich keine Zeit habe. Morgen früh haben wir das Meeting bei »Sagemeister & Schlabberdieck«, und ich bin kein bisschen vorbereitet. Aber wenn ich ihr gesagt hätte, dass es nicht geht, Gott!, wie wütend sie geworden wäre, und wir hätten Stress ohne Ende. Also sitze ich hier: weil ich keinen Stress will. Damit sie zufrieden ist. Manchmal beneide ich sie um ihre Sorglosigkeit, sie hat ja keine Ahnung, was ich …

Sie: Wie er vor sich hin starrt! Also, ich sag's ihm jetzt doch. Sonst platze ich … So geht's einfach nicht!

Der Kellner: Wo bleibt denn bloß die Moni, es ist schon fünf! Ich hab überall kassiert, wie es mich ankotzt, dieses »Wir haben Personalwechsel, dürfte ich …« Wie die Leute dann gucken, so angeekelt, als ob sie selbst tagelang durcharbeiten würden! Und jetzt kommt die Moni nicht, und ich muss dann noch mit der Töle der Chefin pinkeln gehen, äh-gitt. Wie es da herumliegt, das Mistvieh!, dafür kriegt es nachher im Park einen Tritt. Jetzt mach ich mir selbst einen Cappuccino, ist mir doch egal, wenn die blöde Tucke immer zu spät …

Die Cappuccino-Tasse: Warum nimmt er jetzt schon wieder mich, hier stehen fünfzig Tassen, und immer nimmt er mich! Gibt es denn keine Gerechtigkeit, ich komme gerade aus der Spülmaschine, und dann trinkt er den Kaffee auch noch selbst, obwohl es die Chefin verboten hat, äh, wie mich seine Lippen ekeln, kommt Moni heute nicht um fünf?

Die Untertasse: Ah, die Tasse von heute Morgen! Ich liebe sie. Ich erkenne sie an einer kleinen Delle am unteren Rand, unverwechselbar. Wie schön, wenn sie auf mir abgestellt wird; ich begrüße sie mit so einem speziellen leichten Klirren, indem ich den Löffel hüpfen lasse. Und manchmal schimpft sie leise vor sich hin, sie ist nicht gerne eine Tasse und mag den heißen Milchschaum nicht: süß, dies' Gemaule! Ein reizend-trübes Tässchen … Ging nicht gerade übrigens dieser Schriftsteller draußen vorbei? Das ist auch so einer …   • DAS BESTE AUS MEINEM LEBEN 2007

★

MENSCHEN IN KELLERN

Der Keller meines Lebens? Den eindrucksvollsten hatte ich auf dem Land, in einem Bauernhaus, unter dem sich ein modriger Lehmkeller befand, dessen Tür ich nur einmal öffnete. Da schlug mir ein feuchter Hauch entgegen, und ich sah eine riesige, den Raum füllende weiße Kröte sitzen. Sie blickte mich verwundert an und machte ein gurgelndes Geräusch. Ich schloss die Tür und machte sie nie wieder auf. Und heute? Ich wohne in einem alten Haus, fünf Stockwerke, mit Keller darunter. In einem Gang findet man blaue Stahltüren, die zu den Abteilen führen. Abends macht es auf dem Gang oft Schlappklappschlappklapp – ein Mann in gestreiften Gummilatschen geht zu seinem Kellerraum, um in einem Flaschenbehälter aus Kunststoff, der sechs Flaschen

Platz bietet, sechs Flaschen Bier zu holen. Das ist einer meiner Nachbarn.

Oder man hört ein Rascheln, weil jemand in einem Freizeitanzug aus Fallschirmseide seinen Keller aufsucht. Dort hat er eine Modelleisenbahn, mit der er spielt, bis ihn seine Frau über die Gegensprechanlage zum Essen ruft. Das ist ein anderer meiner Nachbarn. Oder es ist ganz still, und ein dritter Mann steht vor der Tür seines Abstellraumes und horcht.

Das bin ich.

Unser Keller war jahrelang sozusagen das Unterbewusstsein unserer Wohnung. Alles, was oben störte, verdrängten wir nach unten. Auf diese Weise sammelte sich allerhand hinter der Stahltür: alte Schränke und die Einzelteile eines Ehebettes, ein unnütz gewordener Kinderwagen und Langlaufskier mit kaputter Bindung, zwei defekte Inhalationsgeräte und leere Bierkästen, Teile einer ausrangierten Duschkabine und zerschlissene Reisekoffer, lauter Sachen, die man nicht sehen will und trotzdem nicht wegwirft, weil man ja den Keller hat.

Unser Keller wurde voller und voller, die Dinge lagen übereinander, die hintere Wand war nicht mehr zu sehen, geschweige denn zu erreichen. Eines Tags stürzte etwas von innen gegen die Tür. Seither kann man sie nicht mehr öffnen, den Raum nicht betreten, nichts wegnehmen, nichts hinzufügen. Die Gegenstände drinnen sind sich selbst überlassen. Ich habe einen Keller und doch keinen. Denn was unterscheidet Keinenkeller von einem, in den man nicht hineinkann?

Nicht mal an meinen Werkzeugkasten komme ich, und wenn ich eine Rohrzange brauche, leihe ich sie mir bei einem der Nachbarn. In ihren Kellern ist es so ordentlich, dass die Rohrzangen an Nägeln hängen, und wenn man sie abnimmt, wird dahinter jeweils der auf die Wand gemalte Schattenriss einer Rohrzange sichtbar. Man sieht sich um, ob es auch den Schattenriss eines kaputten Inhalators oder eines unnützen Kinderwagens gibt –

nichts. Nur Ordnung, spießige, abstoßende, begehrenswerte Ordnung.

Und über allem hängend, das sanfte Rascheln von Freizeitanzügen, dazwischen, wie ein Metronom, das regelmäßige Schlappklapp gestreifter Latschen. Wenn Ordnung ein Geräusch machen würde, wäre es so ein eintöniges, immer gleiches Rascheln mit Schlappklapp dawischen. Man müsste einen Apparat erfinden, der Ordnung hörbar macht, eine Kiste mit Mikrofon und Kopfhörern. Vor Kasernen, Einwohnermeldeämtern, Bibliotheken hätte man das gleiche Geräusch im Ohr, nicht Bellen von Befehlen, sondern sandiges Reiben, hartes Klappen.

Und die Unordnung? Was wäre von ihr zu hören?

Abends, wenn der Letzte den Keller verlassen hat, das letzte Schlappklapp verklungen ist, lege ich das Ohr an meine Kellertür und horche und kann sie hören, die Geräusche der Unordnung, die Musik des Chaos, das klappernde Lachen der Rohrzangen, das heisere Husten gebrechlicher Inhalatoren, das senile Schmatzen eines ausrangierten Luftbefeuchters, das alberne Kichern eines Kinderwagens, das Stöhnen einer Kreuzschlitzschraube, die sich einem Kreuzschlitzschraubenzieher hingibt, das Weinen eines fernwehkranken Koffers – all das, was Gegenstände nur machen, wenn sie lange Zeit unter sich sind. Und was nur wenige Menschen kennen – nur solche, die Keller haben wie ich.

· MEINE MEMOIREN 1997

Von hier aus könnte man direkt zu *Drei Thesen über Schubladen* auf Seite 472 gehen, denn auch da geht es um Unordnung, und von dort führt der Weg, wenn man will, zu *Naturkraft, Hacke-Kraft* auf Seite 51, wo man ganz nebenbei etwas über den Inhalt von Schubladen und deren Zusammenhang mit der Schöpfungsgeschichte erfährt. Muss aber alles nicht sein, man kann auch hier einfach weiterlesen.

✶

MENSCHEN IM HOTEL

In meiner Straße steht ein Hotel, ein kleines, familiär geführtes Hotelchen. Seine Zimmer sind ruhig, die Betten breit. Wenn man frühstückt, sitzt man an alten Tischen und blickt in einen zwitschernden Garten hinaus, mitten in der Stadt. Im Foyer stehen alte Fauteuils, und die Rezeptionistin arbeitet an einer herrlichen Antiquität von Rezeptionstisch. Ich weiß das, weil ich manchmal Besuch im Hotel unterbringe. Gelegentlich frage ich mich schon, ob der Besuch meinetwegen kommt oder wegen des Hotels. Jedenfalls bekomme ich oft Besuch, und immer fragt er vorher, ob er bestimmt wieder in dem Hotel wohne.

Nur ich selbst werde nie in dem Hotel wohnen können, denn meine Wohnung ist gleich nebenan. Vielleicht sollte ich mich selbst mal besuchen?

Ach, wir können zusammen nicht kommen, das Hotel und ich. Manchmal spielen Paola und ich ein Spiel: das Wir-haben-uns-gerade-erst-kennengelernt-Spiel. Wir tun so, als gingen wir den ersten Abend zusammen aus, als hätten wir uns im Kino verabredet. Ich kaufe mir Cashew-Nüsse an der Kasse, und wenn ich die Packung aufreiße, sage ich: »Nüsse sind gut gegen Herzinfarkt, habe ich gelesen.«

»Sind Sie gefährdet in dieser Hinsicht?«, fragt Paola.

Ich: »Nur wenn ich neben Ihnen sitze.«

Sie: »Nüsse sind auch gut für die Potenz.«

Ich: »Deswegen esse ich sie nicht.«

Sie: »Ach nein? Da bin ich froh!«

Ich: »Na, Sie gehen aber ran.«

Sie: »Also, essen Sie Nüsse oder ich?«

So geht das Spiel. Nach dem Kino frage ich, ob ich Paola nach Hause bringen darf, und wenn sie es erlaubt, stehen wir bald vor unserem Haus. Ich sage: »Ach, Sie wohnen auch hier?« Dann stellen wir fest, dass wir im gleichen Haus leben, sogar in der gleichen Wohnung, sogar im gleichen Bett. Darüber wundern wir uns. Aber nicht lange.

Schöner wäre es, wenn Paola so täte, als wohnte sie in dem kleinen Hotel, würde mich mit hinaufnehmen und … Da kommt uns die Wirklichkeit in die Quere: Die Zimmer sind nicht die billigsten, wir nicht die Reichsten. Blöde Wirklichkeit!

Ich weiß gar nicht, warum ich so gern ein Zimmer in diesem Hotel hätte. Weil es schön ist? Oder weil man von dort das Gewohnte mal anders sähe? Weil das Leben im Hotel unverbindlich ist, anonym und viel freier? Oder einfach, weil es bequemer ist als zu Hause. Man muss nicht putzen, kochen, bügeln, für alles genügt ein Anruf. Im Hotel sei die Wohnung »in einen Automaten verwandelt«, hat Anton Kuh geschrieben, der jahrelang im Hotel lebte. Warum er das tat? »Aus Todesangst«, hat er geantwortet. Aus Todesangst?

Die meisten Leute, schrieb Kuh, zögen in eine Wohnung, um sie mit Eigenem möblieren zu können, schüfen sich »eine Vegetation aus Samt und Möbelholz«, welche Geborgenheit und eine Illusion von Unvergänglichkeit verleihe und den Tod vergessen lasse. Ihn aber erinnere gerade die Gemütlichkeit daran, dass sie vergänglich sei. Sie rufe ihm das Sterben vor Augen. Ein Hotelzimmer versuche das gar nicht erst. Hier sei das Leben keine Lüge, und nur ein Leben ohne Lügen sei auszuhalten. »Wenn meine Koffer weg sind, werden hier andere stehen. Wenn meine Seife eingepackt ist, wird eine andere neben dem Waschbecken liegen. Wenn ich nicht mehr an diesem Fenster stehen werde, wird hier ein anderer stehen. Dieses Zimmer macht sich und dir und mir und keinem Menschen Illusionen.« Das hat Joseph Roth geschrieben, der selten eine Wohnung hatte, meistens Hotelzimmer.

Hören Sie, das kann man nicht lesen, ohne daran zu denken, dass Kuh und Roth beide im Exil starben (der eine 1941 in New York, der andere 1939 in Paris), und ohne in dem, was sie schrieben, die

Sehnsucht zu spüren nach einem festen Ort und dem Halt einer
Heimat, nicht wahr?

Wie hatte ich angefangen? Dass in meiner Straße ein kleines Hotel steht … Merkwürdig, wohin man in Gedanken reist, wenn
man an Hotelzimmer auch nur denkt. · MEINE MEMOIREN 1998

★

MENSCHEN IN DER SAUNA

Hören Sie, wir kennen uns nun schon ein bisschen, hmmm … Es
gibt da eine peinliche Geschichte, also, ich schwitze sehr leicht.
Als Jugendlicher stand mir, sobald ich nervös wurde, ein leichter
Schweißfilm auf der Oberlippe. Aber seitdem ist es immer
schlimmer geworden, verstehen Sie, schlimmer und schlimmer.
Nun bin ich ein erwachsener Mann, und es kann passieren, dass
ich in Panik gerate, und plötzlich bricht mir der Schweiß aus, ja,
das ist der passende Ausdruck, er bricht aus, als würde ein Stau-
damm gesprengt. Ich bin in Sekunden klatschnass, über meine
Haut rinnen Bäche wie Schmelzwasser im Frühling von den Bergen, und jeder sieht es, und es ist peinlich, o Gott, ist es PEIN-
LICH! Nicht wahr, Sie finden mich lächerlich, geben Sie es zu, sagen Sie es mir! Lächerlich. Ach, schwitz!

Einmal musste ich vor zweihundert Leuten eine Rede halten. Ich
stellte mir vor, wie ich aufstehen, an mein Glas klopfen und eine
witzige, mit Anekdoten gewürzte, von souveräner Gestik untermalte kleine Ansprache zum Besten geben würde. Aber dann war
ich dran, klopfte an mein Glas und begann zu sprechen. Beim ersten Wort bekam ich einen Schweißausbruch von niagarischer
Gewalt. Binnen Sekunden sah ich aus wie ein Mann, der im
dunklen Anzug in ein schweres Gewitter gekommen ist. Ich

schwitzte und schwatzte, hilflos sekretierend: die lächerliche, mit lächerlichen Anekdoten gewürzte, von lächerlicher Gestik untermalte Ansprache eines lächerlichen Mannes. Entwässert fiel mein Körper am Ende auf den Stuhl.

Bin ich krank? Ein Panikpatient? Ein schwitzoider, Schwitzophrener? Aber es kann nicht nur psychisch sein, auch bei körperlicher Betätigung schweißele ich in sorgenerregendem Übermaß: Eine Joggingrunde, und ich sehe aus, als käme ich vom Schwimmen! Bin ich schwitzkrank?

Kürzlich besuchte ich eine Sauna. In meinem Fall ist das so, als reibe man einen Bobtail mit Haarwuchsmittel ein, aber ich hatte gehört, Sauna sei gesund, und an allem, was gesund ist, bin ich interessiert.

Bereits in der Tür war ich bedeckt von Wasserperlen. Ich saß neben einem Alten, dem die Haut auf dem Leib hing wie ein zu großer Anzug. Mir gegenüber hockte ein muskulöser Mittzwanziger, der an einen aufgepumpten Schlauch erinnerte, so straff und fest. Beide schwitzten überhaupt nicht. Ich dachte, wie es wäre, wenn schwitzen ein Geräusch machen würde, nicht jenes leise Körperstöhnen, das man in Schwitzbädern hört, auch nicht das kaum vernehmbare Zuuuutsch, mit dem sich die Schweißdrüsen öffnen, nein, ein alarmierendes Piepen oder sirenenhaftes Heulen. Dann müsste man in der Sauna Ohrenstopfen tragen – jedenfalls, solange ich da bin.

»Einen Aufguss?«, fragte der Alte.

Meine Haut war komplett von einem dünnen Feuchtigkeitsfilm überzogen.

»Gern«, sagte der Junge.

Er schöpfte mit einem Holzlöffel Wasser aus einem Zuber auf den Ofen. Heißer Dampf drang auf uns ein. Aus meinen Poren sprühte Wasser wie aus Sprinklern. Die beiden anderen schwitzten weiterhin nicht. Warum gehen sie hierher, dachte ich, wenn sie unfähig sind zu schwitzen? Der Junge stand auf, nahm sein

Handtuch und schwenkte es, um die neue heiße Luft zu verteilen. Es sah aus wie ein verbissener Schwertertanz. Er tat es minutenlang, ohne eine Schweißperle zu zeigen. Der Alte war wohl gänzlich vertrocknet, ein Sauna-Ötzi. Vermutlich lebte er hier seit Jahrhunderten. Ich hätte gehen müssen, aber irgendwie empfand ich das als würdelos, als Niederlage gegenüber dem Jungen, auf dessen Stirne sich eine Schweißperle bildete. Nicht aufgeben, dachte ich. Schwitzen ist das Einzige, was du wirklich kannst! Schwitz ihn nieder! Geh, wenn er gegangen ist!

Er ging nicht. Er schien seine Schweißdrüsen zu beherrschen wie Schließmuskeln, während ich auf Reserve lief wie ein Auto mit leeren Tanks. Trotzdem blieb ich, langsam vertrocknend, delirierend. Ich erinnere mich noch an jenen Moment, in dem sich mein Körper für eine Sekunde in eine Wassersäule verwandelte, eine klare, durchsichtige, glatte, irgendwie ätherisch wirkende Säule, wie man sie in Science-Fiction-Filmen beim sogenannten Beamen sieht. Dann hörte ich auf zu existieren. Ich stürzte in mich zusammen, nur noch Flüssigkeit, die vom Frottee des Handtuchs gnädig aufgenommen wurde.

Langsam nahm der Alte den nassen Stoff, öffnete die Saunatür und warf ihn mit verächtlicher Bewegung hinaus.

· MEINE MEMOIREN 1998

✳

MENSCHEN VOR MEINEM HAUS

Vor meinem Haus, mitten in der Stadt, liegt ein kleiner Platz. In dessen Mitte erhebt sich eine riesige Kastanie. Darunter wiederum steht ein Mann. Seit zwei Jahren schon steht er da, jeden Tag von acht bis 18 Uhr. Ob es regnet oder schneit, ob die Sonne scheint oder der Frost beißt, er steht da, manchmal direkt unter dem Baum, bisweilen vorn am Rand des Bürgersteigs, dann und wann, wenn das Wetter besonders widrig ist, auch ein paar Meter weiter hinten, zurückgezogen in eine Garageneinfahrt.

Nahe bei uns ist ein Obdachlosenasyl. Da schläft der Mann wohl jede Nacht, und wenn er das Asyl morgens verlassen muss, weil es tagsüber geschlossen ist, dann geht er zu unserem Haus wie andere ins Büro, hat eine Plastiktüte dabei mit zwei Bier, steht dort und steht und steht, auf dem Kopf einen fettigen Cordhut, die Mundwinkel nach unten gezogen wie von Gewichten, traurig. Abends, wenn das Schlafheim wieder öffnet, kehrt er dorthin zurück, stakst die Straße entlang mit steifen Beinen, als habe er keine Knie, und schleudert die Fußspitzen in die Luft, wie um sie abzuschütteln.

Warum er dort steht? Ich weiß es nicht. Irgendwo muss er ja stehen, weil er nicht arbeiten kann oder nicht arbeiten darf oder nicht arbeiten will. Und warum soll er dann nicht hier sein?

Es gibt Tage, an denen ist er nicht allein. Andere besuchen ihn und stehen mit ihm herum. Ein Pole, zum Beispiel, ein finsteres Besengesicht, der Kopf ein einziges schwarzes Büschel aus drahtigem Haar und Bart und Brauen. Aus dem quillt immerzu ein Redestrom, den keiner versteht. Oder ein stiller Kleiner ist da, ab und zu. In seinen Schlafsack gerollt, schnarcht er dann nachts im Eingang des kleinen Kinos nebenan, die Schuhe ordentlich nebeneinandergestellt, eine Zahnbürste in eine leere Cola-Dose gesteckt. Es gibt noch zwei, drei andere. Die kommen einige Wochen, dann nie wieder.

Aber er? Bleibt, Tag für Tag.

Einmal sagte ein dicker Herr im Lodenmantel zu ihm: »Das geht doch nicht, dass Sie hier immer stehen!« Da nickte der Mann und sagte »Ja« und blieb. Manchmal denke ich, er ist aus einem englischen Film in dem kleinen Kino abgehauen, nicht als Zuschauer, meine ich: als Filmfigur. Nun läuft der Film nicht mehr, und der

Mann weiß nicht, wo sein Film jetzt ist, und hat keine Ahnung, wohin mit sich – eine Filmfigur ohne Film. Dann müsste ich mir also einen Film für ihn ausdenken, damit er wieder verschwinden kann, irgendwohin, wo es ihm besser geht, wo er nicht bloß herumsteht, sondern etwas zu tun hat. Wie wäre es, jemand würde ihm sein letztes Geld stehlen, das er unter seinem alten Hut aufbewahrt, und dann würden sich alle seine Freunde mit ihm auf die Jagd nach dem Dieb machen, ohne Polizei, lauter eifrig gewordene alte Nichtsnutze, in deren Dasein plötzlich für eine Woche ein Sinn kommt – bis sie den Dieb haben? Es wäre eine Art *Emil und die Detektive* mit Pennern.

Vielleicht ist er ja auch Metzger von Beruf und hat, nur ein paar Straßen weiter, im Schlachthof Zehntausende von Tieren getötet. Dann entließ man ihn, weil die Leute immer weniger Fleisch essen und immer weniger Tiere umgebracht werden müssen. Nun steht er da, zur einen Hälfte gelähmt vom Alpdruck seines Gewissens, zur anderen, weil er nicht weiß, was er ohne diese Arbeit tun soll – er kann nichts, außer Schweine töten.

Ab und zu, an grauen Tagen, kommt er mir vor wie einer, der schon tot ist, wie jemand aus dem Jenseits, vielleicht der Tod selbst, der hier das Leben teilnahmslos studiert – und wenn er will, ist es gleich aus mit mir.

Dann wieder seh ich ihn ein Hündchen kraulen und mit einer alten Frau sprechen, und ich denke, dass er vermutlich doch nur einfach ein trauriger Mann ist, der vielleicht eine Scheidung nicht verkraftet hat und nun einen Platz sucht im Leben – und wenn es der vor meinem Haus ist. · MEINE MEMOIREN 1998

✶

UND DREI THESEN ÜBER SCHUBLADEN

Heute wollen wir versuchen, das Wesen der Schublade zu verstehen. Denn obwohl fast jeder von uns über viele Schubladen verfügt, sind sich, meiner Meinung nach, die meisten Menschen über die wahre Bedeutung der Schublade im Unklaren. Ich möchte deshalb DREI THESEN ÜBER SCHUBLADEN formulieren. *Erste These:* Es ist unwahr, dass wir in Schubladen Dinge aufbewahren, die wir später noch einmal benutzen wollen. Richtig ist vielmehr, dass wir Gegenstände in der vagen Hoffnung einer Schublade anvertrauen, sie mögen darin für immer verschwinden. Ein Beispiel: In unserem Wohnzimmer befindet sich ein Sekretär. Der Sekretär hat drei große Schubladen. In eine von ihnen warf ich stets, wenn ich von einer Reise zurückkehrte, die Stadtpläne und Landkarten, die ich auf der Reise erworben hatte, immer mit dem Hintergedanken, ich hätte damit für eine weitere Reise zum selben Ziel schon Pläne zur Verfügung. Aber wenn ich diese weitere Reise dann antrat, vergaß ich stets, die Pläne aus der Schublade zu nehmen. Ich musste mir neue kaufen, die ich später wieder in die Schublade legte.

So füllte sich die Lade, bis sie eines Tages nicht mehr zu öffnen war. Ein Autoatlas hatte sich verklemmt, ich ruckte, rackelte, riss – nichts geschah. Mehrere Jahre blieb die Schublade geschlossen, bis es eines Tages einem zufällig anwesenden Schreiner gelang, sie zu öffnen. Ich nahm die Lade aus dem Sekretär, ging damit zum Altpapiercontainer, kippte den Inhalt komplett hinein und sah der Wahrheit ins Antlitz: Wenn ich verreise, möchte ich nicht mit alten, zerlesenen Plänen reisen, sondern mit aktuellen, unberührten. Nur um mein Gewissen zu beruhigen (Mutti spricht aus dem Jenseits: Wirf nicht diese schönen Karten weg, Junge, die kann man noch mal verwenden!), hatte ich die Karten in die Lade gelegt. *Zweite These:* Zwischen Außenwelt und Schublade existiert ein

Materie-Sog, der unaufhaltsam ist und dem wir uns nicht entgegenstellen sollten.

Begründung: Es war nämlich gar nicht der Schreiner, der die Sekretärschublade letztlich geöffnet hatte. Er hatte sie nur einen Spalt weit aufgemacht, dann hatte er gehen müssen. Ich hatte durch den Spalt meinen rechten Arm eingeführt, um den verkeilten Atlas zurechtzurücken. Was mir auch gelang. Aber dann bekam ich den Arm nicht mehr aus der Schublade. Ich steckte so fest, dass sich in mir die Angst breitmachte, ich würde den Rest meines Lebens hier verbringen müssen. Oder jedenfalls jene Jahre, bis mein Arm so weit geschrumpft wäre, dass ich ihn hätte herausziehen können. Oder doch die Zeit, bis die Schublade zugebissen hätte wie ein hungriges Krokodil. Und ich schwöre: Ich spürte, wie ich da vor dem Sekretär hockte, den Arm im dunklen Nichts der Lade, ich spürte da also eine Art Wind, der mich in die Schublade hineinzog. Das war der Sog der Materie, die von außen in die Schublade drängte.

Denn haben Sie schon einmal eine leere Schublade gesehen? Nein. Die gibt es nicht. Es gibt einen steten Materie-Strom in die Schubladen hinein. Und kaum hatte ich mich mit äußerster Kraft der Lade entrissen und all die Landkarten entsorgt, war die Schublade schon wieder voll, mit irgendetwas, ich weiß nicht. Mit Materie eben.

Dritte These: Schubladen sind überhaupt nicht dazu da, DINGE aufzubewahren. Was sie in Wahrheit in sich aufnehmen, ist UN-ORDNUNG.

Zur Begründung Folgendes: Ich gelte als ordentlicher Mensch. Das bin ich aber nicht. Bei mir sieht es nur ordentlich aus. Bücher stehen im Regal, Papiere liegen auf Stapeln. Aber öffnen Sie mal eine Schublade! (Falls sie sich öffnen lässt.) Sie blicken ins Chaos. Radiergummis, Visitenkarten, Gebrauchsanweisungen, Klebestifte, kaputte Handys, Ladekabel, Taschenrechner, Bonbons, Elternbriefe, Eierpiekser, Glühbirnen … Alles, was draußen die Ordnung stören würde – hinein! Keinen dieser Gegenstände würde man, wenn man ihn eilig suchte, hier eilig finden. Darauf kommt es nicht an.

Es ist einzig wichtig, dass das unvermeidliche, nicht abzuschaffende, nicht aufräumbare Chaos irgendwo seinen Platz hat.

· DAS BESTE AUS MEINEM LEBEN 2007

Kurz bevor ich fertig mit diesem Buch war, fand ich dann noch tief in den Archiven diese Kolumne aus Heft 1 im Jahr 2012, sie darf hier nicht fehlen.

★

KLEINE ABSCHWEIFUNG: LOB DER UNORDNUNG

Beim Aufräumen zum Jahresbeginn habe ich im Wortstoffhof ein Mail von Leser S. aus Thailand gefunden, der mich Anfang Dezember auf die Internetseite des Nachrichtensenders *n-tv* hinwies. *n-tv* berichtete über die pakistanische Schauspielerin Veena Malik, sie habe mit einem Nacktfoto auf der Titelseite der indischen Ausgabe des Magazins *FHM* »für Empörung gesorgt«. (Was für eine seltsame Redewendung: für Empörung sorgen … Sorgt man nicht sonst für seine Familie, für sich selbst – aber für Empörung?) Jedenfalls stand dann bei *n-tv*, Veena Malik habe sich im erwähnten Magazin »im Adamskostüm« gezeigt.

Hat da jemand, fragt S., das weltweit erste Kostüm gefunden, eben jenes, das noch vor der Erschaffung Evas getragen wurde? Ein Stück Stoff, weit älter als das Turiner Grabtuch? Wo lag dieses Kleidungsstück herum? Warum ist es erst jetzt gefunden worden? Wieso sorgt es für Empörung, wenn Veena Malik es anzieht? Wer soll es denn sonst anziehen? Karl Lagerfeld?

Jedenfalls sieht man dieses Adamskostüm vor sich, wie es auf dem Bügel hängt und wie Veena Malik es aus dem Schrank nimmt und über ihren Körper streift.

Bemerkenswert ist dieser kleine Stapel von Nachrichten, die ich mir aufgehoben und jetzt wiederentdeckt habe: was alles gegen Ende vergangenen Jahres so überraschender- wie zufälligerweise irgendwo gefunden wurde.

Die Hausmeisterin der Staatlichen Bibliothek in Passau sah beim Aufräumen im Magazin ein hölzernes Kästchen, das sie schon öfter betrachtet, aber nie geöffnet hatte. Diesmal tat sie's und erblickte, zu ihrer eigenen und dann zur Überraschung des Bibliotheksdirektors, einen Schatz von 172 Münzen und Medaillen, alle insgesamt ziemlich wertvoll.

Die polnische Polizei entdeckte im verfallenen Gartenhaus eines 92 Jahre alten Mannes zwischen Müll und altem Kram eine Sammlung von dreihundert äußerst raren Renaissance- und Barockgemälden. Kein Mensch wusste, woher die Bilder stammen. Der Besitzer des Gebäudes, der es vielleicht gewusst hätte, konnte nichts darüber mitteilen – er ist nach zwei Schlaganfällen unfähig, sich zu äußern. Ohnehin war er Maurer von Beruf und hatte nie mit Kunst zu tun.

Paläontologen haben eine neue, bisher unbekannte Art von Dinosauriern entdeckt – und zwar nicht in der Wüste Gobi oder einer weißrussischen Höhle, sondern im Keller des Londoner Naturhistorischen Museums, wo die Knochen des Tieres seit beinahe hundert Jahren unbeachtet lagen: ein Pflanzenfresser namens *Spinops sternbergorum*, groß wie ein Bulle. Zwei Männer namens Sternberg hatten die Reste des Dinos 1916 in der kanadischen Provinz Alberta ausgegraben.

Was lehren uns all diese Geschichten? Dass wir mal wieder aufräumen sollten? Weil man dabei die großartigsten Dinge finden könnte? Wie banal!

Der Silberschatz, die Gemälde, der Dinosaurier konnten doch

nur entdeckt werden, weil jemand *nicht* aufgeräumt hatte! Irgendwer hat vor langer Zeit Silbermünzen in ein Kästchen getan und sie dann vergessen. Ein anderer hat Bilder in ein verstecktes Nebenhaus geräumt – niemand weiß mehr, warum. Ein weiterer hat Saurierknochen in einem Museumskeller gestapelt und nicht dran gedacht, ein Schild daraufzupappen. Ein Letzter schließlich hat Adams Kostüm in einen Schrank gehängt und diesen fest verschlossen. Und alles wurde vergessen, vergessen, vergessen … Sogar jene, die das Zeug damals vergessen haben, sind heute vergessen.

Man sollte daraus ein System machen. Regelmäßig kleine Schätze verkramen, dann nicht mehr an sie denken – nur damit jemand eines Tages eine Überraschung erlebt, vielleicht sogar man selbst. Es gibt keine Finder ohne Verlierer. Keiner könnte Ordnung schaffen, wenn wir die Unordentlichen nicht hätten. Aber immer werden nur die gepriesen, die etwas entdeckt haben, was? Hier, in der ersten Jahreswoche, soll das einmal anders sein: Von hier aus ein Hoch auf alle Chaoten! • DAS BESTE AUS ALLER WELT 2012

AUS DEM ALBUM MEINES LEBENS: NOCH EINIGE LIEBLINGSKOLUMNEN

Dass die Kolumne in vielen Jahren für uns so etwas wie ein Familienalbum geworden ist, habe ich ja schon erzählt. Sie ist aber immer eine Art Paralleluniversum gewesen, das heißt: Man macht einen Fehler, wenn man aus dem Kolumnenleben gleich direkt auf das private Leben des Autors schließt. Die Charaktere in den Geschichten gehen ihren eigenen Weg, und wo er genau von meinem und unserem persönlichen Leben abweicht, wo er deckungsgleich ist, das ist – im Grunde egal. Heißt einer meiner Söhne wirklich Luis? Hieß unser Meerschwein wirklich Kurt? Kein Wort darüber. Aber der Friseur meiner Kindheit hieß tatsächlich Molnar.

WIE DARF ICH ES DIR MACHEN?

Bis gestern wusste ich sehr wenig über meine Kopfhaut, ihren Charakter, ihre Bedürfnisse. Heute Morgen aber massiere ich sie mit dem Öl der Florida-Palme und den Extrakten der Siegesbeckia-Pflanze, welche auf Madagaskar wächst. Ich habe eine sensible Kopfhaut, hat Pierre gesagt, und Pierre muss es wissen, denn er ist mein Friseur.

Als ich ein kleiner Junge war, hieß mein Friseur Herr Molnar und hatte einen blauen Kittel an. Herr Molnar handelte auf Anweisung meines Vaters. Wenn ich auf dem Frisierstuhl Platz genommen hatte, sagte mein Vater zu Herrn Molnar: »Ordentlich was runter! Wie immer!« Der Friseur wickelte meinen Hals in kratzendes Schutzpapier, holte Kamm und Schere aus der Kitteltasche, kämmte mein Haar gerade nach vorne und schnitt es über der Stirn in einer Linie ab. Dann mähte er meine Schläfen mit seiner Remington, bis die Haare dort so kurz waren wie das Sommerfell einer Maus. Den ganzen Tag juckte mein Hals von den Stoppeln, die in den Hemdkragen gerutscht waren.

Einmal, als ich 13 war, ging ich allein zu Herrn Molnar, weil mein Vater keine Zeit hatte. Da bat ich, mir einen Scheitel zu machen, ein klitzekleines Scheitelchen. Nicht alle Haare nach vorne bürsten, sondern links einen Scheitel ziehen, die Haare länger lassen oben und nach rechts kämmen. Bitte!

»Nee, nee«, sagte Molnar, »wir machen's wie immer. Sonst kriege ich Ärger mit deinem Vater.« Dann schor er mich wieder wie ein Schaf, und ich fühlte mich auch wie eines.

Heute gehe ich in einen Friseurladen mit jungen Mitarbeitern, die Wolfgang, Robert oder eben Pierre heißen und keine Nachnamen haben. Manche rollen auf Inline-Skates, und alle schneiden mein Haar, wie ich es will. »Ich heiße Angie«, hat sich neulich eine junge Dame vorgestellt und gefragt: »Wie darf ich es dir machen?«

»Schneiden Sie mir erst mal die Haare«, habe ich gesagt und komplizierte Anweisungen gegeben, obwohl ich eine relativ simple Frisur habe. Ich liebe es, wenn die Friseure dann bei ihrer Arbeit mit mir über die Struktur meiner Haare sprechen, wenn sie mich zum Beispiel fragen, ob ich viel Stress hätte zurzeit – mein Haar sei so dünn. Wenn sie Fragen der Glatzenbildung mit mir erörtern. Wenn sie über Shampoos sprechen, gewonnen aus Kleie, Vollmilch und Stroh, aus Algen und Korallen, aus Lindenblüten und Passionsblumen oder aus den ätherischen Ölen des Teebaums.

Herr Molnar hatte bloß ein einziges Haarwasser, und wenn ich seinen Salon verließ, roch ich wie diese Luftverbesserer, die sich manche Leute ins Klo hängen.

Ich müsse die Lotion nach dem Haarewaschen einmassieren, hat Pierre gesagt, zwei-, dreimal die Woche. Das werde die Talgdrüsen entschlacken und die Haarwurzeln stärken. Ich spür's schon. Meine sehr sensible Kopfhaut schwebt über dem Schädel, so leicht ist sie, und ich schreite einher, mit entspanntem Skalp und froh, ein erwachsener Mann zu sein. · ALS ICH HEUTE FRÜH ANFING ZU DENKEN 1996

Manchmal melden sich Menschen, die meinen Friseur noch kannten oder wenigstens seinen Sohn. Der Drogist gegenüber hieß, nebenbei gesagt, Komm. Früher stand nämlich in jedem Laden noch ein Mensch, der da nicht selten sein Leben verbrachte und von allen Kunden mit dem Geschäft identifiziert wurde. Komm ist weg, Drogerien gibt es ja eigentlich überhaupt nicht mehr; das kann man schade finden, aber warum eigentlich? Die Dinge ändern sich bisweilen, das macht das Leben aufregend, und würde sich nicht alles entwickeln und ändern, wäre ich ja auch nicht, wie gesagt, ein erwachsener Mann. Das Positive: Darum geht es auch in der nächsten Geschichte, die einzige übrigens, in der ich viele Jahre nach dem *Kleinen Erziehungsberater* noch mal auf ihn zurückgegriffen habe.

✱

IM DOSENPALAST

In den Ferien fahren wir immer nach Italien, unter anderem, weil ich gern Italienisch lernen möchte. Sprachen lernt man nicht in Sprachkursen, man lernt sie im täglichen Gebrauch. Ich mache auch gute Fortschritte, zum Beispiel kann ich schon sehr schnell »Tre pezzi della pizza con prosciutto, per favore« sagen, wenn ich gut in Form bin. Wenn ich nicht so gut in Form bin, sage ich: »Tre prezzi de lasciutta con priprezzo, per pafore.« Oder so. Oder: »Drei Stück Schinkenpizza, bitte.« Versteht auch jeder.
Neuerdings bin ich sehr gut im Benennen von Kinderkrankheiten. Mumps heißt zum Beispiel *parotite*.
Parotite, parotite, pa-ro-ti-te.
Woher ich das weiß? Ich war gerade in Venedig. Mit Max. Und Anne. Und mit Mumps.
»Venedig«, hatte mein Freund Paul gesagt, »warum fährst du nicht mal nach Venedig mit den Kindern? Das Wasser überall, die Gondeln, die Sonnenuntergänge, der Lido, das wird sie begeistern.« Er selbst ist gerade mit der Familie dort gewesen – toll!
»Kinder!«, habe ich da gerufen. »Wir fahren nach Venedig in den Ferien!«
»Oh, cool«, hat Max gesagt, »ist das die Stadt, wo die Freizeitstatue steht?«
»Es heißt Freiheitsstatue, Max, und die steht in New York, und New York ist in Amerika. Venedig liegt in Italien, und es hat Kanäle statt Straßen und Schiffe anstelle von Omnibussen, und dann gibt es noch Gondeln, aber die sind so teuer, dass wir höchstens einmal damit fahren können.«
»Liegt Venedig am Meer?«, hat Anne gefragt.
»Ja, da liegt es. Genau genommen liegt es sogar im Meer, weil es nämlich auf mehrere Inseln verteilt ist, und wenn der Meeresspie-

gel eines Tages ansteigt, dann wird Venedig untergehen, und deshalb schauen wir es uns jetzt noch mal an«, sagte ich.

»Und wenn es untergeht, wenn wir gerade da sind?«, fragte Anne. »Was machen wir dann?«

»So schnell geht das nun auch wieder nicht«, sagte ich.

Also fuhren wir nach Venedig, mit dem Zug, und abends gingen wir noch über den Markusplatz und dann ins Hotel, und ich sagte: »Morgen besichtigen wir erst mal den Dogenpalast.«

»Was für einen Dosenpalast?«, fragte Max. Dann sagte er noch: »Meine Backe tut so weh.«

Am nächsten Morgen tat sie immer noch weh, und Fieber hatte er auch. Ich rief nach einem Kinderarzt. »Parotite«, sagte der, verordnete Bettruhe und nahm dafür 70.000 Lire. Billiger als eine Gondelfahrt, dachte ich. Man muss das Positive sehen, sieh immer das Positive im Leben. Sieh es!! Das verdammte Scheißpositive!!!

Was soll ich sagen, wir blieben eine Woche im Hotelzimmer. Anne und ich hatten *parotite* ja schon früher gehabt, also holten wir ab und zu Schinkerpizza, verabreichten sie dann dem Max löffelweise, weil er kaum kauen konnte, spielten *Mensch, ärgere dich nicht* mit ihm und lasen im Reiseführer, und manchmal weinten wir auch vor Wut. Als das Fieber aufhörte, die Schwellung nachließ und die Ferien zu Ende waren, fuhren wir heim, Max und Anne und ich.

Mumps ließen wir da.

Warum wir nicht vorher gefahren sind? Hört zu, wenn ein Arzt »Bettruhe« sagt, dann verreise ich nicht. »Bettruhe« heißt »Bettruhe«, ich hab's euch immer schon gesagt, es ist Gesetz für mich. Eigentlich schade, dass man Mumps nur einmal bekommen kann, jetzt, da ich weiß, wie es auf Italienisch heißt.

Natürlich habe ich den Kindern versprochen, dass wir bald wiederkommen und dann die Stadt anschauen. Wenn sie nicht untergegangen ist bis dahin, und auch sonst nichts dazwischenkommt.

Masern heißen übrigens *morbillo* und Windpocken *varicella*.
Hab' ich schon mal nachgeguckt. · ICH HAB'S EUCH IMMER SCHON GESAGT 1997

In Wahrheit bin ich dann allein noch einmal nach Venedig zurückgekommen, für drei Monate. Ich hatte mir eine Wohnung auf der Giudecca gemietet, denn ich wollte ausprobieren, wie es ist, in Venedig zu leben und zu schreiben. Aber mir gelang gar nichts damals, das Experiment misslang, ich war einsam ohne meine Familie und schrieb keine einzige vernünftige Zeile. Und von Venedig, das ich doch wenigstens hätte entdecken können, nahm ich auch viel zu wenig wahr. Ich lernte nur, dass ich nicht die Art von Autor bin, der allein und bloß auf sich konzentriert an etwas arbeitet. Ich bin gern in der Nähe meiner Leute. Schade, dass ich es gerade in Venedig lernen musste. Aber meistens kann man sich seine Lektionen nicht aussuchen im Leben.
Und wie gesagt: Ich habe den Kindern ja versprochen, dass wir wiederkommen.
Und jetzt? Erst einmal drei Luis-Geschichten, die mich immer daran erinnern werden, wie wahnsinnig und lustig und wie wahnsinnig lustig diese Jahre eben auch waren, vor Venedig und nach Venedig und von Venedig eben mal abgesehen.

✱

SIUL DNU EID NEILA-KCOHCS-EPMAL

Es war dunkel, als Luis sonntags erwachte, in unser Bett kroch, sich quer zwischen uns legte, an Paolas Haaren zupfte und mit den Füßen in meinem Gesicht stocherte. Nach zehn Minuten stand Paola auf und machte das Licht an. Sie sagte, sie habe schlecht und wenig geschlafen. Deshalb werde sie sich im Kinderzimmer noch etwas hinlegen. Sie brachte einen Korb mit Spielzeug, ging in Luis' Zimmer, schloss die Tür und ließ uns allein. Ich machte das Licht wieder aus.

»Lass uns noch schlafen, Luis«, sagte ich.

»Nein«, sagte er.

»Doch«, sagte ich.

»Nein«, sagte er.

Ein schmaler Lichtstrahl traf meine geschlossenen Augen. Ich öffnete sie und wurde von einem winzigen Lichtpunkt direkt vor meinem Gesicht geblendet.

»Was ist das denn?«, fragte ich.

»Eine Alien-Schock-Lampe«, sagte er.

»Was?«

»Eine Alien-Schock-Lampe. Man kann damit Aliens erschrecken, damit sie einem nichts tun.«

Ich nahm ihm das Lämpchen aus der Hand und leuchtete meinen Wecker an. Es war sechs Uhr. Sonntags.

»Die Aliens schlafen noch«, sagte ich müde. »Man darf sie nicht erschrecken. Woher hast du dieses Ding?«

Er knipste die große Schlafzimmerlampe an und holte aus dem Spielzeugkorb ein zerlesenes Micky-Maus-Heft. Mitten im Heft war eine Geschichte über einen Jungen namens Tom, der von einem Poltern aus dem Schlaf geweckt wird, mit seiner Alien-Schock-Lampe in den Garten geht und dort ein kaputtes Raumschiff findet.

»War die Lampe bei dem Heft?«, fragte ich.

»Ja«, sagte Luis aufgeregt und leuchtete auf dem Bild herum. Er lenkte den Lichtstrahl auf ein grünes Männlein mit Fliegenaugen, das im Gebüsch versteckt war. Auf dem nächsten Bild unterhielt sich dieser Alien mit Tom.

»Liest du mir vor, was der Alien sagt?«, fragte Luis. Ich las. Seltsam! »nennöK« stand da und »kcülgnurev«.

»Es ist ein türkisches Alien«, sagte ich. Ich las alle Wörter vor, wie sie gedruckt waren. enieK emaN hcI nennöK eniem ztalpttorhcS ... Luis fiel vor Lachen aus dem Bett. Ich kapierte, dass man die Wörter von rechts nach links lesen und in die richtige

Reihenfolge bringen musste. »Du keine Angst!«, las ich. »Mein Name Zopotek. Ich mit meine Ufo verunglück! Können helfen und Schrottplatz zeige?«

Sofort glitt Luis' Finger auf dem nächsten Bild die Wege eines Irrgartens entlang. Er fand gleich die Strecke zum Schrottplatz. Er musste das schon x-mal gemacht haben, seit er das Heft bekommen hatte. »Lies weiter!«, sagte er. Das vorletzte Bild: ein riesiger Schrotthaufen, in dem man ein passendes Zahnrad für das kaputte Ufo finden sollte. Luis zeigte mit dem Lampenstrahl auf das richtige Rad. Die letzte Zeichnung zeigte, wie der Alien in seinem reparierten Raumschiff abflog.

Ich machte das Schlafzimmerlicht aus. »Pass auf!«, sagte ich zu Luis. »Du musst dich jetzt mit deiner Alien-Schock-Lampe ans Fenster stellen und schauen, ob uns ein Alien besucht.« Luis sprang auf und lief zum Fenster. Ich kuschelte mich in die Kissen. Im Dämmerlicht sah ich meinen Sohn, wie er aus dem Fenster starrte und mit seiner kleinen Lampe hinausblinkte. Die Sache schien ihm sehr wichtig zu sein. Er schaute und blinkte und schaute und blinkte. Ich lag im Bett und betrachtete Luis, wie er den dünnen Strahl seiner Lampe durch den Hof gleiten ließ, auf der Suche nach Sendboten fremder Galaxien. Mann! Es ist wunderbar, seinem fünfjährigen Sohn zuzusehen, wie er mit ernstem Gesicht den Aliens im Weltraum Blinkzeichen gibt. Mir standen Tränen in den Augen.

Einmal rief Luis ein kehliges »Daaaa!«, fuchtelte mit der Lampe, pochte gegen die Scheibe. Ich rannte zum Fenster. Es war nur Herr Neumann aus dem Hinterhaus, der immer im gelben Trainingsanzug, mit rosa Helm, Schutzbrille und Mountainbike zum Frühsport aufbricht. Herr Neumann ist etwas seltsam. Aber er ist kein Alien.

Als er eingesehen hatte, dass sein Warten erfolglos bleiben würde, kroch Luis wieder ins Bett. Ich las ihm noch zwei Donald-Duck-Geschichten vor. Irgendwann öffnete sich die Tür, und Paola kam

herein. »Was macht ihr?«, fragte sie. »netuG negroM! riW netraw
fua nehcnnämsraM!«, sagte ich. »tshcaM uD nehcsiwzni eef-
faK?«   • DAS BESTE AUS MEINEM LEBEN 2001

✱

ALS ICH AUF DEM BALKON WOHNTE

Es war an einem der letzten schönen Spätsommertage, als Paola
und ich beschlossen, unser Abendessen zusammen mit Luis auf
dem Balkon einzunehmen. Unser Balkon, erreichbar durch Luis'
Zimmer und eine Glastür, befindet sich über dem Innenhof. Man
blickt von dort auf Fahrräder, einen Sandkasten und den Weg
zum Hinterhaus. Auf dem Balkon stehen Blumentöpfe, ein Tisch
und drei Stühle. Auf denen saßen wir, aßen und freuten uns des
Lebens. Irgendwo spielte jemand Klavier, anderswo klapperte Geschirr, dazwischen: Schwalbengeräusche. Im Haus gegenüber saß
ein Student rauchend im Fenster und lernte aus einem Buch.
Langsam wurde es dunkel. Luis spielte auf dem Balkonboden mit
seiner Ritterburg.
»Es wird Zeit, Luis«, sagte ich, »dass du ins Bett gehst.«
»Nein«, sagte er, intensiv mit seiner Burg beschäftigt.
»Du kannst dir schon den Schlafanzug anziehen«, sagte Paola,
»und Zähne putzen. Dann kannst du im Bett lesen.«
»Nein«, sagte Luis.
»Luisss!!!«, sagte ich laut. Er beachtete das nicht. Spielte weiter. Jedenfalls zunächst. Aber nach zwei Minuten (in denen nichts geschah, außer dass ich einen Schluck Bier nahm und über das weitere Vorgehen nachdachte) stand Luis auf, ging in sein Zimmer
und schloss die Tür von innen. Ich stellte mich davor und sah, wie
er vor Vergnügen von einem Bein auf das andere hüpfte.

»Luis!«, rief ich. »Mach sofort die Tür wieder auf!«

Er hüpfte und lachte.

»Kümmere dich nicht!«, sagte Paola. »Es wird ihm langweilig werden und unheimlich. Dann macht er wieder auf.«

»Luiiisss!«, rief ich. Im Innenhof steigt der Schall wie ein Echo an den Hauswänden empor. Man kann in den Wohnungen jedes auf einem der Balkons gesprochene Wort hören. Weil ich den Nachbarn nicht eine kostenlose Abendunterhaltung bieten wollte, verlegte ich mich auf Pantomime, grimassierte, drohte durch die Fensterscheibe ins Kinderzimmer hinein, bis Luis verschwand.

»Setz dich und trink einen Schluck Bier!«, sagte Paola.

»Wie lange wird es dauern, bis ihm langweilig ist und unheimlich?«, fragte ich.

»Nicht lange«, sagte sie. »Jetzt genießt er seine neue Macht und kostet aus, dass er uns in der Hand hat.«

Als Kind sperrte mich meine Mutter in den Keller, um mich zu bestrafen. Nun sperrte mich mein Sohn auf den Balkon. Hast es weit gebracht, dachte ich.

Ich trank etwas, dann stand ich wieder auf, um ins Kinderzimmer zu sehen. Luis saß auf dem Boden neben seinem Bett, trank Coca-Cola aus einer Flasche und aß Popcorn, während er im Fernsehprogramm blätterte. Er war entschlossen, endlich alles zu tun, was ihm sonst verboten ist. Ich hämmerte mit den Fäusten gegen die Scheibe. Luis legte eine CD in den CD-Spieler, der neben seinem Bett steht, und begann, Musik zu hören. Paola stellte sich neben mich und klopfte nun auch ans Fenster.

»Soll ich die Scheibe einschlagen?«, fragte ich.

Wer kann sich vorstellen, wie hilflos wir waren? Man kann in einer solchen Situation niemanden zu Hilfe rufen, ohne sich in der Nachbarschaft zu blamieren. Man kann auch keine Verwandten anrufen, wenn man kein Handy dabei hat. Man kann nur warten.

Also warteten wir. Und warteten. Ehrlich gesagt: Wir sitzen seitdem auf dem Balkon. Wir wohnen hier. Glücklicherweise ist er überdacht. Glücklicherweise hatten wir zufällig Decken draußen liegen, in die wir uns nun nachts wickeln. Glücklicherweise hatten wir vom Abendessen einiges übrig. Es ist seltsam, auf dem Balkon zu wohnen. Man steht sehr in der Öffentlichkeit. Wenn ein Nachbar verwundert ruft, warum wir immerzu auf dem Balkon seien, rufen wir etwas zurück von frischer Luft und Malerarbeiten im Schlafzimmer. Manchmal überlege ich, ob ich aus Decken ein Seil knoten soll, wie es Gefängnisausbrecher tun. Aber wir wohnen im zweiten Stock und haben nur zwei Decken. Andererseits: Der Winter ist nicht fern.

Aber irgendwann wird er uns wohl hineinholen, unser Sohn. Vielleicht hat er auch mal Appetit auf Paolas Schweinsbraten. Und eventuell möchte er ja auch mal wieder in den Arm genommen werde, bitte, Luis, in den Arm …   • DAS BESTE AUS MEINEM LEBEN 2002

✦

VON WÖRTERN UND MENSCHEN

Wir sitzen beim Frühstück, und Luis fragt: »Wovon gibt es eigentlich mehr: Wörter oder Menschen?«

Das sind Fragen, die mir gefallen. Wenn ich mir zehn Gründe überlegen müsste, warum es schön ist, Kinder zu haben, dann wäre einer der ersten drei Punkte auf dieser Hitliste: dass sie einem solche Fragen stellen.

Paola sagt: »Das ist eine sehr gute Frage, Luis.«

»Ja, aber die Antwort«, sage ich.

Leuten, die keine Kinder haben, aber trotzdem an solchen Fragen interessiert sind, empfehle ich Salcia Landmanns Buch über den jüdischen Witz, Seite 130. Da wird die Frage aufgeworfen: »Hast du schon überlegt, wovon der Tee süß wird: vom Zucker oder vom Umrühren?«

Die eilige Antwort »Vom Zucker natürlich« wird pariert mit der Antwort, ob mal jemand Tee getrunken habe, der nicht umgerührt war, aber trotzdem süß? Nein? Na also. Die Gegenfrage ist, wieso man überhaupt Zucker brauche, wenn es nur aufs Umrühren ankomme. Antwort: »Dummkopf – das ist doch klar. Du brauchst ihn, um zu wissen, wie lang.«

Andere Frage: Wächst ein Mensch unten oder oben?

Die erste Antwort ist: oben. »Ich habe letztlich eine Reihe Soldaten gesehen. Oben waren sie verschieden hoch. Aber unten waren sie alle gleich.«

Das ist natürlich falsch. Richtig: unten. »Wenn einer wächst, dann wird ihm die Hose doch nicht oben zu kurz, sondern unten.«

Aber das will Luis ja nicht wissen. Er möchte, dass man ihm sagt, ob es mehr Wörter oder mehr Menschen gibt.

Ich sage: »Kommt darauf an, ob du nur jeweils das einzelne Wort meinst, oder ob man die Wiederholung eines Wortes mitzählt. Also, wenn ich ›Wolkenkuckucksheim, Wolkenkuckucksheim, Wolkenkuckucksheim‹ sage, sind das drei Wörter, oder ist es eines?«

»Ist egal«, sagt Luis.

»Ist es nicht«, sage ich. »Wenn es drei Wörter sind, ist die Zahl der Wörter größer als die der Menschen, wenn nicht – dann weiß ich es nicht.«

»Natürlich ist es ein Wort«, sagt Paola. Menschen seien unterschiedlich, also müssten es auch die Wörter sein.

»So unterschiedlich sind die Menschen auch wieder nicht«, sage ich.

In irgendeinem Erziehungsbuch habe ich mal gelesen, es sei nicht wichtig, ob man einem Kind eine richtige Antwort gebe. Sondern es komme darauf an, dass man sich bei der Fragen-Beantwortung Mühe gebe und dass man auch sage, wenn man eine

Antwort nicht wisse, damit das Kind lerne, dass seine Eltern nicht perfekt seien. Es verstehe dann, dass es selbst nicht vollkommen sein müsse.

Aber mich interessiert die Sache jetzt. Ich ziehe den Rechtschreib-Duden aus dem Regal und zähle die Zahl der Einträge, also die fettgedruckten in zehn Spalten, addiere das, teile durch zehn und habe eine Durchschnittszahl von Wörtern pro Spalte. Dann zähle ich die Spalten, multipliziere sie mit der Durchschnittszahl der Wörter und komme auf 124.410 Wörter.

»Es gibt mehr Menschen«, sage ich, »ganz klar.«

»Manche Wörter stehen nicht im Duden«, sagt Paola.

»Ganz klar«, sage ich und hole Band zwei des Grimm'schen Wörterbuches, *Biermörder bis Dwatsch*. »Hört mal, was es hier für Wörter gibt!«, sagte ich. »Bittrigkeit, Duzbrüdericht, Davidsschleuderstein, Bohnenkönig, dunstgeboren. Da ist manches Wort für zwei, drei Menschen gut.« Dann zähle ich die Stichwörter wie beim Duden und komme auf 1.130.320 Wörter in den 32 Bänden. Ich errechne die ungefähre Zahl aller Wörter (also auch die der erklärenden nach den Stichwörtern) im gesamten Grimmschen Wörterbuch: 78.724.800.

»Da sind Wörter doppelt drin«, sage ich. »Aber bei achtzig Millionen Deutschen, hmm ... Sind wir nahe dran mit den Wörtern. Und die meisten modernen Wörter kommen wiederum im Grimmschen nicht vor.«

»Und es gibt die Österreicher«, sagt Paola. »Und die deutschsprachigen Schweizer.«

»Wie es in China ist, weiß ich nicht«, sage ich. »Weiß der Henker, wie viele Wörter die Chinesen haben.«

»Es gibt sicher kleine Südseevölker mit eigener Sprache, die haben mehr Wörter als Menschen«, sagt Paola.

»Wie kamst du auf die Frage, Luis?«, frage ich.

»Weiß nicht«, sagt er und blättert zerstreut im Micky-Maus-Heft der Woche. • DAS BESTE AUS MEINEM LEBEN 2004

Ab und zu tut einer Kolumne eine gewisse Personalauffrischung gut, ein neues Kind, ein neuer Kühlschrank – nein, kein neuer Kühlschrank. Aber ein Haustier vielleicht?

★

DAS EINTREFFEN HERRN KURTS

Mein Leben lang habe ich nie ein Haustier gehabt, aber nun ist es nicht mehr anders gegangen. Luis hat sich zum siebten Geburtstag ein Meerschweinchen gewünscht.

Und er hat es bekommen. Obwohl ich dagegen war.

»Ich hatte als Kind nie ein Haustier«, habe ich zu Paola gesagt, als wir die Angelegenheit diskutierten.

»Soll das ein Argument sein?«, hat sie geantwortet. »Dir hätte es sicher gutgetan, wenn du ein Tier zum Streicheln gehabt hättest. Ich hatte als Kind mehrere Goldhamster, aber nacheinander. Einen habe ich auf dem Teller des Plattenspielers Karussell fahren lassen.« Sie lachte.

»Soll das ein Argument sein?«, fragte ich.

Zuerst hatte sich Luis eine Schildkröte gewünscht. Schildkröten seien langweilig, hatte Paola gesagt, außerdem würden sie uralt und hielten Winterschlaf. Sie wolle kein altes, langweiliges Tier, das ein halbes Jahr lang schlafe.

Dann hatte Luis sich einen Hamster gewünscht. Aber ich hatte behauptet, Hamster seien mürrische Einzelgänger. Ich wolle nicht, dass in unserer Wohnung ein mürrischer Einzelgänger lebe.

»Wir haben ja auch schon dich!«, rief Paola.

»Und eine Maus?«, fragte Luis.

»Mäuse sind wie Ratten«, sagte Paola. »Und Ratten sind eklig.«

Ich ging zum Bücherregal und fing an, in Tierbüchern zu lesen.

»Hier steht«, sagte ich, »dass Forscher bei einer Mäusegesellschaft in einem Käfig beobachteten, dass nur eine Maus dauernd das Laufrad benutzte. Man nahm an, das sei das stärkste Tier und es vertriebe die anderen vom Spielzeug. Aber es war die rangniederste Maus. Immer wenn sie irgendwo von einer ranghöheren Maus vertrieben worden war, wollte sie weglaufen.«

»Dann will ich ein Meerschweinchen«, sagte Luis. Ich blätterte in einem alten Brehm-Band und las: »Das Meerschwein lässt sich überaus viel gefallen und verträgt selbst Misshandlungen mit Gleichmut.« Auch könne es Geräusche machen, quietschen, grunzen, murmeln …

»Quietschen! Grunzen! Murmeln! Ja!«, riefen Paola und Luis. Sie gingen ein Meerschwein kaufen. Dazu kauften sie einen Käfig, Heu, eine Trinkflasche, ein Holzhäuschen, Einstreu, ein Handbuch. Das Meerschwein war schwarz-braun und hatte einen weißen Streifen im Gesicht.

»Wie soll es heißen?«, fragte ich.

»Kurt«, sagte Luis.

Paola und ich lachten. »Kurt? Wieso Kurt?«

»Einfach so.«

»Und wenn es ein Weibchen ist?«

»Sissy.«

»Ist es ein Weibchen oder ein Männchen?«, fragte ich.

»Das haben wir vergessen zu fragen«, sagte sie. Sie rief im Zoogeschäft an, um sich zu erkundigen.

Es war ein Männchen. Wir hockten uns vor den Käfig, quietschten, grunzten, murmelten und riefen: »Kurt! Kuhurt! Kurtilein! Kurtimann, lieber Kurtimann!«

Das Meerschwein saß in der Ecke und rührte sich nicht. Luis nahm es auf den Arm, zeigte ihm die Wohnung, setzte es auf den Teppich vor seinem Bett und las ihm aus Astrid Lindgrens *Immer lustig in Bullerbü* vor.

Paola nahm das Handbuch. »Es sind Herdentiere«, las sie. »Wahrscheinlich müssen wir noch ein Meerschwein kaufen. Aber hier steht auch, dass sich einzeln lebende Tiere besonders gut an Menschen gewöhnen. Wir sind jetzt seine Herde.«

Luis hörte mitten im *Bullerbü*-Kapitel auf und setzte Kurti in den Käfig. Wir quietschten, grunzten und murmelten wieder. Kurt starrte teilnahmslos vor sich hin. Wahrscheinlich kannte er das ihn betreffende Brehm-Kapitel auswendig und wartete nun auf Misshandlungen.

Paola sagte: »Was er wohl denkt?«

»Er fragt sich, wie das Kapitel weitergeht, das Luis gelesen hat«, sagte ich.   · DAS BESTE AUS MEINEM LEBEN 2003

★

DER HERR KURT

Seit einem Jahr lebt nun Herr Kurt bei uns, ein Meerschwein, auch *Cavia aperea porcellus*, wie der Zoologe sagt. Herr Kurt führt ein seltsames Leben, frisst Heu in seinem Käfig, lutscht an einer Wasserflasche, zerschnurpst einen Apfel und nimmt mit Freude die Gelegenheit zum Auslauf wahr, die wir ihm im Wohnzimmer bieten. Sein bester Freund ist weder Luis, der doch sein eigentlicher Besitzer ist, noch ich, vielmehr Paola, die keine Gelegenheit ungenutzt lässt, sich über Kurti in seinem Käfig zu beugen und mit ihm zu reden: »Ja, Kurti, was machst du denn? Tust du ein Apfilein fressen, ja brav, auch das Heuli nicht vergessen … Geht's dir gut, ja? Geht's dir gut?« Und Kurti scheint sich zu freuen, dass jemand so mit ihm spricht, hebt seine Nase, schnuppert, macht dieses und jenes Geräusch.

Manchmal stelle ich mir vor, auch zu mir würde jemand so reden, höbe also die Decke meines Büros an, blickte herein und spräche:

»Ja, Hackilein, was tust du denn? Tust du fein schreibischreibi machen? Und immer schön trinki an der Kaffeemaschin'? Brav! Und nicht vergessen, auch schön Wasser saufisaufi, zwei Literli am Tag, sagt der Onkel Doktor ...« Ich weiß nicht, wie ich das psychisch verarbeiten würde, vielleicht nicht so gut wie Kurti.

Man tut sich ja schwer, ein Meerschwein als erwachsenes Wesen zu sehen, es ist einfach zu klein, bei einer Kuh ist das etwas anderes, sie mag zwar blöde sein, aber trotzdem genießt sie eine Art von Respekt ob ihrer schieren Größe.

Vor einer Weile habe ich mir eine Meldung aus der Zeitung ausgeschnitten, in der es hieß, Forscher der Universität Tübingen hätten entdeckt, dass es einst an den Flussufern Venezuelas ein Meerschwein gab, *Phoberomys pattersoni*, das siebenhundert Kilogramm schwer war und mächtig wie ein Büffel. Dieses Vieh lebte halb im Wasser, halb an Land, ernährte sich von Gräsern und musste sich vor riesigen Krokodilen in Acht nehmen.

Wie Paola wohl mit einem solchen Tier sprechen würde? Wo würde es überhaupt wohnen bei uns? Wahrscheinlich auf dem Balkon, oder? Interessant, ein rindsgroßes Meerschwein zu besitzen, das morgens zum Schlafzimmerfenster hereinblickt, die Reste der Balkonpflanzen noch im Maul, und mit dem man dann einen Spaziergang durchs Viertel machen würde, auf dem es vielleicht mit seinen riesigen Füßen ein, zwei von den Hunden zerträte, die unsere ganze Gegend nach Strich und Faden vollscheißen. Na, und vor Krokodilen müsste es sich nicht fürchten bei uns, es gibt nur wenige in der Straße, sie sind alle Vegetarier.

Bei der Gelegenheit fällt mir aber ein, wie willkürlich doch die Größenverhältnisse im Tierreich sind. Warum sind Wale so groß und Marienkäfer so klein, warum ist es nicht anders herum? Schon oft habe ich mir vorgestellt, wie es wäre, wenn ein knöchelhohes Pferd in meinem Flur herumgaloppieren würde, wenn eine winzige Kuh uns die Milch für den Morgenkaffee gäbe und wenn ich mit einem kleinen Elefanten an der Leine herumspazieren könnte. Wie herrlich wäre das Leben, besäßen wir eine Giraffe von dreißig Zentimetern Höhe, gerade genug, um an den Fransen des Tischtuches zu knabbern! Wie nett wäre es, es gäbe Panther von Daumennagelgröße, für die eine Schuhschachtel ein Riesenraum wäre! Ihr superleises Fauchen, die tägliche Fütterung mit einem Teelöffel Schabefleisch – ach!

Mir wird gelegentlich von Leuten, die sich aus irgendwelchen Gründen für erwachsen halten, mein kindliches Gemüt vorgeworfen. Das ist mir gleich. Ich würde ein Zimmer meiner Wohnung zur Verfügung stellen, könnte ich darin eine kleine Wildnis errichten, in der Zebraherden weideten, winzige Gnujunge herumtollten und fingerlange Krokodile träge am Flussrand lägen. Und natürlich gäbe es auch Hyänen und Löwen, die ganze Grausamkeit der Natur, frei zur täglichen Beobachtung.

Stattdessen sehe ich bloß Tierfilme im Fensehen und blicke auf Kurti herab in seinem Käfig. Ach, das Leben …

• DAS BESTE AUS MEINEM LEBEN 2004

Der Herr Kurt war dann wirklich einige Jahre bei uns, aber eines Tages bekamen wir noch ein kleines Baby, die Sophie. Da musste Kurt für eine Weile in den Hausflur umziehen, ein unwirtlicher Ort, von dem aus es dann auf einen Meerschweinchen-Gnadenhof im Chiemgau ging, wo Kurt, wenn ich es recht hörte, noch eine Reihe von Nachkommen gezeugt haben soll, bevor er ins Reich des Großen Meerschweins hinüberging. Es waren wohl glücklichere Jahre als bei uns.

Auch die nächste Geschichte ist nicht weiter spektakulär (aber welche von den Geschichten in diesem Buch ist das schon?), doch ich liebe sie wie wenige andere, als Erinnerung an einen heiteren, glücklichen Abend in einer unbeschwerten Zeit (wenn man von den Gewissenskonflikten, diesen Wagen betreffend, mal absieht).

★

DER ALDIWAGEN

Ich bin ein ehrlicher Mensch, einer von diesen, die sich eines Tages bei der verblüfften Geschäftsführung einer Supermarktkette
melden, weil sie mit Zins und Zinseszins einen Schokoriegel bezahlen wollen, den sie als Kind dreißig Jahre zuvor in einer Filiale
stahlen. Allerdings habe ich als Kind nie was gestohlen, nicht mal
einen Schokoriegel. So ehrlich war ich.

Aber jetzt ist etwas vorgekommen …

Paola und ich waren bei einer Party eingeladen, gar nicht weit von
unserer Wohnung, so fünfhundert Meter zu Fuß. Das heißt, es
wären natürlich auch fünfhundert Meter mit dem Auto gewesen,
aber wir fuhren nicht Auto, weil es dort, wo die Party stattfand,
keine Parkplätze gibt. Wir fuhren auch nicht mit dem Taxi. »Es
ist doch ganz in der Nähe«, sagte ich zu Paola. Deshalb gingen
wir zu Fuß. Aber Paola trug Schuhe mit sehr hohen Absätzen.
Nach hundert Metern fragte sie, wie weit es sei, nach zweihundert Metern fragte sie wieder, nach dreihundert schimpfte sie,
nach vierhundert beschloss sie, keinen Schritt mehr zu gehen.
Die letzten hundert trug ich sie.

Die Party war ausgelassen. Wir tranken dieses und jenes, unterhielten uns bestens. Unsere Laune war glänzend, als wir gegen
zwei das Haus verließen und auf der Straße standen.

»Wie kommen wir heim?«, fragte Paola.

»Ach, das Stückchen …«, sagte ich.

»Auf keinen Fall!«, sagte Paola. Aber ein Taxi war nirgends zu sehen. Ich wollte auch keines rufen für fünfhundert Meter. Es müsste kleine, vollautomatisch durch die Stadt schwebende Luftkis-
sentransporter für Frauen geben, dachte ich, Mini-Hovercrafts
mit einem Sessel drauf, die man einfach mit der Hand anhält.
Deine Frau setzt sich in den Sessel und schwebt leise summend
neben dir her, während du heimgehst. Das gibt es natürlich nicht.

Die besten Sachen gibt es immer nicht.

Ich sah mich um und entdeckte direkt neben der Haustür einen Einkaufswagen von Aldi. Leer.

»Setz dich mal rein«, sagte ich, hob Paola in die Luft und plazierte sie sanft in dem Wagen, der genau die richtige Größe hatte. Sie ließ die Beine herausbaumeln und lachte. Ich schob sie nach Hause. Die Leute, die noch auf der Straße waren, sahen uns nach. Einer rief:

»Was es heutzutage so alles bei Aldi gibt?!«

»Und so günstig!«, rief ich. Dann waren wir zu Hause, fuhren im Fahrstuhl nach oben, und ich schob den Wagen gleich ins Schlafzimmer.

Am nächsten Morgen sagte ich: »Jetzt will ich den Wagen mal zu Aldi bringen. Wo ist hier eigentlich ein Aldi?«

Paola wusste es nicht. Im Telefonbuch fand ich Aldi nicht, seltsam eigentlich. Außerdem musste Luis zum Kindergarten. Ich vergaß die Sache. Der Aldiwagen blieb im Treppenhaus stehen. Weil er da nun mal stand, nahm ich ihn abends mit zum Getränkemarkt. Paola transportierte darin Sachen in den Keller. Luis spielte mit ihm im Flur.

»Praktisch, so ein Supermarktwagen«, sagte Paola.

»Aber wir müssen doch … Wir können nicht einfach …«, sagte ich.

»Andererseits stand er einfach auf der Straße«, sagte Paola. »Wir haben ihn nicht bei Aldi weggenommen. Wir wissen nicht mal, wo Aldi ist. Wir sind nicht verpflichtet, den Wagen durch die halbe Stadt zu Aldi zu bringen.«

»Man kann ihn nicht einfach behalten«, sagte ich.

»Stell ihn wieder auf die Straße!«, sagte sie.

»Jetzt haben ihn schon alle vor unserer Tür gesehen«, sagte ich.

»Vielleicht werden wir mal wieder irgendwo eingeladen. Dann bringe ich dich mit dem Wagen hin.«

»So was ist nur einmal lustig«, sagte sie.

»Ich bringe ihn zu Aldi«, sagte ich. »Irgendwann. Bald.«
Ein paar Tage später fuhr ich Einkäufe aus dem Auto, das in der Garage stand, mit dem Aldiwagen im Lift nach oben. Noch später brachte ich Gepäckstücke, die ins Auto mussten, mit dem Aldiwagen in die Tiefgarage. Da ließ ich ihn dann. Er steht noch dort.

Ich habe ein schlechtes Gewissen. Demnächst werde ich den Wagen wegbringen. Neulich habe ich eine Aldi-Filiale im benachbarten Stadtviertel entdeckt. Da fahre ich ihn hin. Mache eben einfach einen Spaziergang da vorbei.

Spätestens in dreißig Jahren.   · DAS BESTE AUS MEINEM LEBEN 2002

✱

WIE MAN GLÜCKLICH WIRD

Ich hatte meinen freien Tag, saß in der Küche und las in der Zeitung, als Luis hereintrat und fragte:

»Papa, was ist eigentlich Glück?«

Glück, dachte ich – wie erklärt man einem Fünfjährigen, was Glück ist? Und Glück, dachte ich – weiß ich überhaupt selbst, was Glück ist? Welche Ahnung hat ein Jammerlappen wie ich, der sich leicht Tag für Tag in Klagen und Melancholie verliert, vom Glück? Was wäre Glück für mich in diesem Moment? Wenn ich noch zwei Stunden hier sitzen könnte und Zeitung lesen, unbehelligt vom Leben? Und was wäre Glück für ihn, den Kleinen – jetzt?

»Ähm, also, Glück ist ... weißt du ...«, hob ich an, weil ich mich zu einer Antwort verpflichtet fühlte, »Glück also ist ... Luis?! Wo bist du denn?«

Er war aus der Tür gegangen. Er hatte die Frage gestellt und anschließend sofort den Raum verlassen, vielleicht im Gefühl, die Frage könnte für mich zu groß sein. Oder die Antwort für ihn zu hoch. Ich las wieder in meiner Zeitung, ohne weiter über Glück nachzudenken und etwas anderes zu empfinden als eine kleine Zufriedenheit. Da betrat Luis wieder das Zimmer. Er trug drei lange Leisten aus Holz und eine Plastiktüte mit kleinen und größeren Holzklötzen, die der Schreiner ihm geschenkt hatte, als er einen Einbauschrank installierte.

Luis sagte: »Ich möchte eine Maschine bauen.«

»Was für eine Maschine?«, fragte ich.

»Eine Maschine eben«, sagte er. »Eine Maschine, die etwas kann.«

»Und was?«, fragte ich.

»Na, etwas eben, irgendetwas«, sagte er. »Hilfst du mir? Gibst du mir dein Werkzeug?«

Ich dachte, wie gern ich noch eine Weile mit meiner Zeitung allein gewesen wäre, wie gern ich danach vielleicht einen Spaziergang gemacht hätte, dass ich vielleicht auch Freude an einem Buch gehabt hätte. Wie schön es wäre, Luis würde allein in seinem Zimmer spielen! Und: Ich bastele nicht gern und verstehe nichts von Maschinen. Teufel auch, ich hatte meinen freien Tag! Aber!!! Luis bastelt gern, und er versteht noch weniger von Maschinen, und ich konnte ihn ja nicht allein mit Hammer und Säge werkeln lassen. Ich dachte einen Augenblick nach, dann sagte ich: »Wir bauen eine Schranke.«

»Was ist eine Schranke?«

»Das gibt es bei der Eisenbahn, wenn sie über eine Straße fährt, damit die Autos stehen bleiben. Und an den Grenzen zu anderen Ländern.«

»Ach so, eine Schranke«, sagte Luis. »Jaaa!«

Dann holte ich den Werkzeugkasten und Nägel. Wir sägten eine Stange für die Schranke zurecht, so breit wie unser Flur, nagelten an das eine Ende einen Holzklotz, bauten ein Gestell mit Halterungen für das eine und das andere Ende der Schranke und machten sie so daran fest, dass man sie auf- und zuklappen konnte. Dann holte Luis seinen Malkasten mit den Wasserfarben, und ich holte Wasser. Weil ich keine alte Zeitung fand, nahm ich die neue, die ich eigentlich noch lesen wollte, und breitete sie unter der Holzkonstruktion aus. Wir malten die Schranke weiß und rot an: Ich machte die weißen Streifen, Luis die roten, und den dicken Holzklotz am Ende machten wir gemeinsam schwarz. Dann nahmen wir ein Brettchen und nagelten es an die Schranke, als Schild.

»Was sollen wir auf das Schild schreiben?«, fragte ich.

»Wir schreiben: ›Halt, hier muss man stehen bleiben, das ist eine Schranke!‹«, sagte Luis.

»Dafür ist das Schild viel zu klein«, sagte ich. »Wir schreiben einfach: ›Stop!‹«

»Gut«, sagte Luis. Ich schrieb: »Stop!« Wir waren fertig. In diesem Moment kam Paola vom Einkaufen. Sie blieb vor der Schranke stehen und fragte: »Was ist das denn?«

»Eine Schranke«, sagte Luis. »Siehst du doch.« Er klappte die Schranke auf, ließ Paola gehen, klappte die Schranke zu und sah dabei aus, als wäre er in der Zeit, als wir bastelten, zehn Zentimeter größer geworden.

Dabei war er bloß glücklich. Und ich auch.

· DAS BESTE AUS MEINEM LEBEN 2001

Wer mag und noch nicht dort war, kann jetzt im Glücks-Kapitel auf Seite 269 weiterlesen, aber viel glücklicher als in dieser Geschichte geht es dort, ehrlich gesagt, auch nicht zu.

ZU EINIGEN POLITISCHEN FRAGEN

———————— ✶ ————————

Dies ist jetzt das Kapitel über einige Helden unserer Zeit, über Edmund Stoiber, der Europa von jeglicher Bürokratie befreite, über Wladimir Putin, den Retter der Amphoren im Asowschen Meer, und über Alexander Dobrindt, den größten Maut-Helden unserer Tage. Und über viele andere.

EDMUND STOIBER 1

Ich musste mein Büro aufräumen. Ich sortierte Wörter. Wenn man als Autor nicht täglich Wörter aufräumt, findet man sie nicht, wenn man sie braucht. Man muss zum Beispiel *Liebesglut* schreiben und kann es nicht, weil *Liebesglut* unter Zeitungen verborgen liegt. Dann schreibt man statt *Liebesglut* etwa *Feuer der Zuneigung*, aber das ist was anderes. Viel Schwaches in der Literatur rührt daher, dass Autoren nicht aufräumen und sich mit dem behelfen müssen, was gerade daliegt. Es gibt Schriftsteller, die produktiver wären, wenn sie nicht dauernd passende Wörter suchen müssten.

Irgendwo fand ich ein *Äh* und ein *Ähm*. Sind das Wörter?, dachte ich. Oder nur Laute? Ich weiß nicht, ob Sie die aktuelle psycholinguistische Debatte in den USA und Großbritannien verfolgen … Sehr interessant. Man hat dort lange *Äh* und *Ähm* (im Englischen *Uh* und *Um*) nicht als Bestandteile der Sprache gesehen, eher als Geräusch oder Sprech-Abfall. Dann haben Forscher den Fluss der Sprache untersucht. Und heute finden sie, *Äh* und *Ähm* seien normale Wörter. Das eine signalisiere eine kurze, das andere eine längere Pause im Redestrom.

Gerade lese ich das neue *Bild der Wissenschaft* mit einem Aufsatz, *Äh* betreffend: Amerikanische Experten maßen die Stromspannung auf der Kopfhaut von Versuchspersonen und stellten fest, dass ein gut platziertes *Äh* es dem Zuhörer erleichtert, sich auf überraschende, schwer verständliche Wörter einzustellen. Er wird aufmerksamer. Auch hilft das *Äh* ihm, sich später an das Wort zu erinnern.

Liz Shriberg, eine Psychologin aus Kalifornien, sagte dazu vor Jahren, wenn man erkenne, wie sauber *Äh* und *Ähm* in Sätzen verteilt seien und dabei »eine sehr elegante Struktur haben, sieht man, dass sie überhaupt kein Müll sind«. Sondern Wortstoff.

Elegante Struktur. Werfen diese Untersuchungen zum Abschluss seiner Amtszeit nicht ein neues Licht auf die Sprachführung unseres lieben Edmund Stoiber? Der mit dem *Äh* in einer Weise unvergesslich geworden ist, dass unsere Kopfhäute sich noch in Jahrzehnten spannen werden, wird sein Name genannt. Wer die Verwendung des *Äh* durch Stoiber bei seinem legendären *Christiansen*-Auftritt vor fünfdreiviertel Jahren noch mal unter die Lupe nimmt, wird hier eines Variantenreichtums und einer Eleganz gewahr, bitte … Ich möchte jetzt einen Beitrag zum psycholinguistischen Diskurs leisten, indem ich eine Systematisierung des *Äh*-Einsatzes bei Stoiber vorlege.

Das einleitende *Äh*: »Äh, es geht doch nicht darum …«

Das *Äh* im Satz: »Ich glaube, dass, äh, viele …«

Das Doppel-*Äh* im Satz: »Das hat, äh, äh, verschiedene Aspekte …«

Das einfache, ein Wort einrahmende *Äh*: »Wir schaffen das, äh, mit, äh, Schwierigkeiten …«

Das doppelte, ein Wort einrahmende *Äh*: »… Herr Merz, äh, äh, Frau, äh, äh, Frau Merkel …«

Das einfache, mehrere Wörter einrahmende *Äh* mit Wiederholung des Eingerahmten außerhalb der Einrahmung: »… äh, zahlen sie, äh, zahlen sie die Zeche …«

Das einfache, Wörter einrahmende *Äh* mit Wiederholung des Eingerahmten innerhalb der Einrahmung: »… äh, dass wir, wir, wir, dass wir natürlich uns vernünftig, äh …«

Das einfache, Silben einrahmende *Äh* mit Vernichtung der eingerahmten Silbe: »… die 209 Milliarden DM, die, äh, ver-, äh, für Fort-, die, den Solidarpakt, also das bitte ich …«

Das doppelte, Wörter einrahmende *Äh* mit Wortwiederholung und einem Wort innerhalb des zweiten *Äh, Äh*: »… das ist noch lange nicht abschließend, äh, äh, abschließend, äh, damit, äh, befunden …«

Das ins Wort eingesprungene einfache *Äh* mit Anlauf: »… von, von, von, von Ost nach West-, äh, -deutschland.«

Das ins Wort eingesprungene einfache *Äh* mit Wiederholung eines anderen Wortes in diesem Wort, ohne Anlauf: »… zwei Prozent des, äh, Brutt-, äh, des, des, des Bruttosozialprodukts …«

Das mehrmals in den Satz gestreute *Äh*, mit Wiederholung von Satzbestandteilen und einer falsch angeredeten Person in der Einrahmung: »Wir liegen mit 5,8 Prozent, äh, wenn Deutschland, äh, bei 5,8 Prozent Arbeitslosigkeit läge, dann hätten wir viele Probleme nicht, also ich glaube, dass Sie nicht unbedingt jetzt den Spitzenreiter oder den Zweiten …, ja, Frau Merkel, ich bin, Frau …, Sie sehen, Sie sehen, Sie sehen, wie, Entschuldigung, aber Sie sehen, wie eng, ich hab auch heute zweimal mit ihr telefoniert, wie eng wir natürlich auch, äh …«

Schließlich das vierfache, ins Wort eingesprungene *Äh* mit vierfacher, ins *Äh* eingesprungener Wiederholung eines anderen Wortes – mit Anlauf (nie vorher wurde so etwas versucht!): »… jetzt schreiben die großen Firmen, ob das British Telecom, ob das VIAG, ob das Telek-, äh, die, die, die, die, äh, äh, äh, die große deutsche Gesellschaft ist, Herr Sommer, der schreibt jetzt ab …«

Ganz groß. Ein Rhythmiker. Ein Sprachmusiker. Ein Virtuose des *Äh*.   · DAS BESTE AUS MEINEM LEBEN 2007

★

EDMUND STOIBER 2

Kürzlich landete ich im Internet in einem Forum mit dem Titel *Alle Hosen rutschen über den Hintern*, also, ich scherze jetzt nicht, da beklagt sich eine Frau, dass alle Hosen, die sie ihrer Tochter kauft, über den Hintern nach unten rutschen, sie finde einfach keine Lösung für diese Frage: »Gibts denn keine normalen Hosen mehr für Kinder die wir früher hatten die noch über die Hüften gingen oder kauf ich einfach falsch ein? Was habt ihr für Hosen? Ich habe mittlerweile esprit, Takko, Tom Tailor, Topolino, C&A, die von NKD (sind eh zu schmal), Lemmi, Diesel, Levis … im Schrank und keine paßt vernünftig alle rutschen.«

Man fasst es nicht. Die Frau besitzt Hosen von mindestens neun Markenfirmen für ihre Tochter, doch keine dieser Hosen sitzt vernünftig, und sie kriegt das nicht geregelt! Wo leben wir? In Mitteleuropa haben wir es zu nie da gewesenem Reichtum gebracht, selbst den Ärmsten geht es hundertmal besser als den Armen in Asien, Afrika und Südamerika – und dann haben Leute neun Hosen daheim, aber alle rutschen, weil eine wahnsinnige Mode-Industrie für Jugendliche seit einer ganzen Weile hauptsächlich Hosen produziert, deren Hüftbund unter dem Hintern ansetzt, so dass männliche Halbwüchsige bei jedem Wetter in Unterhosen durch die Gegend schlurfen, während um ihre Beine eine Hosenstoffmenge herumschlabbert, die für ein Campingzelt ausreichen würde.

Was ist zu tun? Normiert nicht die Europäische Union alles und jedes, warum also nicht auch Hosen? Wäre ein Einheitsbeinkleid denkbar, eine Brüsselhose?

Andererseits gibt es den EU-Entbürokratisierer Edmund Stoiber, der in einem Interview, in dem es ums rechte Maß an Regeln und Kontrolle ging, mit einer Hosenrutsch-Metapher antwortete: »Natürlich will jeder verhindern, dass ihm die Hose rutscht. Die Frage ist aber: Reicht es, wenn ich mir einen Gürtel umziehe, oder brauche ich darüber hinaus noch Hosenträger und eine Sicherheitsnadel?«

Eine Sicherheitsnadel? Man fragt sich, wie man eine rutschende Hose mit Hilfe einer Sicherheitsnadel befestigen soll. Trägt Stoiber als Nabelpiercing eine Art Öse, durch die er eine Hosennadel zu stecken in der Lage wäre? Soll der EU-Bürger sich eine Nadel durch die bloße Hüfthaut schieben, um sackende Hosen am Leib zu fixieren? Oder ist die Sache so gedacht, dass eine durch Hemd und Hose geschobene Sicherheitsnadel im Falle eines plötzlich-gleichzeitigen Versagens von Hosenträgern und Gürtel ein drittes Anti-Rutsch-System böte (wie es bei Atomkraftwerken auch mehrstufige Sicherheitskonzepte gibt), ein Trio, das gegen die Hosenanziehungskräfte der Erde wirkt?

Wobei man das Wort »Trio« im Fall Stoiber nicht aussprechen kann, ohne zu bedenken, dass er es war, der den erweiterten Trio-Begriff schuf, den des Vierer-Trios, als er nach einem Fußballspiel sagte: »Wer ein Trio vorne hat wie Ronaldo, Ronaldinho und äh … äh äh und äh … und die anderen Brasilianer … Carlo … Roberto Carlos … das ist äh … das ist … Rivaldo dazu noch … Rivaldo … äh … äh … ah … Rivaldo und äh … Ronaldinho und Ronaldo … also … das dann verloren zu haben, das ist zwar bitter, aber nicht so bitter.«

Dies erinnernd, könnte man zum Trio Gürtel/Hosenträger/Sicherheitsnadel noch die Büroklammer oder das doppelseitige Klebeband hinzu, äh …, tun, wenn nicht ein fahrbares Hosengerüst, in dem der Hosenbesitzer sich bewegt, ein körperumschließender Rollator, an dem die Hose aufgehängt würde, so dass Rutschen ausgeschlossen wäre.

Was aber können wir Menschen sagen, die mit dem Problem rutschender Hosen letztlich nicht fertigwerden? Welche Antworten hat unsere Gesellschaft für jene, die inmitten unseres Hosenreichtums keine Lösung für die bittere (wenn auch nicht so bittere) Frage finden, wie sie eine Hose an sich selbst befestigen könnten? Sind wir letztlich zu einer Versöhnung von Mensch und Hose in der Lage?

Müsste man nicht dazu aber auch an die Hosen selbst appellieren? Dass sie wissen müssen, was sie tun, wenn sie rutschen. Dass sie sich besinnen sollten! Die Hose verliert ihren Sinn, wenn sie nicht getragen werden kann. Der Mensch kann im Letzten ohne Hose leben, nie aber die Hose ohne den Menschen …

Mag sein, dass Edmund Stoiber hier mit zwei Kolumnen überrepräsentiert ist, mag aber auch sein, dass man über einen so lustigen Mann wie ihn gar nicht genug schreiben kann. Wer noch mehr wissen will, der lese gleich weiter in *Hund und Macht* auf Seite 511, aber dann kehren Sie gleich zu der kommenden Geschichte zurück, denn da geht es um eine andere meiner Lieblingspersonen: Wladimir Putin.

★

WLADIMIR UND DIE LANGSCHLÄFER

Bitte, ich werde nicht Putin mit Hitler vergleichen, aber in *Newsweek* stand jetzt ein längerer Artikel über Wladimir Putins Lebensgewohnheiten, und dabei fiel mir auf, dass der Mann erst gegen elf Uhr aufsteht; das ist etwa die Uhrzeit gewesen, zu der auch Hitler sich erhob. Der Diktator (also Hitler jetzt) war ja ein berüchtigter Langschläfer, niemand in seiner Umgebung traute sich, ihn zu wecken, selbst wenn dringend militärische Entscheidungen benötigt wurden. Aber wenn einer erst gegen fünf Uhr morgens ins Bett geht, weil er bis dahin bei nächtlichen Teestunden irgendwelche Stenotypistinnen bis an den Rand des multiplen Organversagens gequatscht hat (sämtliche Generäle waren ja schon ohnmächtig) – dann kommt der halt erst mittags aus den Federn.

Täusche ich mich, oder hat diese Langschläferei etwas Pubertäres, Unreifes? Im Alter zwischen elf und sechzehn Jahren beginnt ja beim Menschen eine Phase, in der er abends nicht ins Bett findet und morgens nicht hinaus, fünf, sechs Jahre später ist diese Zeit zu Ende, das nennt man Erwachsenwerden. Kann es sein, dass manche Leute diesen Punkt verpassen und den Rest des Lebens in einer Art Dauerpubertät verbringen? Es fällt auf, dass Teile der Welt mit Putin wie mit einer Art von schwererziehbarem

Jugendlichen umgehen möchten; der frühere brandenburgische Ministerpräsident Platzeck hat neulich gesagt, man solle Putin nicht in die Enge treiben, er dürfe nicht in einer Falle sitzen, sonst wird er »anfangen zu randalieren«. Das ist ja der Ton, in dem besorgte Eltern nachts über Söhne reden, mit denen sie unerklärliche Schwierigkeiten haben.

Jedenfalls kann es anscheinend passieren, dass einer, bei dem dieser Pubertäts-Schlaf-Schalter nie umgelegt wurde, sich später dauernd in seltsamen Macker-Posen fotografieren lässt, Tiger streichelt, übermäßig viel Motorrad fährt und beim Tauchen im Asowschen Meer Amphoren findet, die seine Mitarbeiter dort hingelegt haben. Von Waffenlieferungen an pro-russische Separatisten, die damit unschuldige Flugreisende ermorden, gar nicht zu reden.

Ich habe mich mal über den Tagesablauf großer Politiker informiert. Es gibt da diese entspannten Typen wie Calvin Coolidge, US-Präsident von 1923 bis 1929, der sich jeden Nachmittag zwei Stunden ins Bett legte und beim Aufwachen fragte: »Ist das Land noch da?« Und andererseits die Disziplinierten wie Kaiser Franz Joseph, der morgens um halb vier (eine Zeit, zu der Putin sich wohl allmählich hinlegt) von seinem Leibkammerdiener mit den Worten »Leg mich zu Füßen Eurer Majestät, guten Morgen« geweckt wurde und dann noch vor dem Frühstück (um fünf) die ersten Akten von links nach rechts bewegte.

Den absolut coolsten Tag hatte Winston Churchill: halb acht Frühstück, Zeitungslektüre, Verfassen von Briefen, Büchern und Reden, alles noch im Bett, um elf Aufstehen, Spaziergang im Park, der erste Whisky, dann zum Lunch um eins: Köpfen der ersten Champagnerflasche. Nach dem Essen Portwein, Brandy, Zigarren, Spielen mit den Kindern, Überwachen von Gartenarbeiten, wieder ein leichter Whisky, Champagner zum Dinner, nachts dann zwei Stunden Diktat bis nach Mitternacht. *No sports!*

Der Mann hat Großbritannien vor den Nazis gerettet und dann

den Literatur-Nobelpreis gewonnen; man weiß nicht so recht, wann eigentlich, aber er hat es getan.

Hitlers Frühstück bestand aus warmer Milch, Knäckebrot und einem Apfel, ab 1944 aus Müsli mit geriebenem Apfel. Putin (wirklich: Ich hasse diese Vergleiche und dies ist auch keiner!) nimmt Hüttenkäse und einen Smoothie, auch Kaffee. Dann schwimmt er zwei Stunden, was ich super finde, Hitler war ja Nichtschwimmer, glaube ich. Danach stehen irgendwann die Leute mit den dicken Mappen von den Geheimdiensten in der Tür, bei Angela Merkel würde man sagen: Morgenlage. Na ja: Mittagslage.

Wussten Sie, dass Putin das Internet nur selten benutzt? Hitler hat es gar nicht verwendet. · DAS BESTE AUS ALLER WELT 2014

Interessenten für das Thema »Der Schlaf und seine Bedeutung im politischen Leben« sollten den Text *Hypnokratie* auf Seite 218 nicht versäumen. Und Putin, der kommt ja auch in *Eine Elster mit Sodbrennen* auf Seite 257 vor und in *Und ein Fisch, der es doch geschafft zu haben schien, am Ende aber auch nicht* auf Seite 344, zu Recht sicherlich. Die folgende Geschichte ist vielleicht nicht besonders aufregend, aber mit Sicherheit eine von denen, die mir als Kolumnisten den meisten Spaß bei der Arbeit gemacht haben, einfach, weil man recherchieren und lesen muss und weil man dabei so viel lernt.

✦

HUND UND MACHT

Das Thema »Hund und Macht«, viele Jahre wenig im Vordergrund, gewinnt an Interesse. Barack Obama hat alle wichtigen Positionen um sich herum besetzt, vom Stabschef bis zur Außenministerin. Aber wen wird er als Hund ins Weiße Haus berufen? Wer wird *First Dog*?

Stanley Coren, Autor von *Hunde, die Geschichte schrieben*, schätzt, dass bisher 230 Hunde im Weißen Haus lebten, bei 43 Präsidenten, von denen aber der erste, George Washington, nicht im Weißen Haus regierte, weil es noch nicht gebaut war. Washington war jedoch der größte Hundefreund im Amt, er züchtete sogar Hunde; die Rasse *American Foxhound* verdankt ihm ihre Existenz. Wenn ich's recht sehe, war der einzige Präsident, der im Weißen Haus keinen Hund hielt, Abraham Lincoln. Dabei *hatte* er einen Hund, Fido hieß er. Aber Lincolns Frau wollte nicht, dass er mit nach Washington zog, er werde die Teppiche im Amtssitz beschmutzen, die kein Privatbesitz seien – das gehe nicht. Also blieb Fido in Illinois, Lincolns Heimat: ein großer gelber Hund, der seltsamerweise wie sein Herr ermordet wurde, ein Jahr nach ihm, 1866. Fido hatte einen schlafenden Betrunkenen entdeckt und an ihm geschnüffelt. Der Mann wachte auf, geriet in Panik und stach den Hund nieder.

Hunde sind gut für die Propaganda, deshalb haben unsympathische Präsidenten immer Hunde gehabt, auch wenn sie die Tiere nicht mochten. Nixon kandidierte 1952 für die Vizepräsidentschaft unter Eisenhower, als er sich Korruptionsvorwürfen konfrontiert sah; er rettete sich mit einer Rede, in der er behauptete, das einzige Geschenk, das er je angenommen habe, sei ein Cockerspaniel namens Checkers gewesen. Auch den behalte er nur, um seiner Tochter nicht das Herz zu brechen. Die Leute weinten gerührt und wählten ihn. Herbert Hoover, ein Technokrat, verdankte seine Wahl 1928 auch Fotos, die ihn gemeinsam mit Schäferhund King Tut zeigten. Tut wurde dann während der Wirtschaftskrise depressiv, fraß nicht mehr, starb. Und Hoover? Wurde nicht wiedergewählt.

Hunde sind Tiere, die sich einordnen, Rudelwesen. Deswegen sind Katzen selten im Zentrum der Macht. Um so erstaunlicher, dass manche US-Präsidenten nicht Alphatier genug waren, ihren Hund in Schach zu halten. Reagan hatte einen Bouvier (Hunde, mit denen man Rinder hütet), der versuchte, in Ermangelung von Kühen den Präsidenten zu treiben, schnappte nach seinen Füßen und biss ihn in den Hintern, was ihm die Versetzung auf Reagans Ranch in Kalifornien eintrug.

Übrigens war Napoleon Hundehasser, obwohl ihm bei der Rückkehr aus Elba ein Neufundländer das Leben rettete. Er war ins Wasser gefallen, als Nichtschwimmer – der Hund zog ihn heraus. Aber Joséphine, seine erste Frau, hatte einen Mops, der durfte in ihrem Bett schlafen. Wo sich in der Hochzeitsnacht auch Napoleon aufhielt. Was wiederum dem Mops missfiel. Weshalb er seine Zähne in des Empereurs Wade grub. Aus Rache erließ der ein Gesetz, das Franzosen verbot, Hunde Napoleon zu nennen.

Interessant, dass deutsche Politiker sich selten mit Hunden zeigen, es wird im Tiefsten an Hitlers Posieren mit Blondie liegen. Bismarck war noch ein Freund der Doggen, eine namens Tyras warf den russischen Kanzler Gortschakow zu Boden, als er zu Besuch weilte, was den Mann versöhnlich gestimmt haben soll. (Übrigens hat Theodore Roosevelts Bullterrier Pete den französischen Botschafter durch die Flure des Weißen Hauses gehetzt, und ein Schäferhund namens Major, der Franklin D. Roosevelt gehörte, zerfetzte fachkundig das Beinkleid des britischen Premiers MacDonald.)

Drei Jahre ist es her, dass Edmund Stoiber erklärte, er leide »wie ein Hund« darunter, dass er der CSU Schaden zugefügt habe, so die Angst äußernd, vom Parteirudel verstoßen zu werden. »Ich liebe die Hunde, sie lassen es einem nie vergelten, dass man ihnen Übles getan hat«, schrieb der alte Bismarck. Bei aller Nähe von Hund und Politik, da sind Parteifreunde eben anders.

· DAS BESTE AUS MEINEM LEBEN 2008

Natürlich hätte man in dieser Geschichte auch noch und wieder einmal Wladimir Putin erwähnen können, der 2007 Angela Merkel, die sich vor Hunden fürchtet, seit sie in

ihrer Kindheit einmal vom Nachbarshund angefallen wurde, der also Angela Merkel mit seiner schwarzen Labradorhündin Koni belästigte, indem er das Tier an der Kanzlerin schnuppern ließ – und dabei bräsig lächelnd in seinem Sitz hing.

Aber ich tat es nicht, habe vergessen, warum nicht.

Über Stoibers Äußerung, er leide wie ein Hund, habe ich übrigens seinerzeit, also 2005, im *Tagesspiegel* eine Kolumne geschrieben, hier ist sie. Stoiber hatte gerade eine Wahl verloren, seine einzige als Kanzlerkandidat, und ich schrieb damals, viele Jahre lang übrigens, auch im *Tagesspiegel* eine wöchentliche Kolumne.

»Das geht einem nicht mehr aus dem Kopf, wie Edmund Stoiber vor einem ganzen Parteitag klagte, er leide ›wie ein Hund‹ unter dem, was er seiner geliebten Partei angetan habe. Es wirft so viele Fragen auf: Wie leiden Hunde? Wann leiden sie? Und wer mag, wenn Stoiber Hund ist, sein Herrchen sein? Wir alle? Die CSU? Frau Merkel?

Niemand anders als Thomas Mann hat beschrieben, wie unterschiedlich Hunde leiden, wenn sie zum Beispiel bestraft werden. Mann besaß zunächst einen Collie namens Perceval, dann einen Bauschan getauften Hühnerhund. Beide reagierten auf Züchtigung geradezu gegensätzlich: ›Wenn ich denn also, zum Äußersten gebracht, die Karbatsche vom Nagel nahm, so verkroch er (Perceval; Anm. d. Verf.) sich wohl zusammengeduckt unter Tisch und Bank; aber nicht ein Wehelaut kam über seine Lippen, wenn der Schlag und noch einer niedersauste, höchstens ein ernstes Stöhnen, wenn es ihn allzu beißend getroffen hatte, – während Gevatter Bauschan vor ordinärer Feigheit schon quiekt und schreit, wenn ich nur den Arm hebe.‹

Es muss dem Einzelnen überlassen bleiben, wie er das Leiden des Stoiber hier einordnen will, aber vielleicht ist es wichtig zu sehen, dass es in diesem Fall nicht so sehr um Leiden unter Strafe geht, sondern um etwas anderes: die Furcht, vom Rudel verstoßen zu werden, allein zu sein, die Urangst jedes Hundes, der tief in sich noch das Erbe der die weiten Wälder durchstreifenden Wolfsrudel spürt. Nichts Schlimmeres gibt es für Hunde als Trennungsangst. Hierüber nun lesen wir in James O'Heares grundlegendem Werk *Trennungsangst beim Hund* eine klare Beschreibung der Symptome, unter anderem: übermäßige Lautäußerungen (Winseln, Jaulen, Bellen, Heulen), hektisches Hin- und Herlaufen, Zerkauen und Zerstören von Gegenständen, Speicheln und Sabbern, feuchte Pfotenabdrücke durch Schweißabsonderung ...

Es dürfte das erste Mal sein, dass ein Spitzenpolitiker eine solche Symptomatik bei sich entdeckt und – wenn auch metaphorisch verbrämt – zugegeben hat. Was sind das Schluchzen

Eichels, das starr-stumme Leiden Müntefrings gegen ein so schonungsloses Bekenntnis? Ja, ich jaule und winsele, ja, ich zerkaue Gegenstände, ja, ich laufe hektisch hin und her, ja, ich habe nasse Pfoten! Lasst mich nicht allein! Geht nicht weg! Lasst mich das Stöckchen holen! Verscheucht mich nicht aus dem Körbchen in der Münchner Staatskanzlei!

Selten durften wir tiefer in die Seele eines Großen blicken, nie wurde klarer, was ihn und uns verbindet. Es ist ein bisschen traurig, und deshalb sollte die große Koalition ihre Pläne überdenken, bundesweit die Hundesteuer zu erhöhen. Lasst diese Karbatsche am Nagel! Und, Frau Merkel, entfernen Sie den kleinen Hund mit dem wackelnden Stoiber-Kopf aus dem Fond Ihres neuen Dienstwagens!«

Wie gesagt, Stoiber hatte damals gerade eine Wahl verloren, und wir bleiben jetzt noch ein wenig beim Thema »Wahlen«, aus der Sicht des Wählers allerdings.

★

MALAGA

Nun sind bald Wahlen, und ich bin kein Mensch, der sich gut entscheiden kann. Wenn ich zum Beispiel in einen Eissalon komme und vor den Blechnäpfen mit den unterschiedlichsten Eissorten stehe, nehme ich meistens Malaga. Malaga ist meine Lieblings-Eissorte, ich mag sie seit sehr langer Zeit. Genau erinnere ich mich an den Moment, in dem ich das erste Malaga-Eis zu mir nahm, wir standen bei *Coletti* in meiner Heimatstadt, ich war ratlos, und der Freund, der neben mir stand, sagte, ich solle Malaga probieren, ob ich Malaga nicht kenne, es sei großartig.

Ich folgte ihm und schmeckte: Vanille, Malagawein, Rosinen. Ich hatte das noch nie geschmeckt, ich wusste nicht, dass so etwas existierte.

Ich kannte Capri-Eis, das gab es in der Kantine der Schrebergartenkolonie bei uns nebenan. Dort herrschte in einer schummrigen Baracke ein Mann namens Kowalsky, vor dessen Tresen ich als Kind oft fünf, zehn Minuten verharren musste, während der glatzköpfige Patron mit fetten Händen Pils zapfte, bis er sein ausdrucksloses Krötengesicht mir zuwandte, meinen Wunsch anhörte und ein Capri aus der Eistruhe hervorwühlte.

Ich kannte auch Fürst Pückler, das der Nachbarssohn einmal auf unserer Terrasse gegessen hatte. Eine Familienpackung Fürst Pückler aß er alleine, biss hinein wie in ein Schulbrot, während ich vor Neid zerschmolz und dachte: Eines Tages möchte ich so reich sein, dass auch ich allein eine Familienpackung Fürst Pückler essen kann.

Bin ich ein langweiliger Mensch, weil ich aus zig Eisvarianten immer Malaga wähle? Nein, ich bin ein Romantiker, ein Mensch voller Sehnsucht. Mein ganzes Leben lang laufe ich diesem ersten Malaga-Moment bei *Coletti* hinterher, wissend, dass er sich nicht wiederholen wird, dass man ihm aber nahe kommen kann, in Italien am ehesten, wo man in entlegenen Dörfern Siziliens ein Malaga-Eis bekommt, ach ... Übrigens aß ich dort mal ein so unvergesslich gutes Pistazien-Eis, dass ich nun nie wieder Pistazien-Eis essen werde, unmöglich, irgendwo ein so gutes Pistazien-Eis wie in Sizilien zu bekommen, also lasse ich's.

Bei Malaga gehe ich das Risiko jedoch immer wieder ein, bei Gefahr schrecklicher Enttäuschungen, so groß, dass ich schon mal eine Tüte an der nächsten Ecke in den Müll geworfen habe. Es muss schwer sein, gutes Malaga-Eis zu machen. Aber ich verliere den Glauben an die Menschheit nicht, schön, oder? Außerdem können die Leute hinter mir in der Eisschlange sicher sein, dass sie nicht lange warten müssen, anders als bei Paola, die sich vor den vielen Sorten vergrübelt, ein, zwei auf einem Löffelchen probiert, um sich doch für eine zu entscheiden, die sie später beim Schlecken nicht wirklich gut findet.

Als ich Malaga zum ersten Mal aß, dachte ich: Wie großartig muss die Welt außerhalb meiner Heimat sein, wenn man dort etwas wie Malaga-Eis erfindet! Es ist also, wenn ich Malaga wähle, nicht einfach Sehnsucht nach der Kindheit, die mich bestimmt, sondern der Wunsch, dieses kindliche Gefühl noch einmal nachempfinden zu können: Die Welt ist weit, du wirst wunderbare Dinge in ihr entdecken.

Im Internet las ich, welche Eissorten es in der Welt gibt: Eis mit Walgeschmack, Knoblauch-Eis, Spaghetti-Bolognese-Eis, Viagra-Eis, unglaublich, sogar Stilton-Käse-Eis, das nach englischem Blauschimmel-Käse schmeckt, in der Welt des Eises, was die Pauli-Partei in der Politik ist: kurz aufsehenerregend, bei näherer Betrachtung unnütz. Ich sage, heute, als Erwachsener: Die Zahl der guten Dinge auf der Welt ist sehr begrenzt, und das meiste, was neu dazu kommt, ist eitler Quatsch.

Übrigens sagt Paola, der erste Satz dieses Textes sei falsch, weil ein Mensch, der vor einer Riesen-Eistheke immer Malaga wähle, keiner sei, der sich schlecht entscheiden könne, im Gegenteil, er sei extrem entschlossen. Da hat sie Recht, aber was das mit den Wahlen zu tun, weiß ich auch nicht mehr. Vielleicht gar nichts.

· DAS BESTE AUS ALLER WELT 2009

Ja, ich wähle gern! Und ich wähle immer! Und ich mache fast nie Briefwahl, sondern gehe gerne in Wahllokale! Und ich mag es nicht, wenn Leute aus Bequemlichkeit nicht wählen gehen, davon handelt auch dieser Text hier, geschrieben nach den bayerischen Kommunalwahlen 2014, aber gültig weit darüber hinaus.

✦

WER NICHT WÄHLEN WILL, MUSS FÜHLEN

Die bayerischen Kommunalwahlen sind vorbei, nun naht die Europawahl.

Als 1979 zum ersten Mal ein Europäisches Parlament gewählt wurde, lag die Wahlbeteiligung bei 63 Prozent, 2009 nur noch bei 43 Prozent. Sie ist kontinuierlich gesunken und wird vermutlich dieses Mal noch weiter sinken. Nimmt sie weiter in diesem Tempo ab, wird spätestens 2075 die erste Europawahl ohne einen einzigen Wähler stattfinden.

Bei den Kommunalwahlen in Bayern gingen zum Beispiel in Neu-Ulm nur noch 38 Prozent der Wähler zur Urne. In München gibt es den Stadtbezirk Milbertshofen-Am Hart, in dem nicht einmal mehr ein Drittel der erwachsenen Bevölkerung wählte. Einzig in Allach-Untermenzing war es noch mehr als die Hälfte, aber gerade mal so: 50,5 Prozent.

Der Rest sitzt zu Hause, klagt über »die Politiker«, deren »Machenschaften« und »Selbstbedienung« und jammert über die eigene »Enttäuschung« und »Gleichgültigkeit«. Den Staat sehen die Leute als Service-Unternehmen, das gefälligst ihren Wünschen zu entsprechen habe; wenn ihnen das Gelieferte nicht passt, greinen sie in irgendwelchen Internetforen herum. Dass dies alles irgendetwas mit ihnen, ihrer Bequemlichkeit und Passivität, ihrer Konsumentenhaltung und ihrem fehlenden Engagement zu tun haben könnte, kommt ihnen nicht in den Sinn.

Wer war es noch, der mal die ganzen Mauler und Klagegeister in einer Hauptversammlung des FC Bayern anschrie? »Was glaubt ihr eigentlich, wer ihr seid? Es kann doch nicht sein, dass wir uns jahrelang den Arsch aufreißen und dann so kritisiert werden!« Der Mann hieß Hoeneß, aber Recht hatte er trotzdem.

Wann endlich fasst einer unserer führenden Politiker den Mut, die Bevölkerung auf diese Weise zusammenzufalten? Ihr die Meinung zu geigen? Wer hat das Rückgrat dafür?

Ich bin dafür, Konsequenzen zu ziehen. In Orten und Ortsteilen, die sich an der Demokratie nicht mehr in ausreichendem Umfang beteiligen und in denen die Wahlbeteiligung, sagen wir, unter fünfzig Prozent sinkt, gibt es eben keine Demokratie mehr.

Sie wird dort abgeschafft. Wenn die Leute nicht zu würdigen wissen, wofür andere gekämpft und ihr Leben gelassen haben, muss man ihnen zeigen, was eine Harke ist. Sie werden dann nicht mehr gefragt.
Wann tritt das in Kraft?
Nach meiner Kenntnis . . . ist das sofort, unverzüglich.
Eines Morgens nach Auszählung der Stimmen und Feststellung der Wahlbeteiligung ist die Diktatur dann da.
Aber was heißt genau: Diktatur? Das muss natürlich eine milde, gesellschaftsverträgliche Form sein, ich meine jetzt nicht willkürliche Verhaftungen, Einkerkerungen und Schauprozesse, jedenfalls: nicht gleich. Aber natürlich sollte es möglich sein, durch demokratie-abstinente Orte im Morgengrauen eine der so dringend benötigten Nord-Süd-Stromtrassen zu ziehen, irgendwo müssen sie ja hin. Hier wären sie am Platze. Auch Mülldeponien, Autobahnzubringer, ICE-Trassen sowie Klärwerke werden natürlich in Zukunft nicht mehr dort stehen, wo Menschen das demokratische Leben zu schätzen wissen. Sondern woanders.
Wer nicht wählen will, muss fühlen.
Vielleicht sollte man dieser Art von Putsch einige erzieherische Maßnahmen vorschalten, damit die Leute sich nicht hinterher beschweren, man hätte sie nicht gewarnt. Wer einmal nicht wählt, muss einen Monat lang einen Bundestagsabgeordneten bei dessen Achtzig-Stunden-Woche begleiten. Wer ein zweites Mal nicht zur Wahl kommt, schläft zwei Wochen in Putin-Bettwäsche. Ist er beim nächsten Mal wieder nicht dabei, bekommt er die gleiche Frisur wie Kim Jong-Un. Und kreuzt er ein viertes Mal nicht auf, nimmt er einen Monat lang an einem von Felix »Quälix« Magath geleiteten Fußball-Trainingslager teil, mit extraschweren Medizinbällen; im Anschluss wird er an Dynamo Irkutsk verkauft.
Danach wird es dann ernst. • DAS BESTE AUS ALLER WELT 2014

*

THE CHOICE OF GERMANY

Der Mensch wird klein geboren, er wächst heran, entwickelt seine Talente, lernt Autofahren und ein Smartphone zu bedienen, beherrscht irgendwann die Mülltrennung genauso wie das Online-Banking. Er häuft in seinen Schädelkammern Wissen allergrößten Umfanges an, wird vielleicht ein weltweit gesuchter Spezialist für die Kultur des späten Achämenidenreiches oder löst endlich das Problem der parallelpythagoreischen Quantensubtraktion, auch spricht er womöglich flüssig fünf Weltsprachen nebst ihren wesentlichen Dialekten.

Dann stirbt er.

Was für eine Verschwendung! Welche Vergeudung!

Aber das ist nicht alles. Dieses Menschenschicksal, sich nämlich zu einem nutzlosen Finale hin zu entwickeln, findet seine schreckliche Zuspitzung im Leben des Politikers. Was dem normalen Bürger erst im Tode widerfährt, muss der Abgeordnete, Minister oder Bürgermeister bei vollem Bewusstsein erleben. Er lernt die Kunst der öffentlichen Rede und das Anquatschen gemeiner Männer und Frauen in Fußgängerzonen, er knüpft Kontakte wie der Fischer sein Netz, umschmeichelt das Volk, erspürt dessen Verlangen, kennt die Vergütungsausschüttungsproblematik im Rahmen des Erneuerbare-Energien-Gesetzes ebenso aus dem Effeff wie die Inhalte der Schlussakte von Marrakesch, den multilateralen Welthandel betreffend.

Und wird eines Tages nicht mehr gewählt.

Lebendigen Leibes muss er zusehen, wie seine politischen Gegner – unfähige Nichtsnutze einer wie der andere – das doch ihm zugedachte Werk verrichten, ja, er muss sich noch schlimme Worte anhören, stellt er sich in den Dienst bedeutender auswärtiger Erdgaspumpwerke, damit seine Fähigkeiten wenigstens nicht bei Gartenarbeit und auf Spaziergängen mit den Kindern verkommen. Oder er lernt eine junge schöne Frau kennen, möchte auch mal Zeit mit ihr (und nicht immer nur mit der Kanzlerin) verbringen, will also bei kürzerer Arbeitszeit mehr Geld verdienen und strebt deshalb logischerweise einen Posten bei der Bahn an – doch man gönnt es ihm nicht.

Dies ist so im Grunde keinem Fühlenden erträglich. Was ist zu tun? Ließe sich nicht ein System schaffen, von dem wir alle profitierten: in dem also der Ex-Politiker endlich ein menschenwürdiges und seinen Fähigkeiten entsprechend gut bezahltes Leben führen könnte? In dem seine Leidenschaften (die öffentliche Rede, das Menschenfischen, das Knüpfen von Netzwerken, das zügige Lösen von Problemen) vielleicht zu einer späten Blüte kämen?

Kürzlich sah ich zum wiederholten Male die Sendung *The Voice of Germany*: Begabte junge Musiker präsentieren sich in einer Reihe von Wettbewerben einer Jury und dem Publikum. Sehr unterhaltsam, sehr viel Qualität. Warum veranstaltet niemand so etwas mit abgewählten oder zurückgetretenen Politikern? Schröder, Pofalla, Westerwelle, Onkel Brüderle, warum nicht sogar der Vetter Gutti aus Amerika? Alle stellen sich einer Reihe von Aufgaben: Halte aus dem Stand eine Rede zu einem von der Jury gestellten Thema! Löse innerhalb einer Stunde ein vom Publikum vorgegebenes Weltproblem so gut wie möglich! Und: Wer überzeugt in kürzester Zeit in der Wattenscheider Fußgängerzone die meisten Menschen von seiner Ansicht? Wer kriegt am schnellsten den amerikanischen Präsidenten ans Telefon? Wer schneidet am besten ab in einem Quiz über Detailfragen politischer Bildung?

Samstagabend. Große Show. Live-Vorstellungen in allen großen Stadthallen. Schöne Gagen für alle, gratis dazu: das Gefühl, gebraucht zu werden, nicht zu rosten. Und wir in den Wohnzimmern könnten so viel lernen: wie man gute Reden hält, wie man Menschen überzeugt, wie das politische Handwerk funktioniert.

Gelebte Staatsbürgerkunde. Die Jury, herrlich zurückgelehnt in roten Drehsesseln: Clinton, Gorbatschow, Old Münte, in ein paar Jahren vielleicht Wulff, natürlich eine Rauchwolke namens Schmidt. *The Choice of Germany*, wann? · DAS BESTE AUS ALLER WELT 2014

Wie hieß übrigens noch der hier Erwähnte, der einst Kanzleramtsminister bei Angela Merkel war und dann zur Bahn ging?

Na?

Po…? Sehen Sie, das ist eben das Problem. Schon vergessen. Na ja, mit P fing er jedenfalls an.

Nebenbei gesagt, habe ich in einer anderen Kolumne mal das von mir sogenannte »Wolfgang-Gerhardt-Phänomen« erläutert. Niemals gelang es diesem Mann, ein FDP-Politiker und übrigens ein grundsympathischer Mensch, eine meiner Hirnzellen zu erobern, mehr noch (und das ist das Phänomen): Sobald er ein Amt bekleidete, vergaß ich nicht nur ihn, sondern auch das Amt. Wäre er je Bundespräsident geworden, hätte ich vergessen, dass es einen Bundespräsidenten gibt, es hätte für mich eine Art Loch in der Welt gegeben. Je älter ich werde, desto schlimmer wird das auch in anderen Fällen. Ich könnte zum Beispiel das Kabinett Brandt-Scheel von 1969 wahrscheinlich noch samt Staatssekretären hersagen, aber am Tag nach der bayerischen Regierungsbildung habe ich jedes Mal sofort vergessen, dass es eine bayerische Regierung gibt. Und wozu.

Jetzt weiß ich's wieder: Pofalla, nicht wahr? Ja, genau!

Und jetzt zur bayerischen Staatsregierung.

✺

ÜBER DAS SEEHOFERN

Es hat diverse Gründe, dass viele von uns keine Politiker sind, vor allem diesen: Wir haben zu den verschiedensten Vorgängen und

Sachverhalten im Erdkreis keine Meinung. Wir sind oft unentschlossen. Wir zögern, sind schlecht informiert, zu sehr mit anderem beschäftigt. Wir sind zu faul.

Ein Politiker aber muss eine Meinung haben, das ist, was ihn ausmacht: Ein Politiker ohne Meinung ist nicht denkbar. Man kann nicht auf Wahlplakate schreiben »Wählen Sie Müller, den Mann, der es auch nicht so genau weiß« oder »Geben Sie Ihre Stimme Frau Meier, damit sie in Ruhe noch mal über alles nachdenken kann«. Nein, ein Politiker muss eine Ansicht haben, und er muss sie entschlossen vertreten. So kann man ihn von anderen Politikern mit anderen Meinungen unterscheiden, das ist von Vorteil, denn bisweilen müssen wir Meinungsarmen uns zwischen Politikern entscheiden, wir müssen wählen. Da tut es gut, wenn nicht alle Politiker gleich sind.

Nun eine Frage: Muss ein Politiker immer dieselbe Meinung haben? Die Antwort: Das ist nicht notwendig. Es gibt zum Beispiel den Politiker Seehofer, der von allen denkbaren Meinungen in einem gewissen Spektrum jede schon einmal vertreten hat. Seehofer war schon für und gegen die Wehrpflicht, er war ein Befürworter, dann ein Gegner der Gentechnik, auch beim Nichtraucherschutz, der Kennzeichnung von Lebensmitteln durch Ampeln oder dem Zeitpunkt des Rentenbezugs nannte er unterschiedlichste Positionen sein eigen. Wer Seehofer wählt, weiß, dass der immer eine sehr starke Meinung hat. Nur weiß er nicht genau: welche. Und ob es morgen noch die gleiche sein wird.

Man bezeichnet diese Art abrupten Meinungswechsels in eingeweihten Kreisen mit dem Verb *seehofern*: Er seehofert, er seehoferte, er hat geseehofert (oder seegehofert?).

Hier schließt sich eine zweite Frage an: Wie genau funktioniert der Vorgang des Seehoferns?

Wenden wir uns hier dem Politiker Westerwelle zu: W. war noch vor Kurzem der Meinung, der Ausstieg aus der Kernenergie sei »irrsinnig«, Deutschland benötige seine Atomkraftwerke, man brauche diese Werke sogar länger, als bisher gedacht. Heute vertritt er ungefähr die gegenteilige Ansicht. Er begründete das mit dem Satz »Wir haben verstanden«, eine Wendung, die wir vor Jahren als Werbeslogan der Firma Opel kennenlernten und die uns später aus Anzeigen des Konzerns Shell noch vertrauter wurde; immerhin drückt sie aber eine gewisse Demut aus. Wenn jemand sagt, er habe verstanden, heißt das ja, dass er vorher nicht verstanden hat – und das bedeutet: Der Politiker sieht seine bisherige Art des Meinungserwerbs durchaus kritisch. Aber wir unsererseits müssen den Politiker wohl nun so sehen, wie wir auch Autofirmen und Ölkonzerne betrachten, sagen wir mal: mit einem gewissen Misstrauen.

Eine zweite Variante des Seehoferns wurde uns kürzlich von den Generalsekretären Gröhe (CDU) und Dobrindt (CSU) vorgeführt. In dieser Ausführung wird der Meinungswechsel, so radikal er sein mag, nicht als Meinungswechsel gekennzeichnet; er wird schlicht geleugnet. Gröhe zum Beispiel erklärte, die Kernkraft sei ein Erbe Helmut Schmidts, man habe sie beim Machtwechsel sozusagen vorgefunden, »ein Kind der sozialliberalen Fortschrittseuphorie«, während seine Partei im Grunde immer schon eine Anhängerin der erneuerbaren Energien gewesen sei. »Wir verlassen diesen Kurs jetzt nicht. Wir wollen ihn aber beschleunigen!« Dobrindt sprach zu gleicher Zeit: »Wir als CSU werden Kurs halten und die Energiewende ganz massiv vorantreiben. Kernenergie hat in Deutschland keine Zukunft.« Zusammengefasst versteht man richtig etwa so: CDU und CSU standen schon immer an der Spitze der Anti-Kernkraft-Bewegung und wurden bei ihrem Kampf lediglich von Helmut Schmidt, SPD, FDP und im Grunde auch den Grünen ungebührlich behindert. Die Tatsache, dass sie noch vor Monaten die Laufzeiten der deutschen Atomkraftwerke verlängerten, steht dazu nicht im Widerspruch, im Gegenteil.

Dazu wäre noch zu sagen, dass wir Staatsbürger vielleicht meinungslos, zögerlich, schlecht informiert und zu sehr mit anderem beschäftigt sind. Indes: Blöd sind wir nicht. · DAS BESTE AUS ALLER WELT 2011

Auf das Seehofern kommen wir in *Das Dobrindt-Prinzip* auf Seite 527 gleich noch einmal zurück. Aber vorher folgt ein Text über die Maut, die zu den seltsamsten Projekten gehört, die es in der deutschen Politik je gegeben hat, und die uns aber doch einige sehr profunde politische Einsichten ermöglichte.

✦

DEUTSCHLAND KOSTET EINTRITT

Als ich las, der CSU-Vorsitzende Seehofer werde einen Koalitionsvertrag nur dann unterschreiben, wenn damit eine Pkw-Maut auf deutschen Autobahnen eingeführt werde, als ich dann hörte, die Bundeskanzlerin und CDU-Chefin Merkel werde der Einführung einer solchen Maut auf keinen Fall zustimmen, und als ich drittens bedachte, dass CDU und CSU noch immer, wenn sie regierten, irgendwie gemeinsam regiert haben – da fiel mir ein: Die Pkw-Maut wird also die erste politische Maßnahme sein, die zugleich ergriffen und nicht ergriffen wird.

Das ist eine gute Nachricht für alle Unentschlossenen. Dinge können gleichzeitig getan und nicht getan werden, eine revolutionäre Neuerung im Staatswesen. Endlich ist gesichert, dass in jedem Fall geschieht, was die Bürger wollen. Sie werden immer zu hundert Prozent zufrieden sein. Gleichzeitig werden sie komplett unzufrieden sein.

Die Pkw-Maut soll, wie wir wissen, die Ausländer betreffen, die mit ihren Kraftfahrzeugen deutsche Autobahnen benutzen. Das Ausland ist ja, wie vor allem CSU-Wähler dank der herausragen-

den Informationspolitik der Parteispitze wissen, immer darauf
aus, uns Deutschen einen Vorteil abzuluchsen. Kommen wir in
andere Länder, müssen wir dort zunächst einmal feststellen: Man
lässt uns zahlen. Nicht nur in Frankreich, der Schweiz, Österreich
und den Niederlanden wird uns Geld abgenommen, nein, auch in
Italien, Spanien oder sogar Griechenland, Ländern also, die ohne
unsere großzügig geschnürten Rettungspakete schon längst überhaupt keine Straßen mehr hätten, auch dort müssen wir mithin
für eine Selbstverständlichkeit Gebühren entrichten: dass wir ja
gar nicht anders können, als Autobahnen zu befahren. Wo sollen
wir denn sonst hin mit unseren weltweit führenden und allen anderen Personenfahrzeugen weit überlegenen Autos?

Es kann keine Frage sein, dass dies nach Rache schreit! Im Berliner *Tagesspiegel* habe ich dieser Tage gelesen, man müsse über die
Pkw-Maut hinaus auch eine Geschwindigkeitsbeschränkung für
Ausländer einführen, was im Grunde logisch ist, schließlich dürfen wir ja mehr oder weniger im gesamten europäischen Ausland
auch nicht auf die Tube drücken, wie wir wollen und ja – in aller
Bescheidenheit – auch sehr leicht *könnten*.

Ich bin dennoch anderer Ansicht. Im Gegenteil sollten Ausländer auf deutschen Autobahnen eine Mindestgeschwindigkeit zu
beachten haben, einfach, damit sie schneller wieder weg sind. An-
genehmer Nebeneffekt: Schriebe man dem Holländer oder dem
Dänen vor, er habe stets mindestens 180 zu fahren, würde er
schon sehen, wo er mit seinen gottverdammten Wohnanhängern
bleibt. Dass er auch unsere Raststätten nicht einfach so zur Ruhe
nutzen dürfte, ist klar, es sei denn, er fegte anschließend dort
gründlich aus, kümmerte sich um die Toilettenreinigung und
nähme ein paar Tüten Müll mit, ins Ausland natürlich. Warum
sollen wir das machen, nur damit der Herr Ausländer hier alles
picobello vorfindet?

Ohnehin sollte klar sein, dass eine solche Pkw-Maut nur ein Anfang sein kann. Wir sorgen mit unserer Hände Arbeit dafür, dass

sich in der Mitte Europas ein super aufgeräumtes Land mit sauberer Luft, fließendem Wasser, leise klappernden Windrädern und reichlich Kanu-Weltmeistern befindet. Wir könnten jederzeit dieses Land nehmen und damit woanders hingehen, auf allen Kontinenten wären wir willkommen, man würde ein Land wie unseres mit offenen Armen empfangen.

Wäre es nicht richtig, für das Betreten eines solchen Staates im Ganzen Eintritt zu nehmen: nicht nur auf den Autobahnen, sondern überhaupt? Kleine Kassenhäuschen an den Grenzen, wir böten auch Familien- und Saisonkarten an, alles maßvoll, alles im Rahmen, alles rein in den Koalitionsvertrag und dann auch wieder nicht, die einen sagen so, die anderen so, ein wunderbares, sehr widersprüchliches und doch ganz eindeutiges Land. Zur preiswerten Durchreise sehr zu empfehlen.

· DAS BESTE AUS ALLER WELT 2013

✦

DAS DOBRINDT-PRINZIP

Im politischen Leben kennen wir den Begriff des Seehoferns. Ein seehofernder Politiker (zu Beginn war das ausschließlich der heutige bayerische Ministerpräsident, nach dem der Vorgang des Seehoferns benannt ist, doch muss nun jeder Staatsmann diese Technik beherrschen) ist in der Lage, seine Meinung über Nacht ins Gegenteil zu verkehren. Das heißt, er kann gestern ein rabiater Befürworter der Atomkraft gewesen sein, sie aber jetzt mit größter Klarheit ablehnen: Bekanntestes Beispiel für entschlossenes Seehofern ist die Energiewende. Eine einzige Meinungsumfrage in der Bevölkerung genügt einem Seehoferer in der Regel, um diese Kehrtwende einzuleiten; er ist dann von einer Stunde auf die andere ein so entschlossener Gegner der Gentechnik wie er vorher ihr Anhänger war. Oder er fordert einen früheren Rentenbezug, obgleich er ihn gerade noch ablehnte.

Die Problematik des Seehoferns allerdings liegt auf der Hand: Noch immer wird hier erstens eine klare Position verlangt, mag es auch gestern die gegenteilige gewesen sein. Und zweitens muss, soll aus der bloßen Ansicht Gesetz werden, diese Meinung in Paragrafen gegossen und damit verewigt werden. Genau an diesem Punkt beobachten wir Fortschritte, bei der sogenannten Maut nämlich.

Achtung, aufgepasst! Verkehrsminister Dobrindt plant, die Maut für alle Straßen Deutschlands einzuführen, sie aber nur auf Autobahnen und Bundesstraßen zu erheben. Auch Kreis- und Landstraßen sind also dann mautpflichtig, es gibt aber dort niemanden, der dieses Geld eintreibt, ja, der Dobrindt'sche Plan sieht vielleicht gar vor, dass Polizeipatrouillen auf Land- und Kreisstraßen ausländische Autofahrer auf ihre Mautpflicht hinweisen, sie aber mit einem herzlichen Gruß aus der Zahlungspflicht förmlich entlassen.

Warum nun aber diesen Gedanken von den Land- und Kreisstraßen ausgehend nicht wiederum auf Autobahnen und Bundesstraßen ausdehnen? Es wäre möglich, die Maut gleichzeitig einzuführen und nicht einzuführen. Es gäbe eine Benutzungsgebühr, man würde aber auf deren Zahlung verzichten. Genialer Plan! Autofahrer erhielten bei der Einfahrt aus Holland, Belgien oder Österreich ein Ticket und könnten es bei Verlassen der Autobahn an einem Mauthäuschen kostenfrei wieder abgeben.

Eine Gratismaut.

Die CSU könnte sagen: Wir haben die Maut durchgesetzt. CDU und SPD würden sagen: Wir haben sie verhindert. Beide wären im Recht. Und jeder ausländische Chauffeur würde denken: Ja, die Deutschen! Welch großartiges Volk! Könnten Geld verlangen und tun es nicht!

Das Dobrindt-Prinzip als Weiterentwicklung des Seehoferns bedeutet: Man kann Dinge tun und gleichzeitig lassen. In der bayerischen Schulpolitik beispielsweise hat man zunächst ein neunjähriges Gymnasium gehabt, dann ein achtjähriges eingeführt.
Nun soll es wieder ein neunjähriges geben, das achtjährige bleibt
aber. Man muss nichts entscheiden, man macht einfach alles. Jeder bekommt, was er möchte. Auch in Berlin hat man eine Variante dieses Gedankens bereits erprobt: Es wurde ein Flughafen
errichtet, den niemand benutzt. Oder: Man ist dafür, Terror im
Nahen Osten militärisch zu bekämpfen, hat aber leider keine
funktionierenden Waffen parat.

Dies wird die Politik fundamental verändern. Es wird zum Bei-
spiel möglich sein, Steuern zu erhöhen, das Geld aber nicht ein-
zutreiben, also jene zufriedenzustellen, die eine höhere Belastung
Wohlhabender verlangen, ohne dass diese etwas davon merken.
Man könnte die Mark einführen, um den Wählern der AfD eine
Freude zu machen, aber den Euro behalten. Es würden einfach
zwei Zahlungsmittel gelten, bitte, die DDR hat mit Ost- und
Westmark jahrzehntelang überlebt. Und sollte man nicht in Be-
tracht ziehen, dass man zwar weiterhin Bundestagswahlen abhält,
Angela Merkel aber in jedem Fall weiterregiert?

· DAS BESTE AUS ALLER WELT 2014

**Die folgende Kolumne spielt in einer kurzen Zwischenzeit nach den Bundestagswahlen
2013, die alte schwarz-gelbe Koalition war noch da, die neue großkoalitionäre Regierung ließ sich viel Zeit. Aber das Problem, um das es hier geht, reicht weit über die
wenigen Monate dieser Zwischenzeit hinaus. ·**

✶

DIE PROBLEMATUR

Mancher wird sich erinnern, dass vor einer Weile Bundestagswahlen stattfanden; sie blieben ohne nennenswerte Auswirkun-
gen. Die alte Regierung ist im Amt geblieben, der Minister Rös-
ler geht vermutlich ins Büro, als wäre nichts gewesen, der
Minister Westerwelle fliegt von einem auswärtigen Land ins andere, die Kanzlerin bleibt sowieso für immer. Sie sind alle einfach
nicht abgelöst worden.

Ja, der neue Bundestag hat sich mal getroffen, aber die Leute sind
irgendwie unschlüssig auseinandergegangen. In Berlin versammeln sich an kilometerlangen Tischen stattdessen immer wieder
große Menschenmengen; sie behaupten, über die Bildung einer
Regierung zu verhandeln, vor Weihnachten soll das beendet sein,
aber Weihnachten ist ja jedes Jahr. Ob sich zum Beispiel im Dezember 2016 die Regierungsbildung noch lohnt? Für die paar
Monate? Die SPD denkt schon darüber nach, mit wem sie nach
der Wahl in vier Jahren verhandeln könnte.

Die Frage ist, ob wir eine Regierung überhaupt brauchen. Man
sieht gerade: Es läuft auch so. Im Grunde hat Deutschland ein
neues politisches System. Es besteht darin, dass man Probleme
nicht mehr löst, sondern sich entwickeln lässt, bis sie sich von
selbst erledigen. Was haben wir über Atomkraft diskutiert! Hin
und her und her und hin – dann explodiert ein Kernkraftwerk in
Japan, und die Energiewende kommt von alleine, ohne dass irgendwer groß was machen musste. Oder die Euro-Krise: Man
wartet einfach, bis einem die Schwierigkeiten über den Kopf
wachsen, dann beruft man jede Menge Nachtsitzungen ein, ent-
zieht Fachleuten den Schlaf, bis sie nicht mehr können, und eines
Tages ist es vorbei.

So funktioniert das heute. Wir leben nicht mehr in einer Demokratie, sondern einer Problematur.

Die Aufgabe moderner Politiker ist dabei, in größter Ruhe dem Wachstum der Kalamitäten zuzusehen, ohne sich zum Handeln verleiten zu lassen. So funktionieren auch die Verhandlungen über die Bildung einer großen Koalition: Vordergründig wird hier über bestimmte Maßnahmen gestritten, Homo-Ehe hin oder her, Maut ja oder nein, Betreuungsgeld pro oder contra. In Wahrheit geht es darum, Zeit zu gewinnen, damit die Probleme in Ruhe reifen können: eine Bildungskatastrophe zum Beispiel oder der Zusammenbruch der Altersversorgung für die heute noch Jungen.

War der Politiker früher ein meinungsstarker Mensch, der die Welt von seinen Haltungen überzeugen wollte, so ist er (wir könnten auch sagen: sie) heute im Idealfall frei von jeder Überzeugung. Er überlässt sich der Welt und ihrem Lauf, beobachtet wachsam die Ereignisse. Ist eine nennenswerte Bewegung zu erkennen, setzt er sich an deren Spitze. Wenn es gar nicht mehr anders geht, befragt er das Volk. Eine solche Abstimmung hat für den Politiker eine Reihe von Vorteilen: Das Volk ist geschmeichelt, dass man es entscheiden lässt. Gleichzeitig muss der Politiker nicht die Mühen der Verantwortung auf sich nehmen: Er hat getan, was die Mehrheit wollte, selbst schuld.

Übrigens wird dem Volk nachgesagt, dass es an einer Lösung der Probleme interessiert ist, die das Land bedrängen. Das ist nicht wahr. Das Volk will in erster Linie was zu schimpfen haben. Es ist für bessere Bildung, aber gegen jede Schulreform. Es ist dafür, dass etwas gegen den Verfall des Olympiastadions in München getan wird, aber gegen Olympische Spiele in der Stadt. Es plädiert für die Energiewende, hasst aber Solardächer und Windräder, wenn es ihrer ansichtig wird. Die SPD verkörpert das sehr schön: Zuerst hat sie in der Regierung die Wirtschaftskrise erfolgreich mit Maßnahmen bekämpft, die sie nun, soweit es geht, wieder rückgängig zu machen versucht; sie ist also gleichzeitig für und gegen ihre eigene Politik, eine echte Volkspartei, ideal für die Problematur. Denn Voraussetzung dafür, dass politische Probleme sich von selbst erledigen, ist zunächst: dass es Probleme gibt.

In diesem Sinn sehen wir vier großen Jahren entgegen.

· DAS BESTE AUS ALLER WELT 2013

★

GROSSPROJEKTE

Nun gibt es in fast allen deutschen Metropolen unvollendete Großbauprojekte: Stuttgart hat den Bahnhof, München die zweite S-Bahn-Stammstrecke, Köln seine U-Bahn, Hamburg die Elbphilharmonie und Berlin den Flughafen (von der neuen Zentrale des Bundesnachrichtendienstes und dem Stadtschloss jetzt mal nicht zu reden). Lediglich aus Frankfurt und aus, sagen wir, Hannover, ist nichts dergleichen bekannt. Aber wer weiß, was die Leute dort verheimlichen. Am Ende bauen sie seit Jahrzehnten an Kathedralen herum und sagen nix.

Was ich nicht verstehe: die heftige Kritik an den Planern der Vorhaben. Was ist so schlimm daran, wenn etwas nicht fertig wird oder gar nicht erst so recht entstehen will? München hat im Zentrum seit 1945 einen leeren Platz, den Marienhof hinter dem Rathaus. Dieses Gelände wird immer neu bearbeitet, mal begrünt man es, dann wieder wühlen Archäologen herum, im Winter gibt es Eislauf, im Sommer ein Weinfest, bisweilen stehen nur Bau-Container herum, in Staub und Schlamm. Der Marienhof ist für München eine permanente Möglichkeit. Immer, wenn man dort vorbeikommt, macht man sich Gedanken, was dort sein *könnte*. So etwas regt die Phantasie enorm an.

Es gibt ja nichts Lähmenderes als eine fertige Stadt. Berlins Attraktivität rührt nicht daher, dass dort alles wunderbar in Ordnung wäre, sondern dass es sozusagen eine dauerhafte große Chance ist. Früher sagte man, wie toll Berlin sein könnte, wenn die Mauer weg wäre. Nun ist sie weg, und es heißt: Berlin könnte großartig sein, wenn Wowereit nicht regieren würde, wenn der Flughafen mal in Betrieb ginge, wenn in der Mitte endlich das Stadtschloss stünde. Das schöne Berlin existiert immer nur in der Vorstellung der Menschen. Genau das macht die Anziehungskraft der Stadt aus. Dass man hier ohne Phantasie nicht auskommt.

Der Mensch möchte doch planen, er braucht das Potentielle, Visionen. Nehmen wir Barcelona: Seit 1882 wird an der Kathedrale *Sagrada Família* gebaut, die Fertigstellung liegt in weiter Ferne. Aber die Kirche ist die größte Touristenattraktion Spaniens, bisweilen kommen mehr als zwei Millionen Besucher pro Jahr, mehr als zur Alhambra oder in den Prado. Gerade las ich, dass der Berliner Nichtflughafen nicht etwa deshalb Tag und Nacht strahlend hell erleuchtet ist, weil man das Licht für Bauarbeiten oder Putzkolonnen benötigte oder damit Mehdorn durchblickt. Sondern die Lampen sind an, *weil keiner weiß, wie man sie ausmacht.* Vielleicht gibt es keine Lichtschalter, vielleicht hat man sie in die Entrauchungsanlage eingebaut, vielleicht sollten sie mit dem Flugzeug geliefert werden, und dieses konnte nicht landen, weil der Flughafen nicht eröffnet wurde, wer weiß das schon? Als man in Köln vor Urzeiten mit dem U-Bahn-Bau begann, montierten sie das Vordach der Philharmonie ab, damit es keinen Schaden nähme. Aber man hat dieses Vordach dann nie wiedergefunden, *es ist einfach weg.*

Wir brauchen doch dies' Unerklärliche. Unser Leben ist so vernunftgesteuert und durchrationalisiert, das Religiöse verschwindet – aber solche Bauvorhaben geben uns etwas Numinoses. Und eine Stadt braucht Gesprächsthemen, etwas die Bürger Verbindendes, auch ein generationenübergreifendes Ziel: Wir packen das, irgendwann, auch wenn es erst im Jahr 3000 ist. Am Kölner Dom hat man mehr als sechshundert Jahre gebaut.

Und das Geld ist ja nicht weg. Im *Tatort* kürzlich (dem mit Til Schweiger) schleppte sich eine russische Zwangsprostituierte schwer blutend aufs Dach der Elbphilharmonie, aus tief im Drehbuch verborgenen Gründen. Warum? Weil es die Elbphilharmonie eben gibt. (Oder jedenfalls beinahe.) Gäbe es sie nicht, hätte man sie bei Kosten von etwa einer Milliarde Euro extra für den *Tatort* errichten müssen. Und das wäre vielleicht doch übertrieben gewesen. • DAS BESTE AUS ALLER WELT 2013

Dieser *Tatort* damals, nicht jeder wird sich an ihn erinnern, aber er war doch ein Musterbeispiel für Freiheit von Sinn, von Logik, von Nachdenken – und für das Ersetzen dieser Substanzen durch Action. War nach vielen Jahren mal wieder mein erster *Tatort* gewesen, ein Versuch, leider gescheitert. Ich weiß, dass ich damit in Deutschland einer Minderheit angehöre, denn der *Tatort* gilt ja vielen als das letzte Fernseh-Lagerfeuer unserer Zeit. Aber ich war auch noch nie ein Freund von Lagerfeuern.

★

DIE TEEKÜCHEN-THESE

Die Diskussion um die Moral der Steuerzahler erinnert mich an die Debatten um die Teeküche im Büro meines alten Freundes Bruno. Die Zustände dort, sagt er, seien untragbar, die Situation streife die Grenzen des gesundheitspolizeilich Zulässigen, niemand kümmere sich. Menschen nutzten die Teeküche für alles Mögliche, niemand aber fühle sich verantwortlich für deren Reinigung.

Die Gemeinschaft reagiere mit Appellen, Drohungen, Sanktionsversuchen. Nichts ändere sich. Warum, fragt Bruno, versuche man es nie auf andere Weise? Im Positiven? Wieso werde nicht, wer sich der Teeküche erbarme, von den anderen Nutzern mit Auszeichnungen bedacht? Aus welchem Grund rufe man ihm nicht im Chor zu: »O großer Teeküchen-Reiniger, wir danken dir! Du ragst aus unserer Gemeinde heraus, du bist ein Vorbild für uns alle, wir streben zu handeln wie du! Geküsst seien deine fleißigen Hände!« Er würde sich wundern, sagt Bruno, wenn sich daraufhin nicht substantiell etwas ändern würde.

In der Steuerdebatte ist es ähnlich. Vermutlich hat fast jeder Deutsche schon mal im Rahmen des ihm Möglichen Steuern hinterzogen, Fälle wie Zumwinkel und Hoeneß sind Spitzen riesiger Eisberge. Die Finanzbehörden reagieren drakonisch, Menschen stehen am Pranger, die Selbstanzeigen stapeln sich, die Grünen verlangen noch viel mehr Steuern. »Steuerbehörden lassen sich auf ein *Räuber-und-Gendarm*-Spiel ein, bei dem die Finanzbehörden die Steuerzahler grundsätzlich als unehrlich ansehen«, las ich jetzt in der FAZ in einem Aufsatz zweier Fachleute für Steuerpsychologie. Dabei sei im Grunde gegenseitiges Vertrauen zwischen Steuernehmern und Steuerzahlern viel wichtiger für eine gute Steuermoral.

Hier setzt nun die Teeküchen-These an. Warum verlassen wir nicht den Weg von Drohungen und Strafen? Warum müssen sich Finanzbehörden verhalten, als seien sie unsere Gegner? Warum nimmt überhaupt der Staat unser Geld ohne das geringste »Dankeschön« entgegen? Wäre es nicht denkbar, dass einem Steuerbescheid auch ein Schreiben beiläge, in dem die Behörden ihrer Freude über die regelmäßigen Überweisungen Ausdruck gäben? Dass ein Bürger, der gerade eine Steuerprüfung über sich ergehen ließ, deren Ergebnis ihm die korrekte Zahlung alles Geforderten bestätigte, dass ein solcher Bürger also öffentlich als Vorbild gepriesen würde? Dass ihm vor seiner Wohnung ein Chor von Steuerinspektoren ein Ständchen brächte? Dass man ihm in einer öffentlichen Zeremonie den Orden »Held des Ehegattensplittings« anheftete oder wenigstens die goldene Nadel der Steuerklasse III?

An jeder Tankstelle kann man heute Bonuspunkte sammeln und bekommt dafür mal eine Gartenschere oder einen kleinen Hochdruckreiniger. Beim Staat gibt es nichts. Ein paar Tage gratis Kindergartenbesuch für besonders reichliche Steuerzahlungen, ein freier Eintritt in den städtischen Bädern! Ein kleines Zeichen der Freude über all die Zuwendungen. Mir würde es was bedeuten.

Jeder Pädagoge weiß seit Jahr und Tag, dass Lob viel mehr Erfolg hat als Tadel. Der Mensch lechzt nach positiven Reizen. Es könnte auch mal der Polizist, der unser Auto im Rahmen einer Verkehrskontrolle stoppt, seiner Freude darüber Ausdruck geben, dass wir uns an die Geschwindigkeitsbeschränkung hielten, keinerlei Alkohol im Blut hatten, Papiere und Warnwesten mit uns führten, als wäre das nichts. Ein Handschlag, ein Danke, ein »Mann, Sie sind großartig« – ist das denn so viel verlangt? Er muss ja nicht gleich den kompletten Verkehr stoppen, um die anderen auf unsere Korrektheit hinzuweisen.

Meinetwegen sollen Falschparker weiterhin ihre Strafzettel bekommen. Aber gibt es einen Grund, dass Richtigparker nichts erhalten? Dass die Mühe des Suchens und Suchens als selbstverständlich gilt? Dass der Platz unter ihren Scheibenwischern immer leer sein wird? • DAS BESTE AUS ALLER WELT 2013

★

WAS COUSCOUS MIT KÜSSEN ZU TUN HAT

Neulich gab es erstmals ein Formel-1-Rennen in Russland, in Sotschi. Auf die Frage, ob es angesichts der Lage in der Ukraine und der Repression in Russland angemessen sei, dort ein solches Ereignis zu veranstalten, antwortete Formel-1-Chef Bernie Ecclestone: »Wir haben mit Politik nichts zu tun.« Ach was!? Immerhin bot das Autorennen dem Präsidenten Putin in einer für ihn (und vor allem für das von ihm bedrängte Nachbarland) nicht einfachen Zeit eine tolle Bühne. Das soll nichts mit Politik zu tun haben?

Ecclestone kennt sich allerdings aus, mit etwas nichts zu tun zu haben: Im Sommer konnte er, der Bestechung angeklagt, das Münchner Landgericht als unbescholtener Mann verlassen. Er musste freilich dafür hundert Millionen Dollar zahlen, genau die Summe, die ihm seine geschiedene Frau jährlich als Unterhalt überweist. So dass Ecclestone nun ein Jahr lang kein Geld hat – hart, oder? Nachdenkliche Bürger fragten sich damals dennoch, wie viel das mit der vor Gerichten üblichen Wahrheitsfindung zu tun habe.

Nichts?

Aber hatte sich nicht das Gericht immerhin um die Wahrheit bemüht, sie aber nicht finden können? Und ist es dann nicht ganz okay zu sagen: Die Wahrheit ist zwar unauffindbar, aber wenn wir stattdessen hundert Millionen haben können, nehmen wir sie nicht ungern?

Echt jetzt, ich möchte diese Redewendung nicht mehr hören. Sie stimmt nie. Randalieren vor dem Stadion Hooligans, sagen Fußballfunktionäre, diese Menschen hätten mit Fußball nichts zu tun. Ist das wahr? Sehen wir nicht auch auf dem Feld zähnefletschende, ja, beißende Männer? Ist nicht dieser Sport in Wahrheit eine permanente Auseinandersetzung mit dem Aggressionspotenzial des Menschen? Und wenn das dann aus dem Gleis gerät, soll es plötzlich nichts mehr mit Fußball zu tun haben?

Nebenbei: Sehen sie dann ein miserables Spiel, rufen Reporter ins Mikrofon: Das hat mit Fußball nichts zu tun! Hat Fußball mit Fußball nur zu tun, wenn er gut ist?

Von dem Ehemann mal nicht zu reden, der eine Affäre mit den Worten beichtet: »Das hat nichts mit dir zu tun«! Man fragt sich: Mit wem jetzt gerade sonst?

Nein, in Wahrheit hat sehr vieles mit dem meisten etwas zu tun, nur nicht der Satz »Dies hat mit jenem nichts zu tun« mit Nachdenken und Differenziertheit. Man kann zum Beispiel der Ansicht sein, auch in Zeiten wie diesen müsse ein großes Sportereignis wie die Formel 1 in Russland möglich sein; die Fußball-Weltmeisterschaft 2018 steht uns ja dort bevor. Aber muss man sich nicht gerade dann der politischen Rolle des Sports besonders bewusst sein?

Anderes Beispiel: Der Kabarettist Dieter Nuhr hat Witze über den Islam gemacht, was ihm nicht nur die Anzeige eines humorarmen Osnabrücker Kampfsportschulbesitzers eintrug. Sondern auch die Kritik des Migrationsforschers Klaus Bade, Nuhr verwechsele den Islam mit dem Islamischen Staat (was nicht stimmt, wie jeder, der Nuhrs Texte kennt, bestätigen wird), und das habe »in etwa so viel miteinander zu tun wie eine Kuh mit dem Klavierspiel«, also: nichts.

Kann das sein? Kann man zum Beispiel sagen, dass die Kreuzzüge nichts mit dem Christentum zu tun hatten? Kann man leugnen, dass der Islam ganz offensichtlich radikale, aggressive Auslegungen ermöglicht? Darf man so tun, als ob Leute, die tagaus, tagein aus dem Koran zitieren, nichts mit dem Koran zu tun haben? Wäre es nicht ein wenig sauberer und ehrlicher zu sagen: Natürlich hat das mit dem Islam zu tun, aber nicht mit dem Islam, wie wir ihn verstehen, auslegen und leben und wie man ihn verstehen, auslegen und leben sollte? Nur ein Vorschlag.

Bruno, mein alter Freund, sagt, er habe auf der Internetseite eines Naturkosthandels die Überschrift »Couscous – mit Küssen hat das nichts zu tun« gefunden; hier sei die Redewendung aber wirklich passend. Meine Antwort ist: Nein. Wie, um alles in der Welt, sollte eine Gericht, das man Kusskuss nennt, nichts mit Küssen zu tun haben? · DAS BESTE AUS ALLER WELT 2014

VIER KOLUMNEN
ÜBER EUROPA

———— ✶ ————

Wie könnte eine einheitliche europäische Sprache aussehen? Ist Europa der erste komplett schwule Kontinent? Darf man in Europa einen Tunnel von einem Land in ein anderes Land bohren, ohne das andere Land zu fragen? Gibt es Leben auf dem Planeten Europa?

Wer auf all diese Fragen keine Antwort hat, sie aber haben möchte, der ist in diesem Kapitel ganz richtig.

SKOND L-OPINJONI TIEG I TA 'L-ORKESTRA

Ich bin ein Anhänger Europas. Dieses Komplizierte, Vielstimmige, die Gremien, das Aushandeln – ich mag das. Ich bin auch ein Freund des Euros, ich reise nach Italien, ich fahre nach Frankreich, ich könnte nach Malta fliegen: überall dasselbe Geld. Was ich aber nie verstanden habe: Warum man nicht neben dem Euro die alten Währungen behalten hat, für die Freunde des Francs, die Liebhaber der Lira, die Propagandisten der – wie hieß noch mal das spanische Geld? Peseta, genau. Wir sprechen mehrere europäische Sprachen nebeneinander, Englisch die meisten, daneben ihre Heimatsprache, warum also nicht auch eine Ober- und ein paar Unterwährungen?

Apropos: Wäre es nicht schön, wir würden auch eine Zentralsprache einführen? Europäisch? Ich habe ein Experiment gemacht, damit wir da weiterkommen. Ich habe den ersten genuin europäischen Satz geschaffen.

Heuer im Januar hat sich Angela Merkel zur europäischen Frage geäußert. Sie sagte: »In dem europäischen Orchester, das mir vorschwebt, ist kein Volk nur für die zarten Töne und keines nur für die Posaunen zuständig, sondern jedes Volk ist in jeder Stimmgruppe vertreten.«

Diesen Satz habe ich in alle Sprachen der 17 Länder des Euro übersetzen lassen, von zwei Übersetzungsmaschinen im Internet. Merkel wurde vom Deutschen ins Niederländische übertragen, dann wieder ins Deutsche, das Ergebnis ging ins Französische, zurück ins Deutsche, danach in Estnische und so weiter. Weil manche Länder mehrere Sprachen haben (Belgien zum Beispiel) und weil Griechisch sowohl in Griechenland als auch auf Zypern gesprochen wird, wanderte der Satz drei Mal durchs Französische und zwei Mal durchs Griechische.

Jedes Mal hat die fremde Sprache den Satz ein wenig verändert und sich anverwandelt. Jedes Mal wurden die Worte und ihr Zusammenhang ein wenig europäischer.

Hat der Satz Belgien verlassen, klingt er so: »Das Europäische Orchester ist, dass ich glaube, dass keine Personen nur für den empfindlichen guter und verantwortungsvoller, nicht nur für die Posaunen, aber jedes Land in jeder Stimme Gruppe vertreten sind.«

Danach ging's durch Estland, Finnland, Frankreich, Griechenland. Nun las ich: »Meine Ansicht ist aus dem Orchester nach jedem pro Land und die Posaunen sind nicht nur eine guten und verantwortungsvolle Menschen und nicht nur Sie, sondern der Stimmen des Vertreters einer gefährdeten Gruppe.« Dass im Griechischen der »Vertreter einer gefährdeten Gruppe« dazukam! Kaum sind Merkels Worte aus Italien zurück, lauten sie: »Meiner Meinung nach von dem Orchester, nachdem alle je nach Land und Trompeten nicht nur gute Leute in kostenlos und nicht nur Sie, sondern die Stimmen der Vertreter sind drohte die Gruppe.«

Aha! Die Gruppe ist nicht mehr gefährdet, sie droht. Sie hat sich aufgerafft, in Luxemburg wird sie laut, nur Anfangs-Großbuchstaben: »Meiner Meinung Nach von Dem Orchester, Nachdem Alle ich Land Und Trompeten Nicht Nur Gute Leute Nach in Kostenlos Und Nicht Nur Sie, Sondern sterben Stimmen der Vertreter Sind die Gruppe Drohte.«

Nun das Maltesische: »Skond l-opinjoni tieg i ta 'l-orkestra, wara kollox trumbetti art I U Mhux Just nies Tajba Wara b'mod hieles u mhux biss You, Imma die voti tal-grupp huma mhedda.« Darauf: »Meiner Meinung nach des Orchesters, nach aller Kunst Trompeten IU nicht nur gute Menschen frei und nicht erst nach dir, aber Druckguss Gruppe bedroht.« Die Druckguss-Gruppe! Europa: zusammengeschweißt! In Malta. Es warten die Niederlande, Österreich, Portugal, die Slowakei, Slowenien, Spanien und Zypern mit ihren Sprachen, schon lesen wir, was Europa aus

Merkels Worten machte: »Natürlich Gruppe Menschen aller Art, verursacht nicht nur das Orchester mit Trompeten nur nach Ihnen, aber auch ein Risiko der UI-Berufe.«

Klingt das nicht entspannt? Risiko? Ja, bei UI-Berufen … Dies ins Chinesische, Arabische, Englische, Japanische, Koreanische, damit man uns überall versteht – und: »Winkel führt natürlich zu einem Benutzer mit dem Orchester, alle Arten von Menschen in der Gruppen-Schnittstelle.«

Mir ist nicht bange um Europa. • DAS BESTE AUS ALLER WELT 2012

★

ES LEBE DAS SCHWULE EUROPA

In *Grzimeks Enzyklopädie* las ich über den Nubischen Steinbock: »Während der Brunftzeit haben die hochgradig erregten Böcke gelegentlich spontane Samenergüsse und können mit der Penisspitze im Mund onanieren.«

Da schau her, dachte ich: Steinbock, du Nubischer! Wer hätte dir erstens Masturbation, zweitens solche Gelenkigkeit zugetraut? Andererseits: Man hätte bei etwas Nachdenken selbst drauf kommen können, dass manuelle Selbstbefriedigung bei Huftieren schwierig ist, selbst beim Bären wird sie überschätzt. »Der Kragenbär, der holt sich munter, / einen nach dem andern runter«, schrieb Robert Gernhardt. Doch werden Zoologen nicht müde zu versichern, dass auch der Kragenbär die Schnauze zu Hilfe nehme, wenn ihm danach sei, eine Praxis, die mitteleuropäischen Männern in der Regel nur nach ausgiebigem Besuch ihrer Volkshochschul-Wirbelsäulengruppe offensteht.

Natürlich liegt einem bei alledem nun sofort die Frage auf der, ähem, Zunge: Was würde Frau Lewitscharoff dazu sagen? Sibylle

Lewitscharoff ist jene führende deutsche Schriftstellerin, die zum einen mit allen nur erdenklichen Preisen von Huch bis Kleist und Fleißer bis Kaschnitz ausgezeichnet wurde, zum anderen den Gedanken eines Onanie-Verbots ventilierte, jedenfalls in Fällen, in denen die Runterholerei einer künstlichen Befruchtung vorangeht. Zur Strafe muss sie nun in Interviews erklären, wann, unter welchen Bedingungen, zu welchen Zwecken Onanie angebracht sein könne und wann nicht, Problemstellungen, mit denen eine Trägerin auch des Kranichsteiner Literaturpreises nicht täglich zu tun haben sollte.

Sie sei, sagt Frau L. dann, eine Gegnerin der technischen Produktion von Leben und möge dieses »Fortpflanzungsgemurkse« nicht; sie befürworte das Natürliche. Lassen wir mal die Frage beiseite, inwieweit der natürliche Geschlechtsakt von Bürgerinnen und Bürgern stets unvermurkst und mit der geforderten Grazie absolviert wird: »Das Natürliche« ist ein weites Feld. Erst vor Kurzem brachte etwa bei einer Veranstaltung der CSU in Geretsried der Dominikanerpater Wolfgang Spindler Homosexualität und »die Auflösung der menschlichen Natur« in Verbindung, in einer Rede, bei der man gern die Gegenfrage gestellt hätte, was genau an Männern, die in zölibatärer Keuschheit zu leben vorgeben, so unglaublich natürlich sei. Beim Nubischen Steinbock jedenfalls kommt diese Verhaltensweise nicht vor.

Hingegen ist Homosexualität in der Natur geläufige Praxis, von der Spinne bis zum Elefanten, vom Löwen bis zum Zwergkakadu (Schwulenquote bei vierzig Prozent!), vom Delfin ganz zu schweigen, der auch ein begabter Onanist ist; selbst wenn er von der *Navy* beim Bergen von Torpedos eingesetzt wird, nutzt er die Waffen zum Vergnügen. Habe ich erzählt, dass Ochsenfroschforschern bei Exkursionen im Urwald reihenweise onanierende Ochsenfrösche um die Ohren flogen, als sie bei selbst herbeigeführten Ochsenfroschorgasmen explodierten wie Silvesterböller? Noch ein Wort zu Russland. Kaum irgendwo scheint zurzeit die

Homophobie weiter verbreitet zu sein. In einer Reportage von der Krim las ich den Ruf eines pro-russischen Uniformierten: »Wir wollen nicht in dieses Schwuleneuropa. Damit uns nicht diese Homo-Ehe aufgezwungen wird. Ich habe gesehen, dass ein hochrangiger Beamter in der EU in einer Homo-Ehe ist. Ich will nicht, dass meine Kinder schwul und lesbisch werden.«

Ja, nun, liebe pro-russische Uniformierte, es ist nun mal so. Wir sind hier alle schwul, das ist die reine Wahrheit, was soll man machen? Es ist bei uns so Vorschrift: Brüssel, Ihr wisst schon. Am Anfang fanden wir's seltsam, aber jetzt haben wir es gern, hier ist das ganze Jahr Brunftzeit, und wenn wir Wladimir Wladimirowitsch so sehen, mit entblößtem Oberkörper auf dem Motorrad – hach!

Es lebe das vereinigte und sich täglich weitervereinigende, unentwegt herummurksende, freie (und natürlich schwule), seine Schriftstellerinnen mit Preisen aller Art behängende, insgesamt ganz und gar hemmungslose Europa! · DAS BESTE AUS ALLER WELT 2014

★

WAS IST EIN ABTROPFGEWICHT?

Immer wieder liegt im Briefkasten Post, die ich nicht will, einmal pro Woche zum Beispiel mehrere Prospekte, in einer dünnen, durchsichtigen Plastikhülle vereint. In den Werbematerialien werden Lebensmittel angeboten, Stangenspargel, »im 580-ml-Glas, 320 g Abtropfgewicht«. Da steht man vor dem Briefkasten und fragt sich: Was ist ein Abtropfgewicht? Man denkt an Boxer, die vor großen Kämpfen in die Sauna gehen, weil sie zu schwer für ihre Gewichtsklasse sind – von denen tropft beim Schwitzen Gewicht herunter. Der Spargel befindet sich in einer Flüssigkeit.

Bloß: Ist das Abtropfgewicht das Gewicht der Flüssigkeit, die vom Spargel abtropft, oder das Gewicht des Spargels, von dem das Wasser ablief? Insgesamt aber ein schöner Gedanke. Dass Gewicht überhaupt abtropfen kann …

Außerdem bietet man »Würstchen in zarter Eigenhaut« an. Das klingt besser als »Würstchen in zarter Fremdhaut« oder »Zarthäutige Fremdwürstchen« oder »Fremd-zarte Wursthäutchen«. (Aber wie wäre es mal mit »Scharfe Nacktwürstchen, total hautlos«?) Man fragt sich, da ein Würstchen ja nie als Würstchen gelebt hat, sondern immer nur als Schwein oder als Pute: Was genau heißt hier »Eigenhaut«? Ist es die Haut des Tieres, dem das Würstchen entstammt? Oder hat die Lebensmittelindustrie vielleicht lebende Würstchen erfunden, mit Haut drumherum, die erst am Morgen ihrer Eindosung erschossen werden?

Auch ich könnte, wie viele Nachbarn, einen Keine-Werbung-Aufkleber am Briefkasten befestigen, aber erstens glaube ich, dass sich keiner an solche Schilder hält, zweitens ist auch der Prospektverteiler einer, der Geld verdienen will – warum soll ich ihm den Job nehmen?

Aber dann zerre ich eben doch die Prospekte aus dem Kasten und werfe sie weg, wobei ich jedes Mal denke: Muss man nicht, bevor man sie ins Altpapier tut, die Plastikhülle entfernen, damit nicht Kunststoff ins Papier gerät? Und warum tun das manche Menschen ersichtlich nicht? Sie lassen die Werbung in ihrer doch eindeutig fremden Haut und werfen sie so entweder in den Papiermüll oder in die Restetonne. Nur ich entferne den Kunststoff vom Bedruckten und trenne die Dinge, als wäre der Würstchenprospekt eine Weißwurst, die nur enthäutet ihrer Wege gehen darf. Warum beschäftigt mich so was überhaupt? Warum tropfen diese Fragen nicht einfach an mir ab?

Übrigens las ich, dass zwischen Dänemark und Deutschland (genauer: Lolland und Fehmarn) ein Tunnel gebaut werden soll. Der Tunnel wird von den Dänen gewollt, von den Deutschen dort hingegen nicht sehr, sie brauchen ihn einfach nicht so, wie die Dänen ihn gern hätten, die mehr als ein Fünftel ihrer Exportwaren zu uns schicken. Deshalb müssen die Dänen den Tunnel selbst bezahlen.

Aber man denkt doch, da wir in einem vereinten Europa leben: Könnte denn, juristisch gesehen, ein Land einen Tunnel in ein anderes Land bauen, wenn dieses andere Land den Tunnel nicht möchte? Wenn also Deutschland den Tunnel strikt ablehnte, die Dänen ihn aber einfach bauen würden, so dass eines Tages in einem Waldstück auf Fehmarn der erste Däne den Kopf aus der Erde steckte, dann Däne auf Däne ungebeten hervorspazierte, so dass man sich auf Fehmarn fragte: Wo kommen die ganzen Dänen her, es liegt kein Schiff im Hafen – was wäre dann?

Hat nicht Dänemark ein Recht auf eine ordentliche Komplett-Anbindung nicht nur Jütlands, sondern auch seiner Inseln an den Kontinent? Warum soll Lolland von uns durch die Ostsee getrennt sein? Lolland hat um die Ostsee nicht gebeten, wie ich nicht um eingehäutete Prospekte gebeten habe und wie einem das meiste im Leben ungebeten passiert, sogar das Leben selbst. Deutschland läge auch lieber weiter südlich, aber es ist nicht gefragt worden, als die Erde eingeteilt wurde. Sollten wir beginnen, einen Tunnel mallorcawärts zu graben? Einerseits, um die Kohlendioxid-Belastung durch den Luftverkehr zu verringern. Andererseits, damit die Deutschen, die ja nicht wie die Dänen vorwiegend Schweine, Öfen und Schiffsmotoren exportieren, sondern in ihrer physischen Existenz selbst ein Ausfuhrgut sind, ihre winterfahle Eigenhaut noch schneller in die Fremde schaffen können. • DAS BESTE AUS ALLER WELT 2011

Einige Jahre nach dem Erscheinen dieser Kolumne traf ich zufällig Herrn D., der klagte, bis heute müsse er jedes Mal, wenn er diese in Kunststoff eingehüllten Werbeprospekte aus dem Briefkasten nehme, an mich denken, und jedes Mal grübele er (wie ich) von neuem, wie und wohin er das alles nun entsorgen solle. So kann man sich also auch ins Gehirn der Leser sozusagen unauslöschbar hineinschreiben. D. gestand mir bei der Gelegenheit, er lese meine Kolumne stets auf der Toilette, was ich grundsätzlich niemandem übel nehme. Ich nahm ihm allerdings das Versprechen ab, die Geschichten wirklich nur zum Zwecke des Lesens mit aufs Klo zu nehmen, eingedenk jenes berühmten Satzes, der in der Regel dem Komponisten Max Reger zugeschrieben wird und von dessen Brief an einen Kritiker handelt: »Ich sitze im kleinsten Raum des Hauses und habe Ihre Kritik vor mir. Gleich habe ich sie hinter mir.«

★

BUNTBARSCHONAUTEN

Zurzeit sind ja, was die wenigsten wissen, vierzig kleine Buntbarsche im Weltall unterwegs. Man hat sie in einem bierkistengroßen Aquarium mit einer Rakete von Baikonur aus zur Internationalen Weltraumstation geschickt, um in der Schwerelosigkeit neue Erkenntnisse über die Reisekrankheit zu gewinnen. Denn die Reisekrankheit hängt mit dem menschlichen Innenohr zusammen, und das menschliche Innenohr ähnelt dem von Buntbarschen offensichtlich auf verblüffende Art und Weise.

Eine Woche noch, dann werden die Buntbarschonauten wieder zurück sein. Schon jetzt äußern sich im Internet die üblichen Fachleute skeptisch über den Sinn der Mission, auf *Spiegel online* schreibt zum Beispiel ein Leser: »das ist auch sehr wichtig, dass man buntbarsche im weltall schickt. die arschlöcher sollen sich mal lieber um krebsforschung kümmern, aber dafür sinnt sie wohl zu doof.« Ich persönlich bin aber durchaus ein Befürworter solcher Buntbarsch-Missionen; man hat schon Hunde, Affen, Molche und Mehlwürmer in Umlaufbahnen geschossen, ja, sogar Mahmud Ahmadinedschad hat den Wunsch geäußert, einmal ins All zu fliegen – warum sollten also nicht auch Buntbarsche in den Weltraum reisen?

Übrigens las ich jetzt von einem Jupitermond namens Europa. Dieser Mond könnte außerirdisches Leben beherbergen. Zwar ist es auf ihm so fürchterlich kalt, dass er komplett von einem bis zu zehn Kilometer dicken Eispanzer bedeckt ist. Aber unter diesem Eis verbirgt sich anscheinend ein gigantischer, hundert Kilometer tiefer Ozean (mit heißen Quellen), in dem es allerhand primitive Organismen geben könnte, wie wir sie ja auf der Erde auch kennen, von den Leserkommentar-Abteilungen vieler Internetseiten zum Beispiel. Und dieses Meer will man nun mit Hilfe von Robotern erforschen, die nach Europa fliegen, sich dort selbstständig durch die Eiskruste bohren/schmelzen und dann das Wasser untersuchen.

Das finde ich nun insofern interessant, als wir uns doch außerirdisches Leben immer als intelligent und dem Menschen ebenbürtig, wenn nicht weit überlegen vorgestellt hatten. Und nun leben da vielleicht bloß Bakterien?

Aber man stelle sich vor, in den Ozeanen des Jupitermondes Europa würden sich doch irgendwie geistig hochstehende Wasserwesen verbergen, die aber eben nur im Wasser leben könnten. Und diese Wasserwesen beschlössen eines Tages, das All ihrerseits zu erforschen, sie schössen eine gigantische wassergefüllte Rakete erdwärts, und diese landete, sagen wir, auf der Theresienwiese in München: Da stünde eines Tages plötzlich ein haushohes Aquarium mit echten Europäern drinnen, Bewohnern des Mondes Europa nämlich, und diese betrachteten aus dem Wasser heraus und durch das Glas hindurch die Münchner, und die Münchner betrachteten sie – und dann? Wie fände man zueinander? Wer wagte es, Rittersmann oder Knapp, zu tauchen …? Müsste man nicht schon aus reiner Höflichkeit den bayerischen Ministerpräsidenten an der Spitze einer Begrüßungsdelegation im Becken versenken?

Oder vielleicht wären diese Wasser-Europäer ja auch sehr klein? Und landeten in so einer Art Goldfischglas auf irgendeinem Balkon mitten in der Stadt, und bevor irgendein Mensch diese Sensation zur Kenntnis nehmen könnte, spazierte ein – in der zum Balkon gehörenden Wohnung lebender – Doggenhund herbei und söffe das Glas samt den Außerirdischen einfach leer, so dass niemand je von ihrer Ankunft erführe?

Wahnsinn, was alles möglich ist! Auch wäre ja denkbar, dass dieser Tage in der Tiefe des Universums ein Schwarm Buntbarsche im fliegenden Wasserkasten und die auf Forschungsreise befindlichen außerirdischen Europäer in ihrer Glucker-Rakete einander begegneten – und dann, und dann? • DAS BESTE AUS ALLER WELT 2013

Die Buntbarschonauten sind, soweit ich weiß, übrigens wohlbehalten wieder zurückgekehrt. Über etwaige Begegnungen im All haben sie kein Wort verloren.

ZUR VERTEIDIGUNG
DER GEHEIMDIENSTE

————◄——— ✱ ———►————

Die Geheimdienste haben wirklich allerhand durchgemacht in den vergangenen Jahren, von allen Seiten werden sie kritisiert, selbst der einstige Großbundeskanzler Schmidt teilte in einem Interview mit, er habe während seiner Amtszeit keinen einzigen Geheimdienstbericht gelesen, weil alles, was dort mitgeteilt wurde und werde, im Grunde bedeutungslos sei.

Es war daher Zeit, dass jemand ausführlich die Geheimdienste in Schutz nahm. Einer musste es tun, und ich tat es.

EINS: DAS NATIONALARCHIV DES ALLTAGS

Irgendwie ist es rührend, wie fleißig die Geheimdienste in der ganzen Welt sind. Sie sollen Verbrecher, Terroristen, Spione fangen, aber sie tun viel mehr, zapfen mit eigens umgebauten Unterseebooten Tiefseekabel an, hören unsere Telefone ab, lesen fremder Leute Mails, ein sehr eifriges Bemühen. In Amerika sind 850.000 Menschen auf höchster Geheimhaltungsstufe mit diesen Dingen beschäftigt, das sind weit mehr Leute, als in der deutschen Landwirtschaft arbeiten. Man stelle sich vor, unseren Bauern würde ihre Arbeit auf den Höfen nicht reichen, sie würden Kühe zu uns in die Städte treiben, um Frischmilch euterwarm in den Kaffee zu zapfen, oder morgens kämen von ihnen entsandte Hühner und legten Eier vor die Wohnungstüren – und das täten die Landwirte, ohne große Worte zu machen.

Man würde sagen: Topp, liebe Bauern, das nennen wir Einsatz, danke!

Die Geheimdienste aber werden kritisiert. Ihnen wird vorgeworfen, sie hätten sich Informationen beschafft, die sie sich nicht hätten beschaffen dürfen. Da frage ich: Ja, was sollen Geheimdienste denn sonst machen? Ihre Aufgabe ist es, sich mit geheimen Dingen im Geheimen zu beschäftigen, damit hat man sie beauftragt, also tun sie es. Wenn sie erst um Erlaubnis fragen würden, wäre es ja schon nicht mehr geheim. Auch lese ich, in Amerika gebe es 16 Geheimdienste, das seien viel zu viele. Da sage ich: Wahrscheinlich gibt es noch viel mehr; einige Geheimdienste sind so geheim, dass sie selbst nicht wissen, was sie tun.

Der britische Geheimdienst GCHQ sichtet jeden Tag eine Datenmenge, die dem 192-fachen des Gesamtinhalts der *British Library* entspricht. In dieser Bibliothek befinden sich 150 Millionen Werke aller Art, die ältesten stammen aus der Zeit um 1600 vor Christus, es sind chinesische Orakelknochen. Und das also

192 Mal. Täglich! Und morgen wieder! Und übermorgen auch! Immer inklusive Orakelknochen. Die *British Library* besitzt von jedem seit 1911 in Großbritannien erschienenen Buch ein Exemplar, das heißt, auch einige meiner Bücher stehen dort, irgendwo zwischen William Golding und Thomas Hobbes. Das ist doch irre, das empfinde ich als Ehre! Genauso ehrt es mich, dass der britische Steuerzahler Menschen ein Gehalt finanziert, die meine Mails lesen. Und mein Telefon abhören. Ich kann mich nicht erinnern, in den letzten Jahren ein einziges Wort gesagt zu haben, das für britische Steuerzahler von Interesse gewesen sein könnte – und doch lauschen sie mir. Einfach so. Weil sie es können. Und weil es mich gibt. Das finde ich wunderbar.

Leider heben sie alles nur drei Tage auf. Das ist schade. Es kommt zum Beispiel gelegentlich vor, dass ich eine Mail versehentlich lösche oder überhaupt hier ein Text irgendwie verschwindet, oder dass ich etwas in meinem Computer nicht finde. Da wäre es schön, man könnte sich an den britischen Geheimdienst wenden, mit der Bitte um Hilfe. Und sie schicken es dann, auch nach zwei Monaten noch.

Es geschieht ja ebenfalls, dass man sich in einem Gespräch unter Ehepartnern nicht einigen kann, wer wann was gesagt hat. Der eine behauptet dann, der andere habe etwas behauptet, von dem der andere behauptet, es nie behauptet zu haben. Ein irrwitziges Problem in fast allen Beziehungen! Würde man nun alle Gespräche auch in unseren Wohnungen aufzeichnen (wie es ja der britische Geheimdienst sicher längst tut, nur im Geheimen halt), könnte man mit einer Mail dort um Zusendung der Aufzeichnung bitten – und, schwupp, wäre die Sache geklärt.

Wie viele geschiedene Ehen würden noch bestehen, könnte man unsere Geheimdienste auf diese Weise als eine Art Nationalarchiv des Alltags nutzen, als Service für uns alle!? Die *British Library* ist ja auch im Prinzip für jeden zugänglich. Wenn man dann noch jederzeit die Kameraaufzeichnungen der vergangenen Stunden von meinem Leben abrufen könnte, nie wieder würde ich ein verdammtes Schlüsselbund verlieren – wie schön wäre das denn!

· DAS BESTE AUS ALLER WELT 2013

★

ZWEI: VON BRUNSTDETEKTOREN UND DEM HANDBUCH DER DARMREINIGUNG

Wenn ich alles richtig verstanden habe, geht es den Datensammlern in den Geheimdiensten und Internetunternehmen, über die man jetzt so viel liest, im Kern nicht darum, was wir in der Vergangenheit getan haben, sondern um unsere Absichten in der Zukunft. Jeder Einzelne soll zu einer berechenbaren Größe werden, indem man so viel, wie es irgend geht, über ihn in Erfahrung bringt, um daraus Schlüsse über seine Zukunft zu ziehen.

In der Zeitung stand das Beispiel jener amerikanischen Drogeriekette, die herausfand, dass schwangere Frauen im dritten Monat oft unparfümierte Bodylotion kaufen, einige Wochen später Magnesium, Kalzium und Zink. So kann man den Zeitpunkt ihrer Niederkunft errechnen und ihnen pünktlich Werbung über Babywindeln zukommen lassen.

Das ist der Stand der Dinge. Es ist natürlich erst der Anfang. Im Prinzip geht es darum, für jeden von uns ein statistisches Ich zu konstruieren, eine vom Computer mit immer neuen Informationen gefütterte und gepflegte Figur, über die man Vorhersagen machen kann. So ist das heute schon, wenn man Bücher oder sonst etwas bei Amazon kauft: Die Art des dort Erworbenen veranlasst die Firma, einem bei der nächsten Anmeldung Angebote zu machen: was Sie interessieren könnte.

Das ist natürlich noch sehr vage. In hundert Jahren bekommt

man die Bücher einfach geschickt, weil der Computer, bevor wir selbst es nur vage ahnen, schon weiß, dass wir sie lesen werden. Wobei es in hundert Jahren keine Bücher mehr geben wird, also anderes Beispiel: Man wird unseren Medikamenten- und Alkoholverbrauch so genau beobachten und mit individuellen genetischen Gegebenheiten abgleichen, dass eines Tages auf dem Bildschirm die Nachricht leuchtet: Ihre neue Leber ist da. Plus Operationstermin. Blaulichtwagen steht auch schon vor der Tür. Die Frage ist, was jeder von uns tun kann. Dass man aus Individuen schnöde Wahrscheinlichkeitsgrößen macht, ohne Phantasie, freien Willen und anarchisches Potenzial, ist natürlich nicht akzeptabel. Also müssen wir uns wehren – und zwar mit Phantasie, freiem Willen und anarchischem Potenzial. Wenn der Staat und die Wirtschaft in ihren Datensystemen für jeden Bürger ein berechenbares Ich erstehen lassen, müssen wir eine Art literarisches Ich dagegensetzen, das Dinge tut, mit denen nicht zu rechnen war.

Ein Beispiel könnte sein, dass ich bei meiner Drogeriekette unparfümierte Körperlotion bestelle, wenige Wochen später dann Magnesium, Kalzium und Zink. Ein schwangerer Mann von 57 Jahren? Das macht dem Algorithmus schon mal ein paar Millisekunden zu schaffen. Besser wäre, alle 57-jährigen Männer Deutschlands verabredeten sich zu einer solchen Bestellung, das hätte mindestens erst mal ein Programmierer-Meeting in der Drogeriezentrale zur Folge. Bisschen blöd ist, dass wir das bestellte Zeug nicht brauchen. Aber man kann es ja verschenken, irgendeine schwangere Frau kennt jeder, und das Schöne ist dann, dass die Drogisten so nichts von ihr erfahren.

Es wäre ein Einstieg. Interessanter wird es, wenn ich auf einen Schlag zwei Schraubensets für Volvo-Sattelschlepper-Auspuffhalter, einen Brunstdetektor für Hochleistungsrinder, 27 Fischräucherhaken, ein Handbuch der Darmreinigung, drei Tuben medizinischen Sofortkleber, ein hydrodynamisches Schnorchelset, ein Pultvordach aus transparentem Polycarbonat, drei künstliche Kniegelenke sowie achthundert Edelstahl-Rouladenspieße ordere. Zwar benötige ich auch nichts davon. Aber was kauft man nicht alles für unnützes Zeug, da kommt es auf einen Brunstdetektor nicht an!

Vermutlich wird mich der amerikanische Geheimdienst unter Intensivbewachung stellen, worauf ich es mir zur Angewohnheit mache, jeden Tag fünf Minuten vor dem Hauptquartier der Bayernpartei auf und ab zu gehen, um danach immer aufs Neue einen Mitgliedsantrag für den Bund der Gebrauchtmänner in den Briefkasten zu werfen.

Alles mal so für den Anfang. *Have fun, NSA!*

· DAS BESTE AUS ALLER WELT 2013

★

DREI: GROTTENOLME OHNE GROTTE

Diese ständige Kritik an der NSA, das geht mir zu weit. Wie der Bäcker backt und der Manager managt, so spioniert der Spion – das ist seine Aufgabe im Leben, dazu ist er auf der Welt. Es ist aber ein Wahnsinn, dass wir alle nun von den Tätigkeiten der Amerikaner wissen. Der Begriff des Geheimdienstes sagt, dass er im Geheimen zu dienen hat; er soll also seinen Aufgaben nachkommen, ohne dass andere davon auch nur das Geringste erfahren. Hier liegt in Wahrheit das einzige und allerdings scheußliche Versagen der Sicherheitsleute: dass sie plötzlich im grellsten Lichte stehen wie Grottenolme ohne Grotte.

Es ist also festzustellen: Geheimdienste im früheren Sinne gibt es eigentlich nicht mehr, sie sind im Gegenteil zu öffentlichen Diensten geworden, warum auch nicht? Der moderne Bürger liefert ja ohnedies freiwillig sein Allergeheimstes bei Facebook ab, auch legt er mit seinem Smartphone eine leuchtende Spur durch das Dunkel der Welt. Unsere Fernsehkanäle sind verstopft von Menschen, die über Gallensteine, Burn-out und Impotenz reden wie unsere Großeltern über das Wetter, und im ZDF führte ein Fachmann kürzlich vor, wie man mit Hilfe eines Notebooks, eines Mobiltelefons und einer kostenlos schnell verfügbaren Software jedes Mobiltelefonat in der Umgebung mithören kann. Das geht so leicht, dass heute die wahre Anstrengung eines Menschen im Grunde darin liegt, das Geheimste seines Nachbarn *nicht* zu kontrollieren.

Und da sagt Frau Kanzlerin, »Ausspähen unter Freunden«, das gehe gar nicht?! Der moderne Begriff des »Freundes« besagt doch gerade, dass man ihn gar nicht erst »ausspähen« muss, er liefert ungezwungen, was man wissen oder auch nicht wissen will, bei den Sozialmedien ab, denn hier gilt nur der etwas, der möglichst viele Freunde hat, die möglichst viel von ihm wissen. Insofern macht sich verdächtig, wer das nicht tut: Kann jemand Freund sein, der nicht abgehört werden will?

Und was ist das für ein Aberwitz, den Staat, wie Angela Merkel, mit Hilfe eines der CDU gehörenden, unverschlüsselten und also quasi einem Megafon ähnelnden Handys zu lenken – und sich dann zu beschweren, die NSA habe getan, was jeder Hobby-Handwerker hätte tun können?! Hätte sie nicht abgehört werden wollen, hätte sie ein Kryptotelefon benutzen sollen! Bloß: Gerade dann hätte die NSA sie abhören *müssen*, um festzustellen, ob sie überhaupt eine Freundin im Sinne der modernen Definition ist.

Wenn es nun aber mal so ist, dass die NSA im Prinzip kein Geheimdienst mehr ist, sondern eine öffentliche Agentur, warum ziehen wir nicht die Konsequenz daraus und tun, was Bruno, mein alter Freund, gerade vorgeschlagen hat: Die NSA wird selbst Netzbetreiber wie, sagen wir, Vodafone oder Telekom. Man lässt Handy und Datenströme direkt über sie laufen – und zwar kostenlos: Alles, was durch das NSA-Netz rauscht, darf mitgehört, mitgeschrieben und unbegrenzt gespeichert werden. Das wird es ja sowieso, nur halt im Moment ein bisschen am Rande der Legalität.

In der von Bruno beschriebenen Zukunft aber hätten alle etwas davon. *Wir* würden unsere monatliche Telekommunikationsrechnung auf null bringen, und *die NSA* müsste nicht mehr umständlich irgendwelche fremden Netze in anderen Ländern oder Kabel auf hoher See anzapfen. Das kostet ja auch, und zwar Steuergeld. Worum es also geht: die Geheimdienste in eine neue, bürgernahe Zukunft zu führen. Das Dauergenöle über ihre Arbeit wird aufhören, wenn das *Geheime* ein Ende hat und nun der *Dienst* in den Vordergrund tritt: Wir verschenken unser Geheimstes und bekommen dafür Gratistelefonie, Freimails und das beste Netz der Welt.

Schluss mit *Secret*, ab jetzt nur noch: *Service*!

So viel an Modernisierungsvorschlägen für heute. Damit die NSA auch wirklich gleich zuerst davon erfährt, habe ich diesen Text vor der Veröffentlichung meiner Frau bei einem Spaziergang im Wald vorgelesen. · DAS BESTE AUS ALLER WELT 2013

DER JAHRESLAUF
IN DER KOLUMNE

Als ich für dieses Buch vom Drei-Meter-Brett kopfüber in den In-
halt meines Textspeichers hineinsprang, mitten in die 1001 Kolum-
nen hineintauchte, sie durchwühlte, in die Luft warf und sie mir
aufs Haupt rascheln ließ, da hörte ich plötzlich eine Stimme rufen:
Hast du überhaupt Kolumnen über alle vier Jahreszeiten? Für jede
eine? Und schon war ich wieder weg, verschwunden im Kolum-
nensee, durchschwamm seine Tiefen, ergründete seine Geheimnisse,
und als ich nach Luft schnappend wieder die Oberfläche erreichte,
hatte ich diese vier Geschichten in den Händen. Und eine fünfte
noch dazu.

FRÜHLING: KOTLOTTO

In dieser Woche hat der Frühling begonnen. Ich dachte an den großen Satz des früheren Fußballmanagers Rudi Assauer (Schalke 04): »Wenn der Schnee schmilzt, sieht man, wo die Kacke liegt.«

Ja, wenn der Frühling begonnen hat, ist's nicht mehr weit bis zur ersten großen Debatte des neu erblühenden Jahres über Hundekot im Englischen Garten. Zum ersten Symposium mit dem Titel »Der Hund und sein Haufen in Hamburg« oder »Versinkt Berlin im Köterkot?«. Schließlich bis zu den ersten Grundsatzgesprächen zwischen Hundebesitzern und Hundenichtbesitzern auf den Bürgersteigen meines Viertels.

Bruno, mein alter Freund, hat eine Geschichte aus dem vergangenen Jahr hervorgekramt, sie spielt in Taipeh. Dort gibt es sehr viele Hunde, nicht alle haben einen Eigner, denn mancher Bürger Taiwans kaufte sich zwar einen Hund, ließ ihn aber nach einer Weile einfach frei, weil er den Ausschaltknopf nicht fand, den er von seinen elektronischen Spielzeugen kennt.

Diese Hunde streunen durch die Stadt. Sie kennen keine Toiletten. Also hat man 2011 in einem Stadtteil Taipehs eine Art Verlosung veranstaltet: Jeder, der eine Tüte, gefüllt mit Hundedung, ablieferte, bekam dafür ein Los für eine Lotterie ausgehändigt, bei der als Hauptgewinn ein Goldbarren im Wert von 1500 Euro lockte – eine Gelegenheit, im Wortsinn aus Scheiße Gold zu machen. (Wobei es Ehrensache war, dass der Tüteninhalt wirklich von einem Hund kam, da ist der Taiwanese pingelig.)

4000 Menschen beteiligten sich. Eine dolle Zahl, finde ich. Wie ist es möglich, dass man von dieser Aktion seitdem nichts mehr gehört hat, fragt Bruno. Dass sie in den deutschen Debatten keinerlei Rolle spielte?, frage ich. Dass es hierzulande keinerlei Nachahmung gegeben hat?, so wiederum Bruno.

Die Frage dieses Frühlings ist: Warum organisieren wir die Hundehaufenbeseitigung nicht als Lotterie? Würde man unsere Städte mit einem Netz von Hundehinterlassenschaftsabgabestellen überziehen, bei denen man pro Hundetütchen ein Los erhielte, das wiederum zur Teilnahme an einer großen Tombola berechtigte, bei der Tag für Tag ein Goldbarren zu gewinnen wäre, ich schwöre: Kein einziges Bröckerl Hundekot läge noch in unseren Parks und auf unseren Gehwegen, das ist doch logisch! Hinter jedem Hund würden mehrere Haufensammler herumschleichen.

Natürlich höre ich sofort: Wer soll das finanzieren? Da habe ich eine klare Antwort: selbstverständlich die Hundefutterindustrie. Es ist doch überhaupt nicht einzusehen, dass sich jede Brauerei und jeder Getränkevertrieb mit umständlichen Dosen- und sonstigen Pfandsystemen herumschlagen muss, ja, dass die deutsche Industrie zur Beseitigung ihres Mülls ein Duales System gegründet hat. Dass aber die Hundefutterproduzenten, die allein in einer Stadt wie Berlin täglich an die 110.000 Hunde versorgen, nicht das Geringste mit deren Abfall zu tun haben.

Es müsste für diese Branche ein Leichtes und eine Verpflichtung sein, ein Kotlotto großen Stils zu organisieren, mit Glücksfeen, Jackpötten, einer Werbekampagne (»Dein Hund macht dich reich!«, »Ich scheiß dich zu mit meinem Gold!«), Ausgabeautomaten für Tölentüten überall, entsprechenden Hunde-Losungs-Abgabe-Läden sowie einer täglichen Verlosung – alles hygienisch tipptopp und absolut geruchsneutral, natürlich.

Zumal die Zahl der Hunde bei solchen Möglichkeiten eher steigen würde, die Hundefutterverkäufer also Umsatzsteigerungen in Aussicht hätten.

Welche Chancen sich angesichts dieser Idee für die Beseitigung des zähen Altkaugummi-Sumpfs bieten, in dem unsere Städte seit Jahren zu versinken drohen, der auf unseren Bürgersteigen schnelles Gehen allmählich unmöglich macht und uns nötigt,

Abend für Abend unsere Schuhe von einem Fäden ziehenden Schlamm aus Gekautem und Ausgespienem zu reinigen – das erklärt sich nach alledem von selbst. • DAS BESTE AUS ALLER WELT 2012

✱

SOMMER: MÜCKENGESTÖBER

Nun naht der Sommer. Bald werden draußen am See wieder die Mücken über uns herfallen wie Kinder über Torte, werden in uns hineinstechen und aus uns heraussaugen, werden unsere Häute schwellen lassen und jucken und jucken, und unsere Flüche werden laut übers Moor hallen.

Was haben wir nicht alles gegen die Mücken zu tun versucht! Haben uns mit stinkenden Ölen eingerieben, haben Knoblauch gefressen, mit Klatschen um uns geprügelt, unsere Körper mit Gaze umhüllt, haben unter Netzen geschlafen, welche die Mücken mit singendem Geräusch zerfraßen, haben Geräte aufgestellt, von denen die Tiere elektrisch zermückt werden – alles taten wir, was denkbar ist. Aber die Mücken am See draußen sind viele, und es werden jedes Jahr mehr.

Manchmal lese ich in alten zoologischen Folianten über Weltgegenden, in denen es noch mehr Mücken gibt. Ich lese, um mich zu trösten. Anderswo ist es noch schlimmer, viel schlimmer.

In Lappland sei es so schlimm, dass die Mückenschwärme wie Schneegestöber aussähen oder wie vom Wind aufgewirbelter Staub, und man könne nichts essen, das nicht von Mücken bedeckt sei wie von einer weichen Panade. Das lese ich in Lackowitz' hundert Jahre altem *Buch der Tierwelt*, welches den wunderbaren Untertitel trägt: *Schilderungen aus dem gesamten Tierleben in Lebensbildern und Charakterzeichnungen sowie hochinteressante*

Jagdgeschichten und wilde Szenen in allen Zonen. In Lappland, lese ich, seien die Mücken »so außerordentlich gierig, dass sie nicht weichen und noch fortsaugen, wenn man sie auch während des Stichs mit einer Schere mitten durchschneidet; sie bleiben sitzen und das Blut läuft zur Schnittwunde wieder heraus«.

Noch entsetzlicher sei es in der sibirischen Tundra, schreibt Brehm. Dort liege über der Landschaft oft ein Nebel von Mücken, man atme die Tiere ein und aus, und versuche man, sie zu erschlagen, so säßen, »während die strafende Hand sich noch bewegt, schon drei, vier, zehn Mücken auf ihr, um ebenso zu tun, wie die erschlagenen taten«.

So schlimm ist es draußen am See noch nicht. Doch fuhren wir mal mit dem Auto zu einem Gasthof. Luis schlief unterwegs ein, wie immer. Als wir ankamen, war der Gasthof geschlossen. Paola und ich stiegen aus, um das Gelände zu inspizieren und nach den Öffnungszeiten sowie der Karte zu sehen. Mücken begannen uns zu beißen.

»Meinst du, wir können Luis einen Moment allein lassen? Er schläft so fest«, sagte Paola. »Natürlich, wir sehen ihn doch«, sagte ich. »Ich weiß nicht«, sagte sie. Aber es war nirgends ein Mensch zu sehen, und so ließen wir ihn einen Moment zurück, auf dem Parkplatz, zwanzig Meter weiter, in Sichtweite, bei offener Tür.

Ich kam als Erster zurück, Paola ging noch einige Schritte in den Biergarten. Aus der Nähe sah ich des schlafenden Luis' Haupt von einem Strahlenkranz aus Mücken umgeben. Im Innenraum des Wagens tanzten Hunderte der feindlichen Geschöpfe. Ich schrie, fluchte, stürzte ans Steuer, startete den Motor, öffnete alle Fenster und das Schiebedach, schoss von dannen, um die Tiere durch den Luftzug zu vertreiben. Nach zweihundert Metern erreichte ich einen vor mir fahrenden Mercedes, musste bremsen, fuhr unter einer Brücke hindurch, wendete, kehrte zurück.

Als ich zurückkam, stand Paola weinend und zitternd auf dem Parkplatz. »Was ist, um Himmels willen?«, rief ich.

»Ich habe dich nur schreien gehört«, sagte sie schluchzend. »Ich dachte, die Leute im Mercedes hätten Luis entführt und du hättest sie verfolgt.«

»Nein, es waren die Mücken«, sagte ich. »Ich musste die Mücken vertreiben.«

Dann dachte ich, wie viele Jahre es noch dauern wird, bis der erste Mensch, allein draußen am See, von einem Mückenschwarm hochgehoben, fortgetragen und irgendwo in aller Mückenruhe leer gesaugt wird.   · DAS BESTE AUS MEINEM LEBEN 2000

Das Thema »Mücken« ist mit diesem Text allerdings für mich nicht erledigt gewesen, es wird in *Mehr über Mücken* auf Seite 582 vertieft behandelt.

★

HERBST: DRACHENWUT

Wochenlang war schon Herbst, und der Wind pfiff, dass es eine Art hatte. Auf dem Schrank entdeckte ich einen roten Drachen, den man uns geschenkt hatte und der seitdem dort oben lag – kein schönes Leben für einen roten Drachen. Ich beschloss, ihn steigen zu lassen, und wir fuhren aufs Land, Paola, Luis und ich. Ich dachte an den Vater, der ein schwerer Mann war, von Erinnerungen in den Sessel gepresst, so schwer, dass er sich nur selten ächzend erhob, als sei der eigene Leib eine Last, den er mit letzter Kraft aus den Polstern ins Leben stemmte.

Oft, wenn er saß, erzählte er von dem Drachen, den er als Kind besessen hatte, und davon, dass er als Junge Tambourmajor gewesen sei, vor einem Spielmannszug marschierend, den Majorsstab drehend, wendend, ihn über Rücken und Bauch wandern lassend, immer wieder in den Himmel schleudernd, aus dem er zu ihm zurückkehrte, die blinkende Kugel am Stabende voran, hinauf, hinunter. Die Leute am Straßenrand klatschten, weil es schwer war, den Stab fliegen zu lassen, und doch leicht wirkte, wenn mein Vater, der damals noch nicht mein Vater war, ihn der Sonne entgegenwarf.

Der rote Drachen war ein Lenkdrachen. Er hatte zwei Schnüre. Zog man an der linken, sollte der Drachen nach links fliegen, zog man an der rechten, hätte er sich nach rechts bewegen müssen. Ich hatte nie im Leben einen Lenkdrachen steigen lassen, zog weder links noch rechts, und dennoch stürzte der Drachen nach wenigen Metern Fluges mit der Spitze voran in die Wiese, auf der ich stand.

Die beiden Schnüre verhedderten sich. Ich entwirrte sie und ließ den Drachen wieder steigen und abstürzen, entwirrte die Schnüre, der Drachen stieg, stürzte, ich entwirrte und entwirrte, verwirrte mich aber selbst in den Schnüren, stand windumblasen gefesselt im Gras, an dessen Rand sich Luis befand, schreiend auf Paolas Arm: Er habe Angst vor dem Wind, schrie er, der Wind wehe alles fort, den Drachen und ihn, den Luis, auch. Die Sonne solle den Wind verjagen, und wir sollten weg hier, heim, heim.

Warum alles immer so schwierig sein müsse, dachte ich, während eine rote Drachenwut in mir aufstieg. Ich hatte solche Sehnsucht nach Leichtigkeit, die gleiche Sehnsucht, die meinen Vater in seinem Sessel erfüllt hatte, wollte meine Sehnsucht fliegen lassen und verlangte, dass das Leben leicht würde, dass es einmal in den Himmel stiege und dort flöge, mit mir verbunden durch eine Schnur, an der ich es halten wollte, das Leben.

Ich riss, von Wut erfüllt, aus meiner Hosentasche ein Messer, klappte es auf, kappte mit raschen Schnitten die Bänder, die sich um meine Beine und meinen Bauch geschlungen hatten, schmiss das Knäuel beiseite, nahm die Reste, verknotete sie zu einem einzigen, langen Band, baute den Lenkdrachen hastig zu einem normalen Drachen um, einem Drachen mit einer einzigen Schnur, den man steigen lassen konnte, ohne einen Lenkdrachenpilotenschein gemacht zu haben, einem Drachen für Menschen, die nichts vom Leben wollen, als dass es ihnen leicht würde. Baute, knotete, knotete, baute.

Dann lief ich, wie ich als Kind über die Herbstwiesen gelaufen war. Der Drachen erhob sich hinter mir, stieg in den Wind, fünfzig Meter hoch, blieb dort stehen, ein roter Drachen mit einem langen grünen Schwanz.

Aber der Drachen werde wegfliegen, schrie Luis, er werde uns verlassen. Ich lachte und ging zu ihm, ließ ihn die Schnur halten, ließ ihn das Zerren des Windes spüren, ließ ihn hinaufschauen zu dem steif in der Luft stehenden Drachen, und da lachte er auch, und Paola nahm die Schnur und lachte, und ich spürte den Wind kalt auf meinen nassen Wangen und lachte.

Und das Leben war schön.   · MEINE MEMOIREN 1998

★

WINTER: LIFTFAHREN IN COLORADO

Ich gehe, wie in jedem Winter, am Wochenende zum Skifahren. Meine linke Hüfte ist schwarzblau verfärbt, die Beule dort hat die Größe eines halben Handballs. Ich bin mit den Skiern auf einer Eisplatte weggerutscht und drei Meter tief in einen Bach geflogen, dann hart auf einem Felsen gelandet. Ich trug Helm und Rückenprotektor, aber der Arzt röntgte mein Becken und sagte: »Oh!«

»Um Himmels willen!«, antwortete ich. »So reden Sie doch!«

»Das Becken ist in Ordnung, aber da ist etwas an der Wirbelsäule.

Es hat mit dem Sturz vielleicht gar nichts zu tun. Wir müssen eine Computertomografie machen.«

»Kann es etwas Schlimmes sein? Die Krankheit mit K?«

»Ich weiß nicht, ich weiß nicht ... Das kann man auf einem Röntgenbild nicht sehen. Eine unbefriedigende Auskunft, ja. Aber was soll ich sagen?«

Ich wartete vier Tage auf die Tomografie. Vier Tage lebte ich mit dem Gedanken, ich sei der Mann, dessen Knochenkrebs bei einem Ski-Unfall entdeckt wurde. Dann stellte sich heraus, dass es sich um die harmlose Verschiebung eines Knöchelchens am Rückgrat handelte. Angeboren.

Auch schmerzt mein rechter Ellenbogen. Mittags habe ich beim Skifahren eine Hütte aufgesucht und in der Hütte die Toilette. Wer je eine Skihüttentoilette gesehen hat, weiß, dass diese Räume mit superglatten Kacheln gefliest sind. Sicher werden sie den Hüttenwirten vom örtlichen Chirurgenklub kostenlos zur Verfügung gestellt. Man sieht dort Männer mit Helmen und Rückenprotektoren bekleidet umständlich-vorsichtig zum Pissoir stelzen, bisweilen auf der Suche nach Halt dem Nachbarn plötzlich um den Hals fallend, als befänden sie sich auf dünnstem, extra für diesen Anlass poliertem Eis. Dies zum Gesang von Hansi Hinterseer, der aus dem Toiletten-Lautsprecher dringt.

Ich aber war einen Moment lang nicht umsichtig genug, glitt aus und landete auf meinem Ellenbogen. Er blutete. Und schmerzt nach drei Wochen immer noch. Ich bin der Mann, der beim Skifahren auf einem zweitausend Meter hoch gelegenen Klo beim Pinkeln verunglückte.

Zum Arzt bin ich vorsichtshalber nicht gegangen.

Im Internet kann man Fotos eines Mannes sehen, der vor Kurzem großes Pech in einem Skilift in Vail/Colorado hatte. Dieser Mensch wollte sich in einen Liftsessel setzen, dessen Sitzfläche jedoch hochgeklappt war, so dass der Mann durch ein Loch plumpste und mit einem Ski in dieser Lücke hängen blieb. Seine

Bindung öffnete sich nicht, jedoch blieb seine Hose am Sitz hängen und wurde ihm vom Leib gerissen, so dass der Mann kopfüber hängend mit nacktem Unterleib abtransportiert wurde, dies bei nicht unerheblicher Kälte, weshalb wohl das Geschlechtsteil des Unbekannten wie ein kleiner waagerechter Eiszapfen vom Körper wegstand.

Schlimmer kann es kaum noch kommen. Man geht zum Skifahren, wird urplötzlich wie ein frisch geschlachtetes Schwein hangaufwärts geschickt, dabei fotografiert – und eine halbe Stunde später lacht die Welt über diese Bilder.

Ehrlich, ich weiß nicht, warum ich noch zum Skifahren gehe. Dies sind Zeiten, in denen man sich einen Helm aufsetzt und einen Brustpanzer umschnallt, wenn man bloß mal auf die Straße geht, um nachzusehen, ob es die Bankfiliale an der Ecke noch gibt. Und da setzt man sich freiwillig in eine Skigondel und hört in seiner Freizeit dem Nachbarn zu, wie er über den Althaus-Unfall räsonniert oder die aktuellen Katastrophen im jeweiligen Skigebiet referiert!? Ja, man liest auch Zeitungsartikel über unzureichend versicherte Skiläufer, die mit einem einzigen Unfall ihr Leben ruinierten. Und fragt sich, warum wir nicht in einem einzigen Riesenkonjunkturprogramm die Alpen abtragen und mit dem Schutt Deiche gegen die schwellenden Meere errichten.

Immer heißt es, die Deutschen seien ein ängstliches Volk. Aber wir gehen Ski fahren. Bitte, sind wir nicht in Wahrheit von größter Verwegenheit?   · DAS BESTE AUS ALLER WELT 2009

Oft stolpere ich bei Lesungen über das Wort »röntgte«, es ist ja schon schon eine Herausforderung, also, man muss es nur mal laut vor sich hin sagen und dabei versuchen, jeden Buchstaben zu seinem Recht kommen zu lassen. Röntgte. Röntgte. Röntgde – nein, nein, eben nicht. Nicht schludern, und das zweite t weich machen, das g muss vielleicht etwas härter werden, weiter vorn im Mund gesprochen, röntkte, röntckte. Und dann das zweite t nicht vergessen, bitte.

Röntgte.

Nicht ganz leicht also, ein g zwischen zwei t, man muss mit der Zunge von den Zähnen blitzschnell zurück an den Gaumen und wieder vor beim Sprechen, nicht wahr?

Ich war dann mal in Münster, las und las, auch das Wort »röntgte« – und hinterher kam ein Münsteraner zu mir und sagte: »Wenn Sie in Münster leben würden, könnten Sie auch einfach sagen ›röntchte‹.« So reden die Leute dort.

Das hat mir gefallen an der Stadt. Dass die Menschen sich an entscheidenden Stellen das Leben leichter zu machen wissen.

Ich fuhr dann von Münster weiter nach Aachen und las auch dort »röntgte«. Worauf ein Aachener an mich herantrat und sagte, in Aachen würde man »röntschte« oder sogar nur »rönschte« sagen, eine weitere Vereinfachung. Auch die Aachener verstehen also zu leben.

Seitdem hat sich das Ganze für mich zu einer Obsession ausgewachsen: Wohin ich auch komme, ich frage die Leute, wie sie »röntgte« aussprechen. Ich könnte mittlerweile, weil ich ja dauernd irgendwo bin, eine Art Röntgte-Sprachatlas herausgeben. Der Sachse zum Beispiel sagt »ränschen« und »ränschte«: er sei »bein Ränschen« gewesen. Der Oberpfälzer macht aus dem »röntgen« ein »rennchn«, ja, nach einer Lesung in Windischeschenbach schrieb mir ein dortiger Vertrauensmann, man solle auf das e vielleicht noch einen Akzent setzen: »rènnchn«. Aus »geröntgt« werde dann »grènnchd«, eine schöne Folge von fünf Konsonanten. Und der Berliner? Sagt auch »röntchte«, wie der Münsteraner

Der Baier schließlich, so mein alter Freund H. aus Altötting, kenne überhaupt kein Imperfekt, es existiere im Bairischen nun mal nicht. Weshalb die Formulierung »er röntgte« zu »er had grönggd« führe, wahrscheinlich sogar zu »und nacha had er mi grönggd«. Vermutlich würde aber ein Baier, so H., schon das Verb »röntgen« überhaupt vermeiden und zur Formulierung »nacha hams mi aa no durchleicht« greifen. Was zur Frage führt, warum Wilhelm Conrad Röntgen überhaupt so hat heißen müssen. Dieter Durchleuchter – das hätte uns manches erspart.

In Altötting habe es übrigens, sagt H. weiter, was das »ntgt« angehe, einmal einen Wettbewerb gegeben, wer die größte Ballung von Konsonanten zustande brächte. Den Sieg habe ein Satz davongetragen, der zum Verhauen der Frau Gschwendtner auffordere: »Dreschts d' Gschwendtnerin!« elf Konsonanten in Folge, bei auch insgesamt relativ geringem Vokalaufkommen!

Zum Schluss habe ich mir im Internet angehört, wie Menschen aus anderen Ländern das Wort »Röntgen« aussprechen. Sehr schöne Resultate! »Räntgän« sagte der Amerikaner, »Rontgän« der Brite, »Rrräntgän« der Russe, ganz korrekt »Röntgen« der Franzose, schließlich »Rönchen« die Spanierin, wobei zu beachten ist, dass das ch wie das J in José ausgesprochen werden muss, als Rachenlaut. Man sollte also besser »Rönjen« schreiben, wenn es ums Spanische geht.

Am besten gefallen hat mir »wenchn«.

Das war Chinesisch.

✱

KLEINE ABSCHWEIFUNG:
LIFTFAHREN IN ÖSTERREICH

Aaaah, es gibt doch nichts Schöneres als einen Skitag bei Sonnenschein und Pulverschnee, wenn man unter dem blauen Azur mit Freunden, Frau und Kind zu Tale saust, heiter über die Piste schwingend, den Frieden der Natur genießend, während einem der Fahrtwind um die Ohren pfeift, die Sonne den Scheitel wärmt und der Schnee im hellen Lichte glitzert. Und unten, am Ende der Fahrt, gleich am Lift, da wartet schon Bruno, der Freund, und gemeinsam mit ihm, dem Alten, wirst du im Lift sitzen, die Landschaft genießen, ein wenig reden und dann wieder zu Tale …

Wir setzen uns in den Doppelsessel, Bruno rechts, ich links.

»Ist es nicht herrlich?«, sage ich. »Hast du übrigens neue Skistöcke?«

»Ja«, sagt Bruno. »Letzten Sonntag haben wir uns im Lift am Silberkogel zu dritt so verquatscht, dass wir vergessen haben, den Bügel zu öffnen, und als wir ihn dann öffneten, etwas zu spät, hatte ich meine Stöcke noch senkrecht, sie blieben im Boden neben dem Liftwärterhäuschen hängen, wir drückten den Bügel hektisch nach oben, und da wurden meine Stöcke komplett verbogen.«

»Na, dafür hast du ja jetzt schöne neue.«

»Ja, aber der Liftwärter hat geschlafen. Eigentlich hätte er den Lift stoppen müssen. Hast du die Geschichte von dem Kind gehört, das aus dem Lift gefallen ist?«

»Nein.«

»Ein Mädchen ist schlampig in den Lift eingestiegen«, sagte Bruno, »und unter dem Bügel durchgerutscht. Der Mann neben ihr konnte es am Arm festhalten. Aber der Lift war schon über einem Abgrund. Der Mann musste das Kind halten und halten, es muss entsetzlich gewesen sein, ewig lange, bis der Lift endlich zurückfuhr.«

»Fürchterlich, was passieren kann.«

»Ja, neulich ist ein Junge aus dem Schlepplift gefallen, er lag im Schnee, und der hinter ihm konnte nicht ausweichen und ist ihm mit den Kanten über die Stirn …«

»Oh, Gott …«

»Das war vor ein paar Tagen. Hast du den Hubschrauber gesehen, der an der Hirschbergabfahrt gelandet ist?«

»Doch.«

»Das war diese Geschichte. Erwin Steidler ist ja jetzt auch raus aus dem Krankenhaus …«

»Ich wusste nicht, dass er drin war«, sagte ich.

»Ein Snowboarder hatte ihn zusammengefahren. Dabei war die Piste ganz leer. Er fuhr quer unterhalb einer Kante da hinten am Hanglstein, und dann kam einer im Schuss über die Kante und ist voll in ihn rein.«

»Und?«

»Drei Rippen gebrochen.«

»Haben sie den Snowboarder gekriegt?«

»Nein, der war weg. Es war kaum jemand da. Erwin ist noch allein ins Tal, stell' dir vor, das ist gefährlich, da kann sich eine Rippe in die Lunge bohren und …«

»Huuh!«

»Im Jahr davor hat Erwin sich ja das Schlüsselbein gebrochen. Er stand am Pistenrand, und einer fuhr ihn um. Ein Holländer. Einer von denen, die sich schon im Stehen kaum auf Skiern halten können. War betrunken.«

»Dass der Erwin überhaupt noch Ski fährt …«

»Das ist einer von diesen Kernigen, Unverwüstlichen. Kennst ihn ja. Für den gibt's kein Leben ohne Ski. Ich weiß übrigens nicht, was ich beim Skifahren mehr verabscheue, Snowboarder oder Holländer.«

»Engländer nicht vergessen!«, sagte ich.

»Wahnsinn!«, sagte Bruno. »Da hat neulich einer die Tochter von Stockmüllers erwischt, unten am Lift. Sie flog ein paar Meter durch die Luft, und alle dachten … Aber ihr ist nichts passiert. Das war ein Engländer. Vater Stockmüller hätte ihm beinahe die Ski über den Schädel gezogen, aber der Engländer lag selbst am Boden und wimmerte immer nur: ›Sorry, I'm so sorry …‹«

»Aber heute ist es herrlich, was?«, sagte ich leise.

»Ja. Könnte mehr Schnee haben. An einigen Stellen kommt Eis durch. Wenn einer da hinfliegt und mit der Rübe auf das harte Zeug knallt … Da hat mir gestern einer erzählt, wie sein bester Freund von der Pistenraupe …«

Wir waren an der Bergstation, schwangen uns aus dem Lift und machten uns fertig zur Abfahrt. Ich sauste unter dem blauen Azur zu Tal, heiter über die Piste schwingend, den Frieden der Natur genießend …

Unten am Lift wartete dann wieder Bruno auf mich.

· DAS BESTE AUS MEINEM LEBEN 2004

✶ ✶ ✶

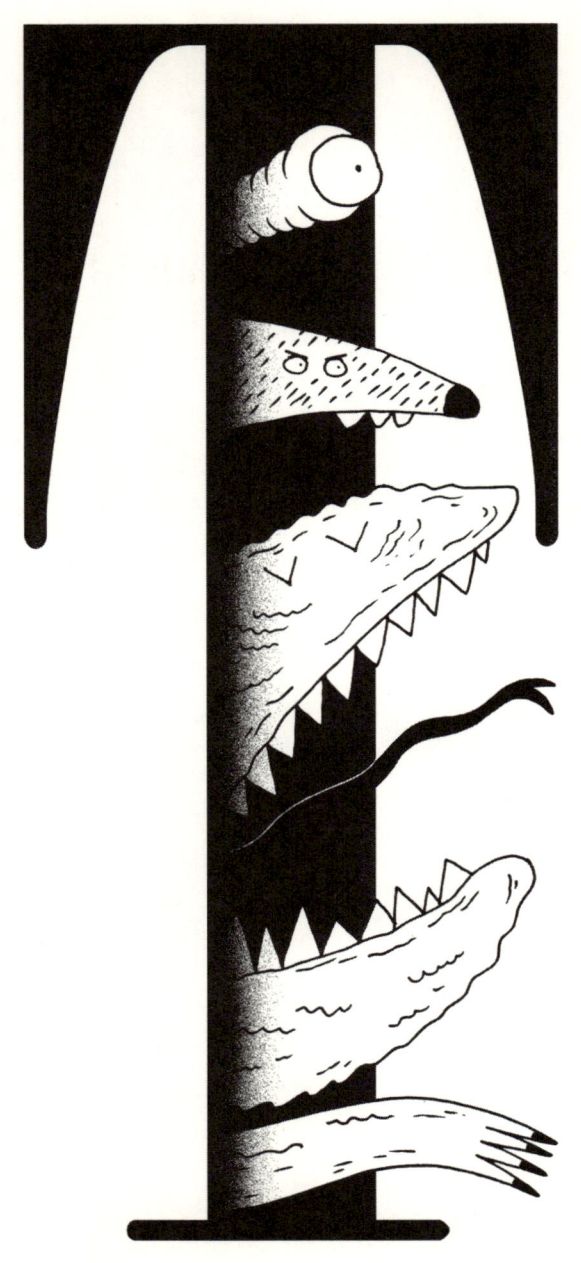

NOCH EINMAL ZURÜCK ZU EINEM WICHTIGEN THEMA: SCHLAFFE TIERE, SCHLIMME TIERE

Wir wollen ein letztes Mal zum roten Faden dieses Werkes zurückkehren, weil das der Sinn eines roten Fadens ist: immer wieder zu ihm zurückzukehren. Es folgen also noch einige Kolumnen zu meinem Lieblingsthema, den Tieren.

WARMDUSCHERGRIZZLYS

Vor einer Weile haben Bärenzähler die Grizzlys im Yellowstone-Nationalpark und Umgebung gezählt. Sie kamen auf 603. Das ist viel, dreimal mehr als 1975. Damals wurde die Grizzly-Jagd verboten, aber mit welchem Ergebnis?

Die Bären haben sich vermehrt, wie man sieht, erstens – und zweitens? Sie sind faul und dick geworden, sie ziehen sich im Sommer nicht mehr in die Berge zurück wie früher, »wir haben hier Bären, die den ganzen Sommer in den Feldern herumliegen und Hafer fressen und fetter und fetter werden«, sagt Jamie Jonkel, der als Beruf »Grizzly Manager« angibt.

Bitte, gibt es denn nichts auf der Welt, das Bestand hat?

Ich bin mit Karl May aufgewachsen, da gibt es Schilderungen von Grizzly-Überfällen, die dem härtestgesottenen Ego-Shooter die Daumen zittern lassen, detailgenaue Geschichten von grauen Riesenbären, die kleinen blonden Mädchen die Schädel zerbeißen, die Gehirne herausschlürfen und ihre Glieder einzeln fressen, außerdem Hunde in der Luft zerreißen und sich auch von hundert Messerstichen nicht aufhalten lassen – man las das mit 14, schloss dann die Zimmertüre von innen ab und stellte einen Stuhl mit seiner Lehne unter die Klinke, nur für den Fall, dass so ein Monster das elterliche Eigenheim des Nachts überfiele, weil es Appetit auf einen Happen Vierzehnjährigenfleisch hätte.

Und nun liegen adipöse Warmduschergrizzlys im Haferfeld oder weiden friedlich ein Feld mit Luzernen ab und weinen abends in den Armen ihres Managers, weil vielleicht beim Mittagessen ein Elch über sie gelacht hat? Gibt es denn gar keine wilden Tiere mehr? Fängt bald auch der weiße Hai an, Algen zu fressen und sich am Strand in Florida Streicheleinheiten zu erbetteln? Sollen wir den alten Olli Kahn auswildern, damit es da draußen wieder so etwas gibt wie eine BEDROHUNG?!

Jetzt aber mal was ganz anderes: In der Wüste Namib im Westen Afrikas haben Geologen, wie zu lesen war, den ältesten Sand der Welt entdeckt. Es soll in dieser Wüste Sandkörner geben, die mindestens eine Million Jahre alt sind, jedes Sandkorn für sich wohlgemerkt, nicht alle zusammen. Das erscheint mir insofern bemerkenswert, als ich mir noch nie in meinem Leben Gedanken über das Alter von Sand gemacht habe. Man sieht einen Baum und versucht zu schätzen, seit wie vielen Jahren er wohl an seinem Platz stehen mag. Man besucht eine Kirche und denkt an das Jahrhundert, in dem sie erbaut wurde. Man betrachtet sich im Spiegel und weiß, wie viele Jahre dieses Gesicht da auf dem Buckel hat, sozusagen.

Aber Sand? Alter Sand?

Die Geologen sagen, man könne das Alter von Sand an Hand des Auftretens bestimmter Isotope von Uran und Blei und der Nukliden aus Beryllium, Aluminium und Neon im Quarz berechnen. Aber werden wir nun, dies wissend, je wieder so im Sand liegen können wie zuvor? Können wir im kommenden Winter das Eis auf dem Bürgersteig noch arglos sanden wie einst? Wird nicht in unserem Kopf die Frage rumoren: Wie viele uralte Blei-Isotope, die schon unter den Füßen der Neandertaler knirschten, wirfst du hier achtlos in den Dreck?

Und dann wird der Tag kommen, an dem es auf den Werbetafeln im Baumarkt heißt: Lassen Sie Ihr Kind nicht mit irgendeinem Sand spielen, hier ist extraweicher Jungsand aus West-Wangerooge für seine kleinen Finger! Der Hausbesitzer wird, durch den Weinkeller führend, erzählen, der Mörtel dafür sei mit handgealterten Krümelkörnern aus der frühen Würm-Kaltzeit angerührt, abgeschmeckt mit speziellen Beryllium-Isotopen aus Madagaskarsand.

Sand, der jetzt noch so ganz und gar x-beliebig ist, wird von der Luxusbranche entdeckt werden. In teuersten Lofts wird man in Becken, gefüllt mit Jahrgangssand, liegen, und mit müde wedelnden Handbewegungen werden die Menschen den Hausgrizzly zurück in sein Zimmer scheuchen, der mit einem Buch im Maul ins Zimmer schlappt und wieder mal Karl May vorgelesen haben will.　　　　　　　　　　　　· DAS BESTE AUS ALLER WELT 2010

★

MEHR ÜBER MÜCKEN

Gesetzt den Fall, es wäre wirklich möglich, aus Mücken Elefanten zu machen – das muss man sich vorstellen! Ein Mann sitzt auf lauschiger Terrasse, der Sommer brummt und blüht und schwirrt und zwitschert, gerade setzt unser Mann die Bierflasche an den Mund, da biegt ein Mückofant um die Ecke, setzt den Rüssel auf die einzige Stelle der Haut, die der Erwähnte nicht mit Anti-Mückofant eingerieben hat, bohrt sich durch die Epidermis, und – lutsch! – hat er den eben noch das Leben in seiner Fülle Genießenden komplett leer gesaugt, sechs Liter Blut auf einen Sitz. Fahl und lasch liegt der Ausgetrunkene auf dem Terrakotta-Boden, rülpsend geht der Mückofant seiner Wege.

Diese Möglichkeit bedenkend, muss man sagen: Es ist nicht schön, dass es die Mücken gibt, aber wenn es sie schon geben muss, wenn sich also der Schöpfer ihre Erschaffung nicht verkneifen konnte, dann ist es doch gut, dass sie so klein sind. Es könnte alles viel schlimmer sein.

Andererseits: Ist es nicht schon schlimm genug? Warum müssen wir, nach einem Regenfrühsommer ohnegleichen, nun den Hauptsommer verbringen in Wolken von Blutsaugern, die aus feuchten Niederungen aufsteigen? Und gleich die nächste Frage: Warum werde immer *ich* gestochen? Warum wirke *ich*, in Gesellschaft anderer, für diese anderen wie ein lebender Mückenschutz, weil all diese Tiere immer nur *mein* Blut wollen?

Ich habe mich mit dem Forschungsstand vertraut gemacht. Etwa zwanzig Prozent der Menschen sind für Mücken besonders attraktiv. Blutgruppe 0 zum Beispiel mögen sie lieber als A, aus unbekannten Gründen. Auch bevorzugen sie Sportler, weil diese eine höhere Körpertemperatur haben und mehr schwitzen. Drittens werden Menschen, die Bier trinken, mehr gestochen als andere. Viertens sind größere Menschen öfter Mückenziel als kleinere, einfach weil sie mehr Kohlendoxid ausatmen, das können die Tiere schon aus fünfzig Metern Entfernung gut wahrnehmen. Übrigens werden Schwangere auch öfter gebissen.

Ich habe Blutgruppe 0, treibe Sport, trinke Bier, bin relativ groß. Nur Schwangerschaften konnte ich bisher vermeiden. Was soll ich sagen? Es gibt Tage, da wäre ich gerne ein schlaffer, Wein trinkender Zwerg mit Blutgruppe A.

Im Internet las ich einen Artikel aus dem Jahr 2010 über ein Experiment, das britische Mückenforscher gemacht haben. Sie steckten Menschen, die erwiesenermaßen besonders unattraktiv für Mücken waren, bis zum Hals in Plastiksäcke und sammelten deren Schweiß. Mit Hilfe eines Gas-Chromatografen untersuchten sie, welche Bestandteile dieser Flüssigkeit Mücken besonders ablehnten. Mit genau dieser Substanz rieben sich die Forscher ein und machten einen Spaziergang im schottischen Hochland, wo die berühmte *Highland Midge* wütet, die einen Menschen pro Stunde 40.000 Mal stechen kann, so oft, bis es kein Planquadrat mehr auf ihm gibt, das sie nicht erwischt hat.

Ergebnis: kein einziger Stich.

Die Forscher wollten, las ich, nun Experimente in afrikanischen Malaria-Gebieten machen. Dann das ultimative Anti-Mücken-Mittel entwickeln. Der Artikel war, wie erwähnt, von 2010. Ich frage: Wo bleibt das Mittel? Warum dauert alles so lange? Sind die Männer nicht zurückgekehrt aus Afrika? Ich will mich endlich mit dem Transpirat von Menschen einreiben, die von Mücken gemieden werden, mir ist alles egal. Und ich will das jetzt! Warum muss ich warten?

In Süskinds *Parfum* gibt es den Parfumeur Jean-Baptiste Grenouille, der junge Frauen ermordet und sie sofort danach in eingefettete Tücher wickelt, um ihren Duft zu speichern. Sollte ich dieser Tage einem Menschen begegnen, der keinen einzigen Mückenstich hat – werde ich der Versuchung widerstehen können, ihn ein wenig bewusstlos zu schlagen? Ihn dann bis zum Kinn in einen Plastiksack zu stecken? Um seinen Schweiß zu gewinnen, seinen kostbaren, reinen Anti-Mücken-Schweiß?

· DAS BESTE AUS ALLER WELT 2013

★

DIE MERKEL-ZELLEN

Jedes Jahr denkt man, die Wespen seien dieses Jahr besonders lästig, dabei sind sie nur so lästig wie immer. Unserem Getränkelieferanten waren die Insekten im Fahrerraum so zuwider, dass er am Rückspiegel eines dieser spiralförmigen Klebebänder aufhängte, über dem Beifahrersitz noch eines. Dann beugte er sich zum Handschuhfach, blieb mit den Haaren in beiden Klebebändern hängen, versuchte, sie mit den Händen zu entfernen, verfing sich noch mehr im äußerst haftbaren Klebstoff und stieg schließlich aus seinem Lieferwagen-Gehäuse, ein Münchner Sommer-Laokoon, mit Klebebändern ringend wie mit Schlangen, wobei ihn dann eine Wespe stach, die ebenfalls an der Klebe hing: der letzte Stich einer sterbenden Wespe für unseren Getränkemann, eine Wespe, die ihn, frei fliegend, womöglich nicht gestochen hätte. Wäre das nicht übrigens eine schöne Bronzefigur, am Nockherberg, im Biergarten?

Paola und ich gingen spazieren, da stach mich eine Wespe in den Arm, jedenfalls glaube ich, dass es eine Wespe war, vielleicht war es auch eine Biene, und weil ich eine Bienen-Allergie habe, begann Paola sofort an der Stichstelle zu lutschen und zu saugen, eine möglicherweise lebensrettende Maßnahme für mich, doch auch ein seltsames Bild: Mitten im Englischen Garten lutscht eine Frau am Oberarm eines Mannes. Auch dies sollte man in Bronze gießen oder in Marmor hauen und als Springbrunnenfigur aufstellen, ein Denkmal der Liebe und des Sommers.

Am Mount Victoria auf den Philippinen hat man eine Fleisch (also auch Wespen) fressende Pflanze entdeckt, die zu den größten ihrer Art zählt. Sie verfügt über Trichter, die zwei Liter Flüssigkeit fassen. Fällt ein Tier, vom Nektar angelockt, in diese Trichter, ist es verloren: Es kommt nicht mehr heraus, und die Pflanze beginnt *soforrrrt* mit der Verdauung des lebenden Körpers, entsetzlich, aber wahr. Im Internet kann man das Foto einer Ratte sehen, deren Kopf noch aus einem dieser Pflanzentrichter herausschaut, ein kleines, süßes, ratloses, um Hilfe flehendes Rattengesicht, so niedlich, dass man mit der nächsten Maschine auf die Philippinen fliegen möchte, um dieses Tier zu retten.

Übrigens ist die Pflanze *Nepenthes attenboroughii* getauft worden, nach dem britischen Tierfilmer Sir David Attenborough, dem Bruder des Regisseurs Sir Richard Attenborough. Sir David sagte, er fühle sich geehrt, er bewundere diese Pflanzen und habe ähnliche Arten im Film porträtiert.

Bei der Gelegenheit habe ich herausgefunden, dass zahlreiche neu entdeckte Tierarten nach berühmten Persönlichkeiten benannt sind. Es gibt die Meeresschnecke *Bufonaria borisbeckeri*, den – ausgestorbenen – Dinosaurier *Masiakasaurus knopfleri* (nach Mark Knopfler, dem Musiker) und drei Schwammkugelkäfer *Agathidium bushi*, *Agathidium cheneyi* und *Agathidium rums-*

feldi, die nach amerikanischen Politikern benannt wurden. Schwammkugelkäfer leben in verrottendem Baumholz und fressen Schleimpilze.

Tierarten, die Namen deutscher Politiker hätten, sind mir nicht geläufig. Könnte man sich eine Hunderasse namens *Steinmeier* vorstellen, gutmütig-melancholische Hütehunde, die auf der Suche nach unauffindbaren Stöckchen das ganze weite Land absuchen?

Es gibt jedoch im Körper des Menschen sogenannte Merkel-Zellen, benannt allerdings nach dem vor neunzig Jahren verstorbenen Mediziner Friedrich Merkel. Sie befinden sich in der Oberhaut, als sogenannte Druckrezeptoren, das heißt, so vermute ich laienhaft, sie melden dem Gehirn, wenn jemand unsere Haut drückt.

Seltsam: dass wir alle Merkel-Zellen in unseren Körpern haben, auch Frank-Walter Steinmeier. Ist es nicht geradezu subversiv, dass zum Beispiel, wenn Franz Müntefering den Frank-Walter in der Wahlnacht nach einer Niederlage in den Arm nimmt und ganz fest drückt, dass dann also Merkel-Zellen in der Frank-Walter'schen Oberhaut aktiviert werden? Diesen Druck empfangen? Ihn weitergeben?   · DAS BESTE AUS ALLER WELT 2009

★

VON DER QUALLENHERRSCHAFT

»Werden Quallen die Welt regieren?«, las ich in der Zeitung. Ich stellte mir vor, wie es wäre, wenn Quallen uns beherrschten. Wie jeder von uns im Wohnzimmer ein kleines Meerwasser-Aquarium hätte, ein Quallarium, in dem eine Qualle lebte, *seine* Qualle, ein sanft vor sich hin schwebendes, leise im Wasser treibendes

Wesen, vor dem jeder von uns sich einmal am Tag einzufinden hätte, um Befehle zu empfangen: Iss' Fisch, damit die Meere gereinigt werden von den Fressfeinden meiner Lieben! Heize die Ozeane, denn im warmen Wasser leben sie gern! Und halte eine Hand ins Wasser, damit ich dich bestrafen kann …

So spräche mit singender Stimme der Quallenkopf. Ich erinnere mich an den vergangenen Sommer: Wie schön war es immer gewesen, kopfüber vom Boot ins blaue Mittelmeer zu springen – und nun? Schaute jeder, bevor er sprang, mit der Taucherbrille ins Wasser, ob dort Quallen waren, und mancher blieb lieber an Bord. So beherrscht uns schon jetzt die Qualle ein wenig, und Jahr für Jahr wird ihre Macht größer, bis eines Tages mit schwerem *Pflapfff* eine Welle an den Strand schlagen wird, die nicht mehr aus Wasser besteht, sondern aus GLIBBER.

Das war eklig jetzt. Was kann ich dafür? Ich habe die Welt nicht gemacht, überhaupt habe ich wenig Einfluss auf den Lauf der Dinge, und, ehrlich gesagt, möchte ich im Moment mit der Welt möglichst kaum zu tun haben. Ich mag es nicht, morgens am Telefon die Stimme eines Freundes zu hören, der sagt: »Ich habe alles in Bundesschatzbriefen angelegt, der Staat kann nicht pleitegehen.« Und dann im Radio zu erfahren, dass Island pleitegeht, immerhin ein Staat, bitte sehr. Ich möchte mich nicht mit der Entwicklung des Yen beschäftigen. Ich möchte nichts wissen von Leerverkäufen an der Wall Street. Das Wirtschaftsleben in Ehren, aber ich bin nicht auf der Welt, um mich mit dem Wirtschaftsleben zu befassen.

Das Problem an dem Gekreische um einen herum und leider auch in einem selbst ist: dass man sich verliert. Man beginnt, in der Menge zu treiben. Dann muss man zu einer Bergwanderung aufbrechen, sich in einen ziegelsteindicken Roman vertiefen oder sich wenigstens gegenseitig Tiergeschichten erzählen, ach, Tiergeschichten…

Hier einige Neuigkeiten über das Leben der Trottellumme. Die

Trottellumme ist ein Vogel, der auf dem Wasser lebt, der Nordsee, aber er brütet an Land, an steilen Felswänden zum Beispiel auf Helgoland und der Isle of May an der schottischen Küste. Da stehen die Vögel zu Tausenden auf winzigen Klippenvorsprüngen, aufgerichtet wie Soldaten, und brüten pro Paar ein Ei aus. Wenn das Kleine geschlüpft ist, kommt der Tag des Lummensprungs, an dem die junge Trottellumme in Begleitung der Eltern aus höchster Klippenhöhe ins tiefe Meer springen muss; fliegen können diese Vögel nämlich schlecht, jedenfalls in der Luft, sie haben was von Pinguinen und fliegen sozusagen unter Wasser. Die Alten locken das Kind schnarrend und plärrend, mit »Örr« und »Err«, an eine geeignete Stelle, das Kind antwortet schrill: »Fürrit«. Dann hüpft es kopfvoran ins Tiefe.

Großartig. Ergreifend.

Aber Folgendes: Es gibt immer weniger Fische in der Nordsee, für die Trottellummen also wenig zu essen. Die Eltern, die für das Kind Nahrung holen, solange es auf der Klippe sitzt, sind immer länger unterwegs – und was haben Lummenforscher auf der Isle of May da beobachtet? Nachbarn schubsen allein gelassene Lummenkinder in die Tiefe und töten sie so. Von 99 kleinen Trottellummen auf der Insel kam fast die Hälfte so ums Leben. Tim Birkhead von der Universität in Sheffield sagt, dies sei eine der ungewöhnlichsten Verhaltensweisen, von denen er je gehört habe, »und es zeigt uns wirklich, dass draußen im Meer etwas Monumentales geschieht«.

Und wer ist schuld?

Was ich fragen wollte: Haben wir Besseres verdient als die Quallenherrschaft? · DAS BESTE AUS ALLER WELT 2008

★

DEUTSCHLAND IST WOLFSLAND 1

In Deutschland leben Wölfe, »Deutschland wird wieder Wolfsland«, las ich in der *Welt*. Aber alles in Maßen! In Niedersachsen zum Beispiel gibt es etwa sieben oder acht Wölfe, wer weiß das schon genau? In der Lausitz hat man sechs Rudel und zwei Paare gezählt, auch in der Ueckermünder Heide zum Beispiel sah man Wölfe oder fand jedenfalls Wolfshaare oder Wolfskot. Der Wolf ist scheu, er meldet sich nicht bei den Behörden, wenn er aus dem Osten zugewandert ist; dabei gibt es dort im Niedersächsischen mittlerweile 42 »Wolfsbeauftragte« oder »Wolfsberater«, pro Wolf also fünf, sechs Mann, die aber sowieso weniger die Wölfe im Umgang mit den Niedersachsen beraten sollen als die Menschen im Umgang mit den Wölfen. Wer von uns weiß schon noch, wie man mit einem Wolf umgeht, wie man sich seiner erwehrt, wenn es hart auf hart kommt – und ob man sich seiner überhaupt erwehren muss.

Vor einigen Wochen wurde ein Soldat auf dem Truppenübungsplatz Munster im erwähnten Niedersachsen von drei Jungwölfen verfolgt. Er kletterte schließlich die Leiter zu einem Aussichtsturm hinauf. Aber selbst auf deren erste Stufe stieg ihm einer der Wölfe behände nach. Erst als der Soldat nach dem Grauen trat, wich der von ihm und verschwand mit seinen Kumpanen im Wald.

Das sind eben so die Situationen: Begegnet man dem Wolf erst mal im Walde, ist es zu spät, den Wolfsberater anzurufen. Und selbst wenn es ein Wolfs-App auf dem Smartphone gäbe: Es wäre doch absolut nicht situationsgemäß, nervös auf dem Display herumzutippen, während einem bereits heißer Wolfsatem den Nacken wärmt. Also trägt man sich nun behördlicherseits mit dem Gedanken, einen gedruckten Leitfaden für den Umgang mit Wölfen herauszugeben, den rechtzeitig zu lesen Niedersachsenpflicht wäre.

In meinem Regal fand ich zu dem Thema das vorbildliche Hefterl *Mensch & Bär – Ein Leitfaden für eine faires Zusammenleben*, 1995 herausgegeben von der niederösterreichischen Landesregierung. Darin werden Situationen beschrieben, in denen Menschen mit Bären zusammentreffen könnten, zum Beispiel: »Sie stehen plötzlich einem Bären auf wenige Meter gegenüber.« Ja, und? »Bleiben Sie ruhig stehen und machen Sie auf sich aufmerksam, indem Sie reden. Der Bär wird in aller Regel die Flucht ergreifen.«

In aller Regel? »Hallo, Bär, wir müssen reden, ich meine, *ich* muss reden. Können wir das hier in Ruhe besprechen? Können wir uns darauf einigen, dass wir – also, keine Gewalt, Bär, bitte … Keine Gewalt!« Im Weiteren bleibt einem nur zu hoffen, dass auch der Bär den Leitfaden gelesen hat, dass er von Herzen an einem fairen Zusammenleben interessiert ist und nicht zu diesen Bären gehört, die jedes Scheißmenschengequatsche und das ganze blöde Zweibeinergelaber einfach so ankotzt, dass sie einen am liebsten gleich mit 'nem hübschen Nackenbiss erledigen.

Wie redet man bloß mit Bären, wenn man im Alltag allenfalls mit fetten Möpsen oder Stubenfliegen zu tun hat?

»Hallo, Bärli, kannst du dich nicht mehr an die Zeiten erinnern, als du klein warst und wir im Bettchen vor dem Einschlafen kuschelten? Als du mein Teddyknuddel warst!?«

»Eh, Bär, was guckstu? Bin isch Kino? Bin isch so Honigwabe? Eh, pass auf, gehstu sofort wieder in Wald, sonst hol isch meine Brüda, wir machen disch Bruno.«

Das Beste wird sein, man meidet fürs Erste Niedersachsen, auch die Lausitz. In der Münchner Innenstadt ist die Wolfsdichte noch gering, da sind wir sicher. Wir sind diesen Tieren zu entfremdet. Begegnete man vor zweihundert Jahren einem Wolf im Wald, war die Sache klar, das wurde ausgetragen, fertig. Heute? Ach, heute.

Heute kommt aus den USA die Nachricht, sommerliche Dürre

habe die Getreidepreise derart in die Höhe getrieben, dass die Farmer nach alternativen Ernährungsmöglichkeiten für ihr Vieh suchen – und auch fündig geworden sind: Man gibt den Tieren Kekse, Gummischlangen, Marshmallows, Fruchtbonbons, alles Süßigkeiten, deren Haltbarkeitsdatum abgelaufen ist.

Soll man das jetzt gut finden, weil die Sachen sonst weggeworfen würden? Und könnte man nicht Niedersachsens Wölfe auf Ernährung mit Schoko-Schafen umstellen? • DAS BESTE AUS ALLER WELT 2012

Wenn es um Wölfe geht, fällt mir immer die Begegnung mit einem Leser ein, dem Maler N., der mir erzählte, seine Frau sei mit der kleinen Tochter einmal am Golfplatz vorbeigefahren und habe gefragt: »Mama, was machen die Leute da draußen?« – »Sie spielen Golf.« – Lange Pause. Dann, leise: »Aber wenn sie Wolf gespielt haben, werden sie wieder Menschen, oder?«

Die folgende Geschichte erschien zu Silvester 2010, aber eigentlich könnte sie, der Aussage nach, immer noch jedes Silvester erscheinen. Sie erinnern sich an Thilo Sarrazins Buch *Deutschland schafft sich ab*? Ja? Gut, ja, das ist gut so und wichtig für das Verständnis des Kommenden. Dann mal los.

✶

DEUTSCHLAND IST WOLFSLAND 2

Bruno, mein alter Freund, sagt, es habe ihn überrascht, dass so viele Menschen das Buch von Thilo Sarrazin zu Weihnachten verschenkt haben. Man könne ja zu dem Buch sagen, was man wolle, und wahrscheinlich treffe es zu, dass dem Autor oft kaum zu widersprechen sei, alles gut und schön. Aber wenn man zum Kern komme, sei es doch ein unangenehm und unpassend aggressives, im Ton bisweilen menschenfeindliches Buch, das Werk eines

Misanthropen und Zahlenfetischisten, der sich mit Menschen selbst offenbar ungern abgebe, nur auf dem Umweg über Statistiken. Und der jedes Buch, das er gelesen habe, in eine Tabelle eintrage und mit einer Schulnote versehe, o je. Es könne sein, sagt Bruno, dass man das Buch lesen müsse – aber ein Weihnachtsgeschenk? Unter dem Christbaum? Zu *diesem* Fest, bei dem es doch um Versöhnung gehe, bekomme man einen Text hingelegt, in dem, unter anderem, von der sich selbst reproduzierenden Dummheit der Unterschicht und der Zuwanderer die Rede ist? Das sei doch, zumindest, merkwürdig, oder?

Mein aktuelles Lieblingsbuch heißt *Ein Schaf fürs Leben* von Maritgen Matter und Anke Faust. Es ist nicht neu, aber die kleine Sophie hat es jetzt erst zu Weihnachten bekommen, und wir lesen es fast jeden Abend. Es handelt von einem Wolf, der ein Schaf fressen will, aber dann ist das Schaf erstens unglaublich naiv-witzig, charmant und nett, und zweitens rettet es dem Wolf auch noch das Leben, so dass am Schluss … Aber bitte, wer bin ich, dass ich das Ende eines Buches verraten werde?

Beim Lesen habe ich mich an zwei Geschichten erinnert, die mich in diesem Jahr besonders beschäftigt haben. Die erste hat der Fußballer Schweinsteiger erzählt, der, so sein Bericht, als junger Spieler am Kabinenplatz nach dem Duschen nie ein Handtuch vorgefunden habe, obwohl eigentlich jeder ein solches am Haken hängen hatte.

Dann habe er den sehr viel älteren Torwart Olli Kahn neben sich angeschaut: Der hatte ein Handtuch um die Hüften, mit einem zweiten trocknete er sich die Haare.

Kahn antwortete, so sei das im Fußball, die jungen Leute müssten sich selbst ein Handtuch holen, sie hätten ja beim Training auch die Bälle zu tragen; Schweinsteiger habe auch gesagt, dass er, Kahn, drei Jahre nicht mit ihm geredet habe. »Na ja, er war ein junger Spieler, das muss er sich erst mal erarbeiten«, sagte Kahn. So sei das im Fußball, erst die Leistung, dann das Handtuch, dann mal ein Wort und irgendwann sogar ein ganzer Satz.

Warum mich das beschäftigt? Weil es zeigt, wie simpel die Menschen nach Tausenden von Jahren noch funktionieren. Wie Wolfsrudel, nur geduscht und mit Handtüchern.

In der anderen Geschichte geht es um ein kleines Wildschwein im Landkreis Göttingen. Dieses Wildschwein (man nannte es Friederike) hatte seine Mutter verloren, es war allein auf der Welt und schloss sich deshalb im Spätsommer einer Herde Galloway-Rinder an. Nach einigem Zögern akzeptierten die Tiere das kleine Schwein und ließen es bei sich leben, ihre Rinderherzen schlugen höher angesichts der süßen Friederike. Selbst der Zuchtbulle, ein Herr namens Mario, brachte nichts gegen den Neuling vor.

Die kleine Wildsau verhielt sich, um bleiben zu dürfen, von Tag zu Tag mehr wie ein kleines Rind, fraß Gras, trank Milch aus dem Euter einer Kuh und versuchte zu muhen, dies nur mit mäßigem Erfolg. Ein seltsames Galloway-Kalb mit Wildschweinhintergrund. Man hätte zu gerne gewusst, wie das weitergegangen wäre und was die Macht der Einbildung und des Dazugehörenwollens vermag … Bloß ist Friederike leider vor Wochen an einer Magen-Darm-Entzündung gestorben. Ob man sie zu Rindsrouladen verarbeitet hat, post mortem, wenigstens das?

Gute Vorsätze fürs neue Jahr? Die richtigen Bücher verschenken. Auch zu bösen Wölfen gut sein. Mal ein Handtuch abgeben. Mal mit einem jungen Spieler reden. Im Wildschwein den Nächsten erkennen. · DAS BESTE AUS ALLER WELT 2010

BEMERKUNGEN
ÜBER ÄRSCHE

———————— ✶ ————————

Als ich in meinem Beruf zu arbeiten begann, hätte man nie im Leben das Wort »Arsch« in der Zeitung verwenden dürfen, so gesittet ging es zu. Schon wenig später war es aber möglich, den Begriff »geil« in ein Manuskript zu schreiben, ohne dass der Redakteur länger als einen sehr kurzen Moment gestutzt hätte, bald darauf standen »Arsch« und »geil« jeden Tag in der Zeitung, wobei es heute schon wieder fast verboten ist, »geiler Arsch« zu schreiben, das könnte nämlich sexistisch sein. So ändern sich die Zeiten, so ändern wir uns in ihnen. Mir ist es nicht an der Wiege gesungen worden, dass ich mal ein Kapitel mit der Überschrift »Bemerkungen über Ärsche« versehen würde. Aber jetzt habe ich es getan. Geil, oder?

DIE UNVERWECHSELBARKEIT DES
MENSCHLICHEN HINTERNS

Was ist das bloß mit diesen Automaten, in die man sich reinsetzt, damit sie ein Passfoto machen? Oder eines für den Führerschein. Man kann ja machen, was man will, man kann zum Friseur gehen vorher, man kann eine Packung mit Aufputschpillen leer gelutscht haben, man kann frisch vom besten Sex seines Lebens kommen, man kann sein Gesicht von der fähigsten Kosmetikerin der Stadt tunen lassen – immer sieht man dann auf den Fotos, die im Auswurfschacht dieses Gerätes liegen, aus wie ein gerade verhafteter Kreuzfahrtschiffskapitän oder das notdürftig gekämmte Opfer eines grauenhaften Gewaltverbrechens, wie eine Wasserleiche, ein Lawinenopfer, eine Mumie nach dem Auswickeln oder wie Christian Wulff ohne Upgrade.

Es ist unglaublich eigentlich. Diese Dinger müssen in einer bestimmten Weise programmiert sein, sie sollen uns demütigen. Der Staat möchte uns mit Hilfe von Ausweisbildern sagen: Sieh dich an, wir geben dir einen so schönen Ausweis, wir verleihen dir eine Identität, wir machen dich zum Staatsbürger, du darfst wählen gehen, wir lassen dich sogar an den Menschenrechten teilhaben – aber warum eigentlich? So hässlich wie du bist, so teigig und fahl deine Gesichtshaut, so irr dein Blick, so schütter dein Haar: Warum sind wir so großzügig zu dir, wenn du doch so klein, scheußlich und unscheinbar bist? Wir verstehen es eigentlich selbst nicht.

Aber es ist wohl, weil wir, der Staat und seine Organe, so umfassend gut und großzügig sind, weil wir größer, schöner und besser sind als du Ausweiswicht. Darum ist es. Sieh dich doch noch mal an, dann weißt du, warum wir zu Recht Steuern von dir verlangen. Gibt es von uns, dem Staat, ein Foto? Nein, der Staat lässt sich nicht fotografieren, fotografiert wirst nur du.

Interessant ist nun, dass Shigeomi Koshimizu, Professor am *Advanced Institute of Industrial Technology* in Tokio, mit einem Team einen Autositz entwickelt hat, der Menschen auf Grund der je spezifischen Formung ihres Gesäßes erkennt, mit 98-prozentiger Sicherheit angeblich. Ein System von 360 Sensoren in den Fahrersitzpolstern misst die anscheinend unverwechselbaren Ausformungen eines Hinterns und entscheidet dann, ob sein Besitzer diesen Wagen fahren darf oder nicht. Das bedeutet, lese ich auf der Internetseite *PhysOrg.com*, dass man in Zukunft den Autositz als zusätzlichen Schutz gegen Autodiebe nutzen kann.

Lassen wir mal die Fragen beiseite, die sich sofort aufdrängen: Kann ein dickes Portemonnaie nicht die Wahrnehmungen der Sensoren beeinflussen? Wird mein Wagen mich nach den Weihnachtsferien noch wiedererkennen? Was ist, wenn mich meine Frau nach einer ausgiebigen Feier heimfahren möchte? All diese Kleinlichkeiten gehen uns jetzt mal für einen Moment am Arsch vorbei.

Denn wenn die Geschichte wahr ist, dann bedeutet dies ja nichts weniger als: Der Po eines Menschen ist von ähnlicher Unverwechselbarkeit wie sein Fingerabdruck. Oder die Iris seiner Augen. Oder sein Gesicht. Das hat etwas, denn es ist dies' Körperteil, das ihn vom Affen unterscheidet. Ein Gesicht hat auch ein Schimpanse. Aber keine andere Primatenart besitzt ein Gesäß wie der Mensch. Erst der aufrechte Gang hat dem Glutealmuskel seine heutige Größe verliehen, ohne ihn könnten wir uns, zum Beispiel, nicht aus dem Sitzen erheben. »Das Gesäß des Menschen ist in gewisser Weise für die Entwicklung seines Gehirns verantwortlich«, schreibt Jean-Luc Hennig in seinem Buch *Der Hintern*. Hätte der Mensch sich nicht einst in Afrikas Savannen erhoben, wären bis heute nicht seine Hände frei, und es hätte sich auch nicht die Stellung des Schädels zur Wirbelsäule so verändert, dass die Entwicklung eines größeren Hirnes möglich geworden wäre.

Letztlich ist also der Mensch vor allem durch seinen Hintern definiert. Und ist es nicht auch in diesem Zusammenhang ein überaus schöner Gedanke, dass wir in einer gar nicht mehr so fernen Zukunft den staatlichen Organen, die von uns einen Ausweis verlangen, im Gegenzug den nackten Hintern entgegenstrecken könnten? · DAS BESTE AUS ALLER WELT 2012

✦

HAMUKETSU

Mehr als jedes andere Tier ist der Hamster ein Missverständnis. Solange der Mensch noch nicht in mehr oder weniger rein künstlichen Umwelten lebte, sondern in einer Art direkten Kontakts mit der Natur, war ihm der Hamster ein Feind und ein Opfer; man aß Hamsterfleisch, häutete das Tier, um sein Fellchen zu nutzen, und grub seine Bauten aus, um die dort angelegten, umfangreich gehamsterten Körnervorräte zu gewinnen.

Das ist vorbei, denn Fleisch gibt es heute in der Kühltheke, Kleidung bei H&M und Körner im Biomarkt.

Dennoch ist der Hamster beliebter denn je. In großer Zahl bevölkert er insbesondere Kinderzimmer, er führt ein Leben in Laufrädern und zwischen Sofakissen. Als es noch Plattenspieler gab, fuhren die Hamster Karussell auf den Plattentellern, heute irren sie oft durch Playmobil-Burgen oder ziehen Hochzeitskutschen, in denen Barbie-Puppen sitzen. Der Grund ist ihre Niedlichkeit. Wie die Kuh Milch produziert, das Kalb sein Fleisch zur Verfügung stellt und der Fisch sein Stäbchen, so geben Hamster dem Menschen ein *Gefühl*, das unaussprechlicher Possierlichkeit nämlich, nein Süüüüüüßigkeit. Der Hamster ist ein lebendes Plüschtier, mit weichem Fell und putzigem Äußeren, und könnte man das Drollige auf Flaschen ziehen wie einen Saft, so wäre aus einem einzigen Hamster wohl ein Liter pro Tag zu gewinnen.

Man muss nun aber wissen, dass der Hamster dieses Leben hasst. Es gibt ja auf dieser Erde kein anderes Wesen, dem der Hamster irgendwie von Herzen zugeneigt wäre. Auch andere seiner Art sind ihm zuwider, er ist ungesellig und voller Missmut, und trifft ein Hamstermann eine Hamsterfrau, so droht dieser entweder Sex oder Tod, denn außerhalb der Paarungszeit beißt der Hamster die Hamsterin einfach weg, er nimmt ihr das Leben – so steht es jedenfalls in *Tierleben* des alten Brehm, der am Hamster nur dessen Mut zu loben weiß, mit dem er selbst Hunden schwer zu schaffen macht und Raubvögeln noch in der Luft Paroli bietet. »Es kommt nicht selten vor«, schreibt Brehm, »dass man ruhig an einem Hamsterbau vorübergeht und plötzlich das wütende Tier in seinen Kleidern hängen hat.«

Mag sein, dass in Jahrhunderten von Käfigleben und Gestreicheltwerden hier blanke Resignation und Selbstaufgabe manches abgeschliffen haben. Doch in Wahrheit kocht und brodelt im Hamsterinneren bis heute nur bloßer Zorn.

Nun aber Folgendes: In Japan gehören zu den erfolgreichsten Büchern des Landes zurzeit zwei Werke, die nichts anderes zeigen als Hamsterhintern, also Hamster von hinten, zwei Beine, Fell und ein Stummelschwänzchen. *Hamuketsu* heißt das eine dieser Werke, *Hamuketsu – so süß, dass man ohnmächtig wird* das andere, wobei *Hamuketsu* ein Kunstwort ist, das die Begriffe *Hamster* und *Ketsu* (das japanische Wort für *Gesäß*) vereint. Fast 40.000 dieser Bücher sind in kurzer Zeit verkauft worden, bitte: Das gedruckte Buch, bedroht von der Elektronik, findet seine Rettung in der Abbildung von Hamstergesäßen – wer hätte das gedacht?!

Auf der Internetseite von *BBC News* ist zu diesem Thema zu lesen, hier manifestiere sich erneut der zurzeit mächtigste Trend der japanischen Kunst, welcher sich auch in Musik und Mode zeige: das Hübsche, Süße, Hinreißende, Kuschelige, das mit alten japanischen Traditionen wie dem Minimalismus konkurriere.

Wobei man sagen muss, dass ein Hamsterpo etwas äußerst Minimalistisches ist, man sieht nichts Kompliziertes, kein Gesicht, keinen Ausdruck, nur Schwanzfellbeine, die in einem Bau verschwinden, hinter einem Kissen, in einem Futterkasten oder einfach einem Loch. Wieder einmal stellen die Hamster der Welt auf diesen Bildern hektoliterweise Putzigkeit her, die von Menschen hektisch konsumiert wird.

Der Hamsterkenner aber erkennt nichts Entzückendes, er sieht bloß, Bild für Bild, Hintern für Hintern, immer wieder nur das Eine, den einen kurzen Hamstersatz: Leckt mich am Arsch!

· DAS BESTE AUS ALLER WELT 2014

✦

SADDAMS HINTERN

Nun ist November. Das Jahr geht zu Ende und alles mögliche andere auch. Die Erde hat jetzt sieben Milliarden Bewohner, das kann nicht gut sein, ganz Europa ist furchtbar in den Miesen, das geht auch nicht lange so weiter, und warum ist eigentlich mein Husten so zäh?

Vielleicht sollte man eine Weltnovemberorganisation gründen, deren Mitglieder sich am Weltnovembertag dem feuchtkalten Grauen des Lebensnebels hingeben, einer großartig tristen Melancholiefeier, bei der Aufzeichnungen von Spielen des TSV 1860 gezeigt und Protokolle von FDP-Vorstandssitzungen verlesen werden. Bruno, mein alter Freund, sagt, er würde eine Dia-Show seiner zehn traurigsten Kontoauszüge beisteuern.

Am 19. November ist Welttoilettentag, das passt auch irgendwie.

Anlässlich dessen wird in Hainan/China der *World Toilet Summit* veranstaltet, zum elften Mal, das jährliche Gipfeltreffen der Welttoilettenorganisation WTO, wobei WTO auch *World Trade Organisation* oder *World Tourism Organisation* bedeuten kann, es gibt einfach nicht mehr genug Abkürzungen für all die Weltvereine. Die Weltnovemberorganisation würde sich WNO abkürzen, aber WNO heißt schon *Welsh National Opera*, *Wiener Nachrichten Online* oder *Wabanong Nakaygum Okimawin*, die beschäftigen sich anscheinend mit nachhaltiger Entwicklung in Manitoba/Kanada, was fragt Ihr mich dauernd?, ich weiß es doch auch nicht.

Der Welttoilettentag jedoch ist ein schönes Beispiel für Größe und Abgrund des Menschen, für das Nebeneinander von bestem Willen und größter Albernheit.

Denn einerseits ist es ja ein überaus ernstes Problem, dass fast die Hälfte der Menschheit nicht nur keinen Zugang zu anständigen Toiletten besitzt, SONDERN ÜBERHAUPT KEINE KLOS HAT, eine ganz und gar inhumane und für unsereinen überhaupt nicht vorstellbare Situation. Andererseits schlug man uns tatsächlich schon vor, gegen dieses Problem mit einer Protestform namens *The Big Squat*, das große Hocken, vorzugehen. Das heißt, wir sollen uns gemeinsam in aller Öffentlichkeit für eine Minute hinkauern, um für eine bessere sanitäre Erschließung der Welt zu demonstrieren – eine Geste für, ähem, humane Klobalisierung und inkontinentale Zusammenarbeit.

Einerseits kämpft die German Toilet Organisation (GTO, das ist aber auch der Flughafen-Code für Gorontalo/Indonesien, wie MUC für München) gegen die wirklich unmenschlichen Sauereien auf vielen deutschen Schul-Klos. Andererseits jammern deutsche Bürger, wenn sie auf einer Autobahnraststätte fünfzig Cent für eine saubere Toilette abdrücken sollen. Und dann gibt es, wie könnte es anders sein?, natürlich Internetseiten wie *gratispinkeln.de* oder *lootogo.de*, mit deren Hilfe man in jeder Stadt das nächste menschenwürdige Pissoir findet, inklusive Benotung durch diesen und jenen Vorgänger. Der Betreiber führt in seinem Blog sogar interessante WC-Spülungen in Barcelona vor – ach, du liebes Internet …

Einerseits ein Wahnsinn, mit was die Leute ihre Zeit vertun. Andererseits doch schön, dass jeder anal noch so Fixierte irgendwie seinen Platz in der Welt und eine Aufgabe findet – und wenn es Toilettentesten in Barcelona ist.

In Großbritannien ist vor Kurzem wieder ein Stück jener Statue Saddam Husseins versteigert worden, die im April 2003 mit Hilfe eines US-Panzers in Bagdad vom Sockel gerissen wurde. Bereits vor sieben Jahren war ein linkes Bein jenes Denkmals angeboten worden. (Neben einem Internet-Bericht über dieses Ereignis findet sich tatsächlich die Google-Anzeige für »Prothesis-Beinprothesen: Mit uns stehen Sie mit beiden Beinen bequem im Leben«.) Die Auktion musste dann abgebrochen werden, weil ein Hackerangriff die Computer des Auktionshauses lahmlegte.

Diesmal war ein Bronzestück aus Saddams Hintern im Angebot, zwanzig Quadratzentimeter, von einem ehemaligen britischen Soldaten sauber aus dem Gesamthussein herausgemeißelt. Wer's gekauft hat? Ich war's nicht. Möchte man Saddams Arschbacke im Haus haben? Als Aschenbecher auf dem Klo vielleicht. Aber ich rauche ja nicht. • DAS BESTE AUS ALLER WELT 2011

VORSTELLUNGEN VON DER ZUKUNFT, DEM WELTUNTERGANG UND DER ZEIT DANACH

———← ✳ →———

Die folgende Kolumne erschien zum Jahresbeginn 2013, es geht in ihr um einen Text aus dem Jahr 1913, und ich bin gespannt, wer zum Jahresstart 2113 eine Kolumne über diese Kolumne hier schreibt. Aber eigentlich ist es mir auch wurscht.

2113

Durch Zufall fiel mir zu Jahresbeginn ein Artikel aus der Londoner Zeitung *Evening Independent* vom Dezember 1913 in die Hände, in welchem der damals neu gewählte Londoner Bürgermeister Thomas Vansittart Bowater die Zukunft der Welt in hundert Jahren vorhersagte, für das Jahr 2013 also. Und wie überaus treffsicher war Thomas Vansittart Bowater!

Er sagte, ein Pferd in der Londoner Innenstadt werde bedeutend mehr Verwunderung hervorrufen als ein Flugzeug über St. Paul's; überhaupt würden Aeroplane selbstverständlich die Ozeane überqueren; ein Tunnel unter dem Kanal werde einen schnellen Trip von London nach Paris ermöglichen; Reisen zum Mond und zum Mars würden als möglich erscheinen. Einzig der Sieg über den Krebs wie überhaupt über den Tod sowie das Verschwinden der Briefmarke gehören zu den nicht wahr gewordenen Prophezeiungen Vansittart Bowaters. Auch haben wir keine großen Netze über die Innenstädte gespannt, um uns gegen aus Flugzeugen herabfallende Dinge zu schützen, wie er in seinem Ausblick wähnte. Die Frage ist nun: Wie geht es weiter? 2013 ist erreicht, wie wird die Welt (insbesondere Deutschland, insbesondere München) in weiteren hundert Jahren aussehen? 2113.

Zunächst: Deutschland wird nach dem durch den Klimawandel bedingten (und umfangreicher als heute erwartet) ausgefallenen Anstieg der Meeresspiegel anders aussehen. Hamburg ist in der Nordsee versunken; von der Stadt kann man nur die Spitze der Elbphilharmonie sehen. Dennoch ist die Stadt bewohnt, Leben unter Wasser ist 2113 kein Problem mehr, Helmut Schmidt wird dann dort sogar rauchen können. Etwa von Essen über Uelzen nach Berlin wird die Küstenlinie verlaufen, Salzgitter wird einer der bekanntesten Badeorte Europas sein, Kassel Sitz des Bundesverbandes deutscher Olivenbauern.

Erdöl gibt es nicht mehr, Strom ist teuer, Reisen finden überwiegend virtuell statt, das heißt: Wer reisen will, mietet am Ziel einen künstlichen Stellvertreter, dessen Erleben ihm online nach Hause übermittelt wird. (Was kein Problem ist, denn alles, was heute auf Bildschirmen zu sehen ist, wird dem Menschen direkt ins Gehirn gepustet.) Dennoch wird der Berliner Flughafen eröffnet, allerdings erst 2114. Angesichts der Tatsache, dass es keine Flugzeuge mehr gebe, könne man Probleme mit der nicht funktionierenden Entrauchungsanlage in Kauf nehmen, teilt die Regierende Bürgermeisterin mit. Auf den sinnlos gewordenen Autobahnen finden permanente Radrennen mit achtbeinigen Retortenradlern statt, sogenannten »Armstrongs«.

Münchens nördliche Stadtgrenze wird nach anhaltender Zuwanderung kurz vor Regensburg verlaufen, Ingolstadt ist ein Stadtteil, Augsburg ebenso. Das Zentrum wurde zu einer Luxus-Shopping-Mall umgestaltet, die Mehrheit der Einheimischen arbeitet als Schaufensterpuppen für die Einkaufsroboter von Chinesen, Arabern und Russen. Große Teile der Innenstadt sind so wertvoll geworden, dass sie nachts in Safes aufbewahrt werden müssen.

Männer werden 2113 im praktischen Sinne weitgehend nutzlos sein. Die Welt wird von Frauen beherrscht, Sex findet auf einer körperlosen Ebene statt, Fortpflanzung und Schwangerschaft sind in Spermienbanken und Leihmutterschaftshäuser verlagert; den Frauen fehlt angesichts ihrer Verpflichtungen in Politik und Wirtschaft die Zeit für all dieses. Wie sie einst in Hauswirtschaft ausgebildet wurden, besuchen Männer Partnerschaftsakademien, in denen sie Emotionalität, Nachgiebigkeit, Empathie und anderes Nützliche lernen. (»Das wirst du brauchen, wenn du eine Frau finden willst, die dich ernährt.«)

Die gute Nachricht: 2113 wird man »50 Jahre Sieg über den Haarausfall« ebenso feiern wie den 125. Geburtstag des legendären Fußballtrainers Mesut Özil, der ab 2028 Eintracht Braunschweig zu einer unvergleichlichen Serie von 58 deutschen Meisterschaften in Folge führte. · DAS BESTE AUS ALLER WELT 2013

★

RUNTERDIMMEN

Das Ende der Welt stellt man sich ja immer als Spektakel vor, so nach dem Motto: Dem Schöpfer reicht es mit seiner Kreation und wie er sie einst vor Milliarden von Jahren mit einem freudigen Urknall geschaffen hat, jagt er sie nun mit großem Getöse für immer in die Luft.

»Siehe, der Herr macht das Land leer und wüst und wirft um, was darin ist, und zerstreut seine Einwohner«, heißt es bei Jesaja in der Bibel, und in den Petrus-Briefen lesen wir: »Doch der Tag, an dem der Herr sein Urteil spricht, wird so plötzlich und unerwartet da sein wie ein Dieb. Krachend werden dann die Himmel zerbersten, die Elemente werden sich auflösen und im Feuer verglühen, und die Erde wird verbrennen mit allem, was auf ihr ist.«

Aber vielleicht wird alles ganz anders sein? Diese Phantasien vom Weltfinale sind ja ausgesprochen narzisstisch; wir können uns einfach nichts anderes vorstellen, als mit allergrößtem Aplomb Abschied vom Dasein nehmen, für alles weniger Tosende fühlen wir uns viel zu wichtig. Als jedoch in Amerika der *Shutdown* begann und plötzlich kein Geld mehr da war, um die Staatsbediensteten zu bezahlen, dachte ich: Vielleicht läuft dermaleinst (oder auch schon sehr bald) alles ganz anders …

In den USA jedenfalls schlossen eines Morgens die Museen, man konnte die Freiheitsstatue nicht mehr besuchen, sogar die Geheimdienste taten ab sofort bloß noch das Nötigste. Für eine Weile dachte ich: Jetzt ist es mehr als fünfhundert Jahre her, dass

Amerika entdeckt wurde – und was ist eigentlich das Gegenteil von Entdecken? Verdecken? Vergessen? Verschwinden? Wäre es möglich, dass die USA dauerhaft den Betrieb einstellen? Dass sie nicht mehr weitermachen?

Eines Tages steigen vielleicht auch, zum Beispiel, die Piloten der großen Flugzeuge nicht mehr in ihre Cockpits, weil sie denken: Warum soll ich mich abrackern, wenn ich in der Freizeit nicht mal mehr ins Museum gehen kann? Dann schließen natürlich die Flughäfen, woraufhin viele andere sich ein Beispiel nehmen und daheim bleiben, Mähdrescherfahrer, Paketboten, Müllmänner, Supermarktkassiererinnen, die Vorstandsvorsitzenden, schließlich auch der Präsident, weshalb das Land nicht mehr regiert wird.

Und ein Land, das nicht mehr regiert wird – gibt es das noch?

Ja, so könnte es mit den USA gehen, dachte ich. Und warum nicht auch mit der ganzen Welt? Eines Morgens wacht man auf, es geht kein Wind mehr, dann kommt der angekündigte Regen nicht. Aber man denkt sich noch nichts, so was hat es schon oft gegeben. Bloß wird dann auch die Flut an der Küste schwächer und schwächer, das Meer kommt nicht so richtig zurück; es macht irgendwie schlapp. Und plötzlich zünden die Zündhölzer und auch die Feuerzeuge nicht mehr, die Autos springen nicht an, in den Oberleitungen fehlt aus unerklärlichen Gründen der Strom, und auf den Zeitungsseiten klaffen Lücken: Erst fehlen bloß ein paar Kurzmeldungen, dann der Leitartikel, das fällt noch keinem auf. Aber plötzlich ist der Sportteil weg! Im Stadion läuft der FC Bayern nicht mehr auf, in der Oper bleibt die Bühne leer. Sogar von Boris Becker ist nicht mehr das Geringste zu hören, man freut sich zunächst ganz unbändig, dabei ist es ein Alarmzeichen.

Denn bald darauf kriecht die Sonne nur noch müde über den Horizont, als litte das Universum an Altersschwäche oder einem Burn-out.

Das Ende der Welt: Könnte es ein sang- und klangloses Verschwinden sein? Ein Runterdimmen, Wegblenden? Möglicherweise ist die Tatsache, dass der Berliner Flughafen nicht in Betrieb geht, schon ein erstes Zeichen? Und dass es die FDP im Bundestag nicht mehr geben soll, bitte, es gab sie doch immer: Wäre es nicht denkbar, dass dies ein Initial ist?

Ein kleiner, unscheinbarer, kaum merklicher Anfang?

Vielleicht wachen wir morgen auf – und die CSU ist weg ...

· DAS BESTE AUS ALLER WELT 2013

✶

BOLON YOKTE' K'UH

Dieser Tage habe ich nachgedacht, ob ich auf den Weltuntergang vorbereitet bin. Schon seit einer Weile stellt man sich ja den Weltuntergang nicht als hammermäßig reinkeulendes, von einer Sekunde auf die andere eintretendes Radikal-Ereignis vor (Lichter aus und Schluss, in dieser Art), sondern als Prozess, der sich über Wochen hinzieht.

Trifft zum Beispiel ein Asteroid die Erde, ist es unwahrscheinlich, dass er genau über München-Mitte herunterkommt und unser Haus trifft; eher wird er woanders einschlagen, und wir werden es mit den Folgen zu tun haben, Sonnenverdunkelung durch Staub, entsetzliche Kälte, großflächiger Stromausfall, marodierende Banden in den Innenstädten, dieses Szenario. So was zieht sich dann. Die Welt ist im Verlauf einiger Tage erschaffen worden; also wird es auch dauern, sie wieder wegzuputzen.

Seit einer Weile ist immer wieder vom heutigen Tag, dem 21. Dezember 2012, als Tag des Weltuntergangs die Rede. Angeblich ergibt sich eine solche Prophezeiung aus dem Kalender der Maya.

Aber wer sich auch nur ein wenig mit den Maya und ihrer Zeitrechnung beschäftigt, entdeckt sofort, welch enormer Blödsinn das ist: Im Gegensatz zu uns rechneten die Maya überhaupt nie mit einem Weltuntergang, der Gedanke einer Apokalypse war ihnen fremd, der hier maßgebende ihrer Kalender (sie hatten nämlich mehrere) war auf unendliche Dauer angelegt.

Das Einzige, was ihm zufolge am 21.12.12 tatsächlich geschehen soll, ist die Ankunft einer Gottheit namens Bolon Yokte' K'uh auf Erden, das ist aber nichts weiter Dramatisches, es handelt sich um den Gott der Händler, glaube ich, und er würde sich wohl auch wieder verabschieden. Was soll er auch anderes tun? Die Kultur der Maya ist untergegangen, niemand glaubt auf Erden noch an Bolon Yokte' K'uh, ja, es stellt sich die Frage: Ist einer überhaupt noch ein Gott, wenn niemand mehr an ihn glaubt? Oder ist er einfach nur jemand namens Bolon Yokte' K'uh? Sind nicht jetzt schon unsere Straßen voll mit Leuten, die sich für Götter halten, an die aber niemand glaubt?

Jedenfalls habe ich mir dieser Tage mal die Internetseite des Bundesamtes für Bevölkerungsschutz und Katastrophenhilfe angesehen und entdeckt, dass es dort eine Reihe von Ratschlägen gibt, was der Mensch für den Notfall immer vorrätig haben sollte. Denn wahr ist ja einerseits, dass es Weihnachten wird und das Jahr zu Ende geht, ohne dass die Welt untergegangen wäre, dass wir aber andererseits auch 2013 wie immer aufs Schlimmste gefasst sein müssen: Stromausfälle, Sonnenstürme und ihre entsetzlichen Folgen für das Magnetfeld der Erde, das Scheitern des FC Bayern in der Champions League, die Explosion der Phlegräischen Felder, eine Regierung Berlusconi …

Das Bundesamt empfiehlt in einer Broschüre, sich für jeden denkbaren Fall zu wappnen: Immer sollte eine Dokumentenmappe mit allen wichtigen Unterlagen griffbereit sein, für Kleinkinder sollte es SOS-Kapseln mit Namen, Adresse und so weiter geben, die man ihnen um den Hals hängen kann, wenn es ernst wird, des Weiteren ist der Besitz von Gummistiefeln, Schlafsäcken und Batterie-Radios anzuraten.

Nichts davon haben wir daheim. Aber das ist nicht das Schlimmste. Behördlicherseits wird nahegelegt, auch Nahrungsmittel parat zu haben, also 24 Liter Wasser, ein Kilogramm Vollkornbrot, ein weiteres Kilogramm Knäcke, hundert Gramm »Hering in Soße«, siebenhundert Gramm Sauerkraut. Das ist nur eine Auswahl. Und es gilt für eine Person. In Wahrheit benötigt man viel mehr, denn was soll man tun, wenn der Nachbar vor der Tür steht, der keine Vorräte hat?

Ich bin dann in den Keller gegangen, um nach unseren Beständen zu sehen. Das Einzige, was ich sah, waren fünf Kisten Apfelschorle, zwei Träger Bier, fünfzig Flaschen Rotwein, zwei Kartons mit Weißwein sowie zwei Flaschen Champagner.

Auch eine Art Notvorrat, oder? Wenn ich es genau überlege, finde ich das sogar die angemessene Ausstattung für den Weltuntergang. • DAS BESTE AUS ALLER WELT 2012

Ja, und was kommt nach dem Weltuntergang? Wahrscheinlich Weihnachten, oder? Vielleicht ist es angemessen, dieses Buch mit einer Kolumne über Weihnachten zu beenden, Weihnachten für Atheisten allerdings.

★

DER STELLVERTRETER DES NICHTS AUF ERDEN

Weihnachten ist für die meisten von uns insofern ein seltsames Fest, als sie einerseits nicht so richtig an Gott glauben, andererseits mit großem Aplomb die Geburt seines Sohnes feiern. Das ist ein bisschen irre, aber gerade deshalb passt es gut zu uns. Wir sammeln ja im Frühjahr auch Eier, die ein Hase gebracht hat, halten es für ein gutes Werk, getragene Jacken in Altkleidercontainer zu werfen, von wo sie als Billigware auf afrikanische Märkte gelangen, um so die einheimische Bekleidungsindustrie zu ruinieren, und besichtigen guten Gewissens Weihnachtsgeschenke in Geschäften der Innenstadt, um sie dann für fünfzig Cent weniger beim Versandhändler zu kaufen.

Ganz ernst kann man uns also nicht nehmen.

Was aber nun Weihnachten angeht, so gibt es einfach ein Grundbedürfnis des Menschen nach Ritualen, wiederkehrenden Festen und gewissen Höhepunkten im Alltagslauf, dem die Kirche perfekt entspricht, wenn man mal von diesem störenden Dauerhinweis auf Gott absieht: Gäbe es nur die Feste, die sonntäglichen Zusammenkünfte, die Lieder und die guten Werke – das alles wäre großartig auch für jene, die an keinen Gott glauben können, aus verschiedensten Gründen.

Was sollen der Atheist, auch der Agnostiker, denn Weihnachten tun? Auch sonntags? Sie möchten feiern, singen, Leute treffen, Angehörigen Geschenke machen, sie möchten in angemessenem Rahmen heiraten und stilvoll begraben werden. Sie wollen nicht einsam ihrem Unglauben anhängen, sondern so glücklich, optimistisch und tendenziell gesünder sein, wie die meisten Kirchgänger es allerhand wissenschaftlichen Untersuchungen zufolge sind.

Zwei Möglichkeiten: Man macht in der Kirche mit, schlawinert sich durch, betrügt sich selbst und hofft, es merkt keiner, dass man in Wahrheit ein Zweifler ist. Oder man gründet eine neue Kirche, eine Gemeinschaft ohne Gott, die alles bietet, was die richtige Kirche auch hat, Feiertage, alle sieben Tage eine schöne Zusammenkunft, Musik und Geldsammlungen für allerbeste Zwecke. Genau das haben die Briten Pippa Evans und Sanderson Jones getan: Sie haben die *Sunday Assembly* gegründet, die Sonntagsversammlung, Anfang des Jahres in einer ehemaligen

Kirche Ost-Londons – warum? »Um Sorgen zu trösten, zur Güte anzuspornen und dem Alltag etwas mehr Glanz zu geben.«

Der Zulauf ist beträchtlich. Die Hütte ist voll, jeden Sonntag, und zurzeit befinden sich die beiden auf Missionsreise um die Welt; in dreißig, vierzig Städten Englands, Irlands, Kanadas, der USA und Australiens gibt es bald schon Ableger des Londoner Stammhauses. Wen wundert's? Die Sache liegt im Trend der Zeit, wir haben das Bier ohne Alkohol erfunden und das Essen ohne Fleisch, es gibt Milch ohne Fett und, die größte Sensation!, genfreien Mais, auch Politik ohne Ziel und Idee, die nur noch Management des Alltäglichen ist. Wir entziehen den Dingen, was wir nicht wollen, und nutzen nur, was wir brauchen. Wir sind die größten Pragmatiker der Weltgeschichte, und kommt uns die Sehnsucht nach Übersinnlichem an, nennen wir unser Fitness-Training Yoga und glauben von 18 bis 19 Uhr an die Zügelung aller Begierden.

Natürlich ist die Idee einer Kirche ohne Gott nicht neu. In der Französischen Revolution machten sie aus Notre Dame den »Tempel der Vernunft«, Auguste Comte, Begründer der Soziologie, glaubte an eine »Religion der Menschlichkeit«, und in der DDR feierte man statt Konfirmation Jugendweihe. Der Mensch entkommt sich selbst und seinen Bedürfnissen nie, und wahrscheinlich ist ja auch der Glaube an Gott eher Ausdruck einer Sehnsucht als einer Wahrheit. Damit muss jeder selbst zurechtkommen heute, so gut er kann und will.

Was die *Sunday Assembly* angeht, so freuen wir uns ihrer Geburt, warten auf die Ernennung des Oberhaupts als Stellvertreter des Nichts auf Erden und darauf, welches das Buch der Bücher dieser Kirche sein wird. Und feiern jetzt erst einmal ein frohes Fest. Wie auch immer. · DAS BESTE AUS ALLER WELT 2013

✶ ✶ ✶

DANK

Eine Kolumne schreibt man allein, aber nie ganz allein. Es gibt viele, die Ideen liefern, es gibt andere, die dem bisweilen schwächelnden Autor Mut zusprechen, es gibt weitere, die seine Fehler entdecken.

Ich danke zuallererst und vor allem meiner Frau für ihre Liebe, Geduld (und da, wo es nötig war, auch Ungeduld), Offenheit, Souveränität, Nachsicht und ihren Rat – und ich danke meinen Kindern. Diese Familie ist das Beste in meinem Leben.

Ich danke Old Bosch, der mir stets mehr war als nur ein Freund, sondern auch ein sehr cooler Kühlschrank.

Ich danke den Chefredakteuren des SZ-Magazins, allen voran seinen Gründern, meinen Freunden Andreas Lebert und Christian Kämmerling, für ihre Initiative und ihren Enthusiasmus, ohne den es keine einzige dieser Kolumnen gegeben hätte. Genauso danke ich Dominik Wichmann für seine Freundschaft und seinen Rat, auch Timm Klotzek und Michael Ebert, den Chefs von heute, für die, wie Pep Guardiola sagen würde, Top-Top-Top-Zusammenarbeit.

Ich danke dem phänomenalen Johannes Waechter, ohne den *Das Beste aus aller Welt* so nicht denkbar wäre, für seine Ideen, seine Wachsamkeit und seine Freude an der gemeinsamen Arbeit. Und ich bin vielen einstigen und heutigen Redakteuren des SZ-Magazins dankbar, besonders Susanne Schneider, Till Krause, Bettina Stiekel, Klaus Lange, Gabi Herpell: für ihr Wohlwollen und ihre Kritik.

Ich danke Daniela Ptok, Marianne Kössler und Angelika Rauch, den Schlussredakteurinnen, für ihre Sorgfalt.

Ich danke den vielen, die Bruno wurden, ohne je gefragt worden zu sein, ob sie Bruno sein wollten: so vielen anregenden Freunden und Bekannten.

Ich danke denen, die 1001 Kolumnen im SZ-Magazin illustriert haben, dem großartigen Dirk Schmidt in erster Linie, auch den Art-Direktoren und Grafikern, die mir den Anblick meiner Seite dort immer aufs Neue zu einer Freude machen.

Ich danke der wunderbaren Antje Kunstmann, die seit einem Vierteljahrhundert meine Verlegerin, Ratgeberin und Freundin ist.

Ich danke den Freunden und Kollegen aus zwanzig Streiflicht-Jahren für das, was ich von ihnen lernen durfte: den großen verstorbenen Vorbildern Fred Hepp, Claus Heinrich Meyer und Herbert Riehl-Heyse ebenso wie Hermann Unterstöger, Rainer Stephan und Kurt Kister – und denen, die mir oft genug mit einem Rat zur Seite standen, Giovanni di Lorenzo, Ludger Schulze, Stephan Lebert und Norbert Thomma vor allem.

Und den Lesern danke ich für Berge von inspirierender Post – und einfach dafür, dass sie meine Leser sind.

Mit dem Urknall hat alles angefangen.
Aber was ist daraus geworden? Das fragt sich Gott,
und das fragt sich auch Axel Hacke.
Eine wunderbare Parabel auf das Leben.

Axel Hacke
DIE TAGE, DIE ICH MIT GOTT VERBRACHTE
Mit Bildern von Michael Sowa

104 Seiten | vierfarbig | geb. mit Schutzumschlag | Euro 18,– (D) | 18,60 (A) | ISBN 978-3-95614-118-8

VERLAG ANTJE
KUNSTMANN

Unsere Leseempfehlung

Jan Kowalsky

Als Schisser um die Welt

Die Geschichte von einem, der mitmusste

GOLDMANN

320 Seiten
Auch als E-Book
erhältlich

Pauschaltourismus und Strandurlaub waren gestern – heute gehen wir Bergsteigen im Himalaya oder machen Hundeschlittenrennen in Alaska. Und doch gibt es Leute, die wollen gar nicht weg. Der Schisser zum Beispiel würde lieber zu Hause bleiben. Das Problem ist nur: Seine Frau liebt Abenteuerreisen. Und er liebt seine Frau. Erspart bleibt ihm auf seinen unfreiwilligen Reisen rund um den Globus natürlich nichts: menschenfressende Riesenechsen, Wildwasserrafting mit Zahnverlust und dabei immer mit den Nerven zu Fuß. Dies ist die Geschichte von einem, der mitmusste ...

www.goldmann-verlag.de
www.facebook.com/goldmannverlag

 **GOLDMANN**
Lesen erleben